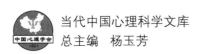

当代中国心理科学文库
总主编　杨玉芳

"十三五"国家重点出版物出版规划项目

Military Psychology

军事心理学

苗丹民　严进　冯正直　刘旭峰　主编

华东师范大学出版社
·上海·

图书在版编目（CIP）数据

军事心理学 / 苗丹民等主编. —上海：华东师范大学出版社，2020
（当代中国心理科学文库）
ISBN 978-7-5675-9985-7

Ⅰ.①军… Ⅱ.①苗… Ⅲ.①军事心理学 Ⅳ.①E0-051

中国版本图书馆 CIP 数据核字（2020）第 028969 号

军事心理学

主　　编	苗丹民　严　进　冯正直　刘旭峰
责任编辑	彭呈军
审读编辑	张艺捷
责任校对	林文君　时东明
装帧设计	倪志强
出版发行	华东师范大学出版社
社　　址	上海市中山北路 3663 号　邮编 200062
网　　址	www.ecnupress.com.cn
电　　话	021-60821666　行政传真 021-62572105
客服电话	021-62865537　门市（邮购）电话 021-62869887
地　　址	上海市中山北路 3663 号华东师范大学校内先锋路口
网　　店	http://hdsdcbs.tmall.com/
印　刷　者	常熟高专印刷有限公司
开　　本	787 毫米×1092 毫米　1/16
印　　张	38.25
字　　数	648 千字
版　　次	2020 年 6 月第 1 版
印　　次	2025 年 1 月第 4 次
书　　号	ISBN 978-7-5675-9985-7
定　　价	116.00 元
出 版 人	王　焰

（如发现本版图书有印订质量问题，请寄回本社客服中心调换或电话 021-62865537 联系）

《当代中国心理科学文库》编委会

主　任：杨玉芳
副主任：傅小兰
编　委（排名不分先后）：
　　　　莫　雷　舒　华　张建新　李　纾　张　侃　李其维
　　　　桑　标　隋　南　乐国安　张力为　苗丹民
秘　书：黄　端　彭呈军

总主编序言

《当代中国心理科学文库》(下文简称《文库》)的出版,是中国心理学界的一件有重要意义的事情。

《文库》编撰工作的启动,是由多方面因素促成的。应《中国科学院院刊》之邀,中国心理学会组织国内部分优秀专家,编撰了"心理学学科体系与方法论"专辑(2012)。专辑发表之后,受到学界同仁的高度认可,特别是青年学者和研究生的热烈欢迎。部分作者在欣喜之余,提出应以此为契机,编撰一套反映心理学学科前沿与应用成果的书系。华东师范大学出版社教育心理分社彭呈军社长闻讯,当即表示愿意负责这套书系的出版,建议将书系定名为"当代中国心理科学文库",邀请我作为《文库》的总主编。

中国心理学在近几十年获得快速发展。至今我国已经拥有三百多个心理学研究和教学机构,遍布全国各省市。研究内容几乎涵盖了心理学所有传统和新兴分支领域。在某些基础研究领域,已经达到或者接近国际领先水平;心理学应用研究也越来越彰显其在社会生活各个领域中的重要作用。学科建设和人才培养也都取得很大成就,出版发行了多套应用和基础心理学教材系列。尽管如此,中国心理学在整体上与国际水平还有相当的距离,它的发展依然任重道远。在这样的背景下,组织学界力量,编撰和出版一套心理科学系列丛书,反映中国心理学学科发展的概貌,是可能的,也是必要的。

要完成这项宏大的工作,中国心理学会的支持和学界各领域优秀学者的参与,是极为重要的前提和条件。为此,成立了《文库》编委会,其职责是在写作质量和关键节点上把关,对编撰过程进行督导。编委会首先确定了编撰工作的指导思想:《文库》应有别于普通教科书系列,着重反映当代心理科学的学科体系、方法论和发展趋势;反映近年来心理学基础研究领域的国际前沿和进展,以及应用研究领域的重要成果;反映和集成中国学者在不同领域所作的贡献。其目标是引领中国心理科学的发展,推动学科建设,促进人才培养;展示心理学在现代科学系统中的重要地位,及其在我国社会建设和经济发展中不可或缺的作用;为心理科学在中国的发展争取更好的社会文化环境和支撑条件。

根据这些考虑,确定书目的遴选原则是,尽可能涵盖当代心理科学的重要分支领域,特别是那些有重要科学价值的理论学派和前沿问题,以及富有成果的应用领域。作者应当是在科研和教学一线工作,在相关领域具有深厚学术造诣,学识广博、治学严谨的科研工作者和教师。以这样的标准选择书目和作者,我们的邀请获得多数学者的积极响应。当然也有个别重要领域,虽有学者已具备比较深厚的研究积累,但由于种种原因,他们未能参与《文库》的编撰工作。可以说这是一种缺憾。

编委会对编撰工作的学术水准提出了明确要求:首先是主题突出、特色鲜明,要求在写作计划确定之前,对已有的相关著作进行查询和阅读,比较其优缺点;在总体结构上体现系统规划和原创性思考。第二是系统性与前沿性,涵盖相关领域主要方面,包括重要理论和实验事实,强调资料的系统性和权威性;在把握核心问题和主要发展脉络的基础上,突出反映最新进展,指出前沿问题和发展趋势。第三是理论与方法学,在阐述理论的同时,介绍主要研究方法和实验范式,使理论与方法紧密结合、相得益彰。

编委会对于撰写风格没有作统一要求。这给了作者们自由选择和充分利用已有资源的空间。有的作者以专著形式,对自己多年的研究成果进行梳理和总结,系统阐述自己的理论创见,在自己的学术道路上立下了一个新的里程碑。有的作者则着重介绍和阐述某一新兴研究领域的重要概念、重要发现和理论体系,同时嵌入自己的一些独到贡献,犹如在读者面前展示了一条新的地平线。还有的作者组织了壮观的撰写队伍,围绕本领域的重要理论和实践问题,以手册(handbook)的形式组织编撰工作。这种全景式介绍,使其最终成为一部"鸿篇大作",成为本领域相关知识的完整信息来源,具有重要参考价值。尽管风格不一,但这些著作在总体上都体现了《文库》编撰的指导思想和要求。

在《文库》的编撰过程中,实行了"编撰工作会议"制度。会议有编委会成员、作者和出版社责任编辑出席,每半年召开一次。由作者报告著作的写作进度,提出在编撰中遇到的问题和困惑等,编委和其他作者会坦诚地给出评论和建议。会议中那些热烈讨论和激烈辩论的生动场面,那种既严谨又活泼的氛围,至今令人难以忘怀。编撰工作会议对保证著作的学术水准和工作进度起到了不可估量的作用。它同时又是一个学术论坛,使每一位与会者获益匪浅。可以说,《文库》的每一部著作,都在不同程度上凝结了集体的智慧和贡献。

《文库》的出版工作得到华东师范大学出版社的领导和编辑的极大支持。王焰社长曾亲临中国科学院心理研究所,表达对书系出版工作的关注。出版社决定将本《文库》作为今后几年的重点图书,争取得到国家和上海市级的支持;投入优秀编辑团队,将本文库做成中国心理学发展史上的一个里程碑。彭呈军分社长是责任编辑,他活跃机敏、富有经验,与作者保持良好的沟通和互动,从编辑技术角度进行指导和把关,帮助作者少走弯路。

在作者、编委和出版社责任编辑的共同努力下,《文库》已初见成果。从今年初开始,有一批作者陆续向出版社提交书稿。《文库》已逐步进入出版程序,相信不久将会在读者面前"集体亮相"。希望它能得到学界和社会的积极评价,并能经受时间的考验,在中国心理学学科发展进程中产生深刻而久远的影响。

杨玉芳

2015 年 10 月 8 日

本书主编：苗丹民　严　进　冯正直　刘旭峰

参编人员（按照在章节中出现的先后顺序排序）：

武圣君	张家喜	方　鹏	宋华淼	刘　娟
刘　芳	唐云翔	杨国愉	陈国民	赵　仑
史　杰	张亚娟	邵永聪	潘　霄	齐建林
赵　蕾	李红政	杨　征	唐军华	买跃霞
肖　玮	孙云峰	孙慧明	彭嘉熙	蒋　杰
唐国东	张艺军	朱　霞	黄　鹏	杨志兵
曹　菲	廖东升	杨　芳	张晶轩	马　进
秦海波	胡文东	陈国良	祁志强	辛　伟
黄　荷	王芙蓉	王永昌	曹　爽	徐振东
吴　迪	关慕桢	杨　群	王炳昭	赵梦雪
王晓霞				

目 录

序 1
前言 1

第一部分　军人心理选拔与训练

第1章　军事心理学概述 3
1.1　军事心理学的起源与概念 3
1.2　军事心理学的主要研究领域及发展 4
1.3　国际军事心理学的热点问题与展望 8
参考文献 15

第2章　军人心理选拔的起源与发展 17
2.1　军人心理选拔的起源 18
2.2　军人心理选拔的发展 18
2.3　现代军人心理选拔的原则 22
2.4　国际军事测量学会 24
2.5　国际主要军事强国的心理选拔方法及过程 28
2.6　我国军人心理选拔进展 32
2.7　军人心理分类的发展 34
2.8　我国军人心理选拔与分类的展望 35
参考文献 37

第3章　胜任力与职业岗位匹配 40
3.1　军人岗位匹配的概念与理论 41

3.2　美军主要军人分配系统 ·· 45
　　3.3　军人岗位匹配研究的出路 ·· 52
　　参考文献 ··· 58

第4章　高性能战斗机飞行员心理选拔 ·· 60
　　4.1　高性能战斗机特点及对飞行员心理的影响 ······························· 61
　　4.2　西方国家高性能战斗机飞行员心理选拔现状 ···························· 64
　　4.3　我国高性能战斗机飞行员心理选拔现状 ·································· 69
　　4.4　高性能战斗机飞行员心理选拔展望 ·· 72
　　参考文献 ··· 84

第5章　航天员心理选拔与心理训练 ·· 86
　　5.1　航天员心理选拔 ··· 87
　　5.2　航天员心理训练 ··· 97
　　5.3　航天员心理选拔与训练展望 ·· 107
　　参考文献 ·· 114

第二部分　军事环境应激与心理障碍

第6章　军事应激反应与调控 ·· 117
　　6.1　概述 ··· 117
　　6.2　评估及方法 ·· 124
　　6.3　军事应激障碍的防治 ··· 125
　　参考文献 ·· 128

第7章　特殊军事环境对军人心理的影响及防护 ··························· 130
　　7.1　高原环境下的军事心理问题 ·· 132
　　7.2　海上作业环境对军人心理的影响 ·· 138
　　7.3　航天飞行环境中的生理心理学影响 ······································· 145
　　7.4　核作业环境对军人心理的影响 ··· 149
　　参考文献 ·· 153

第8章 睡眠剥夺与睡眠障碍 — 155
- 8.1 睡眠及规律 — 156
- 8.2 睡眠剥夺 — 158
- 8.3 军事应激性睡眠障碍 — 167
- 参考文献 — 176

第9章 军人创伤后应激障碍 — 177
- 9.1 流行病学研究 — 179
- 9.2 影响流行学特征的主要因素 — 184
- 9.3 病因和病理机制研究 — 187
- 9.4 临床特征与分型 — 191
- 9.5 评估筛查技术 — 193
- 9.6 创伤后应激障碍分类与诊断 — 196
- 9.7 治疗干预措施 — 203
- 参考文献 — 208

第10章 军人自杀与自杀预防 — 211
- 10.1 自杀与军人自杀 — 212
- 10.2 自杀的界定 — 213
- 10.3 自杀的危险因素 — 215
- 10.4 对自杀的认知 — 217
- 10.5 军事活动与自杀 — 224
- 10.6 军人自杀预防 — 227
- 参考文献 — 231

第三部分 作 战 心 理

第11章 反恐怖作战心理 — 235
- 11.1 恐怖主义内涵的心理学解读 — 235
- 11.2 恐怖分子的心理分析 — 237
- 11.3 媒体对恐怖主义的影响 — 241
- 11.4 反恐心理研究：问题与挑战 — 242
- 参考文献 — 243

第12章　军事指挥决策研究 … **245**
12.1　军事指挥决策心理研究的意义 … 246
12.2　军事指挥决策心理研究的内容 … 248
12.3　指挥员决策心理特征评估 … 258
12.4　自然决策理论在军事指挥决策中的应用 … 267
参考文献 … 281

第13章　基于信息系统体系作战的心理战 … **284**
13.1　基于信息系统体系作战对心理战提出新的要求 … 284
13.2　基于信息系统体系作战心理战的基本原则 … 289
13.3　基于信息系统体系作战中心理战的实际运用 … 294
参考文献 … 305

第14章　军事信息支援作战与信息损伤 … **306**
14.1　军事信息支援作战的特点与本质 … 307
14.2　军事信息支援作战概念的理解 … 310
14.3　军事信息支援作战的平台 … 313
14.4　致伤性信息与信息损伤 … 317
14.5　中国军队信息作战及信息损伤的研究 … 322
参考文献 … 324

第15章　网络在未来战争中的应用 … **326**
15.1　网络战 … 326
15.2　信息战 … 333
15.3　网络舆情、大数据、云计算等新兴议题 … 335
参考文献 … 337

第16章　无意识目标研究 … **338**
16.1　无意识目标启动的界定 … 339
16.2　无意识目标启动的相关变量 … 340
16.3　无意识目标启动的机制 … 342
16.4　无意识目标的应用及展望 … 346
参考文献 … 347

第17章 军事人因工效研究 ... 349
17.1 军事人因工效研究进展 ... 350
17.2 航空工效研究进展 ... 352
17.3 航天工效研究进展 ... 362
17.4 军事领域的人机系统设计及分析评价 ... 371
参考文献 ... 386

第18章 外军战场心理防护 ... 387
18.1 美军心理防护与特点 ... 388
18.2 俄军心理防护与特点 ... 394
18.3 其他国家军队心理防护工作 ... 397
参考文献 ... 399

第19章 美国军人行为和社会科学研究 ... 401
19.1 基本现状 ... 402
19.2 研究历史 ... 402
19.3 研究现状 ... 403
19.4 未来的研究趋势 ... 424
19.5 对我国军事心理研究的启示 ... 426
参考文献 ... 428

第四部分 军队组织文化与军人心理健康

第20章 军人组织承诺、信任与忠诚度 ... 431
20.1 组织承诺 ... 432
20.2 信任 ... 440
20.3 忠诚度 ... 445
参考文献 ... 449

第21章 军队组织心理健康 ... 452
21.1 组织健康 ... 453
21.2 军队组织心理健康 ... 461

参考文献 471

第22章 外军随军牧师的心理作用 472
22.1 美军随军牧师制度及定位 473
22.2 美军牧师制度面临的问题 480
22.3 其他国家随军牧师制度 481
22.4 外军随军牧师的启示 487
参考文献 488

第23章 女军人心理健康研究 489
23.1 女军人常见心理问题 491
23.2 影响女军人心理健康的因素 493
23.3 军事环境对女军人心理健康的影响 497
23.4 女军人心理健康维护 500
参考文献 503

第24章 军人心理健康促进 505
24.1 军人心理健康发展概述 506
24.2 综合士兵强健计划 512
24.3 中国军人心理健康 514
参考文献 520

第25章 军队心理卫生工作 522
25.1 军队心理卫生概述 523
25.2 我军心理卫生工作 527
25.3 外军心理卫生工作 533
参考文献 553

第26章 军事认知神经科学研究 555
26.1 概述 555
26.2 军事认知效能测量与评价——监测脑 556

26.3 军事控脑靶点与效应——调控脑 559
26.4 军事认知神经训练——促进脑 563
26.5 "新皮层战争"体系——损害脑 565
参考文献 568

索引 570

主编简介 578

编者简介 580

序

有幸提前看到苗丹民等四位教授主编的《军事心理学研究》定稿，这不仅是我国又一部军事心理学研究集大成之作，更是我国军事心理学研究者多年辛勤研究结晶的系统展示。对军事心理学研究发展和现状有所了解的读者不难看出，这部专著，无论从涵盖的研究内容还是最新发展形成的研究领域、呈现出来的最新研究成果，都是一部可以胜过盖尔和曼格尔斯多夫（Gal 和 Mangelsdroff）主编的《军事心理学手册》的新著。《军事心理学手册》成书于 17 年前，本书的很多作者都是当年将《军事心理学手册》从英文版翻译成中文的主要译者。最特别的是，这部《军事心理学研究》集中表达了我国我军近 30 年来的军事研究与实践成果，对于国内读者来说是非常难得的一部专著和工具书。本书不仅对从事军事心理的人员来说有着直接的指导意义，也开拓了所有从事心理学研究者的眼界，是一部对心理学全貌把握得非常好的教科书和参考书。

该著作的四位主编，苗丹民、严进、冯正直、刘旭峰，都是多年来活跃在我国军事心理研究和应用领域的学术带头人。在军队改革中，他们分别隶属于中国人民解放军空军军医大学、海军军医大学和陆军军医大学，他们所带领的作者队伍更是来自全军所有从事心理学工作的单元，这本身就体现了这部专著是聚集了全军心理工作者成果的结晶。我和他们四位以及多位执笔作者是多年的朋友和同仁。28 年来，我亲眼见证了他们从无到有、从弱到强、从分散到体系、从基础理论研究到为部队提供服务的全部奋斗历程，这可能也正是他们要我在本书面世之际说几句话的原因，因为我确实是这个历程的见证人。

我国军事心理学最早开端于抗日战争时期，周先庚等人对伞兵选拔的心理学研究；20 世纪 60 年代初由刘善本提倡、中国科学院心理研究所参与开始了对军用飞机座舱照明和显示的工程心理学研究。不过这些工作规模都比较小，尚不能成体系地广泛展开。改革开放和科学的春天给我国军事心理的发展带来了契机，也是我国军队快速建设的需求给我国军事心理的发展注入了强劲的动力。2003 年在苗丹民等的率领下,中国心理学会军事心理学分会成立,更加推动了全国军事心理学的研究、应用和人才培养。其中很多成果都体现在这本专著之中。

高素质的战斗员和指挥员是任何军事行动成功的基本保证。2018年5月14日,四川航空公司的空客飞机在近万米高空突发驾驶舱风挡破裂的重大险情,机长刘传健神奇般地克服困难、操控飞机,使得航班平安备降,全体乘客和机组人员没有任何人重伤或死亡,创造了世界航空史的奇迹。刘传健本来就是一位空军飞行员,在成为飞行员的过程中,曾经接受过严格的心理素质检测,平时也定期接受心理辅导和训练,正是他所具备的超常的心理素质,使得他在突发危机情境下能够完成常人不可想象的任务。这件事也反映出我国军事心理学工作者早年工作的扎实、有效。如今中国已经进入新的发展时期,军队现代化建设也步入了一个新的时代。随着高强度化、机械化、自动化、信息化、智能化、全息化、远程化和立体化军事态势的发展,人在军事行动中的地位越发凸显,更高的心理素质、智能水平以及人与人的协同、人与装备的配合,这些都需要通过军事心理学的研究进行解决。可以肯定,军事心理必将有更大和更高水平的发展。

本书的问世恰逢其时,必定能在心理学领域发挥其不可替代的作用。也祝愿我国军事心理学同仁前程远大,为军事心理学和心理学的发展做出更大的贡献。

张 侃

发展中国家科学院院士

中国心理学会理事长(2001—2009)

国际心理科学联合会副主席(2008—2012)

2018年5月23日 于北京时雨园

前　言

今天,军事心理学以及军人心理健康越来越受到国际社会和军队高层的重视。2017年6月,中央军委主席习近平同志就当前我军官兵心理健康状况发表重要指示:"要注重部队心理工作,从基层建设抓起,提高科学化管理水平。"

军事心理学发展历史悠久。人类自有战争起就有心战。从公元前30世纪的"斧燧之战"到1842年鸦片战争的"镇江之战",在记载着中国五千年3 637场战争史的2 308部古代兵书中,很难找到纯粹的兵战,心战贯穿着中国古代战争史的全过程。《中国古代心战》一书指出,"没有心战支撑的兵战,是缺乏灵魂的战争"。在我们这个民族众多、朝代更替频繁的古国,每个军事集团都将心战模式运用到了极致。中国古代战争证明,战争中有效运用心战攻防是决定战争结局的铁律。

第一次世界大战期间,西方军事心理学思想传入中国,《德国心理战》《士气心理》《青年心理》《军事领导心理》《心理作战》《军队人事心理》《军人的心理卫生》等著作的引进,推动了心理学与军事行为的结合。1927年我国自行编制的团体智力测验用于军人心理检测,标志着中国近代军事心理科学研究的启蒙。1936年,《军官团体智力测验》和《勒氏内外倾品质评定量表》修订版出版,对军官心理选拔起到了促进作用。抗日战争期间,周先庚主持的伞兵突击队心理选拔,有效提高了打击日本侵略者的士气。解放战争时期,紧密配合粉碎国民党进攻,我军开展了强大的心理战攻势。面对组织松散、思想混乱的国民党军队,中国人民解放军把军事打击和心理打击有机结合起来,先后开展了"高树勋运动""唤子索夫运动",创造出"北平方式""天津方式""绥远方式"等作战与心战结合的范式。

解放后到改革开放前的30年,我国心理学被与"唯心观"挂钩,成为唯心主义的代名词,成为历次政治运动的牺牲品,心理学工作者被改行、下放。虽然,全国在第四军医大学和空军航空医学研究所中仍保留着两支心理学的队伍,但也仅仅维持着一定范围的教学和初级科研工作。改革开放8年后,中国军事心理学才迟迟迎来星星之火。由于研究基础落后,我们丧失了参编盖尔和曼格尔斯多夫(Gal和Mangelsdroff)主编

《军事心理学手册》(*Handbook of Military Psychology*)(1991年)的良机。2003年，在中国心理学会理事长张侃教授的鼎力支持下，中国心理学会批复成立了军事心理学专业委员会，中国军事心理学迎来了发展的春天。2008年汶川抗震救灾期间，军队派出有史以来最大规模的救援分队奔赴一线，为维护救援官兵心理健康发挥了重要作用，受到胡锦涛主席的表彰。2009年全军心理服务工作座谈会的召开，标志着中国军事心理学发展达到新的高峰。2004年、2013年在部分军事院校成立心理学系，标志着我军心理学人才培养向纵深发展。2015年军队全面调整改革，我国军事心理学的发展迎来新的挑战。

军事心理学研究最接地气。军事心理学自诞生之日起，就与战争紧紧捆绑在一起，成为决定战争胜负的要素。世界上没有哪一门学科像心理学那样与作战结合得如此紧密。因为"军事心理学将研究焦点聚焦在军事应用上，可以看作是心理学原则、理论和方法在军事环境中的应用"。中国古代心战、诺曼底登陆、伊拉克战争等，无不诠释着战争与心理学的紧密关系。我国当代军事心理学人，积极学习外军先进的理念和科学研究方法，翻译出版了以《军事心理学手册》(2004年)、《军事心理学导论》(2006年)、《军事心理学——临床与军事行动中的应用》(2007年)、《牛津军事心理学》(2014年)等为代表的外军军事心理学专著。在总结学习以往国内外军事心理学经验和研究基础之上，形成了我军心理学独具特色的研究方向和成果，在军事人员心理选拔、军事环境应激心理、作战心理，以及军队组织文化与军人心理健康等领域开展了广泛、深入的研究，形成了卓有成效的应用成果，出版了数十部军事心理学专著，代表性专著有《军事医学心理学》(1996年)、《军事心理学研究》(2003年)、《中国古代心战》(2007年)、《现代应激理论概述》(2008年)、《航空航天心理学》(2010年)、《军人心理选拔》(2014年)、《军事心理学概述》(2017年)、《基于信息系统体系作战心理战重大问题研究》(2017年)、《军事心理学》(2018年)等。我们的研究成果已经形成了十余项国家军用标准，为部队培养了近千名专职及兼职心理工作者，完成了1 200万军人的心理选拔任务。2010年，第四军医大学与中国科学院心理研究所等单位共同完成的《中国军人医学与心理选拔系统及标准》获得国家科技进步一等奖。

2003年，苗丹民和王京生主编的《军事心理学研究》由第四军医大学出版社出版，总结了改革开放以来我军心理学研究的进展，在一定程度上对之后的中国军事心理学研究起到了承前启后和有力推动的作用。2017年苗丹民、王卉和刘旭峰等又在Stephen V. Bowles和Paul T. Bartone主编的 *Handbook of Military Psychology* 中撰写了"Development of Military Psychology in China"一章，把我军军事心理学理论研究成果介绍给全世界，展现了作为军事心理学研究大国的实力。今天我们编著本专著的目的，一是总结这些年来我军在军事心理学各领域中的研究成果和经验，为凝聚新的研究方向奠定基础;二是为我国军事心理学界同行提供思路,推进新技术新方法在军事心理学研究中的应用;三是通过介绍国外最新军事心理学研究进展和热点问题,为国内各心理学机构积极参与军事心理学研究提供信息。

本专著包括四个部分,共26章。第一部分为军人心理选拔与训练。主要介绍军人心理选拔研究的特点与发展,军人岗位胜任力与职业匹配,飞行员与航天员心理选拔与心理训练。第二部分为军事环境应激与心理障碍。主要介绍军事应激的基本理论,特殊作业环境对军人心理的影响,睡眠障碍、创伤后应激障碍、军人自杀等防控。第三部分为作战心理。主要介绍反恐怖作战心理,军事指挥决策,心理战与军事信息支援战下的信息损伤防护,战场心理防护与组织实施,军事心理卫勤保障,军事人因工效学等。第四部分为军队组织文化与军人心理健康。主要介绍军人忠诚度、组织承诺、组织心理健康、心理健康促进和军事认知神经科学等领域的研究。

参加本书撰写的作者中,有从事军事心理学研究多年的老专家,也有刚刚踏入这一领域的年轻学者,他们都在通过参与撰写工作表达对军事心理学的热爱与奉献,具体人员被标注在各个章节中。在选题、撰写和审核过程中,我们得到了武国城、王京生、刘志宏、贺岭峰、史杰、崔红等军事心理学界专家们提出的宝贵意见,得到了中国心理学会的大力支持。在这里也特别感谢杨玉芳老师的信任和宽容。我们希望本书能成为我国军事心理学研究发展的新航标和新起点。

苗丹民　严　进　冯正直　刘旭峰
2018 年 12 月 28 日

第一部分

军人心理选拔与训练

第1章 军事心理学概述

1.1 军事心理学的起源与概念 / 3
1.2 军事心理学的主要研究领域及发展 / 4
    1.2.1 军人心理选拔 / 4
    1.2.2 军事人因学与文化工效学 / 5
    1.2.3 特殊军事环境与心理 / 5
    1.2.4 军队领导与组织 / 6
    1.2.5 心理军医与军队临床心理 / 6
    1.2.6 军事应激 / 7
    1.2.7 心理战 / 8
1.3 国际军事心理学的热点问题与展望 / 8
    1.3.1 军队心理救援与心理卫生勤务 / 8
    1.3.2 心理战与军事信息支援作战 / 9
        心理战战略战术理论的重要调整 / 9
        高新技术对心理战发展发挥着至关重要作用 / 10
        军事信息支援作战逐渐取代心理战的概念 / 10
    1.3.3 军人个体与组织心理健康 / 10
    1.3.4 军事环境与应激 / 11
    1.3.5 军事指挥决策心理 / 12
    1.3.6 高技术条件下的军事心理训练 / 14
参考文献 / 15

军事心理学是国际心理学发展最早的学科之一,被誉为应用心理学研究的"试验田"。著名军事心理学家德里斯基尔和奥尔姆斯特德(Driskell 和 Olmstedt, 1989)曾说过:"可能没有任何组织或机构像军队那样与心理学科的成熟和发展有着如此紧密的联系。"

1.1 军事心理学的起源与概念

2009 年军事科学出版社出版了《中国古代心战》一书,阐述了五千年中华文明孕育的灿烂兵学文化,从公元前 30 世纪的"斧燧之战"到 1842 年鸦片战争的"镇江之战"，系统地总结了我国古代军事心理学思想和实践的发展与辉煌。它告诉人们，人类自有战争起就有心战的介入，战争史的记载和兵法文献是探究心战的知识宝库；心战与杀戮相向的兵战相比，是人类文明的进步；成功的心战是睿智体现，但人类却永远开不出心战的"万应菜单"；心战因武器、人文和时代不同而各异，但心战机理古今中外皆如出一辙。透过该书我们不难感受到，我国古代战争中军事心理学思想与实践活动为现代军事心理学的形成和发展积累了宝贵的遗产，对知识经济时代、信息时代的战争仍十分具有借鉴价值。

现代军事心理学诞生于第一次世界大战期间，时任美国心理学会主席的耶基斯(Yerkes)博士会同美国陆军军医总署心理学部编制了陆军 α 测验和 β 测验，对 170 多万军人实施测评。国际军事心理学近 90 年的发展里程，使它在军事人员心理选拔、军事人因学、特殊军事环境与心理训练、军队领导与组织、军队临床心理、军事应激和心理战等领域形成了独立的研究领域和风格。

与其他心理学科不同，军事心理学既不是建立在一套系统理论之上，也不是一套常规性技术总和，而是心理学原理和方法在军事环境中的应用。军事心理学始终以军事需要为目的，以研究军事作业环境对军人心理影响为出发点，注重军队文化特点，解决军事作战中存在的实际问题；它是一门广阔而复杂的学科，几乎涉及心理学各个门类，"军事心理学是整个心理学学科的一个缩影"。但它又因为所涉及特殊人群、执行特殊使命、具有特殊目标以及受到特殊环境的影响，成为一门独立的学科。与此同时，它也"只有把焦点集中于军事应用上，才真正是独一无二的学科"。

因此，军事心理学是研究心理科学原理和方法在军事领域应用的心理学分支。我们可以这样定义它：军事心理学是以军事需要为目的，以研究军事作业环境对军人心理影响为出发点，寻求解决作战和军事行动中心理问题的一门应用性学科。

1.2 军事心理学的主要研究领域及发展

1.2.1 军人心理选拔

军事活动的特殊性客观地要求军队必须通过人员筛查，淘汰不适合者，选拔在躯体上，特别是在心理上符合部队需要的个体，并通过人员配置实现人尽其才。第一次世界大战之初，美国让大批青年接受陆军 α 测验和 β 测验，其目的是进行智力筛选和专业分类。第二次世界大战期间，1 200 万军人接受心理选拔筛查，奠定了今天世界各国从部队到地方的人事心理选拔与安置的基础，并逐渐在民用方面蓬勃发展。与此同时，成套军事人员心理选拔系统应运而生：70 年代的美国《军队服役职业能力成套测验》和《空军军官职业资格测验》，80 年代的《联合军种工作绩效测量/入伍标准》,90 年代的《美国军队人员选拔和分类项目》(Project A)和《军人职业分类系统》(Military Occupational Specialities, MOS),都相继成为军人心理选拔的标准化工具,也为实现 243 种军事职业的岗位匹配提供了可能。今天,《军队职业能力倾向成套测验》(Army Services Vocational Aptitude Battery, ASVAB)仍然主导着美军士兵的心理选拔与分类。目前为止,世界各发达国家均已制定了军人心理选拔的方法和标准。

心理测量程序和内容的整合成为影响人员选拔绩效的重要因素。在军事人员心理选拔中,个人生平、学校表现、人际关系、人格特征和能力倾向等方法的采用,以及个案分析、仪器测验、评价中心技术和结构式心理访谈等技术的实施,明显提高了部队军事综合能力评价的预测性。在选拔对象研究方面,经历了军人基本心理素质测评、特殊军人筛选、到军人分类选拔的三个阶段。在测量技术研究方面,评价中心技术、项目反应理论、计算机辅助与计算机自适应测验、多层分析技术、结构方程以及概化理论等为军人选拔预测性的不断提高提供了技术保障。

1.2.2　军事人因学与文化工效学

军事领域人因学研究的目的在于提高军事活动绩效,提高掌握武器装备的效率,减少人因失误的发生。当第二次世界大战后飞行事故率再次上升时,研究人员将注意力集中到航空系统中人—机适应问题上,诞生了最早的军事人机工效学。60 年代 T 型仪表板的出现,使航空工效学步入"旋钮与表盘"时代;80 年代,由于计算机的广泛应用,航空工效学成为最早进入计算机时代的学科;计算机多媒体和虚拟现实技术的出现,最大程度地解决了人—机和谐问题,开创了军事工效系统协调和最佳效能的军用途径。

在军事装备力量相近的前提下,领导能力、士气、经验、动机、训练以及纪律等文化因素成为影响战争进程、发挥武器效能的重要因素,发展形成了文化工效学(Culture Ergonomics)。武器系统跨文化区域使用时,在设计上考虑不同文化的标准已成为设计的重要理念。人—机协调的设计,使武器装备的设计更加人性化;仿真模拟、决策理论、人工智能等的研究,通过优化人类活动绩效,指导专业选拔与训练,大大提高了武器系统的效能。人工智能技术通过专家系统、决策支持、人—机交互模式等,被有效地用于军事指挥、控制、通讯及智能化(如 C_3I)。工作负荷评价模型、操作者模拟分析技术、任务整合网络分析系统等,通过采用稳固性设计,排除了应激对操作效率的影响。组织工效研究,在保证特定环境中合理安排多人与武器系统匹配,以及达到最佳作战绩效方面发挥了重要作用。

1.2.3　特殊军事环境与心理

作战是由人完成的,武器及军事装备只是人的感觉、能力、肢体的延伸。然而,军人经常在各种极端恶劣的环境中从事军事活动,如战场、高海拔、严寒、酷暑、噪声、有毒物质、射线、加速度和振动等环境因素。这些环境十分艰苦,甚至非常危险。因此,研究战场和特殊军事环境对军人行为的影响,探讨如何通过军事训练提高军人快速适应环境的能力,是军事心理学长期研究的课题。这类研究,直接为军事行为效能的预测和职业分类,危害预警标准和装备设计标准,训练和战斗危险评估标准等的制定奠定了基础。

高原驻扎或作战下的急速缺氧和冻伤,热带地区及舰艇中60℃高温导致的严重脱水和极度疲劳,飞机或飞船座舱的狭小空间与幽闭,火炮、发动机的高强度噪音,坦克狭小空间的有害气体滞留,飞机和宇宙飞船的加速度、扰流摆动、颤动、电磁波、放射线等应激刺激,军事运输或模拟训练器运动病,厚重防护装备下作业,长时间连续作战导致的睡眠缺失和疲劳等研究,是军事环境心理领域长期关注的重点问题,为制定军事职业危险性标准、装备设计标准、训练和作战健康风险评价等提供了重要依据。

1.2.4 军队领导与组织

军事组织的特殊性,为领导者理论研究提供了天然"实验室"。二次大战中有关领导和领导者的研究热潮,成为了战后大规模实证性研究的基础。继情景领导理论、组织目标有效性理论、权变理论和相互作用理论之后,通过对部队团队凝聚力的研究,研究者提出了领导核心效应概念,强调领导才能的关键作用。巴尔托内(Bartone)的研究提示,凝聚力是减少部队内在压力的主要因素。而沃尔特·里德(Walter Reed)军事研究所的研究显示,不同时期的军事组织对领导行为要求有所不同。亨特(Hunt)认为,和平时期保证组织绩效可靠的是完善的制度;但稳定而死板的制度对领导者处理作战问题是不利的。雅各布斯(Jacobs)通过军事组织领导研究,创立了整合领导理论的组织模型,提出在不同层面的组织之间存在"瀑布式"效应,为解决领导者任务复杂性的持续增加问题提供了帮助。研究还发现,个体在作战单位中具有不同的功能,其中与他人的关系是完成战斗任务并在作战中生存的关键,士气、凝聚力、集体荣誉感、文化与社会背景、人格因素、适应军事环境能力等都会对作战单位军事活动绩效产生重要影响。

1.2.5 心理军医与军队临床心理

人才是军队开展临床心理工作的基础。为解决部队心理医生短缺的问题,美军对曾经学习过心理学的军官进行短期培训,并将其任命为心理军医(commissioned officer-psychologists),他们主要从事心理测量与诊断工作。二战结束前,美军已有相当数量的心理军医。尽管他们只有部分人接受过系统培训,但因卓有成效的工作,心理军医已成为美军不可或缺的岗位。50年代以来,为保证有更多高学历的心理军医服役部队,美军采用了高待遇、高质量的培训政策,吸引了大量心理学工作者入伍;高级培训计划,使更多的人安心在部队服役;博士后制度,进一步完善了人才培训体制。特别是,其中一些人还晋升到高级军衔,成为高级临床医生、行政管理人员和心理培训教官。20世纪90年代,美军已拥有400多名现役心理医生为220万现役军人和700万的军人家属及退役人员服务。

一次大战期间,心理学在部队医疗部门的主要任务是完成军人智力评估。二次大战期间,除军人心理选拔外,心理学工作者的主要任务是对大量有心理问题的军人进行评估,以确定是否需要治疗、留用或退役。60年代以来,心理军医的专业领域扩展到心理诊断与心理治疗方面。许多行之有效的心理评估、咨询与治疗技术在部队得到改进和发展,其中最具代表性的是神经心理评估与治疗、物质滥用综合治疗、危机干预、组织绩效与心理健康人力资源匹配、健康促进、自杀预防,以及战斗应激反应矫正等。

1.2.6 军事应激

军事医学和心理学研究者们始终在努力揭示军事应激对军人高级神经活动的影响机制,寻找应激发生、发展的特点和规律,为防护提供理论基础。早期有关军事应激的研究主要集中在战斗应激反应的行为学方面,将其定位于一种贪生怕死的厌战行为,属心理障碍的范畴。一些研究者认为,战斗应激反应是士兵因剧烈爆炸引起的"炮弹休克",属战争神经症。随后的研究发现,参战士兵发生战斗应激反应很普遍,战斗应激反应的表现多数不会造成永久性精神创伤,因此将其视为"战斗疲劳"或"战斗衰竭"。马林斯和格莱斯(Mullins和Glass)修正了对战斗应激反应的认识,强调战斗应激反应是军人暴露在强烈应激环境下导致的心理崩溃,与贪生怕死和精神疾病非属同类,治疗的目的应是减少士兵的不良心理暗示,增强士兵复原的信心。军事应激的心理损伤机理问题涉及广泛的研究领域,也经历了漫长的探索过程。目前国内外一般认为,军事应激的心理损伤指在作战、军事作业、特殊军事环境下发生的认知、情绪、行为和态度等一系列的心理反应。根据心理损伤发生与否及其程度可分为:急性与慢性应激反应、应激反应与应激障碍、战斗与军事作业环境应激反应等。军事应激心理损伤效应因应激源、个体心理特征、社会环境等因素有很大差异。在军事应激心理损伤的过程中,个体认知评价发生与否、发生程度的中介,个体心理特征和应对方式,社会支持和群体凝聚力等直接影响认知评价过程;适度的应激反应,对提高反应速度、改善认知能力、增强作战效能等均具有积极的作用。

军事应激导致睡眠缺失的神经心理机理是各国军事医学研究机构的热点,研究主要围绕以下问题展开:建立疲劳和作业效能评价模型、探讨影响睡眠剥夺后个体恢复的决定因素、研发矫正不规则睡眠认知能力下降的有效药物、研制睡眠/效能管理系统、探讨睡眠剥夺事件相关电位(Event-related Potertials, ERP)和功能性核磁共振扫描(Functional Magnetic Resonance Imaging, fMRI)的神经机制、制定脑力疲劳评价标准及实时监控防护制度等。

1.2.7 心理战

2003年版美军联合心理作战纲要中引入了《孙子兵法》战略心战的论述："全军为上,破军次之;全旅为上,破旅次之;全卒为上,破卒次之;全伍为上,破伍次之;是故百战百胜,非善之善者也;不战而屈人之兵,善之善者也。故上兵伐谋,其次伐交,其次伐兵,其下攻城。"海湾战争中,美军每名心理战特种作战部队士兵的背囊中都备有孙子兵法英译本。2009年,我国学者苗枫林先生编著了《中国古代心战》,将史与论巧妙结合,以大量翔实的史料,再现了自夏商西周至鸦片战争我国古代三千年心战实践的发展历程,对当代心理战的研究和发展具有重要的借鉴与启示。

20世纪20年代,英国军事分析家、历史学家富勒(Fuller)提出的心理战概念,成为现代心理战理论形成的标志。90年代以来,心理战被认为是现代战争的第六种作战样式,"零损伤"、"不战而屈人之兵"等心理战实践效果,赢得了国际声誉并成为现代战争最高的追求目标。当前,国际心理战发展已形成六大特点：重点战略化、企图隐性化、宣传整体化、与武力战一体化、网络攻击系统化和信息插入多样化。心理战的实践活动日益专业化、精细化：如高效协调各机构之间联系,开发心理战装备,负责心理战人员深造和训练,组织实施电视、广播和网络心理战,统领各心理战部队作战等。不少国家颁布了心理战作战条令,美国军队的 EC-130 飞机等一批先进心理战武器装备成为实施心理战的技术保障。

1.3 国际军事心理学的热点问题与展望

1.3.1 军队心理救援与心理卫生勤务

战争和非战争军事行动具有高风险、高强度、高应激等特点,对执行任务官兵的心理造成不同程度的损害,严重影响着部队战斗力生成和发挥。2003年伊拉克战争开战后不久,美军士兵中52%出现急性应激反应,19.1%发生心理障碍(比阿富汗战争增加了69.1%),8人选择自杀。2008年我国"汶川"抗震救灾期间,对部分参加搬运尸体、背送炸药任务的救援官兵调查发现,急性应激性反应的发生率达90%以上,急性应激障碍的发生率达35%,有2人发生重度心理障碍;而转运物资疏散群众的救援官兵,出现急性应激性反应的比例仅50%,出现急性应激障碍比例为13%,无人重度心理障碍;抢救伤员的医护人员出现急性应激性反应发生率为45%,而急性应激障碍发生率为20%。由此可见,及时快速实施心理救援,能有效维护部队作战效能,这已成为世界各国的共识。

军队心理救援指在多样化军事行动中,为稳定、缓解和消除不利因素对官兵心理健康影响而实施的心理技术及手段,是军队卫生勤务保障的重要组成部分。近年来,局部战争和诸如反恐维稳、抢险救灾、维护权益、安保警戒、国际维和等非战争军事行动日益增多,军人的职能范围和作业环境复杂程度不断增加,对军队心理救援工作提出了新的要求。因此,各国就如何加强战争和非战争军事行动心理救援卫生勤务保障工作开展了一系列研究,这方面的问题成为军事心理学研究领域新的热点问题。在该领域中,亟待解决的理论与实践问题有:军队心理救援卫勤管理的相关法规、总体指导原则、基本任务和内容;心理救援卫勤保障组织指挥体系效率;依据不同救援环境、任务属性和保障对象,心理救援工作内容和技术方法及采用的模块;心理救援卫勤力量人员编程、资质认证、业务能力、物资装备及信息化等力量建设;卫勤训练内容、组织实施方案和综合考核评估体系制订;心理救援力量机动和保障如何纳入区域作战卫勤保障体系;救援效果评估以及归建后的卫勤管理机制等。要回答这些问题,需要顶层战略设计和操作层的战术实践,这也正是解决军队心理救援与心理卫生勤务的关键。

1.3.2 心理战与军事信息支援作战

心理战已成为现代战争中不可或缺的重要作战力量,近年来各国在心理战理论和技术研究方面形成了激烈的竞争。

心理战战略战术理论的重要调整

第一是体系作战中实现心战与兵战的融合。心战与兵战的融合是体系作战指挥决策的主要牵引,是实现作战最大效能的基本途径。冷战后,美军在历次海外军事干预行动中,心战与兵战的融合贯穿了体系作战的全程。美军联合出版物《联合心理作战纲要》(2010年版)指出:心理战必须与联合军事行动、多国军事行动,以及指定政府机构的活动实现一体化。为取得成效,心理战必须充分融入受援部门的计划、决策过程。

第二是战略心理战的战略思维创新。当代战略心理战突出表现为,以价值观为核心展开深层次心理对抗,以决策者为重点进行多目标心理渗透和以综合国力为依托实施全时空心理较量。战略心理战创新思维的主要发展趋势是:以博弈的输赢思维向竞争加合作的共赢思维转变;以隐晦含蓄的秘密手段为主向坦诚相见的公开性手段为主转变;以军事战略心理战的传统视野向国家总体战略心理战的大视野转变;以及将一体化战略心理战思想作为全球信息化战略心理战的理论基石;将战略心理战对象注意力资源的吸纳与整合作为全球信息化战略心理战理论的实践基石。

高新技术对心理战发展发挥着至关重要作用

信息技术的广泛应用引发心理战的不断创新,高科技领域的信息控制与反控制将成为心理战的主要手段。当代心理战技术主要特点有:利用卫星技术搜集心理战情报信息,利用信息检测技术嗅探敌心理战信息,利用网络技术获取心理战素材信息;应用虚拟现实技术灵活加工心理攻击信息,应用影视编辑技术实时制作心理战信息,应用传媒技术改善宣传品制作质量;运用互联网快捷投送截获心理战信息,运用无线电波实时发送宣传信息,运用飞行器及时投送宣传品等,实现借"声"攻心、以"光"夺心、用"波"动心、变"形"惑心。今天,广播电视飞机、卫星定位测向、电视插播、计算机信息处理和信号模拟等高新技术已成为提高心理作战效果的主要手段。这对心理战理论的发展与创新也起到了极大的促进作用。

军事信息支援作战逐渐取代心理战的概念

现代战争和未来战争中,信息战已成为最重要的作战形式,信息也成为比核武器威力更加强大的"杀伤性"武器。通过信息技术,操控致伤性信息打击认识系统,改变或扭曲态度体系和作战意志,影响或干扰指挥者决策,诱导心理/精神障碍,严重影响部队作战效能。2010年12月3日,美国防部长备忘录将心理战(Psychological Operations)与信息战(Information War)相结合,改为"军事信息支援作战"(Military Information-Support Operations,MISO)。隶属于美军特种作战司令部的 MISO 总部由 2 400 名现役军人、文职语言专家和分析专家组成,主要任务是通过各种媒体影响舆论。2011年初,美国特种司令部海军埃里克·奥尔森(Eric Olson)上将指出,将心理战改为"军事信息支援作战"不是简单地改个名称,而是捋清心理战与宣传战、信息战、网络战关系的需要,捋清心理战与公共外交、公共事务关系的需要,以转变公众对心理战神秘和不道德的认识,正确看待心理战饱受争议的历史,为其带来新的希望。因此,MISO 可以视为:运用现代信息技术,通过精选信息和制定信息作战计划,影响受众群体的认知、态度和情绪,改变国外政府、组织、集体和个体的动机和行为目标。

1.3.3 军人个体与组织心理健康

军人心理健康问题已引起各国高层的重视。美军研究表明,26%的官兵承受着巨大的工作压力,每年有 18.5%—29.5%的官兵出现心理和精神问题。工作压力、生活事件和心理问题严重影响官兵的工作绩效和身体健康,引发人际冲突、缺勤率和事故发生率攀升,大大降低了部队士气和凝聚力。我军一项关于士兵心理健康的调查研究发现,前来咨询的士兵中78%有心理问题,心理障碍的发生率则为7%。

官兵心理不健康诱发因素相关研究结果显示,70%的诱发因素与部队组织管理有密切联系。部队在面对外界巨大压力时,如残酷的战场环境或恶劣的工作条件,个体由于缺少必要的应对资源,容易出现严重的心理问题,限制个体功能发挥,进而影响整个部队的战斗效能。对93万第二次世界大战战争精神障碍伤员所进行的分析发现:那些患精神障碍的军人,主要特征是因人际关系瓦解而变得极度恐惧、孤独和无助;他们感觉不到自己是一个强大群体的一部分,却强烈地体验到个人的无助感和失败感。

因此,预防士兵心理问题,关键是不断改善组织心理健康水平,构建和谐健康的团队氛围。有研究证实,无论是面对战斗还是工作压力,支持士兵的意愿,信守彼此的承诺,让士兵们认识到在战斗中生存或在工作中取得成绩必须依赖于他人,就会形成团体凝聚力,将会驱使一名士兵勇往无前。这种团队凝聚力是组织心理健康的重要标志,是军队战斗力的重要源泉,是战斗精神的灵魂。组织心理健康是组织成员在与组织良性互动中将个体目标与组织目标协调一致以完成组织任务而形成的向心趋势,这种趋势有助于组织克服困难实现既定目标。《作战单元组织心理健康评价体系与方法研究》提出,部队组织心理健康包括6个维度:领导行为、凝聚力、人际关系、士气、组织支持和组织效能。

军事医学科学院在《论军事医学的战略转型》研究中提出,当前国际军事医学发展的主流正朝着从战伤救治到作战效能提升转变,战斗力生成已成为战伤救治的核心和目标。在军人心理健康维护的理念方面,逐渐从强调个体心理健康向积极构建组织心理健康方向发展,为实现作战效能生成提供了理论依据。

1.3.4　军事环境与应激

军人的主要职能有三:参战、应对突发事件和在极端险恶环境中执行任务。无论完成什么样的任务,都要面对不同程度的应激,因此,军事环境与应激是军事心理学研究的主要领域。

1988年,美国国立研究委员会(National Research Council)的报告中专门论述了军队应激管理,分析了大量由于没有做好充分准备,士兵因急性应激障碍出现作战能力下降而付出惨痛代价的事例。现代战争高科技、高强度、高复杂和高速度等特点,使战争紧张、激烈、残酷和危险性更加鲜明。有研究预测,未来仅精神病性战斗应激反应伤员的数量就将达到伤员总数的30%。因此,如何快速评估战时军人心理状态,准确预测战斗应激反应发生率,建立系统的应对策略,是军事应激研究的关键。

和平时期,军人在执行维稳、处突和抢险救灾等非战争军事行动中,急性应激反应直接影响了作业效能,其中,急性应激反应持续时间长短是能否成功执行任务的关键。2008年汶川抗震救灾期间,我军执行搬运尸体和背送炸药官兵的急性应激障碍发生率是其他救援官兵的3倍,甚至因此发生精神障碍。因此,应激障碍的早期发现和预警是预防的关键。目前,军内有研究证实《急性应激反应量表》(*Acute Stress Response Scale*, ASRS)是一项较快速、有效、客观、准确的专用检测工具。

在恶劣、严酷的环境中执行任务,是军事职业的一大特征。高热、寒冷、高原和潮湿,加速度变化、振动、噪声、放射和缺氧,孤独、寂寞、幽闭、恐惧和危险,以及持续作业、睡眠不足、封闭管理和生活单调等环境下所引发的急、慢性应激障碍,严重地影响军事活动的效能,因此,军事作业环境历来被界定为极度应激环境,是军事心理研究的重点。该研究领域关注的主要问题有:应激反应的神经心理机制、各种作业环境对军事绩效影响的特点、军人个体抵御应激反应能力的评价、极端环境完成军事任务效果预计、军人职业危害标准、抵御应激障碍心理防护技术等。

随着近年军事任务多样化发展,该领域研究越来越受到各国军队的高度重视,目前主要研究趋势有:第一,针对未来战争应激发生特点,将战时复杂环境与日常应激反应相联系,为战时应激反应预测提供依据;第二,将任务按照战争条件、突发事件处置及严酷条件日常任务进行区分,可有利于研究者了解研究任务内容和情境因素之间的联系;第三,将应激的心理行为与生理指标相结合,建立客观、有效、快速的生物检测方法,如指端容积血流脉搏波扫描技术等,为应激反应的应对提供依据。

1.3.5 军事指挥决策心理

近年来,西方为保持信息化作战中的决策优势,在不断总结实战经验和吸纳决策心理学最新研究成果基础上,组织开展了大量旨在揭示信息化条件下指挥决策的内在规律,推进指挥决策理论和实践的变革,已取得众多实质性成果。其最新动态和进展主要包括四个方面。

借鉴决策心理学最新理念,反思和修正指挥决策模型,适应信息化指挥作战的规律。指挥决策是各级指挥员的主要职责,是指挥员将最终作战意图转换为命令和行动的过程。西方国家常常将经校验过的决策模型直接转化成作战条令条例,或制定标准化指挥决策程序,甚至以此为依据对作战单元和部队进行重组,使研究成果直接为作战服务。20世纪50年代,美国军事学家博伊德提出了"观察—判断—决策—行动"(Observation-Orientation-Decision-Action, OODA)环路模型,被认为是指挥控制系统持续性和时效性的核心,对当今世界军事思想有着极为深刻和广泛的影响。近些年,外军特别注重将信息加工的研究理念引入指挥决策模型研究,为重要的指挥决策概念赋予认知心理学内涵。加拿大心理学家布赖恩特(Bryant)基于决策心理学研究的最新成果,面向信息化作战指挥决策的现实,提出"评价—探索—比较—调整"

(Evaluation-Exploration-Comparison-Adjustment，CECA)模型，得到普遍认可。2010年3月，美国陆军颁布了新版FM5-0野战条令《作战行动程序》，在条令中特别引入了作战行动的设计，并全面介绍了相关设计问题，被美军称为在战斗指挥理论方面创新性变化，其核心要素受到了CECA决策模型的影响。

将描述性决策范式融入标准化决策范式中，提高指挥决策效率。鉴于军队命令控制系统的严密性和规范性，军事决策的研究长期以来倾向采用标准化决策范式，并以此制订了严密的指挥决策程序，以提高指挥决策质量。美国陆军的军事决策程序包括7个步骤：受领任务、分析任务、制定行动方案、分析行动方案、比较行动方案、批准行动方案和命令展开。这样的决策程序虽然提高了程序的科学性，但存在两个明显弊端：一是忽略了指挥员的内在决策思维过程和规律，限制了主观能动性；二是步骤多、决策时间长，难以完全适应信息化条件下指挥决策的实效性要求。为此，美军开始引入描述性决策范式的程序，以改善标准化决策程序的不足。首要识别决策模型(Recognition-Primed Decision，RPD)是美国军事心理学家克莱因(Klein)等人通过对大量军事指挥员实际决策过程分析提出的，他发现指挥员在进行战场决策时，并不是进行广泛的数据采集和理性分析，而是借助经验、利用模型识别和匹配方式快速高效地做出满意的决策。

探索指挥决策失误背后的心理机制，为夺取指挥决策优势和战场主动权寻找新的靶点。以往，在总结指挥决策的失败时往往关注指挥决策的过程，缺乏清晰、可行的作战方案，缺少恰当的信息收集，无法准确评估作战风险等。美国军事心理学家扬泽(Janser)通过对大量作战案例分析发现，9种指挥员心理偏好广泛存在于指挥决策过程中，严重影响指挥员的判断和决策，其类型包括：过度自信、忽略小概率事件、关注表象、错误关联、夸大事实、进退失衡、惊弓之鸟、求全责备、自欺欺人和害怕重蹈覆辙。重视指挥员决策心理偏好的心理机制，有助于揭示信息化条件下指挥员决策的心理攻击靶点，以便于从攻防两端全面夺取决策优势和战场主动权。

注重指挥员决策风格评估，优化人力资源，提高指挥决策的质量。决策风格给指挥决策行为增添了个性化色调，影响决策效果和效率。在对指挥员决策风格的准确评估方面，可通过四个途径优化人力资源、提高指挥决策质量：扬长避短、科学搭配、人岗胜任和人机对接。虽然决策风格的重要性得到了普遍认可，但决策风格的理论和测量方法却存在较大差异。西方多采用斯科特和布鲁斯(Scott和Bruce)研发决策风格理论和测量问卷，该理论将指挥员决策风格分为：理性型、直觉型、依赖型、回避型和自发型。加拿大心理学家布赖恩特于2005年开展的21世纪联合指挥决策支持技术支撑计划中遵循了这一决策风格划分。而欧洲则依据决策能力的不同，将指挥员的决策风格分为保守型、分析型、综合型和变革型。

1.3.6 高技术条件下的军事心理训练

军事心理训练是以提高作战效能为出发点,以保证作战胜利为落脚点的主动心理干预过程,其目的是维护军人情绪控制和调节能力、提高心理活动强度、增强环境适应能力、改善挫折耐受和心理康复能力等。常用的军事心理训练包括:教育训练法、模拟训练法、生理调控训练法、表象训练、拓展训练和野外生存训练等。但目前在训练理念上仍存在一些误区:训练多针对个体,忽略群体;训练多侧重感知及能力,忽视非认知活动;训练评价指标多体现个人绩效和心理抗压,忽视对可持续发展的全面、纵深评估;训练理论多源于学院理论和思辨,缺乏认知神经机制研究;训练方法多局限于场地训练、器械训练或实验室模拟训练,缺乏高仿真、模拟实战的整合训练。

美军开展了大量心理训练研究,其中主要的研究结果有:通过数字化多媒体系统,评估室内训练的实用性和难度;同时通过鉴别和杜绝"不规范"的战斗动作,提高士兵作战效能;通过技术比武等形式发现和解决模拟训练中出现的问题;侧重情景意识能力训练,提高严酷高压和复杂战斗环境下步兵军官信息处理、评判和采取行动的能力;在军事心理训练中加入神经科学的研究和指导;加强仿真模拟训练设备的开发和应用。

仿真模拟训练是目前各国军事心理训练发展的重要领域。军队仿真模拟训练包括外形仿真、操作仿真、视觉感受仿真;通常使用真实汽车模型,等比飞机、飞船模型等作为参与者的操控平台;利用虚拟现实技术,通过实际操作,使参与者身临其境。在军事上,仿真模拟训练可以帮助军人将在训练中所获知识和经验有效应用到未来战场。美军的仿真模拟训练主要用于:(1) 通过跨文化模拟,在部队执行海外作战任务、协作任务或人道援助任务时,避免文化差异和冲突带来的不必要的麻烦。Santarelli 研发了虚拟环境中操作准备的文化培训,其关键点是将虚拟环境设计得更加逼真、形象,以使军人更好地执行海外任务。(2) 个人计算机游戏开发,主要用于士兵、指挥官的战术动作、战术方案及空地演习等针对性训练。

目前国际军事心理训练主要呈以下发展趋势:训练内容和方式紧密结合高科技手段,如美国陆军研究所(Army Research Institute, ARI)提出的基于模型的自动化视觉模拟系统(Model-Based Automated Visualization),可以提高官兵的战场环境意识、决策力和行动效率;加强心理训练的机制、基础性研究,如 ARI 提出了心理训练的心理模型(Mental Model),包括视觉情景、信息和加工三个环节,用于评价不同军兵种和部门的文化背景,成为团队绩效的核心;规范化心理训练的原则,如美军开发出的基于计算机的训练系统(Computer-Based Training, CBT);积极推进心理训练向群体训练、人际协作训练、团体心理健康训练等方向扩展;使心理训练尽可能接近实战,让军人面对和处理各种强烈的心理刺激和死亡威胁;将教学媒介和训练技术有机结合,通过室内教学和现场训练对军人开展全方位的心理训练;将作战思维训练作为未来重要的发展方向,即当个人执行预定军事任务时,在遇到意外情况下能迅速对变化的情景做出反应,完成认知决策,其中最典型的是指挥官思维训练(Think Like A Commander,TLAC),通过设置一系列高度复杂和不可预料的战斗情景,训练军人掌握指挥官八项战场基本的思维要素,并将这些思维要素发展为有效的战场思维模式。

  21世纪是中国军事心理学发展的黄金时期。中国经济的迅猛崛起、中国军事实力的日益强大,为军事心理学的发展奠定了坚实基础。然而我们也清晰地看到,我国军事心理学研究团队是一支年轻的队伍,我们在许多领域的研究才刚刚起步,在军事工效学、军人心理训练、团队心理动力、军事应激防护、军人个体心理健康与组织心理健康评价、心理战防御等领域还有许许多多问题需要研究和探讨。我们相信,在中国心理学会的领导下,军事心理学专业委员会将团结全国热爱军事心理学的同行们,共同努力使我国军事心理学的研究和应用逐步达到国际领先水平。

(苗丹民)

参考文献

奥辛格.杨斌,姚云竹译.(2010).科学·战略·战争——约翰·博伊德的战略理论.北京:军事科学出版社.
冯正直.(2018).军事心理学.北京:人民卫生出版社.
盖尔,曼格尔斯多夫.苗丹民,王京生,刘立等译.(2004)军事心理学手册.北京:中国轻工业出版社.
克罗宁.王京生译.(2006).军事心理学导论.北京:中国轻工业出版社.
肯尼迪,左尔莫.王京生译.(2012).军事心理学:临床与军事行动中的应用.北京:中国轻工业出版社.
劳伦斯,马修斯.杨征译.(2014).牛津军事心理学.北京:科学出版社.
苗丹民,蒋杰,刘旭峰,朱霞,孙云峰,武圣君等.(2012).军事心理学:为国防安全服务的心理学科.中国科学院院刊(S1),108-118.
苗丹民,刘旭峰.(2015).部队军医实用技术丛书—心理卫生工作手册.西安:第四军医大学出版社.
苗丹民,王家同.(2006).军事医学心理学.北京:中国医药科技出版社.
苗丹民,王京生.(2003).军事心理学研究.西安:第四军医大学出版社.
苗丹民,肖玮,刘旭峰,朱霞.(2014).军人心理选拔.北京:人民军医出版社.
苗枫林.(2012).中国古代心战.心理学报.(2),285.
Anderson, J., & Slate, N. K. (2003). The case for a joint military decisionmaking process. *Military Review*, *83*(5), 11.
Bartone, P. T. (1989). *Stability and change in dimensions of soldier morale*. WALTER REED ARMY INST OF RESEARCH WASHINGTON DC.
Debowski, S. ,., Wood, R. E., & Bandura, A. ,.. (2001). Impact of guided exploration and enactive exploration on self-regulatory mechanisms and information acquisition through electronic search. *J Appl Psychol*, *86*(6), 1129-1141.
Driskell, J. E., & Olmstead, B.. (1989). Psychology and the military: research applications and trends. *American Psychologist*, *44*(1), 43-54.
Druckman, D., & Swets, J. A. (Eds.). (1988). *Enhancing human performance: Issues, theories, and techniques*. National Academies Press.
Glass, A.J. (1973). *Neuropsychiatry in World War II*, *Vol II*, *Overseas Theaters*. Mullins WS, series editor, Washington DC: Office of the Surgeon General, Dept. of the Army, U.S. Army.
Hoge, C. W., Auchterlonie, J. L., & Milliken, C. S. (2006). Mental health problems, use of mental health services, and attrition from military service after returning from deployment to Iraq or Afghanistan. *Jama*, *295*(9), 1023-1032.
Hunt, J. G., Baliga, B. R., & Peterson, M. F. (1988). Strategic apex leader scripts and an organisational life cycle approach to leadership and excellence. *Journal of Management Development*, *7*(5), 61-83.
Janser, M. J. (2007). *Cognitive biases in military decision making*. U.S. Army War College, Civilian Research Paper.
Klein, G. (2008). Naturalistic decision making. *Human factors*, *50*(3), 456-460.
Martin, L. B., Bandali, F., & Lamoureux, T. (2006). *Decision Making Styles: Classification System, Contextual Analysis and Validation of Classification System* (No. DRDC-CR-2006-063). HUMANSYSTEMS INC GUELPH (ONTARIO).

Mathan, S., Whitlow, S., Dorneich, M., Ververs, P., & Davis, G. (2007). Neurophysiological estimation of interruptibility: Demonstrating feasibility in a field context. In *In Proceedings of the 4th International Conference of the Augmented Cognition Society* (pp.51-58).

Narrow, W. E., Rae, D. S., Robins, L. N., & Regier, D. A. (2002). Revised prevalence estimates of mental disorders in the United States: using a clinical significance criterion to reconcile 2 surveys' estimates. *Archives of general psychiatry*, 59(2), 115-123.

Pflanz, S. E., & Ogle, A. D.. (2006). Job stress, depression, work performance, and perceptions of supervisors in military personnel. *Military Medicine*, 171(9), 861-865.

Pflanz, S., & Sonnek, S. (2002). Work stress in the military: prevalence, causes, and relationship to emotional health. *Military Medicine*, 167(11), 877-882.

Salas, E., & Cannon-Bowers, J. A.. (2001). The science of training: a decade of progress. *Annual Review of Psychology*, 52(1), 471-499.

Scott, S. G., & Bruce, R. A.. (1995). Decision-making style: the development and assessment of a new measure. *Educational and Psychological Measurement*, 55(5), 818-831.

Shamir, B., Brainin, E., Zakay, E., & Popper, M. (2009). Perceived combat readiness as collective efficacy: Individual-and group-level analysis. *Military Psychology*, 12(2): 105-120.

Yerkes, R. M. (1918). Psychology in relation to the war. *Psychological Review*, 25(2), 85-115.

第2章 军人心理选拔的起源与发展

2.1 军人心理选拔的起源 / 18
2.2 军人心理选拔的发展 / 18
2.3 现代军人心理选拔的原则 / 22
2.4 国际军事测量学会 / 24
2.5 国际主要军事强国的心理选拔方法及过程 / 28
 2.5.1 美国 / 28
 2.5.2 瑞士 / 28
 2.5.3 德国 / 30
 2.5.4 英国 / 30
 2.5.5 比利时 / 30
 2.5.6 丹麦 / 31
 2.5.7 新加坡 / 31
 2.5.8 印度 / 31
 2.5.9 瑞典 / 31
 2.5.10 意大利 / 32
2.6 我国军人心理选拔进展 / 32
2.7 军人心理分类的发展 / 34
2.8 我国军人心理选拔与分类的展望 / 35
参考文献 / 37

  在众多的军事心理学研究领域中,军人心理选拔是开展最早、与军事活动联系最紧密、应用最为广泛的领域。由于军事职业活动的特殊性,要求军队必须通过严格的心理筛查,选拔没有心理障碍并在行为特征上合格的个体进入部队,以保障部队的正常作战能力,提高部队的特殊作业能力。军人心理选拔是军事心理学的重要分支,其基本定义是根据军事职业的特殊需要,运用心理学方法,通过特定的心理选拔程序对候选者进行心理素质检测与评定,选拔那些心理素质适宜者从事军事职业活动,淘汰心理素质不适宜的候选者。

2.1 军人心理选拔的起源

军人心理选拔历史悠久,《旧约全书》中就有军事人员心理选拔的记载,中国古代的典籍里这方面的记载则更为详细,也更接近现代的军事人员选拔的理念和方法。例如春秋时期,选拔士兵主要测查身体运动能力,其标准是能否穿着甲胄进行军事活动,能者称为"胜衣",不能者叫"不胜衣",如"不胜衣"就没有当兵的资格。《孙子兵法》中就明确提出"将"的胜任特征是"将者,智、信、仁、勇、严也"。战国时代,士兵选拔的标准更加严格和具体,对不同兵种岗位的体质、体能和心理品质各有不同的标准。如步兵的选拔标准是:全身披甲能操作十二石的弩,身背五十支箭和一柄戈,头戴铁盔,腰佩短剑,带三天粮食,半天能行一百里。经考试合格可免除一家徭役,田宅也都免税(《荀子·议兵篇》)。骑兵的选拔标准是:身高七尺五寸以上(大约 1.73 米),身强力壮,行动敏捷,能在乘马急驰中挽弓射箭,前后左右回旋,跳越河堑,攀登山坡,冲过险阻,横渡大河,追逐强敌,敢以少击众的人,才能选为"武骑士"(《六韬·武骑士》);车兵的选拔标准是年龄四十岁以下,身长七尺五寸以上,跑步能追及快马,在奔驰中跳上战车,前后左右回旋,力能在车上掌握大旗,拉满八石弓,向前后左右射箭达到这些标准,才可以选拔为"武车士"(《六韬·武车士》)。从现代人事选拔的角度来看,这些典籍中的记载包含了军人选拔的身体标准、体能标准、心理品质标准,具有较强的可操作性。

2.2 军人心理选拔的发展

西方国家对军人心理素质的研究非常重视,并且起步较早。1917 年,美国参加第一次世界大战,美国心理学会(American Psychology Association, APA)受国防部指令成立了一个特别委员会,希望使用一些心理学方法来为战争服务。委员会在耶基斯(Yerkes)的指导下,开始着手解决以下紧迫任务:即根据士兵的一般智力水平,将他们迅速分类、安置和补充,为以下棘手问题提供依据,包括为不同人员安置不同的职务、选拔出合适的人员到军官训练营进行训练,或决定某人是否应该被解职。当时主要采用大规模团体测验的方法,使用多项选择题和其他客观题等题型,研究完成了著名的陆军 α 测验和陆军 β 测验,又称陆军甲种测验和陆军乙种测验,前者为文字测验,后者为非文字测验,这也是世界上第一个团体智力测验。与以往智力测验不同,α 和 β 测验的条目均为实际简洁的问题,可以同时对大批应征者进行检测。α 测验适用于有英语阅读能力的人,包括 8 个分测验;β 测验适用于没有英语阅读能力的人,包括文盲和不懂英语的外国应征公民,含 7 个分测验。α 和 β 测验采用一个笼统的总分来标识被试的智力水平。主试者根据应征者正确答题的多少给出从 A 到 D 的等级评判。部队的司令长官将参照测验成绩对士兵进行岗位安置、选拔士官和均衡部队间的"智力"因素,将得分最高者作为军官培训的候选人,将最低得分者拒之门外。第一次世界大战期间,美军采用 α 和 β 测验对 1 726 966 名各类军事人员进行了心理选拔,成为国际心理测量技术发展的里程碑。

此外,针对美国士兵中出现的恐惧、多疑、失眠、紧张和过度疲劳等心理问题增多的情况,为了甄别军队中罹患心理障碍的官兵,在智力测验的基础上,心理学家伍德沃思(Woodworth)在一战期间编制了历史上第一个正式应用的人格问卷——《伍德沃斯个人资料调查表》(*Woodworth Personal Data Sheet*),对士兵的心理状况进行调查,这一方法被视为自陈式人格测验的起源。

经过一个短暂的低潮期,20 世纪 30 年代美军重新启动了心理选拔测验,这主要是因为一战结束后,心理测验在民间组织中被广泛地推广和应用,在技术层面上逐渐成熟,同时,随着一战以来坦克和飞机等武器装备部队,军队出现了特殊技术职业,对心理选拔提出了新的要求。在 1940 年美国《义务兵役制法案》通过以前,军队就开始实施联合协作项目,采用心理学方法解决人事问题。1939 年,美国陆军军务局(Adjutant General's Office)成立了人员测评处,编制了《陆军普通分类测验》(*Army General Classification Test*,AGCT),用以替代陆军 α 测验。AGCT 包括 4 个分测验:阅读与词汇、数字计算、数字推理和空间关系。仅在第二次世界大战期间,AGCT 就测定了 1 200 万名士兵,被认为是心理学对军事部门最重要的贡献之一。此外,美军还编制了多种用于飞行员、水兵等特殊兵种的筛选测验,编制的测验不再局限于能力倾向测验或可训性评价的纸笔测验,而是涉及能够预测军事绩效等重要因素的测验内容。

这一时期,心理选拔的目的主要是筛除那些可能导致危险的人员,并根据应征者的学习能力将其进行分类。学习能力的一个基本标准是"能否理解简单英语命令"。因此,初期测验的目标被确定为判断"文化程度是否达到小学四年级读、写和运算的水平",后期测验增加了从文盲中选拔具备掌握军事训练能力者的内容。在士兵心理测验系统建立过程中,一些把士兵选拔到特殊技术岗位的测验也被收集进来,如检查机械和译电等方面的知识,还有一部分测验是用来测验士兵对训练内容的掌握程度。

以上工作主要归功于美国陆军行为与社会科学研究所(Army Research Institute for the Behavioral and Social Sciences,ARI)。ARI 成立于 1940 年,该研究所在人员选拔方面进行了积极地探索,开辟了许多新领域,取得了重要进展,包括军事工作绩效分析和评估、评价量表改进、选择题和关键事件访谈、测验结果与训练成绩和作战记录的比较等。此后几十年中所取得的许多研究成绩都来源于这些基础性研究。

第二次世界大战爆发前,美军陆海空三军对各自心理测验研究和发展做出了重要贡献,如《海军一般分类测验》(*Navy General Classification Test*,NGCT),不仅包括了一般能力测验,也包括对特殊知识,如机械、书写、拼写和电码能力的测验;空军为机组人员建立了纸笔选拔和分类测验,为飞行员、投弹手、导航员以及机组人员建立了精神动力学测验。二战后,随着工业和电子科学的迅猛发展,大量新式高科技武器开始用于部队装备,新的战争形式对军事人员素质提出了更高要求。军事心理学理论和人员评价技术受到各国军事部门前所未有的普遍重视。英国、法国、德国、苏联和澳大利亚等发达国家也在该领域开展了积极的研究,其心理评价技术在军事机构中的研究和应用一直走在其他领域的前列,在一年一度的国际军事测量学会(International Military Testing Association, IMTA)年会上,几乎可以看到所有新的测量理论以及测验在军队中的应用。

1950年,美军开发了《武装部队资格测验》(*the Armed Forces Qualification Test*,AFQT),AFQT 的主要用途是给不同军事部门提供人员基本心理特征,设置"最低能力标准",并确定高低能力级别。AFQT 第一版包括文字、数字和空间测试,共 90 个问题,要求被试在 45 分钟内完成。第三版于 1953 年正式使用,增加了工具知识方面的问题,这些问题包含在几个分测验中。AFQT 的每项测验都与 AGCT 有着直接或间接的关联,直到今天,AFQT 仍是一项依据个体能力将人员分配在不同岗位的有价值的测验工具。

1966 年,美国国防部开发了《军事职业能力倾向成套测验》(*Armed Services Vocational Aptitude Battery*,ASVAB),这是一项通用性的征兵心理测验,用于确认应征者智力是否合格,并用于应征者的分类和岗位分配。而 AFQT 成为了 ASVAB 的一个部分,用作个体可训练能力的评价指标。ASVAB 及其计算机测验经过了系统性研究,在美国已家喻户晓。1974 年,美国国防部指示所有军队行业都使用统一的 ASVAB,它的编制技术路线目前是心理测验编制的典范。2002 年以来,ASVAB 已经开发出 4 个版本纸笔测验以及计算机自适应测试,可对不同人群进行施测。2002 年版 ASVAB 包括 9 个分测验:常识(General Science, GS),数学推理(Arithmetic Reasoning, AR),词汇(Word Knowledge, WK),段落理解(Paragraph Comprehension, PC),车辆和购物知识(Automotive-Shop Information, AS),数学知识(Mathematics Knowledge, MK),机械理解(Mechanical Comprehension, MC),电子信息(Electronics Information, EI)和装配(Assembling Objects, AO)。

越南战争结束后,随着美军新兵役制的实施,军队人员的质量出现了明显滑坡。

到 1975 年,一期士兵减员率在具有高中毕业文凭的士兵中达 27%,在没有高中毕业文凭的士兵中高达 51%,均创历史最高记录。与此同时,在应征青年中只有 58% 为高中毕业生(1987 年为 90%),受教育程度低和淘汰率高是当时困扰美军征兵工作的两大问题。1980 年,因为所使用的 ASVAB 不够规范,需要做进一步的效度检验。面对这种局面,美军开始了历史上最大范围的心理选拔和分类研究工程,即美国"军事人员选拔和分类项目"(the Army's Selection and Classification Project, Project A)。Project A 是 20 世纪 80 年代以来,美国 ARI 与其他三家研究机构一起历时 7 年开发完成的,它的基本目标是发展一套可以改进当时军队选拔分类方法的预测量表、标准测量方法以及有效数据,这是美国乃至世界军队历史上规模最大、影响最深远的军事心理学研究和应用,其最终目的是"……通过改进征兵选拔和入伍人员的岗位分配,最大可能地提高部队的整体绩效。该项目将把绩效测量与评价、选拔和分类方法以及兵员分配过程整合起来,提供有用的信息,使之满足军队兵员管理的多项目标"。该计划在征兵选拔、分类和绩效研究方面具有历史性的意义。Project A 可以提供多种信息,用来"评价和证实选拔与分类系统模型,使那些诸如使用不同绩效标准、不同预测量表、不同职业分配效用分布和不同价值判断的内容,都可以用来进行评价"。Project A 的核心问题是士兵工作绩效的实质,编制专家认为士兵绩效是多维的,将其定义为"对于完成组织目标具有重要意义的行为以及活动的总和"。通过大量的任务分析以及关键事件法、专家评判法等手段,Project A 最后将绩效定义为两个领域:一个是只针对某一特定职业特殊要求而与其他职业无关的行为或技能,即专业知识技能;另一个是所有军队职业都需要的技能和行为。大样本研究发现,士兵的工作绩效包括 5 个核心维度,包括 2 个能力维度,分别是核心技术能力(Core Technical Proficiency)和一般士兵能力(General Soldiering Proficiency);3 个动机维度,分别是努力和领导力维度(Effort and Leadership)、个人纪律性(Personal Discipline)以及身体适应性和承受力(Physical Fitness & Bearing),每个维度中又包括若干个评价指标。从 Project A 开始,"经典预测模型诞生了"。

Project A 的预测内容也是以 ASVAB 为基础,并在此基础上进行了改进,并增加了新的内容:

(1) 空间能力测验(Spatial Tests)是通过纸笔测验的形式完成的,包括拼图(Assembling Objects)、旋转(Object Rotation)、迷津(Maze)、地图(Map)和推理(Reasoning),主要测试被试的空间视觉旋转能力、空间扫视能力(Spatial Visualization-Scanning)、空间定向能力和归纳能力。

(2) 认知和心理运动能力测验(Perceptual/Psychomotor Test)采用计算机化形式进行测验,内容涉及面广,包括简单反应时、选择反应时、短时记忆、认知速度/准确率、数字记忆、目标鉴别和单(双)手轨迹追踪能力等。主要检测认知加工速度、短时记忆、心理运动准确性以及肢体协调性等能力的维度。

(3) 气质、兴趣和生平资料。将气质和生平资料用于士兵选拔是 Project A 的创新之一。《生活背景和经历评估量表》(Assessment of Background and Life Experiences, ABLE)包括10个气质分量表,1个身体健康状况分量表和1个态度诚实分量表;在兴趣测试方面,主要是编制了《军队职业兴趣测验》(Army Vocational Interest Career Examination, AVOICE)。

美军采用 Project A 完成每年对30至40万应征人员的测评,并从中选拔出12万至14万名入伍新兵,分配到军队不同专业岗位。该项目的实施对提高美军的兵源质量,加速其军队质量建设,增强其部队战斗力起到了十分重要的作用。

尽管没有 Project A 那么有名,Project B 和 Project A 却是同时出现的。Project B 的目的是开发计算机化的人员分类系统,这样可以向应征者提供许多选择参考,将工作分类最优化,将最合适的应征者安排进入部队工作。布罗格登(Brogden)早期关于创建不同分配理论的工作确立了 Project B 和应征人员分配系统(Enlisted Personnel Allocation System, EPAS)的地位,后者是前者的延续。EPAS 用目标程序将能力领域分数、项目训练可行性和使工作分配最优化的项目可行性整合起来。有证据表明,根据军队征兵的要求,EPAS 确实提高了每年应征者分配的优化程度。

贝洛夫(Bayroff)早期关于适应性测验的分支测验研究并没有得到认可,直到麦克布赖德(McBride)有关适应性心理测验的研究开始后,人们的认识才大有转变。微型计算机的发明使得适应性测验和项目反应理论(Item Response Theory, IRT)实际应用成为可能。海军人事研究和发展中心(The Navy Personnel Research and Development Center, NPRDC)是进行计算机自适应测验(Computerized Adaptive Testing, CAT)的先驱之一,NPRDC 研发的 CAT 版 ASVAB 奠定了 CAT 和 IRT 实际应用的道路。第一个在实际中大规模使用 CAT 的测验是《军队计算机自适应筛查测验》(Army's Computerized Adaptive Screening Test, CAST),这项由美国海军编制的测验是基于早期 CAT - ASVAB 研究中的项目和试卷编制策略,用于在军队的征募站筛查应征者的。

2.3 现代军人心理选拔的原则

由于军人是一个特殊的群体,担负着特殊的使命,执行着特殊的任务,因此,特有的心理选拔原则,是保证选拔合格人员的重要依据。

(1) 可预测性原则

设计心理选拔测验内容时,必须以心理学的基本理论为依据,选择相对稳定的心理品质,如人格和智力等作为检测内容,使所编制的心理测验工具具有预测性功能。在某些新兵心理选拔测验中,选择了精神—心理健康状况作为测验内容,结果出现两方面问题:第一,量表的表面效度高,隐蔽性差,容易被受检测者猜出检测目的,测验效度低;第二,由于精神—心理健康状态存在很多的不稳定性,现有的检测结果与将来的健康状况没有显著关系,不具备可预测性,采用该类心理测验对心理选拔是没有意义的。因此,在选择和设计心理选拔测验工具时,必须选择和设计低表面效度、高预测性的测验。

(2) 高针对性原则

首先,由于国家战略目标、文化背景、征集体制和征集对象存在较大差异,各国军队应根据各自的国情和军情、各自选拔目标和选拔的基础条件,建立相应的心理检测系统。第二,由于从事的军事职业不同,心理选拔的内容、方法和标准也不尽相同。第三,通常用于心理选拔检测的时间是有限的,在短时间内通过改善心理检测技术,对大量应征候选人员进行快速、准确评估,并指导客观性、公正性和有效性是一件非常困难的工作。因此,在设计心理选拔检测项目前,应首先对选拔从事该军事职业特点和现有人员的主要心理问题进行认真细致的调查,将检测目标锁定在预测性强、部队影响大、发生问题比较多的心理问题上,以获得对该人群的高检出率,这样才能保障心理选拔的真实性。

(3) 淘劣与选优原则

在军人心理选拔中采用淘劣原则还是选优原则,取决于候选者的人数与录用者的比例、候选者的心理素质、选拔从事的职业等多方面因素。在军人心理选拔中,通常采用淘劣的原则,依据职业要求和候选者人群的心理素质状况,制定每项测验的标准,即最低可接受分值,将低于任何一项测验标准的候选者淘汰。然而,淘汰人数的多少与采用心理检测项目的多少有关。征兵心理检测通常以解决主要准入需求为目标,采用的测验相对较少。而飞行学员等特殊职业军人,职业要求高,采用的项目和涉及的内容就要全面。采用的项目越多,淘汰的人员也越多,在一定程度上达到了选优的目的。当候选者与录用者人数的比例非常大时,可以采用选拔每项成绩最佳者的原则,这才是真正意义上的选优。我国征兵心理检测系统采用淘劣原则,淘汰标准是依据现有应征人群智力发展正态分布低段2%和具有明显精神障碍人格特征确定的。在实际心理选拔中,可淘汰2.4%左右的参检应征公民。

(4) 简捷、快速原则

简捷、快速原则是相对的,通常是依据一个国家军人心理选拔站的特性、选拔职业、参检人数和检测项目数确定的。我国应征青年心理选拔特点是站点多、时间短,因此参与心理检测的专业人员较少,应征公民上站时间有限。这就要求测验方法必须易学、便于掌握;应选择简短、有效的测验工具;利用计算机技术,减少人为因素,使测验结果评判准确、迅速;测验结束后能立即获得测验结果;测验结果的评判应简单、明确,不需要太多专业知识就可掌握评判标准。

(5) 易保密性原则

心理测验结果的保密性是头等重要的问题,任何有效的测量技术都必须建立在这一原则基础之上。确保一项测验的保密性,除防止扩散、泄密外,应注重减少题目的曝光率,坚持定期修订版本。随社会文化和实验对象心理活动的演变,测验内容应该定期进行修订,以确保测验不落后、有效性高。例如,我国以往采用的飞行学员心理选拔测验,尽管检测项目很多,但由于在测验编制上缺乏对可训练性的控制,一旦了解了测验的内容,对测验结果影响非常大。这些测验内容在社会上经过几年的流传,目前许多测验已经失去效用,没有鉴别性。因此,军队应建立一支专业化队伍,负责测验的技术保障、特殊测验结果解释和测验效果监控,为新测验版本修订提供技术支持。美国空军军官资格(Air Force Officer Qualification Test,AFOQT)测验每 7 年更换一个版本。

(6) 低可训练性原则

以往心理选拔用能力测验最大的问题是可训练性。测验前无意训练水平不同、个人学习测验的能力差异,常常导致测验结果上的差异,因此无法将以往经验、学习能力与实际能力区分开,给测验结果的判断带来极大的困难。因此,在设计心理选拔实施工具时,必须首先考虑这个问题,将测验的训练性降为最低。

(7) 综合评定原则

人的心理活动非常复杂,要提高检测的预测效果,必须采取综合性的评判方法,将心理测验、心理访谈和行为观察等技术有机结合。因此,根据心理选拔检测结果做职业合格结论时,还应注意搜集候选者的体检、思想品德、爱好、所接受教育和学习,以及生活史等方面的资料,作综合考虑。因为这些资料,特别是个人成长经历信息往往能为了解个人有关能力发展水平、个性特点、社会交际能力,以及高级神经活动特点等提供补充信息。另外,一个人能否顺利地掌握军事职业技能,如飞行技术,并获得优异成绩,取决于各种心理品质的有机组合。某种心理品质的缺陷,可由其他心理品质予以补偿。譬如,有注意广度不足的人,可用注意转移速度快来弥补。这种补偿,一般可以顺利通过初级飞行训练,但到高级飞行训练或战斗飞行时就会发生困难。所以,根据候选者心理学检测总成绩评定职业适合性时,还应分析各单项检测成绩,进行综合评定。

2.4 国际军事测量学会

国际军事测量学会(International Military Testing Association,IMTA)成立于

1959年,是一个国际军事心理学研究成果交流的平台,每年举办一次学术年会,至今已经举办59次。军事心理学家以个人或组织名义加入学会,每年要在学术会议中报告近期研究成果,主要涉及军人选拔、心理测量、工作分析、绩效评估和军事训练等各个军事心理学研究的方向。目前国际军事测量学会有29个组织成员,来自21个国家。59次学术年会承办的单位和地点见表2.1。

表2.1 IMTA 历届承办单位和举办地

届次	承办单位	举办地	举办时间
1	美国海军检测中心(US Naval Examining Center)	美国,五大湖	1959
2	美国陆军入伍评估中心(US Army Enlisted Evaluation Center)	美国,印第安纳波利斯	1960
3	美国空军人事研究实验室(US Air Force Personnel Research Laboratory)	美国,圣安东尼奥	1961
4	美国海军检测中心(US Naval Examining Center)	美国,五大湖	1962
5	美国海岸防卫研究所(US Coast Guard Institute)	美国,康涅狄格州	1963
6	美国陆军入伍评估中心(US Army Enlisted Evaluation Center)	美国,印第安纳波利斯	1964
7	美国空军人事研究实验室(US Air Force Personnel Research Laboratory)	美国,圣安东尼奥	1965
8	美国海军检测中心(US Naval Examining Center)	美国,沃基根	1966
9	加拿大武装部队训练标准研制所(Canadian Armed Forces Training Standards Establishment)	加拿大,多伦多	1967
10	美国空军人事研究部(US Air Force Personnel Research Division)	美国,圣安东尼奥	1968
11	美国海岸防卫训练中心(US Coast Guard Training Center)	美国,纽约	1969
12	美国陆军入伍评估中心(US Army Enlisted Evaluation Center)	美国,印第安纳波利斯	1970
13	美国海军陆战队(US Marine Corps)	美国,华盛顿	1971
14	美国海军(US Navy)	美国,日内瓦湖城	1972
15	美国空军人事研究实验室(US Air Force Personnel Research Laboratory)	美国,圣安东尼奥	1973
16	美国海岸防卫研究所(US Coast Guard Training Center)	美国,俄克拉何马城	1974
17	美国陆军入伍评估中心(US Army Enlisted Evaluation Center)	美国,印第安纳波利斯	1975
18	美国海军教育与培训项目发展中心(US Naval Education and Training Program Development Center)	美国,格尔夫肖尔斯	1976
19	美国空军人事研究实验室(US Air Force Personnel Research Laboratory)	美国,圣安东尼奥	1977
20	美国海岸防卫研究所(US Coast Guard Training Center)	美国,俄克拉何马城	1978
21	美国海军人事研究发展中心(US Naval Personnel Research and Development Center)	美国,圣地亚哥	1979
22	加拿大部队人事应用研究组(Canadian Forces Personnel Applied Research Unit)	加拿大,多伦多	1980
23	美军陆军行为与社会科学研究所(US Army Research Institute for the Behavioral and Social Sciences)	美国,阿灵顿	1981
24	美国空军人事研究实验室(US Air Force Personnel Research Laboratory)	美国,圣安东尼奥	1982

续表

届次	承办单位	举办地	举办时间
25	美国海军教育与培训项目发展中心(US Naval Education and Training Program Development Center)	美国,格尔夫肖尔斯	1983
26	德国联邦武装部队心理服务部(Psychological Service of German Federal Armed Forces)	德国,慕尼黑	1984
27	美国海军人事研究与发展中心(Naval Personnel Research and Development Center)	美国,圣地亚哥	1985
28	美国海岸防卫学院(US Coast Guard Academy)	美国,新伦敦市	1986
29	加拿大职业结构理事会(Directorate of Occupational Structures)	加拿大,渥太华	1987
30	美军陆军行为与社会科学研究所(US Army Research Institute for the Behavioral and Social Sciences)	美国,阿灵顿	1988
31	美国空军人事研究实验室(US Air Force Personnel Research Laboratory)	美国,圣安东尼奥	1989
32	美国海军教育与培训项目管理支持活动部(Naval Education and Training Program Management Support Activity)	美国,奥兰治比奇	1990
33	美国阿姆斯特朗人力资源实验室(Armstrong Laboratory - Human Resources)	美国,圣安东尼奥	1991
34	美国海军人事研究发展中心(US Naval Personnel Research and Development Center)	美国,圣地亚哥	1992
35	美国海岸防卫队(US Coast Guard)	美国,威廉斯堡	1993
36	国际军事测量学会欧洲成员(European Members of IMTA)	荷兰,鹿特丹	1994
37	加拿大部队人事应用研究组(Canadian Forces Personnel Applied Research Unit)	加拿大,多伦多	1995
38	美国空军人事研究实验室(US Air Force Personnel Research Laboratory)	美国,圣安东尼奥	1996
39	澳大利亚国防部队心理学部(Australian Defense Force Psychology Directorates)	澳大利亚,悉尼	1997
40	美国海军教育与职业培训业发展及技术中心(Naval Education and Training Professional Development and Technology Center)	美国,彭萨科拉	1998
41	美国国防人事安全研究中心(Defense Personnel Security Research Center)	美国,蒙特雷	1999
42	英国防务评估和研究局(Defense Evaluation and Research Agency)	英国,爱丁堡	2000
43	澳大利亚国防部(Australian Department of Defense)	澳大利亚,堪培拉	2001
44	加拿大人力资源研究与评估局(Director Human Resources Research and Evaluation)	加拿大,渥太华	2002
45	美国海军教育与职业培训业发展及技术中心	美国,彭萨科拉	2003
46	比利时人力资源局(Directorate General Human Resources)	比利时,布鲁塞尔	2004
47	新加坡应用行为科学部(Applied Behavioral Sciences Department)	新加坡	2005
48	加拿大军事指挥研究所(Canadian Forces Leadership Institute)	加拿大,金斯顿	2006
49	澳大利亚国防力量心理学部(Australian Defense Force Psychology Organization)	澳大利亚,昆士兰	2007
50	荷兰国防部行为科学中心(Neerlands' Defense Services Centre of Behavioral Sciences)	荷兰,阿姆斯特丹	2008

续 表

届次	承办单位	举办地	举办时间
51	爱沙尼亚国防学院(Estonian National Defense College)	爱沙尼亚,塔尔图	2009
52	瑞士武装部队学院(The Swiss Armed Forces College)	瑞士,卢塞恩	2010
53	印度尼西亚军队心理服务局(The Psychological Service of the Indonesian Army)	印度尼西亚,南库塔	2011
54	克罗地亚武装部队心理服务局(The Psychological Service of the Croatian Armed Forces)	克罗地亚,杜布罗夫尼克	2012
55	韩国国防研究所(The Korea Institute for Defense Analyses)	韩国,首尔	2013
56	德国联邦军队军事心理学服务部(The Military Psychological Service of the German Federal Armed Forces)	德国,汉堡	2014
57	瑞典国防大学、瑞典武装部队和瑞典国防征集局(The Swedish Defence University, the Swedish Armed Forces and the Swedish Defence Recruitment Agency)	瑞典,斯德哥尔摩	2015
58	国防心理研究所(Defence Institute of Psychological Research, DIPR)	印度,新德里	2016
59	瑞士军事科学院联合瑞士武装部队学院(Military Academy in cooperation with the Armed Forces College of the Swiss Armed Forces)	瑞士,伯尔尼	2017

以军官选拔为例,从IMTA的59次学术年会文献分析发现,以往的军官选拔研究主要集中在人格特征差异评估方面;近来的研究发现,能力倾向、成就动机、责任感,以及个性特征、团队属性与情境意识的综合作用对选拔军官的成败具有重要的意义。学校行为和个人档案是传统、有效的军官选拔方法,目前美国、法国和西班牙等国家仍在使用。因此,生平资料的量化、职业兴趣测量等受到专家的普遍欢迎。军官能力倾向测验一般采用语言、数字、常识、空间能力和问题解决五种测验形式,以推测个体的沟通技能、作战成绩、决策能力、人际交往和技能掌握等与军事绩效相关的品质。

以上的方法由于客观性强、易于大规模实施,获得了广泛应用。然而,过于依赖这些方法可能使军官选拔走入瓶颈。评价中心技术,不但有传统的能力倾向测验、推荐信和个人档案,还有模拟、角色扮演(role-play)、任务筐(in-basket)、口头介绍(presentation)、无领导小组讨论(leaderless group discussion)和指挥任务(command task)等技术,都可以提高检测效果。尽管评价中心技术花费时间长(一般一名候选者需要一天时间)、费用高,但由于军事效益高,在效益/经费比例中占有更高的权重。另外,结构式心理评估(construct-orientated psychological assessment)也是对评价中心技术最好的补充。在军官选拔研究方面,主要采用纸笔测验、访谈、情境测验、同伴评估和非任务下行为观察等手段,评价候选者的动机取向、主动性、智力、情绪稳定性、领导力和安全感等。这种方法在比利时、以色列和德国的军官选拔中被广泛采用。

2.5 国际主要军事强国的心理选拔方法及过程

2.5.1 美国

美国国内现有 65 个募兵站(Military Entrance Processing Station, MEPS),为志愿入伍的应征青年制定了严格的选拔条件和标准。MEPS 中配有军队职业咨询专家和机动测验小组,军队职业咨询专家有权使用包括军事职业能力倾向测验、体格检查等结果,以及教育状况和其他资料信息数据库,并有权知道军事学校和部队岗位空缺情况,通过考查应征者的职业兴趣和其他背景资料,将他们分配到军队中最合适的岗位上,达到人—岗匹配。测验小组则可以在其服务范围内通过民间邮局或网络提供军事职业能力倾向测验。

美军目前征兵心理检测的内容包括能力倾向检测、教育成就评估和医学筛查。第一,能力倾向测验,仍采用 ASVAB。美国征兵心理选拔中所有应征者都要接受 ASVAB 的检测。每个军种都设定了各自的 ASVAB 通过标准。美军人事部门将根据检测成绩、军队需要和应征者的意向对新兵专业进行统一的安排和调配,应征者可根据自己的成绩和爱好来选择专业。在被淘汰的应征者中,大约有一半人是因为没有通过能力倾向测验。第二,教育成就评估(determination of education achievement),主要指接受高中或同等教育水平。美国国防部根据应征者的在校成绩、个人才能、征集资源与部队实际需求建立了一项数学模型,美国国会又依此建立了兵员准入定性标准。第三,医学筛查与一般精神健康评估。在美国征兵心理检测中,精神健康评估通常在医学检查中实施,目前在普通兵员征集中不使用任何特殊的人格测验或其他心理检测。

2002 年,拉姆齐(Rumsey)对 ARI 在征兵心理选拔的过去、现状和未来方向等方面工作进行了总结,提出目前 ARI 开始探索使用斯滕伯格(Sternberg)理论,在人员分类和训练中测量创造力、鉴别个体适应性与灵活性的可行程度;除此之外,ARI 还在研究情绪智力(Emotional Intelligence, EI)作为潜在区分工具的可能性,以及条件推理(conditional reasoning)作为潜在选拔工具的可能性等。

2.5.2 瑞士

在瑞士每年有 30 000 多人入伍,其征兵的医学标准主要包括两方面:躯体和精神检查。其中,精神筛查的程序是:首先通过自评进行精神科筛查,对于超过筛查指标的人员进行必要的人格筛查,如果没有问题则不必进行附加的精神科评估;如果人格存在问题,则必须进行精神科检查(临床诊断),诊断没有问题便可以进行入伍检测,然后对有问题的人员进行严重程度的临床评估,评定为轻度的可以在征兵点进行入伍检测,中等程度的推后2年再进行精神检查,重度的不适宜入伍。

2003年,瑞士开始启用新的征兵系统(XXI),将原130个临时检测点集中为7个长年设置的心理检测站。检测内容包括医学检查、心理检测和运动协调检测。系统中的心理测验包括心理健康、社会智力、智力测验、领导能力测验和其他测验,主要进行能力倾向测验、工作配置和高级军官能力评估。能力倾向测验检测的内容有:阅读能力(15分钟)、智力(25分钟)和心理能力(45分钟)。工作配置评估包括:智力、人格(15分钟)和个人兴趣测验。高级军官能力评估的测验内容包括:智力、人格、领导能力(45分钟)、记忆力(30分钟)、应激耐受性(15分钟)和动机测验(15分钟)。心理—精神健康检查与访谈的内容主要包括危险因素或保护性因素,例如依赖性、家庭和生活状况、儿童和青少年时期情况、社会关系、职业、收入、健康状况、智力和精神状态等方面,内容涉及适应障碍、人格障碍、行为情绪障碍、精神发育迟滞、抑郁症、创伤后应激障碍、强迫症与焦虑症、物质依赖和情感性精神病等内容。最终依据不同种类的测验结果,对军人进行职业分类。如果心理应激超过心理资源的应对能力,个体便不适于参军;如果心理资源能够应对心理应激,个体便适于参军。

军官选拔也是瑞士军事心理与军事教育部的核心工作之一。职业军官评估中心每年进行三次评估,每次有30名职业军官候选人参加,在2天内开展6项模拟练习:一次面对候选人与评估人的简洁的自我介绍;一次以"个人利益与团体利益"为主题的无领导小组讨论;一次以说服某人接受一项不合意的差事为目的的激发性谈话;一次命题辩论;一次如何处理困境的模拟演示以及一次军事教育方面的讲座。另外,还将实施三项认知能力测验。这些模拟练习主要从以下6个维度对候选人进行评估:个人态度、动机、组织和计划、分析、交流、合作和问题处理以及领导力,每项模拟练习都会评估其中的3—4个维度。每名候选人在进行任意一项模拟练习时,都有两名评估师对候选人的表现进行观察,并对模拟练习涉及的维度进行评估。最后在评审组长的指导下,综合两名评估师的结论,得出候选人的最终评级。候选人的每项模拟练习都会由不同的两名评估师进行评估。

在对所有人的评估实施完毕以后,评估组会按照候选人的评估结果对他们进行等级评定。评估组优先讨论表现低于平均水平的候选人,并统一意见,以便给出"通过"或"未通过"的等级评定。在得出结论后一天内,就会电话通知候选人。在得出结论后两周内召开的职业军官候选人反馈讨论会上,负责人事管理的责任人也会公开一份详细的报告。

2.5.3 德国

德国《德国联邦国防军基本资格测验》(Bundeswehr Basic Qualification test, BBQ)是在美军 AFQT 基础上发展起来的能力倾向成套测验。60 年代的测验版本适应了当时的文化和语言背景,迄今仍在使用。1988 年开始使用 CAT 测验系统,对每一位应征者的全部测验信息进行测量和储存。德军 1988 年的一项研究显示,能力倾向测验可明显提高军事训练效果,每年可为德国节省军事训练经费约 1 亿德国马克。

德国军队人员选拔有四个主要的组成部分:入伍新兵和士官心理诊断;预备军官心理测试;特殊人员选拔(例如:飞行员、驾驶员和特种部队等)和文职人员心理评估。测试均由面试、团体情境测验和心理能力倾向测验三部分组成,最后由一名心理学家和一名在评估中心受训过的征兵专员共同复审。

德国军队采用最先进的 CAT 分别考察受试对象逻辑思维、数学推理和语言运用的能力。再根据受试对象的测试结果将他们分配到符合德国军队需要的相应军事岗位上去。德国军队还会参考应征人员的申请进行更深层次的测试。飞行员、航管员和特种部队的应征人员也要进行额外的测试,除了基本筛查之外,入职前还要进行必要的职业相关测验。以德国特种部队为例,参选特种部队的人员在开始进一步的多阶段选拔之前,必须在空降部队或侦察兵部队已被选拔为士官并进行过训练。而后参加深入的能力倾向和人格测验,以及一项高标准的体能测试。通过选拔的候选人才能获得为期两年的特种部队训练的准入资格,开始武器操作、战场通讯、医疗救护和爆破的训练。

2.5.4 英国

第二次世界大战期间英国在陆军部成立了评选委员会,采用面谈、测验和情境模拟等技术进行心理选拔。战争结束时有 140 万人接受过这样的选拔测评,其中 60 万人应征入伍并参加军事训练。

2.5.5 比利时

比利时军人选拔系统(Belgian Armed Forces Officer Selection System, BAF)包括士兵、军士和少尉以上三个系统,选拔程序包括行政检查、体格检查、医学检查、心理测试和学业检查五个部分。采用单向淘汰方法,心理测试和体格检查共 3 天。皇家军事学院组织的传统检查包括数学能力和语言能力,也需 2—3 天时间。特殊兵种选拔还包括智力和人格测查,程序为:第一天体格测试,第二天认知、人格和动机测验,第三天情景模拟评估和结构式访谈。

2.5.6 丹麦

丹麦国防部评价中心采用的方法与其他国家不同,候选者是已经接受过军事训练的军官,因此测验的目的不是预测他们在军校中的表现,而是预测其职业成就。评估的主要指标是军校毕业后的表现和军事领导能力。丹麦国防部开发的评价中心技术包括能力倾向测验、人格测验、生平资料记录、小组训练、30分钟军旅经验访谈,以及60分钟的家庭背景、教育状况、工作经历、已获成绩、兴趣、动机、职业意向等访谈。心理学家对每一候选者的情况进行讨论,达成一致意见,然后将一份书面报告提交给选拔委员会。

2.5.7 新加坡

新加坡较早采用计算机辅助心理测验,其最终决策主要依据5项检测的成绩,各项测验所占权重如下:同事评价占30%,认知测验占28%,教育背景、情境测验和排级军官评估各占14%。

2.5.8 印度

印度广泛采用计算机自适应测验对申请入伍人员进行心理选拔。自2006年起,印度军队编写并开始使用线上军队能力倾向测验,并取得了巨大的成功。有意向申请入伍的人员,在提出正式申请之前,可以先在互联网上进行一次军队能力倾向测验,作为是否提出正式申请的参考。印度飞行员的选拔也依靠计算机化的选拔系统开展。新式的计算机飞行员选拔系统,完全按照高科技飞行器对飞行员的要求编制,是一套针对认知与心理运动能力的综合性测验,替代了传统的飞行员能力倾向测验。另外,印度军队也将主题统觉测验和词汇联想测验计算机化用于心理选拔。

2.5.9 瑞典

瑞典国防征兵局负责全国的申请入伍人员心理选拔工作,由大约110名人员组成,其中包括20名心理学家、5名军医、16名护士、20名IT人员和大量情报人员。国防征兵局中的心理学家负责组织开展申请人的心理测试与评估。首先是电脑认知测验,通用智力量表测验成绩不低于4分者合格;然后进行半结构式访谈,时间大约1小时;综合各项测试结果对申请人进行评级,再按照评级安排职位。在面试中还整合了对申请人的安全性评估,主要包括对申请人的忠诚度、可信赖度和易受伤度的评估。瑞典国防征兵局的心理学家还具有一票否决权。如果心理选拔未能通过,即使申请人在体能测试中取得了非常优异的成绩,依旧不能通过选拔。

2.5.10 意大利

在意大利,共有 74 名心理学家在军队供职,其中大约半数都从事征兵选拔工作。自 2007 年起,意大利北部、中部和南部的征兵中心都录用了更多的军事心理学家以负责征兵工作。在最近的 10 年里,从事征兵心理检测的军事心理学家已经稳定增至 35 人,其中还包括两名陆军参谋部的军官。

意大利军事人员总司对选拔过程负最终责任。新兵要进行公共的以及职位相关的多项评比,职位相关评比将用于人员分类。因为评比涉及的内容各有不同,意大利陆军参谋部针对各项评比都制定了详尽的指导方针。依照指导方针,申请人须依次通过身体状况评估以及人格与能力倾向评估,两项评估同时合格才能入伍。

为了达到意大利军队对不同类别人员的要求,依照指导方针,意大利的军事心理学家们需要结合自己的专业知识和经验开展心理选拔工作。在选拔评估过程中需要用到"大五"人格测验以及情商模型。最终,军事心理学家联合征兵选拔委员会,参考多项心理测量和综合面试的结果,为每一名申请人出具一份《能力倾向剖析摘要》。这份摘要包含四个方面的内容:军队环境适应能力、情绪相关内容、人际关系相关内容和工作相关内容。根据待评估的人员类别,衡量标准也有所不同。

综上所述,目前国际上军事强国军事人员心理选拔主要特点有四个方面:第一,已形成并完善了一整套军人选拔、评价、分类的心理测评系统;心理选拔侧重智力、技能、能力倾向、一般人格特征方面;第二,精神疾病和严重心理障碍检测通常由有经验的临床心理学家通过个别会谈实现;第三,测验手段计算机化,并形成评价的专家诊断系统;已制定出不同兵种的心理选拔方法和标准;第四,已建立一整套采用阶段测评、智力与非智力测评相结合,定性与定量测评相结合,个体与群体测评相结合,心理学专家与部队领导相结合的技术。

2.6 我国军人心理选拔进展

我国军事人员选拔的历史则更短暂。1991 年开始初级军官心理选拔研究,经过长达 13 年初级军官心理选拔的研究,编制完成《初级军官心理选拔检测系统》、建立了胜任特征评价体系和分类模型,并深入探讨该选拔系统对院校胜任特征和部队工作表现的具有预测性,为建立适合我军和我国文化背景的初级军官心理选拔系统奠定了理论基础。

2002 年,在全国应征青年心理健康状况普查的基础上,借鉴发达国家研究技术和经验,我国国防部启动"征兵心理检测系统及标准"的研制工作,主要由第四军医大学心理学教研室牵头攻关。经过 4 年的技术开发和试点工作,一套适合我国国家战

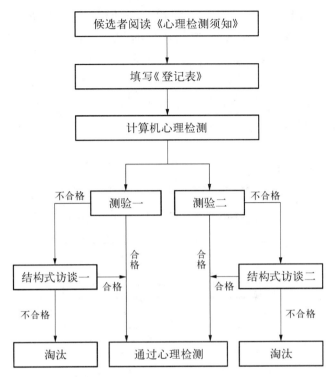

图 2.1 初级军官心理选拔流程图

略目标、文化背景、征集体制的可操作性心理检测系统——中国征兵心理检测系统(Psychological Screen System of Chinese Recruitment, PSSCR)诞生了,该系统包括计算机检测和结构式访谈两大部分;计算机检测包括《中国士兵智力测验》(Chinese Soldiers' Intelligence Test, CSIT)和《中国士兵人格测验》(Chinese soldiers' personality test, CSPQ);CIST 由数字运算、语词推理和数字搜索测验构成。CSPQ 包括 5 个效度量表和 6 个临床量表:5 个效度量表分别是 D(防御性量表)、S(求异性量表)、T(掩饰性量表)、P(忽略性量表)和 C(矛盾性量表);6 个临床量表分别是 Dit(分离特质量表)、Net(神经特质量表)、Set(敏感特质量表)、Dev(偏离特质量表)、Imp(冲动特质量表)和 Ant(悖逆特质量表)。大量研究显示,CSPQ 具有较高的信效度,能有效鉴别具有精神分裂型人格特质的应征公民。

该系统于 2006 年通过专家技术鉴定,同年在全国 31 个省市自治区 99.13% 的武装部推广应用。实践证明,该心理检测系统的预测符合率达 85.5%,使部队精神分裂症构成比例由 6.3% 降至 1.9%,有效地提高了部队军事训练和管理质量。此外,我军在测验 CAT 化方面进行了大胆的尝试,创建了我军兵员选拔的系列 CAT 化成套测验及运行管理系统,建立了大规模 CAT 化心理测验技术平台,节约检测时间 38%

以上,降低题目曝光率 88.2%,减少访谈量 37.6%,使测验效率和准确性明显提高。

上述学术贡献已被国防部、解放军三总部采纳,制定出三部国家军用执行标准,并颁布实施,目前已在全国正式推广应用。标准颁布以来,共检测 575 万名应征青年,淘汰 14 万名不合格者,有效阻止了精神—心理障碍高危人群进入部队,为保障部队安全稳定做出了重要贡献。这些成果最终凝结为 2010 年度国家科学技术进步一等奖,这也是迄今为止我国心理学界荣获的最高科技奖励。我国目前征兵心理检测流程如图 2.2。

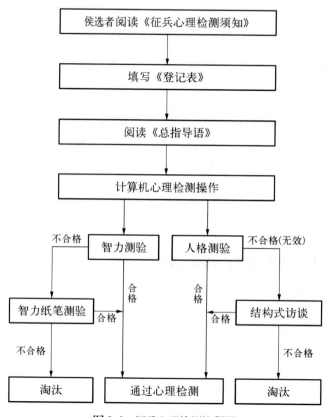

图 2.2 征兵心理检测流程图

2.7 军人心理分类的发展

尽管美军兵员选拔有一套客观标准的程序,但在越南战争后,高训练淘汰率依然是困扰美军的重大问题,由此引发军方及学术界对招收什么样能力的士兵从而胜任军事任务的大讨论,最终凝炼出一些研究课题:如何以优化方式科学安置应征人员,如何以精确的方法实现人—岗匹配,如何建立征兵选拔标准、军事训练与工作绩效之间的长效预测机制。美军一方面致力于完善军人职业选拔方法及体系,另一方面积极探索高效的人—岗匹配方法,于是应征人员分配系统(Enlisted Personnel Allocation System, EPAS)应运而生。EPAS 是 ARI 历时长达 30 年开发的最新分配系统,第一版的 EPAS 就是在 Project A 和 Project B 研究结论的基础上开发出来的。EPAS 主要是基于岗位能力要求,旨在将新兵分配至个人潜能最大的岗位,同时综合考虑征兵和兵员分配要求,基本思路是根据能力域特性将应征人员划分为不同的群体,确定不同军事岗位的任职要求,将应征群组与岗位分类系统进行有效匹配。该系统能较好地实现人—岗匹配,在现有应征人员能力水平上能有效提升军事绩效。EPAS 是美军优化分配研究方面具有显著意义的研究成果。1995 年,基于个人计算机的 PC‑EPAS 出台,将运行环境从 IBM 大型主机迁移至个人计算机上,同时细化了应征人群组的划分,丰富了分配模式——包括按部队实际规划的分配模式和模拟人—岗匹配方式的分配模式,以更好地满足部队实际需要。2004 年,第三版应用型 EPAS 研发成功,以便将人—岗匹配最理想的职位呈现给应征者,为应征者提供更适应个体能力的岗位分配清单。

对于特殊军事岗位胜任特征和人员分类方面,我军已经开展了一些尝试性的研究,研究对象包括飞行员、通信兵、汽车驾驶员、潜水员、雷达兵和航天员。

2.8 我国军人心理选拔与分类的展望

尽管我军在心理选拔研究方面取得了长足进步,但仍存在不少问题,今后十年应在以下方面进一步深入研究。

明确选拔与训练的关系。选拔和训练是提高军人个体和团体工作绩效和战斗效能的重要环节,二者功能各有不同:选拔是针对那些难以提高和改进的个体特质展开,其目的是选拔那些可接受特殊训练的人员进入部队,比如低智力水平、偏差人格特征等,通常难以通过训练和管理得到改善,因此在选拔中应重点将有这些特质人挑选出来,杜绝此类人群进入部队。而训练则是在一定的基础之上,学习专有知识、提升专业技能、改善环境适应能力,以达到部队的基本要求。因此,应该重点开展相关研究,进一步明确哪些特质必须要进行选拔,哪些特质是可以通过训练来提高的,从而精简选拔的内容和项目,提高训练的针对性。

构建分阶段选拔体系。由于心理活动的复杂性和选拔技术的局限性,多数情况下入门选拔并不能很好地预测一个人军事职业生涯各时期的表现。因此,分阶段选拔对提高部队作业效能具有重要意义。例如,培养一名合格的军事飞行员受多种因素制约,有些因素在招飞初选阶段是很难预测的,特别是追求初期选拔心理测试成绩与高性能飞机驾驶成绩之间的高度相关,在理论和实践上都是不可能实现的。美国于20世纪90年代中期开始实施专业航校飞行员训练计划,学员完成初级飞行训练项目后进入专业航校飞行员训练,先完成T-37喷气式飞机训练,根据测试成绩再进行筛选,被分配到4种高级训练课目中受训,多数人接受轰炸(战斗)或空运(加油)飞行训练,只有少数人才能接受T-44高级涡轮喷气机或UH-1直升机训练。因此,在进入新的职业阶段之前都应该根据前期训练成绩进行筛选,这种分阶段选拔体系保证了选拔效果的稳定性和个体的职业效能。

成本与收益的权衡。军人心理选拔是一个耗时、耗力的巨大工程,为了保证选拔能够顺利进行,选拔的成本和收益是必须要考虑的问题。例如,训练合格率的提高、工作绩效的改进、精神病发病率和人为事故发生率的降低等都是选拔的收益,应该将这些收益进行量化,并和心理选拔的投入作成本分析。19世纪70年代末,席姆特和亨利(Schimdt和Hunter)创造了理性评估(rational estimate,RE)技术,他们认为,无论工作的多样性和要求的复杂性如何,最终工作产品或成果多么难以量化,仍都可以进行货币价值的评估。因此,首先对军人心理选拔的价值进行货币化计算,然后与选拔成本进行比较,便于使决策者了解选拔的效益到底如何,使心理选拔成为一项长期工作。

提高征兵的基础率。军人心理选拔到底是一个标准参照选拔还是一个常模参照选拔?一般认为,军人选拔应该是一个标准参照选拔,即要根据某个岗位的胜任特征进行选拔。但在实践过程中,军人选拔往往有招募名额的要求,比如每年必须要征集多少人进入部队,数目基本是固定不变的。当军队对地方人员吸引力大的时候,有较多的优秀候选者可供挑选,这时候仍需要基于常模参照的原则择优录取;当军队对地方人员吸引力较弱时,候选对象中高素质人员较少,这时也需要依据常模参照的要求进行挑选,但这样就会导致选拔效度的下降,因此需要在改进军人心理选拔方法的同时,政府在参军入伍上要给予政策倾斜,提高军队的吸引力。

建立和完善军人的选拔与分类体系。发达军事强国的军人选拔通常都包括选拔与分类两个步骤,通过选拔实现入伍资格认证,再进行进一步的评估和分类,实现人—岗匹配的目标。这是一项巨大的工程,美军为此曾花费十多年的时间,我军在人员分类研究方面才刚刚起步,这应是未来发展的重点。

个体选拔与团队选拔互补。传统军人心理选拔多注重个体的选拔,而忽视了团体选拔。而军事行动往往以团队为单位进行,因此团队成员选拔具有重要意义。团队成员的选拔需要考虑到团队的任务类型、角色差异和资源因素等有关的情况,这与传统的选拔方法之间有很大的区别。团队选拔的核心目的是保证团队的整体绩效。

研究发现,对于一个团队而言,解决创造性问题,中等程度外倾性的成员组合更好,外倾性太高或太低均对绩效有负面影响。史蒂文斯(Stevens)的研究认为对冲突的管理、合作及沟通等人际技能在团队工作中起着重要的作用。克里莫斯基(Klimoski)发现,按照成员不同的知识、技能、能力和人格而组成的团队在绩效方面也存在较大的差异。因此,将来应在机组成员搭配、航天员和坦克员编组等方面进行深入研究。

注重人—组织匹配研究。传统人员选拔多注重人—岗匹配,对人—组织匹配研究较少。人—组织匹配是指个人的人格、信念、价值观和组织的文化、规范及价值观相一致,其基本思想是个体特征和组织特征的匹配对个体和组织绩效有重要的影响。该领域最显著的成果之一是施奈德提出的人和组织基于相似性而相互吸引的吸引—选择—消耗(Attraction-Selection-Attrition, ASA)模型,查特曼(Chatman)研究中发现个人—组织匹配是预测员工工作满意度和离职倾向性的重要因素。麦卡利斯特(McAllister)发现人—组织匹配与组织认同、组织公民行为、离职决策相联系。因此,考虑到军队特殊的组织结构,未来在此方面的研究可以着眼于促进军人选拔效度的提高。

(武圣君)

参考文献

范卫华,刘旭峰,苗丹民,刘练红.(2005).任务类型和旋转平面对飞行员心理旋转的影响.医学争鸣,26(5),454-456.
刘旭峰,苗丹民,胡文东,付双喜.(1999).复杂选择反应时测验在飞行员飞行能力评定上的效度分析.中华航空航天医学杂志,10(3),163-166.
刘振富,苏永强,杨绍华,齐建林,刘旭峰.(2008).雷达部队官兵心理健康状况与人格特征的研究.中国健康心理学杂志,16(10),1094-1096.
苗丹民,罗正学,刘旭峰,董燕,李玉玮.(2004).年轻飞行员胜任特征评价模型.中华航空航天医学杂志(1).
苗丹民,王京生,肖玮,刘旭峰,黄伟芬,刘芳等.(2004).飞行学员情绪稳定性评定效标的验证性因子分析模型比较.航天医学与医学工程,17(2).
苏景宽,李云波,罗正学,苗丹民.(2004).不同军兵种官兵对初级军官胜任特征的评价.第四军医大学学报,25(22),2021-2023.
孙菡,苗丹民,田建全,肖玮,杨业兵.(2007).基于项目反应理论的中国应征青年数学推理测验的编制.中国行为医学科学,16(6).
孙鹏,宋华淼,苗丹民,刘军.(2006).高性能战斗机飞行员心理健康状况及个性特点分析.医学争鸣,27(4),373-375.
王芳,娄振山,朱霞.(2012).飞行员返回抑制的时程特征及其与飞行绩效相关的研究.航天医学与医学工程,25(5),345-349.
王家同,胡庆华,吕静,阎其乐,苏衡,马进.(2004).不同性别学员飞行认知基本能力的比较研究.医学争鸣,25(22),2035-2037.
武圣君.(2009).基于项目反应理论的中国应征公民言语能力测验的编制.博士学位论文,西安:第四军医大学.
肖玮,苗丹民,王京生,刘旭峰,罗正学,刘平等.(2002).飞行学员情绪稳定性与工作绩效的关系研究.中国行为医学科学,11(1).
肖玮,苗丹民,武圣君,贾京京.(2007).应用项目反应理论对全国征兵语词推理测验的分析.中国行为医学科学,16(6).
肖玮,苗丹民,朱宁宁,张青华.(2006).应用项目反应理论创建图形推理测验题库.心理学报,38(6),934-940.
肖玮,苗丹民,朱宁宁,张青华.(2006).应用项目反应理论对瑞文测验联合型的分析.心理科学,29(2),389-391.
阎其乐,王家同,张国锋,肖海峰,苏衡,吕静.(2005).直升机飞行员工作绩效评定量表的构建.医学争鸣,26(11),1047-1049.
杨业兵,苗丹民,田建全,肖利军,孙菡,洪霞.(2008).应用项目反应理论对《中国士兵人格问卷》的项目分析.心理学报,40(5),611-617.
余浩,肖卫兵,何存道.(2003).潜水员心理素质研究综述.心理科学,26(5),860-863.
余浩,杨涛,肖卫兵,田平.(2001).潜水员心理特征分析.海军医学杂志,22(4).

张霞,苗丹民,郭小朝,张雁歌,宋蕾,余文斌.(2005).歼击机噪声对人听力及工效的影响.中华航空航天医学杂志,16(4).

张焱,苗丹民,贡京京,吕静,杨博,薛昀赟等.(2009).模拟驾驶条件下脑力疲劳的主观评定和注意特征变化的研究.中国临床心理学杂志,17(2),182-184.

赵金萍,王家同,邵永聪,李婧,刘庆峰.(2006).飞行人员心理旋转能力测验的练习效应.医学争鸣,27(4),341-343.

朱霞,皇甫恩,苗丹民.(2001).通信兵注意分配能力与专业水平关系的研究.中华行为医学与脑科学杂志,10(2),135-136.

朱霞,刘志宏,陈国民,苗丹民.(2003).通信兵记忆广度与专业水平关系的研究.中华行为医学与脑科学杂志,12(1),74-75.

Bar-On, R. (1999). The emotional quotient inventory(EQ-I): A test of emotional intelligence. *Toronto, Canada: Multi-health System*.

Bayroff, A. G. (1967). An exploratory study of branching tests. (Technical Research Note No. 188). U.S. Army Behavioral Sciences Research Laboratory (NTIS No. AD 655163).

Beezemer, E., Vos, A., et al. (2012). Psychological and physiological selection of military Special Operations Forces personnel. *NATO Science and Technology Organization, Final Report of Task Group HFM-171. Brussels, Belgium*.

Brogden, H. (1959). Efficiency of classification as a function of number of jobs, percent rejected, and the validity and inter-correlation of job performance estimates. *Educational and Psychological Measurement*, 19, 181-190.

Campbell, J. P. & Zook, L. M. (1991). Improving the selection, classification, and utilization of Army Enlisted personnel: Final report on Project A. *Alexandria, VA: Army Research Institute for the Behavioral and Social Sciences*.

Campbell, J. P.. (1990). An overview of the army selection and classification project (project a). *Personnel Psychology*, 43(2), 231-239.

Campbell, Knapp, J. P./., & Deirdre, J.. (2001). Exploring the limits in personnel selection and classification. *Contemporary Psychology Apa Review of Books*, 48(5), 598-600.

Caprara, G. V., Barbaranelli, C. & Livi, S. (1994). Mapping personality dimensions in the big five model. *European Review of Applied Psychology*, 44, 9-15.

Chatman, J. A.. (1991). Matching people and organizations: selection and socialization in public accounting firms. *Administrative Science Quarterly*, 36(3), 459-484.

Dai, J., He, F., Zeng, J., Li, R., Xiao, W., Zhang, Y., Feng, X., Miao, D. (2013). The development of words comprehension test based on Item Response Theory. *Advances in Information Sciences and Service Sciences (AISS)*, 15(10), 931-937.

Diaz, T., Ingerick, M., & Sticha, P. (2007). Modeling Army applicant's job choices: The EPAS simulation job choice model (JCM) (Study Note 2007-01). *Arlington, VA: U.S. Army Research Institute for the Behavioral and Social Sciences*.

Greenston, P. M., Walker, S. W., Mower, D., McWhite, P. B., Donaldson, L., Lightfoot, M. A., Diaz, T.& Rudnik, R. (1998). Enlisted Personnel Allocation System (EPAS) Functional Description (ARI Draft Study Report). *Alexandria, VA: U.S. Army Research Institute for the Behavioral and Social Sciences*.

James, & L., R.. (1998). Measurement of personality via conditional reasoning. *Organizational Research Methods*, 1(2), 131-163.

James, L. R., McIntyre, M. D., Glisson, C. A., Bowler, J. L., Mitchell, T. R. (2004). The Conditional Reasoning Measurement System for aggression: An overview. *Human Performance*, 17(3), 271-295.

Klimoski, R.& Jones, R. G. (1995). Staffing for effective decision making: Key issues in matching people and teams. *In R. A. Guzzo, E. Salas,, B. Jossey (Eds.), Team effectiveness and decision making in organizations. San Francisco*.

Konieczny, F. B., Brown, G. N., Hutton, J., & Stewart, J. E. (1990). Enlisted personnel allocation system: Final report (Technical Report 902). *Alexandria, VA: U.S. Army Research Institute for the Behavioral and Social Sciences*.

Liang, W, Sun, Y, Peng, J, Guan, K., Wan, Y., & Miao, D. (2013). Analysis the Words Reasoning Test based on Item Response Theory. *International Journal of Digital Content Technology and its Applications*, 7(5), 208-203.

Lightfoot, M. A., Ramsberger, P. F., & Greenston, P. M. (2000). Matching recruits to jobs: Enlisted Personnel Allocation System (Special Report 41). *Alexandria, VA: U.S. Army Research Institute for the Behavioral and Social Sciences*.

Liu, L., Zhang, Y., Wu, S., Yang, Y., Zhu, X., & Miao, D.. (2011). Analyzing characteristics of schizotypal personality proneness using the chinese soldier personality questionnaire. *Social Behavior and Personality: an international journal*, 39(9), 1291-1296.

Mayer, J. D., Caruso, D. R., & Salovey, P.. (2000). Selecting a measure of emotional intelligence. the case for ability scales.

Mayer, J. D., Salovey, P., & Caruso, D. R.. (2004). Target articles: "emotional intelligence: theory, findings, and implications". *Psychological Inquiry*, 15(3), 197-215.

McAllister, D. J. & Bigley, G. A. (2002). Work context and the (re)definition of self: How organizational care influences organization-based self esteem. *Academy of Management Journal*, 45, 894-904.

McBride, J. R. (1979). Adaptive testing: The state of the art. (Technical Report No. 423). *U.S. Army Research Institute for the Behavioral and Social Sciences. (NTIS No. AD A08800/5)*.

McBride, J. R. (1997). Dissemination of CAT‐ASVAB technology. *In W. A. Sands, B. K. Waters, & J. R. McBride (Eds.), Computerized adaptive testing: From inquiry to operation (pp.251‐255). Washington, DC: American Psychological Association.*

Peng, J., Miao, D., Yang, Y., Jiang, Y., & Xiao, W. (2012). Item Analysis of Combined Raven's Test Based on Item Response Theory. *Advances in Information Sciences and Service Sciences*, 4(18), 357‐362.

Perugini, M., Gallucci, M., & Livi, S.. (2000). Looking for a simple big five factorial structure in the domain of adjectives. *European Journal of Psychological Assessment*, 16(2), 87‐97.

Rumsey, M. G. (2002). Army selection research: Past, present and future. *Paper presented at the International Military Testing Association, Ottawa, Ontario, Canada.*

Salovey, P., & Mayer, J. D.. (1990). Emotional intelligence. *Imagination Cognition and Personality*, 9(3), 185‐211.

Salovey, P., Mayer, J. D., Caruso, D., & Lopes, P. N. (2003). Measuring emotional intelligence as a set of abilities with the Mayer-Salovey-Caruso Emotional Intelligence Test. *In S. J. Lopez, & C. R. Snyder (Eds.), Positive psychological assessment: A handbook of models and measures (pp.251‐265). Washington, DC: American Psychological Association.*

Sands, W. A., & Gade, P. A.. (1983). An application of computerized adaptive testing in u.s. army recruiting. *Journal of Computer*, 10, 87‐89.

Sands, W. A., Gade, P. A., & Knapp, D. J.. (1997). *The Computerized Adaptive-Screening Test..* American Psychological Association.

Sands, W. A., Waters, B. K., & Mcbride, J. R.. (1997). Computerized adaptive testing: from inquiry to operation. *Catbook Computerized Adaptive Testing from Inquiry to Operation.*

Schneider, B.. (1987). The people make the place. *Personnel Psychology*, 40(3), 17.

Shields, J. L. & Hanser, L. M. (1990). Designing, Planning, and Selling Project A. *Personnel Psychology*, 43(2), 241‐245.

Shields, J., Hanser, L. M., Campbell, J. P. (2001). A paradigm shift. *In J. P. Campbell & D. J. Knapp (Eds.), Exploring the limits of personnel selection and classification (pp.21‐29). Mahwah, NJ: Lawrence Erlbaum Associates, Publishers.*

Stevens, M. J., & Campion, M. A.. (1994). The knowledge, skill, and ability requirements for teamwork: implications for human resource management. *Journal of Management*, 20(2), 503‐530.

Wainer, H.. (2001). Computerized adaptive testing: a primer. *Quality of Life Research*, 10(8), 733‐734.

Wang, X., Zhang, Y., Liu, X., Zhu, X., Wu, S., & Miao, D.. (2012). Evaluating the chinese soldier personality questionnaire in terms of assessing schizotypal personality proneness. *Social Behavior & Personality An International Journal*, 40(3), 509‐516(8).

Wolfe, J. H., McBride, J. R., & Sympson, J. B. (1997). Development of the experimental CAT‐ASVAB system. *In W. A. Sands, B. K. Waters & J. R. McBride (Eds.), Computerized adaptive testing: From inquiry to operation (pp.97‐101). Washington, DC: American Psychological Association.*

Wu, Q., Zhang, Z., Song, Y., Zhang, Y., Zhang, Y., Zhang, F., Li, R., & Miao, D. (2013). The development of Mathematical Test based on Item Response Theory. *International Journal of Advancements in Computing Technology (IJACT)*, 5(10), 209‐216.

Yang, Y., Sun, Y., Zhang, Y., Jiang, Y., Tang, J., & Zhu, X., et al. (2013). Bifactor item response theory model of acute stress response. *PLOS ONE*, 8.(6), e6529.

Zook, L. M. (1996). Soldier selection: Past, present, and future. *Alexandria, VA: U.S. Army Research Institute for the Behavioral and Social Sciences.*

第 3 章 胜任力与职业岗位匹配

3.1 军人岗位匹配的概念与理论 / 41
   3.1.1 军人岗位匹配的概念 / 41
   3.1.2 人—岗匹配主要理论 / 42
      才能岗位匹配理论 / 42
      胜任力理论 / 44
3.2 美军主要军人分配系统 / 45
   3.2.1 REQUEST 系统 / 46
      REQUEST 分配系统的主要分配策略 / 46
      基于 REQUEST 分配系统的人员分配流程 / 47
   3.2.2 EPAS 系统 / 48
      对人员和岗位进行群组划分 / 48
      岗位分类及军人胜任力测评 / 49
      人岗匹配 / 49
   3.2.3 美军军人分配系统的主要特点 / 51
      以职业能力作为主要的分配依据 / 51
      以能力域综合分数预测工作绩效 / 51
      设置最低能力要求作为分配标准 / 51
      优先填补关键和重要岗位 / 51
      职业咨询师辅助应征人员选择岗位 / 51
3.3 军人岗位匹配研究的出路 / 52
   3.3.1 军人岗位匹配研究中需要探讨的几个问题 / 52
      淘劣还是选优？/ 52
      人选岗还是依岗选人？/ 52
      能力匹配还是胜任力匹配？/ 53
      人—岗匹配还是人—组织匹配？/ 53
   3.3.2 我军军人岗位研究方向 / 54
      实现军人岗位匹配，需要四个步骤 / 55
      开展军人岗位匹配研究，包含五项内容 / 56

参考文献 / 58

"若乃人尽其才,悉用其力",我国古人早已意识到了要把每个人的才能发挥出来,让每个人把自己的力量使出来。我国古代管工也已懂得在施工中运用"岗位匹配"的原理:他让腰粗的人背土——不伤力,让腿粗的人挖土——有劲,让驼背的人垫土——弯腰不吃力,让独眼龙看准绳——不分散注意力。

军事心理学家们一直面临着这样的挑战:如何从成千上万的应征者中挑选出合格人员,又如何因人善用合理分配,最大程度地发挥个人潜能从而使总体配置效益最大化。美军兵员选拔程序复杂、标准严格,通过能力、教育资质、体格和道德4个方面对兵员质量全面把关,旨在选拔能胜任军事任务的人员入伍。但即便如此,越南战争后,较高的训练淘汰率依然是困扰美军的重大问题。1975年,美军首期兵员中,高中毕业生的淘汰率为26.6%,而高中以下文凭士兵淘汰率高达51.4%。1976年—1980年,由于《军队职业能力倾向测验》(ASVAB)常模的误用,大量低能力人员被征召入伍,但此时首期兵的淘汰率相较1975年却并没有出现明显变化,由此引发了"招收什么样能力和水平战士以胜任军事任务"的讨论,这个讨论最终凝练出如下研究课题:如何建立征兵标准、如何以最优方式科学安置应征人员、如何以精确有效的方法实现人—岗匹配和如何建立训练与工作绩效之间的长效预测机制。而这一系列课题归根结底在于如何有效实现军人的科学分配。关于这个问题,还得从军人岗位匹配的概念与理论开始谈起。

3.1 军人岗位匹配的概念与理论

3.1.1 军人岗位匹配的概念

军人岗位匹配有两个方面的含义:(1)岗需其才。军事岗位需要军人具备特定的能力才能胜任该岗位,因而需要合适的军人分配到该岗位。(2)人需其岗。军人需要在合适的军事岗位上去尽可能地发挥其个人潜能,也只有合适的工作岗位也才能使其更好地发挥出工作效能。军人岗位匹配的核心是使军人能力与军事岗位的匹配达到最佳状态,既使人在岗位上发挥其最大功效,又使岗位功能得到充分发挥,从而获得最优绩效。由此看来,军人岗位匹配是双向的,两者的关系如图3.1所示。从图中可以看出,不论是大材小用还是小材大用都不符合军人岗位匹配原则,只有军人能力与军事

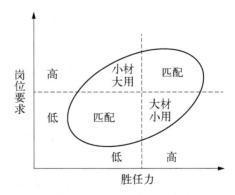

图3.1 人员与岗位匹配关系

岗位要求相互适应,才能同时发挥军人与岗位的最佳功效。

3.1.2 人—岗匹配主要理论

从现有文献来看,影响力最大的人—岗匹配理论主要有才能岗位匹配理论和胜任力理论,现对两者做简要介绍。

才能岗位匹配理论

才能岗位匹配的思想最早由科学管理之父——泰勒于 20 世纪初提出。当时的目的是为了让不同的员工完成力所能及的工作,在相应的工作岗位上发挥其最大的作用,同时最大限度地发挥自身潜能,实现"人适其岗,岗得其人",更大程度提高劳动生产率。这一思想的提出及其在实践中的推广与应用,不仅是人力资源管理理论的巨大进步,同时也为管理理论在实践中的具体操作提供了方法学基础。所谓才能岗位匹配理论,是指个人的潜质与岗位相适应的理论。其基本思想是:人的个体差异是普遍存在的,每一个人都有自己独特的潜质;同时岗位因为其工作性质、环境、条件和方式的不同,对工作者的能力、知识、技能和性格等也有不同的要求。因而,在进行人员选拔、分配和职业指导等决策时,要依据个人潜质配置与之相对应的岗位。如果匹配得好,个人特征与岗位要求协调一致,员工工作效率可以大大提高;反之,则有可能造成人力资源的浪费、岗位失职。为此,对组织与个体来说,进行能力与岗位的匹配具有非常重要的意义。而在才能岗位匹配理论中,最有影响的是"特性—因素理论"和"人格类型论"。

特性—因素理论由美国职业心理学家威廉森(Willianson)以帕森斯(Parsons)职业指导三要素理论为基础首先提出。帕森斯提出的职业指导三要素包括:第一要素,评价求职者的生理和心理特点。通过心理测量等测评手段,获得求职者的身体状况、能力倾向、兴趣爱好、气质与性格等方面的数据,并通过访谈和调查等方法获取求职者的家庭背景、学业成绩和工作经历等。第二要素,岗位或职业对人的要求,并向求职者提供相关职业信息,包括:(1)岗位的性质、薪酬待遇、工作条件及晋升的可能性等;(2)岗位的最低要求,如学历要求、所需的专业训练、身体要求、年龄、能力及其他心理特点要求;(3)岗位教育课程计划、培训时限、入学资格和费用等;(4)就业机会。第三要素,人职匹配。指导求职者了解自身特点和职业要求,在此基础上帮助求职者进行比较分析,以便选择一个适合其个人特点并使其获得职业成功的岗位。

以职业指导三要素为基础,特性—因素论首先强调个人特征与职业需求之间的协调和匹配。其认为,个体差异普遍存在于个体心理与行为中,每个人都有自己独特的能力模式和人格特质,而能力模式和人格特质又与某些特定的职业存在相关性。每种能力模式和人格特质都有与之相适应的职业或是岗位,反之,人人都有与其能力模式和人格特质相适应的职业岗位。

同时,特性—因素理论对人才测评也非常重要。可以说,对人的特征进行科学测评是该理论职业指导和就业安置的基本前提。特性—因素理论首先提出了职业决策中人—岗匹配的思想,奠定了人才测评理论基础,推动了人才测评在职业选拔与指导中的应用和发展。

在上述理论的基础上,美国著名心理学家霍兰德(Holland)提出了人格类型理论。霍兰德针对人格与职业之间的关系,提出了一系列的假设:(1) 从职业的角度来看,人格可以分为6种类型:现实型、研究型、艺术型、社会型、企业型和传统型,不同人格类型的人,对不同职业类型中的工作或学习的兴趣不一样,对与其人格类型相适应的职业类型中的工作或学习会更有兴趣;(2) 职业同样可以区分为上述6种类型;(3) 人们往往需要能施展其个人才华、实现其个体价值观的工作环境;(4) 个人的职业选择行为往往是个体的人格特点和所处环境相互作用的结果。根据以上假设,霍兰德进一步提出了人格类型与职业类型的关系模式。不同人格类型的人偏好不同的生活环境和工作环境,比如"现实型"的人更偏好技能型的工作环境或是职业,因为该环境或是职业能更好的提供其所需的机会和激励,上述情况被视为"和谐"。当"不和谐"时,工作环境或职业就很难提供个人实现其才能与兴趣所需要的机会和激励。

霍兰德在其《职业决策》中详细描述了这6种人格类型及其相应的职业。(1) 现实型(realistic):该人格类型的人喜欢有规则的具体劳动和需要基本操作技能的工作,缺乏较好的社交能力,难以适应社交性质的工作。与之对应的典型职业是技能型职业(如技工、修理工)和技术性职业(如计算机工程师、机械装配工等);(2) 研究型(investigative):该人格类型的人聪明、理性、好奇和精确,具有批判思维,喜欢具有挑战性、抽象性、分析性的独立性定向任务,同时缺乏领导才能。其所适应的典型工作包括科研人员、研究型教师等;(3) 艺术型(artistic):该人格类型的人易幻想、易冲动、直觉、情绪化,有创意和不重实际。偏好艺术性质的职业和环境,不善于处理事务性工作。其典型的职业是和美术、音乐和文学相关的艺术工作者;(4) 社会型(social):该人格类型的人善于合作、友善,乐于助人、责任心强,善交际、善言谈以及洞察力较强。与之相适应的典型职业是教育工作者和社会工作者;(5) 企业型(enterprising),该人格类型的人爱冒险、精力充沛、独断和善于处理人际关系。偏好从事领导及企业性质的工作。与之相适应的典型工作包括政府官员、企业领导和销售人员等。(6) 传统型(conventional):该人格类型的人具有顺从、谨慎、实际、稳重、保守和效率高等特点。喜欢有条不紊的日常工作,与之相适应的职业包括文秘、会计和交通管理员等。

依据霍兰德人格类型理论,人们在职业选择时最理想的状态是能找到与其个人人格类型一致的工作环境或是职业。如果个体能在与其人格类型一致的环境中工作,更易于实现个人兴趣和得到内心满足,也最有可能发挥自身才能。因而,在职业决策中,首先需要了解个人的人格类型,再在工作分析的基础上寻找与之相匹配的工作。霍兰德本人也编制了一套职业适应性测验指导手册,可以用于测量个体职业人格类型。

胜任力理论

才能岗位匹配理论主要依据个体既有的知识、经验和技能进行人员选拔和岗位安置。而胜任力理论主要以员工的潜在特质和个人优势进行职业选拔和岗位安置,更注重个人在具体岗位上的发展潜力。胜任力的概念最早由美国哈佛大学心理学教授梅克兰(McClelland,1973)在《测试胜任力而非智力》一文中提出。他认为用智力商数预测工作绩效或是职业成功的可能性,其预测效度往往达不到理想的效果,甚至会有严重的偏差。因而他提议用胜任力作为工作绩效或是职业成功的预测指标。一般而言,胜任力具有三个重要特征:(1) 与员工所在的工作岗位紧密相关,具有动态性的特点;(2) 与员工的工作绩效有密切联系,甚至可以用于预测员工未来的工作绩效;(3) 能有效地将组织中绩效优秀者与绩效一般者加以区分。基于以上三个特征,研究者一致认为,胜任力可以作为人力资源管理中一种"通用语言(common language)",人力资源管理中的工作分析、绩效评价,人员招聘、选拔、培训和生涯规划都可以在这一基础上有效开展。

关于胜任力的界定,学者目前主要有两种不同的观点,一种观点认为胜任力是潜在的、持久的个人特征,强调人是什么;另一种观点认为胜任力是完成某一项工作所需要的行为,强调人做什么。我们称前者为"潜在特征观点",称后者为"行为观点"。

潜在特征观认为胜任力是在一定工作或情景中,与校标参照有因果关系的潜在个人特征。其中,"潜在个人特征"是个体深层、持久的特征,外显为个体行为和思维特征,可以预测个体在多种情景中的行为;"因果关系"是指胜任力是绩效产生的根本原因;"校标参照"是指胜任力能区分绩效优秀者和一般者。该观点认为,胜任力可以分为5个层级(图3.2),实际上,这也构成了我们最为熟知的胜任力冰山模型,五个层级依次为:动机(指在某特定领域自然而持续的偏好和倾向,可以驱动、引导或决定一个人的外在行为,如成就导向)、特质(指个体生理特征和对

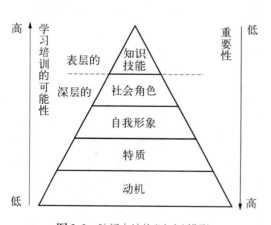

图3.2　胜任力结构(冰山)模型

环境或信息一致性的反应)、自我形象(指个人对自我身份的知觉和评价,如将自己视为决策者、参与者或执行者等)、社会角色(指个人表现出来的基于态度和价值观的行为方式与风格,如积极主动、乐于奉献、自私自利等)、知识与技能。其中知识和技能是外显的、较为表层的个人特征,也就是冰山在"水面上"的部分,此部分可塑性相对较强,可以通过外在的学习和训练来充实和完善;而社会角色、自我形象、特质和动机是个体相对内隐、深层和中心化的,也就是"水面下"的部分,此部分不易改变,很难通过学习和培训提高。博亚齐兹(Boyatsiz,1982)还提出了与胜任力冰山模型相似的胜任力洋葱模型,该模型由内至外更清晰地展示了胜任力各要素和层级逐渐可被观察、评价的特点(图3.3)。该观点还认为,所有个体特征,不管是外显还是内隐的,生理的还是心理的,只要能将绩效优秀者和绩效一般者区分开来,都可以被视为胜任力。研究者认为,选拔和分配的主要依据应该是难以训练和提高的层级,而不是可以训练和提高的知识和技能。当然,也有研究者对这一模型持有不同看法,如该模型是否具有现实实践性,层级机构是否合理等。

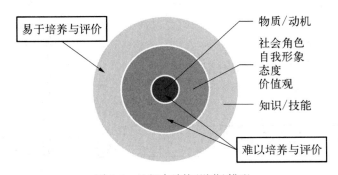

图3.3 胜任力结构(洋葱)模型

持行为观点的研究者认为胜任力是保证一个人胜任某工作的外显行为。如"对他人的观点敏感""对可能结果的努力"。弗莱彻(Fletcher)进一步指出,胜任力是具体的、可观察和测量的、能实证的并且可以合乎逻辑的归为一类的行为。该观点从具体行为定义胜任力,可以将胜任力与动机和特质区分开来,同时可以将胜任力视为特定情境下对知识、技能、态度和动机具体应用,其所面临的问题是能否有效区分胜任力和绩效,因为有研究者将胜任力(行为)等同为绩效,如哈尔特(Hartle)。

3.2 美军主要军人分配系统

以美军为代表的西方国家于20世纪70年代就开始了针对军人分配问题的探索,

美军各军兵种都陆续形成了自己独特的分类体系或系统,如陆军及陆战队的军事职业分类系统(Military Occupational Specialty, MOS)、空军的空军岗位编码系统(Air Force Specialty Code, AFSC)、海军的应征人员分类系统(Navy Enlisted Classification, NEC),这些分类体系或系统为应征人员分配研究奠定了坚实的基础。在这些基础之上,美军又接连开发出了诸多适应军事岗位分配的计算机化系统,如陆军的新兵定额分配系统(Recruit Quota System, REQUEST)、海军的普莱特系统(The Personalized Recruiting for Immediate and Delayed Entry, PRIDE)以及最新的应征人员分配系统(Enlisted Personnel Allocation System, EPAS)。下面我们以 REQUEST 和 EPAS 为代表分别介绍西方军人分配系统。

3.2.1 REQUEST 系统

目前美军使用的新兵定额分配系统(REQUEST)是由 Brogden 等人在 20 世纪 70 年代研发并正式颁布,主要依据应征者的能力特征将其分配到具体的岗位上。20 世纪 90 年代,开发者进一步将应征者岗前训练与培训效果、应征者入伍时间等要素融入匹配系统中,开发了岗位匹配计算机自动分配系统,大大提高了军人职业匹配的科学性、准确性和效率。

REQUEST 分配系统的主要分配策略

该系统主要采用"系列分配策略"进行岗位分配,其工作原理类似于航空订票系统。将应征者各类信息输入系统后,系统根据信息,以应征者是否能达到某岗位最低能力要求为前提,同时在优先考虑部队紧缺岗位和关键岗位的需求的基础上,列出可供分配的 25 个岗位清单。应征者在职业咨询师的进一步指导下,在分配清单中选择个人喜欢的岗位。如图 3.4 所示,P1、P2 和 P3 是按申

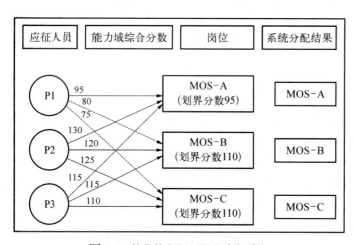

图 3.4 简化的 REQUEST 分配系统

注:P1—P3 分别代表 3 个待分配军人,MOS-A、MOS-B、MOS-C 分别代表 3 个重要的空缺职位;箭头上的分数代表该军人在箭头所指的岗位能力域综合分数,实线表明军人达到了该岗位的最低能力要求,虚线则表示其并没有达到。

请时间排序的三名军人,MOS-A、MOS-B 和 MOS-C 是按紧缺程度排序三个岗位,数值为能力阈综合分数。假设每一个岗位需要一个人,具体分配策略如下:首先为每名军人搜寻其能胜任的所有岗位。结果,P1 更胜任的只有 MOS-A;P2 对三个岗位都能胜任,依紧缺性原则被分配到 MOS-B 岗位;P3 也对三个岗位都能胜任,但对 MOS-B 的胜任力不如 P2,因此被分派到 MOS-C 岗位。REQUEST 能满足基本的人员分配要求,但是对人岗匹配效益改进程度有限。

基于 REQUEST 分配系统的人员分配流程

REQUEST 系统包括三个部分:生成岗位分配清单、职业咨询师与应征者讨论岗位分配并最终选择岗位和系统的反馈与更新,REQUEST 系统军人分配流程具体如图 3.5 所示。

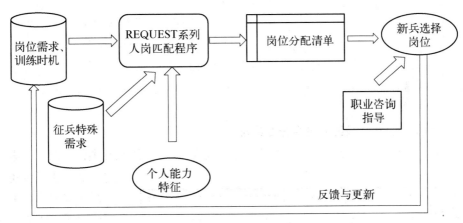

图 3.5 基于 REQUEST 分配系统的分配流程图

(1) 生成岗位分配清单。将应征者个人信息、部队岗位需求信息以及可利用的训练时机输入 REQUEST 系统后,系统自动进行匹配运算,为每一名应征者生成包含 25 个其能胜任的岗位清单,并依据岗位重要性和部队紧缺性,对岗位由高到低进行排序。

(2) 职业咨询师与应征者讨论岗位分配并最终选择岗位。部队需求与个人意愿并非总是一致的。应征人员倾向于选择自己感兴趣、能带来特别的奖金和福利的岗位,这难免与部队的需求发生冲突。此时,职业咨询师主要负责平衡军队需要和应征者个人愿望,说服应征者选择分配清单中靠前的岗位以更大程度地满足部队需要。当应征人员对特定岗位和入伍时间有特别要求时,职业咨询师要以"搜寻模式(look up mode)"灵活运用分配清单。

(3) 系统的反馈与更新。岗位选择完成后,咨询师将为应征者预约职位及训练时间,并引导应征者签署征兵合同。预约会自动记录在服务器上,REQUEST 服务器借此不断更新部队岗位需求信息,如此循环往复,最终实现部队岗位和训练计划的分配。

3.2.2 EPAS 系统

应征人员分配系统(Enlisted Personnel Allocation System, EPAS)由美国陆军行为和社会科学研究所玛丽·莱特福特、彼得·拉姆斯博格和彼得·格伦斯顿于20世纪80年代研发,2001年正式应用于新兵岗位匹配。EPAS 弥补了 REQUEST 的不足,其改善了美军岗位分配制度,同时通过采用最优化方程建立了军人人岗匹配评估系统,以实现发挥应征者最大作业绩效的目标。

EPAS 主要基于岗位能力要求对新兵进行分配,旨在将新兵分配至具有个人最大潜能的岗位,同时满足部队征兵和分配要求。具体步骤和方法如下。

对人员和岗位进行群组划分

根据历年资料,采用聚类分析的方法,先将应征人群依据性别、教育程度和武装部队资格测验(AFQT)等级分为 13 个大类,见表 3.1a。在大类的基础上,再依据能力特点进一步将每一大类划分为能力基本同质的小类,最终形成 127 个应征群组,见表 3.1b。EPAS 以应征群组为基础对岗位进行匹配。

表 3.1a 应征人员群体划分

大类(DG)	大类(DG)特征			细类(SG)数
	性别	教育程度	AFQT 等级	
1	男	高中毕业	Ⅰ-ⅢA	26
2	男	高中三年级	Ⅰ-ⅢA	16
3	女	高中毕业	Ⅰ-ⅢA	12
4	女	高中三年级	Ⅰ-ⅢA	8
5	男	高中毕业	ⅢB	14
6	男	高中三年级	ⅢB	9
7	女	高中毕业	ⅢB	8
8	女	高中三年级	ⅢB	7
9	男	高中未毕业	Ⅰ-ⅢA	8
10	女	高中未毕业	Ⅰ-ⅢA	5
11	男	高中未毕业	ⅢB	4
12	女	高中毕业生	ⅢB	3
13	男	高中毕业	Ⅳ	7

表 3.1b 群组 1(DG1)群组划分明细表

大类	细类	GM	ER	CL	MM	SC	CO	FA	OF	ST
1	1	95	100	107	92	94	93	100	97	101
1	2	114	117	118	113	116	116	118	115	118
1	3	111	108	107	115	112	112	110	115	111
1	4	…	…	…	…	…	…	…	…	…
1	5	…	…	…	…	…	…	…	…	…

表中字母是美军划分的 8 种能力域。其中 GM：日常维护，ER：电器修理，CL：文书工作，MM：机械维护，SC：管理/交流，CO：战斗，FA：野战炮兵，OF：维修/操作。

岗位分类及军人胜任力测评

美军依据工作性质特点将所有岗位归类为 33 个职业管理域(career management field，CMF)。在此基础之上，依据胜任力要求进一步归类为 9 种能力域(aptitude areas)，实现对所有岗位的职业分类。每一种能力域都可以由军队职业能力倾向测验(ASVAB)各分量表的不同组合来测量(见表 3.2)，各分量表的标准分数求和即得到该能力域综合分数(aptitude area composite scores)。能力域综合分数是对新兵在训练成绩以及绩效水平的估计参数，是决定新兵能否被分配到某个岗位的重要指标。

表 3.2 能力域及其 ASVAB 分量表构成

能力域	ASVAB 分量表
文书工作	VE + AR + MK
战斗	CS + AR + MC + AS
电器修理	AR + MK + EI + GS
野战炮兵	CS + AR + MC + MK
日常维护	MK + EI + GS + AS
机械维护	NO + EI + MC + AS
维修/操作	NO + VE + MC + AS
管理/交流	AR + MC + VE + AS
熟练性技术	VE + MK + MC + GS

注：AR：几何推理，AS：汽车和修理知识，CS：编码速度，EI：电子知识，GS：常识，MC：机械理解，MK：数学知识，NO：数字操作，PC：短文理解，WK：词汇知识，VE：言语能力(包括 PC 和 WK)。

人岗匹配

匹配采用最优线性程序的方法，在 127 个应征群组和 9 种能力域的约 250 个岗位之间进行最优匹配。通过匹配，为每一个应征群组搜寻应征者潜能最大的岗位，使部队整体绩效最大化。在这一过程中包含两方面的比较：应征者自身各种能力的比较和应征者之间能力的比较。应征者自身各种能力的比较，目的在于选择自己的优势能力域,而应征者之间能力的比较是在某岗位上对所有应征者的能力域分数进行比较,为岗位挑选最佳人员。这两方面的比较和部队一些相关要求整合,最终为每一个群组生成分配清单。该清单上的岗位以群组应征者能力域综合分数高低进行排序,处在分配清单前端的岗位能力域分数最高——反映此群组应征者在该岗位上能更好地实现个人潜能。当然,在这一过程中也必须遵循部队分配的基本原则,如只有应征者达到了 MOS 最低能力域分数要求,岗位才有可能出现在其分配清单上。

下面同样以 REQUEST 中所述的例子进行具体阐述,与 REQUEST 不同的是,EPAS 此时的 P1、P2 和 P3 不再是三个独立的个体,而是三个具有类似胜任特征的人群组。假设有如图 3.6 所示的 3 个人群组 P1、P2、P3,需要分配至 MOS-A、MOS-B、MOS-C 三个岗位群组上。此时,程序在 3 个空缺岗位群组上同时评价 3 个新兵群组,对岗位重要性和新兵能力进行全面考查。如 P1,首先是进行其个人能力之间的比较,其优势能力是 MOS-A 所对应的岗位,这也是其唯一能胜任的岗位,同时综合考虑征兵分配的要求(确保每一个人都有其岗位),所以将其分配至 MOS-A。再如 P3,首先是其自身各种能力的比较,其在 MOS-A、MOS-B 所得能力域分数相同(说明这两个岗位都是其相对擅长的岗位),但综合考虑征兵分配需求,其被分配到 MOS-B 上。与此同时,岗位也需要比较不同应征人员的能力水平。比如在 MOS-C 上,P2 和 P3 同时能胜任该岗位,P2 在该岗位上的能力域综合分数更高,MOS-C 选择 P2,而不是 P3。

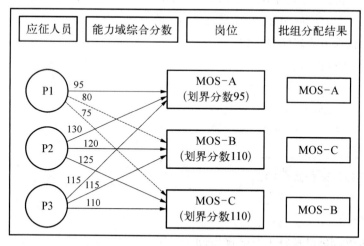

图 3.6　简化的 EPAS 分配系统

最终的分配结果是,P1 被分配到其唯一有资格胜任的 MOS-A 上,P2 被分配到 MOS-C,P3 被分配到 MOS-B。可以看出,EPAS 采用整群分配的策略,在满足部队关键性和紧缺性岗位要求的基础之上,尽量将新兵匹配至其最能胜任的工作岗位上去,可以说是一种分配效率相对较高的方法。

3.2.3 美军军人分配系统的主要特点

通过对美军两套军人分配系统的介绍,不难看出,它们存在以下特点。

以职业能力作为主要的分配依据

入伍之前,所有的应征人员都必须参加能力倾向测验,只有达到最低能力要求的人员才可能被招募。美军主要采用 ASVAB 测查入伍申请者的能力资质与潜能倾向,并以此作为军方人员招募以及岗位分配的参考和依据。事实上美军选拔和分类是一体化的,选拔和分类很多部分是重叠并列进行的。ASVAB 包含 10 个分测验,最终生成两个方面的分数。第一方面是《武装部队资格测验》(*The Armed Forces Qualification Test*, AFQT)分数,其测查的内容主要是基本的认知能力——言语能力和数学能力,主要考查应征人员的入伍资质。第二方面是应征人员的专业潜力评估。通过 ASVAB 不同分测验的有效组合可以反映应征人员某一能力域的潜质。实际分配操作中,作为新兵是否达到某一岗位的能力要求的依据。

以能力域综合分数预测工作绩效

依据能力相似的原则和技术上的要求,将全军岗位涉及能力综合为 9 种能力域,各能力域可以由 ASVAB 中 3—4 个分测验进行测量。这样,就可以用一种或几种具体的能力域对每一个岗位的能力特征进行具体的测量和定义,从而以能力域综合分数作为工作绩效的预测指标,实现对新兵岗位的具体分配。

设置最低能力要求作为分配标准

在对岗位进行有效分类的基础之上,像选拔一样,美军为每类或每一岗位设置了最低能力要求资格分,又称划界分数(Cut-Off)——这是岗位申请者在 ASVAB 测验中必须达到的最低分数。最低能力要求资格分是依据能力域分数和培训、训练成绩的关系划定的。当然,当中一些特殊岗位还包含有其他的一些特殊要求,如有些岗位只允许男性申请。

优先填补关键和重要岗位

美军司令部为一些较难填补的和重要的军事岗位赋予了高度的优先权,在满足划界分数的前提下,优先将新兵分配至这些岗位。

职业咨询师辅助应征人员选择岗位

美军岗位分配可以说是半自动化的。应征人员个人信息输入征兵分配系统(主要是 REQUEST)后,程序自动运行为应征人员生成一份包含 25 个岗位的分配清单,该清单以军队岗位填补的重要性进行排序。在此基础上,应征人员在职业咨询师的辅助下完成岗位的选择。职业咨询师要试图说服应征人员从分配清单的顶端选择岗位,以保证部队的关键岗位和重要岗位能够得到充分填补。

3.3 军人岗位匹配研究的出路

3.3.1 军人岗位匹配研究中需要探讨的几个问题

淘劣还是选优?

军人岗位匹配不是淘劣,也不是简单的选优,而是要将合适的人员分配到合适的工作岗位,并为其提供合理的教育与训练,这才是军人岗位匹配的核心要义所在。

通过上述分析我们发现,当前西方军队比较通用的做法是,在满足应征人员安置基本要求的基础上,为每一个岗位设置最低分配标准,达到该岗位最低能力要求的人员即可以分配到该岗位上。其本质是通常意义上的淘劣。这种传统分配方法,避免了不能胜任岗位能力要求的人员的分配,一定意义上满足了岗位人才需求,一定程度上可以提高训练成才率、降低训练淘汰率、节约训练成本、减少非战斗减员,初步实现岗位分配使组织获益的目标。然而这种淘劣的方式,与实现军人岗位匹配、实现人尽其用的根本目标相差甚远,相当一部分能力水平较高的人员不能较好地实现个人潜能,甚至一些具有特殊能力的人员的才能会因为不能被分配到其擅长的岗位而被埋没。当然,军队真正意义上的选优,只有在适龄人员参军积极性较高,应征人数远多于征兵需求的时候才有可能实现,在征兵难的现实情况下,一味地选优恐怕难以有效填补部队岗位空缺。而现代管理学理论认为,招聘过程中不能一味地追求完全符合工作说明书的人。大量研究表明,如果一个人已经能够100%的完成他所应聘的职位的工作,那么他在该职位上也不可能任职太久。一般来说,选择一个能完成80%工作任务的应聘者比较明智,因为这样的雇员往往会在岗位上任职更长的时间,也有更高的工作动机和更强的工作动力。可见,现实意义上的军人岗位匹配,不能简单地理解为淘汰无法胜任岗位的能力素质较低的人员,也不能一味地选优,因为其无法满足征兵分配的基本要求,而是需要在全面分析本岗位能力、技能、工作风格、工作环境与背景的基础上,进一步采用心理测量等方法对分配人员的性格、能力和知识背景进行全面的了解和掌握,在人和岗之间实现最优匹配。所以,军人岗位匹配,不一定是为岗位选择最好的人员,而是为岗位选择最合适的人员。

人选岗还是依岗选人?

以 REQUEST 系统为代表的美国等西方国家的军人分配系统,在满足最低能力要求的前提下,优先填补关键性紧缺岗位,其本质是为岗位挑选满足其最低能力要求的军人。而为每一名新兵生成一份岗位分配清单,新兵在职业咨询师的指导下,在分配清单内选择符合其意愿的岗位,这种分配方式貌似考虑了新兵的爱好和个人意愿,但事实上也是立足于岗位选择符合其最基本条件的人员。军队要实现在多个岗位上同时安置大量不同种类的新兵,就要综合平衡部队各种征兵分配要求。这就需要在兵员分配时做出一定的协调与妥协,也就是说岗位要求与招募士兵的特质只能在一定程度上匹配。然而,如果一味地从岗位的角度去选择人员,其科学性恐怕需要质疑。理想情况是,从人的角度选择合适的岗位,可以较大程度地契合个体的能力特点、兴趣和志向,可以更好地激发新兵爱军精武的动力。当然,由于缺乏部队相关工作经验,新兵对岗位选择的认识与经验也非常匮乏,其岗位选择在一定程度上是盲目的。因此军人岗位的匹配,需要在全面了解个体职业能力倾向、兴趣及性格特征的基础上,综合考虑部队需要和个人意愿来进行,这不但有利于个人潜能的较好实现,也有利于培养和保留人才。与此同时,需要将个人发展与部队建设和发展需要有机结合,确保职适其能、人尽其才。

能力匹配还是胜任力匹配?

现代管理学理论认为:员工与岗位相匹配,蕴涵三重相互对应的关系,一是岗位有特定要求及与之相对应的报酬;二是员工想胜任某一岗位,就应具备相应的才能与动力;三是工作报酬与个人动力相匹配。西方尤其是美军在能力素质与训练淘汰率之间的关系方面有较好的研究基础,产生了以最低能力要求控制训练淘汰率的办法,并将这种方法运用于岗位分配中,确立了以能力为基础的岗位分配标准和原则。这无疑是建立在众多科学研究基础之上的,也取得了显著的军事效益。但需要指出的是这与现代人力资源管理学的理念和最新研究成果存在一定的差距。事实上军事绩效是多项指标的综合指征,EPAS及我国学者田建全等均采用一般能力预测工作绩效,内森(Nathan)通过元分析提出,能力测验不仅对学校表现有较好的预测价值,对工作绩效的预测效度也较好。但 Select 21(未来士兵选拔和分配新指标)方面的最新研究发现在士兵心理选拔中增加气质、心理运动技能、价值观和动机等指标,能更好地提高预测效度。因此,军事绩效需要综合多项指标方能提高预测的有效性。"岗位胜任特征与个体胜任力之间的匹配越好,个体的工作绩效和工作满意度就越高。"苗丹民等在实证性研究中发现,建立初级军官胜任特征模型能较好地预测军官军事绩效。构建适应我军官兵的胜任特征模型,借助"加权绝对差值法"可以分析出个体胜任力与岗位要求之间的差异,并作为军事绩效的预测指标。可见,单从能力在军人与岗位之间寻求匹配难免有些片面,在军人岗位匹配时除能力外,还需要综合考量兴趣、动机、知识和价值观等,军人岗位匹配应该是综合全方位的匹配。

人—岗匹配还是人—组织匹配?

人—岗匹配关注人与岗位在知识、技能或能力之间的适应性,强调人和工作的匹配。当个人能力、人格与岗位匹配时,会产生较高的工作满意度、工作绩效和较低的离职率。但是,人—岗匹配却忽视了员工之间、员工与组织之间的适应性,一定意义上,人—岗匹配是相对静止的,缺乏足够的弹性和灵活性以应对军队组织内部独特的组织结构。

人—组织匹配是指个人的人格、信念和价值观与组织的文化、规范和价值观相容,其基本思想是个体特征和组织特征的匹配对个体和组织绩效有着重要的影响,这不仅契合近年来组织研究中组织与情境双边互动化的趋势,尤其是与在军队内部共同行动和集体文化大背景下,要求军人、军事组织之间有更多的配合与互动的实际不谋而合;同时也与组织及其成员灵活应对动态格局的现实要求相符,在部队各类组织应对复杂多变的战争形态和战场动态时具有广泛的适应性。

现有研究证实,人—组织匹配一方面有利于提高员工满意度、对组织的信任和忠诚度,降低员工离职率;另一方面还可以提高组织吸引力和组织凝聚力,使组织成为一支忠诚、稳定而又灵活的队伍。可见,开展军队内部人—组织匹配研究可以更好地促进军人选拔分配的效益。

3.3.2 我军军人岗位研究方向

以美军为代表的西方国家在军人分配系统方面做了相当长一段时间的实践,发展了适应于其征兵体系的分配系统,一定程度上可以为我军开展军人分配匹配研究提供一定的参考。然而其所采用的人员安置程序,实际上仅是一种适宜性填补策略的分配方式。该策略最致命的问题是:忽视了除能力以外的其他问题对安置可能产生的影响。对这种策略接受的程度通常依赖于安置程序、训练阶段及其具体的征兵分配体系。我军军人招募选拔经过几十年的研究和发展,形成了独特的征兵体系、招

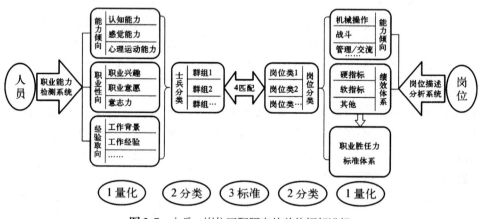

图3.7 士兵—岗位匹配研究的总体框架设想

募方式和选拔方法,照搬其体系难免水土不服,一定意义上讲我军没有任何现成的路子可以走,没有现成的模式可以用。我们需要从岗位分类描述方法着手,一步一个脚印,扎实有效地推进我军征兵分类研究的发展。鉴于此,我们提出了我军军人分配研究的"四步骤五内容"(图3.7),以期为研究提供一定方向。

实现军人岗位匹配,需要四个步骤

(1) 精确量化。不论是军人还是岗位,对其所属特征的正确评估是实现分配的基础。这就需要采用统一的标准体系,分别对岗位特征和士兵心理特点进行科学量化。虽然目前我军在初级军官、驾驶员和导弹兵等方面开展了胜任特征研究,但一是兵种覆盖不全,二是描述方法和检测手段不同,难以纳入全国的统一征兵体系。在岗位的量化方面,职业信息网(O*NET)工作分析系统依据多重描述、共同语言和职业描述的层级分类的原则,综合运用问卷法和专家访谈法,全面反映职业特点的同时又包含任职者特征,是目前被广泛应用的工作分析工具。此系统也是描述军队岗位特征不可或缺的重要工具,可以实现采用统一的方法和标准对军队岗位进行科学描述和量化的目的,目前许多国家或军队都试图借用O*NET工作系统开发自己的岗位描述方法平台。在军人心理特征量化方面国内外军事心理学者做了大量的研究,打下了较好的基础,提供了许多可以借鉴的问卷和成果。如:在能力维度上,有ASVAB;人格维度上,有苗丹民等修正的MBTI、15FQ$^+$等。但这些问卷都需要充分考虑岗位特征和军人特点在同一尺度上有效衔接的问题,即军人和岗位测量归属于同一量尺的问题。

(2) 科学归类。对军人和岗位进行科学分类是提高有效匹配效率的基础。我军军人岗位众多,因此不可能、也没必要为每一个具体岗位建立心理检测方法和标准。同时,研究者指出,对人员进行科学分类也是实现人—岗匹配的重要基础。归类应该包括岗位归类和人员归类两方面的内容。

在对岗位和人员进行精确量化后(即数据化后),按照一定的原则确立归类方法,分别构建以分配为目的的人员分类系统和岗位分类系统。我国依据工作性质同一性的基本原则,将社会职业分为8个大类,66个中类,413个小类,1 838个细类。但我国的职业分类是以资格认证为目的,对岗位人员分配的适应性还有待于进一步考查,我军也应该确立以岗位分配为目的的职业分类体系。同理,对于应征人员,也应该依据一定的原则划分为不同的层次和类别,如依据性别可以划分为男性和女性两个大类,对大类依据不同教育程度和能力水平又可以划分为不同的子类。对应征人员的有效分类可以提高分配系统的效率。

(3) 确立标准。确立岗位分配原则,即标准的确立,是实现人—岗匹配科学有效的准绳。美军采用的是岗位最低分配标准,即某个应征人员的能力达到某岗位的最低资格分数线,其就有资格选择这个岗位。这种做法实际上是一种淘劣,能满足岗位基本胜任要求,但无法保证人力资源利用最大化。一些重要岗位可能无法分配到高能力士兵,高能力士兵也可能无法被分配至其理想岗位。因此,应建立一种最佳匹配模型,既考虑重要岗位的优先安置权,又能兼顾让每一个应征人员能分配到适宜的岗位,具体包含如下几个方面内容。

首先是确立岗位最低分配标准,避免将不能胜任本岗位的人员分配至该岗位上。其次是在最低分配标准的基础上确立岗位绩效最大化的原则,确保将具备最佳胜任特征的人员匹配至最佳岗位;再次,需要综合平衡兴趣、性格、岗位风格和岗位环境等因素对人—岗匹配的影响和作用,确立岗位性向匹配原则;最后需要综合考虑部分征兵分配方面的要求,如部队人事部门考虑较多的均衡分布岗位能力、填补重要和关键岗位、有效填补每个岗位等要求,并将其写入岗位分配的基本原则。

(4) 综合匹配。在对军人与岗位进行科学量化及有效分类后,需要基于云计算技术建立数据信息系统,在信息系统内对军人和岗位进行合理匹配。众多学者在这方面提出了许多人—岗匹配的模型和方法,如美军应征人员岗位匹配系统(EPAS)采用的最优线性匹配法,孔庆如和李小平以概率分析为基础,提出的基于概率分布特征的岗位配置与调试优化方法,李耘涛等运用360度模糊综合评价模型提出的定量匹配法,罗帆等提出的多指标综合指派模型等,这些均可以作为军队人—岗匹配的参考和借鉴。最终通过选择有效的模型和方法开展人—岗匹配,同时综合考虑分配原则,实现军人科学分配。

开展军人岗位匹配研究,包含五项内容

(1) 岗位描述与分类体系。通过采用统一的标准语言体系(如,张家喜、苗丹民等人开发的《军事职业岗位分析评测工具》),对军队所有的岗位进行有效的描述,实现如下三个目的:第一是构建中国军事岗位分类大典,作为职业分类的基石,这也是构建士兵职业分类系统的首要工作;第二是构建抽象能力域编码体系(职业能力分类体系),作为能力域测验系统的基础;第三是编写军事岗位分类大典中以技能标准体系为基础的岗位说明书,作为军事岗位选择的参考。

(2) 职业能力域检测系统及人员分类体系。该部分内容主要以实现对士兵特征的科学量化和有效分类为目的,生成有效估计职业成功可能性和区分职业间不同能力要求的职业测验分数,其需要开发四个技术平台:一是《军事职业能力倾向检测平台》;二是《职业性向检测平台》,主要是指职业兴趣测验、工作价值观量表和职业意愿问卷等;三是《新兵生平资料调查表》,调查公民入伍前接受的各类培训、教育情况,了解其职业专长情况,为将公民分配至职业专长相关的职业领域提供参考意见;四是建立应征人员分类体系,实现应征人员的科学分类。

(3) 绩效评价体系。首先要在中国军事岗位分类大典的基础上,确定若干岗位绩效指标,包括筛选出硬指标和建立软指标评价体系,硬指标通常涉及诸如射击成绩和接线速度等;软指标为绩效考核他评结果,包括任务绩效和关系绩效,其次需要建立绩效分级体系。

(4) 职业胜任力标准体系。根据工作绩效,结合胜任力理论和方法,构建基于岗位分类的军事岗位胜任力模型,开发职业胜任能力标准体系,明确分配标准。即为每一个岗位确定每一种能力域上的划界分数,作为新兵分配至某一岗位的最低能力要求,依据能力域综合分数和绩效测量的相关、回归关系,确定能力域分数分配的最低标准。

(5) 人—岗位信息匹配系统。此系统需要开发三个平台:首先是建立岗位需求录入平台,实现岗位各类信息(如岗位需求信息、能力域编码、划界分数)的有效编码;其次是建立人员检测数据信息平台,实现士兵信息(如个人能力域分数、个人特征等)的科学分类和编码;最后是人—岗匹配工作平台,该平台应具有输出单人最佳岗位分配清单、入伍岗位确认与反馈和数据实时更新等功能。

总之,我军军人安置研究是一个全面综合的研究体系,需要在总体上全面精确地把握研究步骤与内容;同时,需要认真研究军人选拔和安置的特点与规律,以及我军征兵选拔和安置的特色和背景,探索适应我军特色的军人安置之路。本章所提出的步骤与内容试图为探索我军军人岗位匹配提供一定的思路,并希望对我军的军人岗位匹配研究起到抛砖引玉的作用。

虽然科技在现代战争中占的比重越来越大,但人依然是所有军事活动的主体这一点并未改变,只是随着武器装备科技含量的增加,对操作人员的能力和素质提出了更高的要求。同时,征兵难一直是世界性的、普遍性的难题,兵员素质也无法在较短时间内得到较大程度的提高以适应武器装备对操作人员的高素质要求。因此,人尽其用就有更重要的现实意义。美军为适应这种新要求积极开展了各类研究,如 Project A、Project B、Select 21 等,旨在完善新兵选拔和分配的预测指标、优化人员分配系统,以更好地提高人岗匹配效率。我军也正在针对此新要求,采取积极的应对措施,如士兵心理选拔工作自 2002 年试点以来,全国征兵心理检测技术中心开发的《征兵心理检测系统》运行稳定、检测效果良好,基本上解决了什么样的人能当兵的问题,而当什么样的兵即征兵分配研究则迫在眉睫,需要我们在全面探索我军岗位、人事特点的基础上,借鉴国外先进应征人员分配系统,发展适应我军人—岗匹配的征兵分配系统。

(张家喜 方 鹏)

参考文献

国家职业分类大典和职业资格工作委员会.(1999).中华人民共和国职业分类大典.北京：劳动社会保障出版社.
苗丹民,罗正学,王京生,陈静.(2004).初级军官胜任特征心理品质评价模型建立.医学争鸣,25(8),755-758.
田建全.(2006). Project A 对我军士兵心理选拔研究的启示.心理科学进展,14(2), 164.
肖玮.(2011).军事人员心理选拔研究的不足与展望——军人选拔研究获得"国家一等奖"后的思考.医学争鸣(1),7-10.
张家喜,肖玮,石蕊,苗丹民.(2011).美军 EPAS 系统对我军士兵职业分类研究的启示.心理科学(5),1252-1257.
Armor, D. J., & Roll Jr, C. R. (1994, January). Military manpower quality: Past, present, and future. In *Modeling cost and performance for military enlistment: Report of a workshop* (pp.13-34).
Campbell, J. P., & Zook, L. M. (1991). *Improving the selection, classification, and utilization of Army enlisted personnel: Final report on Project A* (No. HUMRRO-FR-PRD-90-06). HUMAN RESOURCES RESEARCH ORGANIZATION ALEXANDRIA VA.
Diaz, T. E., & Ingerick, M. (2004). Refining the Supply Group (SG)-MOS connection for the Enlisted Personnel Assignment System (EPAS).
Diaz, T., Ingerick, M., & Lightfoot, M. A. (2004). Evaluation of alternative aptitude area (AA) composites and job families for Army classification (Study Report 2005-01). *Arlington, VA: US Army Research Institute for the Behavioral and Social Sciences*.
Diaz, T., Ingerick, M., & Sticha, P. (2007). *Modeling Army applicant's job choices: The EPAS Simulation Job Choice Model (JCM)*. Study Note 2007-01). Arlington, VA: US Army Research Institute for the Behavioral and Social Sciences.
Green, B. F., Wing, H., & Wigdor, A. K. (1988). *Linking military enlistment standards to job performance: Report of a workshop*. National Academies.
Greenston, P. M., Mower, D., Walker, S. W., Lightfoot, M. A., Diaz, T. E., McWhite, P. B., & Rudnik, R. A. (2001). Development of a personal computer-based enlisted personnel allocation system (PC-EPAS)(Study Report 2002-01). *Arlington, VA: US Army Research Institute for the Behavioral and Social Sciences*.
Greenston, P. M., Walker, S. W., Mower, D., MeWhite, P. B., Donaldson, L., Lightfoot, M. A., ... & Rudnik, R. (1998). Enlisted Personnel Allocation System (EPAS) Functional Description (ARI Draft Study Report). *Alexandria, VA: US Army Research Institute for the Behavioral and Social Sciences*.
Johnson, C. D., Zeidner, J., & Vladimirsky, Y. (1997). Developing Classification Efficient Job Families using Differential Assignment Theory Techniques. *US Army Research Institute for the Behavioral and Social Sciences, Alexandria, VA*.
Judge, T. A., Thoresen, C. J., Bono, J. E., & Patton, G. K. (2001). The job satisfaction-job performance relationship: A qualitative and quantitative review. *Psychological bulletin*, 127(3), 376.
Kirin, S. J., & Winkler, J. D. (1992). *The Army military occupational specialty database* (No. RAND/N-3527-A). RAND ARROYO CENTER SANTA MONICA CA.
Knapp, D. J., & Heffner, T. S. (2009). *Validating future force performance measures (Army Class): End of training longitudinal validation*. HUMAN RESOURCES RESEARCH ORGANIZATION ALEXANDRIA VA.
Knapp, D. J., Tremble, T. R., Sellman, T. L. R., & Wayne, S. (2008). *Future-Oriented Experimental Army Enlisted Personnel Selection and Classification Project (Select21) Summary Report* (No. TR-1224). HUMAN RESOURCES RESEARCH ORGANIZATION ALEXANDRIA VA.
Konieczny, F. B., Brown, G. N., Hutton, J., & Stewart, J. E. (1990). *Enlisted personnel allocation system: Final report* (Technical Report 902). GENERAL RESEARCH CORP VIENNA VA.
Kuncel, N. R., Hezlett, S. A., & Ones, D. S. (2004). Academic performance, career potential, creativity, and job performance: Can one construct predict them all?. Journal of personality and social psychology, 86(1), 148.
Lightfoot, M. A., & Ramsberger, P. F. (2000). Matching recruits to jobs: The enlisted personnel allocation system (EPAS)(SR 41). *Alexandria, VA: US Army Research Institute for the Behavioral and Social Sciences*.
Lightfoot, M. A., Diaz, T. E., & Greenston, P. M. (2003). *Off-line Field Test Design for Evaluating Two Approaches to Person-job Matching: The Army Recruit Quota System (REQUEST) and the Enlisted Personnel Allocation System (EPAS)* (No. SR-2003-08). HUMAN RESOURCES RESEARCH ORGANIZATION ALEXANDRIA VA DIV 1 SYSTEMS OPERATIONS.
Logemann, K. (2004). *Sensitivity Analysis for an Assignment Incentive Pay in the US Navy Enlisted Personnel Assignment Process in a Simulation Environment*. NAVAL POSTGRADUATE SCHOOL MONTEREY CA.
Shields, J. L., & Hanser, L. M. (1990). Designing, planning, and selling project A. *Personnel Psychology*, 43(2), 241-245.
Spencer Lyle, M., & Spencer Signe, M. (1993). Competence at work: Models for superior performance. 1st ed. New York: Wiley.
Statman, M. A. (1994). *Improving the effectiveness of employment testing through classification: Alternative methods of developing test composites for optimal job assignment and vocational counseling* (Doctoral dissertation, ProQuest Information & Learning).

Sticha, P. J., Diaz, T. E., Greenston, P. M., & McWhite, P. B. (2007). *Enlisted Personnel Allocation System (EPAS) Enhancements to the Recruit Quota System (REQUEST)-A Simulation Evaluation* (No. HUMRRO‐TR‐1212). HUMAN RESOURCES RESEARCH ORGANIZATION ALEXANDRIA VA.

Zook, L. M. (1996). Soldier selection: Past, present, and future (Special Report 28). *Alexandria, VA: US Army Research Institute for the Behavioral and Social Sciences*.

第4章　高性能战斗机飞行员心理选拔

4.1　高性能战斗机特点及对飞行员心理的影响／61
　　4.1.1　高加速度增长率／61
　　4.1.2　高角加速度／62
　　4.1.3　长航程和长续航时间／62
　　4.1.4　人机界面／62
4.2　西方国家高性能战斗机飞行员心理选拔现状／64
　　4.2.1　选拔内容／65
　　　　心理运动能力／速度／65
　　　　智力／才能／65
　　　　人格／性格／65
　　4.2.2　选拔方法／66
　　　　仪器测试／66
　　　　纸笔测试／68
　　　　会谈／观察／68
　　4.2.3　选拔过程／68
4.3　我国高性能战斗机飞行员心理选拔现状／69
　　4.3.1　三代机飞行员心理选拔／69
　　4.3.2　舰载战斗机飞行员心理选拔／71
　　4.3.3　无人机操作员心理选拔／71
　　4.3.4　改装高性能战斗机飞行员心理选拔／72
4.4　高性能战斗机飞行员心理选拔展望／72
　　4.4.1　情境意识／73
　　　　生理测量／75
　　　　记忆探查测量／75
　　　　基于作业绩效的测量／76
　　　　主观评定／76
　　4.4.2　胜任力特征／77
　　4.4.3　视觉空间能力／81
　　4.4.4　心理适应性与应激／82
参考文献／84

21世纪是空中力量主宰战争的世纪,这完全得益于现代化进程的推进,得益于航空武器装备的发展。其中,高性能战斗机的服役,是促进空中力量作战能力增强的直接因素,对战争胜负有举足轻重的影响,是决定战争胜负的重要因素。飞机离不开人的操作,飞机优良的格斗性能更加需要优秀的飞行员与之匹配。从一定程度上来说,决定战争胜负的是人,高性能战斗机飞行员是空中力量的灵魂。那么,怎样才能挑选出最合适的人来担任高性能战斗机飞行员呢? 长期以来,世界各国主要依据临床医学、航空生理功能指标和心理品质三个方面来进行选拔。高性能战斗机飞行员承受着高风险和高压力,必须在风驰电掣的战机上,聚精会神地注视着光点闪烁的雷达屏幕和五花八门的飞行、作战信息,迅速地计算各种作战单元,准确无误地按动开关电门,紧急情况下果断做出决策……不允许有一丝一毫的疏漏和一分一秒的误差。这种特殊的职业岗位对心理品质和心理健康有着非同寻常的要求。

本章着眼于世界范围内军事飞行员心理选拔技术的进展,介绍以美国为首的西方国家以及我国的高性能战斗机飞行员选拔的方法、特点、规律,并力争合理、可信地预测、推断出未来飞行员选拔技术的发展趋势,以期抛砖引玉,使国内同行对当代高性能战斗机飞行员心理选拔技术有较为深入的了解和思考。

4.1 高性能战斗机特点及对飞行员心理的影响

依据国际公认的分代标准,通常把战斗机分为四代:第一代为螺旋桨飞机时代,时间从1903年美国莱特兄弟研制的第一架载人动力飞机问世至第二次世界大战期间;第二代为喷气飞机时代,时间从二战后至50年代末;第三代为电子化飞机时代,时间从60年代初至今;第四代为超音速隐形飞机,90年代初刚刚问世,并将成为21世纪的主力机种。当代美、俄等航空工业发达的国家,正在以F-15、F-16和苏-27、米格-29、幻影-2000等为代表的第三代战斗机的基础上,研制发展第四代战斗机。高性能战斗机是指第三代和第四代战斗机,是一种重型、远程、超音速的高性能歼击机,具有全天候、全天时、全方位的作战能力。高性能战斗机的飞行特点是高加速度和高加速度增长率、高角加速度、长航程和长续航时间。

4.1.1 高加速度增长率

高性能战斗机机动性能好,飞行速度快,飞行中加速度高达9Gz、加速度增长率可达6G/s,而且持续时间长、存在正加速度与负加速度作用的频繁交替,如此高加速度和高加速度增长率产生明显的推拉效应,可导致飞行员空中意识丧失(G-induced loss of consciousness，G‑LOC）。通常表现为：飞行员可能在无任何视觉征兆的情况下突然发生意识丧失，造成短暂失能，对飞行安全构成严重威胁。据美国空军统计，战斗机飞行员空中意识丧失发生率为12%—30%。1982年—1990年，美国空军由高加速度致使飞行员发生空中意识丧失造成18起飞行事故，其中机毁人亡的有14起。

4.1.2 高角加速度

高性能战斗机飞行中转弯半径小，飞机滚转性能好，角速度和角加速度比较大。高角加速度和高加速度联合作用，使飞行员产生空间定向障碍（飞行错觉）的几率明显高于老一代战斗机。据美国空军统计，严重空间定向障碍导致的F‑16飞机机毁人亡事故占该机总事故数的61%。高性能战斗机上发生的严重飞行错觉主要有三种形态和四个特点。三种形态是：超重（G）错觉、倒飞错觉和翻、滚、转复合错觉（又称科里奥利加速度错觉）。四个特点是：全天候发生，简单气象条件下亦可发生；高加速度下动头易发生（尤在+6Gz以上）；发生了空间定向障碍的飞行员自身意识不到；常同时伴有情境意识丧失（即暂时性失去认识环境和自身飞行状态的能力）或G‑LOC。因此，要求飞行员具有良好的前庭平衡机能、稳定的植物神经功能和心理状态。

4.1.3 长航程和长续航时间

目前，高性能战斗机最大航程可达3 860 km，续航时间可达4小时，长时间飞行会使飞行员产生较大的精神和体力消耗，极易发生飞行疲劳，导致飞行耐力下降和"错、忘、漏"动作。飞行员易出现反应迟钝、注意力分散、理解判断力下降，造成操纵失误。同时，长航程和长续航时间还易导致空间定向障碍和情境意识丧失。因此，要求飞行员具备良好的心理生理储备能力以保持充足的体力和精力。心理生理储备能力是机体对外界环境的反映能力，它在正常情况下不显露，但在受外界异常因素、超负荷或危险情况作用时发挥重大作用，主要表现为机体系统功能活动性增强，明显高于安静状态，机体与外部环境进行多层次调节。

综上，高性能战斗机具有的持续高加速度、高加速度增长率、高角加速度和长航程等战术特性给飞行员造成的心身负荷，易引发严重的心理生理学问题，其中最突出的心理问题有：空间定向障碍（飞行错觉）、情境意识丧失和过度精神疲劳等。

4.1.4 人机界面

高性能战斗机的优良性能使飞机的可靠性与自动化程度提高，飞行员的操纵负荷大为减轻。可以说驾驶老一代战斗机主要依靠体力与技巧,而驾驶高性能战斗机则依靠智慧与技术。高性能战斗机发展很快,与其相适应的人机界面也日趋智能化。50年代中期,英、美等国开始探索利用阴极射线管研制电子显示仪表。电子显示仪表的出现,为座舱人—机界面的发展和完善开辟了广阔的道路,使第三代战斗机的信息显示系统发生了质的飞跃。第三代战斗机主要采用一个平视显示器和三个下视显示器,机电仪表只留下少量重要飞行仪表,如地平仪、空速表、高度表和升降速度等,其只起备份作用。这样,整个飞机座舱显得格外清晰、明亮,给人以简洁、舒适之感,创造了良好的人—机界面,但人—机界面上的信息量成倍增加,能够根据需要在不同时间显示不同信息。第四代战斗机包含的信息量更大,飞行员的认知负荷已接近或超过人的心理、生理耐受限度。以 F/A-18 战斗机为例,它是美国海军第一架军用计算机控制和多功能显示—操纵战斗机,其大部分仪表都并入 5 个阴极射象管显示器。飞机风挡下面有 3 个多功能显示器,每个显示器有 675 个专用缩略语、40 种显示形式、177 个符号、73 种警告或提示信息、59 个指示灯和 6 种警告声。另有一显示器用于工作水平位的显示,以投射的地图作背景,有 200 种数据画面和 22 种平视显示模式可供选用。每个显示器周围有 20 个开关供飞行员提取信息,油门杆上有 9 个多功能按钮,驾驶杆手柄上有 7 个按钮。前方仪表板有 10 个操纵钮。这些原来交给 7 名飞行员管理的显示和操纵现改由 1 名飞行员负责。飞行员接受的信息已接近或超过极限,飞行劳动已成为在低氧、低压等各种物理因素和应激因素的干扰下,飞行员根据掌握的信息,在严格的时限内果断做出决策,并付诸实施的复杂心理活动。也就是说,飞行劳动已从过去简单的感觉和运动,发展成为极复杂的认知和决策工作。为避免飞行员信息负荷过大,原空军航空医学研究所人机工效专家郭小朝等率先提出了 16 个飞行阶段或任务条件下建议分级显示的飞行信息数量(见表 4.1)。

表 4.1 不同飞行阶段或任务条件下建议分级显示的飞行信息数量

编号	飞行阶段或任务	一级信息	二级信息	三级信息	四级信息	合计
1	滑出/起飞	25	61	94	76	256
2	进场/着陆	23	64	92	68	247
3	战术导航—导航	19	102	76	99	296
4	战术导航—巡航	18	102	78	100	298
5	战术导航—返航	18	106	79	89	292
6	空空攻击—引导接敌	18	160	93	104	375
7	空空攻击—中远程导弹	18	128	92	108	346
8	空空攻击—近程导弹	18	130	87	101	336
9	空空攻击—航炮	18	112	77	104	311
10	空地(海)攻击—火箭	18	117	79	76	290

续表

编号	飞行阶段或任务	一级信息	二级信息	三级信息	四级信息	合计
11	空地(海)攻击—导弹	18	130	83	75	306
12	空地(海)攻击—炸弹	18	123	76	82	299
13	空地(海)攻击—航炮	18	110	81	81	290
14	电子对抗	18	105	83	72	278
15	编队协同	18	140	74	75	307
16	应急操纵	19	65	69	64	217

高性能战斗机飞行认知信息量大,易导致飞行员情境意识丧失。情境意识是指正确、清楚地认识自己所处的外界环境和飞行状态的意识,并以此为基础,构成预见、判断和决策的能力。情境意识丧失并非是意识丧失,而是飞行员对自身所处的位置以及对飞机状态、仪表、气象、任务和空中其他飞行物失去认识,处于"视而不见,听而不闻"的状态。据美国空军统计,有51.6%的致命性飞行事故和35.1%的非致命性飞行事故与飞行员决策失误有关,而飞行员情境意识缺陷和决策失误及操纵错误直接相关。

随着当代航空技术的快速发展,高性能战斗机的性能不断提高,座舱人—机界面的设计日益智能化,已完全达到计算机化和操纵程序化,且其设备配套齐全,各种按钮开关顺序极为严格,设备间联系密切而复杂,易导致继发性、多元性故障,使飞行员识别、记忆和处理的座舱资源信息量达到饱和程度。高性能战斗机飞行员认知负荷远远高于老一代战斗机,飞行员极易产生脑力过度疲劳,进而丧失情境意识,这对他们提出了前所未有的挑战。

4.2 西方国家高性能战斗机飞行员心理选拔现状

西方国家军事飞行员选拔技术的历史从时间上划分,可以分为从军事飞行出现到第一次世界大战、从1919年至第二次世界大战开始、从第二次世界大战开始到结束、从二战之后到1970年以及从1970年以后一直到将来五个阶段。1970年以后,西方各国开始装备高性能战斗机,高性能战斗机的作战特点对飞行员提出了新的要求。这一时期,心理选拔的重点在于研究如何选准现代高性能战斗机飞行员,以最大限度地发挥武器装备效能和降低训练损失。截至目前为止,存在着三项主要的选拔内容和三种选拔方法,飞行员心理选拔技术在前四个阶段的基础上有了进一步发展。

4.2.1 选拔内容

心理运动能力/速度

在执行军事飞行任务中，飞行员要随时接受和处理大量的信息并及时做出适当的操作反应，因此作为一名飞行员，心理动作及敏捷性自然成为十分关键的素质之一。1965年—1975年，飞行器的速度和复杂性发生了巨大的变化。随着超音速飞机例如F-14雄猫的出现，飞行控制变得高度自动化。第二次世界大战中战斗机飞行员的关注内容主要是肉眼所看到的以及对机舱的反应，而现代高性能战斗机飞行员所关注的信息扩大了两至三倍，他们可以操纵空中或地面的雷达扫描仪、可以控制敌人的火控系统并且用各种各样的电子信号干扰发射台和武器系统来攻击对方。高性能战斗机操纵按钮繁多，比如F/A-18操纵杆上的按钮和旋钮，就比大部分二战时期的老一代战斗机座舱里所能发现的所有控制按钮还要多。飞行员的任务从手动控制飞机转换到了管理控制飞机。随着飞行员在高性能战斗机上作用的变化，心理运动能力测量的侧重点也发生了变化。心理动作协调的精确性、反应的快速性及注意的持久性是大多数西方国家强调的内容。

智力/才能

纵观整个飞行员选拔的历史，没有明显的证据表明高中以上文化程度的人更适合担任军事飞行员。然而毋庸置疑，要掌握军事飞行训练，中等以上的智力水平必不可少。过去和现在，或许直到将来，驾驶飞机始终是一项复杂而极具挑战性的工作，掌握驾驶飞行技术自然要有较高的智力品质才能胜任。所以，智力和能力测验很可能在飞行员选拔测验体系中保持重要地位。在过去的50多年里，智力结构预测的稳定性表明，在这一领域可能没有新的预测变量有待发现。美国空军使用的智力测验主要是航校学员入学资格测验(ACQE)和空勤人员分类测试(ACB)。ACQE制定的材料来源于对航校淘汰学员缺陷的分析和对优秀战斗机驾驶员和轰炸机飞行员心理品质的评定，包括五项主要因素：判断、动机、决策和反应速度、情绪控制及注意分配能力。ACQE和ACB的测验量表都会随着研究资料的补充完善而定期修订。由英国皇家空军、加拿大皇家空军及美国海军和美国民航局国家研究理事会所确定的五个项目的内容基本与ACQE相似。在今后的几个十年里，智力和能力测试不可能像心理运动和人格一样取得技术性的突破。现代军事飞行员要充分发挥战机的技术性能就必须最大限度地依靠计算机，因此，不久的将来会出现综合测验，将智力与能力测验作为仪器测试或人格测验的组成部分融合起来，使之一体化，这将更适合应征者在模拟情境中做出判断和决策。可以预见，未来智力测验发展的方向在于其与仪器测试和人格测验的整合。

人格/性格

人格和个性理论来源于在欧洲心理学界很受欢迎的个案研究。早在第一次世大战结束之前,已有用个案研究的方法描述一战中王牌飞行员性格特征的书籍出现。然而在美国,直到"二战"开始,人格因素在飞行员选拔中一直未受到军方的重视。二战后,在飞行员选拔的三项主要测量内容中,人格因素成为人们探索最多的一个领域,但研究结果都证明人格因素不是一个有效的预测指标。美国空军在这方面研究的实用成果之一,或许就是发现了动机测量的潜在价值。1970年以后,在军费的支持下各国继续开展人格研究,不断寻找新的证据。比利时、意大利、丹麦和法国海军在选拔过程中均很重视人格选拔。有些研究者提出,人格选拔的效度问题可能与过去在飞行员选拔中应用的许多临床诊断量表的测试条目属于精神病理范畴有关。或许过去我们心理学追寻的是正确的理论,但却用错了量表和工具。这一时期,组织行为学家和军事心理学家还重新评估了人格测试在职业选拔中的作用。在压力耐受和动机测量领域,心理学家将新的研究方法引入了军事飞行员选拔。例如,人际定位、自我决策和成就动机都与飞行态度和飞行绩效相关。一些国家依据非临床人格特质进行选拔。以色列和丹麦开始将平等民主的领导作风引入选拔中。许多欧洲国家正在使用防御机制评估测验,这是精神动力理论用于测量压力耐受和事件应对的一种投射的方法。在未来的飞行员选拔中,人格和个性方面的研究将日趋活跃,心理学有可能能够测量出"确切的人格成分",但需要使用正确的工具。

4.2.2 选拔方法

仪器测试

1970年,李(Lee)的研究表明,仪器测试和纸笔测试的结构是独立的。由于纸笔测试在历史上一直被证明有稳定的预测性,新的预测变量很可能会在使用仪器测试时被发现。仪器测试是全世界飞行员选拔测验发展的一个焦点。现有趋势表明,仪器测试可以比纸笔测试更好地预测工作绩效,随着计算机的应用,工作绩效测量越来越方便、经济,仪器测试可以测试许多新的、准确度高、可靠性高的预测因素。心理运动能力测试的长足发展也要归功于真实感更强的自动测量系统。下面介绍六个典型的电子仪器测试系统:

ICA-90。协调分析仪-90(ICA-90)是德国1991年研制的一种操作性台式计算机座舱模拟器。与被其取代的ICA-81一样,ICA-90采用高分辨率的显示器用于视觉刺激呈现,使用耳机输入听觉刺激和指令,并且提供操纵杆与节流器测验飞行控制能力。ICA-90中包括表征许多因素的五大类测试,其中有心理运动协调、认知策略的灵活性、空间表象和空间定向、信息加工能力和问题解决能力等。这些测量维度的选择充分考虑了操纵现代高性能战斗机的需求,除了对生理和心理运动能力的需求外,对空间定向、信息获取能力和问题导向策略思维的需求越来越多。

FPS-80。除了 ICA-90 外,德国还继续使用 1987 年引入的飞行心理选拔系统-80(Flight Psychological Selection System, FPS-80)。使用 FPS-80 的应征者要完成五次模拟飞行任务,在学习操纵之前先观看从简单到复杂的系列飞行演示。该系统用于飞行能力的诊断、飞行和心理训练成绩的测量以及飞行功能和飞行心理研究的评估。FPS-80 与其他测试系统相比具有独特的理念,即允许两名应征者在各自的测试环境中互动。针对任务和评估目的的不同,每名应征者扮演不同的角色,这会引起互动行为,如相互影响、相互交流与合作。这种独特的理念支持对飞行员团体整合能力的研究,比如团队互相交流/协调、指挥才能、飞行教官的教学才能、双人舱的行为和紧张、教育学概念的评价和临床飞行心理学等。

VGAT。视觉综合航空测试仪(Visual General Aviation Tester, VGAT)是从 Link 训练仪改进而来,用于测量眼—手—脚的协调能力。VGAT 中,应征者要面对电脑测试系统进行长达五个小时的测试。没有飞行经验的应征者需要在计算机提供的距离、速度等线索指引下学习基本的飞行操作技术。VGAT 用一台计算机精确地记录应征者的动作稳定性、知觉速度和反应速度,同时用另一台计算机测试应征者的转换能力、嵌图识别、迷津、词汇类比、刻度和仪表判读等。

TORCH。TORCH 是计算机的代号,它是支持英国飞行员选拔的仪器测试。1982 年,英国皇家空军和海军开始研制 PHASE Ⅰ-电脑化测试量表版本,到 1985 年投入使用。PHASE-Ⅰ/TORCH 包含了在第二次世界大战时发展起来的 SMA(训练器测试)和 CVT(目标追踪测试),可以测试应征者的认知、感知觉、协调性和智力因素(包括瑞文测验的 MATS87)。PHASE-Ⅰ/TORCH 与 ICA-90、FPS-80、VGAT 相似,但与航空飞行关系不大。20 世纪末,英国开始研究 PHASE-Ⅱ,旨在利用微处理器的仿真性和多通道通讯的优势来研制新的测试设备,可使仪器测试更加真实。一个典型的例子就是微型计算机个人能力测验(Microcomputerized Personnel Aptitude Test, MICROPAT),这个测验可以用于在逼真的模拟飞行任务中选拔直升机飞行员。

PASS。飞行员自动选拔系统(Pilot Automated Selection System, PASS)是荷兰空军使用的测试系统。它由国际组织 FRASCA 为荷兰皇家空军研制,类似于德国的 ICA-90。荷兰皇家海军和陆军陆续将 PASS 转化成了计算机仪器测验用于选拔军官。一些认知操作技能测试无法用 PASS 来测试,因此除了 PASS 外,荷兰空军飞行员选拔还要进行认知心理运动测验(Taskomat)。应征者一般在达到征兵年龄即 17 周岁时参加测试。

BAT。基本能力测试仪(Basic Attributes Test, BAT)及其袖珍复本 PORTA-BAT 由美国空军研制开发,由一台微处理器和一个带有两个操作杆的录像机屏幕组成。BAT 最先由美军、美国友好国家的军队以及北约组织国家的军队试用、评估。BAT 包括一项基本信息调查和 11 项测试,测量维度包括:双手协调性、复杂协调能力(轨迹)、信息加工准确性及速度、认知能力和人格(冒险性和自信)。卡雷塔(Carretta)开展了三项研究来比较 BAT 与 AFOQT(空军军官资格测验)在预测飞行员训练成功率方面的差异,结果表明联合使用 BAT 来预测训练成功率时多重相关系数 r 值显著提高:(a) $N = 347, r(AFOQT) = 0.126, r(AFOQT + BAT) = 0.303$;(b) $N = 362, r(AFOQT) = 0.155, r(AFOQT + BAT) = 0.342$;(c) $N = 478, r(AFOQT) = 0.169, r(AFOQT + BAT) = 0.498$。

纸笔测试

纸笔测试一直是心理测验的主要形式之一。它经济划算、成本低廉,更重要的是适合用于大规模的团体施测,效率很高。因此纸笔测试在飞行员选拔中一直是最经济的选拔方法。长期以来,世界各国都在使用纸笔测试获得应征者的基本信息,并测量一般智力、推理和知觉品质等诸多因素。纸笔测试可以和会谈法联合使用,用于测量人格和情感适应性。1952 年,项目反应理论的发展精简了纸笔测试,并使其在预测性上得到了适度的提高。许多国家一度要求,应征者必须是大学学历,对大学学历的应征者可以不进行纸笔测试。20 世纪 90 年代开始,对飞行有浓厚兴趣的飞行员应征者数量减少,大多数国家不得不寻求非大学生的应征者。因此,对纸笔测试又有了需求。低成本的微处理器技术导致纸笔测试设备也实现了计算机化。微处理器缩短了测验的时间,便于测验者控制效度相关因素(测试条目类型、顺序和难度等),还可以大大改善测量精度。

会谈/观察

二战后美国空军和海军需要大批量的空军候选人才,因个体心理会谈耗时太长,这种情况致使选拔应征者时越来越倚重于纸笔测试。尽管有压倒性的理由证明会谈变得不可行,但心理会谈被取消的可能性较低。因为新的自动选拔系统允许更加准确的观察,观察法会继续存在。用于评价领导力和动机的评估中心技术就是行为观察的一种形式,它有助于研究者发现潜在的预测变量。评估中心技术已经成为包括英国、丹麦以以色列在内的许多国家飞行员选拔程序的一个组成部分,但尚未出现在美国军事飞行员选拔体系中。

4.2.3 选拔过程

从西方国家飞行员的选拔模式看,心理选拔一般分为三个阶段。下面简要介绍德国空军飞行员的选拔过程,以此为例将有助于了解国外飞行员心理选拔的具体实施过程。其他国家的选拔过程与德国大同小异。三个阶段历时共计 12 天,第一阶段为基本能力检测,用时 3 天。除体检半天外,通过撰写自传、问卷调查、面试和户外活动观察,了解应征者的家庭环境、成长经历、报考动机、协作精神、责任意识、体能素质和组织领导能力等方面情况,此阶段的淘汰率约 30%。第二阶段为飞行潜质检查,用时 4 天,主要通过计算机化的认知能力测试和基于仿真飞行平台的仪器操作,考察考生的数字运算、观察记忆、逻辑判断、身体协调和注意力分配等方面能力(用时 2 天);另外,还要专门进行离心机和低压舱的航空生理检查(约 2 天),此阶段的淘汰率约 40%。第三阶段为飞行专业能力检测,用时 5 天。要求考生通过简单的航空理论学习和飞机座舱实习,在模拟器上完成基本驾驶术、自主领航、搜索攻击和综合任务等 4 项由易到难的模拟飞行任务,检测考生的学习理解、环境适应、态势感知、飞行操控和判断决策等方面的能力,此阶段的淘汰率约 45%。经过上述三个阶段的考核筛选,最终由选拔委员会(包括 5 名心理学专家、2 名退役的资深飞行员和 1 名现役飞行员)投票决定是否录取应征者,并提出分机种培养训练的意见。国外空军在飞行员招选阶段,十分重视模拟飞行任务选拔,普遍重视第三阶段,即利用飞行模拟器进行心理选拔检测。发达国家已发展到使用轻型飞机进行空中检验性飞行,最终确定合格者和培养目标。

4.3 我国高性能战斗机飞行员心理选拔现状

20 世纪末,自从以苏-27、苏-30 和歼-10 为代表的第三代战斗机装备部队以来,我人民空军航空兵部队的硬件建设上了一个新的台阶。这对飞行员的身体和心理素质提出了更高的要求。我国目前的高性能战斗机飞行员是由对现役普通战斗机飞行员改装体检、优中选优产生的。

4.3.1 三代机飞行员心理选拔

目前我国的飞行员选拔(招飞)工作由空军组织实施,心理测试被列入空军招飞检测的正式内容。我国在 20 世纪 60 年代就提出了招飞站—预校—航校"三级选拔"设想,即在招飞站初选阶段采用纸笔测验,给定淘汰率为 7%—15%;飞行预备学校阶段采用仪器选拔方法进行第二级选拔,累积淘汰率定在 15%—25%;航空学校阶段进行第三级选拔,采用仪器检查方法并参考飞行模拟器成绩,淘汰率视情而定。80 年代末又进一步提出选拔与训练相结合的"筛选—控制"系统框架。该体系具有系统性、动态性和连续性。筛选是指对应征者学习飞行必需的心理品质进行心理选拔;控制是指对某些暂时不合要求但可塑性较强的心理品质进行心理训练,使学员的心理品质朝着有利于学习飞行的方向发展,同时又可以根据训练情况作进一步的筛选。具体实施方法为:在招飞初选阶段对应征者做心理学检查,进行第一道筛选。在飞行基础学校和飞行学院进行心理训练,根据训练情况按给定比例再次筛选。该体系将与飞行有关的心理品质概括为智能效率(包括注意分配能力、应变思维能力和运动协调能力)、行为控制能力(主要指情绪控制能力)和人格(即个性)因素等三个方面,并将此作为心理选拔和训练的基本内容。应当说,我国在飞行员心理选拔的宏观设计上具有前瞻性。

招飞初选时的心理测试工作在空军招飞办公室的统一组织领导下已经比较系统规范。目前我国使用的是1996年研制成功的空军招飞心理选拔测评系统,涵盖飞行基本能力、飞行动机、个性特征、飞行特殊能力、情绪稳定性和飞行专家面试评价等六项检测。整个系统采用计算机控制平台施测的方式,由三个检测平台和一个主检平台组成。六项测验分别组合在三个平台上实施,其基本构成包括:第一平台由飞行基本能力、飞行动机和个性特征检测组成,主要对应征者进行感觉、知觉、思维、理解、记忆、注意和定向等方面的心理测试,其中还包括动机、人格量表测验。第一平台又称"多项心理检测平台",由计算机实时处理多路输入信息,淘汰了传统的纸笔集体检测方式,使现场检测和后期判卷工作发生了革命性变化。第二平台由飞行特殊能力、情绪稳定性测验组成,主要对飞行员应具备的协调能力、模仿能力、反应能力、操纵能力、注意能力和空间定向能力等综合处理信息的飞行特殊能力进行检测。分单项任务、双重任务和三重任务,又称"特殊能力操作平台"。第三平台为飞行专家面试辅助评价系统,主要通过室外活动观察、情景模拟和室内面试会谈,对飞行员应具备的情绪稳定性及控制能力、飞行动机、意志力、敢为精神和个性特征等方面进行检测。面试专家通过飞行教学经验模型与收集到的考生信息相比较后,由计算机辅助进行综合评定又称"专家系统平台"。主检平台通过计算机网络,对三个检测平台实施全程管理,并自动采集各检测平台的结果数据按照规定的权重系数进行综合评定,也称"测评系统自动化网络管理平台"。全部检测结束后,可自动生成并打印考生"心理选拔档案"。1999年该系统的检查方法被制订为国家军用标准(GJB3725-99)并颁布实施。2013年,心理选拔测评系统新增加了第四平台,利用飞行模拟器使检测的内容与飞行活动的关系更加密切,目前应征者在第四平台中的表现仅作为参考,未正式计入评分标准。

在招飞站初选阶段经筛选合格的应征者将进入预校学习航空理论知识,进一步的选拔则按照上文所讲的"三级选拔"的理念以及选拔与训练相结合的"筛选—控制"

系统框架进行。我国飞行员的三级选拔过程如图4.1所示,其中心理选拔作为一部分内容融合在选拔的每一个阶段。

图4.1 我国军事飞行员三级选拔过程图

4.3.2 舰载战斗机飞行员心理选拔

舰载战斗机飞行员是典型的极端环境从业人员,他们既要有挑战蓝天的魄力,也要有战胜大海的毅力。在所有海军航空事故中,超过70%的事故归因于与飞行人员有关的问题,而这其中由心理因素导致的事故占很大比例。要降低舰载飞行事故发生率,必须应用心理学理论和工具对候选者进行有针对性的选拔。心理选拔内容的构成和权重形成了舰载战斗机飞行员选拔的关键点。相关专家提出了胜任力特征模型的研究方法,舰载战斗机飞行员心理选拔的内容必须根据舰载机飞行员所面临的装备、环境和作战任务需求及人—机—环境的相互关系确定选拔测评内容。一个人能否顺利地掌握飞行技能,取决于各种心理品质的有机组合。我军舰载战斗机飞行员心理选拔的重点,主要集中在个性特征、心理运动、信息认知、应激应对、环境适应、团队协同、飞行动机和思维决策等方面。人的心理活动非常复杂,为提高舰载战斗机飞行员心理选拔的预测效果,通常采取综合性的评判方法,将心理测验、心理访谈和行为观察等技术有机结合。

4.3.3 无人机操作员心理选拔

随着无人机在军事领域应用的快速增长,我军无人机操作员的需求量不断增加。因此,如何选拔无人机操作员,已经成为建立一支高素质无人机操控人才队伍所面临的重要议题。研究者对无人机操作员进行了全面的工作分析,包括工作内容、工作频率、持续时间、工作环境、技术要求和操作流程等,深入了解其任务特点,提炼出了无人机操作员的心理特征要素。总体来看,无人机操作员在操控飞行过程中,遇到的主要问题有高认知负荷、态势感知错误、情绪起伏和沟通不良等。针对这些问题,宋华淼等人提出了无人机操作员的心理选拔指标,建构了无人机操作员心理特征结构,如图4.2所示,并在此基础上,形成了无人机操作员的心理选拔技术方法,确定了划界分数和等级标准。

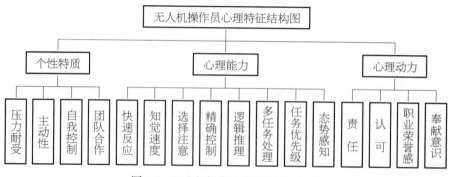

图 4.2 无人机操作员心理特征结构图

4.3.4 改装高性能战斗机飞行员心理选拔

高性能战斗机的飞行员是通过对低机种飞行员进行医学选拔和改装训练,优中选优产生的。我国目前在改装高性能战斗机时,尚无组织统一的心理选拔。为确保改装顺利、安全、高效地进行,很有必要遵循发展的原则和系统性原则对拟飞新机种的飞行员进行心理选拔。为此,心理学家正着手研究新机种飞行员的心理选拔方法,目前尚未形成成熟的应用性成果。

4.4 高性能战斗机飞行员心理选拔展望

总结国内外高性能战斗机飞行员心理选拔的现状,会使我们了解目前所用的理论、方法和技术,有助于我们在继承现有研究成果的基础上开展进一步的工作。目前心理选拔存在的最突出问题是效度问题。国外飞行员心理选拔方法的预测效度可以从最近比较盛行的元分析研究结果中得到反映。亨特(Hunter)等在对 68 项公开发表的研究结果进行元分析时发现各类测验的平均效度系数分别为:复杂协调反应测验 0.32(统计了 60 项测验,共计 48 988 名受试者),反应时测量 0.28(7 项研究,10 633 名受试者),知觉速度测量 0.20(41 项研究,33 511 名受试者),人格测量 0.10(46 项研究,22 486 名受试者)。其他测量也有相似的效度水平。马提努森(Martinussen)通过对 50 项研究和 66 个独立样本进行元分析得出的结论是飞行员后期训练绩效的最佳预测因子是前期训练成绩($r = 0.30$)和由若干项认知和心理运动测验组成的综合测量指标($r = 0.37$),其次是单一类别的认知能力测验($r = 0.24$)和心理运动能力或信息加工能力测验($r = 0.24$),以及航空知识($r = 0.24$)和履历表调查($r = 0.23$)。而人格测验、智力测验和学业成绩只有很低的效度,效度系数分别是 0.14、0.16 和 0.15。国内目前采用的空军招飞心理选拔测评系统,预测效度为

0.56,预测符合率为 82.4%,已经被制订为国家军用标准。不过,无论国内国外,尽管历经几十年时间,经过几代人的努力,但飞行员心理选拔的预测效果与 40 年代相比,一直未获得令人满意的进展,似乎已逼近一个极限水平。虽然,现有的研究表明,在预测效度方面我国(0.56)较高于国外(0.37),但我国目前使用的唯一平台是空军招飞心理选拔测评系统,该系统是针对飞行学员选拔而研制的,是否能够筛选出适合高性能战斗机性能特点的飞行员尚有待检验。就总体水平而言,我国的飞行员选拔技术与发达国家相比存在差距:一是在选拔高性能战斗机飞行员的理论研究方面还比较落后,尚未形成坚实的理论框架;二是在方法手段上还没有真正形成系统,需要与国际接轨进行完善;三是检测的内容与飞行活动的关系密切性有待提高,且对检测内容缺乏综合的系统分析,对各项检测内容的相互关系缺乏研究。因此,进一步研究、完善我国的高性能战斗机心理选拔理论、方法和技术迫在眉睫。

贯穿本章的核心问题是:高性能战斗机飞行员心理选拔究竟应该评估或预测什么?国内对"飞行员心理选拔到底应当测什么"的研究主要是通过非实验的调查性研究和相关研究完成的。长期以来,军事飞行员心理选拔是一项世界性的难题,是一项庞大、复杂、高难度的系统工程。我们对每个时代的选拔技术应以动态的眼光进行分析,过去、现在和未来,世界上没有永恒有效的选拔方法和标准。航空飞行技术的稳步发展,军事任务的日益艰险,会对军事飞行员不断提出新的要求和挑战。实际作战任务要求飞行员完成的操作科目,就是飞行员选拔测验所追从的效标。因此,为寻求高的预测效度,心理学家需要紧随航空技术的进步和作战任务的需求,不断探索心理选拔的新指标、新方法和新技术,以实现最大限度地发挥高性能战斗机的武器装备效能。

高性能战斗机飞行员的工作由过去以"操作"为主变为"监视—决策—控制",作战任务的认知特性不断增加。怎样才能挑选出适合高性能战斗机飞行的应征者,实现最佳人机配合?根据对飞行员心理选拔未来发展趋势的思考,笔者认为可从以下五个方面展开系统研究。

4.4.1 情境意识

20 世纪末,美国空军参谋部提出情境意识(situation awareness, SA)的概念,并将它定义为飞行员在飞行和战斗等动态环境中对自身和飞机的连续知觉和以知觉为基础做出预见并完成任务的能力。情境意识是飞行员对作战飞行操纵的全面理解,其核心是认知、判断和决策,是飞行员除对气象、飞行阶段等信息的了解之外,保持自身和飞机状态的能力,是飞行员做出最佳决策、取得良好作业绩效的关键。如果失去情境意识,飞行员便无法完成复杂的操作任务,会导致灾难性的后果。研究表明,在航空事故中,51.6%的重大事故和35.1%的非重大事故可归因于决策失败,之所以决策失败,很大一部分原因在于情境意识错误引发的决策错误。近年来,国外心理学家提出将情境意识作为飞行员心理选拔最重要的遴选指标,但目前仍然停留在比较抽象概括的理论层面上,有明确的内涵但缺乏具体的外延,缺乏用于飞行员选拔的操作性定义。所以这些年来,飞行员心理选拔所用的测量内容和方法除了尽可能地计算机化外,并没有很大变化。情境意识概念并没有使飞行员心理选拔方法产生革命性变化。从元分析结果来看,目前心理选拔方法的预测效度仍维持在低度相关水平。

近年来,研究者根据各自研究取向和研究领域的特点,对情境意识做出了不同的解释和定义。其中被引用最广泛的定义是恩兹利(Endsley)提出的,她认为情境意识是在特定的时间和空间内对环境中各种要素的知觉和对其意义的理解,并预测它们随后的状态。恩兹利采用信息加工模型描述和解释情境意识,如图4.3所示。情境意识涉及的信息加工机制包含短时感觉贮存、图式和注意等概念。信息加工模型认为情境意识得到注意、工作记忆和长时记忆的共同支持,且注意与工作记忆是制约操作者获取、解释环境信息以形成情境意识的关键因素。在获取情境意识的过程中,自上而下的加工同自下而上的加工不断地协力作用。恩兹利认为情境意识包括三个等

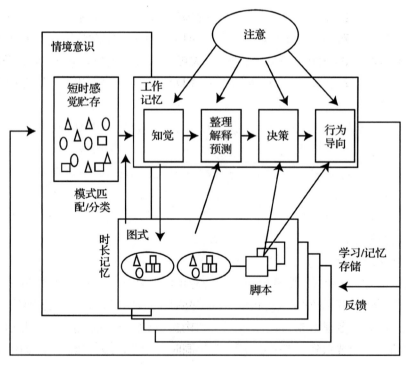

图4.3 情境意识的信息加工模型

级水平:第一水平是知觉环境中的元素,第二水平是理解当前的情境,第三水平是预测未来的状态,高水平情境意识的获得有赖于低水平情境意识的达成。与此相对应,情境意识错误可分为不能正确地知觉情境、不能正确地理解情境和不能正确地预测情境变化等三类错误。恩兹利将这种分类用于研究飞行事故,研究发现:71%的飞行事故涉及人为差错,人为差错导致的事故中有81%是因为情境意识错误,其中不能正确地知觉情境占72%。

关于情境意识的测量,信息加工模型表明,情境意识与动态、不断演变的环境有关,情境意识的内容不同于长时记忆中的静态知识。因此,其测量应该强调环境动态变化的因素。目前,情境意识的测量可以分为四类:生理测量、记忆探查测量、作业绩效测量和主观测量。

生理测量

运用生理测量进行心理负荷的研究已有很长历史,但在情境意识的研究中则很少见。从目前的研究来看,关键的问题是尚不清楚生理测量能否直接触及包含情境意识的高水平的认知过程。比如,P300和其他脑电测量技术可以说明信息是否已认知登记,但是只能说明环境中的某些元素是否被知觉和加工,至于这些信息是否已经正确登记,或当事人在多大程度上理解了这些信息则不能通过生理测量反映出来。同样,眼动测量也无法说明处于边缘视觉的哪些元素已被观测到,或被试是否已经加工了他所看到的对象。尽管不能直接触及,但是研究表明借助脑电图(Electroencephalograhp, EEG)、眨眼和心脏活动、事件相关电位(Event-related potential, ERP)、瞬时心率和皮电活动(Electrodermal activity, EDA)等生理指标,仍然可以对操作者的情境意识水平进行适当的推断。维杜利希(Vidulich)等则进行了探索性的研究。在其实验中,12名被试参加模拟的空对地战斗飞行任务,任务过程中记录脑电活动与眨眼情况。实验提供两种类型的显示:一种显示有助于被试获得并保持良好的情境意识,而另一种则不利于情境意识的保持。结果显示,在低水平的情境意识下,被试θ波的活动水平较高,α波的活动水平较低,眨眼时程最短,而眨眼的频率最高。但没有足够的证据证明这些心理生理测量反映的是情境意识还是工作负荷,或说明的是这两者之间的交互。

记忆探查测量

记忆探查测量最符合恩兹利关于情境意识的定义,此方法要求操作者报告记忆中的内容,如让飞行员回忆飞行状态,藉此评估其情境意识。由于数据的搜集方法与情境意识的大多数理论相一致,这种测量的构念效度较高。根据测量时间点的不同,恩兹利将该测量技术分为三种:回溯测量、同时测量和冻结测量。回溯测量在任务完成后进行,让被试回忆特定的事件或描述在实验情景中所作的决策。恩兹利认为如果被试有充裕的时间来回答问题,这种测量是有用的,但她也警告只有在任务完成后立即进行才能获取可靠的情境意识测量。同时,测量应在任务过程中进行,要对情境意识进行实时评估。有两种形式,一种是口语报告,但干扰性太强;另一种是在任务情境中设置评定者,该评定者与被试讨论任务,这样评定者能够确定被试是否意识到与任务相关的各种信息。这种测量可能会导致被试出现"舞台效应",也可能会因评定者的言语和非言语线索而产生系统偏见。冻结测量技术的测量时间点介于回溯测量和同时测量之间,这种方法是在任务间隙向被试提问。实验任务通常在随机确定的时间点停止,所有与任务相关的信息都被清除(如屏幕空白)。在冻结期,让被试回答与任务有关的问题。恩兹利认为这种测量很有用,因为解决了回溯测量受间隔时间影响的问题,也消除了同时测量法对被试产生干扰的问题。

基于作业绩效的测量

这种测量方法属于间接测量,是利用任务表现来推测被试的情境意识水平,如通过计算飞机偏离预定航向的值来评估情境意识。该方法的优点是客观、无干扰,且易于使用。研究表明高情境意识可能是良好绩效的必要条件,但不是充分条件。因此,作业绩效测量的最大问题是:可能并不能真正反映被试的情境意识水平。恩兹利将作业绩效测量分为三种类型。整体测量法仅关注任务的整体绩效,因而存在诊断性和敏感性的问题。外部任务测量一般采用删除或改变显示器上的信息的方法,然后记录被试在多长时间后才对信息的删除或改变出现反应。这种测量干扰性太强,再者被试即使意识到信息的变化,也不一定会马上表现出来。次任务测量通过评估次任务的表现衡量情境意识,缺点是某方面情境意识高可能会导致另一方面情境意识低,因此为研究者提供的仅是部分与情境意识相关的信息。

主观评定

主观评定基于被试或观察者(主试)的意见测量情境意识。主观评定法的优点是易于使用、成本较低,也比较实用,可用于模拟情境,也可用于实际的任务环境。主观评定有三种类型:自我直接评定、自我比较评定和观察者评定。自我直接评定就是让被试评定自己的情境意识,比如在李克特(Likert)7点量表上评定自己体验到的情境意识。自我比较评定要求被试对不同的设计进行配对,让被试主观地评定体验到的情境意识,如比较不同的座舱设计。该技术有两个潜在的不足:第一,它仅适用于被试内设计的实验情景。其次,同所有的主观评定一样,不能保证被试间评定的一致性,且观察者需要摒弃偏见,保持中立。潜在的不足是,观察者不知道操作者在任务过程中是怎样理解情境的。

情境意识的测量,存在效度及测量的敏感性、干扰性及可靠性等问题,到目前为止,尚没有一种完全满足这些标准的技术。因此,在测量情境时,应尽可能同时使用多种测量方法,以确保同时效度。另外,情境意识所研究的领域属于复杂信息环境,在测量时,情境持续时间必须足够长,以便被试能够适应测量环境。

4.4.2 胜任力特征

1973年,美国心理学家麦克莱兰(McClelland)提出,决定工作绩效高低和个人职业生涯成功的关键素质不是以往单纯的智力品质和工作绩效,而是诸如"成就动机""人际理解""团队影响力"等胜任力特征。基于此,麦克莱兰主张用胜任力特征评估来代替传统的学业和能力倾向测试,并提出基于胜任力特征的有效测验原则,他将直接影响绩效的个人特质和行为特征称为胜任力特征。自此,胜任力特征概念成为全球研究者关注的焦点。胜任力特征就是对相同的岗位而言,能够将绩效优异者与绩效平平者进行区别的个体潜在的特质。真正使研究者开始广泛接受胜任力特征概念的是博亚兹(Boyatzis)。1982年博亚兹出版了著名的代表作《胜任的经理人》,归纳出了优秀管理者的胜任力特征集,并将胜任力特征定义为一个人所具有的内在的、稳定的特性,包括动机、特质、技能、自我形象、社会角色或者能够运用的某项具体知识。该书的出版使胜任力特征研究成为管理学和心理学领域等的热点课题。

当前,国外学术界对胜任力特征内涵的理解主要有两种不同的观点:特征观和行为观。持有特征观的研究者倾向于将胜任力特征定义为个体的潜在特征。博亚兹和斯彭斯(Spencer)是特征观的代表人物。斯彭斯将胜任力特征分为五个层次,由低到高分别为:(1)动机,个体为达到一定目标而采取行动的内驱力(如想获得荣誉);(2)特质,个体的生理特征以及对情景或信息的一致反应(如喜欢冒险);(3)自我概念,个体的态度、价值观或自我形象(如认为自己是某一领域的权威);(4)知识,个体在某一特定领域所拥有的事实型与经验型信息;(5)技能,运用知识完成某项具体工作的能力,即对某一特定领域所需知识与技术的掌握情况。持特征观的研究者形象地将胜任力特征描述为水中漂浮的一座冰山,知识和技能是冰山露出水平面的部分,而自我概念、特质和动机部分是冰山的水下部分,如图4.4所示。持行为观的研究者将胜任力特征定义为个体履行工作职责时的行为表现,包括在特定情境下,个体对知识、技能、动机等的具体运用和实际行为表现,伍德拉夫(Woodruff)是行为观的代表人物。行为观主张用可以观察到的行为来反映胜任力特征水平,从个体的外显行为来评定胜任力特征。最新的研究将胜任力特征从内容结构方面分为三个部分:知识方面,相关知识信息以及认知领域;技能方面,物理层面的相关技能;岗位价值,即胜任力特征要素的性质、特点。这三个部分组成一个职位的完整胜任力特征,从而达成目标或活动,如图4.5所示。

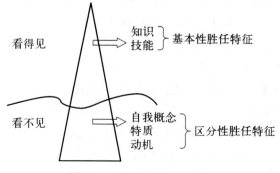

图 4.4 胜任力特征冰山模型

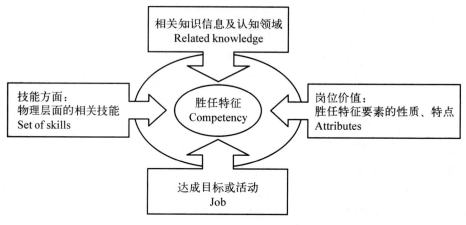

图 4.5 胜任力特征结构图

外军在军事人员的招募、安置和选拔方面,一直注重更新各种不同的测评手段以追求更高的预测效度。20世纪末,外军开始研究军事人员的胜任力特征。1995年,威德诺夫(Widnall)首次把胜任力特征的概念应用于美国空军,并归纳出了空军的6项核心胜任力特征:航空航天优势、全局攻击、快速的全球移动性、精确的作战技术、信息化优势和敏捷的战斗力。1999年,法国学者科科里(Kokorian)初步构建了军事人员胜任力特征模型,该模型包含三个维度:外在因素(任务条件、人员特征)、内在因素(沟通、控制和共同决策)和结果(与达到军事任务目标有关的三个阶段:准备阶段、执行阶段和完成阶段)。在军事任务的三个不同阶段,外在因素和内在因素共同影响军事人员的工作绩效。据此,科科里编制了反映军事人员胜任力特征模型结构的胜任力特征问卷,该问卷现有英、法两个版本,共有45道题,每题3个选项,用于军事人员的选拔和绩效预测。美国西点军校的学员评估指标也是一套针对陆军军官和学员的胜任力特征集,包括了事业心、管理和自律等十二项胜任素质指标。2003 年,美国空军部部长罗什(Roche)在就职演说中提出了自己应具备的三个核心胜任力特征:发展空军战士、空间战技术和联合军事行动能力。2004 年,霍雷(Horey)等构建了美国陆军核心领导力胜任力特征模型。该模型包括 8 个胜任力特征群、55 个胜任力特征要素及 200 多个代表这些胜任力特征要素的行为事件。这 8 个胜任力特征群分别为领导他人取得成功、以身示范合理的价值观和行为、创造一个积极的环境、促进相互理解、重视他人的发展、提升自己的领导能力、指挥成功的行动和扩大影响力。而后,法赖森和赖卡德(Fallesen 和 Reichard)的研究表明,该模型具有较高的内容效度。2007 年,霍雷等验证了该模型的效标关联效度,胜任力特征因素两两之间相关较高($r=0.91-0.96$),且各胜任力特征和胜任力特征要素能较好地预测领导者未来的行为表现。随着信息化时代的到来和国际形势的变化,美国国防部的专家逐渐意识到,美国现有的军事人才素质测评体系存在诸多缺点:测评手段和技术大都在冷战时期形成,难以适应当今复杂多变的军事形势和战争需要;缺乏对个体经验的关注;测评工具的灵敏度不高,不适用于军队的管理阶层等。因此,2005 年,美国国防部的四年防务评估报告提出:应该建立一个以胜任力特征为基础的人才测评体系。

近年来,国内研究者陆续引进国外先进的人员素质测评技术,结合军队工作特点,对初级军官、军校学员和飞行员等的胜任力特征进行了探索性研究。苗丹民等采用文献回顾、工作分析法、德尔菲专家评判法和多级估量模糊集评判技术,编制了《优秀初级军官心理品质调查表》,建立了初级军官胜任力特征心理品质评价模型,其研究结果表明个性品质、品行特质和能力倾向三个维度表征初级军官的胜任力特征,该研究为初级军官的选拔和评价提供了理论依据。进一步的研究表明,不同职级军官、不同军兵种军官在胜任力特征评价上有各自不同的特点和结构。田建全等建立了事业心、组织计划能力、人际关系、书面交流能力、口头交流能力、聪慧与知识、情绪稳定性、军人仪表、决策、影响力和社交能力等 11 项指标构成的陆军学校学员胜任力特征模型。罗正学等对该模型进行验证性研究,结果表明 11 项指标对学员在学校和部队的工作表现均有较好的预测性,可以用于陆军学校学员的选拔和培训。苗丹民等通过对 175 名年轻飞行员进行调查,建立了年轻飞行员胜任力特征评价模型,各级指标内部按飞行员评价的重要度排序,如图 4.6 所示。其中,事业心、忠诚、纪律、聪慧和敢为 5 项指标构成了年轻飞行员胜任力特征最核心的要素,它们与军事飞行的高风险、高技术性和高挑战性等特点有着直接的内在联系。宋华淼等研究了军队疗养院领导干部的胜任力特征;建立了飞行员飞行职业胜任力特征的指标体系,确定了 10 项飞行职业胜任力特征心理结构特征指标,分别属于心理动力、个性特质和心理能力结构,如图 4.7 所示;并采用同心圆设计了飞行职业胜任力特征模型,最内核心为心理动力,是飞行绩效的动力之源;中圈为个性特质,可以作为飞行员选拔的指标;外圈为心理能力,是可以经过心理训练不断提升的素质,如图4.8所示;目前宋华淼等正在开展我国高性能战斗机飞行员胜任力特征模型的研究。

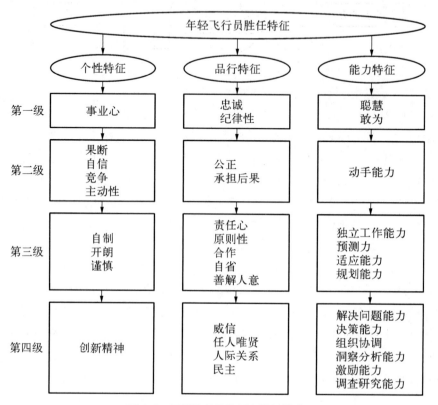

图4.6 年轻飞行员胜任力特征模型

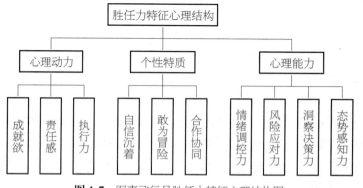

图4.7 军事飞行员胜任力特征心理结构图

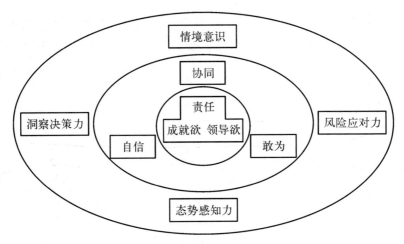

图 4.8　军事飞行职业胜任力特征指标模型图

4.4.3　视觉空间能力

视觉空间能力对飞行技能的高预测效度一直受到关注,飞行员良好的空间认知技能与其成功率密切相关。良好的空间能力不但是飞行员飞行、巡航以及作战的需要,也能帮助飞行员节省心理能量用于其他作业,降低了心理工作负荷和失误的发生几率。多年来,研究者致力于寻求对飞行职业非常重要的空间能力因子,用于选拔测验和飞行训练。空间能力的传统研究证明了三个空间因素的存在:定向、视觉化和空间关系,飞行员在这三种空间能力上均表现出加工优势。定向是对视觉刺激排列的理解,以及在呈现的空间构形中能够在方向改变时保持正确判断的能力。视觉化是指表象性地控制、折叠、反转二维或三维图像的能力,主要表现为表象性控制能力。在职业特征上,从事与空间视觉化能力密切相关的人员比没有从事的人员视觉化能力衰退缓慢。空间关系能力是指想象一个物体经过空间转换后如何显现的能力。心理旋转是典型的空间关系测试,研究发现飞行员心理旋转优于常人。空间关系表征的是客体与客体之间或客体的部分与部分之间的相互关系。

空间定向能力是飞行技能中最核心的因素之一,对于高性能战斗机来说更是如此。高性能战斗机飞行中产生高加速度和高角加速度,两者联合作用,会使飞行员发生空间定向障碍的几率显著增加。空间定向障碍是指个体对地球表面和垂直面相关方向认知的障碍,表现为对个体位置的不确切认识。定向障碍可以分为失定向和无定向两种类型。失定向是一种定向错觉,引起主体与客体定向的不相容,例如持续左转弯的飞行员认为自己在水平直飞。无定向指的是定向能力不足,例如在无结构地形上方(沙漠、平静的海面等)或者恶劣气象等条件飞行时,定向加工过程需要比平时更多的认知努力,此时易导致飞行员对定向线索的注意不足。目前对空间定向障碍(飞行错觉)的研究,采取了多层次的研究路线,既注重生理和环境的特点,又重视从主观认知水平进行分析。是否存在空间定向障碍的易感性,是否某些飞行员比其他飞行员更加容易发生定向障碍,对这个问题的研究具有重要的理论和实践意义。如果定向障碍易感性存在,那么通过这一特性选拔高性能战斗机飞行员将是非常理想的。研究者针对定向障碍的影响因素展开了研究,比如,有研究者对242名F-16战斗机飞行员进行普通动力学问卷调查发现,有2%的飞行员从来没有发生过定向障碍,大概三分之一的飞行员很少发生,约46%的飞行员有时发生,12%的飞行员经常发生,2%的飞行员几乎总是发生定向障碍。对此的解释是:定向障碍易感性的差异与空间和非空间能力都有关系,空间能力包括加工定向信息与快速更新信息的能力、觉察定向差异的敏感性以及通过认知线索预测、构建自我定向的能力。非空间因素包括注意分配和仪表查对等。

传统的空间能力测试是基于纸笔测验,因此其内容局限于静止客体。随着计算机技术的发展,对人类空间能力的测试越来越注重生态性。动态空间能力是指判断一个运动的客体要到哪里去以及何时到达目的地,也就是客体以某种速度按照固定路径运动,个体估计时间、速度以及不同运动路径的交叉。动态空间能力测试比静止的空间能力测试更接近真实运动场景,更注重个体在变换情境中的实时处理能力。动态空间能力的研究集中于动态空间能力任务开发、个体差异研究和动态空间任务解决策略研究等领域。其中动态空间能力任务的开发是研究的难点,目前已取得了较为丰富的成果,例如相对到达时间任务、拦截判断任务、动态立方体心理旋转速度和难度测试、相遇控制任务等。另外,孔特勒拉(Contreras)等开发了空间定向动态测试(the Spatial Orientation Dynamic Test, SODT)和空间视觉化动态测试(the Spatial Visualization Dynamic Test, SVDT),并于后来进行了修正,形成了SODT-R和SVDT-R。高性能战斗机飞行员的选拔侧重于动态空间能力的测评,测评中强调定向控制过程和对客体方向的即时掌握,需要应征者整体掌握动态刺激的当前运动状态和即将发生的运动状态。

4.4.4 心理适应性与应激

对心理适应性的研究,有助于选拔抗应激能力较强的应征者从事高性能战斗机飞行工作。心理适应性主要是指能够保证人们有能力在特定时间使用特定技术、技能,它包含了持久的心理学和生物学特征。宋华淼等在一项调查研究中发现,飞行员在飞行阶段的负性情绪反应较明显,其中有67%的飞行员感觉到麻木,44%的飞行员感觉到焦虑,39%的飞行员感觉到孤独,具体情况如图4.9所示,可见增强飞行员在不同应激条件下(如身体攻击、恶劣环境、睡眠剥夺、营养缺乏等)的心理适应性非常重要。良好的心理适应性能使人们产生与任务相关的态度、动机和目的以高效完成任务,并且能够充分发挥个人能力,合理使用技术技能。武国城等的研究认为考察军人心理适应性问题可从心理健康、冲动性、报复性和戒备心理等因素入手,他们编制了《军人心理适应性量表》,并对713名国庆60周年受阅部队官兵的心理状况进行测评,结果表明《军人心理适应性量表》能够比较全面地考察官兵的心理健康水平、心理特征、个性特点以及生活事件等状况,参加国庆阅兵的飞行学员方队比空降兵方队心理适应性更强。

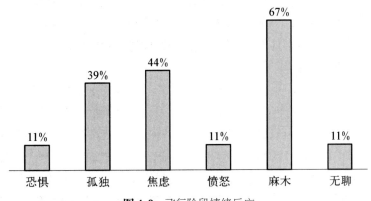

图 4.9　飞行阶段情绪反应

战斗机飞行员是应激最为严重的职业之一,优秀的飞行员必须能在飞行应激的状态下保持心理健康,并有效发挥自身的心理能量使工作绩效稳定在最佳水平。格兰特(Grant)等把应激定义为在一个特定的社会,威胁特定个体身体和心理健康的环境事件或持续状态。不同的应激对心理健康的影响不同,过度的应激容易导致身心障碍,但适度的应激能唤醒大脑皮层使之保持一定的觉醒水平,有助于集中注意、正确判断和果断决策。那么,应激是怎样影响心理健康水平的呢?福尔克曼和拉撒路(Folkman和Lazarus)认为相对于应激本身,个体的应激知觉与心理健康有更加密切的关系,他们强调个体对应激事件的解释和知觉影响心理健康,认为当应激事件经过个体的评估被判断为有威胁并且感觉自己的应对资源不足以处理这些威胁和危害时,才会导致心理障碍。研究者强调应激知觉的作用,应激知觉是指生活中的各种刺激事件和不利因素在心理上对人所构成的困惑及威胁,表现为心身紧张和不适,代表个体的一种紧张和失控的状态。一般来说,个体体验到的应激知觉越大,就越容易出现焦虑、抑郁、强迫以及人际关系敏感等负性心理状态,应激知觉越大,心理健康水平越差,工作绩效也就受其影响。国外关于应激知觉的测量工具发展迅速,柯恩

(Cohen)等人编制的《应激知觉量表》(Perceived Stress Scale, PSS)广泛用于应激事件反应的测查。该量表有14个条目,分为两个维度:可控感和紧张感,主要测量个体对应激的感知程度,评估人们对生活中不可预知、不可控制或者超负荷的应激的觉察程度。该量表有令人满意的效度,其内部一致性信度和重测信度也同样令人满意($\alpha = 0.86$; $r = 0.85$)。赫伯特(Herbert)等编制的压力知觉问卷(The Perceived Stress Questionnaire, PSQ),主要测查个体对应激事件的压力知觉反应,共有20个条目,分为担忧、紧张、快乐和要求4个维度,该量表的内部一致性信度为0.85。我国对于应激知觉水平的研究尚处于起步阶段,可用于测量应激知觉水平的工具还不十分丰富,杨廷忠根据英文版的应激知觉量表编译出了中文版压力知觉量表,经测试具有良好的信度($\alpha = 0.78$)和效度。苏珊娜和广·伊恩(Suzanne 和 Kwang-Iel)的研究结果均显示,应激知觉与焦虑、抑郁、强迫症状、人际敏锐以及健康总分均呈显著正相关。除应激知觉外,达乌德(Daud)等认为心理应激能否导致心理、生理反应和影响心理健康,会受到应对方式的影响。应对方式是指个体在面对挫折和压力时所采用的认知和行为方式,又可称作应对策略或应对机制。阿鲁拉贾和哈伦(Arulrajah 和 Harun)的研究证实积极的应对方式会影响个体对应激的感知,进而影响个体的心理健康水平。另外有研究表明,个体的应激知觉和对应激的应对方式共同影响个体的心理健康水平。应激知觉既可直接影响心理健康,又可通过应对方式的中介机制影响心理健康,其直接作用大于间接作用。应激的交互作用模型认为,应激—应对—结果(Stress-Coping-Outcome)三者间有相互影响、相互制约的关系。认知是决定应激反应的主要中介和直接动因,可以直接影响个体最后的心理健康,也可通过应对方式对身心健康产生影响。高性能战斗机飞行员的心理选拔可借鉴前人关于应激的研究成果,从心理适应性、应激知觉和对应激的应对方式等方面展开研究。

(宋华淼 刘 娟)

参考文献

陈同欣,高雁旭,纪桂巾,刘红巾,郑军,尹欣等.(2001).高性能战斗机飞行员医学选拔.中华航空航天医学杂志,12(3),179-180.
陈义勤,罗永昌.(2000).高性能战斗机航空卫勤保障面临的主要问题及对策.航空军医(3),103-105.
傅双喜.(2000).飞行员心理选拔测评系统研究概述.中国科技资源导刊(1),23-26.
盖尔,曼格尔斯多夫.苗丹民,王京生,刘立等译.(2004)军事心理学手册.北京:中国轻工业出版社.
耿喜臣,金朝.(2002).高性能战斗机飞行员高+g_z综合防护进展.中华航空航天医学杂志,13(1),60-64.
郭璧砖,周赤龙,陈标,李全安.(2006).对高性能战斗机飞行劳动负荷的再认识.航空军医(1),20-21.
郭小明,刘宝善,马雪松,伊丽,熊端琴.(2005).高性能战斗机座舱通用显示信息工效学研究.人一机一环境系统工程研究进展(第七卷).
黄旻,方智.(2005).改装高性能战斗机飞行员心理变化特点及对策.航空军医(1),19-21.
刘保钢.(2016).超机动飞行对飞行员生理功能的影响.空军医学杂志(06),76.
苗丹民,罗正学,刘旭峰等.(2004).年轻飞行员胜任力特征评价模型.中华航空航大医学杂志,15(1),30-34.
宋华淼,葛盛秋.(1995).航空心理测验法.北京,中国民航出版社,33-50.
宋华淼,王开辉,张志林.(1999).飞行员个性心理特征的相关因素研究.中华航空航天医学杂志,10(2).

宋华淼,张淑敏,胡炜,徐蕊.(2006).建构军队疗养院科主任胜任特征评价模型的思考.医学争鸣,27(4),375.
孙鹏,宋华淼,苗丹民,刘军.(2006).高性能战斗机飞行员心理健康状况及个性特点分析.医学争鸣,27(4),373-375.
涂艳,王纯巍,苏迅.(2011).高性能战斗机飞行员改装期的心理症状调查.护理学报,18(14),70-72.
王扬,刘红巾,付兆君,陈静,苗丹民.(2010).空军高性能战斗机改装体检飞行员人格类型研究.解放军医学院学报,31(11),1087-1089.
武国城.(2002).军事飞行员心理选拔研究进展.航空军医(3),129-132.
武国城,伊丽,郝学芹,马雪松,邓学谦.(2004).军人心理适应性量表的编制.医学争鸣,25(22),2024-2026.
武国城(2005).中国空军飞行员心理选拔研究概况.民航医学,15(1),8-10.
杨国庆,周万里,王小成,陈涛,王永春,何恩鹏等.(2017).176名高性能战斗机飞行员健康状况和用药情况调查.中华航空航天医学杂志,28(01),60.
杨柳,宋华淼.(2015).胜任特征研究及在军事飞行人员中的应用前景.中华航空航天医学杂志,26(1),69-76.
杨廷忠,黄晶晶,吴秀娟,陈彬,李玲.(2007).城市居民社会转型心理压力研究.中华行为医学与脑科学杂志,16(4),331-333.
张晓慧,尹璐.(2013).高性能战斗机飞行员综合能力提升的方式探讨.中国疗养医学,22(1),81-82.
张信忠,刘龙富.(2004).高性能战斗机部队航卫保障存在的问题及对策.航空军医,32(4),162.
周亚军.(2002).高性能战斗机航空卫生保障的发展方向.航空军医,30(4),166-170.
Arulrajah, A. A., & Harun, L. M. H. (2000). Relationship of psychological well-being with perceived stress, coping styles, and social support amongst university undergraduates. *College Students*, 23.
Carretta, T. R., King, R. E., Ree, M. J., Teachout, M. S., & Barto, E.. (2016). Compilation of cognitive and personality norms for military aviators. *Aerospace Medicine and Human Performance*, 87(9), 764-771.
Daud, A., Klinteberg, B. A., & Rydelius, P. A. (2010). Trauma, ptsd and personality: the relationship between prolonged traumatization and personality impairments. *Scandinavian Journal of Caring Sciences*, 22(3), 331-340.
Endsley, M. R. (1999). Situation awareness in aviation systems. *Handbook of aviation human factors*, 257-276.
Endsley, M. R. (2000). Errors in situation assessment: Implications for system design. *International Workshop on Human Error & System Design & Management*.
Fallesen, J. J., & Reichard, R. (2005). Leadership competencies: Building a foundation for Army leader development. In *20th annual Society for Industrial and Organizational Psychology conference*. Los Angeles: CA.
Fliege, H., Rose, M., Arck, P., Walter, O. B., Kocalevent, R. D., & Weber, C., et al. (2005). The perceived stress questionnaire (psq) reconsidered: validation and reference values from different clinical and healthy adult samples. *Psychosomatic Medicine*, 67(1), 78-88.
Garwood L. (2005). Competency based assessment centre approach for RAF selection. *Paper presented at the 46th Annual Conference of the International Military Testing Association*, Brussels.
Grant, K. E., Compas, B. E., Stuhlmacher, A. F., Thurm, A. E., Mcmahon, S. D., & Halpert, J. A.. (2003). Stressors and child and adolescent psychopathology: moving from markers to mechanisms of risk. *Psychological Bulletin*, 129(3), 447-466.
Horey, J., Fallesen, J. J., Morath, R., Cronin, B., & Cassella, R. (2004). *Competency based future leadership requirements*. CALIBER ASSOCIATES FAIRFAX VA.
Horey, J., Harvey, J., Curtin, P., Keller-Glaze, H., Morath, R., & Fallesen, J. (2007). *A criterion-related validation study of the Army core leader competency model* (No. TR-1199). CALIBER AN ICF INTERNATIONAL CO FAIRFAX VA.
Hough, L. M., & Oswald, F. L. (2000). Personnel selection: Looking toward the future — Remembering the past. *Annual review of psychology*, 51(1), 631-664.
Hu, Y., Xue, C., Wang, H., & Zhou, L. (2017, July). Research on Foreground Color Adaptive System of Aircraft Head-Up Display Based on the Background Real-Time Changes. In *International Conference on Human-Computer Interaction* (pp.443-451). Springer, Cham.
Hudd, S. S., Dumlao, J., Erdmann-Sager, D., Murray, D., Phan, E., Soukas, N., & Yokozuka, N. (2000). Stress at college: Effects on health habits, health status and self-esteem. *College Student Journal*, 34(2), 217-228.
Kokorian. (1999). A military crew competence model. http://handle.dtic.mil/100.2/ADA363986.
Krisinger, C. J. (2003). Who we are and what we do: the evolution of the Air Force's core competencies. *Air & Space Power Journal*, 17(3), 15-27.
Liyun, A. N., Fukun, W., Keran, J., Yanli, L., Fei, T., & Xianling, W., et al. (2016). Influence of military stress on immune function among recruits. *Laboratory Medicine*, 31(3), 189-194.
Meško, M., Karpljuk, D., Štok, Z. M., Videmšek, M., Bertoncel, T., Bertoncelj, A., & Podbregar, I. (2013). Motor abilities and psychological characteristics of Slovene military pilots. *The International Journal of Aviation Psychology*, 23(4), 306-318.
Sandberg, J. (2000). Understanding human competence at work: an interpretative approach. *Academy of management journal*, 43(1), 9-25.

第5章　航天员心理选拔与心理训练

5.1 航天员心理选拔 / 87
　　5.1.1 航天员心理选拔依据 / 87
　　　　任务依据 / 87
　　　　理论依据 / 88
　　　　实践依据 / 89
　　5.1.2 航天员心理选拔程序 / 89
　　　　预选阶段 / 89
　　　　复选阶段 / 89
　　　　定选阶段 / 90
　　5.1.3 航天员心理选拔方法 / 90
　　　　自陈量表法 / 90
　　　　投射测验法 / 90
　　　　行为观察法 / 90
　　　　会谈评估法 / 91
　　　　控制性实验法 / 92
　　　　心理选拔的综合评价方法 / 92
　　5.1.4 不同国家航天员心理选拔 / 93
　　　　美国航天员心理选拔 / 93
　　　　欧洲航天员的心理选拔 / 94
　　　　俄罗斯航天员心理选拔 / 94
　　　　中国航天员心理选拔 / 95
　　5.1.5 不同岗位航天员心理选拔标准 / 95
5.2 航天员心理训练 / 97
　　5.2.1 航天员心理训练目标 / 97
　　5.2.2 航天员心理训练内容 / 97
　　　　职业动机培养 / 98
　　　　心理保健意识训练 / 98
　　　　心理相容性训练 / 98
　　　　表象训练 / 99
　　　　心理调适能力训练 / 100
　　　　心理稳定性训练 / 101
　　　　狭小隔离环境适应性训练 / 101
　　　　航天员乘组的心理训练 / 103

洞穴训练 / 106
5.3 航天员心理选拔与训练展望 / 107
   5.3.1 深空探测面临的新挑战 / 107
   5.3.2 长期飞行对乘员及乘组心理健康影响 / 108
        航天飞行中的应激 / 108
        长期飞行任务对维持乘组动机、士气的挑战 / 109
        人际关系和乘组决策等问题 / 109
        精神疾病的发生 / 110
   5.3.3 对抗措施和方法研究 / 111
        心理监测和支持方式研究 / 111
        自主心理支持、决策、自我行为监测研究 / 112
        乘组心理选拔和人员匹配研究 / 112
        长期航天飞行心理健康问题研究 / 113
参考文献 / 114

航天活动具有工作环境特殊、职业技能高度复杂、飞行任务艰巨、责任和风险大等特点，要求航天员不仅要具备健康的体格、良好的心理素质、对航天环境有高度的耐受能力和适应能力，同时还要具备组织管理的能力、知识渊博、操作精准、善于学习以及拥有进行科学试验的能力等，航天员心理选拔是成功完成航天任务和降低训练成本的基本保障。

5.1 航天员心理选拔

5.1.1 航天员心理选拔依据

任务依据

航天活动环境和航天活动任务的特殊性对航天员提出了特殊的心理素质要求，航天活动环境和任务对航天员心理素质的要求是制定航天员心理选拔指标体系和选拔标准的基本依据。

航天活动具有高风险的特点，不管是待发阶段航天员坐在加注着数以吨计燃料的火箭上，还是上升、飞行、返回着陆等任何阶段出现问题，都会危及航天员的生命安全。因此，航天员必须具备理性勇敢的性格特点，航天环境也是一般人未曾经历过的新奇环境，这又要求航天员必须具备敢冒生命危险勇于探索未知领域的精神。座舱环境狭小，身体活动受限，需要航天员具有很强的自控力和耐受力，交往信息的受限也要求航天员能够忍受隔离孤独的状态。飞行器上升、飞行、回收过程的超重、失重、震动、噪声体验会对航天员产生巨大的生理心理影响,这要求航天员必须具备承受痛苦和不适的能力。航天活动任务要求航天员随时监控座舱仪表信息,及时发现故障,快速分析判断,及时排除故障,这要求航天员必须具备稳定的注意力、敏捷的感知力、快速分析判断决策的能力和良好的注意分配能力和快速准确的信息提取能力。较重的情绪负荷和认知加工负荷要求航天员必须具有很好的情绪稳定性,即处变不惊、忙中不乱的超凡的承受力。航天任务是一项系统工程,具有群体性特点,航天员需要与许多界面上的人打交道,例如必须在与同事、教练、其他相关单位和系统之间的人交往,在有效的交往、沟通与合作中完成工作任务。因此,需要航天员具有良好的心理相容性,在个性、情感上能包容、接纳他人,具有良好的言语表达能力、共情能力、交往能力和合作意识。从优秀飞行员转变为合格航天员,需要经历艰苦的重新社会化的过程。生活环境、工作环境、人际环境的改变,要求航天员具有快速适应、自我调整的能力,甚至要有否定自我、甘当学生、从头开始重塑自我的勇气。重新学习的任务相当繁重、训练相当艰苦,需要航天员具有较强的再学习能力和吃苦耐劳精神。航天员的训练过程也是一个不断经历考验和再选拔的过程,竞争压力不可避免,这就要求航天员必须具有耐挫折能力,有全面客观的自我意识,有强烈的民族团队"大我"意识。同时,航天员作为社会性的正常人,也不可避免地会遇到正常人经常出现的内心冲突,如何快速地解决内心冲突,全身心地投入各项学习和训练中去,这不仅是对航天员自我调节能力的检验,也是对航天员是否具有"以任务为中心"的高尚职业动机的衡量。可见,航天员心理选拔的指标体系和标准必须包括以上各项心理品质。

理论依据

航天员心理选拔是心理学原则和方法在载人航天领域中的具体应用。航天飞行是一项高风险的活动,航天员承受着巨大的心理负荷。因为运载工具和航天器本身缺乏绝对的可靠性,航天员在执行航天任务的过程中随时可能出现生命危险,这对航天员是一个持续性的心理压力;复杂的航天环境因素对人体的不利影响也是一种心理负担;航天任务繁重,而且要求尽可能不出现或少出现人为的失误;航天员较长期处于一个狭小的密闭容器内,从家庭和社会来的信息输入缺失,会产生信息剥夺效应和心理失衡等。因此,航天活动要求航天员必须具备适合这种职业的优良心理品质。在这种情况下,航天员心理选拔的目的是排除候选者潜在的心理病理异常和障碍、个性方面的偏离和障碍,评价候选者动机、学习和操作的能力与稳定性,了解其对航天特殊环境和复杂艰苦生存条件的心理耐受能力以及人际关系和心理相容性等,并挑选出心理品质优良者进入航天员队伍。这对于航天飞行的安全和航天任务的完成尤为重要。那么怎样进行心理选拔,即需要制定什么样的心理学选拔标准,选择哪些心理学选拔内容,采取什么样的心理学调查和测试方法?如何对这些结果进行评价分析等?以上问题显然是一些心理学问题,对它们的回答必须求助于心理学的原则和方法。航天员的心理选拔是在空军飞行员的心理选拔的基础上发展起来的,它侧重考虑航天员在航天飞行中可能遇到的特殊环境因素和可能出现的应急情况以及由此引起的心理学问题,也就是要考虑航天飞行任务对航天员提出的特殊心理学要求等。因此,可以说航天员心理选拔是心理学的原则和方法在载人航天领域的具体应用。

心理学研究表明,个体的职业能力和素质不是一种单纯的心理变量,而是若干人格、动机和应付方式的综合体,是多种心理品质相互联系相互作用的结果。例如压力下的问题处理能力受个体特质焦虑的水平、职业动机、神经类型、敢为性、情绪调节能力、应激下操作水平等要素的制约,危机处理能力可操作化为认知的灵活性、压力下决策的果断性和准确性、困难情境目标的坚持和调整,以及后续操作不受挫折影响的能力。因此,心理选拔标准应该是一个包含多维度心理品质的评估指标体系。

实践依据

人类载人航天的历史实践证明,优秀航天员的胜任特征包含多个人格要素和能力倾向。压力情境下,平时不会表现出来的潜在问题会暴露出来,人的因素往往是事故发生的主要原因。世界航天大国都越来越重视航天员的心理选拔,我国在神五、神六、神七、神九和神十任务的执行中非常重视任务航天员的心理选拔,从而保证了飞行任务的圆满成功。

5.1.2 航天员心理选拔程序

心理选拔的过程贯穿在航天员选拔的组织实施过程之中。心理选拔自始至终与医学选拔同步进行,直至执行航天任务结束。世界各国航天员的心理选拔过程大同小异,归纳起来可分以下几个阶段。

预选阶段

又称初选阶段,主要是根据事先制定的心理学要求或标准,对申请人进行详细的档案调查与资格认定。

复选阶段

又称全面心理检查阶段,即对初选认定的申请人进行全面深入的心理检查,包括心理会谈、各种心理测验,行为观察和航天环境因素的应激试验等。精神病学选拔一般也在这阶段进行。美国曾在一段时期,此阶段的检查主要集中在精神病学筛查上。全面的心理学选拔,可以帮助确定最终的候选人。

定选阶段

这阶段的任务主要是根据心理学的各种检查结果进行综合分析评定,确定心理学合格人选。并提交选拔组做进一步的全面的综合评定,列出合格人选名单,再由上一级选拔委员会确定最终候选人名单,经上级权力机构批准,候选人方可成为正式的预备航天员。

5.1.3 航天员心理选拔方法

综观国内外有关心理选拔方法研究的文献,心理品质的评估方法浩如烟海,但大致可以分为如下几类:自陈量表法、行为观察法、投射测验法、主体评估法和控制性实验法。

自陈量表法

从心理测量学意义上讲,自陈量表法是运用标准化的、具有明确的信度、效度和常模的量表对参选者的心理品质进行测评的方法,该方法简便、经济、易于实施。美国、苏联在航天员心理选拔中大量使用该方法以了解被检者的基本个性特征、心理品质与心理能力,选出具备航天员所必需的个性特点和能力的候选者,淘汰那些具有不利于航天活动的不良个性与能力的人。该方法优点就在于简便易行,其结果以分数高低呈现,表达清楚明了,而且结果与常模直接比较,解释比较客观和容易。因此,自自陈量表问世以来,应用日益广泛。但是,在这种简易性的背后也隐藏着许多不足之处,其主要的缺点在于被试对问卷的回答不一定反应其真实情况,尤其是那些人格面具较为膨胀的人。于是,为了使被试不易觉察测验目的,心理学家推出了投射测验法。

投射测验法

投射测验法所呈现的刺激的性质含混不清,测验要求受试者依据模糊的刺激编一个故事,例如图片投射测验,罗夏墨迹测验等都属于投射测验,受试者对模糊刺激的解释实际上是受试者内心状态的投射。受试者对模糊刺激的"自由想象"和创造,显现了被试内心世界的内容或人格动力学过程的不同表现形式,不知不觉提供了更有意义的个体内心世界的信息。但是,投射测验结果的分析完全凭主试的经验,要测算其效度异常困难。为了矫正如上方法的偏差,许多心理学家又主张应用行为观察法。

行为观察法

行为观察法包括主试的直接观察法和间接观察评定法(即由主试设计行为观察评定表,让与被试有工作联系的相关工作人员填写该表)。直接观察法是一种有目的、有计划地对被试的心理、行为进行观察并做出评价判断的方法。在心理选拔的整个过程中,它可以被作为一种独立的方法用于对被试的观察,但也经常与其他方法结合使用,如在心理训练、心理测查、航天环境适应性训练(如离心机试验、低压舱试验、前庭功能试验等)以及集体活动、体育比赛中进行运用。观察内容包括动作、表情、言语、情绪、意志、认知特点和个性特征等。总之,行为观察评定法是对被试日常生活、工作、学习中的自然表现进行的评价,比较真实、客观。尤其当是把主试的观察评定与相关工作人员的观察评定结合起来,相互印证时,结果就更加可靠。航天员选拔初选阶段进行的心理调查实质上是一种间接观察法,就是收集参选者周围的同事、领导、航医对其心理品质评价的信息,这些评价是以长期观察为基础的。调查法借助于参选者周围的同事、领导的长期观察,替选拔机构把好了第一道心理关。然而,行为观察评定法只能评估外在的行为,却无法直接评估行为背后的动机以及各种心理活动之间的内在联系。如何在观察到行为的同时又能把握个体行为背后的复杂的内部动力体系呢?为此,心理学家又推出了会谈评估法。

会谈评估法

会谈评估法也可以简称为访谈,按结构性质可以分为结构访谈和非结构访谈。

结构访谈也称标准化访谈,其主要特点是有固定的程序,主试事先拟订好访谈提纲,并以同样的措辞和顺序向每一个被试提出同样的问题,结构性访谈便于施行,结果便于分类和评估以及相互比较。非结构性访谈没有固定的访谈程序,只需具备访谈技术和丰富的心理学背景知识,明确访谈要达到的直接目的就可以了。访谈中,主试提问的内容和次序会因被试的回答不同而不同,因而给会谈双方以更大的主动性和自由发挥的机会。主试可以根据对方的回答提出对主试来说更有意义的问题,而对方也可以更自由地暴露自己的内心世界,十分有利于主试了解对方的心理活动的具体细节及各种心理活动之间的内在的联系。非结构性访谈对主试提出了更高的要求,即在不偏离访谈根本目标的前提下允许对方自由发挥,因此如何不知不觉地引导对方谈出需要了解的内容,需要主试具有高超的技巧,只有受过专门训练的人才能胜任。非结构性访谈因上述优点,在人才选拔中应用非常多。也由于非结构性访谈收集到的资料非常丰富,分类比较困难,处理起来也比较麻烦,不容易相互比较,要保持结果比较的统一性和可靠性,需要2—3名受过专门训练的心理学工作者同时访谈。美国在1989年—1990年间的2 288位申请人中有106人接受访谈,其中有23人被选为航天员。

无论采用哪种形式的访谈,都是通过访谈对象对诸如家庭情况、职业活动、爱好、社会交往、特殊事件、是否受过挫折等问题的回答以及在谈话中的表现,如动作、表情、是否容易与之交谈、回答问题的特点、语言的运用、情绪反应情况等,获取参选者在政治态度、献身精神、个人经历、倾向性、性格和气质特点、记忆、思维和注意品质、职业工作能力、人际关系等方面的资料。谈话后，心理学家根据谈话结果，主观印象和被检者的表现，经过综合分析，给出评价。这是心理学家通过面对面的谈话，从交谈的答案中取得信息的一种主动方法，是航天员心理选拔中不可缺少的方法之一。

控制性实验法

控制性实验法是研究者设置特定的刺激测量被试者在特定刺激情境下反应的研究方法，例如航天环境模拟实验法就是利用环境条件和设备，模拟航天中的一些环境因素，在狭小封闭隔离环境条件下，72小时剥夺睡眠让受试者不间断工作，测试被检者身心反应的变化，了解其心理耐受性、适应性、心理稳定性、应激能力、抗干扰能力、完成工作的能力和为达目的的主动性等。控制性实验法评价标准统一，但条件的设置和控制难度较大。

心理选拔的综合评价方法

由于心理选拔内容和方法很多，所得的结果也不一。因此，在检查中除了有明确的心理病理性证据，可以进行单项淘汰外，一般情况下都必须对调查法、观察法、晤谈法和测验法所得的所有结果进行综合评定。综合评定一方面要依靠专家全面权衡各项心理品质的相互关系，根据经验和以往实验结果给出各项心理品质的权值，另一方面要借助多元统计分析，特别是模糊数学的综合分析方法来进行综合评定。

心理调查和心理会谈相结合的选拔方法。心理调查是由候选人所在单位的领导、同事和航医填写候选人心理品质评价表，对候选人和主要心理品质进行等级评定。心理会谈是根据专家心理会谈的认知模型，通过与候选人面对面的交谈评价其心理品质的过程。用两种方法评价候选人的情绪稳定性、人际关系、意志、幽默感、成就动机、事业心、竞争意识和冒险等心理内容。一般认为，这两种方法对候选者评价的结果一致性很高，特别是在意志、成就动机和竞争意识项目上，合格候选人组的等级均明显高于不合格候选人组。

静态与动态能力相结合的选拔方法。实践证明，静态测验结果仅与初期飞行成绩有关，而与后期飞行能力相关很低，这被称为"时间性准确度减退"现象。在静态测验基础上增加多任务、时间压力、不确定（高风险）等动态条件下的判断决策能力、应变协调能力和警觉能力的测验，并采用具有心理模拟和情景仿真的测量方法，可提高测验的效果。运用该方法选拔，合格候选人组的心理能力总分明显高于不合格组。

个人测验和小组测验相结合的方法。航天员的心理测验大多数是针对个人的，但考虑到航天职业活动多数是二人以上的乘组活动，因此在选拔中应注意候选人的心理相容性和小组适应性的评估。在选拔中采用情景模拟测验对每个候选人的人际适应特征（容纳、控制和情谊）进行判断和抉择，其结果可为日后的训练与乘员的分组提供心理学依据。

心理选拔和精神卫生会谈相印证的方法。在世界各国航天员选拔中，有的国家比较重视心理选拔，而有的国家则更重视精神卫生会谈。事实上健康和疾病不是对立的双方，而是同一过程的两端，从心理健康一端看，航天员应该有健康的心理、完善的人格、良好的人际关系和社会适应能力。对心理选拔来说，要选出最佳的人员(选入标准)。而从疾病一端看，应排除精神病、神经症、变态人格、心身疾病及行为适应不良者(选出标准)。但在实际生活中，有时两者不能截然分开，而是有交叉的。另外在以后训练和执行航天任务中，也难免会发生这样、那样的精神问题或情绪、行为等问题。因此一般采用心理选拔和精神卫生会谈相互印证的方法，同时又要选择最新的精神病学评估标准化工具和精神病学专家会谈的方法。

5.1.4 不同国家航天员心理选拔

不同国家由于文化的差异，对相同行为意义的阐释不同、表达方式不同，航天员心理选拔标准也存在差异。

美国航天员心理选拔

美国 20 世纪 50 年代末从现役军事试飞员中选拔首批航天员时，入选的心理选拔标准包括较高的智力、内驱力、创造性、独立性、低冲动，以及具有允许别人依靠的宽容力，在通常行为方式不可能时以及在不熟悉的环境中的适应能力，对可预见情况的预见性反应和对不可预见情况的灵活性反应，具有使任务成功的动机而非实现个人目的的动机，具有耐受应激而不需活动身体以驱散焦躁情绪的能力。1988 年 7 月美国国家航空航天局(National Aeronautics and Space Administration, NASA)下设的一个心理选拔小组，向 NASA 提交了一份关于航天员选拔暂行心理学"选入标准"的建议书。该小组确定了航天员工作所需要的"最佳"心理品质的构成，特别是为长期航天确定"最佳"机组的心理相容性。这些"最佳"心理特性(称作"选入标准")将用于选拔最适合航天员工作的候选人，也可能用于空间站机组成员的选拔。1988 年美国宇航局制定的航天员心理选拔标准，在工作能力倾向方面，对智力和技术能力、适应性和可塑性、人际关系、应激和不适耐受性(灾难降临或个人危险时的工作能力)、代表 NASA(形象)的能力、搁置能力(如暂时把个人情感或问题搁置起来、耐受与亲人别离的能力)、耐受孤独的能力、可训练性都提出了较高的要求。在动机方面(对工作兴趣和热情的程度)，对成就/目标取向、努力工作/主动性、追求精通、乐观、无过度的外在动机或不健康动机、健康的竞争意识、最佳的竞争意识、能忍受厌倦和低水平刺激、任务取向、健康的冒险行为也有了高的要求。在对他人和自身的感受性方面，要求个体情绪稳定、成熟、自尊、幽默，具备尊重和共情的能力，具有言语表达能力和形成稳定、良好人际关系的能力,无明显的敌视性、易怒性和急躁性,表现公正和均衡,有适当的主见性。"选入标准"强调对他人和自身的感受性品质对长期飞行特别重要,而且,对有效履行日常职责和航天员工作职责也是关键性的。

欧洲航天员的心理选拔

70年代中期,欧洲参与美国航天飞机空间实验室(Space-lab)计划,标志着欧洲步入载人航天行列,航天飞机的航天驾驶员一般为美国人,但空间实验室乘员,即载荷专家可以是欧洲人,并计划进行13—23次航天任务,共需40—50名载荷专家,因此欧洲航天员选拔是从载荷专家的选拔开始的。

欧洲载荷专家的选拔是在欧洲航天局(The European Space Agency, ESA)的全面领导下进行的。1977年,ESA委托西德航空航天研究所为空间实验室载荷专家制定心理选拔方法和标准。该方法和标准与德国的选拔方法和标准基本相似,其评价内容分两部分,一部分是操作能力,包括英语熟练、掌握技术知识、数理逻辑思维、记忆、感知和注意、空间定向、心理运动协调和灵巧、多任务操作的能力;另一部分是人格特质,包括动机、灵活性、刻板性、外倾、移情、溺爱、活力、攻击性、支配性和稳定性等方面。对载荷专家的选拔结果表明,只有约25%的申请人可以全面通过,其余候选人均有某些缺陷,在模拟阶段出现了某些可预见的行为问题,心理评价结果和实际生活行为有明显的一致性,这使ESA更加重视心理选拔。西德1977年的载荷专家选拔申请人有695人,符合条件的仅164人,实际参加选拔的有103人,通过上述国家级心理选拔,只有三分之一的候选人具备完全适合在空间实验室工作的能力和人格特质。

法国在1977年—1985年间,进行了两次航天员选拔,法国选拔的航天员有两种类型,一类是航天驾驶员,这类航天员是为参加苏联空间站的航天活动而选拔的。另一类是载荷专家,是为参加美国航天飞机飞行而选拔的。这两类选拔的心理评定内容相同,均包括:(1) 认知能力(一般智力、语言能力、空间能力、记忆、注意和决策);(2) 心理运动能力(协调和追踪能力);(3) 动机和个性,个性包括主题统觉测验、罗夏测验、罗森兹维(Rosenzweig)测验、卡氏16项人格因素问卷、塞帕尔(Cerpair)调查表和明尼苏达多项人格测验;(4) 团队适应性,包括良好的交往能力、领导感(Sense of leadership)、团队定向(team orientation)和公共关系。由此看来法国与德国在心理选拔上的最大差别是法国更关心小组行为和小组的适应性,这可能与法国既同苏联合作,又与美国合作进行航天活动有关。

俄罗斯航天员心理选拔

苏联1959年,选拔包括尤里·加加林(Yury Gagarin)在内的20名第一批航天员时,心理选拔内容包括:低焦虑水平,良好的情绪稳定性和平衡性,外向性个性,较高的智力和快速学习能力,对厌烦和重复性工作的耐力,警戒和集中注意的能力,自控力强,高道德水平和可靠性,高成熟度,能自我批评和容忍他人,有幽默感,强、平衡、灵活的神经类型,噪声条件下的工作能力。1989年原苏联国防部卫生部颁发的航天员医学检查工作条例明确规定在航天员选拔中,具有不良个性特点者不合格。不良个性特点有以下几种:表现无力,心情不稳定,明显惰性,注意力集中不稳定,容易疲劳,转移和分配缓慢,感觉运动协调缓慢和不正确,记忆力降低,运用时间空间概念能力差,在时间短有干扰的情况下工作容易中断或工作能力下降,职业动机不明确,甚至对与航天职业训练有关的活动持消极态度,应激耐力明显下降,解决问题时优柔寡断,评价自己和事件时缺乏批判态度等。

俄罗斯很注重航天员的心理素质。评审部门会对申请者的性格、专注力、人际交往能力、创造力、抗压能力以及其家庭关系、择业动机等进行考查,不允许出现一丝瑕疵。

中国航天员心理选拔

1997年,中国在总结国外航天员心理选拔经验的基础上,形成了第一部预备航天员心理选拔标准,运用该标准从空军现役飞行员候选人中挑选出了12名预备航天员和2名航天员教练员,组建了我国首批预备航天员队伍。经过十几年的研究修订,我国第二批预备航天员心理选拔标准在内容上已经涵盖了俄罗斯、美国、欧洲航天员心理选拔的绝大多数项目,包括情绪、意志、人际关系、幽默感、成就动机、职业取向、竞争、冒险意识、搁置能力等个性品质以及一般能力(智力)、判断决策能力、心理运动能力和应变协调能力等。由于在我国文化背景下,人们重视配合他人多于对自我内在的体验和洞察,而我们还没有与其他国家进行空间站合作的经验,所以没有把"文化敏感性"提到重要位置去考虑。我国航天员心理选拔标准又分两个方面,包括心理学的"选入标准"(即选优原则)和精神病学的"选出标准"(即淘汰精神、行为或人格方面有问题的候选人)。

5.1.5 不同岗位航天员心理选拔标准

根据航天员在飞行中承担的任务和责任的不同,可以将航天员分成三类,即航天驾驶员、任务专家(随船工程师)和载荷专家(航天研究人员)。航天驾驶员承担航天器的运行管理任务,对飞行任务的执行、飞行器的交会对接、飞行安全的保障等负责,指令长一般由航天驾驶员担任。任务专家负责对飞船上各种设备的操作和维护,进行出舱活动,同时协助驾驶员的工作,必要时代替其履行职责。航天研究人员(或载荷专家)是执行特定空间试验、生产加工、科学研究以及其他任务的专家。不同岗位航天员肩负的任务有不同的特点和要求,必然就有特殊的岗位胜任特征和要求。

1990年ESA与NASA成立了欧洲航天员心理标准工作组（The European Astronauts Psychological Criteria Working Group, EAPCWG），该工作组在讨论了NASA心理选拔标准工作组的心理选拔标准以及苏联"和平"号空间站的心理学要求基础上，重新评价了ESA在1977年使用的标准，制订了新的标准，包括有效应对经验之外情况和航天应激条件下的活动能力，有良好的推理能力和记忆力，能很好地集中注意力，以及良好的空间能力和操作灵活性，在个性方面具有高尚的动机、热爱集体生活、同事之间能深入相处，低攻击性和良好的情绪稳定性。

2006年中国航天员科研训练中心心理学工作者，对不同岗位、不同性别航天员所需心理品质差异进行了研究，运用半结构访谈方法对有飞行经验的航天员以及航天专家、心理学家进行访谈调查，总结出了航天驾驶员、载荷专家和随船工程师的心理选拔标准。

研究结果发现不同岗位航天员胜任特征项目数不同，各项目重要性顺序也不同。航天驾驶员所需心理品质重要性均分在0.704以上，属于"非常重要"的有9项，随船工程师有8项，女性航天员有6项，而载荷专家只有1项。飞船驾驶员9项"非常重要"的心理品质重要性从高到低依次是：应急反应能力、情绪稳定性、操作能力、果断、职业动机、责任心、耐受性、领导能力和自信，其中应急反应能力重要性为0.875 ± 0.099，明显高于其他心理品质，其中领导能力是航天驾驶员特有的岗位胜任特征；随船工程师8项非常重要的心理品质重要性从高到低依次分别是：应急反应能力、操作能力、主动配合、细心、服从性、记忆、责任心和逻辑推理。其中应急反应能力重要性为0.803 ± 0.153，明显高于其他心理品质，其中主动配合与服从性两项是随船工程师特有的岗位胜任特征；载荷专家1项非常重要的心理品质，即主动配合0.712 ± 0.214，此项属于载荷专家的岗位胜任特征；女性航天员6项重要心理品质重要性从高到低依次分别是：情绪稳定性、应急反应能力、情感搁置能力、相容性、耐受性和职业动机，其中情感搁置能力是女性航天员特有的心理品质要求。

研究结果还发现，相同的心理品质对不同岗位航天员来说重要性或要求不同。应急反应能力、情绪稳定性、敢为、果断四方面对航天驾驶员要求比随船工程师高，而细心方面对随船工程师要求比航天驾驶员高，差异达到显著性水平；注意、操作能力、应急反应能力、情绪稳定性、敢为、自信、果断七方面对航天驾驶员要求比载荷专家高，差异均达到显著性水平；操作能力、应急反应能力、情绪稳定性、果断四方面对随船工程师要求比载荷专家高，差异均达到显著性水平。

航天驾驶员的"领导能力"、随船工程师的岗位胜任特征"主动配合"、"服从性"，及载荷专家的岗位胜任特征"主动配合"，重要性均为"非常重要"，重要性均分都高于

0.707。载荷专家的岗位胜任特征"服从性"重要性均分 0.686±0.246。女性航天员的"情感搁置能力"重要性为"非常重要","协调能力"和"独立性"重要性均分分别 0.659±0.227、0.645±0.182,这说明女性航天员所需心理品质确有其特殊性。总体来看,载荷专家心理品质要求较其他航天员岗位要求较低,因为不同岗位的工作任务和责任不同。航天驾驶员要对整个飞行任务负责,处于乘组领导位置。随船工程师负责航天器相关操作,必要时代替航天驾驶员工作,所以与航天驾驶员心理品质要求差别相对小一些。而载荷专家只是在航天器上负责其专业领域的科学试验,在乘组中相当于搭乘乘员,对航天飞行没有责任,一般也不准其干扰航天器操作等,所以心理品质要求只有"主动配合"的重要性为"非常重要",其他航天心理品质要求相对较低。航天驾驶员、随船工程师和女性航天员的"模仿",载荷专家的"模仿"、"果断"、"真诚"心理品质重要性均在"很重要"以下,得分在 0.477 以下。不同岗位航天员必备心理品质差异的研究为不同岗位航天员心理选拔标准的制定提供了重要依据。

纵观世界航天事业发展的历史,航天员的心理选拔越来越受到重视,尤其是对航天员的创造潜力和在乘组内高效工作的能力的要求越来越高。

5.2 航天员心理训练

5.2.1 航天员心理训练目标

航天员心理训练的具体目标包括以下几个方面:培养目标明确、意志坚强、行动果断、积极主动的个性品质;培养良好的职业动机和学习技能,促进职业训练的顺利进行;综合应用心理预防、心理支持等措施,维护航天员的心理健康;通过训练提升航天员自我调节技能,提高航天员心理稳定性和应急反应能力,形成良好的乘组人际相容性,为保证飞行安全和航天任务的完成奠定心理基础。

5.2.2 航天员心理训练内容

这里按照与职业的关联程度,可以将航天员心理训练分为一般性心理训练方法和专业性心理训练方法两种。

一般性心理训练方法是指任何职业和学习活动都需要的、最基本的心理准备训练,它包括基本心理过程和个性倾向性训练,如感知觉方面的训练、注意、记忆方面的训练、表象想象和语言指示方面的训练、情绪和意志方面的训练以及兴趣动机方面的训练等。常用的方法有简要介绍、课堂讲授、小组讨论、放松训练、自生性放松训练(autogenic relaxation training)、表象训练(imagery training)、生物反馈训练、瑜伽、气功和体育锻炼等。这些方法应用广泛,有些方法既可用于某些心理训练或用作自我心身保健手段,也可以用于心理矫正(治疗)或心理预防。

所谓专业性心理训练(Professional psychological training)是指对某一专业(职业)活动或个人所特殊需要的心理品质、技能和本领而进行的训练。例如,俄罗斯、NASA、国际空间站都使用的野外训练(field exercise),包括户外训练(野外远足)、特别的生存训练、水下舱短期逗留、隔离舱训练等,以增强乘组及乘员的自我管理、互相协作、领导能力和解决跨文化问题能力,以及促进乘组资源管理。NASA的野外训练项目由"国家户外领导能力学校"提供,航天员乘组到落基山脉或类似地区,由教练陪同一起工作生活2周,期间由教练按计划提供小组任务和及时的反馈。

这里先介绍一些一般性心理训练的内容,再主要介绍针对航天职业活动或与航天活动类似专业所需的一些心理训练方法,如:心理稳定性训练、狭小环境中的隔离训练、乘组的心理训练和洞穴训练等。

职业动机培养

职业动机的培养。刚选入的预备航天员,对航天职业任务并不十分清楚。为了使受训者了解航天职业活动的特点及其对人的影响,了解航天活动对人心理品质的要求,明确自我努力方向,应对刚入选的预备航天员进行航天心理学知识教育,使受训者明白从预备航天员到实现飞天梦想,必然要经历激烈的优中选优的竞争与筛选过程,必须在政治素质、身体素质、心理素质和专业技术各方面经得起严格考验,从而进一步激发、培养他们以任务为中心的职业动机。

心理保健意识训练

航天职业对人的身心健康提出了很高的要求,而心理与生理之间互动制约的关系决定了要维护自身健康,必须把重视心理保健与生理保健放在同等重要的位置。为了克服不利于心理保健的传统意识和习惯,使航天员了解心理健康的意义,明白心理健康与身体健康之间的动态制约关系,激发和培养心理保健的意识和自觉性,掌握维护心理健康的方法,提高心理健康水平,要对航天员进行系统的心理健康知识教育。

心理相容性训练

载人航天活动的重要特点之一就是群体性,航天员不仅需要与同伴共同学习和工作,还要与教练员、其他界面的工作人员交流和交往,在载人航天器上的工作是复杂的小组活动,而这种活动是在失重、长时间生活在封闭生态系统、有限居住空间、缺乏独处、互相侵犯"领地"不可避免性、个人交往强制性和社会接触局限、信息资源匮乏或信息不确定以及潜在危险性等特殊条件下进行的,这一切都对航天员提出了心理相容性的特别要求。心理相容性是指群体成员在心理与行为上的彼此协调一致,是群体人际关系的重要心理成分。它以群体共同活动为中介,中介水平不同,心理相容的层次、水平也不一样。低层次的心理相容不是以共同活动为中介,而只是受个人彼此的情绪、好恶所制约;高层次的心理相容则是建立在共同活动的意义和目的的基础上。因此,它是以群体成员彼此对共同活动的动机和价值观的一致为前提的,心理相容性对提高群体共同活动的效率有巨大作用,它是群体共同活动顺利进行的重要社会心理条件。

心理相容性训练通常包括心理相容的内涵、意义认知训练、影响心理相容因素的认知体验训练、认识他人、激励自我训练、认识自我、认识人我差异训练、沟通技能训练、合作意识训练、合作能力训练和乘组训练。

按组织形式来分,训练方法有集体授课、大组讨论、小组互动、个别访谈以及多种手段相结合的训练方法。如果按训练的具体内容来分可以有：人际交往技能训练、乘组协作训练和社会支持技能训练。

表象训练

心理表象是对过去感知事物的反映。它是操作技术形成过程中的重要心理环节,表象训练就是通过重复回忆和体验事物的表象,达到使形象清晰并获得"内心学习"的效果,强化和矫正脑中操作的形象和概念。航天员进行心理表象训练,掌握自我进行表象训练的方法,目的是为了建立正确的操作表象,加强对操作的理解和记忆,提高航天员专业技能训练及飞行程序与任务模拟训练的效果。此外,心理表象技术还是一种有效的心理调节技术,通过记忆表象或者想象表象使个体进入一种特定场景并体验由此带给自己的感觉,用来提升自信和降低紧张焦虑水平。表象训练一般不宜在疲劳状态下进行,因为进行心理表象训练时,一般情况都会出现皮温下降、心律加快等。从这些大脑的神经生理机能变化来看,心理表象不是机能恢复过程,而是机能消耗过程,是比较繁重的脑力劳动,需要充裕的心理能量作基础。如果受训者在大脑疲劳状态下进行心理表象训练,会使操作形象更模糊,而这些模糊的、不准确的形象表象不仅不能补充矫正脑中原有的操作形象,反而会打乱原有的结构,使错误部分更为突出。

心理表象训练一般要求在身心放松的状态下进行。机体松弛,主要的外部器官关闭,几乎停止一切有形的肢体活动,身心能量消耗降低,进入新陈代谢过程的储备阶段,而且可以减少运动反应器对大脑的反馈,利于大脑神经活动的生理和心理能量的增强。机体放松、能量恢复的基础上可以使大脑皮层处于高度的敏感状态,便于大脑对内部分析器所输送的信息进行细致分析,此时大脑对特有的言语暗示信息具有较快的接受能力。部分外部感觉器官的堵塞有助于脑内优势兴奋区域的形成,其他意识活动容易被排除,此时注意力集中,对"靶信号"反应敏锐化,脑中形成的操作形象更清晰,概念更准确深入。心理表象训练需要积极的心理背景。情绪对技术动作的心理表象起着制约作用。诸如紧张、恐惧、悲观等消极情绪会加强错误操作表象在大脑中的强度,使正确的操作表象被排斥。操作错误时,人们往往会产生消极情绪,增加人们对失误印象的回忆;相反,轻松、愉快、乐观等积极情绪却能使正确的操作表象容易被回忆起来。

可见,作为一种心理训练形式,在进行心理表象训练时必须考虑情绪、记忆、注意和思维等心理因素的作用,因为它们是相互影响、相互制约的。表象训练要尽量再现或呈现多通道感觉。从强化记忆的角度看,表象训练过程中受训者应尽量再现或呈现有关现实情景的多通道感觉,如视觉、听觉、触觉和嗅觉等。记忆心理学的研究成果表明,的确有感觉记忆存在,而且感觉记忆是按照感觉信息原有形式贮存,它们是外界刺激的真实模写或复本。通过表象训练反复体验这些感觉,可将这些信息进行再加工并送入长时记忆库。

心理调适能力训练

心理调适能力指个体灵活调整自己的心理状态,确保其与任务情境要求相适应的能力。心理调节能力既体现在急性压力下由焦虑恐慌状态向平静状态的调节,也可体现在慢性压力时期保证"入睡速度"正常化——恢复体力和精力的调节,还可体现在由内在虚弱状态向充满自信和活力状态的调节。航天任务的高风险特点,任务的不同阶段会对航天员产生不同的心理压力,要求航天员具有良好的自我调节能力,以保持稳定良好的心理状态。然而,这种随任务、情境灵活调整心理状态的能力既受个体神经类型(反应在情绪调节类型上)的制约,更受后天习得经验的影响。

国外航天员心理调节能力训练有"心理能量控制训练"和"放松训练",其内容均涉及放松技术。放松训练是减轻应激、紧张和焦虑的一种安全、有效的方法。常用的放松训练方法包括松弛反应法(relaxation response)、渐进性肌肉放松法、自生性训练法、催眠法、自我暗示法、生物反馈训练法、呼吸调节训练法、兴奋点转移法、构建个人安全岛法和心理能力控制法等。

然而,到目前为止,国外对航天员心理调试能力的训练具体方法没有详细的报告,也没有不同情境与不同调节方法结合的研究报道,更没有不同压力下不同提升自信方法的研究报道。

中国航天员训练中心心理工作者在 2005 年—2007 年开展了心理调适能力训练方法研究,通过对不同放松方法缓解急性压力(竞赛)效果的比较研究、不同放松方法对缓解慢性压力效果的比较研究以及不同提升自信方法对应对演讲焦虑效果的比较研究发现,在急性心理或生理压力条件下,想象放松具有明显降低心率的作用,因此具有较好的减轻焦虑效果;而双侧刺激有助于提高心率变异性,能改善植物神经系统功能;对于慢性压力条件下主观感觉非常焦虑的被试,渐进性肌肉放松法可以相对有效地缓解其紧张焦虑情绪;想象放松法则有助于降低皮质醇的水平,但需要注意使被试处于情绪平稳状态;整合积极资源的方法能显著降低被试的心率,并且在改善被试演讲时的外显行为上有效,表明这种整合方法具有降低被试焦虑水平和提升被试表现的作用。研究成果不仅找到了适应不同情境条件有效的心理调适方法,还为设计航天员心理调试能力训练方法提供了依据。

心理稳定性训练

在载人航天任务中,航天员的心理稳定性十分重要,它的理论基础是汉斯·塞里(Hans Selye)的应激学说。根据这个理论,研究者提出了结合航天环境的适应性训练,以提高航天员在时间紧、任务急、风险大以及存有突发事件可能性等情况下的心理稳定性。具体的做法是结合航天员的航天飞行训练、跳伞训练、超重训练和前庭功能训练,以及不同气候地理环境下的生存和救生训练等来训练航天员的心理稳定性。国外实践经验也证明,这种训练方式不仅对航天员的心理稳定性有好处,而且也有助于航天员其他职业心理品质的提高。如跳伞训练,虽然它属于生物医学训练内容,但就其作用而言,跳伞训练对心理品质的提高相当重要。对于飞行员来说,当飞机失去作用时,跳伞可以挽救飞行员的生命,但对航天员来说,跳伞则有完全不同的作用。通过跳伞,包括自由降落一段期间和开伞以后一系列操作任务,可以帮助航天员获得大胆、勇敢、沉着、冷静、坚强、果断等优良心理素质的训练,减少对危险的、对未知因素的恐惧以及意外情况下突发事件的情绪应急反应,提高紧急状态下的心理应急能力;也能通过跳伞中短时间内一系列的操作活动,可对地面的通信联系,对付复杂着陆地形、采取准备而协调的动作、安全降落等训练,提高航天员分析、判断和决策反应能力等。由此可见,心理训练与其他航天职业训练有密切关系,起着相辅相成的作用。

当然,心理稳定性主要是一种心理特质,难以通过训练得到很大改变,因此首先是要在心理选拔中筛选出心理稳定性高的个体。

狭小隔离环境适应性训练

狭小环境中的隔离训练简称隔离室训练,或称隔离、幽闭环境训练,这是航天员心理训练中最重要的方法之一,目的是了解和培养航天员在模拟航天职业活动的"人—机"封闭生态系统中的个体心理特点、行为方式、工作能力、耐受能力和适应能力,确定和提高航天员在长期隔离、孤寂生活中的神经—心理稳定性,以及确定其在连续不间断的、严格按照程序规定进行的操作活动中的潜在储备能力,并在最大程度上,培养和发挥其个性的优良品质,减少不良个性特征的影响,从而有效地预防心理障碍的发生。俄(苏)美两国都在进行这种心理训练。具体方法如下:

训练条件。一间狭小的隔离室,尽可能模拟航天中的狭小环境,一切工作、学习和生活均在这个隔离室中进行,室内具有摄录像监控和双向通信联络设备,有空调控制温湿度(一般温度保持在 22—23℃,湿度在 55％左右);室内照明采用 24 V 直流电源;实验用设备电源 220 V 交流,由室外控制供给,保证用电安全;航天员用餐食品,由隔离室的专用传递窗口按时供应,室内还设有厕所和洗手池,水源也由外部控制,并备有必要的体育锻炼器材等。

训练方式和时间。根据训练目的、任务和要求而定,一般在航天基础训练阶段进行,这种训练通常采用连续 3—7 天不间断工作。但也有采用不同工作/休息制度的方式。训练时间最短的仅 3 小时,最长的可达数十天。

训练内容和任务。按事先设计安排好的工作、学习、生活的时间表,进行多种心理、生理的测试,仪器操作、文学创作、写日记和体育锻炼等。通过训练要解决下列任务:训练航天员有效地执行一系列心理、生理和操作任务的技能;培养使用饮食、供水等器材,保持个人卫生,适应特殊复杂生活条件的技能;培养掌握使用仪器设备、通信联络的技能;获取有关航天员实验期间的心理、生理、行为变化的可靠资料,以便进一步完善个人职业特性和心理品质的确定意见。

训练前的准备与实施。由于这种训练对人体有相当大的应激负荷,为保证被试的身心健康、安全和实验的有效进行,事先必须做好一切准备,具体要求如下:

(1) 训练前安排一定时间对被试进行有关理论知识的培训。

(2) 训练前应对被试进行必要的身体健康检查,以排除急性的和潜伏的流行性传染病、躯体疾病和其他疾病。

(3) 实验设备、器材状态要保证完好、可靠、安全,做好应急情况的处置准备等。

(4) 坚持自愿参加原则,允许被试自由选择实验持续时间或提前终止实验,尊重受训者的自我感觉和意愿,确保安全,保证其自我评价的主动性和批判性。

(5) 正式训练前,须通过 1.5—2 天的适应期,让受训者熟悉工作生活环境;与训练教员有效配合,并取得基础资料。

(6) 保证足够营养的膳食,自由供水和满足个人需要的习惯活动。

(7) 为防止被试出现单调的感觉和心理上的厌烦,在周期性活动中应安排各种各样的工作,从而使被试对各分析器和机能系统有均匀的负荷。

(8) 注意昼夜节律的影响和重复试验的累积效应。

(9) 应充分利用隔离室摄录像、通讯、记录设备,获取实验中的行为、活动结果,为正确评价提供依据。

具体实施由心理、生理工作者、实验室管理人员和医监医生组成的工作组进行,并实行双岗负责制,做好医监、医保工作,确保安全,实验结束后要进行训练情况的综合评价。

2007 年—2008 年,中国航天员训练中心心理学工作者进行了 72 小时狭小、封闭环境、睡眠剥夺和高心理负荷等因素对小组心理功能的影响和心理防护措施的研究。他们将12名志愿者分为4组,2个对照组和2个干预组,每组3人,睡眠剥夺、社会隔离72小时,实验前对干预组进行小组心理资源整合等心理训练,实验过程中对小组的情绪水平、一般能力和完成小组任务情况进行测试。结果发现实验初期干预组较对照组抑郁水平低;睡眠剥夺第2天、第3天干预组部分能力测试结果高于对照组;干预组成员对小组任务进行有效的协商分工,具有更好的心理相容性。研究结果证明72小时狭小、封闭环境、睡眠剥夺和高心理负荷等因素对小组心理功能产生了一定的消极影响,小组心理资源整合等心理训练有效地增进了小组成员的人际相容性,一定程度上对抗了睡眠剥夺等因素的负性影响。

航天员乘组的心理训练

影响乘组群体活动效率的因素有乘组外部的、内部的以及个人的因素。在航天活动中,乘组外部因素的主要特点是对于乘组成员的生命、健康和工作能力构成潜在危胁。现已查明,这种航天极端环境条件有助于迅速而稳定地发展群体联系,同时也能暴露群体间相互关系的隐蔽冲突。乘组内部的影响因素,主要是乘组成员的个人特点、品质和相容性、协调动作、相互理解、交往、乘组的管理和团结,以及乘组活动的自主性等。一旦自主性受到破坏,个人关系就会变得紧张,影响活动效率。因此充分考虑个人特点有助于合理组织乘组工作。

研究表明,乘组的心理相容性是乘员心理状态的重要决定性因素,特别是长期飞行,乘组相容性不佳或完全缺乏相容性会干扰或破坏人际关系,减少有效的飞行时间,损害操作导致冲突发生并导致衰弱等不良的心身状态的过早发展。相反,发展乘组中的群体联系系统则有助于相互关系的稳定,有助于乘组组员的相互理解和团结。因此乘组的心理训练是十分必要的,特别是乘组的心理相容性训练,它起着决定性作用。通过训练,不仅要培养组员的心理相容性,而且要让他们学会如何解决乘组内的矛盾、冲突,缓和人际关系。

乘组心理训练的任务和时间。在确定航天员乘组的成员,构成乘组后,即可开始乘组心理训练。乘组心理训练的主要任务是提高乘组内相互协同工作,相互理解和团结一致的水平;形成乘组活动和乘组内部管理的最佳风格;构成乘组内可相互替换的系统;为今后进一步完善心理训练积累经验。

航天员的职业训练的实践证明,乘组成员在一起训练对于提高乘组的相容性和协同性具有重要意义。对于短期飞行(1—2周),成员一起训练的时间应不少于半年;中期飞行(1—2个月),成员一起训练的时间应为一年;对于长期飞行(2—12个月),成员一起训练时间应为1.5—2.5年。

乘组心理训练的内容和方法。通常包括人际交往技能训练、乘组协作训练、社会支持技能训练。

(1) 人际交往技能训练

人际交往是指个体与周围的人之间的一种心理和行为的沟通过程。对于大多数人来说，人际交往的成败在很大程度上决定着生活和事业的成败。人际交往技能的训练目的是给航天员提供多种技能、方法和技术以帮助他们有效地预防和控制那些很容易出现的人际问题。人际交往技能训练一般包括如下阶段和内容：首先，要向航天员讲明人际交往的重要意义，这是获得知识、认识他人、认识自己、培养良好个性的途径和桥梁，更是实现航天系统功能、完成航天任务的重要条件。其次，要引导航天员认识各种影响人际交往效果的心理因素，例如认知因素(包括晕轮效应、刻板印象、投射效应和自我评价等)、人格因素(包括气质、性格、自卑或自负、冷漠与孤僻等)。此外，也要使航天员了解在狭小幽闭环境工作可能发生的心理变化，如：Roher 提到的心境改变、时间压缩效应、对地面人员的怒气。人际交往技能训练的关键内容是要教会航天员优化及调适人际关系的策略，学会调整认知结构、克服人际偏见、掌握交往技能(例如，增加交往频率、真诚关心同事、以解决问题为中心而不以个人为中心等)、建立并强化最佳的人际交往模式，即较强的"你好我也好"的人际意识(人际交往中表现为自信自觉型)、中度的"我好你不好"人际意识(当与同事之间出现意见不一致时既能自信地表达自己的想法，又能接受对方合理的思路)、较弱的"我不好你好"的人际意识(与人共处时，重视利用他人的智慧资源，听取他人的合理意见和建议，但也不失其主见)。另外还可以讨论典型的封闭隔离条件下常见问题的"避免"及应对策略，也可以探究其他适用的应对策略。

有效地发挥所有地面人际动力训练的效果还要注意一个问题，即在太空中言语、非言语交流与地面不同。失重下的人际交往受到了缺少非言语表情线索、发音的抑扬顿挫及听音困难的损害。研发应付这种困难的交流环境的方法，训练航天员使用这些技术，可以减少航天员的误解及适应太空习惯所需的时间。

另外，航天员心理训练中经常使用的一种人际交往技术方法是敏感性训练(Sensitivity Training)，又称 T 组训练(T-Group Training)。这是一种致力于在实际的人际交往过程中，提高人们人际交往能力的心理学实践。因为，在人们相互作用时，某些情感并不为个人明确认知，但是这种情感却在相互作用中悄悄地起着重要的作用。敏感性训练就是为了培养和提高个体对于微妙的、隐藏的情感的高度敏感性和增强个体行为的灵活性。敏感性训练的目标是通过群体相互作用的体验，培养个体明确、坦率的社会交往和交流方式，以及在社会交往中对各种角色的适应性；使个体学习对自己、对他人、对群众及对组织的理解和洞察；培养平等、合作、相互依赖的社会交往态度以及不断提高解决和处理社会交往中出现问题的技能。敏感性训练的特点是强调将此时此地发生的事情作为讨论对象,不涉及其他或过去的行为;强调过程,不强调内容;强调尊重和理解别人,真实、真诚、坦率地对待人际关系。

训练方法很多,一般由10—15人组成一组,集中在实验室内,进行无计划、无组织、无议题和无主持人的自由讨论。这种讨论可让参加者学会如何有效地与别人沟通和交流,如何有效地倾听和了解他人的感情和感受。如何适当地表达自己的感情,表达自己对别人的看法。通过训练可使参加者如实地了解别人如何看待自己,自己的行为又如何影响别人,以及自己又如何受到别人的影响等等。该训练也可将讨论限定在狭窄范围内,从而逐渐使参加者陷入不安、厌烦、焦躁、不快的情绪之中。此时,平常生活、工作中的失败、不满、挫折和委屈之事,都可萦绕心头,加剧这种不安的情绪。强调只谈"此时此地"发生的事情,在于造成这种心理状态。体验到这种心理状态的人们,恰恰发现了自己的真面目,如平时察觉不到的或者不愿意承认的不安和愤怒情绪。同时,看到他人和自己一样陷入痛苦之中,因而逐渐能设身处地地体谅他人,增加对他人心理和行为的了解,更能有效地倾听他人意见、容易商量和合作,人际关系也更加和谐。

(2) 乘组协作训练

乘组协作训练的目标是提高乘组的协作能力。有研究表明,60%—80%的航天事故是由于乘员行为不协调而非缺乏技术能力所引起,所以不能用更多的技术训练来减少。乘组协作、沟通和决策的质量与乘员的沟通风格和乘组的(行为)准则有关,而且大多数乘组的成员从不注意团体准则,乘组的功能往往受乘组形成之前的行为模式所支配,即使在协作不良时,这种模式仍继续调节着行为。因此,要改进协作功能不良的团体准则的最好方法是暴露并改变它,但首先应引起乘组的重视,例如,在模拟乘组训练时,把航天员暴露在常规环境和紧急突发事故中,给予录像并在稍后反馈给乘组,然后乘组可以就他们的行为进行讨论,外部的心理咨询医生可以指出问题和给予劝告,帮助乘组了解全过程,以进行自我纠正活动,有意识地建立起最适合的行为准则,并应用正确人际交往技术处理冲突,解决问题。另外,长期空间飞行的乘组训练还须包括那些日常的及有产生压力和冲突的潜在性的互动行为准则和行为,乘组协作训练在高级训练阶段可通过使用多乘组训练模拟进行。航天员将学会用乘组协作作为习惯,了解他们的言语和行为对乘组效率的影响,以及如何提高协作效率。

群体互动中的实验室模拟与训练包括训练小组一起完成各种协作性任务,既有操作性的,也有认知/创造性的(包含信息的理性分析)。协作结果随后的联合分析,主要是为了确定工作成绩不够理想的原因,确定能达到改善成为未来有效的方法,可以把这一技术看作问题解决训练的一种。

航天飞行模拟器上的群体练习可以导向乘组心理训练过程,有利于形成解决有关工作中问题的理想的乘组心理互动模式。集体运动和游戏可用于在较松的情景中改善小组内的人际关系。NASA 的训练研究者发现篮球、"迷你—橄榄球"（mini-soccer）及排球可较好地达到这个目的。

3) 社会支持技能训练

社会支持是指由他人提供情感方面的关心和帮助，它是缓解应激、促进适应、维持健康和有效生产的重要源泉之一。载人航天将面临很大的应激，尤其是长期航天，航天员将不得不承受远超过早期空间飞行者所面对的艰难困苦，乘组必须学会应对并减轻应激。社会支持就是应对、减轻应激的一个重要资源。在航天过程中，传统的社会支持资源，如爱人、亲密朋友等因距离而不能及时获得，而乘组内的同事是最直接的社会支持来源，并有共同的经验，是最重要的社会支持资源。但是，许多航天员缺乏提供社会支持的有效的技能，而且提供真正的情感支持的能力是比较难教授的，只有通过不断的乘组的和人际的技术训练与指导增加有关的经验。有研究表明，在某些情况下，同事的社会支持甚至比职业的咨询人员或家庭人员的支持更有效。

通过密友系统(其中每一航天员均有一名分派的密友)进行的社会支持技能训练可以在高级训练阶段(也可在基础训练阶段)引入。密友的作用有三个方面：给他人提供感情上的依靠；给密友以得到支持的感受；传达这样的信息，即重点不只是要解决问题，有时和他人分享情感压力更为有益。

另外，通过自生性训练，个体能够监视与调整自己的情绪、情感反应。对于情绪/情感反应性较高、冲动、多疑及不易信任他人的个体，使用这种训练很必要且有效。

洞穴训练

洞穴训练(Cooperative Adventure for Valuing and Exercising Human Behaviour and Performance Skills, CAVES)是 2011 年开始，由欧航局设计研发的一项训练项目，举办地选择在意大利撒丁岛具有喀斯特地形地貌的超级洞穴中。洞穴训练关注领导能力、听从指挥、团队合作和政策决定上的多元文化探索。在课程结束以后，宇航员能够更好地理解他们在多文化团队中的职能以及掌握了什么技能、在哪些领域需要自我改进。

整项训练大约持续 2 周时间。在第 1 周，航天员们首先需要了解彼此，学习相应技能，包括定位、探索、测量调查、研究和记录地下洞穴的地貌地形等。在进入地下洞穴之前，他们还需要学习安全注意事项、洞穴行进技术、洞穴测绘和探索、定向定位以及洞穴拍照技术，以便他们能够记录下自己的探索和科学研究过程。他们还将学习如何协同工作、成立团队解决难题，不论是担任领导角色还是听从命令，都将被纳入训练考察范围。第 2 周，航天员们将被送至地下洞穴，开启为期 6 天的地下洞穴训练。在此期间，航天员们将始终在地下洞穴内居住。在没有自然光线和其他人的情况下，他们将依靠彼此,同时通过和地面团队进行沟通以达到目标,其操作方式就与国际空间站的航天员一样。科学课程(训练内容)在洞穴训练中占据了主要部分。正如在国际空间站中一样,在洞穴中的宇航员每天需要进行大约五项实验,这些实验都是由各领域科学家精心设计的。这些工作能够产生实质性的结果,最终将在出版的著作中呈现。这其中涉及的科学工作包括获取地理和微生物样本,对洞穴进行绘图,拍摄照片,监控空气流动以及二氧化碳水平、温度和湿度,测量氡水平。此外,还包括对沉淀物、水、空气的取样。6天后,他们将返回地面。出来时,航天员们将会经历与从太空飞行返回后相似的感官超载过程。从数天没有气味、持续潮湿和没有阳光的环境回到陆地时,他们的感官将遭受一次冲击,气味、声音和色彩全部会给他们带来过重的负担。

洞穴里黑暗和陌生的环境与太空有很多的相似之处。在陌生的洞穴环境中行走,就像在不同的星球中行走一样。在黑暗中,没有植物和大型动物,洞穴对宇航员来说是一个陌生环境,有着很多我们不熟悉的不同的地理特性。在深洞里,人们感官中所能感受到的很多声音和自然光被剥夺。洞穴训练中沿着洞穴壁行走的过程,与太空行走类似,洞穴探索者需要保持警觉,这正如在太空一样,无论是作为一个个体还是团体,都需要看情况再做出重要的决定。在洞穴中移动,无论是水平移动中使用缆绳,还是垂直移动中使用攀爬设备,这一训练都需要持续的注意力、对工具的技能使用以及对设备的信任。地下洞穴行走之所以和太空行走相似,是因为它们都需要安全绳的帮助、3D定位、对危险区域保持清晰认识以及谨慎的规划和团队合作。洞穴是一个可以使航天员始终保持紧张状态、时刻不断调整的密闭训练环境。在洞穴中航天员们会遇到需要解决的问题,因此之前他们需要对行动作出计划,从错误中吸取教训,并不断改进他们的交流和互动。

5.3 航天员心理选拔与训练展望

5.3.1 深空探测面临的新挑战

受到长期航天飞行中狭小环境、限制隔离、工作单调、低重力、噪声、乘组异质性、乘员个性差异等应激因素的影响,航天员容易出现人际关系紧张、适应障碍、退缩/领地行为、身体症状性疾患、缺乏私密性、抑郁、迁怒、自杀意向、情感移置、衰弱等人际和心理问题。

未来载人航天飞行任务将包括冲出地球轨道以外的飞行任务,深空探测任务与近地轨道飞行任务在很多方面存在差异,已有的航天心理学研究成果已不能满足未来任务的需求,我们面临着新的医学和心理学方面的挑战。因为如果地球脱离了航天员的视线,通讯就会长时滞后,乘员将不得不自行解决精神方面的问题,撤返一个发病人员几乎是不可能的。所以我们应该认识到,在未来的太空探险中必须增加心理和社会科学的投入。

表 5.1 不同飞行任务心理相关因素比较

飞行任务	国际空间站在轨飞行	月球飞行	火星飞行
持续时间(月)	4—6	6	16—36
距离地球(千米)	300—400	$(350—400)10^3$	$(60—400)10^6$
乘组人数	3—6	4	6
社会单调程度	低到高	高	极高
乘组自治性	低	中	极高
紧急情况下撤返	能	能	不能
外部监测	有	有	非常有限
双向通信	有	有	非常有限
电子邮件上下行链路	有	有	有
国际互联网接入	有	有	无
娱乐	有	有	有
再补给	有	有限	无
访客	有	无	无
对地球的目视链路	有	有	无

月球飞行任务与近地轨道飞行任务相比具有特殊的挑战,首先,因乘组人员少而造成的高度社会单调,可以通过月球与地球之间的双向音频通信链路和现代通信工具的作用而得以弥补,这可以防止乘员因此出现情绪、行为和工作绩效的严重衰退。第二,月球飞行任务可能会在相当大的程度上增强乘员的自治感和孤立感,但是航天员通过舷窗始终可以看到地球,有助于降低这一因素带来的有害影响。

火星飞行任务将面临新的挑战,火星飞行任务的特殊性将大大提高航天员发生社会心理有关问题的风险。火星飞行任务的超远距离飞行对人的身体和心理提出了更高的要求,乘员需要长久生活在对自动化生命保障系统的依赖下,隔离、限制和社会单调的程度大于近地轨道任务,一旦发生紧急情况,地面不可能实施任何快速营救。在飞往火星和在火星表面居留期间,乘员要忍受极长时间极端严峻的限制和隔离,这个阶段可能长达 500—1 000 天。地球和火星之间声音、图像或其他数据的单项传输将需要 5—20 分钟。因此对乘组的选拔和训练等心理对抗措施将具有重大意义。

5.3.2 长期飞行对乘员及乘组心理健康影响

航天飞行中的应激

航天飞行中主要的应激有四类,即物理的、生理的、心理的和人际的。物理性的主要有：加速度、振动、环境噪音、昼夜周期、辐射、照明、温度变化和舱内大气环境等。生理性的有：生理节律改变、体液转移、睡眠障碍、空间运动病、肌肉废用和骨质脱钙等。心理性的有：社会隔离、狭小空间限制、缺少独处、与亲人别离、时间紧张、自由时间少、信息输入减少、危险或紧急事件、单调的工作与生活和连续作业等。人际的有：人际磨擦与冲突、乘员的异质性、乘组的规模、文化差异、性别问题、性格冲突和领导关系等。这些应激源相互作用，可能对乘员心理健康以及乘组人际互动产生明显不利的影响，引发并加重焦虑、抑郁、衰弱、愤怒敌意等负性情绪，减弱乘组士气和凝聚力，甚至带来严重的人际冲突，严重地影响航天乘组的身心健康和航天飞行任务的完成。

长期飞行任务对维持乘组动机、士气的挑战

我们从长期近地轨道飞行任务中了解到，飞行任务的持续时间越长，心理问题发生率越大，但如果地面能提供适当的心理保障，是能够有效解决这些问题的。然而，建立在心理和人际关系研究基础上的经验和知识仅限于持续时间4—6个月的飞行任务，最典型的是驻守"和平"号空间站和国际空间站的乘组人员，但是否适用于持续时间在一年以上的飞行任务几乎不得而知。长期飞行任务将与低工作负荷、单调和厌倦长期为伴，就存在一个维持动机和士气的问题。另外，由于航天器的大小所限，要获得个人私密空间比在轨道空间站上更难。

人际关系和乘组决策等问题

长期航天飞行任务中，由于乘组隔离、社会单调和孤独感，会出现人际关系紧张、冲突和乘组凝聚力被破坏等人际关系问题，给飞行任务的成功带来风险和危害。

表5.2 长期航天飞行任务期间重要人际关系问题及其后果

问题	特有的危害后果
因性别、文化差异、职业动机和经验、个性而造成乘组的异质性	乘组内部关系紧张、代人受过、"凝视"现象
凝聚力随时间而改变	冷漠和领地行为、分裂成子群
语言和方言的改变	乘组缺乏交流
乘组人数	二、三人的小乘组问题比六、七人大乘组的问题更难解决，可导致少数派的孤立；三人以上人数为奇数的乘组比偶数的乘组更容易达成一致意见
领导角色：任务与支持	领导角色混淆、地位趋平效应
乘组与地面人员交互作用：过量任务安排、自主权、心理封闭、移置作用	乘组与地面控制人员缺乏交流、感到缺乏来自地面的支持、解决乘组内部问题失败、信息过滤

长期航天飞行任务中空间站乘组可能出现"小团体思想"问题。这种现象已被证明可在应激环境下的高度自治和有凝聚力的工作群体中逐渐形成,它具有严重降低乘组工作效能的多种特点,特别是决策的优劣。小团体思想的重要特征是:刀枪不入的错觉(即群体成员认为他们不会做出错误的决定并表现出一种对自身能力的不切实际的自信),为了维护群体的融洽而不愿对决策和行为方式表达担忧和不同意见(即对不顺从的人存在群体压力),以及认为群体外人(如飞行控制人员)的因循守旧。对决策的影响包括:对可供选择的决策的调查不完善,疏忽首选方案的风险,对最初否决的选择方案不进行重新评估,以及未能制定应急方案。因而,"小团体思想"心态的形成对在高风险环境中执行任务的乘组来说是一种严重危害。另外,它可使乘组中的个人感到不安(尤其是对一些重大决策持不同意见的人),它还会侵蚀乘组凝聚力。最终,对与地面人员的关系产生负面影响,从而为可能早已紧张的交互作用又增加了压力。

精神疾病的发生

长期航天飞行任务中的精神病问题可包括调节障碍、躯体障碍、心境和思想障碍及(神经)衰弱症一类的特异综合病症。俄罗斯的观察资料表明,产生严重衰弱反应的危险与一次航天飞行的持续时间有直接的关系,并且可以假定,对于持续时间超过4个月的飞行任务,危险会大大增加。来自南极科考队的许多轶事报告进一步表明了这点,南极科考是目前对火星飞行最佳的地面模拟。这些报告提供的事件包括多种精神病反应,包括精神病和抑郁与焦虑的剧烈发作。在南极的精神病发生率为1‰—5‰,南极越冬人员的发病率高于不在南极越冬的人员。

为了保障长期航天飞行任务及载人登月中航天员的心理健康,我们需要对未来10—20年的航天心理学发展进行战略规划,识别和确定急需解决的航天员心理健康保障技术项目和研究路线等。

中毒性精神障碍。长期飞行中可能出现有毒化学物质累积存在于飞船舱内的情况,潜在的污染源包括塑料等材料的脱气(Out gassing),飞船生保系统散逸出来的液体或气体化学物质,助推系统燃烧、热分解或各种材料蒸发的化学物质,以及乘员产生的代谢副产物,许多毒性物质最初可能只使人的精神、行为或人格上出现障碍。如美国1973年5月14日发射了天空实验室Ⅰ号(不载人),发射后由于防护罩破坏,轨道工作舱壁直接暴露在阳光下,朝阳面外壁温度为146℃,舱内平均温度峰值达到51℃。如果温度继续上升,舱内将释放出一氧化碳、二氧化碳,甚至可能引起聚乙烯绝热材料释放出甲苯和二异氰酸盐等有毒物质。幸而美国于同年5月25日发射阿波罗飞船天空实验室Ⅱ号,由3名航天员进行了修复,恢复了载人的正常工作条件。1975年阿波罗和联盟号飞船联合对接飞行(ASTP),返回中曾因出现故障而使高毒性的四氧化二氮进入座舱,导致指挥舱驾驶员万斯·布兰德(Vance Brand)丧失意识,通过使用应急供氧装置抢救才恢复了意识。苏联礼炮6号、7号均曾发生过二氧化碳浓度过高,航天员感到头痛、乏力和没有精神等的情况。

精神病性障碍。虽然通过严格的选拔以及飞行前的应激训练期的考验,可以将一些精神病性障碍患病个体排除在外,但仍有一些精神病性症状可能出现,如短暂的反应性精神病、精神分裂症样障碍、偏执性障碍等。因为在某些易感(predisposed)人群中,心理社会应激源可能导致精神病性反应,至少目前还没有适当的方法来确定这种易感者,另外选拔中有可能疏忽或遗漏有精神病家族史的情况等。

情感性障碍(心境障碍)。美国、欧洲研究表明在成年女性普通人群中,心境障碍发病率为18%—23%,其中男性为8%—11%;估计3%的男性、6%女性的严重程度达到住院水平。一些有危险因素的个体(即有精神障碍家族史者)虽然可以在识别和选拔中被筛选掉,但一些基因性和生物学因素以及航天中的心理社会应激因素仍都可引起抑郁或其他情感性障碍。

焦虑障碍。焦虑障碍在一般人群中十分普遍,航天中的各种应激因素肯定也会引起焦虑障碍,焦虑障碍不仅可以单独出现,还可作为一种功能缺陷(disability)出现。恐惧障碍(焦虑障碍之一)即使在飞行员中也不少见,因此有理由相信即使在经过仔细选拔的航天员中也会发生焦虑障碍。虽然目前还没有足够的事实证明,但浩瀚的宇宙也可能成为新的焦虑障碍的因素,造成恐空间症(fear of space),它是恐飞症和广场恐怖症(agoraphobia)的结合。另外,一些有强迫倾向个性的飞行员也易于受到影响,进而发展成强迫性神经症。

躯体形式障碍和分离性障碍。躯体形式障碍曾在南极、潜艇隔离环境研究中有报导,分离性障碍有可能是航天员对航天环境不适当情绪反应的结果。

5.3.3 对抗措施和方法研究

心理监测和支持方式研究

在太空最常用的监测和援助人的方法依靠的是乘员和飞行任务控制人员间的双向音频或视频交互。例如,用于国际空间站的监测措施包括定期私密医疗和心理咨询,俄罗斯保障人员仍采用他们的通信(讲话)分析方法来评定在轨航天员的精神和情绪状况。另外,地面采取重要的对抗影响乘员的社会单调和隔离措施基于双向通信,如私密家庭会谈或提供国际互联网电话设施。最后,通过这样的通信系统可以提供远程心理咨询服务。不过,火星飞行任务期间,将不再提供这样的通信途径,所代之的是任何通信不得不受单向音频、视频及其他数据传输的限制,甚至基于火星、地球和太阳的相对方位,这些渠道也将是不可利用的。

地面的人和飞往火星途中的乘组间最可能的通信渠道将是电子邮件,这是一种普遍使用的通信手段但不涉及直接的双向互动。因而,将需要关注这种通信渠道的特性在飞行中的监测和保障途径。俄罗斯地面模拟实验中对利用电子邮件达到飞行中监测的目的的方法进行了初步研究。这些研究集中于可能用于评定寄件人情绪状态的电子邮件通信关键特征(如长度、内容)的鉴别,显示出了一些有意义的结果。例如,对被限制在太空舱内的乘组发送的电子邮件内容分析揭示,情绪激动的陈述和抱怨在经过 2—4 个月的限制后显著增多,这或许反映了乘员在适应中的问题。但对于其他涉及保障飞行手段的电子邮件通信问题还从未进行过系统研究。例如通信作为维持受限制乘员与外面人员之间的社会接触唯一手段的优缺点,电子邮件对被限制乘组的心理咨询服务和指导的主要通信手段的适宜性。

自主心理支持、决策、自我行为监测研究

长期航天飞行的乘组将需要自我监测和自我纠正出现的个人和人际关系问题并能应对外伤、事故、自杀或精神错乱等医学和心理上的紧急事件。奥勒沙努(Orasanu)坚持认为自主决策模型对于执行探险任务的航天飞行乘组是有价值的。

提供针对不同心理问题的特别在轨训练和辅导手段至少能在一定程度上改善缺乏地面支持的不利情况。近来研究出的类似于卡特(Carter)等人建议的那些训练手段在这方面是有希望的途径。但另一些类型的支持手段可能包括更尖端的适宜自我监测不同行为功能的专家系统和监测工具。然而,这种独立自主的保障手段的可能性肯定是有限的。这将影响其他心理对抗措施的相对价值,特别是那些可在飞行任务前事先应用的对抗措施。

乘组心理选拔和人员匹配研究

由于在火星飞行中不能提供及时和足够的心理支持和保障,乘组选拔和训练对于飞行任务的成功和安全的重要性将超过它们在轨道航天飞行中的重要性。这方面最大的挑战是找到适合执行火星飞行任务的乘组,包括选拔适于执行这种任务的人及组建一个其成员有望能在将遇到的极端环境下一起工作和生活的"心理相容"乘组。在描绘执行一次长期远征探险类航天飞行任务的同行乘员理想心理剖面图方面,研究人员已有过几次尝试。但是,这些研究多数是基于轶事资料或常识判断,界定乘员个人特征图所依据的经验仍然薄弱。显然,要确定预示最能适应长期隔离和限制环境的关键个体特征以便制定出正确的火星飞行乘员选入标准,研究者还需要在轨道航天飞行任务中或地面模拟环境下进行更多研究。然而,对于行星际航天飞行任务来说更重要的是以心理个性为标准来组建乘组。这对轨道航天飞行任务相当重要,它将成为火星飞行任务这样的乘组高度自治的飞行任务的一个核心要素。必须考虑的重要方面包括乘员的年龄搭配和性别搭配、乘员的文化背景和个性相容性。

但目前我们对最能适应封闭限制环境的理想的乘组构成所知甚少。

长期航天飞行心理健康问题研究

在轨飞行任务中的天然实验。在实际航天飞行和空间站运行中进行心理健康防护的研究是研究长期远征探险式航天飞行任务中的心理问题的最直接、最佳的方式。尤其是这种研究是探讨涉及长期暴露于微重力或低重力的问题的最佳途径。然而，这种研究的机会受飞行次数和乘组时间限制的制约，而能够研究的问题范围限于那些与飞行任务操作要求不冲突的问题。此外，实际航天飞行任务中的心理研究常遭遇一些方法和技术上的限制（如受试者少，对照实验条件难）。因此，单纯进行航天飞行中的研究不足以积累起推测长期行星际飞行中可能出现的心理问题所需的知识。

极地、潜艇等类似环境下的模拟研究。在地球上类似环境中的研究，如极地考察、潜艇、高压舱等地面密闭舱、离岸石油平台等，提供了有助于我们为未来行星际航天飞行任务做准备的重要补充要素。这种地面研究可用于研究在限制和隔离环境下的小群体内长期共同生活和共同工作的行为影响。当前许多有关人在长期处于限制和隔离下的行为和工作效能的知识源自在极地和在潜艇的研究，然而在这些环境和航天飞行之间的类推还有很大的困难，在这些环境里几乎没有过明确地专为应用于航天飞行任务的研究。

地面模拟航天飞行任务的研究。这种研究有较高程度的操控和灵活性，还能够在标准化环境条件下研究足够数量的受试者。俄罗斯、美国和欧洲在20世纪60—70年代和近年均有应用这种方式的实例。

俄罗斯地面模拟实验研究起步于20世纪60年代，目前已有50年的历史，期间完成了多次有人参与的密闭环境实验：1967年—1968年，3人乘组（2名工程师，1名医生）开展了366天的地面模拟实验，验证了人在隔离条件下的工作生活能力，并验证了生保系统的功能。在该实验中，居住舱为25 m^3，生保舱45 m^3用于培养植物。1999年—2000年，俄罗斯、加拿大、德国、奥地利和日本等国成员组成的12人国际乘组（11名男性，1名女性）进行了110—270天的地面模拟实验，主要研究了国际空间站美国和俄罗斯舱段乘组成员的协同能力。

2011年结束的MARS500实验模拟火星往返飞行中从飞船发射、飞向火星、着陆到返回地球的全过程，旨在收集空间探测过程中乘员间的心理相容性和心理稳定性的相关数据，验证心理支持方法及自主心理支持手段，为未来的火星探测计划进行必要的准备。其间的心理研究发现，在任务过半，完成火星主流之后，乘组的情绪普遍比较低落，各自独立不愿交流，不想搭理伙伴和地面支持人员，容易被激怒。而在临近实验结束时，乘员比较兴奋活跃，也容易被激怒。其中社会阅历经验相对欠缺的年轻乘员情绪波动更为明显。

NASA 于 2007 年 5 月也进行了模拟月球计划,2 名航天员、2 位医生和 2 名技术人员在"宝瓶座"海下实验室模拟月球重力,模拟采集月球样本,进行出舱活动等。

(刘 芳)

参考文献

陈如专,陈丹萍.(2007).浅谈放松训练在体育领域的作用研究.内蒙古体育科技(4),37-38.
胡淑芳,杨来启,李栓德,王晓峰,邓自和.(2004).被隔离人群的社会支持及其影响因素分析.解放军护理杂志,21(5),33-34.
景晓路,刘芳,吴斌,苗丹民,白延强,杨富林.(2007).航天员胜任特征分析与比较研究.航天医学与医学工程,20(5),317-322.
李年红,章建成,金娅虹,张春华,朱锓.(2003).影响表象训练效果的因素研究.武汉体育学院学报,37(6),132-135.
刘耀荣,时倩,时伟.(2004).论表象训练原理及其在运动训练中的作用.西安体育学院学报(S1),178-179.
孟献峰,曾芊.(2004).放松训练研究的回顾与展望.广州体育学院学报,24(3),60-61.
帕特里夏·A·桑蒂,陈善广,王爱华译.(2010).航天员必备心理素质的鉴别.航天员心理选拔.北京:中国宇航出版社.
田萍,王梅新.(2008).心理干预中放松训练的研究进展.护理研究,22(36),3293-3294.
项恒.(2009).空中交通管制员心理选拔指标的模糊综合评价.航天医学与医学工程,22(6).
于立身,王彤,王相林等译.飞行员和航天员心理学选拔,载人航天(1986年增刊),25-53.
于喜海译.(1986)法国航天员的心理学选拔.载人航天(1),69-72.
绽立雯,赵晓明.(2006).慢性乙型肝炎患者隔离治疗中的心理表现与护理对策.青海医药杂志,36(4),39-40.
张其吉,白延强.(2001)航天心理学,北京:国防工业出版社.
2010 年国外航天员系统发展综述,载人航天信息,2011(1),1-26.
Astronaut Fact Book, spaceflight.nasa.gov/ spacenews/ factsheets/ pdf/ astro.pdf, NP200501001JSC.
Ball, T. M., Shapiro, D. E., Monheim, C. J., & Weydert, J. A. (2003). A pilot study of the use of guided imagery for the treatment of recurrent abdominal pain in children. *Clinical Pediatrics*, 42(6), 527.
Fassbender, C., & Goeters, K. M.. (1994). Psychological evaluation of european astronaut applications: results of the 1991 selection campaign. *Aviation Space and Environmental Medicine*, 65(10 Pt 1), 925-929.
Hernandez, N. E., & Kolb, S.. (1998). Effects of relaxation on anxiety in primary caregivers of chronically ill children. *Pediatr Nurs*, 24(1), 51-56.
NASAfacts. Astronaut Selection and Training, Johnson Space Center Houston, Texas 77058 www. nasa. gov FS200711015JSC.
Nicolas, M. (2009). Personality, social support and affective states during simulated microgravity in healthy women. *Advances in Space Research*, 44(12), 1470-1478.
Palinkas, L. A., Johnson, J. C., & Boster, J. S.. (2004). Social support and depressed mood in isolated and confined environments. *Acta Astronautica*, 54(9), 639-647.
Sanders, C. W., Sadoski, M., Wasserman, R. M., Wiprud, R., English, M., & Bramson, R.. (2007). Comparing the effects of physical practice and mental imagery rehearsal on learning basic venipuncture by medical students. *Imagination, Cognition and Personality*, 27(2), 117-127.
Santy, P. A. (1994). *Choosing the right stuff: The psychological selection of astronauts and cosmonauts*. Praeger Publishers/ Greenwood Publishing Group.
Schneider, S., Vera Brümmer, Carnahan, H., Kleinert, J., Piacentini, M. F., & Meeusen, R., et al. (2010). Exercise as a countermeasure to psycho-physiological deconditioning during long-term confinement. *Behavioural Brain Research*, 211(2), 0-214.
Sekiguchi, C., Umikura, S., Sone, K., & Kume, M.. (1994). Psychological evaluation of japanese astronaut applicants. *Aviation Space and Environmental Medicine*, 65(10 Pt 1), 920-924.

第二部分

军事环境应激与心理障碍

第 6 章　军事应激反应与调控

6.1　概述／117
　　6.1.1　军事应激概念演变及研究／118
　　6.1.2　军事应激对战斗力的影响／120
　　6.1.3　军事应激的影响因素／121
　　6.1.4　军事应激的主要表现／122
6.2　评估及方法／124
　　6.2.1　评估原则／124
　　6.2.2　评估工具／124
6.3　军事应激障碍的防治／125
　　6.3.1　预防／125
　　6.3.2　治疗／126
参考文献／128

军人在特殊军事活动中需要面对恶劣的自然环境以及危险的战场环境，随时可能面临身心损伤甚至死亡的威胁，这些都会对军人的生理和心理产生巨大的影响，导致军事应激(military stress)的发生。

6.1　概述

传统上"应激(stress)"一词包含两方面的含义：应激源(stressor)和应激反应(stress reaction)。从应激源的角度看，军事应激指军人在特殊环境条件下遭受的各种生理、物理和心理刺激；从应激反应的角度看，军事应激指军人受这些外界刺激影响后，表现出来的生理、心理反应。由于从应激源的角度看，军事应激的种类大同小异，因此，本章主要从应激反应的角度对"军事应激"加以阐述。

心理工作中经常提到另一个概念："心理问题"，这一概念与"应激反应"既有联系又有区别：虽然二者均包含有个体心理反应出现偏差的意思，但"心理问题"一词主要强调心理反应的结果,而"应激反应"这一概念则既强调个体已经出现了某种心理反应,又强调导致这种心理反应的原因是"应激"。与我军惯常使用"心理问题"这一概念不同,外军通常不提"心理问题",多以"战斗应激"或"军事应激"代替。这种提法上的差异,体现了不同国家军队在心理工作思路上的不同。另外,无论是在战争还是在非战争军事行动(如维和、国内救灾和国内骚乱等)中,国际上通常将军人出现的应激反应都归入"军事应激"这一范畴。

6.1.1 军事应激概念演变及研究

历史上对军事应激的认识经历了"贪生怕死"、"精神障碍"以及"应激反应"三个阶段。18世纪以前,军人如果发生军事应激反应,会被看成是"贪生怕死"的厌战行为,处理的方式通常是关入监狱或就地处决;随着战争的持续发生,人们观察到严厉的处罚并不能起到降低类似行为发生的效果,军事应激反应与个体平时的应激性精神障碍有着相似的表现,对军事应激反应的看法开始过渡到"精神障碍"的阶段,大量的军事应激障碍人员被后送并接受精神科治疗,这一做法造成了大量的非战斗减员,对部队的战斗力造成了严重影响;"一战"期间,美军的托马斯·萨蒙(Thomas Salmon)博士提出了处理此类"伤员"的"及时、就近、期望"三原则,将应激反应的一周归队率提高到60%—70%。"及时、就近、期望"的原则要求医务人员在救治时指出军人表现出来的这些症状并非精神疾病,而是每个人在战场上都可能出现的正常应激反应,所以不要指望发生此种反应后就退出战场,而是要等恢复后尽快返回战斗岗位,这对他们自己和部队都是有益的。"及时、就近、期望"三原则的提出和实施,意味着对军事应激的看法进入了"应激反应"阶段,这些原则即使在现代的高科技战争中仍然适用。以色列在1982年入侵黎巴嫩战争中的最初快速攻击阶段,很多病例未加区别就用直升飞机撤回了国内,他们当中很少有人归队完全复职,而那些留在黎巴嫩接受"就近"治疗的却有60%—80%能归队完全复职。

外军在防御心理应激反应(军事应激)方面的许多研究和应用已经取得了一系列效果。尤其2003年美伊战争中,严格细致的群体系统训练等措施的贯彻执行,使美军的心理应战能力大为增强,成功地抵御了"显性"和"隐性"心理杀伤力,实质性地提高了官兵战斗力。鉴于此类研究成果应用的军事前景重大,美国军方已设立支持心理学研究部门,组织研究项目,提供充足的研究经费,并制定了支持心理学应用基础研究的长期计划和20年"认知科学基础研究规划"。

近20年来,军事应激对参战人员的影响日益凸显,各国对军事应激的重视程度越来越高,有关军事应激的研究的数量也在逐年增加。与1998年相比,2017年与军事应激相关的研究论文扩大为近9倍(图6.1),而引文数则扩大为100余倍

(图 6.2)。在论文数量领域,美国是毋庸置疑的领跑者,对近 10 年国际上发表的"军事应激(military stress)"相关文章进行分析可以发现,在发表文章前 10 名的国家和地区中,排名第 1 的美国超过其余第 2—9 名的文章数量总和:美国(4 680 篇)、英格兰(571 篇)、加拿大(284 篇)、以色列(266 篇)、澳大利亚(242 篇)、德国(202 篇)、荷兰(159 篇)、中国(105 篇)、法国(90 篇)以及瑞典(85 篇)。

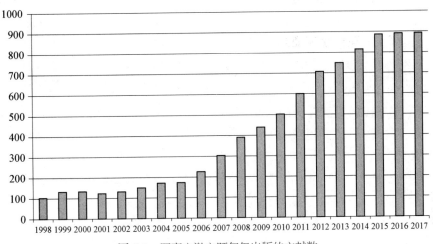

图 6.1 军事应激主题每年出版的文献数

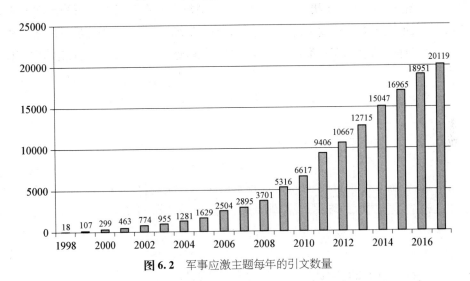

图 6.2 军事应激主题每年的引文数量

美国在该领域的研究发展与其巨大的资金投入有关,目前国际上用于支持军事应激研究的基金主要来源于美国。近 20 年来,用于资助这些研究的前 10 位的基金来源中,美国就占了 9 个。从基金来源可见,除军方对军事应激相关问题重视外,军事应激也受到国家层面的关注,最主要的资金来源为美国卫生研究院(National Institutes of Health, NIH),其他如精神卫生研究所(National Institute of Mental Health, NIMH)、药物滥用研究所(National Institute on Drug Abuse, NIDA)、心、肺、血液病研究所(National Heart, Lung, and Blood Institute, NHLBI)、酒精滥用和成瘾研究所(National Institute on Alcohol Abuse and Alcoholism, NIAAA)、老龄化研究所(National Institute on Aging, NIA)、儿童健康与人类发育研究所(National Institute of Child Health and Human Development, NICHD)、研究资源中心(National Center for Research Resources, NCRR),研究的内容几乎涵盖了各个方面,这从一个侧面反映了军事应激的影响范围之广。

6.1.2 军事应激对战斗力的影响

军事应激在性质、强度等方面与普通的应激有着明显的区别。与后者相比,军事应激具有应激源强度大、应激人群规模大、应激反应形式多样以及应激损伤处理原则特殊四个特征。由于军事应激具有这些特征,在近现代战争中,因军事应激过强,机体心理、生理及病理性损伤所导致的战场认知错误、武器操控失能以及战斗精神病等往往是造成部队非战斗减员和潜在战斗力降低的主要原因之一。

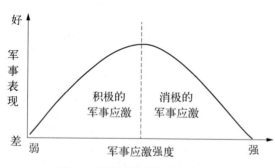

图6.3 积极的与消极的军事应激

简单地将军事应激理解为消极的、负性的反应是不全面的,军事应激对战斗力的影响是双向的,既可能是积极的,也可能是消极的(图6.3)。在军事行动中,积极的军事应激可表现为军人对战场的适应、更好地承担自己的工作职责或克服内心对死亡的恐惧等。只有当外界压力导致人的认知、情绪和行为发生改变,严重降低军事作业效率的时候,我们才将其理解为一种心理障碍,其主要特征包括不能从事正常的军事训练,不能适应部队环境,甚至不能参加作战。因此,正确区分哪些反应是合理的军事应激,哪些反应是严重的军事应激障碍是十分必要的。

严重的军事应激对战斗力的损害是显而易见的(图6.4),其主要通过两种方式发生影响:一是"显性危害",即直接导致非战斗减员和战斗减员;二是"隐性危害",这种危害大量存在但易被忽视,对参战人员在执行军事任务时的认知、判断、决策和技战术动作水平的正常发挥都会产生不利影响。因此,提高军人应战的心理素质,降低非战斗减员,使参战人员稳定发挥战斗力,是培养精兵、强兵,赢得战争胜利的重要举措之一。

6.1.3 军事应激的影响因素

军事应激对战斗力的直接影响,是会导致非战斗减员的发生,其具体比例,受多种因素的影响,战争的准备情况、作战形式、激烈程度、持续时间、救护原则,以及参战人员的训练程度都会对这一数据产生影响,比如:(1) 第二次世界大战地中海和欧洲战场,需要医学支持或治疗的战斗衰竭的平均发病率是每4个战伤有1个(1∶4的比例)。在极激烈或迁延的战斗

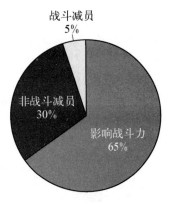

图6.4 军事应激对战斗力的影响

中,这个比例上升到了1∶2。在意大利的哥特战线,第一装甲师有137例战斗衰竭和250例战伤(1∶1.8的比例);(2) 第二次世界大战美国海军陆战队第六师参加的冲绳岛战斗中,面对充满决心、藏在地洞中的日本守军,他们不得不冒着雨水、泥浆和猛烈的炮火日复一日地战斗,共发生2 662例战伤、1 289例战斗衰竭(1∶2的比例);(3) 第二次世界大战太平洋战场,撤出战场的神经精神病伤员和战伤的比例大约是1∶1。这些部队中出现了许多精神病性症状(脱离现实的奇异症状),但是,其中大多数并不是来自作战部队或区域,而是战斗在热带丛林、珊瑚岛或湿冷的阿留申群岛的后勤部队。应激刺激是隔离、单调、厌烦、慢性的不适和环境,加上对疾病、受伤和被奇袭的恐惧的结合导致的低等疾病;(4) 第二次世界大战中的经验显示,艰苦的训练和团队精神可有效地预防军事应激减员,精锐部队如突击队和空降兵部队的军事应激减员和战伤减员之比小于1∶10。这些部队即使在突击时,比如伤亡极高的诺曼底登陆中也保持了强大的凝聚力。

个人的作战经验是另一个影响军事应激的重要原因(图6.5)。受军事环境的影响,新兵在战斗中的表现通常比平时训练的表现要差。在强烈的应激之下,他们注意力难以集中、高度警觉,而且恐惧所引发的疲劳会导致他们的作战能力低下;在战斗中生存下来的经验丰富的老兵,战斗技巧得到迅速提高,而且他们对自己的战斗技能、领导或战友越来越有信心,他们对战争的恐惧可以维持在比较低的状态,能恰如其分地对战场上的情况做出反应,能冷静地完成自己的工作,但是,在战斗结束后他们容易出现焦虑的反弹。如果长时间不打仗,或有高超技术的老兵离开了战场去休养,则再返回战场时他们的表现会有短暂的下降。这种下降可能伴随着类似新兵的焦虑反应,但老兵的这种应激反应非常短暂,能很快恢复自己的战斗优势并重新投入到战斗中;如果部队伤亡惨重,而且在长时间的战斗中存活的几率很小,那么有经验

的老兵的战斗表现也会下降,表现出过度应激,他们会变得格外小心,怀疑自己的生存几率,焦虑程度明显升高,在战斗中失去主动性,在需要快速行动时难以迅速做出决定。

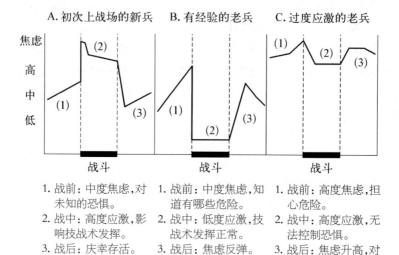

1. 战前:中度焦虑,对未知的恐惧。
2. 战中:高度应激,影响技战术发挥。
3. 战后:庆幸存活。

1. 战前:中度焦虑,知道有哪些危险。
2. 战中:低度应激,技战术发挥正常。
3. 战后:焦虑反弹。

1. 战前:高度焦虑,担心危险。
2. 战中:高度应激,无法控制恐惧。
3. 战后:焦虑升高,对死者感到愧疚。

图 6.5　战斗经验对军事应激的影响

在近些年的高技术战争中,随着武器性能的提升,军事行动对军人的心理影响也不断上升。即使武器装备精良的军队,面对战争的血腥与残酷、敌方强大的心理攻势,都不可避免地产生各种各样的心理危机。比如在第四次中东战争中,以色列的一个装甲营在对叙利亚的一次夜间行动中陷入了危急的境地,发生大约 30 例军事应激和 30 例战伤(1∶1 的比例)。另一个工程营被一架以色列战斗轰炸机误炸造成 25 例死亡和 200 例战伤后,发生了 20 例急性军事应激减员,另有大约 25 名军人后继数天发生了延迟的应激反应(和战伤比例为 1∶4.4)。

1991 年海湾战争中,有 17.5 万伊军官兵因美军心理战出现心理崩溃而投降,美军也有 5 万多名官兵因心理应激患疲劳、失眠和记忆力衰退等生理不适(躯体化症状),造成严重的非战斗减员。迫于这些军人在退伍后对社会构成的威胁,美国国会专门召开了"海湾战争综合征"听证会,并拨调巨额经费启动了相关研究和建设。

6.1.4　军事应激的主要表现

现代高科技战争与非战争突发事件中,严重的军事应激所引发的主要症状包括:
(1) 心理方面,恐惧、紧张、焦虑、兴奋、狂热、抑郁、苦恼、心神不定和情绪意志异常综合征等;(2) 生理方面,心跳加速、血压升高、喉咙发干、尿频、呕吐、耳鸣和视力模糊等反应;(3) 行为方面,头重脚轻、肌肉紧张、动作失调、举止木讷、不知所措和大小便失禁等反应,个别士兵还伴有神情恍惚等症状,手中武器不听使唤。此外,还有一些士兵出现思乡病,或者以各种理由请求留守以躲避参战,个别士兵甚至因不想参战或参战后惧怕再参战而出现自伤、自残和自杀等过激行为。

1991年海湾战争开始阶段,美军参战士兵曾出现因拒战、恐战、厌战而产生的逃避、恐惧、忧郁、无助等不良心理反应,导致非战斗减员不断增加。据统计,海湾战争中至少53名士兵自杀,2 000多名士兵开小差。在美英联军的误击、误炸、误伤事件中,有52%是由于士兵心理不稳定。

随着军事应激研究的深入,结合传统心理学与医学手段对军事应激所致躯体反应(躯体化)进行研究渐渐成为热点。目前的研究集中于两个方向:(1) 军事应激所致躯体化症状的表现形式。研究发现神经系统、心血管系统以及消化系统的躯体化表现最为常见。如波黑战争期间,参战士兵中躯体症状出现频率依次为:睡眠障碍98%、疲劳83%、体重减轻70%、胸闷胸痛63%、心慌气急55%、高血压53%、头痛45%、颈项或腰背酸痛42%、恶心腹胀感36%。在消化系统疾病中,应激性溃疡、急性糜烂性胃炎、功能性肠病(functional bowel disorders, FBD)是最为常见的三种军事应激相关胃肠道疾病。国内调查结果显示,武警战士中执行处突任务的FBD发病率(14.60%)明显高于对照组(9.98%)。(2) 军事应激所致躯体化症状的机制。目前的研究已经非常细致,基因、分子、细胞和脑功能等多个层面均有涉及。然而,由于军事应激很难通过实验动物模拟,而人体的研究又难以揭示各类现象之间的因果关系,因此,关于军事应激致躯体化反应的机制研究仍有很长的路要走。

军事应激除在军事行动中直接影响军人战斗力外,还会使执行军事任务人员因心理创伤而产生创伤后应激障碍(post-traumatic stress disorder, PTSD)的可能性增加。2003年的美伊战争与1991年的美伊战争相比,尽管美军拥有更多一流武器装备,对伊拉克战争有充分准备,但美军参战军人的战后PTSD发病率仍呈上升趋势。美国瓦特·瑞德陆军研究所(Walter Reed Army Institute of Research)通过对6 200名从伊拉克返回的男女官兵进行心理评估发现,军人的急性心理应激反应强度随参战时间增加而减轻;但以PTSD为代表的迁延性或迟发性"战争综合症"发病率则随参战时间延长而增加。美军出兵伊拉克前,其抽样调查结果表明仅有5%士兵表现出PTSD症状;而战后则有高达17%的人出现PTSD、情绪低落或者心情焦虑等症状。另一组PTSD发病率统计数据显示,在伊拉克未经历战斗的士兵中PTSD发病率为4.5%;经历过1—2次战斗的士兵为9.3%,经历过3—5次为12.7%,经历过5次战斗以上为19.3%。

6.2 评估及方法

6.2.1 评估原则

目前,国际上对军事应激障碍的评估普遍遵循两大原则:一是群体评估和个体评估相结合的原则。即通过群体评估对所属部队进行应激障碍的筛查,发现可疑人群后再进行个体评估。这种方法可有效提高军事应激障碍的检出率,同时最大程度地节约成本。二是战时从严原则。受军事行动的影响,参战人员或多或少会出现各类应激反应,战时评估的主要目的是将无法继续执行军事任务的人员挑选出来并进行相应救治,对于绝大部分轻、中度应激反应的军人,可不作处理。

6.2.2 评估工具

军事应激性障碍是造成部队非战斗减员的重要因素之一,军人群体心理应激传播速度快、涉及人员多,因此,早期发现是预防军事应激障碍发生的有效方法,预防性干预对于减少军事应激障碍的发生具有重要意义。近年来,国内外研究者致力于利用成熟的心理测量工具和标准化的测量方法,在早期监测到军事应激的潜在危险因素,对存在问题较多的单位及时发出预警,在应激障碍发生之前进行有针对性地系统应急干预,阻止潜在的群体应激危险因素蔓延,能有效增强部队抗应激能力,保障战斗力,促进官兵身心健康。

军事应激性障碍的预警检测通常采用量表法进行,常用的量表包括:《症状自评量表》(Symptom Checklist 90, SCL-90)、《抑郁自评量表》(Self-Rating Depression Scale, SDS)、《焦虑自评量表》(Self-Rating Anxiety Scale, SAS)、《状态—特质焦虑量表》(State-Trait Anxiety Inventory, STAI)、《艾森克人格问卷》(Eysenck Personality Questionnaire, EPQ)、《军人心理应激自评问卷》(Psychological Self-evaluation Test, PSET)、《贝克抑郁量表》(Beck Depression Inventory, BDI)、《贝克焦虑量表》(Beck Anxiety Inventory, BAI)和《应对方式问卷》(Coping Styles Questionnaire, CSQ)等。

近年来,我军心理卫生工作者结合中国实际情况,开发出了相应的军事应激预警检测工具,其中最具有特点的是研制了《军事应激反应性焦虑预测量表》以及《军事应激反应性抑郁预测量表》。例如,前者由 38 个条目构成,采用"几乎没有、有些、中等程度、非常明显"的 4 级评分,对状态焦虑的预测力达到 67.7%。后者由 28 个条目构成,三级记分,共分社会支持、内外向性、情绪起伏、自我认知与评价和思维决策模式 5 个维度。

我军还开发了"军事群体心理应激预警检测工具",用于预测和筛查易发生不良应激反应的群体,以便于及时开展有针对性的干预工作,减少不良应激。该工具将应激中介因素作为评估和筛查群体不良心理应激的预警检测内容,参考外军军事应激、士气、团队精神、凝聚力等方面的理论与实践,共分6个维度共含32个条目,采用李克特5点评分法,每个题目根据被试的观念、感受和体验的吻合程度评1—5分。为提高军人答题的投入程度,该工具还设置了部分反向计分条目。

除量表外,国际上还利用应激所致的生理反应,开发了应激预警装置对应激水平进行评估及预警。目前已有的应激预警装置包括具有监测血压脉搏的手表,用于提示战斗人员的应激水平,但由于引起血压脉搏变化的因素比较复杂,检测出的数据特异性不高。美军2002年委托约翰霍普金斯大学(Johns Hopkins University)承担了心理应激检测器的研究项目(the Army's Land Warrior Program)。目的是让执行任务的陆、海、空人员实时根据自己心理应激反应水平,采取适宜的自我调控方法;同时将其心理紧张状况无线传输至指挥员,指挥员实时掌握一线人员的心理状态并做出调整或撤离的指令。这项研究已于2003年9月完成。2006年日本也已成功研究出通过唾液糖皮质激素和α淀粉酶检测心理紧张和疲劳程度的仪器。目前,海军军医大学(原第二军医大学)也已完成相关产品的研制工作。

6.3 军事应激障碍的防治

在健康防治领域,疾病/障碍防治的侧重点与其发病率有关:通常发病率越高的疾病,其防治重点越侧重于预防;发病率越低的疾病,防治重点越偏重于后期治疗。作为一种发病率较高的疾病,国际上对军事应激障碍的防治已越来越倾向于采用"以防为主、防治结合"的原则。

6.3.1 预防

回顾军事发达国家数十年对军事应激调控重心调整的足迹,可以发现军事应激障碍防治任务重点经历了从加强救治、提高归队率、降低发病率到提高参战人员心理应战能力4个阶段。

目前外军围绕军事应激防治开展的工作主要有:(1)心理学原理与应用结合的总体思路及理论依据;(2)心理战引起的心理生理反应的应用基础研究;(3)制订适合不同心理特质人群的"战时军人心理训练大纲";(4)编写"反心理战防御训练教材";(5)建立适合各军兵种的"心理防御训练基地";(6)建立或规范心理应激引起心理障碍的诊断、治疗、康复的手段和标准;(7)研究应对未来高技术心理战武器的防御措施和办法;(8)建立"平战时心理创伤康复中心"。

虽然我们并不能完全杜绝军事应激障碍的发生,但各国军队在实践中均发现预防是控制军事应激障碍发生最有效、成本最低廉的方法。目前,国际上对军事应激障碍的预防主要从两个方面进行:(1)个体预防:主要包括针对个体的各种应激训练,各国曾经使用或正在使用的方法很多,名称不一致,常用方法如:应激接种训练、军事心理训练等,但目的类似,主要是通过各种抗应激训练提高军人的抗应激能力,使军人保持较强的心理自控力和自信心,增强环境适应力;(2)群体预防:群体预防主要通过强化组织机构,增强团体的凝聚力,达到使军人保持健康心态的目的。

6.3.2 治疗

军事应激障碍的救治在平时和战时有所区别。战时救治要采取简易、迅速、见效快的干预方法,以药物治疗为主,辅以心理支持法、心理疏导法和心理放松法。平时可采取认知行为疗法、合理情绪疗法、眼动脱敏与再加工(eye-movement desensitization and reprocessing, EMDR)、行为矫正疗法,同时配以药物治疗。

目前,用于军事应激障碍治疗的药物有:(1)抗抑郁药。常见的有三环类、四环类抗抑郁药,如:阿米替林、丙咪嗪、多塞平和马普替林等;选择性5-HT再摄取抑制类药(SSRI)如:氟西汀、帕罗西汀、舍曲林、氟伏沙明和西酞普兰等;5-HT与去甲肾上腺素再摄取抑制剂,如:文拉法辛和度洛西汀等。(2)镇静安眠药。常用的有苯二氮䓬类药物,如:奥沙西泮、艾司唑仑、劳拉西泮、咪达唑仑、阿普唑仑和氯硝西泮等;以及新一代镇静安眠药如唑吡坦、扎来普隆和佐匹克隆等。(3)抗精神病药。包括典型抗精神病药,如氯丙嗪和氟哌啶醇等;非典型抗精神病药,如氯氮平、利培酮、奥氮平、喹硫平、齐拉西酮和阿利哌唑等。2009年,斯图尔特(Stewart)进行的一项元分析研究表明,药物治疗可明显改善PTSD的症状,与心理治疗相比,药物治疗更为有效。

军事应激障碍的心理治疗的首要目的是恢复病员的社会生活功能,注重依靠社会支持系统,鼓励合理的发泄,拒绝疾病标签,使患者重建自我的健康和应对认知。部队心理卫生人员对于发生战场应激的官兵的救治仍应严格遵循托马斯·萨蒙(Thomas Salmon)博士"及时、就近、期望"原则。

上述传统治疗方法存在一定问题,如工作量大、疗效难以确定等,近来国际上致力于开发简单、易行、客观的干预方法,比较有前途的方法有两种。

认知功能康复训练。认知功能康复训练以往主要针对脑损伤患者进行。近年来的研究发现,军事应激障碍患者通常伴随明显的认知功能缺损,反过来,认知功能的改善也会促进患者应激障碍症状的改善。近年来,国际上开发了一系列针对认知功能康复训练的方法。对军事应激障碍的训练通常采用一对一、面对面的训练与计算机辅助训练相结合的形式进行,在训练时注意基本技能的强化训练与能力的提高训练相结合。训练的内容主要包括注意力训练、记忆训练、计算训练和思维训练等几类,训练的难度由易到难、循序渐进。目前,认知功能训练已经被美国 FDA 批准用于临床。

虚拟现实技术。美海军研究人员表示,虚拟现实暴露疗法(virtual reality exposure therapy, VRET)治疗 PTSD 疗效显著(图 6.6)。美军于 2010 年开发了一系列名为"虚拟伊拉克"和"虚拟阿富汗"的暴露治疗虚拟环境系统,已使 80% 的受试者摆脱了 PTSD 的困扰,并计划将这些辅助治疗系统推广到相关的临床心理治疗机构。VRET 由美国国防部远距离保健科学技术中心与心理健康防御中心联合开发,采用 360 度的交互式计算机生成的虚拟系统。在"虚拟伊拉克"治疗中,病人戴上头盔显示器,而医生负责编排有关的场景因素,直升机、枪声、甚至穆斯林式的祈祷。一个典型的治疗过程会持续 90 分钟。VRET 在对越南退伍军人和在世界贸易中心 911 恐怖袭击的幸存者的治疗中已经被证明是有效的。患者反映,经过短短 7 个疗程日,他们的 PTSD 症状正在减少,并且近三分之二的士兵表示治疗所产生的变化是可靠且有意义的。

图 6.6　虚拟现实技术用于 PTSD 治疗

本章从应激反应角度对军事应激进行了描述。军事应激在应激源强度、应激受影响人群、应激反应的形式及应激障碍的处理原则上与普通的应激存在明显不同。应该明确的是,适度的军事应激可以促进战斗力的发挥,只有过度的军事应激才会对战斗力产生"显性"和"隐性"危害,才需要加以防治。对军事应激的文章进行分析可以发现:近 20 年来,国际上加大了对军事应激的研究力度,无论是发表文章的数量还是质量都有明显提高,研究的一个重要方向是军事应激所致躯体症状的表现形式和发生机制。

军事应激评估遵循的两大原则是群体评估和个体评估相结合,以及战时从严。近年来,国内外研究者除利用成熟的心理测量工具和标准化的测量方法对军事应激进行评估外,还开发了一系列军事应激的预警工具,力图做到军事应激的早期发现,这些研制的工具中既包括传统形式的心理量表,也包括测量军人应激条件下生理反应(唾液淀粉酶)的检测仪。

纵观军事应激障碍的防治历史,可以发现,近年来国际上军事应激的障碍防治的关口已经从以往的病员救治、提高归队率以及降低发病率,一步步前移到现在的提高参战人员心理应战能力。为了达到这一目标,各国普遍采用加强入伍时的新兵选拔、战前心理预警和预防性训练、战时强化救治和防范,以及战后心理救治的4阶段防治方案。在军事应激障碍的预防策略上,各国普遍着力于加强平时的应激训练,提高军人战场上的抗应激能力;在军事应激障碍的治疗中,随着科技的进步,已发展出一些简单、易行、客观的方法,如认知功能康复训练以及虚拟现实技术,其疗效都已在实践中得到验证。

总结国际上军事应激防治工作的经验,做好军事应激的防治,需要得到两方面的保证:一是组织保证,保障多学科专家的参与;二是法律、法规保证,保障在军事应激条件下参训和参战人员能够得到及时、准确和有效的行为及心理干预。

(唐云翔　严　进)

参考文献

李津强,马进,魏焕成.(2014).军事应激及其防治措施综述.华南国防医学杂志,28(2),194-196.
王家同,苏衡.(2006).军事应激障碍的评估与防治.心理科学进展,14(2),178.
夏锋,冯正直.(2017).军事应激研究进展与类战争心身应激模型建立的思考.第三军医大学学报,39(24),2335-2340.
严进,刘晓虹.(2004).关于军事应激应用性研究的几点思考.第二军医大学学报(6),581-583.
严进,郭渝成.(2011).美国海军军事应激指导手册(第一版).北京:军事医学科学出版社.
Anke, K., Susanne, S., & Thomas, E.. (2015). Combat high or traumatic stress: violent offending is associated with appetitive aggression but not with symptoms of traumatic stress. *Frontiers in Psychology*, 5, 1518.
Baker, M. S., & Armfield, F.. (1996). Preventing post-traumatic stress disorders in military medical personnel. *Military Medicine*, 161(5), 262-264.
Bremner, J. D., Mishra, S., Campanella, C., Shah, M., Kasher, N., Evans, S., ... & Vaccarino, V. (2017). A pilot study of the effects of mindfulness-based stress reduction on post-traumatic stress disorder symptoms and brain response to traumatic reminders of combat in operation enduring freedom/ operation iraqi freedom combat veterans with post-traumatic stress disorder. *Frontiers in psychiatry*, 8, 157.
Bryant, R. A., Baker, M. T., Mintz, J., Barth, J., Young-Mccaughan, S., & Creasy, B., et al. (2015). The role of posttraumatic stress in acute postconcussive symptoms following blast injury in combat. *Psychotherapy and Psychosomatics*, 84(2), 120-121.
Cosman, F., Ruffing, J., Zion, M., Uhorchak, J., Ralston, S., & Tendy, S., et al. (2013). Determinants of stress fracture risk in united states military academy cadets. *Bone*, 55(2), 359-366.
Costanzo, M. E., Chou, Y. Y., Leaman, S., Pham, D. L., Keyser, D., & Nathan, D. E., et al. (2014). Connecting combat-related mild traumatic brain injury with posttraumatic stress disorder symptoms through brain imaging. *Neuroscience Letters*, 577, 11-15.
Currier, J. M., Holland, J. M., & Drescher, K. D.. (2014). Residential treatment for combat-related posttraumatic stress disorder: identifying trajectories of change and predictors of treatment response. *PLOS ONE*, 9(7), e101741.
Donoho, C. J., Bonanno, G. A., Porter, B., Kearney, L., & Powell, T. M.. (2017). A decade of war: prospective trajectories of post-traumatic stress disorder symptoms among deployed us military personnel and the influence of

combat exposure. *American Journal of Epidemiology*, 186(12), 1310–1318.

Flynn, B. W., Mccarroll, J. E., & Biggs, Q. M.. (2015). Stress and resilience in military mortuary workers: care of the dead from battlefield to home. *Death Studies*, 39(2), 92–98.

Geracioti, T. D. (2014). Tramadol treatment of combat-related posttraumatic stress disorder. *Annals of Clinical Psychiatry Official Journal of the American Academy of Clinical Psychiatrists*, 26(3), 217.

Groer, M. W., Kane, B., Williams, S. N., & Duffy, A.. (2015). Relationship of ptsd symptoms with combat exposure, stress, and inflammation in american soldiers. *Biological Research For Nursing*, 17(3), 303–310.

Henning, P. C., Park, B. S., & Kim, J. S.. (2011). Physiological decrements during sustained military operational stress. *Military Medicine*, 176(9), 991–997.

Hines, L. A., Sundin, J., Rona, R. J., Wessely, S., & Fear, N. T.. (2014). Posttraumatic stress disorder post iraq and afghanistan: prevalence among military subgroups. *Canadian Journal of Psychiatry Revue Canadienne De Psychiatrie*, 59(9), 468.

Hourani, L. L., Council, C. L., Hubal, R. C., & Strange, L. B. (2011). Approaches to the primary prevention of posttraumatic stress disorder in the military: a review of the stress control literature. *Military Medicine*, 176(7), 721–730.

Itzhaky, L., Stein, J. Y., Levin, Y., & Solomon, Z.. (2017). Posttraumatic stress symptoms and marital adjustment among israeli combat veterans: the role of loneliness and attachment. *Psychological Trauma Theory Research Practice & Policy*, 9(6), 655–662.

Jacobs, J. M., Cameron, K. L., & Bojescul, J. A. (2014). Lower extremity stress fractures in the military. *Clinics in Sports Medicine*, 33(4), 591–613.

John, B. S., Oliva, L. S., Buckwalter, J. G., Kwok, D., & Rizzo, A. S. (2014). Self-reported differences in personality, emotion control, and presence between pre-military and non-military groups in a pilot study using the stress resilience in virtual environments (strive) system. *Studies in Health Technology & Informatics*, 196, 182–184.

Langston, V., Gould, M., & Greenberg, N.. (2007). Culture: what is its effect on stress in the military?. *Military Medicine*, 172(9), 931–935.

Levi, O., Bar-Haim, Y., Kreiss, Y., & Fruchter, E.. (2016). Cognitive-behavioural therapy and psychodynamic psychotherapy in the treatment of combat-related post-traumatic stress disorder: a comparative effectiveness study. *Clinical Psychology & Psychotherapy*, 23(4), 298–307.

Lloyd, D., Nixon, R. D. V., Varker, T., Elliott, P., Perry, D., & Bryant, R. A., et al. (2014). Comorbidity in the prediction of cognitive processing therapy treatment outcomes for combat-related posttraumatic stress disorder. *Journal of Anxiety Disorders*, 28(2), 237–240.

Mclean, B.. (2015). Safety and patient acceptability of stellate ganglion blockade as a treatment adjunct for combat-related post-traumatic stress disorder: a quality assurance initiative. *Cureus*, 7(9).

Shively, S. B., & Perl, D. P.. (2012). Traumatic brain injury, shell shock, and posttraumatic stress disorder in the military — past, present, and future. *J Head Trauma Rehabil*, 27(3), 234–239.

Stewart, C. L., & Wrobel, T. A.. (2009). Evaluation of the efficacy of pharmacotherapy and psychotherapy in treatment of combat-related post-traumatic stress disorder: a meta-analytic review of outcome studies. *Military Medicine*, 174(5), 460–469.

Wood, D. P., Mclay, R. L., Webb-Murphy, J., Wiederhold MD, Spira, J. L., & Pyne, J. M., et al. (2014). Virtual reality graded exposure therapy with arousal control for the treatment of combat related posttraumatic stress disorder: a follow up case series. *Stud Health Technol Inform*, 199(199), 141–145.

Yehuda, R., Pratchett, L. C., Elmes, M. W., Lehrner, A., & Bierer, L. M.. (2014). Glucocorticoid-related predictors and correlates of post-traumatic stress disorder treatment response in combat veterans. *Interface focus: a theme supplement of Journal of the Royal Society interface*, 4(5), 20140048.

Ziemba, S. J., Bradley, N. S., Landry, L. A. P., Roth, C. H., Porter, L. S., & Cuyler, R. N.. (2014). Posttraumatic stress disorder treatment for operation enduring freedom/operation iraqi freedom combat veterans through a civilian community-based telemedicine network. *Telemedicine journal and e-health: the official journal of the American Telemedicine Association*, 20(5), 446.

第7章 特殊军事环境对军人心理的影响及防护

7.1 高原环境下的军事心理问题／132
    7.1.1 高原环境下军人心理健康状况的特点／132
    7.1.2 高原缺氧对心理健康的影响／132
        高原缺氧对心理认知功能的影响／132
        高原缺氧对情绪的影响／134
        高原缺氧对个性的影响／135
        高原缺氧对心理运动能力的影响／136
    7.1.3 高原环境下军人心理功能的防护／136
        供氧／136
        对缺氧环境的习服／137
        开展心理训练／137
        社会支持系统对高原心理的防护作用／138
7.2 海上作业环境对军人心理的影响／138
    7.2.1 海上作业环境对军人心理健康的影响／139
        海上作业环境对军人情绪的影响／140
        海上作业环境对军人睡眠的影响／141
    7.2.2 航海条件下人员心理变化特点／142
        环境的不利影响与监测／142
        长航条件等对人员心理与作业的影响／143
        海上作业中的人为差错分析／143
    7.2.3 海上作业环境下对军人心理功能的防护／145
7.3 航天飞行环境中的生理心理学影响／145
    7.3.1 航天飞行环境中的生理心理学问题／145
        航天飞行中的生理学问题／145
        航天飞行中的心理学问题／146
    7.3.2 航天飞行中军人心理健康的防护／148
7.4 核作业环境对军人心理的影响／149
    7.4.1 核作业环境特点／150
        核作业环境部队分散／150
        核作业难度大／150
        核作业时限性强／150

7.4.2 核作业环境对军人心理功能的影响／150
　　心理恐惧／150
　　紧张／151
　　心理疲劳／151
　　对健康的担忧／151
　　心理应激反应／151
7.4.3 核作业人员的心理健康防护／151
　　心理选拔／152
　　心理健康教育／152
　　进行心理行为训练／152
　　做好心理咨询／152
　　特殊处理／152
参考文献／153

军事环境是战斗力构成要素之一,影响战斗力生成、军事绩效的提升,在一定范围内决定战争的胜负。在高危险、高恶劣、高复杂的多重压力环境中执行任务,是军事职业的一大特征。军人主要面临的环境有4类：自然环境(高热、高寒、高原和高湿等)、人工环境(加速度、振动、噪声和放射等)、社会心理环境(孤独、寂寞、幽闭、封闭管理和生活单调等)、作业环境(连续作业、睡眠不足和危险等)。这些特殊的军事环境增加了军人的生活事件和刺激因素,加上繁重的军事作业任务,无疑会给军人的生理和心理都带来极大的压力,引起强烈的应激反应,并导致特定、严重的心身问题,降低军事作业绩效和战斗力。因此,研究特殊军事环境对军人心理行为的影响,探讨如何通过军事训练提高军人快速适应环境的能力、挫折承受能力和战场心理防护能力等,是军事环境心理学长期研究的课题。近年来,我军关于军事环境心理的研究显著增加,研究主要集中在军事环境导致心理问题的发生率、类型和影响因素等方面,虽然研究存在单一环境因素、单一问题和单样本零星进行的不足,但是对掌握我军特殊环境军人心理特点、进行有效的心理保健、维护军人心理健康和保障战斗力等方面发挥了重要作用。

不同特殊军事环境是不同的应激源,会引发不同程度的心理应激损伤,导致军人不同的心理问题。那么,不同特殊环境会引起军人哪些种类的心理问题？常见的心理问题又有哪些？冯正直等人使用《症状自评量表》(Symptom Checklist 90, SCL-90)对特殊环境军人群体进行施测,结果表明,特殊环境军人最为普遍的心理问题类型是抑郁、焦虑、躯体化和恐怖,即情绪问题和躯体化问题,可能的原因是环境应激生理反应大,情绪不稳定,一旦不能适应,就会表现为躯体化,躯体化进一步强化情绪反应,引起情绪障碍,因此加大特殊环境军人身体习服训练,对军人进行情绪、压力调控心理教育训练,是减少其心理问题的核心内容和重要途径,特殊环境军人心理健康教育仍然需要重视与加强。

特殊环境军人心理健康的影响因素是指对暴露于特殊环境下军人的心理状况存在作用的各种因素。有些因素是不利于军人心理健康的,即危险性因素;有些因素则是促进军人心理健康、减少心理问题的,即保护性因素。明确这两类因素,对于有针对性的心理健康教育训练具有理论和实践价值。我军特殊环境军人心理问题影响因素的研究,主要从3个方面进行:环境因素、军人自身特征(级别、文化程度、年龄和服役时间等)和社会心理因素(如应对方式、生活事件、社会支持水平和人格等)。本章内容主要介绍特殊环境下军人心理健康相关问题。

7.1 高原环境下的军事心理问题

7.1.1 高原环境下军人心理健康状况的特点

军人身心健康状况受高原环境的影响,大量的研究数据表明,常驻高原军人的心理健康状况明显低于非高原军人和非军人。由于长期处于缺氧环境,常驻高原军人更容易体验到类似气促、心悸、头痛和失眠等躯体化症状,而这些症状往往与低海拔地区的所看到的如惊恐发作、严重焦虑等精神病性症状相类似,并且在高海拔地区睡眠中产生的呼吸障碍表现也与在低海拔地区惊恐障碍发作时的症状非常相似。因此,我们有理由相信常驻高原军人整体心理健康状况处于较低水平,并且这种较低水平的心理健康状况还可能存在精神病性的联系。

从高原军人所具有的心理特征来看,诸如个性、生活事件和认知评价方式等也会对心理健康状况产生影响。在一项针对高原快速反应部队战士个性与心理健康水平关系的研究中,研究者对战士在实弹演习前后心理健康状况和个性特点情况进行了调查,结果发现演习后心理健康水平与军人个性特征明显相关,该结果表明军人情绪的不稳定和性格内向等个性特征是高原军人产生心理问题的高危因素之一。

7.1.2 高原缺氧对心理健康的影响
高原缺氧对心理认知功能的影响

高原缺氧对脑功能的影响和损害最为直接和明显的就体现为对认知功能的损害,国外的研究大多认为中等海拔对人的认知影响较小,而长期暴露在较高海拔的高原上,对人的认知功能损害较大,会导致个体出现记忆力下降、反应时延长、注意力分散、动作协调性降低等症状,而且这种损害在回到海平面后仍会持续一段时间才能恢复。但也有人持不同意见,如有研究报道慢性阻塞性肺病患者停止氧治疗后,认知功能轻度提高;另外有人在 3 450 m 海拔、急性轻度缺氧条件下对 10 名健康被试的认知功能进行测试,结果发现被试的反应时反而缩短了。借助电生理技术的研究发现,高原缺氧对认知能力的影响主要集中于信息的前加工阶段,脑电检查中所呈现出的 P_{300} 潜伏期和反应时的延长是相应的证据。同时,研究者也发现高原缺氧对心理认知功能的不同方面的影响也有所差别。

高原缺氧对机体感觉机能的影响出现较早,其中视觉对缺氧最为敏感。急性高空缺氧时,以柱状细胞为感受器的夜间视力受影响最为严重,一般自 1 200 m 起即开始出现障碍,平均每升高 600 m 夜间视力下降约 5%。有研究发现,在 4 300 m 以上的高度时,个体夜间视力明显受损,并且这种损害并不因机体代偿反应或降低高度而有所改善。当躯体症状、情绪及操作能力有所恢复时,视觉损害仍持续存在。听觉机能随着海拔的增加也受到影响。大约在 5 000 m 附近,高频范围的听力下降,中频及低频范围的听力(包括语言感受范围),则在 5 000—6 000 m 以上才显著减退。罗森伯格研究发现,在缺氧有明显的主观症状以前,听觉定向力已受到显著影响,这可能也是高原缺氧条件下发生事故的重要原因之一。触觉和痛觉在严重缺氧时也会逐渐变得迟钝。痛觉阈值在 5 600 m 以上的高度时明显降低,在极端高度时,机体还可能出现错觉(illusion)和幻觉(hallucination)。大约在 6 000 m 的高度时,大多数人会出现幻觉。有人对 8 名世界级的登山运动员进行研究发现,运动员在不同海拔均有幻觉体验,幻觉表现形式主要有躯体幻觉、听幻觉和视幻觉等,一般均为假性幻觉。产生幻觉的原因除高原缺氧外,登山运动员社会交往的剥夺(孤独)和急性应激等也可能起到重要作用。

记忆对缺氧很敏感,研究者在 1 800—2 400 m 进行检查,发现个体记忆力开始受影响。大约 5 400 m,个体记忆薄弱,已不能同时记住两件事。以后,随着海拔的升高,缺氧程度的加重,个体表现出不同程度的记忆损害:从记忆下降到完全丧失记忆能力。在此过程中,虽然意识尚存,并始终保持,但下降到地面后本人对自己在高空停留期间的许多异常表现却完全遗忘(逆行性遗忘)。舒克特(Shukitt)以莫瑞斯(Morris)水迷宫(Morris Water Maze, MWM)为测量工具,选择不同海拔高度(0 m、5 500 m、5 950 m 和 6 400 m),对 344 只大鼠的记忆功能进行了研究。结果发现暴露于 5 950 m 和 6 400 m 高度的大鼠空间参照性记忆和工作记忆均受到明显的影响,主要表现为反应时延长、记忆内容紊乱、识记时间延长,记忆损害可能与海马胆碱能系统的功能变化有关。缺氧一般不影响长时记忆,主要影响短时记忆,这可能是由于短时记忆与特定形式的脑电活动有关。国内研究发现,在海拔高度分别为 2 800 m、3 600 m 及 4 400 m 时,急性轻、中度缺氧条件下,个体短时记忆能力降低,且随高度增加而加重。

急性高原缺氧会严重影响人的思维能力。1 500 m,个体思维能力开始受损,表现为新近学会的复杂智力活动能力受到影响;3 000 m,个体各方面的思维能力全面下降,判断力下降尤为明显,但对已熟练掌握的任务仍能完成;4 000 m,个体书写字迹拙劣、造句生硬、语法错误,却认定自己没有错,错的是别人;5 000 m,个体思维受损已达明显程度,判断力尤为拙劣,做错了事,也不会察觉,反而觉得好,不知道危险,自以为能征服世界;6 000 m,个体意识虽然存在,但机体实际上已处于失能状态,判断常常出现明显错误,可自己却毫不在意;7 000 m,个体由于肺泡中氧分压在数分钟内降至临界水平,相当一部分人可在无明显症状的情况下突然丧失意识,但少数人仍可坚持一段时间。严重缺氧常使个体产生一些不合理观念,表现为主观性增强,说话重复,书写字间距扩大,笔画不整齐、重复混乱等。个体的正常理解判断力也会遭到破坏,丧失对现实的认知和判断能力。缺氧对思维能力影响的危险性在于:主观感觉和客观损害相矛盾,即缺氧使个体的思维能力显著损坏,但自己却往往意识不到,做错了事,也不会察觉,还自以为思维和工作能力"正常"。低压氧仓实验发现,有的被试在7 000 m附近停留期间,对已出现的下肢瘫痪、记忆力丧失、不能书写、体力和智力已接近完全衰竭的状态,自己完全不能觉察,不顾仓外主试的提示,仍要坚持在此高度继续停留下去;并且被试还自信自己的思考是"清晰的",判断是"可靠的"。

急性高原缺氧时人的注意能力明显减退。大约5 000 m,个体注意的转移和分配能力明显减弱,注意难以从一项活动很快转向另一项活动,往往不能同时做好几件事情。随着海拔的上升,缺氧程度加重,注意的范围变得越来越狭窄,往往只能看到前方的事物,而对左右两侧的东西却看不到,注意不到方向。注意难以集中,不能像平时那样集中精力专心做好一项工作。邦诺(Bonnon)的研究发现,在6 452 m,个体注意已明显受损;注意的损害程度与任务难度以及人员在高原停留的时间都有关系,停留时间越长,注意损害越重,而且这种损害在人员回到海平面后仍会持续存在一段时间。国内研究发现,个体注意的测试指标在3 600 m有不同程度的下降,4 000 m以上个体的注意力反应时明显延长,综合绩效进一步降低。

高原缺氧对情绪的影响

情绪状态和唤醒水平对人的身心健康和活动效率有重要影响。人的情绪由边缘系统产生,受大脑皮层的调控。高原缺氧首先影响的是中枢神经系统的高级部位,所以缺氧时首先麻痹皮层功能,使情绪失去皮层的正常调节,从而引发程度不同的情绪紊乱,直至情感障碍。虽然在相对较低的海拔(1 800 m)时,认知活动没受明显影响,但情绪和其他躯体症状却逐渐出现,并可能影响士兵的动机。大约4 000 m以上,就可看到情绪方面的某些变化。如在4 300 m的高度1—4小时后,被试描述他们变得缺乏"友爱",很少"清醒思考",也更易睡觉,"头晕",奇怪的是心情也变得"更愉快",

其表现特点、严重程度除与缺氧程度、暴露时间有关外,还与个体的情绪反应类型有关系。如在低压仓实验中,有的被试表现为活动过多、喜悦、好说俏皮话、好作手势和爱开玩笑等;有的则表现为嗜睡、反应迟钝、对周围事物不关心、头晕、疲乏、精神不振和情感淡漠等;还有的表现为敏感、易激惹、敌意和争吵等,严重者出现欣快感的表现,如饮酒初醉时的状态。随着海拔的升高,这种情绪失控的现象将会更加严重。有研究报道,在6 000 m以上高度停留时,有些被试会出现突然的、不可控制的情绪爆发现象,如忽而大笑、忽而大怒和激烈争吵,有时又突然悲伤流泪,情感的两极性表现非常明显。杨国愉等研究发现,从低海拔地区进入高海拔地区驻训的军人情绪反应呈现明显的特点,随着海拔的增加,军人焦虑和抑郁出现了明显不一致的变化。焦虑水平未发现明显变化,但抑郁水平明显升高,尤其是从低海拔地区进入2 000 m以上的高海拔地区时抑郁水平上升最快;此后,军人的抑郁稳定在中等水平;随着海拔的进一步上升,军人的抑郁水平也会进一步上升,提示海拔对情绪的影响主要表现在抑郁上,对焦虑影响不大。焦虑与抑郁也出现了明显的分离。初进入高海拔环境1周之内,军人的焦虑水平轻微上升,此后军人的焦虑水平一直保持稳定,到第6周明显下降;初进入高海拔环境,军人抑郁水平显著上升,第2周有所下降,之后又逐渐上升,并且一直稳定在较高的水平。在进入高海拔环境1—6周内,军人的抑郁水平一直明显高于焦虑水平。在从低海拔地区向高海拔地区机动阶段,军人抑郁水平明显上升,焦虑水平略有上升;在高原驻训、从高海拔地区向低海拔地区机动阶段,直到军人回到低海拔地区,军人的抑郁得分一直保持较高水平,而焦虑水平很快下降。在从低海拔地区向高海拔地区机动、高原驻训、从高海拔地区向低海拔地区机动以及回到低海拔地区四个阶段,军人抑郁水平一直明显高于焦虑水平。由此可见,在高海拔环境下,军人情绪反应出现了明显的"分离现象",抑郁水平升高,而焦虑水平变化不明显。

高原缺氧对个性的影响

高原缺氧对个性心理特征的影响包括人格特征和心理运动能力两个方面。人格是指个体与社会环境相互作用表现出的一种独特的行为模式、思想模式和情绪反应的特征,通常也称为个性,包含气质和性格两部分。由于气质相对持久稳定,不易受到环境影响而改变,因此高原环境对军人人格特征的影响主要体现在个性的适应和改变上。曾经有研究发现,在登山探险活动中,个体性格会发生明显改变:在3 800 m的高度,个体性格与在海平面时相近,但到了5 000 m,个性就发生了明显变化,个体表现出更多的偏执、强迫行为、意志消沉和无端的敌意。有研究者也发现登山者在3 000—4 000 m的海拔经常出现易疲乏、缺乏动机、感觉差和身心失调等症状;在4 000—7 000 m会出现循环性人格改变和意志消沉等症状。到7 000 m以上个性表现出极端化的改变,出现一些奇怪的情绪和高度危险行为。高原环境对性格的影响与对认知功能、情绪的影响类似,都是在不知不觉中发生的,不易被个体觉察到,因而具有一定的危险性。

高原缺氧对心理运动能力的影响

心理运动能力是指顺利有效地完成某种活动所必须具备的心理条件,是综合运用感知觉、行为控制、记忆、思维和想象等认知功能的一种心理技能。国外研究发现,随着海拔的升高,缺氧对心理运动能力的影响越来越明显,平时已熟练掌握的精细技术动作,在 3 000—3 500 m 即开始变得有些笨拙,甚至出现手指颤抖及前后摆动,常常须加倍小心才能做好平日已熟练的技术操作。可见,在此高度,精细运动的协调机能已受影响。国内研究也发现,心理运动绩效在 2 800 m 并无显著改变,至 3 600 m 个体反应时间明显延长,运动绩效下降,且随高度增加而加重。随着高度的增加,个体缺氧程度逐渐加重,运动协调机能障碍也进一步加剧,可出现运动迟缓、震颤、抽搐和痉挛等表现。这些表现可能正是由于缺氧致使高级部位的神经结构麻痹,低级部位脱离其控制,出现病理性兴奋增强所致。严重缺氧时,还可能出现全身瘫痪,这种瘫痪是上行性的,即腿部先丧失机能,之后上肢和躯干肌肉相继瘫痪,颈部以上肌肉最后瘫痪。与认知功能及情绪情感的损伤改变不同,高原环境对心理运动能力的损害与急性高原病的症状发生并不同步,而且存在一定程度的分离。一般在急性高原病的症状出现之前,个体心理运动能力已受到大部损害。

7.1.3 高原环境下军人心理功能的防护

高原的特殊环境特点对机体的生理心理健康和活动效率会产生明显影响。我国高原地域广阔,有着重要的军事战略地位。长期致力于高原环境人员心理健康防护的研究的研究人员发现,通过消除或减少应激源、宣讲高原相关知识,开展模拟高原环境训练、心理表象训练和提高社会支持等方式能在一定程度上维护高原环境作业人员的心理功能。

供氧

高原环境大气压力降低导致的氧分压下降,是高原环境影响心理功能的最主要因素。因此,如何降低缺氧环境给躯体和心理造成的不利影响是高原环境下心理功能防护的重点。对抗缺氧的最好办法是供氧。如为初次进入高原的人员配备简易的便携式供氧装置,可有效减轻缺氧所带来的身心反应。韦森腾等人研究发现,微小环境(micro-environment)的氧浓度每提高 1%(如从 21% 提高到 22%),就相当于降低海拔 300 m。也就是说,如果 4 500 m 微小环境有 26% 的氧浓度,就相当于海拔降至 3 000 m。大量实践工作也证明,提高微小环境的氧浓度可有效改善高原缺氧所致的睡眠不良、认知功能下降和活动效率降低等问题,同时可使缺氧的风险降至最低。

对缺氧环境的习服

习服是指机体为适应新环境(如高温、低氧、失重和高压等)生存而产生的一系列适应性改变。人在高原缺氧环境中居住一段时间后,对缺氧能产生一定的适应,缺氧初期的症状可明显减轻,这种情况叫做高原习服。高原习服过程主要是对低压、缺氧环境的适应过程。人体对缺氧的适应,一般需要1—3个月,而且与海拔有关,通过机体对缺氧环境的习服个体可以逐步适应低氧环境。帕加尼(Pagani)为评价高原习服过程中人的认知功能的改变,在5 350 m对17名登山者进行了神经心理学习测验,结果表明在5 350 m的高度习服15天后,被试对记忆任务的完成有显著改善。他认为,许多高原心理反应的发生与我们为适应高原环境而采取的不当措施有关。因此,特别是首次进入高原环境时,要有计划地、间歇性暴露不同高度,使得机体有足够的时间对环境变化进行代偿,并使由于缺氧所引起的症状得以减轻和消退。可让人员缓慢行进至海拔3 000 m,以后每次上升的高度小于500 m,中间要间歇1—2天,以便机体有缓冲适应时间。此外,提倡"高爬低睡"这种穿梭往复渐进上升的行进方式也能使机体有效地适应缺氧环境。另外,利用低海拔低压仓模拟高原低氧环境的系统,对即将进入高原的人员进行系统的习服适应性训练,也能对抗缺氧对机体的影响,能有效缓解高原环境所导致的心理问题。

开展心理训练

心理训练从广义上讲,就是有意识、有目的地对人们的心理施加影响的过程。从狭义上讲,心理训练就是采用一定的方法和手段使人们形成良好心理状态的过程。针对高原环境所损害的心理认知功能进行心理运动能力的训练是提高高原军人心理健康水平和高原环境心理适应能力的一种有效的方法。平时加强对重要动作技能的训练,不断强化技能在军人脑中的印象,形成动力定型,达到自动化的状态,降低对智力活动的要求。这样,作业人员在缺氧条件下也能熟练操作,不至于严重影响作业效率。初次进入高原环境前,可以结合低压仓对作业人员进行情境性模拟训练,让作业人员体会缺氧条件下的心理变化,识别认知偏差,进而学会正确应付处理问题。另外,可进行放松训练、生物反馈和心理意象训练,使人们能够学会有意识地控制自己的心理生理活动,以达到降低机体唤醒水平,保持愉快心境,调整那些因受到紧张刺激而紊乱了的功能。心理训练同时也可在一定程度上预防高原缺氧造成的心理功能下降。除此以外,综合开展如认知治疗、行为疗法、精神分析和支持疗法等心理治疗技术以及心理咨询也能对高原环境所造成的心理问题起到一定作用。

社会支持系统对高原心理的防护作用

"社会支持"的概念最早源自 20 世纪 70 年代社会心理学的研究,是指个体与家庭、亲朋、战友、组织和社团等社会各方面所产生的精神上和物质上的联系程度。社会支持是人与人、群体与群体之间的亲密关系,既涉及团体内外的供养与维系,也涉及各种正式与非正式的支持与帮助。一般认为社会支持具有减轻应激的作用,是应激作用过程中个体"可利用的外部资源"。社会支持概念所包含的内容相当广泛,包括一个人与社会所发生的客观的或实际的联系(物质上的直接援助和社会网络等),主观体验到的或情绪上的支持(个体体验到在社会中被尊重、被支持、被理解和满意的程度)。部队支持系统的主要成分有社会、家庭的支持,部队的凝聚力和指挥官的指挥能力。分享应激事件不仅可降低一个已知威胁的强度、减轻当事人的痛苦体验,还可提高其认知评价水平,改善其应对方式,有利于个体应对应激。已有研究发现社会支持可以缓和生活压力对生理或心理健康所造成的冲击,增进个人的生活适应。我国学者在社会支持对军人团体影响的研究中发现,社会支持是影响军人应激反应结果的重要因素,强有力的社会支持系统能极大减少军人应激反应的发生。特别是社会支持系统中的主观支持(如在社会环境中被尊重、被支持、被理解的情感体验等)和支持利用率与官兵心理健康有直接关系,强大的主观支持和良好的支持利用率可以有效提升官兵心理健康水平,降低各种心因性的躯体化症状发生的概率。相反,社会支持水平低下可导致军人产生不良的心理体验,如孤独感、无助感,从而使个体心理健康水平降低。良好的社会支持可提高个体对现实刺激的应对功能和顺应有效性,并缓冲社会、心理和躯体等刺激因素对个体心理健康的不良影响。

高原军人长期驻守低压低氧、干燥寒冷、高太阳辐射和紫外线的自然环境,并且高原部队具有点多面广、人员分散的特点,这使得社会支持系统中的客观支持(物质上的直接支援,社会网络、团体关系的存在和参与等)明显偏低。因此,要做好高原军人心理卫生工作,必须重视社会支持和应对方式对军人心理健康的影响。培养和增强军人社会支持的主观感受性,鼓励其积极主动地参与、争取和接纳社会支持,提高其社会支持利用度;加强应对策略训练,提高其对心理应激的应对能力,进而提高其心理健康水平。

7.2 海上作业环境对军人心理的影响

据文献报道,在 18 世纪时,西方国家海军舰船人员心理疾病发病率为 1/1 000,为同期一般人群的 7 倍,至 20 世纪 90 年代,海军舰船人员心理障碍发生率仍居高不下。据统计,现约有 5.3% 的舰船员有不同程度的心理障碍。

1991 年的海湾战争结束后,美国、英国、法国和加拿大等国的 10 多万名参战士兵陆续得了一种怪病:精神忧郁、头痛体乏、咳嗽哮喘、腹泻消瘦、皮疹奇痒甚至出现畸形遗传病症等。以海湾战争时参加"沙漠风暴"行动的大约 70 万名士兵为例,迄今已有 20 万人患上了"海湾战争综合征"。在伊拉克战争中,虽然已经给前往海湾地区的士兵配备了检测化学和生物武器的仪器,以及各种防护用具,但先进的设备并没有能阻止"海湾战争综合征"的发生。

2010 年,联合卫生司令部对澳国防军人在 2009 年—2010 年间的精神卫生和心理健康进行了全面调查。参与调查的澳海军人员有 11 612 人(男性 9 508 人,女性 2 104 人)。调查发现,在海军人员中有近四分之一的人在过去一年内出现过各类心理问题,年龄集中在 18 岁—37 岁。士兵发生心理问题率比士官和军官高。男军人和女军人总体心理问题发生率无显著差异,只在种类上有所不同。在几类心理问题中,最常见的是焦虑性疾病,发病率约为 14.1%,包括惊恐发作、各类恐惧症、广泛性焦虑和强迫症等。其次是情绪障碍,发病率约为 10.5%,其中抑郁障碍约为 7.7%,第三为酒精使用障碍约为 7.6%。海军中酒精使用障碍人数比例为三军中最高,并且男军人出现酒精使用障碍比例明显高于女军人。另外,在被调查者中,有 383 名男军人(4.0%)和 108 名女军人(5.1%)在过去 12 个月中曾出现过自杀倾向,包括自杀构想、自杀意图和实际自杀尝试。其中,在被调查的海军人员中有 41% 参加了 2 次及以上军事行动,11% 参加了 6 次以上军事任务,为三军中多次参与任务人数比例最高的。调查发现,参加过军事行动的人员和未参加过军事行动的人员在各类心理疾病的发病率上无显著差异,但参加军事任务次数超过 4 次的人员,罹患焦虑性疾病的风险大大上升。

据日本现代 Business 杂志网 2015 年报道,日本自卫队患心理疾病人员已达 3 万余人,据 2001 年到 2008 年的数据统计,日本自卫队自杀率达到十万分之 37,其中被派遣至伊拉克的自卫队员自杀率达到十万分之 311.5,是国民平均水平(十万分之 20)的 15 倍。

7.2.1　海上作业环境对军人心理健康的影响

远航对军人的心理健康会产生一定的影响。赵红等人的研究表明,不论是水面舰艇官兵还是核潜艇官兵,长航后的心理健康水平均显著低于长航前。

水面舰艇组,男性护卫舰艇员 114 人,出航时间 35 天。与长航前相比,SCL-90 的 9 个因子(躯体化、强迫、人际敏感、抑郁、焦虑、敌对、恐怖、偏执和精神病性)中有 7 个因子得分高于航前,其中人际敏感、抑郁最为突出(见图 7.1)。

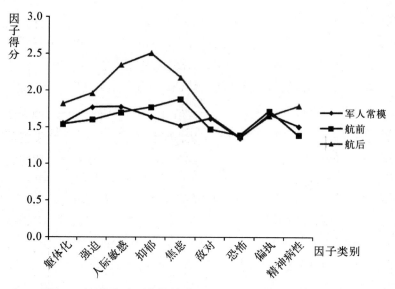

图7.1 水面舰艇官兵长航前后SCL-90得分与军人常模的比较

核潜艇组,男性核潜艇艇员共99人,出航时间30天。与长航前相比,SCL-90的9个因子(躯体化、强迫、人际敏感、抑郁、焦虑、敌对、恐怖、偏执和精神病性)中有7个因子得分高于航前,其中人际敏感、恐怖最为突出。见图7.2。

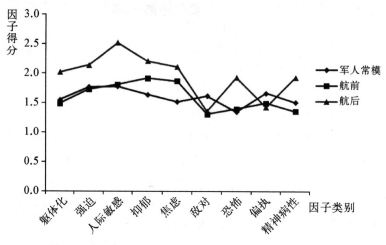

图7.2 核潜艇官兵长航前后SCL-90得分与军人常模的比较

海上作业环境对军人情绪的影响

远航对军人情绪的影响主要表现在使负性情绪体验增加,而对正性情绪的影响不明显。赵红等人采用《团体用心理社会应激调查表》(*Psychosocial Stress Survey for*

Group, PSSG)对海军官兵长航前后的情绪状态进行了研究,发现长航后水面舰艇和核潜艇官兵的负性情绪得分均明显增加,但正性情绪得分未见明显变化。见表7.1、表7.2。

表7.1 水面舰艇长航前后官兵情绪得分的比较

项目	N	航前	航后	t	P
负性情绪	114	2.08±2.11	2.65±1.48	2.3614	0.0191
正性情绪	114	1.36±1.42	1.47±1.31	0.6079	0.5439

表7.2 核潜艇长航前后官兵情绪得分的比较

项目	N	航前	航后	t	P
负性情绪	99	2.37±2.26	3.01±1.59	2.5553	0.0114
正性情绪	99	1.40±1.48	1.36±1.25	0.2054	0.8374

吴刚等分别以水面舰艇和核潜艇官兵为对象,以《焦虑自评量表》(SAS)、《抑郁自评量表》(SDS)为测试工具,调查长航对官兵情绪的影响。结果表明,长航后两组官兵焦虑和抑郁得分显著增高,见图7.3、图7.4。

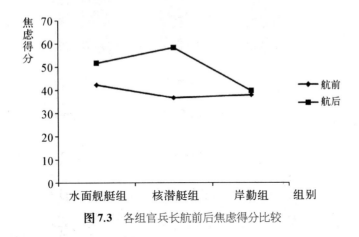

图7.3 各组官兵长航前后焦虑得分比较

海上作业环境对军人睡眠的影响

睡眠是人类基本的生命需要,睡眠质量与生理和心理健康密切相关,对于机体的生长发育、健康的恢复和正常机能的发挥至关重要,睡眠质量是衡量人群健康水平的重要指标。吴刚等分别以水面舰艇和核潜艇官兵为对象,用匹兹堡睡眠质量指数(Pittsburgh Sleep Quality Index, PSQI)评定长航对官兵睡眠的影响。结果表明,岸勤组未见明显改变,长航后的两组官兵PSQI总分显著增高,说明长航后官兵睡眠质量变差了。见图7.5。

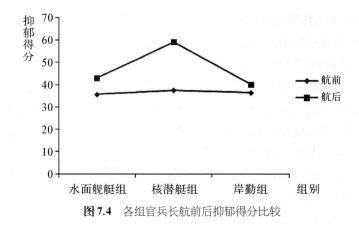

图7.4 各组官兵长航前后抑郁得分比较

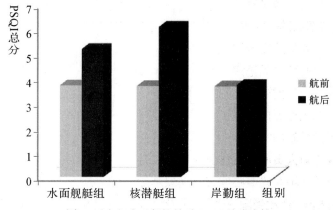

图7.5 各组官兵长航前后PSQI总分比较

7.2.2 航海条件下人员心理变化特点

航海条件下人员的心理变化主要有以下三方面。

环境的不利影响与监测

舱室环境对人体影响的作用层次大体可分为心理层次、工效层次、生理层次、病理层次和生存层次。心理层次是指环境因素作用强度不大，引起情绪不快和不愿接受的感受，甚至恐惧、厌烦等情绪反应；工效层次是指环境因素作用导致认知能力下降、反应时间延长、作业效率降低、错误率提高；生理层次是指环境因素作用引起心血管系统、呼吸系统和消化系统的不良反应甚至内分泌系统和免疫系统的改变；病理层次是指环境因素所致耳聋和失明等特异性疾病或心血管系统、消化系统和神经系统的综合性慢性疾病；生存层次是指作用强度极大的有害环境因素或有害环境因素长时间累积作用，对人的生命安全构成的威胁，甚至会导致机体的死亡。

舱室环境对人体影响的程度分别可以用舒适、工效、安全和耐受限值来表示。当环境因素作用量在舒适限值范围之内时,人体处于舒适状态,即保持正常的生理和心理状态,如果环境因素的作用量超出此限值范围,人体主观上会产生较明显的不舒适感,但能保持正常的工作效率。一旦超出工效限值的范围,就会引起工作效率的下降,但主观感觉上仍可耐受,不致产生病理改变和损伤。倘若超出安全限值范围,工作效率将极度下降,机体将出现生理病理改变和一定程度的损伤。当超过耐受限值后,人的生命安全即处于直接的危险中。

海军作业或作战常常会影响军人的睡眠方式。军事部署行动往往跨越若干个时区,持续军事行动会导致作业人员遭受长时间的睡眠剥夺。因此,在执行此类任务情况下如何安排睡眠已成为一个重要问题,只有合理安排好睡眠才能避免给军人的作业能力及所执行的任务带来不良影响。为解决海军及海军陆战队所面临的睡眠问题,现在美国海军保健研究中心正在开展一项睡眠干预研究项目。

为研究海军人员的疲劳问题及其解决办法,研究人员目前正使用现场调查、眼动电生理监测和皮质脑电描记法等多种技术从海军飞行员和特种作战军人身上采集有关信息。现场调查数据被用于对受试者睡眠的质与量进行主观评估。同时,要将这一调查数据与电生理数据进行相关性比较,以便对受试者的警觉性做出接近实时的评估并确定干预措施的实际效果。

长航条件等对人员心理与作业的影响

舰船远航是一项对船员心理有较强烈刺激的因素,具有综合性、复杂性等特点。在航前不仅有枯燥、活动受限、接触人员受限、将与家庭和亲友长期分离等不良因素,还有航行任务的安排、可能出现的不良气候与季节变化、可能遇到的危险等因素的共同作用下,舰船员可能出现冷漠、缺乏自制力、易激动、注意力减弱、反应速度下降和活动失误增多等不良心理反应。特别是对执行特殊任务的舰船员(如海军舰船人员)来说,军事任务的目的及武装冲突发生的可能性等会使舰船员产生相当大的心理压力,在这些不良因素的作用下,在远航中舰船员的心理会发生一系列的变化。根据心理活动与工作能力在远航过程中的变化,我们可以把远航心理发展大致分为四个阶段,即适应期—最佳期—疲乏期—热情期。长航是舰船员工作的重要组成部分,由于个人经历和航海经验的不同,每个人在远航中的心理发展是有差异的。有经验的舰船员适应期会很短,在疲乏期也能很好地调节自己,保障较高的工作效率。反之,没有经验的舰船员会表现出更多的心理不适应。

海上作业中的人为差错分析

航海人员的人为差错是指航海活动相关人员作为航海器或相关设备的操作者在航海活动中所做的降低系统效率和安全水平的行为。从广义角度讲,人为差错不仅包括系统操作人员所犯的错误,还包括系统设计者以及管理、训练、维护和指导人员所犯的错误。

在 1984 年,科特罗夫特(Cockroft)认为大约有 90% 的航海事故发生在有限制的水域如海峡、航道和沿海的通航处,在同一时间派瑞(Perrow)研究报告的数据表明 56% 的海上碰撞主要是违反"海上避碰规则"等所造成的。1989 年,舒芙尔(H. Schuffel)的研究表明在 100 个航行事故中包含了 276 个事件,这些事件中有 209 个(72%)与人为差错有关,24 个与硬件错误有关,9 个与过程失误有关,另外 34 个与环境错误有关。1998 年,戈森斯(Goossens)提出事故发生的主要因素包括:机械失误、一般人员失误、策略性人员失误、人员发现失误、人员处理失误和决定执行失误。2004 年,沃其米日(Wlodzimierz)提出在航海事故中包含的人的因素保持较高的水平,人员失误作为主要的原因大约占 90%。对失误的本源进行的研究表明,伴随高情境应激的信息处理导致了 84% 的事故。2003 年,彼泽森(Pedersen)的研究表明人员失误被广泛地认为是造成事故的主要和基本的原因。

人因素渗透在船舶设计、生产和维护到航行各阶段、指挥和突发状况处置及各专业岗位的操作、维护和处置等。人的生理状况、疲劳与应激、认知能力、情绪状态、意志品质和行为特点等均可能是人为差错的直接原因。睡眠剥夺和疲劳可增加人为差错发生的概率。在实际场景中操作者用注意、工作记忆、智力等敏感指标建立了计算机模型进行定量评估,以预测操作者实际表现。管理者决策时易受认知偏差、意外、文化动机和缺乏知识等影响而发生失误,通过专家辅助决策系统可有效减少决策中人为差错。

通过计算机辅助与模拟系统进行设备与人员可靠性的检测是今后研究发展的一个重要方向。2005 年,马克西翁(Maxion)经过比较发现,经过优化设计的软件界面可以将任务成功率提升 300%,减少 94% 某类误差,且完成速度提高了 3 倍。理化环境因素(包括有害气体、温湿度、噪声和振动等)对海员影响已通过技术进步(环境控制系统和个体防护装具等)得到了部分解决。人误研究现已聚焦于人文组织环境方面,在近期发生的韩亚航空在旧金山的空难中,人文因素影响重大。

人—机—环境系统设计普遍采用了"纵深防御(defense-in-depth)"的思想以增加系统的冗余度和容错性。2007 年,张(Chang)通过一系列的研究考察了如何通过信息—决策—行动(the Information, Decision, and the Action in Crew context model, IDAC)认知模型和动态仿真的技术进行事故概率预测。通过认知模型对评估团队中的决策者、行动者和顾问等三部分人员的个体行为表现进行模拟,对组织系统中各个阶段可能出现的人为差错提出人的可靠性评估原则,可以提高复杂系统可靠性。

航海活动中的人为差错可能在船舶人—机—环境系统中的任何一个环节出现,

人为差错具有必然性、随机性、突然性和隐蔽性等特点。加强航海专业人员心理选拔、开展航海专业人员人为差错的心理因素分析以及开展心理训练等是应对人为差错的有效方法。

7.2.3 海上作业环境下对军人心理功能的防护

海上作业环境下对军人心理功能的防护主要通过应激控制和心理问题的干预和预防。海军战斗应激控制是其医疗保障的一部分,主要关注海军人员的心理应对和心理健康,通过各种方式为海军战士、军官及其家庭成员提供一些应激评估的工具并通过实际的步骤减轻战斗应激反应带来的伤害,这就需要构建心理专家团队。心理问题预防与干预措施,针对性地进行心理选拔是保障人员心理健康的基本方法。据统计,美海军新兵的淘汰率高达40%,心理障碍是服役期间前两年新兵被淘汰的主要原因。因此,将有心理障碍或动机不当以及不适宜在潜艇服役的新兵尽早鉴别出来,能确保艇员完成服役期限,节省海军的训练费用与交通费用,并且有助于提高海军的总体作战水平。因此,潜艇艇员的心理学选拔在潜艇部队建设中占有重要位置。在执行海上作战或作业任务期间的心理保障,由军医、心理学专业人员和随舰牧师共同负责。一般每1 000人配备1名心理学专业人员和1名助理,每5 000人配备9名医生,从而保证出现急性心理问题的患者在1小时内能得到救治。

7.3 航天飞行环境中的生理心理学影响

许多科学研究表明,航天飞行会给航天员带来许多不利的生理心理反应,包括空间失定向、错觉、记忆和注意障碍、疲劳、衰弱、睡眠障碍、焦虑、抑郁、人格特征改变、超常体验、动机改变、人际关系紧张、敌意以及身心症状等。随着载人航天时间的延长,飞行任务的日益复杂、相对常规的飞行以及乘员的增多等因素均可给航天员带来相当大的心理应激,上述反应将变得更为严重。因此,及早发现和认识航天飞行对脑和心理行为的影响,对载人航天有着重要的意义。

7.3.1 航天飞行环境中的生理心理学问题

航天飞行中的生理学问题

航天员飞行中的睡眠有一个适应过程。飞行的第一天晚上航天员往往很难入睡,3—4天后有很大的改善。睡眠时有的航天员报告他们出现了一种失定向的感觉,不知道自己在什么位置。有时睡在飘浮的睡袋中会无意识地、慢慢地旋转起来。失重情况下,由于无上下之分,航天员睡觉的位置常常发生变动,一会儿靠这边,一会儿又飘到另一边。因此,有的航天员需将他们的头和身体固定在一定的位置才能入睡。美苏航天员在短期和长期飞行中都有睡眠紊乱的体验,他们在飞行中常常要服安眠药。美国报导航天飞机上30%的航天员飞行中服过安眠药。苏联也报道过航天员在空间站飞行几个月后仍有睡眠紊乱现象,飞行末期航天员常常感到十分疲劳,有时每天工作时间仅4小时,却需要12小时的睡眠。航天飞行中睡眠的本质和形式与地面也有较大的差别,大部分航天员说他们的睡眠是断断续续的。一般的形式是睡1—2个小时后就醒了,之后再睡1—2小时或更多些。影响航天员睡眠的因素有失重、噪音、空间运动病、24小时生物节律的改变和航天员心理障碍等。至于航天这个特殊环境是如何影响中枢神经系统的正常功能而引起睡眠紊乱的机理,研究者还不清楚,有待进一步研究。

美苏研究了航天中植物、动物和人的昼夜节律的变化,发现这些生物的昼夜节律发生了改变。例如,前苏联将一些具有24小时昼夜节律变化的动物(甲虫、鼠和灵长类)放到宇宙号生物卫星中,观察失重对它们的影响,结果发现飞行中这些动物的生物节律稳定性下降,周期性不规振荡的范围扩大,提示其内源性的生物节律发生了改变。

一些美国航天医学研究者研究了空间实验室中白鼠的心率和体温的昼夜节律,发现白鼠中心体温下降,体温的24小时节律与调节行为的反应如饮食和休息不一致。他们还研究了超重和低重力下猴子的进食习惯,结果发现一些猴子出现了明显的进食抑制。

航天飞行中的心理学问题

航天飞行中航天员的心理表现可能会受到两个方面的影响:失重/微重力对感知觉、认知和心理运动过程的直接作用;工作的高负荷、睡眠障碍和对航天生活环境适应的负荷等非特异性的压力(紧张)作用。2000年曼泽(Manzey)研究发现,感觉—运动系统的微重力相关性改变在对微重力环境适应的早期,比非特异性压力(紧张)作用更为突出。由于航天活动是一种特殊的活动,航天员在航天开始时的心理状态与医学实践中的心理状态有着根本的区别,它必然受航天活动的深刻影响:(1) 航天员具有航天活动的高度责任感;(2) 航天员对当前的和即将发生的事件的强烈关注;(3) 在监视飞船的技术系统中,航天员要保持着持续的警惕;(4) 随时准备着,与地面支持人员进行定期的通讯。这种高度复杂的心理活动即是一种精神情绪紧张,特别是在发射、入轨、对接、分离、再入和返回着陆的飞行阶段更为明显。航天飞行中主要有3个方面的变化。

(1) 短期飞行,出现的心理变化是精神情绪紧张、睡眠障碍和心理感觉不适(如感知觉的变化和前庭植物性神经系统反应等)。这些心理变化可单独发生,也可同时存在。这些变化均可引起航天员的心理疲劳和筋疲力尽。但在15天以内的短期飞行中,这种状态往往不典型,只发生在个别功能比较差的航天员身上。

(2) 长期飞行,空中飞行的时间越长,航天员的心理情绪就越容易受环境(如操作的单调性和社会接触限制)等因素的影响,失重因素的作用将加重这些影响。长期飞行中,航天员的心理适应不良最早期的变化是出现积累性疲劳、筋疲力尽和衰弱,它与航天员正常工作后一天的疲劳不同,睡眠后无法恢复。之后,一些航天员会出现短暂的抑郁状态。在衰弱和情感性(燥狂和抑郁)状态后可出现神经症样状态,其特点是:与乘员或地面人员的人际关系变差,甚至产生敌意;伴有强烈维护自己地位和利益的倾向;心情和情感性反应易变和不稳定;出现周期性的生活日程的紊乱;对将来工作程序的计划、分析和监督有强迫的倾向。一些航天员也表现出了负性人格特质的加重的情况,这种状态最严重的表现是抗拒。长期飞行中心理状态变化的形式、表现及发展的结果取决于航天员的个性特征和每次飞行的特征。

(3) 飞行后,飞行中引起的一些心理状态的改变,也可能持续到飞行后。例如,"阿波罗11号"的航天员奥尔德林登月回来后不久,便长期陷入沮丧中,两年后进入空军医院的精神科接受治疗。

由于航天员在太空飞行时,长期处在与世隔绝的太空中,密闭狭小的座舱、静寂无声的太空环境、规定好的交际方式、与地面有限的联系及失重所造成的不适感,会使航天员产生一种被遗弃的感觉,他们出现了一系列的心理问题如忧虑、厌倦、抑郁、思念亲人和人际关系紧张等。尽管在飞行中,美国和苏联都采用了多种措施来防止心理障碍的发生,使心理学问题没有严重地影响到航天任务的完成,但航天员在飞行中仍会出现心理障碍,主要表现在思乡病、恐惧症和人际关系等方面。小小的舱室中长期居住的航天员会产生抑制不住的孤独感、烦闷感和恐惧感。太空寂寞难忍的单调生活,使他们都或多或少地患上了思乡病,影响着他们的工作和休息。航天员们在紧张工作时,虽然感到身体疲劳,精神却很轻松,反而在工作之余心头便涌上一丝牵肠挂肚之情,精神上感到疲劳。航天员们有时整夜不眠,思念家人、地面的生活、朋友和工作。航天员们也常产生一种"消失"的恐惧感,他们在航天站中生活久了,有时好像站在高层建筑的阳台上,自己一动不动,而地球和其他星球都在运动,产生了对高空的恐惧感。他们并不是怕从高空中掉下来,因为太空中无重力,人是不会掉下来的,而是怕从航天站里漂浮出去成为一颗永久的卫星。除思乡情绪外,长时间的太空飞行还会造成航天员出现其他的一些心理障碍,如乘员之间相互不协调,不满意对方,甚至和地面工作人员产生对抗情绪。据有关人员说,不管事先心理准备如何,经过何种选拔和训练,飞行30天后乘员之间仍可能产生敌意。美国和苏联飞行的经验表明敌意不仅限于航天员之间,航天员与地面控制人员之间也会发生争吵。航天员有时故意不接受地面人员的指挥,想自由飞行;有的需要安静地呆一会儿,不喜欢地面人员不断地打扰他们;他们有时掩盖自己的情绪和反应,当爆发时,则将怒气发泄到地面人员身上,以减轻他们的烦恼。这种情绪常有周期性的变化,时好时坏。

飞行中的心理变化常常会影响航天员的工作情绪,甚至会影响飞行任务的完成。例如,地面指挥站曾需要德国航天员克雷蒂安在"和平"号飞行中进行一系列的生理功能测试。测试实验时,需要安装一些仪器,但这名航天员抱怨实验太复杂,他在飞行报告中说他要花 2.5 h 来安装这些仪器,复杂的实验使人觉得自己像实验动物一样,如果"和平号上窗开着,我将把这些装置扔出去"。据说苏联航天员柳明在第二次飞行刚开始几个月,曾出现过想返回地面的想法。此外,美国"阿波罗 9 号"的航天员在飞行中发生过激烈的争论,最后通过协商较好地解决了不同看法,取得了一致意见。但是"阿波罗 13 号"上的航天员却争论得很激烈,并和地面指挥人员也发生争执,航天员们坚持在飞行中停止一天工作,专门解决他们之间的分歧。航天员的这种心理障碍直接影响任务的完成,虽然最后他们是按原计划的日期返回,专家们仍认为这是一次由心理障碍造成的"失败的飞行"。

航天中心理变化对工作的影响可分为三个阶段:第一阶段,阶段性地出现对重复性工作的兴趣下降,对次要工作不感兴趣;但能保持工作能力,对重要工作的兴趣仍保持,只产生情绪波动,出现操作错误。第二阶段,不遵守正常的工作制度,对某些工作开始争吵,可能出现相互不理解,但仍能协调一致工作,乘组与地面支持专家可能发生小矛盾,特别是与医学检查的医生(偶尔)发生矛盾;第三阶段,有可能拒绝完成一天中的某种工作,情绪不稳定很明显,波动很大,出现系统性、经常性错误,地面提出的一些不合理建议会遭到拒绝,影响社会适应性和人际关系。

综上,太空这个特异的环境对人的心理状态是有很大影响的,人类在征服宇宙的过程中,不仅要解决动力、运输方面的问题,也要解决航天员社会心理学方面的问题,使航天站中航天员的人际关系和心理健康都处于最佳状态,更成功有效地完成所有航天任务。

7.3.2 航天飞行中军人心理健康的防护

对航天飞行中军人心理健康的防护主要包括以下两方面的心理支持:

(1) 社会性心理支持,俄美长期航天飞行的主要社会性心理支持主要分为两大类:一是地面提供的支持,如通过信息渠道提供的新闻报道、国内新闻和工作新闻、媒体对飞行任务的报道、来自地面的话语和声音以及电视广播和录像等;通过非正式沟通交流渠道的经声像设施与家人交流、电子邮件及业余无线电通信活动;通过航天器递送物品,包括信件、报刊和书籍等。二是航天器上提供的心理保障措施,印刷出版物、影音图书馆和消遣用软件程序等。

(2）专业性心理支持，俄、美提供的心理专业心理支持措施重点是预防心理障碍和社会心理问题的出现，同时也是干预措施。一是由地面的心理专家与飞行员进行私密天地通话。这既是有效的心理检测手段，也是一种有效的干预手段，此外还有在飞行前训练的自我心理调适技能如自我催眠和心理放松等，也是航天任务专业心理支持的重要部分。二是依托计算机辅助系统的心理测评及干预，对飞行员定期进行心理测评，在测评之后通过生物反馈技术、虚拟现实技术等人机交互手段帮助飞行员进行心理维护。

7.4　核作业环境对军人心理的影响

从第一次世界大战到第二次世界大战期间，频繁的战事带来了巨大的战争压力，使得军人的心理问题日益显现和凸显。心理问题不仅影响官兵的生活质量，还能引发违纪事故或犯罪，更严重的是降低军事活动效能，削弱部队战斗力。

核环境对军人心理健康的影响可以追溯到二战末期，美国在日本广岛和长崎第一次使用核武器，造成几十万人伤亡，起到了强大的威慑作用，其巨大的杀伤力给人类及军人的心理上蒙上了巨大的恐惧阴影。1986年苏联发生的切尔诺贝利核电站爆炸事故，释放了大量的放射性物质，是继日本广岛、长崎原子弹爆炸后再次震惊世界的核灾难事故，其带来的影响也是巨大的。2011年日本福岛核事故，使人类对核的恐惧与日俱增。

俄罗斯在10年后关于核泄露卫生工作经验报告中对参与消除事故的救灾人员进行了跟踪研究，发现诸如应激相关障碍等精神疾病的发病率明显增加。在核环境对救灾人员的心理影响的研究中，研究人员对60名救援人员进行了多项心理和生理指标观察。两组人员分为沾染区组和沾染区外组（但受试者认为是在沾染区），从事的工作内容相同。结果发现，两组人员在主诉（过度疲劳、易激怒和睡眠障碍）、"机体状态严重程度积分指标值"改变、心理应激的表现（自我感觉不良、情绪消沉和恐惧性增加等）、对体力负荷耐受程度、注意力、记忆力、感觉运动能力和免疫系统等各个方面的指标基本相同。这表明在放射环境与心理应激这两个因素中，心理应激起主导作用。

该报告还强调，"由于没有适宜的心理预防措施，应激反应逐步转变为类疾病样的、神经功能障碍样的和器质性的精神障碍。其发生率随着时间的推移而有明显增加的趋势"。

后续的相关研究表明，在核事故发生20年后，高危人群抑郁症和创伤后应激障碍的患病率仍然较高。从事洗消清除工作的人员受到的辐射最为严重，精神分裂症谱系疾病的发病率明显升高。

我国军人心理健康研究源于20世纪60年代,主要集中于参战军人精神疾病的治疗和预防上。20世纪80年代后,研究者开始对军人心理障碍和心理健康问题的发生原因、诱发因素和预防方法进行研究。20世纪90年代中期以来,研究者在军人心理素质方面进行了相关的研究。关于核作业环境下军人心理健康的研究尚处于起步阶段,核作业环境下军人的社会支持和应对方式的实证研究也较少,目前研究主要涉及对高原、核潜艇等工作环境下军人的观察研究。

7.4.1 核作业环境特点

核作业环境是指火箭兵及其他军兵种涉及的核军事作业,如火箭部队的推进剂作业、核武器部件装检作业、火箭检测、发射以及发射后的跟踪遥控等,都是复杂的、综合的高新技术作业,需要较高水平的军事技能。其人—机—环境系统复杂,对作业军人的心理影响较大。具体主要有以下几个方面。

核作业环境部队分散

军人常年居住在热带、寒带和高原地域,高热效应、高寒效应和高原缺氧效应对核作业人员的心理及生理功能影响大,军人较容易出现对作业厌烦的情绪,思维、判断能力降低,操作的机敏性、准确性和作业速率下降,也容易产生过度疲劳。

核作业难度大

在核作业环境中涉及许多高新技术,装备更新换代日新月异,人—机—环境系统复杂,对操作人员的智能、技能要求很高,技术难度大,无论在平时还是战时都要求军人保持良好的生理和心理健康状态,在军事演练中精神要高度集中,不允许出现任何差错。长期生活在这样的特殊环境中,个体容易处于心理紧张状态,从而影响特殊作业质量。

核作业时限性强

在核作业中,由于接受任务有很强的时限性,从任务下达到执行操作乃至任务顺利完成时间非常紧迫,稍有不慎就会失败,因此操作人员的心理压力很大,容易出现急躁和慌乱情绪,以致出现差错和事故。

因此,核作业环境的军事技能训练,应首先进行心理选拔,选拔具有较高的心理品质和具有特殊心理功能倾向的人员并把他们调配到合适岗位,注重军事技能训练的心理特点和规律,并有针对性地进行科学的训练,才能取得较好的训练成绩。

7.4.2 核作业环境对军人心理功能的影响

心理恐惧

在过去的战争中,核武器给人类造成了巨大的伤害,尤其是核竞争、核试验和核武器的数目与日俱增,其杀伤力和破坏力不可想象,人们对核武器的恐惧心理越来越强。因此,人们在心理上存在着"恐原情结"是客观而不可回避的。

在火箭兵的特殊作业中,贮存、运输、装检和测试等环节都可能存在着放射物质的辐射损伤和推进剂毒害等威胁,不可避免地会使作业人员产生恐惧心理。特别是近些年来核事故的增多,更加重了作业人员的恐惧心理。长期处于这种特殊作业环境,尤其是在临战状态时,军人面临的压力和冲击力是较大的。

紧张

火箭兵在演习和临战状态时,由于要进行核武器装检作业、推进剂加注和导弹发射前测试等连续操作,技术复杂,难度大,要求注意力高度集中,因而容易在心理上出现紧张情绪。当然,出现紧张情绪是自然的,它可以调动人体内能量,有利于个体发挥最大效能,顺利准确地完成发射任务。但是,当压力过大,环境应急过强时,如战备状态升级或战争一触即发,人体就会处于连续耗能过程,效能就会降低,操作的准确性就会下降甚至出现操作失败。

心理疲劳

火箭兵的许多作业都是在极端恶劣的环境中进行的,由于机体处于长时间的应激兴奋状态,体内肾上腺皮质功能亢进,皮质激素分泌增多,人体处于高度警觉状态,随着时间的推移,就会转化为抑制,这时,人体的激素水平下降,就会导致生理心理疲劳,使个体的注意力难以集中,反应迟缓,灵敏性降低,影响水平正常发挥。

对健康的担忧

由于许多官兵长期在特殊环境中生活,经常接触某些有害物质,容易出现对健康的担忧,这是可以理解的。但是应该明确的是,当前的武器装备都具有十分完备的防护措施,只要严格按照要求进行防护和操作,不会对健康造成危害。

心理应激反应

火箭兵部队在未来战争中是敌人首要打击目标,无论在战争状态还是平时的特殊作业中,都可能面临着核影响,如核攻击、核材料和推进剂泄漏以及核污染等,会造成巨大破坏,导致许多人员伤亡,容易引发现场作业人员的心理应激反应,如焦虑、紧张、恐惧、抑郁、敏感和疑病等,一些作业人员甚至可能出现应激相关障碍,如急性应激障碍和创伤后应激障碍。

7.4.3 核作业人员的心理健康防护

火箭兵作业环境特殊,操作复杂,所承载的负荷较大,对健康水平要求较高,其生理心理功能受到的影响也较大,因此,维护这一特殊人群的心理健康,对于提高部队战斗力,有效应对未来高技术战争的需要具有重要现实意义。

心理选拔

对火箭兵特殊作业岗位人员进行心理选拔,通过临床系统评估,建立心理健康档案,依据专业需求,选拔个性稳定、人格健全、具有良好技能和心理素质的人员,从事特殊岗位作业;同时进行动态跟踪,关注特殊人群的心理变化特点、定期评估、保障人员的稳定。

心理健康教育

对火箭兵部队人员经常进行心理健康教育,形成常态化机制,使官兵深刻认识到心理健康的维护对于个体、群体乃至整个部队具有重要意义,充分认识到军人的心理健康的维护是提高部队战斗力的重要组成部分,是打赢未来高技术战争的重要保障。同时,要把心理和生理健康知识教育统一结合起来,提高士兵自觉维护心理健康和生理健康的意识,使他们学会进行自我情绪和压力调节的技巧,并且互相交流、互相帮助,形成氛围,提倡集体正能量的积极影响。

进行心理行为训练

在军事演练中,要把心理行为训练融入特殊作业的整个过程,每一个环节都可以作为心理行为训练的情景,让大家体验和畅谈心理感受,并由领导进行讲评和鼓励,使训练更具有实效性;还可以模拟作业事故进行训练,帮助军人感受模拟环境下的心理变化,不断提高应变能力和心理承受能力,从而在实战中有效降低心理应激反应,能够应对任何突发事件的发生。

做好心理咨询

在火箭兵群体中培养配备一定数量的心理医生和骨干,安排他们经常深入作业一线,及时观察和发现某些官兵出现的情绪、行为反应,寻找原因,有针对性地进行心理疏导,及时解除士兵的心理困惑,并对重点人群进行积极关注,重点管理健康档案,动态追踪观察和帮助,善始善终。

特殊处理

在平时和战时的军事生活中,个别人员难免会出现心理异常表现,针对这种情况要及时进行识别和判断,及早发现可疑精神性疾病患者,及时安排相关人员脱离特殊作业岗位,一经精神专科医生确诊,立即送专科医院进行专业治疗或心理康复疗养。

特殊军事环境心理问题是军事心理学研究领域的一个热点,研究者们做了大量的工作。但是,现阶段的研究还存在着诸多不足。大多数研究主要停留在对特殊军事环境军人心理健康状况的调查层面;不同特殊环境的调查研究论文数量和质量极不平衡;对特殊军事环境军人心理问题的影响因素研究主要是相关研究,明确因果关系的研究极少;调查工具主要使用的是国外已经应用成熟的量表工具,使用符合我军实际的本土化量表的研究较少;设计合理,控制严格的心理训练实证研究十分缺乏。

目前对特殊军事作业环境心理的研究主要采用调查法,可在较为宏观的层面认识特殊军事作业环境心理问题,但是却无法明确这些心理问题背后的认知神经机制。未来的研究应当使用认知神经科学的研究手段,在军事环境如何影响军人的认知、态度、情绪、行为和军事绩效,如何用脑控和控脑技术来提升军人适应军事环境的能力,用什么认知神经装备帮助军人适应特殊环境等方面进行研究,为适应、利用军事环境,提升军人战斗力生成提供理论与实践支持。未来的研究应当着眼于实战,在实战条件下开展适合在部队长期使用的心理健康训练研究,主要应研究战场和特殊军事环境对军人心理行为的影响,探讨如何通过军事心理训练提高军人快速适应环境的能力,将心理行为与生理指标相结合,建立客观、有效和快速的身心一体的训练方法,建立特殊环境军人心理障碍的心理防护技术等。

(杨国愉　陈国民　赵　仑　史　杰　张亚娟)

参考文献

常映明.(2001).火箭兵医学.北京:军事医学科学出版社.
程天民.(1999).军事预防医学.北京:人民军医出版社.
冯正直,陈骁.(2016).我国特殊军事环境军人心理问题研究与展望.第三军医大学学报,38(20),2199-2204.
冯正直.(2009).军事心理学.北京:军事医学科学出版社.
盖尔,曼格尔斯多夫,苗丹民,王京生,刘立等译.(2004).军事心理学手册.北京:中国轻工业出版社.
高钰琪.(2005).高原军事医学,重庆:重庆出版社.
克罗宁,王京生译.(2006).军事心理学导论(第二版).北京:中国轻工业出版社.
刘耘,冯正直,王庭波,何飞.(2013).常驻高海拔高原陆军人心理素质特点.第三军医大学学报,35(7),669-672.
苗丹民.(2006).军事心理学研究.心理科学进展,14(2):161-163.
王超,何坚荣,杨国亮,胡勤芳.(2013).核事故对人群心理健康的影响研究现状.中国医药导报,10(23),37-40.
吴刚,吴力克,杨册,梁冰,徐春红,赵红等.(2002).水面舰艇和核潜艇长航对艇员焦虑、抑郁情绪及睡眠质量的影响.解放军预防医学杂志,20(6),418-421.
杨国愉,冯正直,刘云波,张艳,张均.(2005).高海拔环境下驻训军人情绪特点的动态研究.第三军医大学学报,27(15).
赵红,吴力克,梁冰,刘文,房芳,杨朋.(2002).水面舰艇及核潜艇长航对艇员心理健康水平的影响.解放军预防医学杂志,20(5),332-335.
赵静波,解亚宁.(2006).高原军人心理健康状况及其影响因素研究进展.解放军预防医学杂志,24(1),64-67.
A. DavidMangelsdorff.(2004).军事心理学手册.
Bahrke, M. S., & Shukitthale, B.. (1993). Effects of altitude on mood, behaviour and cognitive functioning. a review. *Sports Medicine*, 16(2), 97-125.
Baumann, A., Zaeske, H., & Gaebel, W.. (2003). The image of people with mental illness in movies: effects on beliefs, attitudes and social distance, considering as example the movie "the white noise". *Psychiatrische Praxis*, 30(7), 372.
Benezra, M., Palgi, Y., Soffer, Y., & Shrira, A. (2012). Mental health consequences of the 2011 fukushima nuclear disaster: are the grandchildren of people living in hiroshima and nagasaki during the drop of the atomic bomb more vulnerable?. *World Psychiatry*, 11(2), 133-133.
Christopher Cronin.(2003). *Military Psychology: An Introduction* (*second edition*), pearson custom publishing.
Harrison, Y., & Home, J. A.. (2000). The impact of sleep deprivation on decision making: a review. *Journal of Experimental Psychology. Applied*, 6(3), 236-249.
Hygge, S., & Bullinger, E. M. (2002). A prospective study of some effects of aircraft noise on cognitive performance in schoolchildren. *Psychological Science*, 13(5), 469-474.
Killgore, W. D. S., Balkin, T. J., & Wesensten, N. J. (2006). Impaired decision making following 49? h of sleep deprivation. *Journal of sleep research*, 15(1), 7-13.
Killgore, W. D. S., Kahn-Greene, E. T., Grugle, N. L., Killgore, D. B., & Balkin, T. J. (2009). Sustaining executive functions during sleep deprivation: a comparison of caffeine, dextroamphetamine, and modafinil. *SLEEP*.
Killgore, W. D. S., Killgore, D. B., Day, L. M., Li, C., Kamimori, G. H., & Balkin, T. J.. (2007). The effects of 53 hours of sleep deprivation on moral judgment. *Sleep*, 30(3), 345-352.
Killgore, W. D. S., Lipizzi, E. L., Kamimori, G. H., & Balkin, T. J.. (2007). Caffeine effects on risky decision making

after 75 hours of sleep deprivation. *Aviation, Space, and Environmental Medicine*, 78(10), 957–962.

Killgore, W. D. S., Mcbride, S. A., Killgore, D. B., & Balkin, T. J.. (2006). The effects of caffeine, dextroamphetamine, and modafinil on humor appreciation during sleep deprivation. *Sleep*, 29(6), 841–847.

Killgore, W. D. S.. (2010). Effects of sleep deprivation on cognition. *Progress in brain research*, 185(1), 105–129.

Lieberman, P., Protopapas, A., & Kanki, B. G.. (1995). Speech production and cognitive deficits on mt. everest. *Aviat Space Environ Med*, 66(9), 857–864.

Mayoralas, L. R., Barbé F, Muñoz A, & Agustí AG. (2003). [steady car engine noise does not affect the cognitive abilities of sleep apnea syndrome patients]. *Archivos De Bronconeumología*, 39(9), 405–408.

Pagani, M., Ravagnan, G., & Salmaso, D.. (1998). Effect of acclimatisation to altitude on learning. *Cortex; a journal devoted to the study of the nervous system and behavior*, 34(2), 243.

Rupert, J. L., & Hochachka, P. W.. (2001). The evidence for hereditary factors contributing to high altitude adaptation in andean natives: a review. *High Altitude Medicine & Biology*, 2(2), 235–256.

Staples, & Susan, L.. (1996). Human response to environmental noise: psychological research and public policy. *American Psychologist*, 51(2), 143–150.

Wesensten, N. J., Killgore, W. D. S., & Balkin, T. J.. (2005). Performance and alertness effects of caffeine, dextroamphetamine, and modafinil during sleep deprivation. *Journal of sleep research*, 14(3), 255–266.

第8章 睡眠剥夺与睡眠障碍

8.1 睡眠及规律／156
8.2 睡眠剥夺／158
 8.2.1 睡眠剥夺对军人心理的影响／159
 8.2.2 睡眠剥夺对警觉性的影响／159
 8.2.3 睡眠剥夺对认知加工的影响／160
 8.2.4 睡眠剥夺对情绪加工的影响／161
 8.2.5 睡眠剥夺对风险决策的影响／163
 8.2.6 作战条件下的睡眠剥夺研究／164
  坦克兵／164
  步兵／165
  海军／166
  空军／166
  指挥和控制／166
  工作绩效／167
  驾驶疲劳／167
8.3 军事应激性睡眠障碍／167
 8.3.1 军事应激性睡眠障碍的发生率／167
 8.3.2 军事应激性睡眠障碍的测量／169
  睡眠问卷评估／169
  睡眠指标采集／170
  睡眠问卷评估与睡眠指标采集结合／171
 8.3.3 军事应激性睡眠障碍的危险因素／171
  人口学因素／171
  工作因素／171
  军事应激暴露因素／172
  生理状况及生理性疾病因素／172
  心理疾病因素／173
 8.3.4 军事应激性睡眠障碍对健康的影响／173
  心理健康／173
  军事绩效／174
  生理健康／174
 8.3.5 军事应激性睡眠障碍的干预方法／175
 8.3.6 军事应激性睡眠障碍的研究展望／175

参考文献／176

作战中的睡眠历来是最重要的军事问题之一。出其不意的作战总是围绕敌我双方的睡眠阶段展开,例如远古作战时经常在敌军睡眠的情况下进行迂回包抄,排兵布阵等战略,常能给予敌方致命一击。在现代化战争中,由于人体的生理限制而必需保证的睡眠与需要争分夺秒进行的战斗之间的矛盾越来越突出,因此促进了各军事强国对睡眠问题的深入探讨。军事心理学研究的主要任务之一,就是如何应用心理学的方法,在有效控制睡眠缺失对人体作战能力影响的同时,维持和提升部队战斗力。

8.1 睡眠及规律

同对水和食物的需求一样,睡眠也是人的基本生理需求之一。人的一生之中大约有三分之一的时间用于睡眠。研究表明,连续睡眠缺失达 14 天以上将导致个体死亡。

在一天 24 小时周期中,人类意识觉醒的增长和衰退均符合一定的规律,即昼夜节律。这种昼夜循环的模式自然发生,并且以睡眠与觉醒的形式表现出来。人体许多生理指标均与昼夜节律保持一致,如机体的核心温度、褪黑素、生长激素和饥饿激素等,这些激素能够调节睡眠和觉醒以及细胞生长和修复,从而对人类行为产生重要影响。

一般来说,健康成年人每晚大约需要 8 小时睡眠以保持正常的认知功能。然而睡眠时间的个体差异很大,不同个体对睡眠的需求不同,不同人生阶段的睡眠需要量也有很大区别(如图 8.1 所示)。认识这种差别对保障军人的睡眠非常重要,因为很

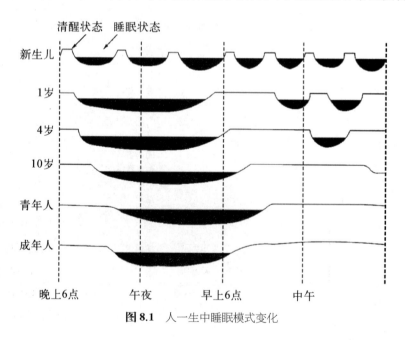

图 8.1 人一生中睡眠模式变化

多现役军人,尤其是刚入伍的新兵,睡眠需要量相对较大,当其成年特别是中年以后,个体对于睡眠的需求逐渐稳定,即每晚8小时左右。

人类习惯于白天工作夜晚睡眠,一天24小时中有8小时工作,8小时睡眠,与之相适应的是人的机体白天适宜于活动,夜晚恢复身体机能。当睡眠节律紊乱时,人体会出现一系列生理心理不适的症状体征,如睡眠质量降低、日间精神萎靡不振、易疲劳和胃肠功能降低等,严重影响军人的身心健康和部队战斗力。

在睡眠期间,人类大脑经历着两种不同类型的睡眠,非快速眼动睡眠(non-rapid eye movement,NREM)和快速眼动睡眠(rapid eye movement,REM)。NREM又可以分为5个阶段,阶段0(清醒状态下)以及4个不断加深的睡眠阶段(从阶段1到阶段4)。整晚典型的睡眠阶段如图8.2所示。

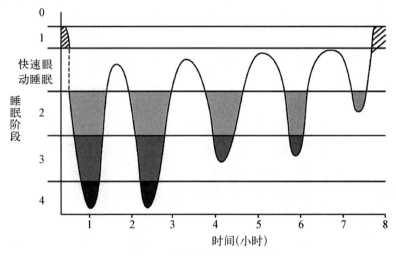

图8.2 典型睡眠阶段示意图

在NREM阶段,机体全身肌肉松弛,没有眼球运动,内脏副交感神经活动占优势。心率和呼吸均减慢,血压降低,胃肠蠕动增加,基础代谢率低,脑部温度较觉醒时稍有降低,大脑总的血流量较觉醒时减少。

NREM以其脑电图特征分为四期:(1)第1期,脑电波以θ波为主,不出现纺锤波或K综合波,实际上是由完全清醒至睡眠之间的过渡阶段,对外界刺激的反应减弱,精神活动进入飘浮境界,思维和现实脱节;(2)第2期,脑电波为纺锤波与K综合波,δ波少于20%,实际上个体已经进入了真正的睡眠,但属于浅睡;(3)第3期,脑电波δ波占20%—50%,为中等深度睡眠;(4)第4期,脑电波δ波占50%以上,属于深睡,不易被唤醒。

REM 阶段个体出现混合频率去同步化的低波幅脑电波。REM 阶段出现眼球快速运动,面部及四肢肌肉有很多次发作性的小抽动,有时会出现嘴唇的吸吮动作,喉部发出短促声音,手足徐动,内脏活动高度不稳定,呼吸不规则,心率经常变动,胃酸分泌增加,大脑各个部分的血流量都比觉醒时明显增加,尤以间脑和脑干最为明显。

无论是 NREM 还是 REM,对于维持人体的正常生理功能来说都是必需的。在睡眠实验中,人们可能被剥夺某一阶段的睡眠。此后当个体进行恢复性睡眠时,身体会弹回到所缺失的睡眠阶段以弥补失去的睡眠。在完全睡眠缺失后的恢复性睡眠阶段,身体会迅速弹回到深度睡眠状态,并在感觉缺失状态下进入无意识联想的大脑活动中。当个体从深度睡眠中醒来时,由于大脑还处在睡眠的迟钝反应中,警觉性和认知功能相比清醒时有所降低。虽然反应迟钝是夜晚从睡眠中醒来的常见现象,但可能从深度睡眠阶段醒来时迟钝持续的时间更长。在军事作业环境中,人们往往深度睡眠的时间不足,上述两种情况:从深度睡眠中醒来和因此发生的反应迟钝,均会对军事作业能力造成不良影响。

8.2 睡眠剥夺

睡眠时间减少就是睡眠剥夺。每天睡眠时间减少 1—2 小时属于轻度睡眠剥夺,减少 2—3 小时属于中度睡眠剥夺,减少 3—4 小时属于重度睡眠剥夺。偶尔轻、中度睡眠剥夺对身体健康并无大碍,但有时 1—2 次重度睡眠剥夺,就可能引发疾病。

在军事环境中,通过利用夜视装置、雷达等先进的传感系统,部队往往可以在夜晚继续战斗,从而使一次战斗或一项任务没有间歇地进行数天,甚至数周。即使部队可以轮流战斗,但大多数军事作业人员仍需要连续工作很长一段时间,在此期间很少睡眠或者没有睡眠。连续作业(continuous operating)是指为完成一项任务,没有间歇或很少有间歇地工作。连续作业会带来压力、睡眠缺失和疲劳,进而带来疲倦和厌烦心理,从而导致工作绩效下降,甚至导致事故发生。军事指挥者应该考虑这种睡眠缺失和持续作业所产生的压力对工作绩效的影响,寻找对抗措施以提高个体和团体的工作效率。

连续作业主要导致睡眠缺失,因此在军事任务中必须考虑睡眠缺失对军事绩效的影响。由于持续工作很长时间以至于错过正常的睡眠时间后,少于正常的睡眠量累积起来的睡眠债就会降低工作绩效和动机水平,从而使情绪变坏。即使作业人员可以获得一些短暂的睡眠,也不足以使个体的认知功能和工作绩效恢复到顶峰水平。

研究表明,睡眠剥夺和持续工作的主要影响更多地表现在心理或认知任务上,而不是体力任务上。睡眠剥夺会加速认知操作水平下降的发生并增加其发生的频率,尤其是持续工作任务中那些需要注意的警觉任务。睡眠剥夺会使包括记忆、学习、逻辑推理、数学运算、模式识别、复杂词汇加工和计划安排的工作绩效下降。

8.2.1 睡眠剥夺对军人心理的影响

执行连续作业的军人在工作时间延长时就会出现工作绩效下降。在一项由12名受试进行的54小时连续作业(作业任务为处理通信问题,加工有关信息和更新地图等)研究中,在连续工作18小时后,受试者反应时延长,逻辑推理、编码和解码作业成绩均出现下降。在连续作业24小时后,受试者工作绩效下降至基线水平的70%。听觉的警觉性也表现出同样的规律。个体工作绩效的下降同每分钟内正确反应数目的下降有关,同错误反应数目增加的关系较小。从连续工作24小时至36小时,所有的工作绩效稳定在基线水平的70%左右。在此后的6个小时有一个飞跃性的下降,达到基线水平的40%,然后又重新稳定。在工作绩效的下降的过程中伴有情绪恶化、动机水平降低、主观困倦程度和疲劳感增加。睡眠缺失对工作绩效的影响同生物近日节律共同作用,受试者在凌晨3点到6点时表现最差。

8.2.2 睡眠剥夺对警觉性的影响

随着连续作业时间的延长,睡眠缺失开始出现,主要表现为注意时间缩短,作业人员很难长时间地集中注意,这往往是其他认知功能改变的基础。间断的、像梦似的、无关的想法或者短暂的微睡眠(micro sleep)会导致注意脱漏的发生。研究表明在36小时完全睡眠剥夺后,与大脑注意加工相关的事件相关电位波幅下降、潜伏期延长,且经过8小时的恢复性睡眠不能完全恢复至基线水平。完全睡眠剥夺引起的功能性神经生理机制变化,显示了注意机制的降低以及影响注意、分辨和抉择的丘脑闸门的变化。博南(Bohnen)在研究中发现,视觉搜索任务对睡眠缺失非常敏感。

睡眠剥夺会造成短时记忆损失,这种损失主要集中在近期发生的事件。军事作业人员往往很自信他们记住并保持了最近的信息、事件和数据,但他们其实并没有真正地记住这些信息。

完成复杂的认知加工需要保持一定程度的警觉状态和注意力,这些基本能力是实现更高级层次认知加工的基础。在日常生活中,警觉状态的维持相对稳定。当连续觉醒累计超过16小时后,大多数人开始表现出反应时延长,精神运动警觉的准确度变差,并随着连续觉醒延长到次日凌晨而持续恶化。以精神运动警觉测试评估睡眠剥夺对认知功能影响的研究发现,除了反应时显著延长以外,睡眠剥夺导致注意脱漏的发生次数和持续时间均有所增加。有研究者认为更长时间的注意脱漏实际上是

"微睡眠",或者大脑睡眠样激活片刻中断了持续的觉醒。有证据显示特定时间点的脱漏次数与脱漏的持续时间具有相关性,表明该相关性可以作为评估睡眠的有效指标。

睡眠剥夺期间的"任务时间效应"(即随着对认知任务的持续关注,个体的成绩逐渐恶化)很高。事实上甚至在一个晚上的睡眠缺失期间,即便是完成一个仅仅几分钟的无聊单调任务,个体的作业成绩也会下降。沃尔特里德军事研究所的一系列研究使用5分钟精神运动警觉测试,测试兴奋剂如咖啡因、右旋安非他命以及莫达非尼在长时程睡眠剥夺中对维持警觉状态和警觉性的有效性。研究表明,常用的精神兴奋类药物如果剂量足够,即使经过3个夜晚的完全睡眠剥夺后,个体的反应速度仍然可以维持在基线水平。

精神运动警觉性对稳态睡眠压力等级(即睡眠的生物驱动)高度敏感。稳态睡眠压力会随着连续作业的持续时间而累积,正如一天中警觉状态的正常昼夜波动一样。因此,个体保持觉醒的时间越长,入睡的稳态压力就越大。在睡眠剥夺期间,凌晨时个体的成绩下降最为严重,此时正处于昼夜波动的谷底。

觉醒的时间越长,渴望睡眠的生物压力就越大。在刻意保持清醒期间,身体内在的渴望睡眠的压力会与个体保持清醒的动机进行斗争。目前的研究认为虽然无意识的睡眠驱动力是来自自下而上的控制系统如脑干和下丘脑,或者是局部神经元的整合功能,但是个体维持清醒的能力却是受到自上而下的皮层控制系统的调节,尤其是前额叶的执行控制区域。当睡眠的压力较低时,该系统处于松弛状态,清醒的警觉表现也处于稳定状态。然而,当个体想要尝试维持超过16小时的清醒状态时,逐渐增加的渴望睡眠的身体内部压力和维持清醒的动机之间的冲突就会增加,从而导致警觉系统的不稳定性和不可靠性。这种被称为"不稳定清醒状态"的理论认为,睡眠剥夺的一个重要特点就是个体保持清醒的动机和身体内部渴望睡眠的神经生物系统之间的相互作用引起的不稳定性。这种不稳定性在脱漏实验中能够很容易地观察到,而且随着清醒时间的增加,这种不稳定性的出现频率和时间都在增加。最终,由于脱漏时间越来越长,本质上我们可以认为个体已经从短暂的无意识转换到了一种功能性睡眠发作状态。利姆和德杰斯(Lim和Dirges)的研究认为,这种睡眠发作在正常休息的人群中是几乎不存在的,但是随着清醒时间增加并逐渐超过正常人的清醒时间,睡眠发作的频率会逐渐增加。

8.2.3 睡眠剥夺对认知加工的影响

在持续注意或注意脱漏期间大脑究竟发生了什么变化?睡眠剥夺前后认知加工过程是否完全一致?早期神经影像学研究者通过使用PET扫描发现,睡眠剥夺与神经网络代谢下降有关。这一神经网络包括前额叶皮质、前扣带回、丘脑、基底神经节以及小脑,对于注意力、信息加工以及执行控制功能非常重要。研究发现,丘脑、前额叶以及顶叶区域的活动下降与警觉及认知功能的下降高度相关。近年来磁共振成像研究表明存在对持续注意非常重要的大脑网络,其功能在睡眠剥夺后会发生改变。例如,德拉蒙德(Drummond)及其同事使用事件相关功能磁共振成像研究发现,更快速的反应与持续注意网络的激活相关,包括前额叶皮质、运动以及顶叶皮质。而较慢的反应与内侧前额叶皮质的激活有关。内侧前额叶皮质属于默认网络,该网络通常在外加认知任务需求最小时激活。睡眠剥夺后,慢反应与默认网络的过度激活密切相关。由于默认网络通常在清醒、静息状态,而不是任务导向行为中激活,研究者指出睡眠缺失可能导致默认网络活动异常,从而不能有效组织注意资源用于满足任务相关脑区的需要。最新研究发现,经过36小时睡眠剥夺,大脑突显网络和默认网络之间的联系显著增强,突显网络和执行控制网络之间的连接也有增强,而且突显网络和默认网络之间的连接强度和受试者的执行控制能力之间存在显著相关关系,表明睡眠剥夺后随着机体内稳态系统睡眠压力的增大,即使在觉醒状态下,个体的认知资源也被更多的投入到恢复内稳态系统上,从而使得个体的执行控制能力下降。

神经影像学研究还表明睡眠剥夺与前额叶、顶叶神经网络以及丘脑的功能改变有关。奇(Chee)及其同事研究发现脱漏在睡眠剥夺后与清醒状态时不同。平时不自觉地,在执行枯燥任务时也会出现脱漏,这些脱漏与前额叶皮质控制网络系统有关。然而,在睡眠剥夺后,脱漏不仅与前额叶功能下降有关,也与顶叶皮质、视觉皮质以及丘脑功能下降有关。这些研究表明睡眠剥夺后的脱漏与正常清醒状态下的脱漏具有本质上的不同。总体来说,神经影像学研究表明睡眠缺失改变了正常的持续注意神经网络功能,导致了外界信息输入处理能力的下降。

8.2.4 睡眠剥夺对情绪加工的影响

情绪稳定性在睡眠剥夺后下降。但是直到现在,仍然很少有研究关注睡眠剥夺对情绪加工的特定方面的影响,如情绪知觉、情绪控制、情绪理解以及情绪表达。近年来研究表明睡眠缺失导致的情绪加工变化会对一系列高级认知加工过程产生深远影响,如记忆、判断以及决策等。情绪变化和动机水平降低往往是早期表现,当持续作业时间不长时,甚至可能是唯一的表现。睡眠剥夺后战士们往往感到精力下降、警觉性下降、容易被激惹或与他人发生争执、负性情绪增加和困倦等。有些人可能否认困倦和容易被激惹,但他们较以前更加淡漠,正性情绪减少。

睡眠剥夺不仅影响个体对负性事件的情绪反应,也会降低个体的自我应对以及情绪智力。研究表明,连续两个晚上的完全睡眠剥夺会降低个体的正性思维倾向,降低个体进行有效行为以解决问题的意愿,并使个体更多地依赖无效的应对策略如迷信和奇幻思维过程等。此外,个体情绪智力测验的得分也会下降,主要包括自信、同情他人、人际关系理解、冲动控制以及延迟满足能力等方面。因此,睡眠剥夺的个体更容易沮丧、容忍力差、无情和漠不关心,更加关注自我。

睡眠剥夺也会引起一些情绪症状。例如与基线相比,56小时睡眠剥夺会增加抑郁、焦虑、偏执和躯体不适等临床量表评分。总体来说,睡眠剥夺后健康受试者通常自我报告无用、无助、失败、低自我效能感以及低生活满意度。有25%的受试的抑郁评分超过临床诊断标准,而有17%的受试在焦虑、躁狂和边缘特征得分上达到临床诊断标准,表明睡眠剥夺对健康受试者的情绪功能有重要影响。

睡眠剥夺也影响个体对情绪刺激的评价。在最近的一项研究中,研究者首先给正常健康受试者看一些快乐、中性和令人厌恶的图片,并让每名受试者对每张图片所反映的情绪进行分级。然后所有受试者被随机地分为两组,分别是正常睡眠组和睡眠剥夺组,经过一夜的正常睡眠或者一夜的睡眠剥夺后,再次对一个和以上图片集对应的图片集进行情绪分级。研究者发现,睡眠剥夺并不影响两组受试者对快乐或者令人厌恶的图片的分级,但是在睡眠剥夺组中,中性图片显著地被更多地分入负性情绪图片类。这些研究证明睡眠剥夺改变了个体对中性图片的情绪感知,使得个体的情绪处理过程更加偏向于负性。

此外,睡眠剥夺也影响个体对幽默的感知。对幽默的感知是一项高度复杂的认知能力,需要个体具有结合情绪处理过程整合上下文信息的能力。在一项研究中,健康受试者经历了两个晚上的睡眠剥夺,然后让他们在一对词语或者视觉刺激中选出更加有趣的一个。睡眠剥夺受试者的得分要比正常人的得分低一个标准差,而且这个结果并不受咖啡因摄入的影响。因为咖啡因能够提升人的警觉意识,但是不能改善人的幽默感知能力,所以这些结果不能用警觉意识的减弱解释。

为什么睡眠剥夺对情感处理具有如此戏剧性的影响?睡眠剥夺通过影响哪些大脑区域导致这些结果有关?睡眠剥夺的神经影像学研究逐步揭开了其中的奥秘。早期的正电子发射型计算机断层显像(Positron Emission Computed Tomography, PET)研究发现了睡眠剥夺后大脑前额叶代谢活动的显著下降,这些活动与注意及认知处理过程的下降相关。然而,前额叶并不是只参与了注意资源的调节,它在情绪处理及人格形成中均扮演了重要的角色。比如说内侧前额叶皮质在整合情绪输入和抽象推理及决策中都具有重要作用。内侧前额叶皮质还同简单的情绪处理区域(例如杏仁核、大脑边缘系统结构)之间具有广泛的抑制性连接。因此,内侧前额叶皮质的代谢活动降低可以被看作是对情绪相关的杏仁核响应的调节的损伤,也就导致了负性情绪的增加。

功能磁共振成像研究还发现了睡眠剥夺对皮层边缘情绪调节环路的影响。柳（Yoo）等人在大脑功能磁共振成像扫描期间给正常人和睡眠剥夺受试呈现能够唤起情绪反应的图片。正常受试者面对负性图片，杏仁核活动增强，然而在 35 小时睡眠剥夺的受试者中，在杏仁核区域观察到了更加强烈的信号幅值和信号空间范围。通过功能连接分析，睡眠剥夺受试者中在内侧前额叶、杏仁核之间观察到了显著下降的功能连接。这些研究证明，睡眠剥夺会削弱大脑前额叶对杏仁核的自上向下的抑制控制。这和近期的一些认为睡眠的主要功能之一就是优化神经元功能连接的研究结果一致。最新研究发现，经过 36 小时睡眠剥夺，受试者的情境状态量表得分升高，而且和杏仁核—前额叶之间的功能连接呈显著正相关关系。

8.2.5 睡眠剥夺对风险决策的影响

睡眠剥夺对个体决策能力的影响尤其复杂，这种复杂性体现为决策过程并不是一个孤立的完全理性并且不受情绪影响的认知过程。相反，判断和决策常常受到情绪的直接影响。睡眠剥夺最重要的影响之一就是能够改变人的情绪，这种改变会影响到人对风险的评估，进而最终影响人的判断和决策。在一项 49 小时睡眠剥夺实验中，受试者需要完成以情绪为导向的赌博任务，该任务的最终目的是评估受试者放弃短期奖励从而获得长期利益的意愿。在实验中正常受试者会慢慢学会放弃高风险的项目，转而倾向于更加温和，但是长期利益更大的项目。但是在缺少了两个晚上的睡眠之后，同样的一批人就会倾向于选择风险更加高的选项，尽管这会带来长期利益的损失。事实上，睡眠剥夺后的这种反应和腹内侧前额叶皮质受到损伤的病人具有极高的相似性。睡眠剥夺对决策的影响在另一项 75 小时睡眠剥夺实验中也得到了验证，并且这种影响在受试者允许摄入咖啡因的情况下仍然没有得到改善，这就说明了睡眠剥夺对大脑的影响并不是简单地由警觉功能的减弱造成的。睡眠剥夺可能影响了大脑对情绪和决策的整合过程。

睡眠剥夺对风险评估的影响程度也受到个体认知倾向的影响。如果一项任务能够带来收益，那么睡眠剥夺受试者就会表现出比平时更高的倾向性，但是如果一项任务会造成损失，那么睡眠剥夺受试者反而会表现出比平时更低的倾向性。最近的神经影像学研究表明，睡眠剥夺可能是通过影响大脑中的奖励相关区域，从而影响人对收益和损失的期望。研究发现，当睡眠剥夺受试者在进行风险决策的时候，他们的大脑中的奖励相关区域出现了更高的激活，这种激活模式与期望收益时的激活模式是一致的。相反地，当睡眠剥夺受试者经历损失时，他们的大脑在厌恶、惩罚相关脑区出现了比正常情况下更低的激活。睡眠剥夺可能改变了大脑中和奖励、惩罚相关的功能网络活动，从而导致了风险相关决策的变化：倾向于不现实的利益期望，低估潜在的损失。

此外,睡眠剥夺可能会影响社会—情绪决策,从而影响社交活动和道德相关行为。安德森和迪金森(Anderson 和 Dickinson)在一项研究中让睡眠剥夺后的受试者参加一些有实际金钱结果的谈判与信任游戏。实验结果表明,36小时的睡眠剥夺使得受试者在这些社交游戏中更加富有侵略性。他们对陌生搭档的信任程度更低,在谈判中更容易拒绝对方,甚至在他们明知这种拒绝对双方都将造成损失的情况下,仍然会做出拒绝的决定。即使在知道拒绝将使自己不能获得收益的情况下,睡眠剥夺受试者仍然更倾向于直接拒绝一项提议。这些发现均与睡眠剥夺会降低移情,提高妄想的症状和受到迫害的感觉的结论一致,证明了睡眠剥夺会增加社交场合中情绪对决策过程的影响。

睡眠剥夺也会影响以情绪为导向的道德判断。基戈尔(Killgore)及其团队分别给正常受试者和睡眠剥夺受试者呈现相同的道德困境,对于每一个困境都给出了详细描述和一个推荐的解决方案,受试者只需要简单的回答这个方案是否合理即可。实验中的困境根据它们的情绪关联性,从低到高分为三种。有趣的是,连续两个晚上的睡眠剥夺对低情绪关联性甚至是中情绪关联性的决策速度均没有影响。然而,在高情绪关联性决策中,和正常组相比,睡眠剥夺受试者的决策速度显著下降。睡眠剥夺受试者更加容易违反自己的道德标准,而且这种影响并不受咖啡因的影响。这些发现再次证明了睡眠剥夺对执行功能系统尤其和情绪相关的整合决策过程的不利影响。

8.2.6 作战条件下的睡眠剥夺研究

无数的实验室研究已经证实,睡眠剥夺会对人体认知功能产生负面影响。这些实验提供了睡眠不足状态下,各种人体体征变化的可靠结果。然而,在军事作业中人们往往不愿意接受这样的实验结果,并且声称动机和意志力会使一个人在缺乏睡眠的疲劳状态下依旧有好的表现。虽然军队已经有政策强调睡眠与疲劳管理对于一个团队有效开展军事行动非常重要,但睡眠不足似乎在军事生活中无所不在。历史告诫人们:由于睡眠不足而使个体在注意力和决策方面犯下的小错,可能会引起严重的后果。正是因为这样,科学研究应该扩展到特殊军事环境以观察实际军事行动中慢性或急性睡眠剥夺产生的后果,对军人睡眠不足依旧能使自身行为不受影响这一观念提出质疑。

坦克兵

德鲁克(Drucker)要求受试者在装甲车模拟器中在公路上连续行驶48小时执行目标搜查任务。结果表明,两项任务的绩效在第一个没有睡眠的夜晚明显下降,在第二天有一定程度的恢复。但是,在第二个没有睡眠的晚上作业成绩出现非常显著的下降。在小组成员之间交换任务并不能够提高工作绩效或者阻止工作绩效的降低。

安斯沃思和毕晓普(Ainsworth 和 Bishop)研究了由 4 个成员组成的坦克组在持续工作 48 小时期间的进攻、防守或者后退时的工作绩效。他们进行通讯、跨越障碍物、目标跟踪和装炮弹,保持一定的作业水平而没有明显的工作绩效下降。研究发现那些需要较高警觉水平或者需要复杂的知觉—运动能力的活动,例如在运动中跟踪目标和驾驶等任务对于睡眠缺失非常敏感。但是,几乎所有的任务在连续 48 小时没有睡眠时,尽管工作速度减慢,仍都可以以令人接受的水平进行工作。

步兵

在一系列的 36—48 小时持续工作的现场研究中,尽管每个人的疲劳程度均不相同,步兵在 3 种基本任务(利用夜视工具追踪目标、上枪膛并射击和抛掷手榴弹)中的表现均相当稳定。

3 个跳伞排参加了 1 个连续进行步兵工作的现场研究。在 9 天的训练中,其中 1 个排不允许睡眠,另 1 个排每天允许睡眠 1.5 小时,第三个排每天允许睡眠 3 小时。军事任务包括射击、武器处理、战壕挖掘、行军和巡逻,这些均在 9 天中进行测评。受试者完成每天的认知测验,包括图形标明、编码/解码、短时记忆和逻辑推理等。不允许睡眠的那个排在 3 个晚上以后,不能够有效地完成军事任务,所有的成员在 4 个晚上后都退出了试验。每天允许睡眠 1.5 小时的排,39% 的成员在 5 个晚上后退出了试验,余下者在 6 天以后不能够有效地完成军事任务。每个晚上允许睡眠 3 小时的排全部有效地完成了整个 9 天的军事任务。

在第二项研究中,要求战士们没有睡眠地连续工作 90 小时,在随后的 6 天中,每 24 小时允许有 4 小时的睡眠。所有的 10 名受试者均完成了全部试验。连续 3 个晚上,每晚睡眠 4 小时使受试者工作绩效和情绪在第二天已经足够维持在平均水平以上。在第一个 4 小时的睡眠后,试验组的绩效提高到控制组的 60%;在第三个 4 小时的睡眠后,其绩效提高到控制组的 80%。不同于整个正性作用的是,即使在经过晚上获得 4 小时的睡眠后,受试者在清醒后立即开始的认知测验中的得分仍然处于很低水平(睡眠惯性)。因此,在每一个 24 小时中获得 4 小时睡眠对于恢复体力和持续工作是非常必要的。将这 4 小时睡眠分为 4 个 1 小时的睡眠同连续的 4 小时的睡眠相比,二者的效果是相同的。随后的研究发现,在 3 天睡眠剥夺后,对于 2 小时小睡的预期也会提高工作绩效。

研究发现睡眠剥夺的主要作用是心理的,而不是生理的;睡眠剥夺后心理能力和情绪受到破坏,而身体的适应性却没有变化。警觉性、难度更大的和更为细致的认知任务受影响最为明显,经过 3 个没有睡眠的夜晚以后,个体在这些任务上的工作绩效下降了接近 50%,有些时候甚至只有对照组水平的 35%,此时,我们认为不能够完成军事任务。简单的、曾经很好学习过的任务,如处理武器的测试几乎不受影响;而出现目标物进行射击的任务,是一个事件决定速度的任务,则受损害非常显著,而在自己决定速度的对一群目标进行射击的任务,就不受睡眠缺失的影响。

总之,4天没有睡眠使受试者在认知测验上的成绩出现了一个明显下降,随后那些仍然留在现场研究中的受试者,工作绩效趋向于稳定。人们发现随着疲劳的增加,比较轻松的领导方式更合适,劝告要比直接命令更好。在睡眠剥夺的后期,战士们发现,他们对细节、个人卫生不再注意,对自己的关心减少。

海军

莫斯塔吉米(Mostaghimi)等发现,对于经过很好训练和有较高动机水平的海军在完成模拟潜艇任务中,64—72小时的睡眠缺失没有明显地降低整体"战斗力"。在一些任务中,只有长时记忆和决策表现出绩效下降。

空军

针对飞行任务有两项较为经典的研究。在研究一中,飞行员在延长飞行任务中的工作绩效的试验中,6个战斗机飞行员在5—20小时的工作日,每1小时要操作32个不同的直升机飞行操纵装置1次,共需进行1—1.5小时,每晚睡眠3.5小时。在第二项研究中,3名飞行员组成的飞行小组在直升机模拟器中模拟飞行,共进行5天,每天20小时为工作时间,其中每天飞行14小时,大约每晚睡眠4小时。在这两项研究中,所有12名飞行员完成了5天的工作任务,没有出现事故。尽管飞行中的心理运动成分并没有下降到不可接受的水平,但是在第4天,飞行员采纳了一个更为被动的飞行控制策略。更为重要的是,在第4天,飞行员偶尔会出现遗漏的错误(可能是脱漏),例如忘记做安全或通讯检查,模拟器中配合飞行员飞行的副驾驶在作为测航员进行相对活动水平较低的活动时偶尔会入睡。这些研究表明,每个晚上睡眠3.5—4小时,尽管效率和安全性会有一定的下降,经过训练的战士仍然可以控制和操作复杂的人—机械系统,每天进行12—14小时的连续作业,且至少可以持续5天。

指挥和控制

炮兵指挥中心的指挥员们参加了一项为期3天睡眠剥夺的战术演习模拟试验,作业任务是在地图上找到预先计划的或者预先没有计划的目标。在最初的24—48小时,受试者工作绩效下降明显。在48小时以后,4个参与试验的队伍全部退出了试验。随着睡眠剥夺时间的增加,他们的错误越来越多,虽然依然保持着工作的有效性,但个人自我启动活动的工作绩效(例如:找到预先计划的火力目标、根据新的情报修正以前的数据、在地图上找到新的目标)下降最为明显。正如哈斯拉姆(Haslam)的研究,领导和内聚力好的小队表现更好,坚持的时间更长。总的说来,在睡眠剥夺条件下,一个领导得力的团队比一个一般的团队有更好的表现。然而,再优秀的领导也难以克服睡眠剥夺本身对于工作绩效的破坏作用。

工作绩效

摩根(Morgan)研究了部分睡眠缺失的工作绩效问题,一次试验周期为7天。在开始2天中受试者每天工作4小时,然后4小时不在班,再工作4小时,然后12小时不在班;随后连续工作48小时,休息24小时;在最后3天,再重复前两天的工作安排。其中48小时连续工作的工作绩效表现出了明显的日周期变化规律,在午夜和中午出现了工作绩效下降。第一次工作绩效的下降出现在连续工作18小时以后,此时的绩效是第一天上午工作绩效基础水平的82%。在第二天,工作绩效提高到基础水平的90%,但是在晚上,则又下降到基础水平的67%。在经过24小时的休息以后,所有任务绩效均恢复到基线水平。

驾驶疲劳

从大量的有关汽车司机疲劳的研究中我们得出结论:在正常的工作日连续行驶12小时对于知觉或运动功能并不会产生任何副作用。在持续驾驶的模拟试验中,受试者需要完成初级的追踪和一系列的次级任务,研究者发现在15小时的任务中,追踪的工作绩效下降明显,次级任务的表现各不相同,在工作绩效上没有明显下降。在工业国家,疲劳和困倦是长途运输事故的重要原因。甚至一些研究者认为,睡眠剥夺对交通安全的影响不亚于醉酒。超过一半的同睡眠有关的交通事故发生在午夜到凌晨7点之间,通常是在一个人单独开车超过12小时后。

8.3 军事应激性睡眠障碍

8.3.1 军事应激性睡眠障碍的发生率

军事应激性睡眠障碍的发生率远高于平民的睡眠障碍发生率。一项使用了《21项军事行动睡眠调查表》(*21-Item Military Deployment Survey of Sleep*)的研究发现,几乎75%的现役空军成员(n=156)报告他们在参加军事行动时(相比于他们的家庭环境来说)的睡眠质量更差。这种情况同样见于2008年的一项调查研究,调查对象为156名参与军事行动的军人,74%的参与者认为在军事行动环境中睡眠质量更差,40%的参与者睡眠效率低于85%,42%的参与者睡眠潜伏期大于30分钟。相比于白班工作者,晚班工作者睡眠效率更差,并出现更多的入睡困难和睡眠维持困难。但是目前已有研究的结论并不一致。2011年,一项针对2 224名参与伊拉克或者阿富汗战争的军人调查显示,有41%(从战场回来立即测)和36%(从战场回来三个月以后测)的军人自我报告存在睡眠问题。2010年,西利格(Seelig)等人的针对41 225名军人的"千年队列研究"(一项大型美国军人调查)显示,睡眠困扰在参与军事行动的所有部队中发生率为20%—30%。一项基于互联网的针对超过30 000名男女军人的研究发现,与那些未参加军事行动的军人相比,那些目前或近期参加军事行动的军人睡眠问题更常见。2001年的一项对157名美国空军空勤和地勤人员的调查研究表明,62%的昼夜颠倒值班者认为他们有时或总是感到没有足够的睡眠时间。

部队的睡眠障碍的发生率持续增高,特别是在参加军事行动部署过程中和军人从军事行动返回或调动时,睡眠障碍的发生率更高。是否曾经参加过军事行动、作战风险、创伤后应激障碍筛查阳性者、焦虑和抑郁情绪等因素会显著减少睡眠时间。霍格(Hoge)调查了2 525名从伊拉克返回的士兵的睡眠障碍发生情况后发现,约30%的士兵甚至在他们结束服役回到美国3—4个月后仍出现睡眠障碍。睡眠障碍在那些报告头部受伤的士兵中比例甚至更高,经历了颅脑损伤伴意识丧失的士兵中多达58.3%报告有睡眠问题。睡眠问题随着时间的推移甚至可能恶化,如一些越南战争的退伍军人睡眠障碍发生率高达90%以上。

美国国防医疗数据的报告表明,依据国际疾病分类诊断标准,失眠和阻塞性睡眠呼吸暂停(Obstructive Sleep Apnea,OSA)的诊断在所有军队服役人员中均显著增加。从2000年至2009年,失眠的发生率从每年每10 000人中发生7.2例增加到135.8例,而OSA发生率从每年每10 000人中25.6例上升至145.3例。一项研究通过多导睡眠图(Polysomnograpby,PSG)监测了69名兵患有创伤后应激障碍、脑外伤和其他精神健康疾病而重新参加军事行动士兵的睡眠数据,发现OSA的发生率为76.8%。这些受试者的多导睡眠检测结果显示,95.7%报告过度觉醒;76.8%出现阻塞性睡眠呼吸暂停;65.3%报告白天嗜睡;37.7%报告睡眠效率差;29.0%出现入睡延迟。另一项针对现役军人(725人)的睡眠障碍调查研究显示:OSA的发生率为27.2%,失眠的发生率为24.7%,中度至重度OSA的发生率为24.0%,疑似失眠的人占5.1%,行为引起的睡眠不足综合征(behaviorally induced insufficient sleep syndrome)的发生率8.9%,打鼾的人占5.3%。这些军人中超过85.2%参加了军事行动,其中58.1%有一种或多种共病诊断。

根据2008年美国国家睡眠基金会的报告,美国人平均的睡眠时间为6小时55分钟。军队是应激事件高发的群体,同时也是睡眠困扰(sleep disturbances)高发的群体。相比于平民,军人的睡眠时间明显不足。

2008年美国空军156个军事行动的统计显示,在严峻的条件下生活的空军飞行员平均睡眠时间为6.5小时,睡眠效率为83%。另有7个大型调查报告军事行动中美国陆军士兵的平均睡眠时间只有5.6小时。西利格等人在2010年进行的"千年队列研究"(一项大型美国军人调查)显示,41 225名军人的平均睡眠时间为6.5小时;不同年份如2001年—2003年和2004年—2006年的平均睡眠时间差别很小。2011

年,勒克斯顿(Luxton)等人的研究显示,2 738名士兵的平均睡眠时间为5.8±1.2小时。大部分(72%)的士兵报告自己的睡眠时间短(43%)或非常短(29%)。16%(N=444)的士兵报告有睡眠不足的症状(该症状被定义为需要白天打盹或对工作绩效有影响)。与那些具有正常的睡眠时间的士兵相比,睡眠不足的症状更常见于那些SSD(短睡眠时间)或VSSD(非常短睡眠时间)的士兵。一项现役军人(725人)的研究也报告,睡眠时间短(<5小时)的比例为41.8%,这些军人中的>85.2%是参加过军事行动的。

米勒(Miller)等人对49名重返军事行动的美军男性军官睡眠卫生进行的调查发现,在绝大部分最近的军事行动中,他们并没有遵守睡眠管理计划。在受访者单位的工作是否有轮岗这一项上,25%的人回答"从不"。73.9%的受访者表示,他们单位从来没有或很少关注或检查军人是否有打瞌睡的情况,而66.7%的受访者报告说他们单位从来没有或很少指定军人在避光或安静的场所休息。一半的受访者(50%)回答,他们从来没有或很少试图按照睡眠时间表的要求去执行。该结果表明,大多数美军单位可能不会公开解决睡眠问题。在该研究中,超过一半的受访者表示,疲劳在部队中是个重要问题。在高节奏的作战时期中(该时期在战斗中占据了近一半的时间),受访者报告每天只有4个小时的睡眠。绝大多数受访者(82.6%)报告,在高节奏的作战时期中,至少白天偶尔会有睡眠剥夺感。

8.3.2 军事应激性睡眠障碍的测量

当前世界范围内各军兵种对军人睡眠障碍的测量仍采取睡眠问卷评估和睡眠指标采集这两大类方法。

睡眠问卷评估

西利格等人利用《病人健康问卷》(*Patient Health Questionnaire*,PHQ)的焦虑部分的问题和《创伤后应激障碍筛查表—平民版》(*PTSD Checklist-Civilian Version*,PCL-C)的部分问题评估41 225名美军军人1个月内的睡眠困扰情况。PHQ的部分问题包括"在过去的4周,有多少次你经历难以入睡或保持睡眠?"可能的反应包括"无"、"数天"、"一半以上的日子"或"几乎每天"。PCL-C中的问题包括,"在过去的一个月中,你有过无法入睡或保持睡眠?"回答人勾选"无"、"有点"、"中等"、"大多数"或"严重"。研究将PCL-C睡眠项目上回答"有点"、"中等"、"大多数"或"严重",或在PHQ的焦虑睡眠项目回答"数天"、"一半以上的日子"或"几乎每天"的军人定义为存在睡眠问题。

勒克斯顿等人利用《美国国防部的健康风险测评Ⅱ》(*Health Risk Assessment* Ⅱ,HRAⅡ)项目的一部分问题来评估睡眠习惯与特征。睡眠评估包括2项。第一个问题,评估睡眠时间:你每晚有多少个小时的睡眠? 小于或等于4、5、6、7、8、9个或者更多。士兵睡眠时间小于 7 小时被定义为具有睡眠时间短(SSD),士兵睡眠时间小于 6 小时被定义为具有睡眠时间很短(VSSD)。睡眠不足定义为睡眠时间<7 小时,再加上肯定的回答第二个问题:缺乏睡眠是否会使你在白天打盹或影响你的工作表现?

利蓬特(Liempt)等人利用《创伤后应激障碍自我评估问卷》(*Self-Rating Inventory for Posttraumatic Stress Disorder*, SRIP)和 SCL-90 测量失眠和噩梦症状。

表 8.1 SRIP 与 SCL-90 中与失眠症状相关的条目

序号	SRIP	SCL-90
1	我做了噩梦;	入睡困难;
2	我有入睡困难;	醒来太早;
3	我维持睡眠有困难	不安或睡眠困扰

SRIP 是经验证可靠的针对 4 周内创伤后应激障碍症状进行评估的自评问卷,包括 22 个问题,从 1(无)到 4(频繁)进行评分,高分代表更多的创伤后应激障碍症状(得分从 22—88)。

因萨纳和巴布森(Insana 和 Babson)等人使用了最常用自我报告式的测量睡眠质量的工具—匹兹堡睡眠质量指数(Pittsburg sleep quality index, PSQI)评估创伤后应激障碍的个体的睡眠质量。PSQI 可用于评定受试者最近 1 个月的睡眠质量,由 19 个自评和 5 个他评条目构成,其中第 19 个自评条目和 5 个他评条目不参与计分,在此仅介绍参与计分的 18 个自评条目。18 个条目组成 7 个成分,每个成分按 0—3 等级计分,累积各成分得分为 PSQI 总分,总分范围为 0—21。得分>5,表示睡眠质量差,得分≤5,表示睡眠质量好。该量表的敏感性和特异性分别为 89.6%和 86.5%。

睡眠指标采集

米勒等人应用腕带式活动记录仪(wrist activity monitors, WAMs)来记录睡眠情况,建立活动日志。腕带式活动记录仪作为一个睡眠的客观评价方法已被广泛使用。

卡帕尔迪(Capaldi)等人利用 16 导联的多导睡眠仪(PSG)检测现役军人(在伊拉克或阿富汗战场服役)的睡眠情况,得到入睡潜伏期、觉醒次数和时间、两种睡眠时相和各期睡眠比例、醒起时间和睡眠总时间等多项数据。PSG 是在全夜睡眠过程中,连续并同步地描记脑电、呼吸等 10 余项指标,全部记录次日由仪器自动分析后再经人工逐项核实。监测主要由三部分组成:(1)分析睡眠结构、进程和监测异常脑电。

(2)监测睡眠呼吸功能,以发现睡眠呼吸障碍,分析其类型和严重程度。(3)监测睡眠心血管功能。

睡眠问卷评估与睡眠指标采集结合

梅希利维茨(Mysliwiec)等人利用 PSG、自我报告、《Epworth 瞌睡问卷》(Epworth Sleepiness Scale,ESS)评估 725 名现役美国军人的睡眠状况并进行睡眠障碍的诊断。自我报告包括家里睡眠时间(小时)、在 PSG 检测和做 ESS 期间自我感受的睡眠时间(小时)。《Epworth 瞌睡问卷》是评估日间打瞌睡或睡着状况的标准化问卷。该研究利用《国际睡眠障碍分类(第二版)》分类原发性睡眠障碍,通过整合 PSG 数据、ESS、自我报告的家里睡眠时间、自我报告的 PSG 睡眠时间和临床笔记做出诊断。为了便于分析,该研究将原发性睡眠障碍分为下列几类:轻度 OSA(AHI 5 - 15)、中度至重度 OSA(AHI>15)、失眠、可疑失眠(PI)、BIISS(behaviorally induced insufficient sleep syndrome, BIISS)、打鼾和其他(其中涵盖了不常见的诊断类型)。

8.3.3 军事应激性睡眠障碍的危险因素

人口学因素

在军事应激环境下,男性要比女性更容易出现睡眠方面的障碍。这可能与男性在部队中所承受的压力比女性普遍更大、更可能参加危险的战斗、更恶劣的工作环境有关系。但是也有例外,梅希利维茨等人发现性别为女性是与睡眠障碍中的失眠相关的人口学特征之一。

从年龄上来说,年龄越大,出现军事应激性睡眠障碍的可能性越高。2011 年有研究把年龄划分为出生于 1960 年以前或以后两大类,发现出生于 1960 年以前的被调查者更容易出现睡眠问题。睡眠障碍中的中度至重度 OSA 与年龄也相关,年龄越大,OSA 发生率越高。

从民族来说,非拉丁裔的黑人要比非拉丁裔白人报告睡眠问题的比例要高。可能的原因在于非拉丁裔黑人受教育平均水平比白人要低,所以黑人中的低等级的军人比白人中的更多,他们往往会从事更危险或更辛苦的工作。此外,在美军部队中黑人也更容易受到歧视和不公正对待。

工作因素

纵观众多研究,军人在工作方面的危险因素存在于以下几个方面:

(1)工作条件:如严寒、酷热等工作环境;

(2)工作时间变动:工作时间不固定,经常变换,睡眠时间不规律,人体生物钟受到很大影响;

(3)恶劣的环境:如伊拉克或阿富汗的战场环境,酷热、荒凉、敌对势力层出不穷；

(4) 经常接触大量噪音：如在航空母舰、大型军舰动力系统工作的军人，工作环境长期存在极大的噪音，甚至会对军人造成听力损害；

(5) 拥挤的睡眠空间：如装甲车、小型舰船上这种睡眠空间有限而人员又密集的地方；

(6) 在陆军或海军陆战队服役：可能与陆军或海军陆战队的成员承受军事应激较多、压力较大有关。而预备队／警卫队人员出现睡眠障碍的比例偏低，可能与这类人员面对的军事应激较少有关；

(7) 非军官：军队中的军官地位高、收入高、拥有较大权力、更受保护，相应的也有着更规律的睡眠，故军官出现睡眠障碍的比例要低于士兵；

(8) 现役人员：现役军人和退伍军人在承受军事应激上有着很大差异；

(9) 电子设备维修专家：可能与电子设备出现故障频率较高，工作环境噪声较大有关；

(10) 热应激：如大型舰船的动力部门，工作环境温度高，条件恶劣；

(11) 长时间工作值班或者非优化轮班：长时间如12小时以上的值班或执勤，会造成生理及心理疲劳，也会破坏人体的正常节律；

(12) 士兵缺乏休整机会：过度疲劳可导致睡眠问题；

(13) 由于人手减少而导致工作量增加：工作量的增加也会导致过度疲劳或工作时间过长；

(14) 高节奏的作战时期：战斗节奏快，导致参战人员压力大、任务重，出现睡眠障碍的人员自然增多；

(15) 人员管理不善：如果作战单位的管理水平低、人员散漫、士气低落，即可导致其人员心理压力大、作战负担重，影响其睡眠。

军事应激暴露因素

军事应激的一个重要暴露类型是战斗暴露(combat exposure)，是因为参加了某次战斗而经历的具有心理影响的事件，一般包括四类：负伤、目睹别人丧生、看见士兵或平民的尸体和自己杀人。多个美军研究表明，战斗暴露导致军人睡眠时间变短，睡眠障碍发生率升高。

军事应激的第二个重要暴露是战斗部署(deployment)，有研究指出已经完成战斗部署的作战单位比未进行作战部署的作战单位人员的睡眠时间明显要短一些。从女性群体来说，未部署相比于部署后的女性军人会报告更长时间的睡眠。

生理状况及生理性疾病因素

一般来说，健康状况较差、超重、吸烟和饮酒过度，这些都是睡眠困扰的独立预测因子。还有研究认为,那些最易出现睡眠问题的是:一般健康状况较差的个体。梅希利维茨等人也提出,与中度至重度 OSA 相关的因素为:体重指数(Body Mass Index, BMI)。高 BMI 意味着更可能会出现 OSA。而与失眠相关的特征为:疼痛综合征和 BMI 较低。也就是说,BMI 低于正常值、躯体上的疼痛问题,都会导致失眠问题的出现。

心理疾病因素

众多研究都表明,心理疾病与睡眠障碍息息相关,这是因为睡眠障碍在很大程度上受到情绪的重要影响。

创伤后应激障碍、焦虑症或惊恐障碍、经历过中度或重度生活应激等是睡眠质量较差的危险因素。有研究显示,创伤后应激障碍、失眠和疼痛的共病发生在 51.8% 的退伍军人中,创伤后应激障碍症状的增多与失眠显著相关。

躯体化障碍(Somatic sympton disorder, SSD)有关的因素为:抑郁症、创伤后应激障碍、惊恐障碍的症状和自杀未遂。中度至重度 OSA 相关的因素为:焦虑症。

8.3.4 军事应激性睡眠障碍对健康的影响

睡眠的长度和质量影响着个体生理和心理健康的许多方面。

心理健康

军事应激性睡眠障碍对心理健康方面的影响主要体现为创伤后应激障碍。大多数患创伤后应激障碍的退伍军人都会经历警觉性增高,也就是在任何时候都需要保持他们对周围环境的感知。相对于警觉性增高来说,睡眠是一个内在性矛盾的体验。因此,创伤后应激障碍的退伍军人往往会回避睡眠,这种回避是由伴随着睡眠的噩梦进一步得到强化的。最后,创伤后应激障碍个体的睡眠结构变得不同于正常睡眠和失眠症患者,特别是在睡眠持续时间和 REM 发动上。

马塞拉(Macera)等人发现军事应激性睡眠障碍在脑外伤和心理障碍当中起到中介作用,具体来说,军事应激性睡眠障碍介导了 26% 脑外伤对创伤后应激障碍发展的作用,介导了 41% 脑外伤对抑郁症发展的作用。利蓬特等人发现,创伤性经历后睡眠不好已成为促使创伤后应激障碍发病的假说,作用机理可能是干扰了睡眠在恐惧消退上的积极处理作用。这一假说得到了一些研究的支持,这些研究观察到个体创伤后早期的 REM 睡眠问题,这些个体随后发展出创伤后应激障碍。有趣的是,军人在战斗部署前所做的噩梦的多少可预测 6 个月后的创伤后应激障碍症状。厄尔默(Ulmer)等发现,约 21% 的士兵在伊拉克战争(伊拉克自由行动:Operation Iraqi Freedom)和阿富汗战争(持久自由行动:Operation Enduring Freedom, OEF)服役后,被诊断为创伤后应激障碍,其中大部分的退伍军人(70%—91%)倾向于报告引发或睡眠维持困难,还有一些不全符合创伤后应激障碍诊断标准的人将出现睡眠障碍。有证据表明,多达50%的已达到创伤后应激障碍缓解程度的病人仍会继续经历残留的失眠。2011年,卡帕尔迪(Capaldi)等人的研究表明,美军创伤后应激障碍发生率通常为5%—20%,但重返战场的退伍军人有可能达到高达33%—39%。睡眠中断(包括噩梦和失眠),是创伤后应激障碍的核心特征。各种其他睡眠相关问题也被发现在创伤后应激障碍患者中出现,包括阻塞性睡眠呼吸暂停、周期性不安腿综合征、夜惊、夜间焦虑发作和回避睡眠。

军事绩效

睡眠剥夺对军事绩效的影响在科学文献中有据可查。事实上,睡眠剥夺所致军事绩效的降低已被类比为酒精中毒对人的影响。特别是当睡眠受到限制时,心理动力的警觉性可被极大地改变。而警觉性是许多军事任务,包括岗哨和战术行动的关键。警觉性降低时,重要的信息常被忽略,增大了军人和任务失败的风险。

哈里森和霍姆(Harrison和Home)回顾了睡眠剥夺对广泛认知活动及决策的影响。研究发现高级管理人员和军队领导往往是在危机时期需要延长工作时间的,在复杂的、动态的和危险的环境中做出高层决策。这些决策者所经历的睡眠剥夺可能不会影响这些复杂的、高度规则化的、具有逻辑性的任务表现,这可能是因为这些人对自己工作的高度兴趣和努力。然而,研究者得出的结论是睡眠剥夺确实影响决策,这些决策涉及创造性的解决方案、动态重新规划、管理竞争性需求以及复杂的沟通能力,以上这些被认为是军事环境中固有的关键微认知活动。在这种性质的任务中,前额叶皮层将发挥关键作用。研究结果表明睡眠剥夺"使决策者在紧急情况下获得前述那些能力的过程变得特别困难"。其他最近的研究也把睡眠剥夺与前额叶皮层电活动的改变相联系,给我们提供了军事化环境下关键微认知的变化的生理学角度的解释。

综上所述,睡眠剥夺可导致军事作业绩效下降和决策等能力受损。

生理健康

很多研究均表明,军事应激下的睡眠障碍会导致军人的生理健康受到损害,出现诸如肥胖、体重增加、心脏疾病和视野狭隘等生理方面的问题。

勒克斯顿等人认为,鉴于在2001年的全球反恐战争开始以来的美国军队的高作战节奏,许多服役人员多次参与战区作战行动。不良的睡眠习惯在战区很常见,并在行动过程中一直存在。这可能加剧了生理和职业性伤害,包括慢性疼痛、乏力、全身不适、注意和记忆障碍,并会导致工作或驾驶中的意外。睡眠时间不足对这些伤害的额外影响在于需花费时间和资源以确定这些疾病的病因。从战争归来的服役人员可能有持久的习得性不良睡眠习惯、昼夜颠倒和合并的疾病,这些疾病是由他们的战场经历造成的,这使得他们回家时难以采用正常的睡眠模式。即使在更高职务的服役人员中,持久的睡眠不足也可能会导致轻微的认知和运动障碍。梅希利维茨等人认为,对于军人来说,没有足够的睡眠,可能造成灾难性的后果,既影响个人又影响单位的整体任务。睡眠不足的远期结局包括疾病(如心血管疾病、肥胖症和糖尿病)的关联性和死亡率的增加。

8.3.5　军事应激性睡眠障碍的干预方法

军事应激性睡眠障碍分类较多,目前主要的干预方法分为两大类,一类是针对创伤后应激障碍所致睡眠障碍的专业化治疗,一类是非专业化的政策性干预。

厄尔默(Ulmer)等人于2011年在伊拉克战争(伊拉克自由行动:OIF)和阿富汗战争(持久自由行动:OEF)服役后出现创伤后应激障碍的士兵身上,进行了创伤后应激障碍的睡眠干预(sleep intervention for PTSD, SIP),SIP中的患者在接受常规护理的同时,还接受了2周6次,每次1小时的心理治疗,其中包括3次失眠的认知行为疗法(Cognitive-Behavioral Therapy, CBT)和3次意象治疗(Imago Relationship Therapy, IRT)。CBT的失眠治疗是一种个人化的行为疗法,主要基于以下方法:睡眠限制理论、刺激控制理论、标准化睡眠卫生建议和睡眠的功能失调性信念和态度的识别。IRT包括理解学习在噩梦中的作用、视觉意象技能建设、具体说明如何重构噩梦。参与者被指示去以他们喜欢的任何方式去改变噩梦,每天练习这项技术的时长为≥15分钟,每周练习重构不超过2个新的梦境。经过治疗,参与者的睡眠障碍得到了明显的改善。

从战场归来的美军军人认为所在单位对睡眠有积极影响的做法有:个人或小队轮班工作和轮换;监测人员的表现和单位领导激励;执行工作时间表,强制睡眠时间,或安排休息日;开展行动时采用行动风险管理政策。

8.3.6　军事应激性睡眠障碍的研究展望

目前,军事应激性睡眠障碍的研究还不多,且多为调查性研究。随着睡眠对军人的影响逐步得到重视,该方向以后将成为军事心理学研究的一个热点。展望未来,该研究方向的进一步发展将体现在下述几个方向。

首先,后续的研究将彻底和反复筛选在军事行动后人员的睡眠问题。

其次,下一步的研究将用高度敏感和特异的方法确定关键变量。除了标准筛选程序,还会补充匿名筛选人员的抑郁症和创伤后应激障碍的症状。

第三,治疗睡眠问题的效果需进一步观察,这种治疗方式需适用于军事行动周边环境的和最近参加军事行动的人员。有效治疗脑外伤病人的睡眠障碍仍是研究空白,且有些研究者担心治疗失眠的常用药物可能会影响神经可塑性。

第四,军事行动经历(长度和强度)和睡眠障碍的诊断之间的关系,需要进一步的检查确定。存在焦虑和较差的压力应对机制的服役人员可能易患睡眠障碍和与服役相关的疾病,如创伤后应激障碍。

第五,纵向研究也应进行,如比较服役人员在行动前和行动后的病历,确定睡眠障碍和与服役相关的疾病如创伤后应激障碍、疼痛综合征、焦虑、抑郁和轻度创伤性脑损伤(mild traumatic brain injury, mTBI)之间的关系。这样的研究也可以为人员选拔提供证据,该方法用于减少罹患创伤后应激障碍高风险个人患病的可能。此外,需要进一步的研究确定某些研究的发现是整个军队的普遍情况,而非个别情况。

在某些方面,军队服役人员代表一个理想的研究人群,因为他们是我们公民中最健康的一个横截面。对这部分人群的纵向研究有希望可以帮助我们探索出睡眠障碍的复杂病因。

(邵永聪　潘　霄)

参考文献

盖尔,曼格尔斯多夫,苗丹民,王京生,刘立等译.(2004).军事心理学手册.北京:中国轻工业出版社.
苗丹民,王京生.(2003).军事心理学研究.西安:第四军医大学出版社.
Durmer, J. S., & Dinges, D. F.. (2005). Neurocognitive consequences of sleep deprivation. *Seminars in Neurology*, 25(1), 117–129.
Goel, N., Rao, H., Durmer, J. S., & Dinges, D. F.. (2009). Neurocognitive consequences of sleep deprivation. *Seminars in neurology* (Vol.29, pp.117–129). Semin Neurol.
Harrison, Y., & Home, J. A.. (2000). The impact of sleep deprivation on decision making: a review. *Journal of Experimental Psychology. Applied*, 6(3), 236–249.
Krause, A. J., Simon, E. B., Mander, B. A., Greer, S. M., Saletin, J. M., & Goldstein-Piekarski, A. N., et al. (2017). The sleep-deprived human brain. *Nature Reviews Neuroscience*.
Luxton, D. D., David, G., Jenny, R., Alexander, N., Gary, W., & Vincent, M.. (2011). Prevalence and impact of short sleep duration in redeployed oif soldiers. *Sleep*, 34(9), 1189–1195.
Mccarley, R. W.. (2007). Neurobiology of rem and nrem sleep. *Sleep Medicine*, 8(4), 302–330.
Miller, N. L., & Shattuck, L. G.. (2005). Sleep patterns of young men and women enrolled at the united states military academy: results from year 1 of a 4–year longitudinal study. *Sleep*, 28(7), 837.
Mysliwiec, V., Gill, J., Lee, H., Baxter, T., Heinzelmann, M., & Barr, T., et al. (2013). Prospective observational study of military personnel with obstructive sleep apnea: changes in symptoms of service related illnesses and igf–1 expression. *Chest*, 144(4), 989A–989B.
Pilcher, J. J., & Huffcutt, A. I. (1996). Effects of sleep deprivation on performance: a meta-analysis. Sleep, 19(4), 318.
Seelig, A. D., Jacobson, I. G., Smith, B., & Hooper, T. I.. (2010). Sleep patterns before, during, and after deployment to iraq and afghanistan. *Sleep*, 33(12), 1615–1622.
Sławomir, K., Joanna, S., Małgorzata, T. K., Monika, Z. K., Justyna, S., & Newton, J. L., et al. (2018). The impact of total sleep deprivation upon cognitive functioning in firefighters. *Neuropsychiatric Disease and Treatment*, Volume 14, 1171–1181.
Ulmer, C. S., Edinger, J. D., & Calhoun, P. S.. (2011). A multi-component cognitive-behavioral intervention for sleep disturbance in veterans with ptsd: a pilot study. Journal of Clinical Sleep Medicine, 7(1), 57–68.

第 9 章　军人创伤后应激障碍

9.1　流行病学研究 / 179
　　9.1.1　美军创伤后应激障碍研究 / 179
　　　　越南战争 / 179
　　　　海湾战争 / 180
　　　　伊拉克和阿富汗战争 / 181
　　9.1.2　其他国家军队创伤后应激障碍研究 / 182
　　9.1.3　我军创伤后应激障碍发病情况 / 183
9.2　影响流行学特征的主要因素 / 184
　　9.2.1　方法学因素 / 184
　　　　样本与样本量 / 184
　　　　评估工具与方法 / 185
　　9.2.2　作战相关因素 / 186
　　9.2.3　社会政治和文化因素 / 186
9.3　病因和病理机制研究 / 187
　　9.3.1　病因学研究 / 187
　　9.3.2　生物学病理机制研究 / 187
　　　　遗传特征 / 187
　　　　神经内分泌 / 188
　　　　单胺类神经递质 / 188
　　　　神经影像学 / 189
　　　　神经电生理 / 190
　　9.3.3　心理病理模型 / 190
　　　　行为主义理论模型 / 190
　　　　认知加工理论模型 / 190
9.4　临床特征与分型 / 191
　　9.4.1　临床特征 / 191
　　　　侵入性症状 / 191
　　　　持续性回避 / 192
　　　　负性认知和心境 / 192
　　　　警觉性增高 / 192
　　9.4.2　临床分型 / 192
9.5　评估筛查技术 / 193
　　9.5.1　自评量表评估 / 193

《创伤筛查问卷》(Trauma Screening Questionaire, TSQ) / 193
《临床用创伤后应激障碍诊断量表》(Clinician-Administed PTSD Scale, CAPS) / 193
《初级保健用创伤后应激障碍量表》(Primary Care Posttraumatic Stress Disorder, PC-PTSD) / 193
《创伤后应激障碍自评量表》(Post-Traumatic Stress Disorder Self Rating Scale, PTSD-SS) / 193
《创伤后诊断量表》(Post-Traumatic Diagnosis Scale, PTDS) / 194
《明尼苏达创伤后应激障碍评估量表》(Keane PTSD Scale of the MMPI-2) / 194
《创伤后应激障碍症状自评量表》(PTSD Checklist, PCL) / 194
9.5.2 访谈技术 / 194
9.5.3 多技术融合筛查 / 195
9.6 创伤后应激障碍分类与诊断 / 196
9.6.1 创伤后应激障碍分类 / 196
ICD 系统 / 196
DSM 系统 / 196
CCMD 系统 / 197
9.6.2 创伤后应激障碍诊断要点 / 197
创伤性事件 / 198
创伤性体验 / 198
选择性遗忘 / 198
抑郁情绪 / 198
警觉性增高 / 198
激惹性明显 / 198
出现回避反应 / 198
9.6.3 军事飞行员创伤后应激障碍鉴定 / 198
主要临床特征 / 198
临床医学鉴定 / 199
特许飞行 / 200
9.7 治疗干预措施 / 203
9.7.1 药物治疗 / 203
9.7.2 心理治疗 / 203
认知行为治疗 / 204
暴露疗法 / 205
意象治疗 / 206
人际心理治疗 / 207
眼动脱敏再处理 / 207
基于新技术的治疗 / 208

参考文献 / 208

创伤后应激障碍是由于受到异乎寻常的威胁性、灾难性心理创伤,延迟出现和长期持续的精神障碍。创伤后应激障碍最初是用来描述退伍军人、战俘以及集中营的幸存者在经历战争创伤事件后的一系列表现。关于创伤后应激障碍的描述,名称众多,包括"神经性循环衰弱""铁路症候群""集中营症候群""越南战争后症状群",等等。

创伤后应激障碍真正引起医疗机构的关注是在 19 世纪末 20 世纪初,当时有两类标志性事件:其一,随着火车事故发生率的不断增加,一些内科和精神科医生发现,车祸受害者没有明显的躯体损伤,但却有心理上的创伤,就将其命名为"铁路病""铁路症候群";其二,在第二次世界大战中,出现了一些没有明显躯体损伤但存在心理创伤的士兵,有人将这种心理创伤称为"炸弹休克""战斗疲劳症",这是真正意义上军人创伤后应激障碍的医学诊断术语。

但是,使得创伤后应激障碍真正受到人们重视并加以研究还是因为越南战争。越南战争退伍老兵的创伤后应激障碍高患病率成为当时美国社会的一个突出问题,使得人们对战斗相关创伤后应激障碍的认识也越来越深刻。近年来,随着严重事故、地震、被强暴、被绑架、目睹他人惨死和局部战争等自然和社会灾难性事件的增多,创伤后应激障碍已经成为多个领域的研究热点。

了解军人创伤后应激障碍发病情况、症状特征、评估诊断以及治疗康复研究进展,可以为我军创伤后应激障碍的研究提供参考,对未来战争军人创伤后应激障碍的预测和防治具有积极意义。

9.1 流行病学研究

9.1.1 美军创伤后应激障碍研究

越南战争

20 世纪 80 年代末,不同调查所发现的美军创伤后应激障碍的发病率差异较大。越战美军再适应调查课题组(National Vietnam Veterans Readjustment Survey, NVVRS)利用自评问卷对参战退伍军人、同期未参战退伍军人以及平民共 1 200 人进行了创伤后应激障碍患病评估。结果发现,参战男性退伍老兵创伤后应激障碍现患率为 15.2%,终生发病率为 30.9%。在当时,大家对战争造成的心理负担的预估较低,NVVRS 的研究结果无疑给美国政府和社会提出了一个大难题,也使得退伍老兵的心理卫生保健问题得到了重视。尽管该研究在理论和方法学上存在一些问题并受到批评,但这一研究结果在创伤后应激障碍相关文献中的引用率是最高的。

在 NVVRS 的结果公布前,越南经历研究课题组(Vietnam Experience Study,

VES)也发表了他们的研究结果。他们采用修订后的临床访谈法,对4462名越战老兵进行了对照研究。结果显示,在参加作战任务之后的一段时间内,有14.7%的越战老兵有创伤后应激障碍症状体验;而在评估前一个月,只有2.2%的老兵患有创伤后应激障碍,远远低于NVVRS的调查结果。但是,NVVRS研究小组认为,VES所制定的创伤后应激障碍诊断标准没有文献支持,不同的评估标准和方法会导致创伤后应激障碍的患病率不同。

同样在20世纪80年代末,有人对越战老兵进行了双生子研究。结果发现,在同卵双生子中,在越战中服役者创伤后应激障碍的患病率为16.8%,没有服役者创伤后应激障碍的患病率为5%。暴露于高战争风险的双生子创伤后应激障碍发病率要高于其他没有暴露于战争的同胞兄弟9倍。随后的分析表明,基因遗传在创伤后应激障碍症状的表现中可能发挥重要作用。

海湾战争

在1990年8月爆发的海湾战争中,美军参战人员达到694000人,其中有17%的人员来自于预备役部队,这在美军参战史上是比较罕见的。在40天的空中作战和5天的地面作战中,美军仅有200多人在战斗中死亡,伤员人数相对也较少。尽管如此,与之前其他退伍老兵相比,海湾战争的退伍军人的确曾暴露于一个更加多变的和具有潜在伤害的环境中。但研究结果表明,海湾战争退伍军人创伤后应激障碍发生率要低于参加其他战争的退伍军人。在海湾战争"沙漠盾牌"和"沙漠风暴"行动的最初阶段,男性军人的创伤后应激障碍发病率为3.2%,女性为9.6%;而18个月后,这个数字分别上升到了9.4%和19.8%。在一项名为"海湾战争退伍军人及其家属国民健康调查"的研究中,研究人员随机抽取15 000名参加海湾战争的退伍军人,并以未参战的15 000人为对照进行流行病学研究。1995年开始的第一轮评估中,研究者利用一般健康量表和创伤后应激障碍症状自评量表(PTSD Checklist, PCL),对约11 441名(75%)参战退伍军人和9 476名(64%)未参战退伍军人进行调查。结果显示,在战后的5—7年,有10.1%的参战军人达到创伤后应激障碍患病标准,而同期未参战军人的患病率为4.2%。战后约十年期间(1998年—2001年),图米(Toomey)等在同一人群中抽取了2 189个样本,通过回顾性自评和面对面心理检查的方式进行创伤后应激障碍评估。结果显示,参战军人创伤后应激障碍发病率约为6.3%,而同期未参战军人创伤后应激障碍的发病率为1.1%。而且,在海湾战争结束十年后,那些因为战争引起的创伤后应激障碍患者仍然存在着相关的症状。通过对同一群体的回溯研究还发现,战争引起的创伤后应激障碍发病率会随着时间的流逝而逐渐减少。与之相反,沃尔夫所写出的一份前瞻性的研究报告显示,在部署结束后的5天内,参战军人创伤后应激障碍发病率约为3%—7%,18—24个月的随访结果表明,参战军人发病率增长到了8%—16%。格雷(Gray)等的研究也得到了与之相似的结果。

伊拉克和阿富汗战争

美军对参与伊拉克和阿富汗战争的近200万士兵的调查表明,5%—17%的人有患创伤后应激障碍的高风险。美国退伍军人委员会报告伊拉克和阿富汗战争中创伤后应激障碍患病率在10%—18%之间。在电话调查中,研究者发现有14%患者存在创伤后应激障碍症状。采用PCL量表,霍格(Hoge)等对参加伊拉克和阿富汗战争的陆海军进行了抽样调查,结果显示,对伊参战士兵的18.1%—19.9%、对阿参战士兵的11.5%,以及战争之前部署士兵的9.4%达到创伤后应激障碍的症状标准。但是,当采用更加严格的症状测查标准时,这三类人群的创伤后应激障碍发病率则分别为12.2%—12.9%、6.2%和5%。与之前的研究不同的是,霍格等是在战争持续进行时进行的评估,并与部署前的横断面研究数据进行了合并。这种数据的同步收集可以减少多方面的潜在影响,如媒体的传染效应、社会影响或对等的污染、回忆偏差、参与偏见以及由于赔偿和诉讼要求而带来的夸大和掺假等。而在稍后一项对参战人员的研究中,研究者以四条目创伤后应激障碍量表得分≥2分为存在创伤后应激障碍症状的判别标准,结果发现,对伊参战人员创伤后应激障碍发病率为9.8%,对阿参战人员创伤后应激障碍发病率为4.7%,其他地方部署人员为2.1%。

在美国退伍军人事务部(Department of Veterans Affairs, VA)注册的2001年至2005年服役的103 788名退伍军人中,有13%的人被诊断患有创伤后应激障碍,其中18岁—24岁年龄段的退伍军人的患病率最高,40岁以上的退伍军人患病率最低。另一项利用PCL量表对50 184名被试进行的研究显示,展开部署、参战现役军人和预备役部队创伤后应激障碍新发病率为7.6%—8.7%,参加部署却没有参战的现役军人和预备役创伤后应激障碍发病率为1.4%—2.1%,没有参加部署的现役军人和预备役创伤后应激障碍发病率为2.3%—3.0%。研究结果同时表明,高创伤后应激障碍的发病率与年龄小、教育程度低、士兵目前吸烟和酗酒有关,与种族无关,也与部队类别如是否是现役、预备役和国民警卫队等无关。

美军研究发现,对于男性来说,有战争经历的个体占创伤后应激障碍患者比率约为30%。2000年至2011年,美军精神疾病病谱流行调查发现,创伤后应激障碍占6%,排名第五。前几位分别为适应障碍(占26%)、其他心理健康问题(占18%)、抑郁障碍(占17%)以及酒精滥用和依赖(占13%)。报告进一步指出,作为单一疾病分类,创伤后应激障碍排名可能更靠前,对军事作业和部队战斗力的危害可能更大,如抑郁障碍可能包括重性抑郁障碍、恶劣心境和双相障碍等多种疾病诊断,是一个疾病类别,而非单一疾病。格洛德斯坦(Goldsteina)等为研究军事创伤暴露对女性退伍军人创伤后应激障碍的影响,对403名女退伍军人进行了调查,结果表明,性侵犯、性骚扰、被害危险感、看到他人被杀或受伤均与创伤后应激障碍的症状有关,但性侵犯与心理创伤的关系最为密切,而且只有性侵犯、性骚扰与抑郁症状相关。

近年来,美军军事人员临床精神疾病病谱发生了显著改变(见表9.1)。从2000年至2011年,美军创伤后应激障碍增长率排名第一,其中2000年的患病率约为万分之17,2011年约为万分之111,大约增加了656.5%。相反,精神分裂症、人格障碍以及酒精滥用和依赖的临床诊断显著下降。

表9.1 2000年—2011年美军精神疾病患病率变化

精神疾病诊断类别	患病率变化(/10万人)	精神疾病诊断类别	患病率变化(/10万人)
创伤后应激障碍	656.5%	精神分裂症	-22.0%
焦虑障碍	225.8%	人格障碍	-60.0%
适应障碍	97.7%	酒精滥用和依赖	-20.2%
抑郁障碍	62.4%	其他精神疾病	125.8%
物质滥用和依赖	28.5%		

注:"-"号表示患病率下降。

在2000年—2006年间,美军军人住院患者中精神疾病发病率基本保持稳定,但在2006年—2009年间住院患者中创伤后应激障碍患病率出现急剧增加。此外,美军不同军种创伤后应激障碍的患病率也不尽相同。2010年,美军现役军人创伤后应激障碍患病率约为8.4‰,海军陆战队(14.3‰)和陆军部队(9.7‰)的患病率高于空军(3.4‰)和海军(3.7‰)。

美军研究发现,相对于无军事任务的军人而言,执行军事任务人员的创伤后应激障碍患病率显著增加。研究还发现,军事任务导致军人创伤后应激障碍患病的相关因素有战场暴露强度、时间、任务类别、是否对个体造成威胁和生理损伤等。此外,团队凝聚力和参战的准备情况是个体患创伤后应激障碍的影响因素。

目前,美国国防部和退伍军人事务部的200多万公职人员、心理健康工作者在伊拉克和阿富汗战争中开展了近300万次的心理保健服务,他们清楚地意识到,这些军人的心理健康保障服务需求在急剧增长。有数据表明,在美国步兵群体中,退役后创伤后应激障碍的平均患病率为10%—20%,并常常存在与抑郁、物质滥用及其他疾病共病的情况。

9.1.2 其他国家军队创伤后应激障碍研究

与美军相比,其他国家的研究范围要更小,发病率上限也要更低。2002年加拿大的心理健康调查显示,常规部队创伤后应激障碍终生患病率为7.2%,现患率为

2.7%,而对那些服役三个甚至更多周期的军人,他们的终生患病率上升到10.3%,现患率达到4.7%。对派往前南斯拉夫执行维和任务的官兵的调查发现,他们创伤后应激障碍的发生率为15%。

通过结构式临床访谈,澳大利亚军人的抽样调查结果显示,参加越战的退伍老兵创伤后应激障碍终生患病率为21.0%,现患率为12.0%。而在海湾战争结束后的10—15年,1871名退伍老兵创伤后应激障碍现患率达到5.4%。有关参加伊拉克和阿富汗战争的澳大利亚防务部队创伤后应激障碍发病情况,还没公开发表的文章。但是,对部属在中东海湾地区的1739名澳大利亚皇家海军的调查结果显示,2001年至2005年,PCL量表得分大于50的受调查人员占调查总人数的1.6%。

从1993年到2001年,李等对3000名英国海湾战争退伍军人进行精神状况评估,结果发现,有12.0%的退伍军人患有创伤后应激障碍。1999年,琼斯(Jones)等采用邮件调查方式,随机抽取英军退伍军人2873人,要求所有被试填写PCL量表和一般健康问卷,结果发现,53.0%的人具有战斗部署经验,而总人群的2.5%被筛查出患有创伤后应激障碍。豪托普(Hotopf)等对参加伊拉克战争的英军海陆空军人随机抽取4722名被试进行调查,发现抽样群体创伤后应激障碍的现患率为4.0%,但稍后的调查结果显示,参加伊拉克战争的英国正规军和预备役创伤后应激障碍发病率不同,分别为4.0%和6.0%。尽管对疾病的定义和相关的测量标准完全相同,英军2.5%—6.0%的创伤后应激障碍发病结果与霍格对美军的调查结果仍具有很大的差距。在以英军为抽样人群的研究中,参加战斗或者接触敌人的正规武装部队与扮演其他角色的部署人员更容易患创伤后应激障碍。英美之间患病情况有如此大差异,可能是与两军在部署期间暴露于战争的频率、强度和持续时间等有关。然而,一些基于英军的研究表明,将这种差距归因于对战争的准备是不成熟的,英美军之间这种评估结果的不同还可能与暴露前后的其他因素相关,比如童年经历、社会政治因素和军事训练情况等。

9.1.3 我军创伤后应激障碍发病情况

近年来,我军广大心理工作者对创伤后应激障碍的理论和发病特征进行了卓有成效的研究和探索。已有公开文献报道表明,我国军人创伤后应激障碍患病率为0.485%,其中,陆、海、空军和学员的创伤后应激障碍患病率分别为0.484%、0.580%、0.884%和0.227%,特殊兵种或在执行抗灾任务后的军人创伤后应激障碍发病率显著高于和平时期军人创伤后应激障碍横断面调查的结果。汶川地震中军人救援者创伤后应激障碍发生率在地震3个月、12个月、18个月后分别为23.800%、14.860%和3.270%。还有学者对某医院住院病人的情况进行分析后发现,空军飞行员创伤后应激障碍的患病率和致残率应引起高度重视。

9.2 影响流行学特征的主要因素

通过以上研究可知,外军关于作战相关创伤后应激障碍的现患率为2%—17%,有的报道甚至达到30%以上,患病率在退伍军人身上呈现出显著的异质性,甚至同一批军人身上也出现了这种差异。有研究认为,这种差异主要是方法学和概念等因素的不同造成的。

9.2.1 方法学因素

样本与样本量

随着时间的推移,研究中所使用的样本大小也在显著增加,NVVRS的研究中使用的样本量仅为1 200人,而西尔(Seal)等对伊拉克/阿富汗退伍军人研究中所使用的样本量达到了103 788人。即使由于一些精确的统计方法的应用,这种小样本得到的结果是否能够推断一个庞大的整体,NVVRS研究中所使用的1 200个样本是否能够代表2 700 000越战退伍老兵还值得怀疑。另一方面,与临床诊断相比,这种自评式测查得到的数据在方法学上还不够严格。

对于调查性研究来讲,最大限度地提高问卷的反应率对其信、效度是非常重要的。但是因为对创伤性事件的回避属于创伤后应激障碍的症状,所以创伤后应激障碍患者在参加这种调查研究时可能会出现不配合或掩饰。研究表明,对于大样本研究来说,低回答率和不回答率不高时对于结果不会产生较大影响,但对于小样本来说却会左右研究结果。为了消除这方面的影响,美军在部队部署前后一般采用大样本进行大规模的心理筛查。但对于西方其他国家而言,却无法做到这一点,所以此问题的影响就显得尤为突出。研究还发现,那些自愿参加评估的被试及匿名被试会更坦诚一些,反之,那些被强制参加测评的被试则由于名声、对就业机会的长期影响等原因淡化自己的症状表现。还需要注意的是,那些患病的退伍老兵会有更多战争方面的回忆,那些健康的退伍老兵则可能会尽量淡化战争给自己的生活带来的影响。可以预知的是,那些坚持将战斗经历和他们的症状联系在一起的退伍老兵倾向于强化这种影响,因此,这些情感和回忆、知觉等认知过程之间的关系使得研究中的样本容易出现较大偏差。

在军事心理研究中,对照组的选择比较困难。军队更多吸引的是一些高冒险寻求者,而且缺乏人群中种族和社会经济发展水平多样性的特点。这就使军民组别之间的对比往往是不合适的。遗憾的是,在军事心理研究中多是用年龄匹配的平民来作为对照,还有一些研究是以预备役军人作为对照,但这些预备役军人和正规军人之间也存在一定的差异。与正规军人相比,他们的身体状况可能不在一个水平上;他们具有更少的军事任务部署经验;他们没有想到自己会被分配到这样危险的任务中;在参加战争和战争回国后,他们可能会面临更大的社会和个人压力。研究表明,相比一般军事人员和预备役人员,那些具有高度凝聚力的精锐部队官兵患创伤后应激障碍的可能性要低得多。

对于美军与其他西方国家军人创伤后应激障碍患病率的差异,有人认为这与他们所处的战争风险有关。不同国家的军人被部署到不同的地区,而这些地区存在不同的打击力度和风险水平。然而,这并不是说那些非美国的军人就不会受到很大的风险。事实上,已有研究表明,这种高风险涉及战区所有国家的军人。正因为如此,仅仅用战争风险的大小来解释患病率的差异是不够的。一些研究认为,患病率的影响因素,除了包括战争风险的程度之外,也与不同群体在参战前后的军事任务经验有关。

评估工具与方法

创伤后应激障碍患病率的测量很大程度上取决于症状如何评估,评估工具的信度和效度如何,主试者是否是经过专门培训的专家等。VES 的研究之所以饱受批评,是因为主试并不是受过专门训练的专家,所用的也是简略版的访谈工具(the abbreviated Diagnostic Interview Schedule,DIS-PTSD),DIS-PTSD 在进行临床评定时往往会低估所评人员创伤后应激障碍的患病情况,这已在军人和平民群体中得到验证。而 NVVRS 的结果则是由经验丰富的临床医生通过多重评估所得,则不存在上述情况。

创伤后应激障碍患病率的不同还可归结于数据结果是来自量表自评还是结构式访谈。有充分的研究数据表明,前者可能会高估创伤后应激障碍患病情况。以荷兰士兵为样本的研究发现,利用结构式访谈所获得的创伤后应激障碍患病率要比自陈式测查获得的患病率低 41%。美国 9·11 事件后对纽约市民的研究也发现类似结果,利用 PCL 量表获得的创伤后应激障碍筛查率为 4.1%,然而,利用结构式访谈所获得的创伤后应激障碍患病率为 1.7%,远低于筛查结果。PCL 量表是最常用的创伤后应激障碍自陈式测查工具,韦瑟斯(Weathers)推荐将总分≥50 为划界分,确定筛查阳性率。但同时他也认为依据不同样本可能需要进行调整,既往研究建议 30—50 分不等。布兰查德(Blanchard)等对严重车祸和受性侵女性的研究发现,划界分为 50 分的诊断效能不如 44 分的诊断效能。多比(Dobie)等报告对越战退伍女兵创伤后应激障碍发生率研究中发现,最佳界值为 38 分。一些研究表明,相比自陈式测查结果,利用结构式访谈则可能会低估创伤后应激障碍的患病情况。当然,作为精神疾病诊断的标准,结构式访谈会更加准确。

暴露于战斗的时间和症状评定的时间间隔也是一个重要的影响因素。在对越战老兵所进行的研究中,所有数据都是在战争结束后10—20年内进行收集。经历了时间的消磨,那些暴露于战争的影响已经减小,创伤症状也可能已经缓解。同样,尽管在20世纪90年代,退伍军人的心理健康问题已经受到足够的重视,但直到海湾战争结束后5年,才有对参加海湾战争英美军人的相关调查。近年来,这种时间间隔也在逐渐减少。霍格(Hoge)等和西尔(Seal)等在战争正在持续时即进行了相关的数据调查,艾弗森(Iversen)等和罗娜(Rona)等也是在作战结束后一个月即横向收集到了相关的一些数据。当然,评估时间间隔带来的影响也是比较复杂的,有数据表明,相对于作战归来后直接进行评估,120天后进行评估得到的发病率要显著增高。虽然这种时间间隔过久是不可取的,但在作战刚结束时即进行测查,回国的乐观情绪会掩盖士兵的困境,减少他们的痛苦,可能会使创伤后应激障碍的患病率结果偏低。

9.2.2 作战相关因素

与战争相关的一些因素是影响作战相关创伤后应激障碍发生的关键因素。这包括作战的特异性,创伤后应激障碍的风险因素,以及广泛的社会文化和环境因素。

作战前因素即是所谓的创伤前因素,其中遗传因素使得一些个体更容易患有创伤后应激障碍。其他的还包括性别、种族、童年经历、智力、年龄、教育情况、人格以及作战前身体和心理健康状况等。作战时的因素包括作战的地点、作战的强度和持续时间以及后勤军事支持和部队的特点等。作战后因素也会影响症状的产生和发展过程,尤其是对一些慢性创伤后应激障碍患者而言更是如此,这些因素包括个人症状情况、环境、应激源、社会支持以及作战后的社会和政治环境。

9.2.3 社会政治和文化因素

正是为了解决大量越战老兵出现功能损伤这一挑战,1980年,美国精神病学会首次将创伤后应激障碍作为一个可独立诊断的疾病纳入DSM-Ⅲ系统。在越战刚结束时,相比那些可观察到的躯体损伤,这些获得严重功能性损伤的老兵却不能获得相应的补偿,因此,创伤后应激障碍临床概念是在当时社会经济和政治因素的影响下建立发展的。当然,最近关于创伤后应激障碍的索赔问题也使美国当局很是不安。除了一小部分只能在VA医院接受心理治疗的老兵外,大部分(94%)退伍老兵同时能够获得相应的创伤后应激障碍伤残津贴,这对美国政府而言也是一笔不小的开支。此外,从1999年到2004年,在VA医院接受治疗的退伍老兵数量已经增长了79.5%,而同期其他残疾造成的补偿只增长了12.2%。特别受到美国当局关注的是,一些退伍老兵为了获得更多的补偿金,可能会伪造、虚构他们的战争经历,夸大、歪曲他们的精神症状。弗里曼(Freeman)等的研究表明,在寻求临床治疗的过程中,53%老兵在进行诊断访谈时有装病的倾向。

媒体报道和社会期望也会对那些回顾性研究结果的可靠性产生影响。有关对重大历史事件记忆的研究表明,那些被媒体所反复报道的故事可能会强化一些不准确的记忆,使得真正的事件被扭曲。甚至是一些好莱坞大片中的故事情节都被认为是真实的。这些都会对那些退伍老兵的创伤记忆产生一定影响。

9.3 病因和病理机制研究

9.3.1 病因学研究

随着研究者和临床工作者对创伤后应激障碍的关注,卡尼安斯特和诺里斯(Kaniasty 和 Norris)通过回顾以往的研究认为,影响创伤后应激障碍患病率的因素可能包括遗传特征、生理学因素、身心状况、个性特征、生活经历、精神状态、遭遇创伤时的年龄、创伤前后有无社会支持系统以及事件本身的性质和强度等。一般认为,创伤后应激障碍有其直接病因和相关危险因素。

直接病因是指异乎寻常的创伤性事件。在日常生活中,许多超出意料的事件都可以称为"创伤性"事件,如离婚、失业或考试失败等。但研究发现,只有大约0.4%的事件真正具有"创伤性"意义。所谓"创伤性"事件应该具备两个特点:一是对未来的情绪体验具有创伤性影响,例如,被强奸者在未来的婚姻生活或性生活中可能反复出现类似的体验;二是给躯体或生命带来极大的伤害或威胁。

创伤后应激障碍的发生必定要经历创伤性事件,但个体经历创伤性事件不一定都出现创伤后应激障碍。虽然大多数人在经历创伤性事件后都会出现程度不等的症状,但只有部分人最终成为创伤后应激障碍患者。许多因素与创伤后应激障碍的发生有关,包括精神障碍史与家族史、儿童期遭受忽略、性虐待、父母离异、性格内向、创伤事件前后有其他负性生活事件、家境贫寒、躯体健康状态欠佳和社会支持缺乏等,这都是个体罹患创伤后应激障碍的危险因素。

9.3.2 生物学病理机制研究

创伤后应激障碍的病理机制复杂,近20年来的研究主要集中在以下几方面。

遗传特征

早期的双生子研究发现,在经历同样的应激事件后同卵双生子与异卵双生子相比更容易一起发展成为创伤后应激障碍。随后,分子遗传学研究发现和其他精神疾病一样,创伤后应激障碍的遗传也被视为多基因作用,主要涉及多巴胺受体基因、多巴胺转运体基因、5-羟色胺转运体基因和糖皮质激素受体基因等。

神经内分泌

研究表明,创伤对个体的影响会以各种生理症状表现出来。神经递质、激素、大脑皮质以及神经系统对创伤后应激障碍的影响要比先前认为的更加重要,特别是对于下丘脑—垂体—肾上腺(hypothalamic-pituitary-adrenal axis, HPA)轴的研究也更为深入。但创伤后应激障碍患者与其他应激个体有以下不同:(1)皮质醇的低水平;(2)糖皮质激素受体的敏感性增加;(3)较强的负反馈抑制;(4)下丘脑—垂体轴的各系统变得愈来愈敏感。也有研究报道,创伤后应激障碍患者促肾上腺皮质激素释放因子(corticotropin releasing factor, CRF)分泌增加,但其血、尿中的最终靶激素——糖皮质激素(glucocorticoid, GC)水平却低于正常,而且有些患者在创伤性经历之前和之后的糖皮质激素水平均低于正常对照组,提示糖皮质激素水平低可能是创伤后应激障碍的危险因素或易感因素。与此同时,交感肾上腺髓质系统(sympathoadrenal system, SAS)则表现出高活动性。创伤后应激障碍大鼠下丘脑肾上腺皮质激素释放因子和精氨酸加压素(argininevasopressin, AVP)表达上调,提示肾上腺皮质激素释放因子可能在精氨酸加压素的协同下调节糖皮质激素水平变化。因此,创伤后应激障碍患者中可能存在着下丘脑—垂体—肾上腺与交感肾上腺髓质系统的分离现象,即糖皮质激素不限制、调节交感肾上腺髓质系统反应,导致儿茶酚胺所致的记忆加强。此外,创伤后应激障碍患者存在儿茶酚胺反应扩大化以及肾上腺皮质激素释放因子反应扩大化现象,这既可使糖皮质激素受体的敏感性增加而导致糖皮质激素对下丘脑—垂体—肾上腺轴的负反馈抑制增强,又可通过对认知的影响产生焦虑反应,其中糖皮质激素亦可在下丘脑以外的脑区上调肾上腺皮质激素释放因子受体而促进恐惧反应,导致创伤后应激障碍,如儿茶酚胺兴奋可导致注意分散和高度警觉,激发恐惧,促进记忆等。当然,下丘脑—垂体—肾上腺轴在创伤后应激障碍发病的作用与意义仍待进一步探讨。

单胺类神经递质

对于与多种精神疾病密切相关的中枢5-羟色胺递质的研究发现,脑内低5-羟色胺功能与攻击、冲动性和自杀行为相关,而这些行为在创伤后应激障碍中非常常见。采用选择性5-羟色胺受体抑制剂(Selective Serotonin Reuptake Inhibitor, SSRI)帕罗西汀可以让海马体积增加5%,言语陈述性记忆改善35%,也提示了5-羟色胺在创伤后应激障碍中的作用。下丘脑接受来自中缝背核的5-羟色胺神经末梢的纤维以后,再作用垂体,使其释放催乳素。中枢5-羟色胺促使催乳素的分泌,因此5-羟色胺激动剂D-芬氟拉明在正常健康人中也可刺激脑垂体泌乳素的分泌,但创伤后应激障碍患者此反应降低或缺乏,此种反应能力与创伤后应激障碍的症状呈负相关,提示创伤后应激障碍患者中枢5-羟色胺功能受损。5-羟色胺对蓝斑去甲肾上腺素能系统有抑制作用,这可以部分解释SSRIs类药物为何可以阻断创伤后应激障碍所导致去甲肾上腺素(norepinephrine,NE)水平升高。5-羟色胺1A自主受体主要位于中缝背核的5-羟色胺能神经元,激活该受体导致多个脑区(包括下丘脑海马额叶皮质和腹侧被盖区)释放增多可以抑制5-羟色胺能神经元的电活动,使5-羟色胺释放减少。近年来研究发现,5-羟色胺1A受体功能异常可以导致机体出现γ-氨基丁酸能系统失衡,从而导致焦虑症状的出现。杏仁核皮层5-羟色胺水平的升高,可能通过作用于5-羟色胺1B受体,介导创伤刺激时背侧纹状体中多巴胺的释放增加,进而导致创伤后应激障碍发生时的回避症状。5-羟色胺还可能通过5-羟色胺1A受体参与应激发生时对下丘脑—垂体—肾上腺轴的调控,引起的焦虑效应。激活5-羟色胺2c受体可以增强单程长时应激模型大鼠的焦虑样行为,而5-羟色胺2c受体拮抗剂则明显缓解这种焦虑症状。

此外,针对脑内去甲肾上腺素和多巴胺递质的研究发现,创伤后应激障碍患者出现警觉性增高可能与去甲肾上腺素水平的提高密切相关。去甲肾上腺素能神经元的胞体位于蓝斑,可以投射到杏仁核海马前额皮层等与恐惧应激反应密切相关的脑区,创伤后应激障碍患者呈现高警觉,尤其是当创伤线索出现之后表现出比正常人过度的警觉性、高度惊吓以及失眠,这种警觉性的提高可能与去甲肾上腺素水平的提高密切相关。多巴胺与条件性恐惧反应密切相关,因此也被认为涉及创伤后应激障碍的发生。多巴胺D2受体水平降低主要与恐惧回避相关,患有社交恐惧症的患者D2受体表达明显降低。激活5-羟色胺1A、1B受体可以促进多巴胺的释放,而激活5-羟色胺2A,则可以抑制多巴胺的释放。5-羟色胺2c受体激动可以经由激活抑制性γ-氨基丁酸能中间神经元,间接抑制多巴胺能神经元的电活动性。

神经影像学

神经影像学的研究发现,海马体积缩小的程度与创伤后应激障碍严重程度相关,且创伤后应激障碍患者海马功能活动下降。萨尔托里(Sartory)等对创伤后应激障碍脑结构的荟萃分析发现,与创伤后应激障碍最相关的脑区还包括前额叶、杏仁核和海马结构,前额叶又包括前扣带回区、胼体下皮质及内侧额叶固有部分。脑核磁共振(MRI)研究发现,创伤后应激障碍患者额叶皮质体积减少,前扣带回区明显小于正常人群。还有研究报告,创伤后应激障碍症状的严重程度与前扣带回区的体积呈负相关。后扣带回(Posterior Cingulate Cortex,PCC)、前扣带回膝部(Pregenual Anterior Cingulate Cortex,PACC)以及右侧扁桃体之间的连通性和现患创伤后应激障碍症状有关,而与右侧扁桃体的连通性可以预测未来的创伤后应激障碍症状。应用磁共振扩散张量成像技术(Diffusion Tensor Imaging,DTI)对受虐儿童创伤后应激障碍患者脑内白质纤维束结构及功能进行的研究显示,患者中后胼胝体区白质结构存在纤维激活的降低。胼胝体区白质是两半球大脑之间连接的重要通路,而中后胼胝体白质包含在调制情绪刺激和多种记忆功能处理的环路中,这些环路连接的改变和创伤后应激障碍临床症状所表现的功能紊乱相符。动物实验的研究发现,经历高强度应激的动物大部分都有海马功能的损害,其中包括触突萎缩电生理信号传导减少等。另有研究发现,患者面对创伤暴露物时,能抑制脑中前额叶中央区的活动,致使创伤后应激障碍患者闯入性记忆加强,前额叶受损的患者表现为不能根据外界环境的变化随时调整自己的情绪。

神经电生理

事件相关电位(Event-related Potentials, ERP)的研究发现,创伤后应激障碍患者的事件相关电位(P300)发生改变。创伤后应激障碍患者在靶刺激和工作记忆过程中P300波幅明显下降,并且下降程度与创伤后应激障碍的症状显著相关。此外,也有研究报道表明,创伤后应激障碍患者P200波和P50波异常,但研究结论有待进一步确认。

9.3.3 心理病理模型

行为主义理论模型

莫厄尔(Mowrer)采用经典条件反射和操作性条件反射结合双因素理论解释创伤后应激障碍症状。经典条件反射理论被用来解释个体经历创伤后出现高水平的痛苦和恐惧。操作性条件反射理论被用来解释创伤后应激障碍回避症状的发展、恐惧的保持。因为创伤记忆和其他的一些线索能够引发焦虑和恐惧,个体回避或者是逃避这些线索,以使焦虑和恐惧水平下降,于是,对于条件刺激的回避行为得到了负强化。在正常环境中,创伤本身一般不会反复发生,如果对创伤线索不回避,它与焦虑之间的联结就会慢慢消退。但是,这种对条件刺激的回避行为阻止了创伤性线索与焦虑之间联系的消退,使得症状持续存在甚至恶化。

认知加工理论模型

福阿(Foa)等基于情绪加工理论,提出创伤后应激障碍的症状是源于记忆中形成了一个恐惧网络,这个网络引发逃避或者是回避的行为。这个网络的构成包括刺激物、个体的反应和其他的一些元素。任何与创伤有关的刺激都会激活这个网络或者图式,导致随后的回避行为。创伤后应激障碍个体的恐惧图式非常稳定,而且包含的内容具有相当大的范围,所以激活这种图式很容易。恐惧图式被激活导致个体倾向于认为事物具有潜在的危险性。如果恐惧图式被某些刺激或者是线索激活,相关的信息就会进入意识。对于图式被激活的回避就造成了个体的回避症状。根据信息加工理论,反复将个体暴露在能够引发个体创伤性记忆并确保安全的环境中,将导致个体对创伤性记忆的习惯化,最终就可以改变恐惧图式。随着情绪困扰水平的降低,创伤后应激障碍个体就会自动调整自己对刺激所赋予的意义,改变自我语言,减少恐惧的泛化。

布鲁因(Brewin)等提出了双表征理论(dual-representation theory),整合了信息加工理论和社会认知理论。他们认为,仅仅用情感记忆并不足以解释研究发现和临床观察到的个体复杂的记忆。感觉记忆不仅有意识层面的,也有无意识层面的。那些能够被意识到的记忆被称为"陈述性记忆(verbally accessible memories,VAMs)",这些记忆汇中包含感觉信息、情感和身体反应的一些信息,以及对该事件的看法,但是它们可能是非常具有选择性的,因为在压力很大的情境中,注意范围将变狭窄,短时记忆能力降低。其他的无意识类型的记忆被称为"情景性记忆(situationally accessed memories,SAMs)",这些记忆可能比陈述性记忆的内容范围更广,是个体难以主动回忆起来的记忆,相对难以改变。情景性记忆包括感觉信息、生理的和肌体运动的信息,或者是有意地回忆创伤性事件时,能够被唤起的一些信息。情景性记忆通常的形式是闯入性情景或者有时伴有生理唤醒的闪回。双表征理论提出了两种类型的情感反应:一种是事件发生过程中建立的事件与情感之间的条件反射,这些信息记录在情景性记忆中,当再次体验到类似的感觉或者生理反应时,这些信息就被唤醒。另一种情感反应继发于对创伤性事件的解释,这些反应包括恐惧和愤怒,同时还可以包括罪恶感、羞耻和悲伤。

9.4 临床特征与分型

9.4.1 临床特征

军人会经历多种生活事件,包括重大生活事件,但经历生活事件并非都是坏事。适度的精神刺激对维持官兵身心健康是必需的,有利于调动个体潜能,增强应激能力。但是,当个体遭遇长期应激事件,或突然遭受重大精神刺激时,部分人可能会出现精神心理障碍,包括适应障碍、创伤后应激障碍等。

军人创伤后应激障碍是军事精神病学研究的重点和热点。患者常在遭受创伤后数日至半年内出现精神心理问题,病程至少持续1个月以上,大多数病人一年内基本恢复,少数病人持续多年不愈而发展成为慢性疾病。其主要临床特征表现如下。

侵入性症状

在重大创伤性事件发生后,患者有各种形式的反复发生的侵入性创伤性体验重现。病人控制不住地回想受创伤的经历,反复出现创伤性内容的噩梦,当面临类似情绪或目睹死者遗物、旧地重游或纪念日时,病人又产生"触景生情"式的精神痛苦。这种痛苦反复出现,重复体验,包括反复出现以错觉、幻觉构成的创伤性事件的重新体验,即闪回。此时,患者仿佛又完全身临创伤性事件发生时的情景,重新表现出事件发生时所伴发的各种情感。创伤性体验的反复侵入是创伤后应激障碍最常见也是最具特征性的症状。

患者在创伤性事件后频频出现内容非常清晰的、与创伤性事件明确关联的梦境。患者在梦境中会反复出现与创伤性事件密切相关的场景,感到非常害怕,往往会从梦境中惊醒,醒后继续"延续"被"中断"的场景,产生强烈的情感体验。

持续性回避

在创伤性事件发生后,患者对与创伤有关的事物会采取持续主动回避的态度。病人表现为极力不去回想与创伤性经历有关的事,回避能唤起痛苦的情景、人、对话、地点、活动和物体等,对周围环境的普通刺激反应迟钝、情感麻木,与人疏远、不亲切,甚至出现社会性退缩、兴趣爱好变窄和遗忘等表现。

负性认知和心境

患者可表现出无法记住创伤性事件的某个重要方面,对创伤性事件的原因或结果出现持续的认知歪曲,责备自己或他人,对自己、他人或环境出现持续放大的负性信念和预期,如认为"生活是危险的""无人可信""男人不是好东西"等。患者还会出现持续的负性情绪,感到痛苦、失去兴趣以及变得焦躁,伴有强烈的自杀企图或行为。

警觉性增高

患者表现为过度警觉,走路时东张西望,晚上不能入睡。对轻微刺激反应强度过大,惊跳反应明显。注意力不集中,经常走神、发呆、容易分心,工作易出差错。情绪易激惹,容易生气。严重时患者会出现紧张出汗、尿频、手抖等表现。

9.4.2 临床分型

美国的赫尔曼(Herman)在 1992 年首先提出复杂型创伤后应激障碍(complex PTSD, C-PTSD)的概念。他认为传统意义上的创伤后应激障碍通常是经历一过性的异乎寻常的创伤性事件后出现的一系列症状群,为单纯型创伤后应激障碍;而在遭受持续时间较长的、反复发生的、起始于幼年时期的、无法远离的创伤性事件后,受害者会表现出超过单纯型创伤后应激障碍定义范围的症状群,即除了表现出与事件直接关联的症状外,还伴有显著的自残、暴力、酗酒或其他物质滥用等行为问题,以及对自身认同和情感感受的认知改变。

特尔(Terr)提出可将创伤性事件分为Ⅰ型(单纯型)和Ⅱ型(复杂性)。突发的一过性的创伤性事件称为Ⅰ型创伤,持续或反复出现的、与虐待或性侵害有关的创伤称为Ⅱ型创伤。Ⅰ型创伤导致的创伤后应激障碍即为单纯型创伤后应激障碍,而Ⅱ型创伤导致的创伤后应激障碍即为 C-PTSD。除了符合所有创伤后应激障碍的诊断特征外,C-PTSD 还有严重的情绪调节问题、自我认知改变(如认为自己非常渺小,一无是处,伴有持续性内疚、羞耻感)、不能持久维持良好的人际关系等,因而导致明显的人际、家庭和社会关系损害,以及教育和职业功能损害。

9.5 评估筛查技术

创伤后应激障碍的心理评估技术包括量表自评、访谈和多技术融合评估等。自评量表包括自陈式报告和临床评估量表,访谈分结构式或半结构式访谈方法,多技术融合则是将自评、线索筛查和访谈技术融为一体。全面的创伤后应激障碍评估应包含对生活经历、症状表现、信念和处事技能等方面情况的评估。目前,在所有患创伤后应激障碍的人群中,没有一种测验的评估结果可以单独做出创伤后应激障碍的诊断,但这些评估为创伤后应激障碍的诊断和制定治疗计划提供了重要参考。

9.5.1 自评量表评估

《创伤筛查问卷》(*Trauma Screening Questionaire*, TSQ)

TSQ 是基于创伤后应激障碍症状描述改编而成的,包括 10 道题,要求被试在创伤事件发生后,对于过去一周内是否出现两次以上的症状进行自评,项目采用"是""否"评分方式。划界分数要求至少 6 项再体验或唤醒症状。有研究发现,TSQ 的敏感度为 0.85,特异性为 0.89,阴性预测值为 0.98,阳性预测值为 0.48。

《临床用创伤后应激障碍诊断量表》(*Clinician-Administed PTSD Scale*, CAPS)

该量表包括 30 个项目,用以分析和初步诊断创伤后应激障碍的 17 项症状,以及与其相关、经常可以观察到的行为特征。CAPS 同时也包括社会与职业功能的评分,以及对病情的反应态度的评估。完整测试大约需要一个小时,若只进行症状测试大约需要半小时。

《初级保健用创伤后应激障碍量表》(*Primary Care Posttraumatic Stress Disorder*, PC-PTSD)

PC-PTSD 题目比较少,只有 4 道题,包括创伤后应激障碍的再体验、高度唤醒、麻木和回避三个维度。项目采用"是""否"评分方式。尽管题目较少,但该量表使用效果较好。有研究发现,PC-PTSD 的划界分数为 3 时,其敏感度为 78%、特异性为 87%。

《创伤后应激障碍自评量表》(*Post-Traumatic Stress Disorder Self Rating Scale*, PTSD-SS)

该量表可评估创伤后应激障碍的 17 项症状,由 24 个项目组成。项目分为创伤事件主观评定、反复重现体验、回避症状、警觉性增高和社会功能受损 5 个部分。采用 5 级评分法。

《创伤后诊断量表》(*Post-Traumatic Diagnosis Scale*, PTDS)

首先由 12 个问题评估个体可能遭受的创伤事件,再由 17 项症状通过四级评分法评估当事人过去 30 天内每项症状发生的频率。

《明尼苏达创伤后应激障碍评估量表》(*Keane PTSD Scale of the MMPI-2*)

该量表是从《明尼苏达人格测验第二版》(MMPI-2)中抽取的 42 个项目组成的,主要测定创伤后应激障碍患者的异常人格特征。

《创伤后应激障碍症状自评量表》(*PTSD Checklist*, PCL)

PCL 量表是根据美国精神障碍诊断统计手册第 4 版(DSM-IV)分类和诊断标准中关于创伤后应激障碍诊断标准制定的,共包括 17 个条目,第 1—5 条评定创伤再体验、第 6—12 条评定麻木和回避、第 13—17 条评定警觉性增高。问卷采用"1 = 没有发生、2 = 轻度、3 = 中度、4 = 重度、5 = 极重度"5 级评分法。得分越高,症状越严重。每个条目得分≥3 分才能确定存在此症状。原问卷的内部一致性系数为 0.94,重测信度为 0.83,与 DSM-IV 的诊断符合率在 90% 以上。根据 PCL-C 评定结果,症状自评分均≥3 或 PCL-C 总分大于 50 者,确定为可疑急性心理应激障碍(Acute Psychological Stress Disorder, ASD)患者,此时可由专业人员按照 ASD 的诊断标准进行半结构式访谈,然后明确诊断。

研究者认为,在进行创伤后应激障碍评估时,治疗者必须认真对待和分析每一份评估报告。有时创伤后应激障碍患者可能不愿意谈论他们所经历的创伤,治疗者要试着从患者的亲属、同事或其他知情人那里获取背景信息。当存在物质滥用时,个人史尤为重要。此外,在做初步评估时,治疗者即使充分认识到了创伤事件与患者问题间的关系,但在未建立高度信任之前,也不能向患者揭示和解释这样的诱因,哪怕猜测也不行,特别是涉及乱伦与性虐待等问题时尤其如此。在处理创伤后应激障碍的过程中,尤其是在治疗阶段,评估工作必须持续进行。这是因为患者的症状是起伏不定的,有时可能在一天内变化,有时甚至一小时就有了改变。

9.5.2 访谈技术

在时间充裕的情况下,进行创伤后应激障碍的结构化访谈是判断一个人是否患创伤后应激障碍的最好的诊断方式。以 DSM-IV 诊断标准为基础的《结构化临床访谈表》(Structured Clinical Interview for DSM-IV, SCID)是临床诊断中应用最多的量表,但需要经验丰富的临床治疗师实施评估。特别强调的是,SCID 主要目的在于医学诊断,对阳性症状做出评估,并不评估症状的发生频率和严重性,所以一般较少用于研究。

《诊断性访谈量表》(diagnostic interview schedule，DIS)在临床应用也很广泛。较 SCID 来说,其对于临床评估者的经验和训练要求不高。与 SCID 一样,DIS 也仅用于诊断评估。《创伤后应激障碍症状访谈量表》(PTSD Symptom Scale-Interview)简短而且易于操作,共 17 个项目。其不仅能够为临床评估者做诊断提供帮助,其得分也能与自评量表的得分进行比较,但缺点是该量表仅仅评估两周以内的症状,而不是一个月内的症状,可能会因为评估的时间间隔太短而导致误诊。

此外,《临床用创伤后应激障碍诊断量表》(clinician administed PTSD scale, CAPS)被认为是最好的结构化访谈工具之一,已成为评估创伤后应激障碍的"金标准"。它几乎可以评估所有 DSM-Ⅳ-TR 中列出的创伤后应激障碍症状,以及 8 个带有内疚感的相关症状(遗忘行为的内疚感、幸存者内疚感、杀人、对权威的幻灭、无希望感、记忆受损、悲伤和抑郁以及被控制感)。CAPS 还可以用来检查症状对社会和职业功能的影响、同以前的评估结果相比较以了解症状的改善程度,以及评估创伤后应激障碍的总体严重程度。CAPS 评估过程中,首先要对目前所有的症状进行评估,如果没有达到创伤后应激障碍的标准,则要再次询问创伤发生后一个月内最严重的情况。如果访谈者怀疑被试回答的真实性,则要标明"QV"以表示该项存有疑问。此外,CAPS 还特别注意了对终生创伤后应激障碍患者的评估。但其主要缺点是需要预先安排好评估时间,且对非退役军人评估的效度低。

9.5.3 多技术融合筛查

李红政等创新性地将心理测评技术、线索筛查技术和半结构式访谈技术融为一体,并将其计算机程序化,于 2018 年 5 月成功研发了《精神障碍筛查与风险评估系统软件》(Screening and Risk Assessment System for Mental Disorders, SRAS-MD)。SRAS-MD 能较全面评估受试者的精神心理特征,主要适用于 16 岁以上人群和部队新兵群体,用于筛查精神障碍和评估心理行为问题风险。

在筛查创伤后应激障碍方面,SRAS-MD 重点对被试既往生活事件史、生活事件后个体反应以及事件对其影响情况进行了自评和他评。如采用"你是否遭受过严重的精神刺激?"问句形式由被试进行主观自评,再由被试的知情人提供第三方客观评估,评估的条目包括"他/她在遭遇急剧、严重精神打击后短时间内是否出现强烈恐惧感;或出现呆傻状态,甚至昏倒……"。为进一步验证、评价生活事件的特征、生活事件后个体反应以及事件对个体影响情况,访谈人员在计算机引导下采用半结构式访谈方法可获取更为详细信息。如评估生活事件后个体的反应情况时,需对"病理性重现""警觉性增高""回避行为""选择性遗忘"等症状特征进行访谈,并由访谈者在访谈过程中将访谈结果以数据量化形式或文字形式实时录入 SRAS-MD 系统,同时计算机系统能自动启动访谈录音功能,固定访谈证据。所有自评、他评和访谈信息录入计算机系统后,计算机自动判别被试的精神心理问题种类和严重程度,并生成心理健康筛查报告。

SRAS-MD 是一种筛查工具,访谈工作人员是在计算机引导下进行的访谈,平时只需要接受基本培训就可胜任访谈工作,不要求精神科专科医生或心理学专业人员实施访谈,因此,SRAS-MD 可在社区、学校、企事业单位、政府机关和部队等中广泛应用。

9.6 创伤后应激障碍分类与诊断

9.6.1 创伤后应激障碍分类

关于创伤后应激障碍的分类,目前有 3 个可供参考的分类系统。

ICD 系统

临床疾病诊断多采用世界卫生组织编写的《疾病及有关保健问题的国际分类》(ICD)系统。ICD 系统是国际上影响比较大的精神疾病分类与诊断系统之一,目前已发展到 ICD-11 版本。在 ICD-11 中,创伤后应激障碍属于"7B20—7B25 应激相关障碍"。具体如下。

7B20 创伤后应激障碍

7B21 复杂创伤后应激障碍

7B22 长期抑郁性反应

7B23 适应障碍

7B24 反应性依恋障碍

7B25 脱抑制性社会参与障碍

7B2Y 其他特点的应激相关障碍

7B2B 应激相关障碍,未特定

DSM 系统

科学研究多采用美国《精神障碍诊断与统计手册》(DSM 系统)。DSM 系统也是国际上影响比较大的精神疾病分类与诊断系统之一,目前已发展到 DSM-V 版本。

创伤后应激障碍的诊断标准和评估方法,首次出现在《精神障碍诊断与统计手册(第三版)》(Diagnostic and Statistical Manual of Mental Disorders, DSM-Ⅲ)中,当时创伤后应激障碍被归为焦虑障碍的一种,诊断标准主要来自当时已有的研究文献,大多来自于对参加战争退伍老兵身上出现的症状的研究。DSM-Ⅳ 中创伤后应激障碍的诊断标准,在 DSM-Ⅲ 和 DSM-Ⅲ-R 的基础上做了进一步修订和完善,诊断标准都来自于临床实践。在美国精神病学协会最新修订的《精神障碍诊断与统计手册(第五版)》(DSM-V)中的诊断标准与 DSM-IV 基本一致,但症状条目有所增加。在 DSM-V 中,创伤后应激障碍属于"创伤及应激相关障碍(257)"。具体如下。

创伤及应激相关障碍(257)分类:

F94.1　　反应性依恋障碍(257)

　　　　　标注如果是:持续性

　　　　　标注目前的严重程度:重度

F94.2　　脱抑制性社会参与障碍(260)

F43.10　　创伤后应激障碍(包括6岁或更小儿童的创伤后应激障碍)(262)

　　　　　标注是否是:伴分离症状

　　　　　标注如果是:伴延迟表现

F43.0　　急性应激障碍(272)

　　　　　适应障碍(278)

F43.21　　伴抑郁心境

F43.22　　伴焦虑

F43.23　　伴混合性的焦虑和抑郁心境

F43.24　　伴行为紊乱

F43.25　　伴混合性情绪和行为紊乱

F43.20　　未特定的

F43.8　　其他特定的创伤及应激相关障碍(281)

F43.9　　未特定的创伤及应激相关障碍(281)

CCMD 系统

在 1995 年—2000 年期间,陈彦方等通过 41 家精神卫生机构对 24 种精神障碍的分类与诊断标准完成了前瞻性随访测试,编写了具有中国特色、符合中国国情的《中国精神障碍分类与诊断标准(第三版)》(CCMD-3)。该系统一方面吸收了 ICD-10 的内容和分类原则,兼顾症状学分类和病因病理学分类,力求与国际接轨;另一方面也保留了中国特色,如保留了神经症、癔病、复发性躁狂症和同性恋的诊断,增加了旅途性精神病和与文化相关的精神障碍等。但近 10 年来,对保留和增加的这些疾病诊断,缺乏大样本随访和前瞻性研究,为进一步与国际接轨,现已较少使用 CCMD-3 系统。

9.6.2　创伤后应激障碍诊断要点

创伤后应激障碍在不同的分类与诊断系统中具体的诊断标准不同。其临床主要诊断要点如下。

创伤性事件

患者遭受异乎寻常的精神刺激,包括残酷的战争、被强暴、地震或凶杀等。在遭受创伤后数日至数月后,罕见延迟半年以上才发生。

创伤性体验

可表现为不由自主地回想受打击的经历,反复出现有创伤性内容的噩梦,反复发生错觉或幻觉,反复出现触景生情的精神痛苦,面临与创伤事件相关联或类似的事件、情景或其他线索时,出现强烈的心理痛苦和生理反应。

选择性遗忘

对与创伤经历相关的人和事出现选择性遗忘、顺行性或逆行性遗忘。

抑郁情绪

患者对未来失去希望和信心,内疚和自责,疏远他人,兴趣爱好范围变窄,持续地不能体验到正性情绪。

警觉性增高

病人表现为难以入睡或易惊醒,注意力集中困难,对环境的细微变化过分敏感。

激惹性明显

过分的心惊肉跳,坐立不安,遇到与创伤事件多少有些相似的场合或事件时,产生明显的生理反应,如心跳加快、出汗和面色苍白等。

出现回避反应

病人极力不去想与创伤性经历有关的事,避免参加能引起痛苦回忆的活动场所,对周围环境的普通刺激反应迟钝、情感麻木、与人疏远、不亲切,甚至出现社会性退缩、兴趣爱好变窄和遗忘等表现。

虽然创伤后应激障碍症状多样,但国外研究显示,创伤后应激障碍与焦虑的共病率为男性16.80%,女性15.00%;与抑郁的共病率为男性21.40%,女性23.30%;与躁狂的共病率为男性11.70%,女性5.75%;与惊恐的共病率为男性7.30%,女性12.60%;与物质依赖的共病率为男性43.50%,女性26.90%。因此,临床上应注意与抑郁障碍、惊恐障碍、广泛性焦虑(Generalized Anxiety Disorder, GAD)、精神活性物质依赖等疾病进行鉴别。

9.6.3 军事飞行员创伤后应激障碍鉴定

主要临床特征

对于作战人员,特别是飞行事故后飞行人员,目前没有专门的创伤后应激障碍诊断标准,临床仍沿用前述三大诊断系统,因此可能存在诊断标准不统一的问题。

研究者普遍认为,创伤后应激障碍主要的临床症状表现为下列四个方面:(1)创伤事件的反复体验。这常成为创伤后应激障碍的核心症状,主要表现为反复地闯入性地出现有关飞行事故现场的痛苦回忆,没有先兆和相关诱发物。如同电影中的"闪回",患者常述能生动地看到当时的飞行事故情景,如身临其境,伴发强烈的负性情绪体验和异常行为反应,并引发强烈的恐惧、痛苦或抑郁等心理反应,以及心悸、出汗、发抖和呼吸困难等生理反应。(2)回避与创伤事件有关的线索。患者常回避谈及与飞行事故有关的想法、感受及话题,或回避可能勾起恐怖回忆的事情和环境,表现得好像没有发生过此事。(3)警觉性增高。患者常体验到过度的警觉性,出现入睡困难、睡眠浅或者易醒、做噩梦,同时会出现易激惹或易怒,易与家人和同事发生矛盾,过分担惊受怕,注意力难以集中。(4)认知与情绪持续的负性改变。患者常述对什么都不感兴趣了,有时可能表现出一种"麻木"感,给人反应迟钝、情感淡漠的感觉,自罪自责,容易因小事而迁怒别人,感到自己好像爱不起来了,对未来不抱希望甚至失去信心,严重者可能出现自杀观念和行为。

在临床实践中,研究者认为,对于作战相关创伤后应激障碍的诊断至少需要考虑到三点:第一是否存在创伤后应激障碍的相关症状?有时尽管看上去症状似乎从一开始就存在,但可能是不同的症状出现于疾病发展的不同阶段。第二是对已有心理问题的排除诊断。如酒精滥用、抑郁障碍或焦虑障碍等,这也是最难和最关键的问题。第三是因躯体、时间和社会环境的变化,可能导致对事件解释的差异。因此,要判断创伤后应激障碍症状是处于潜伏状态还是已经显现,进而明确诊断,就必须进行十分详尽的背景资料的采集,包括飞行员性别、种族、社会经济地位、经历、宗教信仰、时间因素、地理位置、之前遭遇创伤事件的次数、人际关系是否强大有力、职业的危险性和社会价值观等。

临床医学鉴定

我军常见精神障碍特许飞行鉴定标准相关研究尚在进行中,但美军飞行人员创伤后应激障碍鉴定有很多值得借鉴的地方。研究发现,对于飞行人员创伤后应激障碍的诊断,尤其是在战斗环境下,充满了困难。有时甚至会将战斗的正常反应也贴上创伤后应激障碍的标签,尤其是在个体经常暴露于压力环境之下时更是如此。

很多创伤后应激障碍症状都会影响飞行安全和任务的完成。严重焦虑会明显降低个体的注意力和工作专注度,闪回症状会导致严重的飞行失能。无论何时,也无论是否有明确的创伤后应激障碍诊断,当症状影响到飞行安全、任务执行或个体安全时,都有必要进行短期非飞行任务的暴露治疗。

被鉴定为创伤后应激障碍的飞行人员,在接受为期60天的初期治疗且能完成日常工作后便可放飞。然而,当存在以下任何一种情况时,放飞之前必须进行特许飞行鉴定和评估:(1)非飞行执勤持续超过60天;(2)个体再次出现影响重返工作环境的症状;(3) 航医判定飞行人员在回到工作环境后疾病症状复发,且严重程度将会给本人、飞行和任务安全带来高风险。

对上述情况,航医需要保持高度的敏感性。无论飞行员的症状是由战斗、作业压力还是其他创伤事件引起,在对其进行评估、治疗和航空药物处置时,需尽早与精神病学家或心理学家保持紧密切合作。

特许飞行

特许飞行是指对飞行人员医学检查标准中规定的飞行不合格疾病允许放飞的飞行医学鉴定。创伤后应激障碍引起的非飞行任务从诊断算起已超过60天,或在重新暴露于工作岗位时引起明显的复发迹象,就不能胜任所有飞行任务。虽然这并没有涉及有关飞行Ⅰ级/飞行ⅠA级、飞行Ⅱ级或飞行Ⅲ级的AFI 48-123相关内容,但是涵盖了一般的焦虑分类。大部分特许飞行限定在停止所有药物治疗后症状缓解持续六个月以上。不同飞行岗位创伤后应激障碍特许飞行条件可供参考(见表9.2)。

表9.2 不同飞行岗位创伤后应激障碍特许飞行条件

飞行等级(FC)	特许飞行	进行ACS评估/鉴定
FC Ⅰ/ⅠA	有特许可能*	可以申请#
FC Ⅱ	可以申请	可以申请#
FC Ⅲ	可以申请	可以申请#
ATC/GBC	可以申请	可以申请
MOD	可以申请	可以申请

注:*在初级飞行训练前有明确证据表明创伤后应激障碍所有症状完全消除,且要有完整的心理健康工作者提供的健康档案。#在考虑特许鉴定前必须由航空医学咨询委员会(Aeromedical Consultation Service, ACS)完成前期复审。
FCⅠ:飞行Ⅰ级,指招飞体检合格后,进入本科培训飞行员阶段;FCⅠA:飞行ⅠA级,指本科领航员培训的筛选初期阶段,以及适用于12SX特种作战系统指挥官的初始医学合格证;FCⅡ:飞行Ⅱ级,指现役飞行军官(飞行员、领航员、通信员)、以及执行持续飞行任务的其他在编人员(无人机飞行员、导航/通信技术人员、12SX特种作战系统指挥官,以及飞行外科医生)的筛选;FCⅢ:飞行Ⅲ级,指非现役飞行人员,以及在空军军官分类目录(AFOCD)和空军入伍人员分类目录(AFECD)中列出的飞行人员;ATC:空中交通管制人员;GBC:飞行地面控制人员;MOD:航天和火箭操作人员。

美军特许飞行指南回顾了2013年6月被诊断为创伤后应激障碍的130例飞行员案例。其中FCⅠ/ⅠA 0例、FCⅡ 23例、FCⅢ 82例、ATC/GBC 22例、MOD 3例;其中96例最后处理结果为停飞,包括FCⅡ 13例、FCⅢ 62例、ATC/GBC 18例,MOD 3例。导致停飞的关键因素是持续存在的症状、慢性疾病、其他的心理健康诊断以及禁止在美国空军使用但又必要的药物治疗。

美军特许飞行申请条件和流程具体如下:

第一步,飞行员申请特许飞行条件。

A. 申请特许飞行标准:(1)飞行员创伤后应激障碍症状消除;(2)按照诊断范畴,药物、心理治疗完成的时间标准(在初次诊断后允许心理巩固治疗和间断的SSRIs类药物治疗)。

1年后申请特许—存在精神障碍和躯体化障碍;

6个月后申请特许—存在心境障碍、焦虑障碍和自杀行为;

由航医决定申请特许—存在适应障碍;

创伤性脑损伤(Traumatic brain injury, TBI)的飞行员,参照TBI特许指南;

其他精神障碍的飞行员,参照AFI48-123和ACS特许指南。

B. 申请特许飞行的飞行员,必须满足以下条件:

没有突然失能的风险;

障碍对于精细操作能力的影响很小,尤其是高级认知功能;

在飞行应激下能够保持稳定飞行或者能克服应激反应;

如果存在症状的迁延和复发的可能,首发症状必须容易被观察到并且不会对本人和他人安全造成影响;

不需要特殊检查和定期的侵入性检查,或者不能频繁缺失对症状的监测;

必须具备执行持续飞行任务的能力。

第二步,在给出航空医学结论之前,航医必须得到心理健康档案,且确保包含以下项目。

A. 心理健康工作者的说明。

B. 心理健康评估要有完整的书面报告,必须包括以下内容:

评估必须介绍第一步中B的每一项标准;

临床精神疾病的详尽病史记录,包括症状描述、治疗方法、治疗的频次与适应性、有关的个人成长史与家庭史和对岗位职责的理解;

药物使用史,包括首次使用和停止用药的日期、停止用药的原因、用药的剂量、依从性、药物反应和临床过程;

实验室检查结果,如甲状腺、肝功能检查、药品筛查、血清糖缺陷转铁蛋白、全血细胞分析和化学神经递质等;

当前社会心理状态,包括婚姻、职业、与配偶/监护人的访谈内容和直接领导建议。如果条件许可,应该澄清当前所有诱发疾病的影响因素;

当前和过去与飞行相关的工作任务,以及在所有职业中的职业绩效表现,包括心理健康对职业绩效的影响;

生活习惯,如锻炼、饮食、药物、服用方法、酒精、烟、咖啡因和功能饮料的使用情况和睡眠等；

心理、神经心理检查结果和建议，推荐 MMPI-2、NEO PI-R 或类似的人格评估；

当前的心理健康状态诊断；

既往和当前参与飞行或特殊操作任务的动机；

后期心理和药物治疗的建议；

临床预后预测，包括症状复发的评估、与将来飞行任务相关的潜在的危险评估；

所有病例记录的复件(心理健康/门诊/住院记录)以及原始评估数据应该留档以便 ACS 神经心理部门参考。

第三步,在航空医学结论中航医记录的项目。

航空医学结论中必须清晰地记录第一步中 B 的每条标准,以及对飞行员本人、任务和飞行安全的风险；

精神疾病史的总结,并关注对飞行职业的影响；

如果总结性的评估报告已经完成超过 2 个月,航医应该注明如何完成的。如果飞行员在评估后出现了心理健康问题,应联系心理健康工作者。

药物使用史,包括首次使用和停止的日期、停止使用原因、剂量、服药方法、药物反应和临床过程；

实验室检查结果,如甲状腺、肝功能检查、药品筛查、血清糖缺陷转铁蛋白、全血细胞分析和化学神经递质等；

当前社会心理状态,包括婚姻、职业、与配偶/监护人的访谈内容和直接领导,如果条件许可,应该澄清当前所有诱发疾病的影响因素；

当前和过去与飞行相关的任务,以及在所有职业中出现的职业绩效问题,包括心理健康对职业绩效的影响；

生活习惯,如锻炼、饮食、药物、服用方法、酒精、烟、咖啡因和功能饮料的使用情况和睡眠等；

当前的心理健康状态诊断；

过去及目前飞行动机；

后期心理和药物治疗的建议；

预后预测,包括症状复发的评估、与将来飞行任务相关的潜在的危险评估。

第四步,特许飞行建议条目。

建议案；

全面的心理健康书写报告；

心理健康确认书,并制成图表及评估复件。

9.7 治疗干预措施

制定综合性干预措施对创伤后应激障碍的治疗、康复具有积极意义。目前的临床药理学研究证据和临床经验表明,精神药物治疗和心理治疗对创伤后应激障碍患者是有效的。此外,包括生物反馈、经颅磁刺激疗法在内的等物理治疗和健康教育、社区功能康复同样有利于促进病情恢复。

9.7.1 药物治疗

目前尚无充分证据表明,某种药物比其他药物对治疗创伤后应激障碍更加有效或更具有特异性,但大量临床研究提示,药物治疗是重要的干预手段之一。对创伤后应激障碍,理想的治疗目标应该是改善和消除其四大核心症状,治疗共患疾病,促进社会功能恢复,但目前尚无药物对创伤后应激障碍的各组症状群都能同时产生满意疗效。在药物种类选择上,在目前看来选择性5-羟色胺再摄取抑制剂(SSRIs)和去甲肾上腺素再摄取抑制剂(SNRIs)的临床应用相对较多。

选择性5-羟色胺再摄取抑制剂类抗抑郁药的疗效和安全性好,不良反应轻,被推荐为创伤后应激障碍的一线用药,其中氟西汀、帕罗西汀和舍曲林临床应用的证据较多,且被证明是相对有效、安全的。

抗抑郁药治疗不仅能改善创伤后应激障碍患者的睡眠障碍、抑郁焦虑症状,也能减轻侵入性症状和回避症状。在降低创伤后应激障碍患者的警觉性、缓解恐惧心理和减少记忆再现方面,抗焦虑药有一定的效果。常见的抗焦虑药有新型的非苯二氮䓬类类药物,包括丁螺环酮和坦度螺酮,能改善创伤后应激障碍的核心症状和认知障碍,不损害精神运动功能,也不导致过度镇静和肌肉松弛;对苯二氮䓬类抗焦虑药物治疗创伤后应激障碍患者目前有争议,研究者普遍认为苯二氮䓬类可慎用于并发惊恐障碍但没有精神活性物质滥用史的创伤后应激障碍患者。

创伤后应激障碍对药物治疗起效是相对较慢的,一般用药4—6周时出现症状减轻,8周或更长的疗程才能体现药物的真正疗效。药物治疗应该在精神科医生指导下进行,从小剂量逐渐加量至治疗剂量。首次接受药物治疗应单一用药,如果足量足疗程治疗无效,可以考虑合并用药。无论使用何种药物治疗创伤后应激障碍,都应严密监测药物不良反应。

9.7.2 心理治疗

在初期对创伤后应激障碍的心理干预并不会使用成熟的心理治疗技术,而是多从危机干预的原则出发,侧重心理支持,鼓励患者面对危机事件,表达、宣泄与创伤性事件相关的负性情绪。此外,干预者要帮助患者学习新的应对方式,争取最大的社会和心理支持。

随着临床经验的不断积累,心理治疗技术在创伤后应激障碍患者的心理干预中运用得越来越多。目前,常用于创伤后应激障碍患者的心理治疗方法有认知行为治疗(cognitive behavioral therapy, CBT)、意象治疗(imaginery therapy, IT)、暴露疗法(exposure therapies, ET)、人际心理治疗(interpersonal therapy, IPT)、眼动脱敏再处理(eye movement desensitization and reprocessing, EMDR)以及基于新技术的治疗等。

认知行为治疗

认知疗法(cognitive therapies, CT)是一种通过帮助患者识别和改变消极想法、信念进而改变情绪和行为的治疗方法。在创伤后应激障碍治疗中的目标是减少与创伤经历相关的负性想法(如幸存者的内疚感、引发创伤的自责、个人的无能感或对未来的担心)以减轻创伤后应激障碍的症状、改善情绪和行为。埃列尔(Elhers)等提出,认知疗法应聚焦于改变关于创伤后应激障碍不良后果的负性想法,对创伤记忆进行加工,识别触发点,鼓励病人减少功能障碍,减少二次创伤。认知疗法常常与现场暴露或想象暴露联合应用,效果得到了临床实验验证。

认知加工疗法(cognitive processing therapy, CPT)重点强调当个体想到创伤经历时这种经历对其的意义和影响。治疗由四个部分组成,包括如何应对创伤后应激障碍症状和使治疗更有效的教育,提高患者对自己感觉的觉察力,学习质问和挑战不当想法的技巧,以及学会理解经历创伤后可能会改变一个人的信念。认知加工疗法的目标是平衡创伤前和创伤后的信念。这种治疗可以用于个体治疗也可以用于小组治疗。治疗分为教育、加工和挑战三个步骤,一般通过6周12次、每次1小时的治疗完成干预过程。在教育阶段,要让患者了解创伤后应激障碍的相关问题,包括:创伤后应激障碍症状;自己的想法、感受之间的联系;事件如何改变了他们对世界的看法;检查他们看自己、他人和世界的方式有什么变化。在加工阶段,要求他们写下或讨论创伤事件,寻找隐藏的思维模式。在挑战阶段,治疗师与来访者一起挑战他们关于自己、他人和世界失调的认知,使他们能够重新建立起一种适应环境的模式。

压力接种训练(stress inoculation training, SIT)开始是作为焦虑管理治疗的方法,后来用于治疗强奸受害者的心理创伤。压力接种训练包括放松训练、呼吸训练、积极思维、自我对话、自信训练和思维叫停技术。

创伤管理疗法(trauma management therapy, TMT)是针对战斗应激导致的退伍老兵创伤后应激障碍特异性症状如社会退缩、麻木、愤怒和人际关系困难的个体与小组治疗相结合的治疗方法。这种疗法结合了强化个体暴露治疗、程式化练习、结构化社交和情绪技巧训练等方法。在个体心理治疗中,首先给予健康教育和暴露治疗,接着进行包括控制性暴露在内的程式化练习,最后进入社交和情感复原阶段。弗吕(Frueh)等对15名退伍老兵的研究发现,完成治疗的11名退伍老兵在焦虑、闪回、恶梦、睡眠困难、心率反应性和整体社会功能方面都有明显改善。

暴露疗法

暴露治疗是通过帮助病人面对与创伤相关的情境、记忆和感觉来减少创伤后应激障碍的临床症状以及相关问题的方法。这种方法要求患者集中描述创伤体验的细节和创伤事件中对其影响最大的方面,要像创伤性事件正在发生一样进行描述。暴露治疗包括持续暴露(prolonged exposure)、想象暴露(imaging exposure)、现场暴露(vivo exposure)、书写暴露(written exposure)、叙事暴露(narrative exposure)和内感暴露(interoceptive exposure)等多种方法。不少随机对照实验已经证实了暴露疗法治疗创伤后应激障碍的有效性,甚至有些治疗指南,如NICE和NHMRC指南,推荐将暴露治疗作为创伤后应激障碍的一线治疗手段。

持续暴露。持续暴露是最常使用的暴露治疗,它是基于情绪加工理论提出来的。这个理论假定:包括创伤后应激障碍在内的焦虑障碍,即呈现特殊的病理性的对于场所、情境或物体的恐惧。这些本来是安全的场所、情境或物体被感知为危险的,因此个体会出现回避行为。持续暴露针对的是创伤后应激障碍患者的典型错误观念,如"世界绝对是危险的""我是无能的,完全没有能力应对压力的",它的核心组成部分包括现场暴露和想象暴露。

现场暴露是让患者逐步、系统性地接近其回避的情境或场所,通过反复暴露于这些功能失调的、不符合现实的、预期会受到伤害的刺激场景中,使与经验关联的恐惧反应减少。

想象暴露是在很安全的现实环境中,持续重复想象创伤性情景。通过生动的想象,重新面对恐惧场景。包括让患者在想象中重新回顾关于创伤事件的记忆,详述创伤事件,改进对创伤性记忆的情绪体验和加工重访经验。这种加工让患者重新检查他们对于创伤的信念,获得应对创伤的新视角。重复、延长的想象暴露提供了否认功能失调性错误认知的信息,减轻了与创伤事件相关联的痛苦回忆。这种疗法常常需要辅以心理教育和呼吸放松训练。

很多随机对照实验都表明,持续暴露在不同的人群(如女性强奸幸存者、男性和女性退伍军人及难民)中都能有效地缓解创伤后应激障碍症状,对急性创伤性应激障碍和慢性创伤后应激障碍同样有效。另外,福阿等还发现,持续暴露治疗起效快速,疗效长久。另有研究表明,通过暴露疗法对创伤后应激障碍进行预处理,比支持性治疗、放松治疗和常规治疗更能有效减少创伤后应激障碍的症状,而且,持续暴露至少与应力接种训练、认知疗法和眼动脱敏疗法同样有效。

书写暴露治疗由2次治疗准备和5次为时2小时的治疗组成。在2小时的时间里,要求患者先花60分钟的时间独自写下他(或她)的创伤经历,然后读给治疗师听,治疗师给予非结构化的支持性回应。雷斯克(Resick)等比较了认知治疗合并书写暴露治疗、单独使用书写暴露治疗以及不包含书写暴露治疗的认知加工疗法3组的治疗效果,发现单独书写暴露治疗组的效果与其他2组效果接近。在6个月的随访中,3组间没有显著差异。

内感暴露治疗主要用于治疗惊恐障碍,可以通过有目的的过度换气,诱发呼吸急促,从而诱导出无害的生理性唤起反应。在创伤后应激障碍的治疗中,可以通过增强对这些生理反应的适应性和耐受性缓解焦虑、情绪化、身体不适和易激惹状态。但是,这种技术的使用尚有很多未知答案,使用需谨慎。

意象治疗

有人认为,想象比言语对积极情绪的影响更大,可以通过意象以促成积极的改变。意象重构和意象预演是相对应用较多的意象治疗干预方法。

意象重构(imagery rescripting, IR)是由斯马克(Smucker)等在针对儿童性虐待受害者的治疗过程中发展出来的方法。病人首先进入一个想象暴露情境,通过控制意象对此情境进行重构,鼓励病人想象自己是一个成人,走进那个正在受到伤害的儿童的房间,解救和保护这个受伤的儿童。第一阶段持续4次,在这个过程中医生会用录音机录下整个暴露和重构的过程当做家庭作业让病人反复听;之后在第5—8次治疗中,意象练习集中在改变致病模式。有研究提示,意象重构疗法可能对创伤后应激障碍有效,不过下这些结论还有些为时过早,仍需要进一步探索。

意象预演疗法(imagery rehearsal therapy, IRT)由克拉科(Krakow)创建,主要治疗创伤导致的恶梦。意象预演疗法常常在结构化小组治疗的第1、3、6次治疗中使用,使个体能够控制持续的习惯行为。首先要教会个体应对不愉快想象、呈现愉快想象的技术,接下来的治疗单元,参与者写下他们的恶梦以及他们想选择的改变,用10—15分钟想象这个过程,把它呈现给小组,每天预演这个新的梦。目前应用意象预演疗法对军人创伤后应激障碍的治疗效果喜忧参半。有一项针对12名参战男兵的研究发现,意象预演疗法对创伤后应激障碍的恶梦、抑郁和焦虑都有积极作用,这种好的疗效能持续12个月。另一项研究对15名男性创伤后应激障碍退伍军人进行6次意象预演疗法治疗,治疗后的3个月内,创伤相关的恶梦频率和创伤后应激障碍症状都有改善。意象预演疗法对治疗恶梦得到了研究的支持,但治疗创伤后应激障碍的其他症状是否有效还需要更多研究验证。

人际心理治疗

人际心理治疗是一种有时间限制的结构化、程式化的心理治疗方法。人际心理治疗干预的目标是解决人际心理问题,包括角色冲突、角色转变和损失,通过获得更多社会支持以减少焦虑和情绪困扰。一项针对住在开罗的苏丹难民的小样本随机对照试验发现,人际心理治疗对创伤后应激障碍的愤怒和抑郁症状有明显的改善作用。

小组治疗(group therapy)可以改善创伤后应激障碍的伴随症状。相对于个体治疗,小组治疗的效率高,而且小组成员彼此可提供所需要的社会支持。创伤聚焦小组治疗是一种包含30次治疗的程式化治疗方法,包含创伤后应激障碍的教育、应对资源的评估、症状的自我管理、书写准军事性的自传、战场情景的识别、认知重建和预防复发。施努尔(Schnurr)等在一项大型、严谨的研究中对越南退伍男兵进行了创伤聚焦小组治疗,发现创伤后应激障碍患者的症状有所改善。

夫妻治疗(couple therapy)是夫妻共同参与的程式化治疗方法,包括三个阶段:心理健康教育、建立安全感阶段;直面回避、提高关系满意度和增进沟通技巧阶段;认知干预建设阶段。蒙森(Monson)等在一项开放性试验中,治疗了7对男性越战创伤后应激障碍老兵和他们的配偶,之后由临床医师和患者配偶进行评估,结果发现:患者的创伤后应激障碍明显改善,配偶双方的满意度略有改善,老兵自我报告的抑郁和焦虑有所改善。

家庭治疗是以家庭为干预单位,通过会谈、行为作业及其他非言语技术,以消除个体心理行为问题、改进家庭关系、完善个体和家庭功能为目标的一类心理治疗方法。舍曼(Sherman)等调查了对越战中出现战斗应激的退伍老兵的女性伴侣进行的个体和家庭治疗。在89名被试中,64%的人认为个体治疗是非常重要的,78%的人认为家庭治疗对退伍老兵和伴侣都非常重要,但仅有28%的女性获得了心理健康保健。奥克拉荷马市退伍老兵医学中心曾实施过一个教育和协助照顾促成健康的家庭项目(the reaching out to educate and assist caring, healthy families, REACH),该项目是一个持续9个月的心理健康教育项目,共评估了294名至少有一位家庭成员愿意与REACH人员进行多次会面的患有创伤后应激障碍的退伍军人,发现有50%的退伍军人愿意学习这种心理教育模式。卡利斯(Khaylis)等对刚从伊拉克返回的100名国民警卫队士兵进行问卷调查,评估他们的创伤后应激障碍症状、关系问题和治疗偏好,结果发现:大多数已婚或有伴侣的士兵对如何与伴侣相处表示关切,并且他们高度重视采用以家庭为基础的干预解决心理健康问题。

眼动脱敏再处理

眼动脱敏再处理是一种协助病人通过获取和加工创伤记忆而增强适应性的治疗方法。要求病人回想与创伤相关的意象,感受身体产生的与此意象相关的感觉,辨识自身的负性想法,用积极的想法替代负性想法。然后,要求病人在头脑中保持这种令人烦扰的意象、感受和负性想法,同时盯着临床医生在他眼前来回移动手指20秒。这个过程反复进行,直到患者没有与意象相关联的负面想法出现为止。有学者认为,眼动脱敏再处理之所以有效,可能与再暴露或修复创伤记忆时治疗师给予的正性反馈和指导有关,而不是因为任何快速眼球运动、节律或治疗中的其他生理效应。

基于新技术的治疗

基于网络和计算机的治疗(Internet and computer based treatments, ICT)已经开始用于治疗焦虑障碍,尤其是一些由于地理位置和财政困难无法治疗的创伤后应激障碍患者,基于网络和计算机的治疗可以为没有专业健康服务中心的偏远地区提供治疗服务。它还可以为那些对心理健康治疗有病耻感和因焦虑或社交障碍不能外出的个体提供非传统性的治疗形式。有研究发现,其有效率平均可达75%。

虚拟现实暴露治疗(Virtual-Reality Exposure, VRE)是使用实时计算机图形和头戴式视觉显示器作为一种工具来进行延长暴露,可以为使用者提供多感官刺激的控制环境。临床医师在虚拟环境中可通过系统地控制刺激出现与否调整暴露水平。虚拟现实暴露治疗的支持者断言,在延长暴露中使用虚拟现实方式较之想象暴露能够更有效地激活或修改恐惧的结构,并且由于在数字化时代长大的一些患者非常熟悉视频游戏,可能更愿意寻求这种基于媒体技术的延长暴露治疗。尽管有初步数据支持,有些患者更愿意寻求有虚拟现实暴露治疗的延长暴露治疗,但是尚无证据显示持续暴露加虚拟现实暴露治疗较之单独使用持续暴露有明显优势。美国陆军目前正在评估虚拟现实暴露治疗与持续暴露对创伤后应激障碍的疗效,但尚未得出结论。

(齐建林 赵 蕾 李红政 杨 征)

参考文献

高申春.(2008).危机干预策略(译).第五版.北京:高等教育出版社,139-198.
郝伟,陆林.(2018).精神病学.第8版.北京:人民卫生出版社.
李红政,杨朝辉.(2018).精神障碍筛查与风险评估系统软件(SRAS-MD),2018SR330091,中华人民共和国国家版权局.
李凌江,于欣.(2010).创伤后应激障碍防治指南.北京:人民卫生出版社:11-77.
美国精神医学学会编著,张道龙译.(2015).精神障碍诊断与统计手册(第五版).北京:北京大学出版社.
钱铭怡.(2006).变态心理学.北京:北京大学出版社,227-239.
沈渔邨.(2001).精神病学.第四版.北京:人民卫生出版社,620-629.
中华医学会精神科分会.(2011).中国精神障碍分类与诊断标准(CCMD-3).济南:山东科学技术出版社,97-98.
Abramowitz, E. G., Barak, Y., Ben-Avi, I., & Knobler, H. Y.. (2008). Hypnotherapy in the treatment of chronic combat-related ptsd patients suffering from insomnia: \r, a randomized, zolpidem-controlled clinical trial. *International Journal of Clinical and Experimental Hypnosis*, 56(3), 270-280.
American Psychiatric Association. (2013). *Diagnostic and statistical manual of mental disorders* (*DSM-5 ©*). American Psychiatric Pub.
Arntz, A., Tiesema, M., & Kindt, M.. (2007). Treatment of ptsd: a comparison of imaginal exposure with and without imagery rescripting. *J Behav Ther Exp Psychiatry*, 38(4), 0-370.
Blakeley, K., & Jansen, D. J.. (2013). Post-traumatic stress disorder and other mental health problems in the military: oversight issues for congress.
Bowles, S. V., & Bates, M. J.. (2010). Military organizations and programs contributing to resilience building. *Military*

Medicine, 175(6), 382 – 385.
Bremner, J. D.. (2002). Neuroimaging studies in post-traumatic stress disorder. *Current Psychiatry Reports*, 4(4), 254 – 263.
Brewin, C. R., Dalgleish, T., & Joseph, S.. (1996). A dual representation theory of posttraumatic stress disorder. *Psychological Review*, 103(4), 670 – 686.
Bryant, R. A.. (1998). An analysis of calls to a vietnam veterans' telephone counselling service. *Journal of Traumatic Stress*, 11(3), 589 – 596.
Callahan, R. J.. (2001). Raising and lowering of heart rate variability: some clinical findings of thought field therapy. *Journal of Clinical Psychology*, 57(10), 1175 – 1186.
Church, & Dawson. (2010). The treatment of combat trauma in veterans using eft (emotional freedom techniques): a pilot protocol. *Traumatology*, 16(1), 55 – 65.
Davis, S. M., Whitworth, J. D., & Rickett, K. (2009). Clinical inquiries. what are the most practical primary care screens for post-traumatic stress disorder?. *Journal of Family Practice*, 58(2), 100.
Dobbs, D.. (2009). The post-traumatic stress trap. *Scientific American*, 300(4), 64 – 69.
Falsetti, & S., A.. (2005). Multiple channel exposure therapy: combining cognitive-behavioral therapies for the treatment of posttraumatic stress disorder with panic attacks. *Behavior Modification*, 29(1), 70 – 94.
Forbes, D., Phelps, A., & Mchugh, T.. (2010). Brief report: treatment of combat-related nightmares using imagery rehearsal: a pilot study. *Journal of Traumatic Stress*, 14(2), 433 – 442.
Frueh, B. C., Smith, D. W., & Libet, J. M.. (1996). Racial differences on psychological measures in combat veterans seeking treatment for ptsd. *Journal of Personality Assessment*, 66(1), 41 – 53.
Germain, V., Marchand, André, Bouchard, Stéphane, Drouin, Marc-Simon, & Guay, Stéphane. (2009). Effectiveness of cognitive behavioural therapy administered by videoconference for posttraumatic stress disorder. *Cognitive Behaviour Therapy*, 38(1), 42 – 53.
Goldstein, L. A., Dinh, J., Donalson, R., Hebenstreit, C. L., & Maguen, S.. (2017). Impact of military trauma exposures on posttraumatic stress and depression in female veterans. *Psychiatry Research*, 249, 281 – 285.
Gudrun, S., Jan, C., Helge, K., Schürholt Benjamin, Morena, L., & Seitz Rüdiger J., et al. (2013). In search of the trauma memory: a meta-analysis of functional neuroimaging studies of symptom provocation in posttraumatic stress disorder (ptsd). *PLoS ONE*, 8(3), e58150 –.
Holmes, E. A., Arntz, A., & Smucker, M. R.. (2007). Imagery rescripting in cognitive behaviour therapy: images, treatment techniques and outcomes. *J Behav Ther Exp Psychiatry*, 38(4), 0 – 305.
Iversen, A. C., Fear, N. T., Ehlers, A., Hughes, J. H., Hull, L., Earnshaw, M., ... & Hotopf, M. (2008). Risk factors for post-traumatic stress disorder among UK Armed Forces personnel. *Psychological medicine*, 38(4), 511 – 522.
Jones, M., Rona, R. J., Hooper, R., & Wesseley, S.. (2006). The burden of psychological symptoms in uk armed forces. *Occup Med*, 56(5), 322 – 328.
Kang, S. K., Mahan, C. S., Lee, M. Y., Murphy, D. G. M., & Natelson, B. H.. (2003). Post-traumatic stress disorder and chronic fatigue syndrome-like illness among gulf war veterans: a population-based survey of 30,000 veterans. *American Journal of Epidemiology*, 157(2), 141.
Kaniasty, K., & Norris, F. (1999). The experience of disaster: Individuals and communities sharing trauma. *Response to disaster: Psychosocial, community, and ecological approaches*, 25 – 61.
Kleijn, W.. (2006). When the war was over, little changed: women's posttraumatic suffering after the war in mozambique. *Journal of Nervous & Mental Disease*, 194(7), 502.
Krakow, B., Sandoval, D., Schrader, R., Keuhne, B., Mcbride, L., & Yau, C. L., et al. (2001). Treatment of chronic nightmares in adjudicated adolescent girls in a residential facility. *Journal of Adolescent Health*, 29(2), 94 – 100.
Lake, J. (2015). The integrative management of ptsd: a review of conventional and cam approaches used to prevent and treat ptsd with emphasis on military personnel. *Advances in Integrative Medicine*, 2(1), 13 – 23.
Lee, C., H. Gavriel, P. Drummond, J. Richards, and R. Greenwald. 2002. Treatment of PTSD: Stress inoculation training with prolonged exposure compared to EMDR. Journal of Clinical Psychology, 58(9), 1071 – 1089.
Litz, B. T., Engel, C. C., Bryant, R. A., & Papa, A.. (2007). A randomized, controlled proof-of-concept trial of an internet-based, therapist-assisted self-management treatment for posttraumatic stress disorder. *Am J Psychiatry*, 164 (11), 1676 – 1683.
Lloyd, G.. (2001). Post traumatic stress disorder diagnosis, management and treatment. *Journal of Neurology Neurosurgery & Psychiatry*, 71(6), 152 – 153.
Magruder, K. M., Frueh, B. C., Knapp, R. G., Davis, L., Hamner, M. B., & Renée Hebert Martin, et al. (2005). Prevalence of posttraumatic stress disorder in veterans affairs primary care clinics. *Gen Hosp Psychiatry*, 27 (3), 169 – 179.
Mclean, C. P., & Foa, E. B.. (2011). Prolonged exposure therapy for post-traumatic stress disorder: a review of evidence and dissemination. *Expert Review of Neurotherapeutics*, 11(8), 1151 – 1163.
Menon, P. M., Nasrallah, H. A., Lyons, J. A., Scott, M. F., & Liberto, V.. (2003). Single-voxel proton mr spectroscopy of right versus left hippocampi in ptsd. *Psychiatry Research Neuroimaging*, 123(2), 101 – 108.

Monson, C. M., Fredman, S. J., & Adair, K. C.. (2010). Cognitive-behavioral conjoint therapy for posttraumatic stress disorder: application to operation enduring and iraqi freedom veterans. *Journal of Clinical Psychology*, 64(8), 958–971.

Mowrer, O. H.. (1947). On the dual nature of learning: a reinterpretation of conditioning and problem solving. *Harvard Educational Review*, 17, 102–148.

Nixon, R. D. V., & Nearmy, D. M.. (2011). Treatment of comorbid posttraumatic stress disorder and major depressive disorder: a pilot study. *Journal of Traumatic Stress*, 24(4), 451–455.

Othmer, S., & Othmer, S. F. (2009). Post traumatic stress disorder — the neurofeedback remedy. *Biofeedback*, 37(1), 24–31.

Ozer, E. J., Best, S. R., Lipsey, T. L., & Weiss, D. S.. (2003). Predictors of posttraumatic stress disorder and symptoms in adults: a meta-analysis. *Psychological Bulletin*, 129(1), 52.

Powers, M. B., Halpern, J. M., Ferenschak, M. P., Gillihan, S. J., & Foa, E. B.. (2010). A meta-analytic review of prolonged exposure for posttraumatic stress disorder. *Clinical Psychology Review*, 30(6), 0–641.

Rayman, RB, Hastings JD, Kruyer WB, et al. (2006). Clinical Aviation Medicine, 4th ed. *New York Professional Publishing Group*, Ltd. 313–315.

Reger, M. A., & Gahm, G. A.. (2010). A meta-analysis of the effects of internet- and computer-based cognitive-behavioral treatments for anxiety. *Journal of Clinical Psychology*, 65(1), 53–75.

Richardson, L. K., Frueh, B. C., & Acierno, R.. (2010). Prevalence estimates of combat-related post-traumatic stress disorder: critical review. *Australian and New Zealand Journal of Psychiatry*, 44(1), 4–19.

Ritchie EC. (2011). The therapeutic use of canines in medicine and psychiatry. *Saint Elizabeths Hospital/ Department of Mental Health Continuing Medical Education Rounds*.

Shalev, & Arieh, Y.. (2009). Posttraumatic stress disorder and stress-related disorders. *Psychiatric Clinics of North America*, 32(3), 687–704.

Shapiro, F.. (1989). Eye movement desensitization: a new treatment for post-traumatic stress disorder. *J Behav Ther Exp Psychiatry*, 20(3), 211–217.

Stein, D. J., Hollander, E., & Rothbaum, B. O. (Eds.). (2009). *Textbook of anxiety disorders*. American Psychiatric Pub.

Strauss, J. L., Coeytaux, R., Mcduffie, J., Nagi, A., & Williams, J. W. (2011). Efficacy of complementary and alternative medicine therapies for posttraumatic stress disorder. *Department of Veterans Affairs*, 11(4), 281–282.

Survey, CCH. (2003). Statistics Canada. *The Canadian Forces 2002 Supplement of the Statistics Canada*. 23–47.

Toomey, R., Kang, H. K., Karlinsky, J., Baker, D. G., Vasterling, J. J., & Alpern, R., et al. (2007). Mental health of us gulf war veterans 10 years after the war. *British Journal of Psychiatry*, 190(5), 385–393.

Vujanovic, A. A., Youngwirth, N. E., Johnson, K. A., & Zvolensky, M. J. (2009). Mindfulness-based acceptance and posttraumatic stress symptoms among trauma-exposed adults without axis i psychopathology. *Journal of Anxiety Disorders*, 23(2), 0–303.

Wald, J., & Taylor, S.. (2007). Efficacy of interoceptive exposure therapy combined with trauma-related exposure therapy for posttraumatic stress disorder: a pilot study. *Journal of Anxiety Disorders*, 21(8), 0–1060.

Zhang, L. M., Zhang, Y. Z., & Li, Y. F.. (2010). The progress of neurobiological mechanisms on ptsd. *Chinese Pharmacological Bulletin*, 26(6), 704–707.

第10章 军人自杀与自杀预防

10.1 自杀与军人自杀 / 212
10.2 自杀的界定 / 213
10.3 自杀的危险因素 / 215
    10.3.1 家庭矛盾与冲突 / 216
    10.3.2 精神障碍 / 216
    10.3.3 自杀未遂史 / 216
    10.3.4 躯体疾病 / 217
    10.3.5 社交孤独 / 217
    10.3.6 失业 / 217
    10.3.7 其他危险因素 / 217
10.4 对自杀的认知 / 217
    10.4.1 自杀逃避理论 / 218
    10.4.2 自杀的人际关系理论 / 220
           归属感挫伤 / 220
           负担感 / 221
           自杀能力 / 223
10.5 军事活动与自杀 / 224
10.6 军人自杀预防 / 227
参考文献 / 231

    自杀是一个很敏感的话题,尽管人们不愿意谈及,但许多研究和事实告诉我们自杀是一种复杂的社会现象,更是生物界结束生命的方式之一。对于军队这样一个特殊群体,自杀并不能被视作一种正常现象,因为其对军事群体的士气、凝聚力以及作战效能有着不可估量的负面影响。国内外研究发现,20岁—35岁是自杀的高峰期,也是军队官兵的主体年龄段。从美军公布的资料来看,随着训练与作战任务的增多,军人自杀人数逐年上升,尤其是经历诸多局部战争的年份里,军人自杀率超过了民间与之相匹配的对照组。尽管目前我们对自杀的根本原因尚不清楚,使得军方各级领导都感到十分沮丧,但军人自杀与预防一直以来都是各国军队关注且有所动作的一个领域。

10.1 自杀与军人自杀

自杀是全球重要的公共卫生问题和社会问题。根据世界卫生组织的报告,每年近一百万人死于自杀,自杀死亡的人数远大于被谋杀的人数。根据美国自杀预防基金会的统计,美国平均每年超过 34 000 人死于自杀。费立鹏等在 Lancet 上公布我国的自杀率为万分之 2.3,由此估计我国每年有 287 000 人死于自杀。基于同龄人组和临床样本的流行病学调查研究显示,自杀是全球 10 岁—14 岁人群的第四大死因,是 15 岁—24 岁人群的第三大死因,而在中国 15 岁—34 岁的人群中,自杀是第一大死因。

军队的人员是以 18 岁—24 岁的年轻人为主构成的。部署在伊拉克等地的美军,超过一半的人员年龄在 17 岁—26 岁之间。这样的人员年龄结构特点导致自杀在军人死亡人口中的比重偏高。大部分士兵处于认知能力发育过程中,抽象思维尚不完善、缺乏对未来的计划,加上军队严格纪律的约束和潜在的身体损伤,当官兵面对超越个人需要的责任感时,容易产生无助感和心理压力。在外军的相关报告中发现,法国军人年自杀率为十万分之 18;爱尔兰军人年平均自杀率为十万分之 15。2010 年前,受伊拉克战争等因素影响,美军自杀率出现了上升趋势,2003 年美军自杀总人数为 60 人(自杀率达十万分之 17),2004 年 67 人,2005 年 83 人,2006 年 102 人,2007 年 115 人,2008 年 128 人,2010 年达到了 305 人,自杀率上升至十万分之 20。从军种来看,2006 年美国陆军自杀率为十万分之 17,2007 年为十万分之 18,2008 年为十万分之 20,2009 年为十万分之 21;美国空军自杀率也在上升,2008 年自杀率为十万分之 12,2009 年为十万分之 13;美国海军 2008 年的自杀率为十万分之 11,2009 年为十万分之 14;海军陆战队 2008 年自杀率为十万分之 21,2009 年为十万分之 24。总体来看,美军军人从 2000 年至今的自杀率呈上升趋势。

表 10.1 美军人(陆海空陆战队)2000 年—2016 年自杀人数(人)

2000年	2001年	2002年	2003年	2004年	2005年	2006年	2007年	2008年	2009年	2010年	2011年	2012年	2013年	2014年	2015年	2016年
100	145	146	158	171	148	187	197	233	285	298	不详	321	255	273	266	232

根据相关调查研究,美军自杀者具有未婚、白种人、男性、军衔低(以下士居多)和第一次参战的特征,其中约 1/4 是在到达战场(例如伊拉克)后 30 天内自杀;在伊拉克或在伊拉克和阿富汗两个战区反复部署且服役时间较长的士兵更易发生自杀,一

线作战部队多于二线保障部队，陆军约占70%以上，海军陆战队约占25%；自杀方式75%为使用枪械，其次为自缢和过量服药，30%曾有药物和酒依赖史。从伊拉克返回的士兵中尤以最初的3—6个月期间自杀最为常见，这些人大多患有创伤后应激障碍，在幻觉、抑郁、自责自罪和绝望的支配下走上绝路。他们自杀多采用过量服药、吸食毒品、枪击和自缢方式，有的则采取先杀死家庭成员后再自杀的方式。目前，关于我军自杀率的情况还未见详细的报告，但从各方面的文件信息来看自杀问题一直受到军委首长和机关的高度重视。

10.2 自杀的界定

虽然自杀问题受到社会学家、心理学家和精神病学家的普遍关注，但他们对自杀的定义却不尽相同。社会学家迪尔凯姆(Durkheim)将自杀定义为：死者知道行为的后果是死亡，而主动或被动完成行为引起的死亡。心理学家贝希勒尔(Baechler)的定义为：自杀是为解决现存问题而采取结束自己生命的任何行为。心理学家施奈德曼(Schneidman)的定义是：自杀是有意识的自我毁灭，且自杀者把自杀看作是解决某个问题的最好办法。精神病学家格尔德(Gelder)的定义是：自杀是人们用各种方式剥夺自己生命的行为。美国《精神障碍诊断与统计手册》中有关自杀的界定指出，自杀不能是单纯仅指向躯体表面的自我伤害(不排除多次自我伤害行为)，也不能起始于混乱或精神错乱的状态(不排除酒精中毒或物质影响下启动的自杀行为)，且排除了单纯以政治或宗教为目的的自杀行为。世界卫生组织的定义是：自杀是故意杀死自己的行为。

自杀是一种复杂的现象，很难对其进行分类划分。划分标准不同，分类的结果也会不同。有研究者根据自杀动机将自杀分为自杀姿态、矛盾的自杀企图、严重的自杀企图和完成性自杀。通常根据自杀的诱因我们可以将其分为：(1)抑郁、绝望导致的自杀；(2)过度饮酒或药物滥用导致的自杀；(3)人际关系问题导致的自杀；(4)性别认同问题导致的自杀；(5)压力导致的自杀等。迪尔凯姆(Durkheim)从社会整合的角度，将自杀分为利己型自杀(egoistic suicide)、利他型自杀(altruistic suicide)、失范型自杀(anomic suicide)和宿命型自杀(fatalistic suicide)。根据自杀者的动机状态分为意识朦胧自杀者、清醒自杀者和意志顽强自杀者。意识朦胧自杀者，由于心情过于悲伤抑郁，大脑皮层兴奋扩散，激情掩盖了理智，不考虑自杀的后果，只求一死以逃避眼前的困境。这种人理智一旦清醒即对自杀感到后悔。清醒自杀者，原来并不想真正自杀，只是想以自杀作为要挟的手段，往往由于家庭矛盾、上下级关系不和等原因而服少量毒物自杀。意志顽强自杀者，自杀动机多是由于对环境的强烈不满，遭受了巨大挫折，虽然曾经尽一切努力去抵制，但又觉得势单力薄，不得不以自杀来战胜它。这类自杀者文化层次较高，不容易接受劝导，事后也不后悔，一次不成会再次自杀。他们不仅决心坚定，自杀手段也比较残忍，属于三种类型中最危险的一种。目前，认可度较高的分类还有美国精神卫生研究所自杀预防研究中心对自杀的分类，他们将自杀分为自杀已遂(completed suicide, CS)、自杀未遂(suicide attempt, SA)、自杀意念(suicide idea, SI)。自杀已遂是采取有目的的自我毁灭行为，并导致死亡；自杀未遂是可能威胁生命的各种行为，或采取了自杀行为但没有造成死亡；自杀意念是个体通过直接或间接的方式表达自我终结生命的意愿，但没有采取任何外显行动，具有隐蔽性和广泛性等特点。关于自杀意念，最新发展出了许多新的测量方法，比如诺克(Nock)的内隐联想法，可以用于测量个体的内隐自杀意念。

自杀意念是自杀前的重要指标，通过研究自杀意念可以更好地理解、预防和干预自杀行为。然而，由于人们有意、无意地回避报告个人自杀意念的存在，导致自杀意念的客观测量非常困难。自杀意念难以被他人所觉察到，甚至连自己也不能完全了解，因为已有研究证明个体通过内省并不能完全了解自己全部的心理状态。而内隐认知测量规避了心理测验中社会赞许性的弊端，可能有助于自杀风险的评估。利用内隐联想测验测量个体自杀意念是在不同组合规则下，要求被测量者对同一系列关于自我、死亡、活着和非我的词语进行按键反应，根据反应时间的长短推断出哪种词语组合与其内在规则相一致，判断其是否有自杀的想法。曾经发生过自杀行为或自我伤害行为的个体与没有发生过此类行为的个体在内隐联想测验上的表现存在差异，说明内隐联想测验评估自杀意念具有较好的校标关联效度。具有自杀意念无自杀行为的个体和有自杀行为的个体在内隐联想测验上的表现也存在差异，说明有自杀想法的个体与有自杀尝试行为的个体可能在潜意识层面具有不同的心理结构。通过内隐联想测验评估自杀意念可以提高对自杀行为或自我伤害行为的预测作用，意味着内隐联想测验具有作为自杀意念和自杀行为检测工具的潜质。人们自杀的主要原因是不能忍受当前的生活环境，比如负性生活事件或精神疾病带来的压力。然而，许多经历负性生活事件或患精神疾病的个体并没有自杀死亡，甚至也没有尝试过自杀。那么这些危险因素就不能解释为什么一些人会选择积极的应对方式来处理自己所面对的生活困难，而另外一些人会选择自杀的应对方式来处理这些问题。一些心理学家指出，个体的内隐认知可能可以解释他们为什么选择不同的方法处理自己所面对的各种困难。尤其是在人们在面对生活压力和决定如何应对这些压力的最后时刻，认知资源处于严重不足的状态，内隐自杀意念可能起着最关键的作用。

10.3 自杀的危险因素

国家和社会的大环境、个体所处的人际网络和个体内部小环境等都与自杀有密切联系。自杀多因素模型向我们展示了个体实施自杀是大量危险因素复合作用的综合结果,每个自杀者的自杀原因可能都不尽相同,当前的自杀理论应该阐明这些因素如何与自杀行为相关。自杀是多种原因导致的一种极特殊的状态,这也是目前美军对自杀持"根本原因不清楚"态度的原因。除精神障碍、社交孤独和自杀能力外,像文化背景、宗教习俗、政治制度、社会竞争、经济状况、遗传和生理学基础等因素,都有可能成为诱导自杀的重要因素。

自杀具有非常复杂的心理过程,预防是非常困难的。但如果从挖掘自杀者的心理诱因入手,找到更多的自杀形成流程上的关键点,筛选评估这些关键点的敏感指标,对高危人群进行实时监测,自杀是可以预测和预防的。

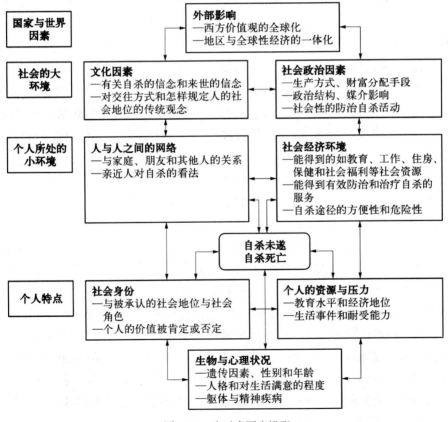

图 10.1　自杀多因素模型

危险因素可以被定义为潜在的因果路径的指示器,检验危险因素是构建病因学模型的奠基石。研究人员根据危险因素与自杀行为的关系进行归类和分组,发现对于自杀风险贡献最大的危险因素包括:家庭矛盾与冲突、精神障碍、自杀未遂史、社交孤立、失业和躯体疾病。

10.3.1　家庭矛盾与冲突

美军在2008年"全维健康观"中明确提出家庭因素是影响军人心理健康的五大要素之一。在人的一生中,家庭矛盾与冲突始终是引起自杀行为的重要危险因素,家庭不和睦、家庭暴力、家庭应激和认为自己是家庭负担等因素都与自杀有关。我国因婚姻和家庭问题引发冲动性自杀行为的情况尤为严重。美军也研究发现:亲属关系和婚姻压力常常是军人自杀的应激源。

10.3.2　精神障碍

美军的流行病学调查显示,自杀者中有高达90%的人患有某种精神障碍,最为常见的是诸如抑郁等情绪障碍。在退役老兵中,具有创伤后应激障碍的老兵更容易选择自杀。也就是说,死于自杀的人绝大多数罹患精神障碍,而且其他自杀者也很有可能存在精神障碍亚临床表现,或是无法通过心理解剖等方法将其精神障碍检测出来。某些类型的精神障碍,会导致更高的自杀率,如重度抑郁症的自杀率在2%到6%之间;躁郁症自杀率是普通人群的15倍;边缘型人格障碍的自杀率在4%到5%之间;神经性厌食症的自杀率是一般人群的58倍;精神分裂症的自杀率在1.8%到5.6%之间;药物滥用者自杀率是普通人群的5.7倍。在抑郁症患者当中,大约有1/4的人在其一生中尝试过自杀但没有成功。随机抽取典型社区样本至少有25%的人报告在过去两周内有过自杀意念。虽然抑郁会明显增加产生自杀意念的风险,但其对增加自杀未遂风险的贡献并不显著。而以焦虑和兴奋为典型症状的精神障碍(如广泛性焦虑障碍、社交恐惧症、创伤后应激障碍和躁郁症)或者以冲动失控为典型症状的精神障碍(如行为失常、间歇性爆发障碍和物质滥用)预示着从自杀意念到非致命自杀尝试的过渡。这些数据表明,抑郁似乎只关乎发展自杀渴望,而其他以兴奋和冲动失控为表现的精神障碍则关系到将想法转化为行动的可能性。

10.3.3　自杀未遂史

对于未来有可能发生的自杀意念、自杀尝试和自杀死亡,一个最可靠和最有说服力的预测因子就是——自杀未遂史。医学统计结果表明,有过多样化自杀尝试的个体具有很高的致死率,无论对青少年还是成年人,都能很好地预测致死性自杀行为。

10.3.4 躯体疾病

自杀死亡者中三分之一患有躯体疾病。很多研究报告了躯体疾病和自杀之间的联系。例如，艾滋病患者的自杀风险性是普通人群的7倍；脑癌患者自杀率是普通人群的9倍，是其他类型癌症患者的4倍；肌萎缩性脊髓侧索硬化症据估计可以使自杀率升高6倍，多发性硬化症可以使自杀率增加2倍。但是，躯体疾病和自杀似乎是间接关系，要通过其他的危险因素解释，如并发的精神障碍、功能受限和社交孤立。例如，癌症晚期病人报告其生存意志与认为自己是别人的负担间呈负相关，和所获得的社会支持呈正相关。

10.3.5 社交孤独

社交孤独在不同年龄、不同文化、不同临床严重程度当中都无可争辩地成为自杀意念、自杀尝试和致命自杀行为最重要和最可靠的预测因子。很多实证性研究证实了致命自杀行为和社交孤独的各个方面的联系，包括：社会退缩、缺少社会支持、生活在不完整的家庭、因亡故或离婚而丧失配偶，以及独身居住等孤独情况。研究表明婚姻、有孩子以及朋友或家人数量多，可以降低致命自杀行为的风险。

10.3.6 失业

失业也是一个比较普遍的社会现象，但作为自杀的危险因素具有局限性。此类研究发现，虽然自杀死亡的人很多处于失业状态，但绝大多数失业者并不会自杀。因此，失业可能只是针对那些易受损伤的个体或者失业导致了无法接受的结果(比如，破产无力偿还巨额外债)时才会提高自杀率。类似地，只有表现出显著消极结果的经济衰退才会使自杀率升高，如失业和丧失房屋抵押赎回权。

10.3.7 其他危险因素

其他警报信号还包括烦乱、绝望和睡眠障碍(包括梦魇)等一些负性生活事件与致命自杀尝试危险率的升高有关。经历童年期虐待、军事战争、无家可归和监禁都会提高自杀风险，其他变量还包括一些精神病学变量、病史变量和环境因素变量，包括容易可得的致死方式(如农药)，聚集或暴露于自杀行为和自杀率的季节性变异。

10.4 对自杀的认知

自杀学家从不同的角度提出过理论，包括生物学、心理动力学、认知行为学和发展系统病因学。生物学理论认为自杀行为一般是由生物学因素(如腹正中前额叶血清素系统调节异常)和激活的社会心理应激源共同导致。心理动力学理论认为自杀一般是由潜意识驱动,伴有强烈的情感状态,渴望逃避心理疼痛,存在驱动意义,依恋障碍导致。认知行为理论提出自杀是绝望的因果作用,自杀有特定认知模式,自杀者存在自传体记忆缺失和沉浸性认知以及情绪调节异常。发展系统理论的假设是扰乱的社会因素及家庭体系导致了自杀。

每一种理论都能解释自杀行为的部分概况。例如,绝望理论能解释绝望和之后自杀死亡的关系,生物学理论能解释血清素激活的机能和自杀的关系,发展系统理论能解释家庭冲突与自杀的关系。每种理论都解释了自杀行为全景的一部分。然而,每个自杀者都会呈现出很多危险因素,而不是单个独立的因素。自杀理论应当能够解释关于自杀行为众多因素的不同组合形式。每个自杀危险因素与自杀都还存在复杂的联系,所以单一危险因素预测自杀的能力十分有限。有自杀未遂史的个体,尤其是多重尝试的自杀史是自杀的良好预测因子,然而多达一半的自杀者死于初次尝试。尽管许多患有精神障碍的个体考虑过自杀,但是绝大多数即使是高自杀率的精神障碍患者也并不会尝试自杀。

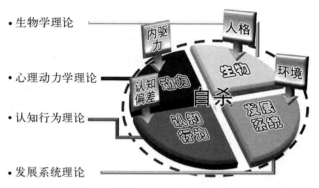

图 10.2　自杀理论观点归纳

10.4.1　自杀逃避理论

自杀逃避理论的思想最初由贝希勒尔(Beachler)提出,认为自杀是一种解决问题的方法。自杀虽然不是一种理性的解决问题的方式,但不可否认自杀者在自杀前常常是把自杀作为解决问题的唯一办法。自杀是面对困难逃避自我的一种表现形式。鲍迈斯特(Baumeister)在贝希勒尔观点的基础上提出了自杀逃避理论。此外,鲍迈斯特的逃避理论还受到迪尔凯姆(Durkheim)等人的影响,理论包含人格心理学和社会心理学的一些重要概念,比如自我差异(self-discrepancy)、自我意识(self-awareness)和归因(attribution)等。该理论的主要假设是，自杀并不是自杀者的目的，逃避自我才是自杀的本质。如果能变成另外一个个体生存于世，或是能到另外一个地方过另外一种生活，不再忍受当前的痛苦生活，个体不会选择结束自己的生命。

该理论认为自杀包括六个阶段。第一阶段是，由于重要的期待没有实现，或某些目标没有达成，导致个体体验到失望或重大受挫感。失败或绝望的出现可能有两种原因，一是因为个体为自己设置的目标太高，根本没有可实现性；另一原因是发生在个体身上的事件实在是太糟糕，并不是其要求太高所致，当然这两种状况也可能同时发生在个体身上。按照希金斯(Higgins)的观点，这就是在目标和现实间具有较大差距。第二个阶段是自责，就是将第一阶段提到的失败归咎于个人的原因，导致自我责备。第三个阶段是由自责导致的一种不良高自我意识状态。处于这种状态下的个体，往往认为自己无能、没有吸引力、内疚和没有信心。第四个阶段是大量负性情绪的出现。第五个阶段是个体受这些大量负性情绪的影响，出现逃避自我的想法，以至于出现认知解构的状态。然而，对于某些个体来说，普通的逃避方式往往并不能解决负性情绪问题，所以个体会寻求那些能更有效地处理负性情绪的逃避方式。最后，在缺乏抑制力的心理状态下，个体尝试自杀的意愿就会出现并逐渐增强。

在以往的研究中，已有大量证据直接或间接地证明了自杀逃避理论。许多研究得出一个共同的观点：重大的失望或是失败在自杀行为中扮演了十分重要的角色。除了自杀这种自我伤害行为以外，对其他自我伤害行为的研究也证明了逃避理论的合理性，比如暴饮暴食和酒精依赖等。该理论认为自杀尝试往往伴随着获取重要目标的失败。沙塔尔(Chatard)等指出，不仅现实中发生的失败会导致自杀可能性上升，想象中的失败也会导致个体出现自我伤害的想法。杜瓦尔(Duval)等指出，自我意识是一种自我关注的状态，在这种状态下个体往往会将现实的自我与理想中的自我进行比较。当发现现实自我与理想自我存在重大差距时，个体可能产生一种努力减少这种差距的动机，也可能产生一种避免将现实自我和理想自我比较的动机。出现何种动机，受到一些因素的影响，比如这种差距的大小和重要性等。一般情况下，当这个差距很大，而又不能很快缩小这种差距时，个体往往会产生逃避的动机。当个体存在逃避动机时，那些能使得这种动机实现的方式就会被激活。按照目标系统理论(goal systems theory)，人的动机系统和认知系统是相互联系的，当个体的目标(动机系统)被激活后，那么实现这个目标的各种方式(认知系统)同时也自动被激活。因此，逃避自我意识的动机可能触发个体去寻找实现这个目标的一系列方式，并寻求最好的方式。实现逃避自我的方式有很多，比如饮酒让自己麻醉等。为什么一些个体会选择自杀的方式来实现这个目的呢？因为一些个体会认为自杀是一种能从根本上解决其当前问题的办法,自杀后其不用再面对现实,也不用再进行现实自我和理想自我的比较,也不需要去实现那些不可能实现的目标,一切问题都解决了。因此,按照贝希勒尔的观点来说,自杀是实现逃避的一种最有效方法。

10.4.2 自杀的人际关系理论

人际心理理论遵循这样的假设:死于自杀的人是因为他们能够自杀并且想自杀。这个理论的框架有三个核心部分:两个与自杀渴望有关——归属感挫伤(thwarted belongingness)和负担感(perceived burdensomenss),一个与能力有关——后天习得的自杀能力。

归属感挫伤

如上所述,社交孤立终生都是自杀意念、自杀尝试和致命自杀行为最显著并且最可靠的预测因子之一。人际关系理论与过去的理论一致阐释了社会联系对自杀行为的关键作

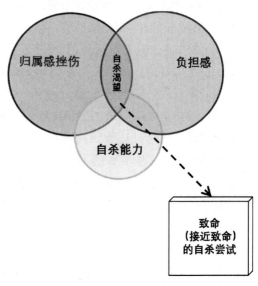

图10.3　自杀的人际理论假设

用,不同之处在于人际关系理论认为未满足的"归属的需要"是关系到自杀的一种特殊的人际需求,并且是多维结构。鲍迈斯特和利里(Baumeister 和 Leary)提出归属需要包括两方面:"人们似乎需要与志同道合的个体频繁的、情感上愉快的或积极的互动,这些互动要发生在一个长期稳定的关怀和关注的框架中。"归属感挫伤是由孤独和缺少互相关心的关系组成的,孤独是指一个人几乎没有社会联系的情感负荷认知。归属感挫伤的第二个成分是缺乏互相关心的关系,即人们感到被关心并且能关心他人。满足归属需要的人际关系必然表现积极感受的特征,同时必然存在支持的环境。缺乏互相关心的人际关系的个体会表现出"我不需要其他人的支持"或"在我需要的时候,没有求助的对象"。通过纳入孤独和互相关心的人际关系构念的观察指标,进一步清晰地说明了归属感挫伤多维结构的本质。在该结构中有六个可观测的危险因素会增加孤独因子对致命自杀行为的贡献,缺乏互相关心的人际关系因子也有六个可观测危险因素(图10.4)。

人际关系理论认为归属感挫伤是情绪状态而不是稳定特质的动态认知,既受他人因素影响又受个人内心因素作用。这包括个体真实的人际环境(例如,社交网络的

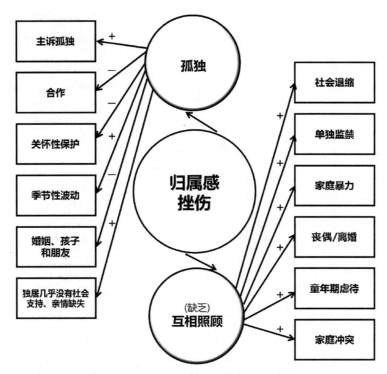

图10.4 归属感挫伤的维度和显变量

人数),积极的人际模式(例如,倾向于以陈述式的平静语气解释其他人的抛弃行为),以及现在的情感状态,一个人的归属感程度似乎一直在变化。归属部分剥夺发生在归属的需要被部分剥夺,而不是全部剥夺时。长期感到孤独与升高的唾液皮质醇水平有关,说明存在更高水平的生理应激反应。长期感到孤独还关系到大量消极情感和人际关系状态,包括提高的消极情绪(例如焦虑和愤怒),悲观情绪,对消极评价的恐惧,羞怯以及低水平的社会支持、宜人性和社交能力。

负担感

家庭冲突、失业和疾病三类负性生活事件是与自杀联系非常密切的危险因素。人际关系理论提出一般经历家庭冲突、失业和躯体疾病会增加认为自己是其他人负担的观念的可能性。难以承受负担感是赛巴斯(Sabbath)青少年自杀行为家庭系统理论的关键因素,该理论着眼于青少年觉得自己是家庭可有可无的成员的想法。根据这一理论,导致青少年自杀的原因是父母态度被青少年解读为:家庭已经不需要他,如果他死了,这个家庭会变得更好。赛巴斯理论的验证研究发现:自觉对家庭来说可有可无与青少年自杀正相关。相关研究发现:自杀的儿童明显多为意外怀孕所生。然而,赛巴斯的理论并不能解释众多觉得没有自己家庭会更好的青少年为什么没有死于自杀。

人际关系理论同样与上述经典理论部分观点一致,把负担感摆在自杀病因学的重要位置。不同之处在于负担感所包含的范围更宽泛,界定为来源于亲密他人造成的负担感,不局限于家庭成员。负担感由两个人际功能维度构成——一是坚信自己的缺陷是其他人不得不承担的责任,二是强烈的自我憎恨认知。当一个人处于自觉是他人负担的心理状态时,可能通过陈述"我使身边的人境况更糟了"表达责任成分,而对于自我厌恶的表述会更直接:"我讨厌自己"或者"我没用"。

与归属感挫伤一样,负担感也是动态认知的情感状态以及多维现象。因此,人们感知到的负担感水平可能随着时间、人际关系及一连串的严重事件而变化。故而,有必要界定什么程度的负担感与自杀行为有关。一个关于癌症终末期患者自杀死亡的心理剖析研究表明其他人负担的自我认知是诱发自杀渴望的关键特征。从比较致命和非致命性自杀尝试的个体的遗书中可以发现感知为他人负担能区分出自杀死亡的个体。高自杀风险精神疾病的患者在自述觉得是其他人负担的感受出现后的60天内自杀风险显著提高。为他人负担感还可以说明个体是否有过自杀未遂史,与那些

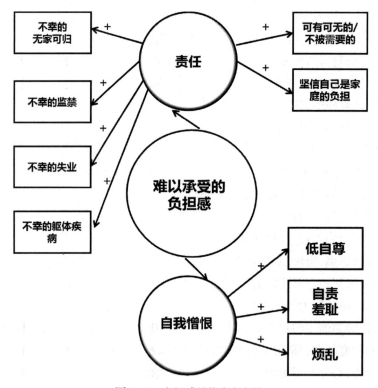

图 10.5　负担感的维度和变量

没有自杀意图的自我伤害行为相比，自杀未遂者往往更希望身边的人生活境况好转。尤其对于青少年，认为自己可有可无是自杀个体的显著特征。这些研究说明负担感指向多重重要他人而不是单一他人可能会特别有害。在仅有的人际关系中体验极端的负担感与自杀意念的相关最强。当个体感到自己是生命中所有重要他人的负担时，会由此产生一定程度的自我憎恨。界定负担感的严重程度对该理论的应用有重要意义。

影响自杀的高阶危险因素是感到严重的归属感挫伤或自己是别人无法承受的负担，亦或是两者的联合体验。在该理论中，童年期虐待和精神障碍均被纳入，而这些危险因素与责任和自我憎恨的发展都十分相关。例如，它们都是可能增加个体发展社交孤立或孤独感风险的生活经历。童年期虐待经历增加自杀行为风险的作用机制是产生了社会疏离感。在童年期虐待和精神障碍的背景下，个体倾向于自认为自己是没人要的或是多余的，这些体验可能也增加了负担感。所以，归属感挫伤和为他人负担感是两个有所区别又互相关联的构念。

自杀能力

根据人际关系理论，自杀死亡的个体必须损失一些与自杀行为有关的恐惧，几乎不可能有人天生就不害怕死亡。奥曼和米内卡（Ohman 和 Mineka）提出了一个基于进化论的恐惧模型，自然选择形成的人类恐惧系统的功能是"当存在潜在的威胁生命的情况时"作为警告信号发挥作用。因此，一些学者假设了恐惧的自适应价值在于它可能帮助人类识别对生存有威胁的刺激，拥有恐惧系统的人类更有可能生存和繁衍下来。人际关系理论吸收、扩展并发展了恐惧模型，提出人类在生物学上本能地恐惧自杀，因为自杀行为威胁到人的生存和繁衍。

在我们生活的周围，有1/3的人一生中报告过具有某种程度的自杀意念。然而，偶尔出现自杀意念并不像想象中那么可怕，因为大多数人缺乏自杀能力。有人会死于自杀，可能是因为反复暴露于躯体疼痛或诱导恐惧的经历，激活习惯化和对立加工作用，从而增加了躯体对疼痛的耐受性，降低了个体对死亡的恐惧，人的自杀能力更可能是后天习得的。通过反复的自我伤害实践和暴露，个体能习惯于自我伤害附带的躯体疼痛和恐惧，实施越来越多的疼痛、躯体伤害和致命自我伤害的可能性上升。据2006年美国预防自杀协会报告，最有可能实施自杀的人是有自杀能力并伴有人际困难的群体。自杀能力是在不断自杀尝试中逐渐获得的，他们反复暴露于企图自杀的情境下，慢慢习惯了自我伤害、忍受痛苦和恐惧。在自我伤害发作过程中，个体对疼痛感受的程度越低，预示终生自杀尝试的数次越多。自杀者死亡的前一年往往表现出暴力行为，心理变得更加不灵活，并不切实际地缩小行为活动的范围。观察学习理论指出自杀能力也可以通过目击体验习得，比如急诊科医生和退役老兵等职业，更

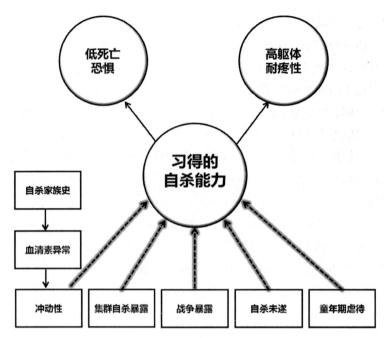

图 10.6　自杀能力的维度和显变量

容易受自杀行为的困扰。男性的自杀能力通常更高,这与男性自杀比率的统计结果相吻合。大多数抑郁症患者不会自杀,虽然他们经常体验自杀意念,但是他们却缺少自杀能力。

10.5　军事活动与自杀

在军事心理学的视角下,军人自杀问题是军人心理健康问题中的一项重要子课题。军人的心理健康问题除了本单元所关注的自杀问题,更多的还有军人精神疾病、军人抑郁、军人焦虑和军人物质滥用等问题。这些问题并不是孤立存在,而是相互依存。军事活动中既有自杀的保护因素,如战友间的社会支持、团队的凝聚力、集体的归属与关怀、领导责任、不断提高的应对与解决问题能力、健康的生活方式、乐观主义精神的培育以及部队政策与文化的保障等,同时又有自杀的危险因素,如纪律约束和强制融入的适应不良、个性导致的糟糕人际关系、军事活动产生的无法解释又难以改变的情绪变化(抑郁感、羞耻感、孤独感、无助及无价值感)、物质依赖、个人与家庭的经济困难和法律问题、面临退役的空虚与恐惧等。但从军人的自杀率低于同龄人自杀率来看,保护因素的作用大于危险因素。

战争暴露和军事训练对心理健康具有较大的负面影响,正如军事家艾森豪威尔所说的:"作为一个从战场里活下来的士兵,我憎恨战争,因为我看到了它残忍、愚蠢和毫无价值的一面。"虽然这句对战争的评价可能并不公允,但是对于那些没有经历过战争的我们,那些经历过战争的人的话或许可以帮助我们更全面地理解战争。战争暴露一般指携带武器参与和目睹了战斗活动。有研究指出人反复暴露于战争中会降低人的恐惧感,然而恐惧感不可能完全消失。施伦格尔(Schlenger)等人发现大约1/3的军人在经历战斗后会或多或少出现一些心理症状。虽然曾经目睹战斗活动后的军人再次参加战斗活动时还会出现一些心理反应,但在程度上没有那么严重。还有一个问题引起了专家们的注意,那就是在军队中往往有一些个体出现心理问题但不会被发现。在这样的背景下,也有一些军人因为经历了战争而出现临床意义上的心理疾病。米利肯(Milliken)的研究指出,伊拉克战争的退役军人中20%至42%的个体出现严重心理问题需要接受心理治疗。军人心理问题的严重程度与战争暴露的程度呈正相关关系,所以通过战争暴露的频率和范围可以很好地预测军人心理问题的出现情况。战争暴露下心理问题的危险因素除了以往的创伤历史、年龄和精神疾病史外,还有家庭问题、个人智力问题、被虐待的经历、酒精成瘾问题、家族心理疾病史和家庭暴力问题。

个体经历战争后往往会出现更多的躯体症状、心理压力和社会交际问题。经历战争后出现的抑郁症状、创伤后应激状态和物质依赖等异常心理活动常常表现为孤独、失业和酗酒等异常行为,有些可能伴随军人的一生。退伍军人出现心理问题的原因可能与他们的家庭问题和工作困难有关,也可能与他们从战争中获得了某些特质有关。抑郁会导致人感到孤独,缺乏他人的关心,感到自己没有价值,没有精力与家人维持良好关系,也没有能力完成好工作。在战争中受伤的军人出现抑郁的数量更多、更严重,有些甚至会出现自杀的一些症状。其中,创伤后应激障碍是与自杀相关最高的心理问题之一,它对自杀意念和自杀行为都有预测作用。创伤后应激障碍的临床特征有烦躁不安、失眠和做恶梦等,这些症状往往也与自杀有关。药物滥用的人比其他人更可能用过量服药的方式自杀,因为药物滥用的习惯往往会驱使他们去获取更多的药物,也可能导致个体更多参与打斗和故意伤害等暴力犯罪行为,让个体对疼痛的忍耐力更强。

军事活动与自杀的关系复杂,军事活动对自杀的影响方式多种多样。一方面,军事活动可能增加自杀的风险,另一方面,军事活动可能还会保护个体,使个体免于面临自杀的风险。军队往往都强调团队协作和互相帮助,战友情是军人一生也难以忘怀的真挚情感,在归属获取和负担感方面,军人所处的军事环境是保护性因素;而从获取自杀能力方面来看,军事训练和经历军事战斗往往会使得军人获得更多的自杀能力。毫无疑问,参与军事斗争意味着面临各种创伤带来的疼痛、对死亡的恐惧和死亡。目睹战友受伤或死亡，或看见敌人在眼前痛苦地死去都是令人痛苦的，而且这种痛苦会反复地出现。大量的研究发现了参与军事斗争与自杀的关系，比如在伊拉克战争和阿富汗战争中，美军自杀率上升，再比如越战的退伍老兵自杀率较高。有研究发现，受过战伤的越战退伍军人自杀率比普通人群高很多，同时研究还发现那些受过多次严重战伤的越战退伍军人自杀率最高。另外，在越战的退伍军人中，陆军退伍军人自杀率比其他军种的退伍军人自杀率高，因为陆军受伤的可能性更大。也有美国空军自杀的相关研究发现，那些自杀的个体在自杀能力的评估中获得了更高的分数。另外，参加军事斗争、在战场上杀死过别人的个体往往滥用药物、有更多攻击行为。这些经历使得他们对那些危险的行为不再具有常人所具有的恐惧感，导致他们更多地体会到疼痛和愤怒的情绪。总的来说，从预防自杀的角度来看，暴露于战争环境是不利的。

军事训练会使军人获得更高的自杀能力。军事训练往往会包含学习如何使用枪支、模拟一些战斗情景，也会训练战士克服对死亡和受伤的恐惧。有研究发现，退伍军人使用枪支自杀的比率更高，尽管他们中的很多人并没有经历过战争。所有从事高死亡风险职业的个体，都能很好地控制面对死亡的焦虑情绪。军事训练还可能导致军人受严重的外伤，而且这种受伤的经历可能多次发生，这些经历也会使得军人获得更高的自杀能力。有研究发现，男性军人在训练过程中受伤的比例在15%到35%之间，女性军人在训练中受伤的比例在40%到60%之间。对于陆军和海军陆战队自杀比率比空军和海军高的现象，可能是由于陆军和海军陆战队的军事训练受伤的概率更大一些，空军和海军士兵的训练更多的是如何操作飞机和舰艇，而不是直接面对面的格斗。对于军人自杀方式的调查发现，空军士兵多采用跳楼自杀的方式，可能是由于他们克服了对高空的恐惧；海军士兵多采用上吊自杀的方式，可能是由于他们对绳索和打结更为熟悉；陆军和海军陆战队士兵多采用枪支自杀的方式，可能是由于他们经常练习如何使用枪支。

军人可能有更好的归属感，军人的战友情可以使他们获得较强的归属感。在军队中，很多行为或活动可以增强战友之间的感情。西方军队中同一战斗团体的成员往往会纹同一种纹身，这种行为可以提醒他们彼此身处同一个团队。参加军事训练不但可以加强战士间的兄弟情义，也可以提升军人处理人际冲突的能力。所以，军事训练可以帮助人们建立和维持健康的人际关系。然而，对某些军人来说，战斗经历可能会使得他们不能成功获取归属感。当退伍军人回到家庭后，他们会发现很难向家人和朋友倾诉自己的困难，会发现自己与环境格格不入。如果他们参加的是一场非正义的战争，他们的奉献反而可能会被其他社会成员所不耻。如果在战争中杀死了敌人，那么在战争结束后他们往往会产生罪恶感，导致自我孤立于社会，有些个体甚至会患上创伤后应激障碍。虽然军事训练可以增强个体对团队的归属感,但前提是他们能适应军事训练。如果他们不能很好地适应军队的环境,不能与战友建立良好的关系,那么军事训练可能导致他们获取归属感失败。另外,参军可能对个体的恋爱关系产生不利影响,军人和女朋友见面的机会变少,这也会导致他们获取归属感失败,这可能是那些未婚、离婚或两地分居的军人自杀概率较高的原因。所以,从归属感获取这一点来看,军事环境有利有弊。

对于大多数人来说,军人是一种好的职业,因为它可以让人有荣誉感、成就感,可以保家卫国,所从事的任务也很有意义。维和任务中的军人,往往能体会到自豪感,同时较少出现抑郁等负面情绪。二战的退伍军人报告表明,参战让他们学会了如何面对逆境,学会如何坚持原则,增强了他们的独立意识和对生命的理解。大多数退伍军人都能积极面对各种威胁,保持较好的心理调适能力,他们的生活满意度也较高,退伍后的职业成就也较好。当然,参军的积极影响可能会被一些因素所消减,比如战争时间过长、参战过程中遇到较大的生命威胁、所处的环境条件极其恶劣等。退伍后,军人可能觉得他们不再对社会有用而是社会的负担,特别是在他们受伤残疾后或适应社会困难时,他们会更强烈地感受到自己是一个负担累赘。如果军人离开军队不是自愿的而是被迫的,他们也会产生自己是他人难以承受的负担的感觉。一项对维和退伍军人的调查发现,那些没有完成维和任务就回国的军人,比完成维和任务再回国的军人,有更高的自杀风险。研究人员对自杀士兵进行心理分析发现,非自愿回国是自杀的重要危险因素。这种现象背后的原因是:不能较好胜任军人的职责被迫结束军旅生涯,导致其认为自己是军队难以承受的负担。另外,经历军事战斗后,活下来的军人会产生一种活下来的负罪感,他们认为战友都去世了,自己却活了下来,自己亏欠了战友。如果是他们的错误导致任务失败或战友去世,这种负罪感将变得更加难以承受。这种难以承受负担感可能会迁移到平常生活中,他们常常会认为就像在战争中一样,自己将会让事情变得更糟。

10.6 军人自杀预防

自杀具有非常复杂的心理过程和诸多诱因,预防自杀是非常困难的一件事,然而如果不采取预防措施,自杀的发生率可能会更高。各国军队都高度重视自杀预防工作,纷纷采取各种措施阻止自杀的发生。美军自杀预防的系统性工作源于1996年海军作战部长布尔达上将的自杀,之后美军付出了"超乎寻常的努力","对此问题的重视超过国内任何行业"。虽然美军自杀率仍在攀升,但不能武断地认为美军预防措施效果不佳。目前,全世界公开发表的有关军人自杀的研究资料有90%来自美军,对于我军开展自杀预防工作具有较好的学习借鉴作用。

美军在1997年进行了跨兵种大规模预防自杀策略和计划的调研,着重分析军人自杀的原因,并提出了可行的预防策略与规划,在制度与操作层面同步推进。1999年美国海军部就与海军陆战队联合开发了自杀监控系统,是在"海军部自杀事件报告"的基础上建立的一个综合数据库,之后各军兵种都研发了用于自杀监控系统的综合数据库。2008年初,"国防部自杀事件报告"作为第一个标准化的陆海空三军自杀事件数据登记平台正式推出,取代了"海军部自杀事件报告"系统,该平台既收集自杀未遂事件的数据,也收集自杀既遂事件的资料,不仅应用于国防部的现役人员,也应用于陆军、空军和国民警卫队的人员。

美军成立了由高层领导担任委员的自杀干预委员会协调各方面组织管理,形成了完善的自杀事件报告制度。同时,高度重视心理健康相关知识的教育和培训,成立了"预防自杀与降低风险委员会",开展面向全军的常规化自杀预防教育,帮助官兵克服无助感与"病"耻感;基于提高对高危人群的识别能力与改善个体心理健康服务水平的目的,积极培训并发挥军事主官和军队医务人员的作用。例如,美军制订了《一线主官培训》课程,内容包含PRESS自杀防护者主题,这五个字母分别代表:做好准备(了解你的下属)(prepare)、识别(危困的征兆)(recognize)、关注(关心下属,了解他们的痛苦)(engage)、送(指示他们去获得帮助)(send)、持续支持(在治疗期间以及治疗结束后都保持介入)(sustain)。此外,为弥补军队医疗资源的不足,美军开发了面向全军的心理援助服务平台,包括军队一站式服务平台、国防部心理健康与创伤性脑防护中心和国家预防自杀救援热线,所有这些资源都是24小时在线服务,军人可以通过电话、电子邮箱和即时聊天等方式及时获得救助。除了各种方式的"减压热线"外,海军还录制了《自杀预防:来自幸存者的讯息》视频,希望通过访谈自杀未遂者和曾帮助过他们的战友让更多的人了解自杀与自杀预防。陆军投资了5千万美元进行为期5年的自杀危险因素和保护因素的流行病学调查,并指定全国知名专家组成"蓝丝带委员会"负责退伍军人自杀预防。美军还建立了"武装部队健康追踪技术应用系统",对自杀未遂者进行关怀与管理;与高风险人群进行"诊断性晤谈",以便及时发现自杀可疑者,将干预关口提前。

在军人自杀预防方面,一是要及早发现有自杀倾向的个体,二是要及时提供自杀危机干预服务,三是要建立自杀预防体系。有自杀意念的人往往有不幸福的童年,缺少父母关爱,有严重的家庭裂痕,家庭中充满了怨恨与不满。父母与子女缺少正常的交流,经常出现虐待子女的行为和其他残暴行为,使孩子养成了懦弱的性格,并通过观察学习到残暴行为。成年后,懦弱使其容易出现适应困难,又不敢施暴于人,结果只能用学来的残暴方式对待自己。因此,在预防军人自杀方面,一定要结合新兵征集、政审、经常性政治工作,了解掌握官兵的家庭和成长背景,以便有针对性地展开工作。

大多数自杀者在自杀前都有先兆表现:自杀2周前出现行为或情绪特征改变,突然变得冷漠、焦虑、内疚、悲伤和绝望等;在行为上出现失眠和生活习惯改变;在语言上表露出自杀的意愿,向战友表露出自杀的念头;在性格上表现得与以往不同,常常哭泣,行为怪异粗鲁,不愿意与战友接触交流,与朋友交代身后事宜,无缘无故收拾东西,向朋友告别、赠送纪念品,想脱离部队生活,看有关死亡的书籍。因此需要对那些具有自杀相关特征的个体进行重点关注,如父母自杀死亡的、父母管教粗暴的、个性冲动的、有过既往自杀史的、家庭破裂、失恋的、与战友发生过剧烈冲突的、遭受过重大损失的、不适应部队生活的,这些个体自杀风险更高,需要引起重视。对此类个体的干预方式可分三种,一是组织专门帮助小组,与之结伴生活,避免其独来独行、个人独居;二是情感引导,让其最能信得过或较亲近的战友或连队干部与其谈心;三是启发其发泄,让其将委屈、悔恨、内疚和愤怒尽情地诉说出来,以减少内心压力。

为重点个体提供危机干预服务。与他们进行心理谈话是进行危机干预重要的一步,可以减轻自杀风险,建立良好的咨询关系。在沟通中需要注意的是:尊重对方,耐心倾听,无条件接纳对方的想法,鼓励对方倾诉和哭泣,前期主要提供情感支持。为个别人员提供心理咨询。请心理专家与个体进行一对一的心理咨询,分析问题原因,调整认知态度,帮助其接纳自己和获得信心关怀,同时与相关干部一道对其进行评估,商量进一步处理方案。有些心理问题具有社会工作生活环境的客观基础,改善个体的生活工作条件是改善其心理状态最直接有效的手段,应在合理范围内帮助个体解决相关问题,缓解困境。对于一些面临巨大自杀风险的个体,要及时与精神卫生服务中心对接,进行进一步评估和治疗。

在军人自杀预防中,应结合军人自身特点和部队环境,开展有关自杀相关知识的讲座,提高官兵对自杀相关征兆的认识。在组织层面开设军人危机干预热线,鼓励官兵认识自身问题,勇敢面对现实。根据各部实际建立军人自杀预防体系机制,根据相关自杀理论建立军人自杀预防四级体系(基础预防—中级预防—高级预防—危机处理)。

在四级预防体系中,基础预防以全体官兵为对象,旨在增加官兵对部队和连队的归属感、帮助官兵树立正确的生命观念,定期评估官兵的心理状况。1. 营造和谐的军营氛围。包括对部队物理环境、连队和宿舍人文环境的建设,通过丰富的军营活动、融洽的战友关系和良好的官兵关系增强官兵的认同感和归属感,让他们感觉到自己是部队重要的一员、被他人接受和尊重。2. 实行生命教育。以情感教育提升官兵对生命的情怀,以人格教育提升官兵对自我的完善,以认知教育提升官兵对外界的认识,以思想教育提升官兵对部队的责任。让官兵体会生命的意义和价值,感恩惜福,珍视自己、关怀他人,树立正确的生死观和人生观。3. 建立心理档案,筛选危险人群。进行多阶段的心理健康状况调查,根据所获信息为每名官兵建立心理档案。首次调查应在新兵入伍时进行,之后可以选择一些特殊的时段进行。在入伍时进行调查可以了解官兵对部队的适应状况,在年末和老兵退伍时进行调查可以了解官兵的晋职和转业压力。每次评估都需筛选出归属感较低、出现自我负担认知以及自杀意念的官兵,开展中、高级预防。

中级预防的对象是缺乏归属感或出现自我累赘认知但没有自杀意念的官兵,对这部分官兵的预防和帮助,主要通过培训连队心理骨干和心理辅导干部来实现。每个班设立1—2名心理骨干,心理辅导干部可由连指导员担任。除了基础预防的心理测量中筛选出的官兵之外,连队心理骨干和心理辅导干部还需关注连队中的一些有特殊遭遇官兵,例如失恋、人际关系不好、家庭不和睦、贫困、自卑和患重大疾病的官兵,检测他们的归属感和自我认知。针对归属感缺失的官兵,要给予关怀和支持,做他们的朋友,教授他们人际交往的技巧;针对具有自我负担认知的官兵,提高其自信心,令他们接纳和肯定自我。此外,连队心理骨干和心理辅导干部还需时时监控这些官兵的心理状态,掌握这些官兵归属感缺失和自我负担认知的程度及持续时间,特别要注意,一旦官兵出现自杀意念,需马上转介到心理咨询中心,进行高级预防。

高级预防的对象主要是出现自杀意念但无自杀行为的官兵,来自基础预防中的心理测量筛查和中级预防中连队心理辅导干部的转介,由心理咨询中心的专业咨询干部进行干预。咨询干部一方面要减弱和消除官兵的自杀意念,另一方面要防止官兵出现自杀行为。因此,除了了解官兵自杀意念的强度,咨询干部还需评估其自杀的能力,以判断官兵发生自杀危机的可能性。与此同时,咨询干部要叮嘱连队心理骨干和心理辅导干部密切关注官兵的言行,及时觉察自杀的危险信号。

危机处理针对的人群有三类,企图自杀的官兵、自杀未遂的官兵和受自杀事件影响的其他官兵。自杀事件发生时,旅级主管部门应立即启动危机事件干预系统,建立由当事人所在连队的心理辅导干部、心理咨询中心和军旅心理工作组三方组成的危机处理小组。同时,派专业人员稳定企图自杀的官兵的情绪,确保将其转移到安全的环境,危急的情况下还应联系警务和医务人员。在处理的过程中,要重视自杀者的动机状态,对清醒自杀者不能轻易戳穿其目的,防止其恼羞成怒而真正自杀。当专业救援人员来到自杀者身边的时候,其一般在外部情绪上不表示欢迎,救援人员不应理会,应尽快与自杀者建立感情和语言联系,启发对方表达个人的自杀动机。如果对方缄口不语,则意味着有很高的自杀危险。只要对方愿意对话,便说明求死冲动在一定程度上已经得到了缓解。无论事件如何发展,都应通知官兵家属,让他们与官兵保持密切的接触,让自杀者知道有一条"生命线"就在身边。自杀未遂的官兵由于自杀的经历而获得了自杀的能力,他们再次出现自杀行为的几率较高,是极高危的群体。自杀未遂者必须接受专业的心理评估和咨询,这有助于了解其自杀的原因和动机,帮助他们以恰当的方式看待和解决问题,进而真正走出危机。周围的战友和干部也应对其进行干预,主要方式有关心、照料、开导、监管和及时反映自杀未遂者的状况。因此,对自杀未遂者的干预包括两部分:一是专业的心理咨询,二是周围人群的看护和支持。二者应同时进行,互为补充。自杀已遂事件发生后,部队应首先在一定范围内进行通报和安抚,而不是隐瞒或限制讨论;然后应由各连指导员向本连官兵解释,避免谣言传播,减低其他官兵模仿自杀的可能性,并关注连队内部战士对事件的反应;对受自杀事件影响较大的官兵,可以通过团体辅导的方式,处理他们的悲伤和恐惧等情绪,与官兵坦诚地讨论自杀事件,引导官兵对生命进行思考。

自杀人际关系理论对个体自杀的原因及自杀行为的发展过程进行了全面而准确的总结。可见,基于各种理论建构官兵自杀预防体系,有助于提升部队自杀预防工作的针对性和有效性,但官兵自杀预防体系是一个复杂的系统,需要部队各级部门通力合作,进行多阶段、多层次、多角度和多方法的预防和干预,才能真正做到防患于未然。

(刘旭峰 唐军华)

参考文献

肯尼迪,左尔默,王京生译(2017).军事心理学:临床与军事行动中的应用(第二版).北京:中国轻工业出版社.
涂尔干,冯韵文.(1996).自杀论:社会学研究.北京:商务印书馆.
Baechler, J., & Cooper, B. (1979). *Suicides*. New York: Basic Books.
Baumeister, R. F. (1990). Suicide as escape from self. *Psychological Review*, 97(1), 90–113.
Baumeister, R. F., DeWall, C. N., Ciarocco, N. J., & Twenge, J. M. (2005). Social exclusion impairs self-regulation. *Journal of Personality and Social Psychology*, 88, 589–604.
Braswell, H., & Kushner, H. I. (2012). Suicide, social integration, and masculinity in the U.S. military. *Social Science and Medicine*, 74(4), 530–536.
Brenner, L. A., Gutierrez, P. M., Cornette, M. M., Betthauser, L. M., Bahraini, N., & Staves, P. J. (2008). A qualitative study of potential suicide risk factors in returning combat veterans. *Journal of Mental Health Counseling*, 30(3), 211–225.
Brown, M. Z., Comtois, K. A., & Linehan, M. M. (2002). Reasons for suicide attempts and nonsuicidal self-injury in women with borderline personality disorder. *Journal of abnormal psychology*, 111, 198–202.
Carrico, A. W., Johnson, M. O., Morin, S. F., Remien, R. H., Charlebois, E. D., Steward, W. T., NIMH Healthy Living Project Team. (2007). Correlates of suicidal ideation among HIV-positive persons. *Aids*, 21, 1199–1203.
Chatard, A., & Selimbegović, L. (2011). When self-destructive thoughts flash through the mind: Failure to meet standards affects the accessibility of suicide-related thoughts. *Journal of Personality and Social Psychology*, 100(4), 587–605.
Chochinov, H. M., Hack, T., Hassard, T., Kristjanson, L. J., McClement, S., & Harlos, M. (2005). Understanding the will to live in patients nearing death. *Psychosomatics: Journal of Consultation Liaison Psychiatry*, 46, 7–10.
Elder, G. H., & Clipp, E. C. (2006). Combat experience and emotional health: Impairment and resilience in later life. *Journal of personality*, 57(2), 311–341.
Gibb, S. J., Beautrais, A. L., & Fergusson, D. M. (2005). Mortality and further suicidal behaviour after an index suicide attempt: A 10-year study. *The Australian and New Zealand Journal of Psychiatry*, 39, 95–100.
Goodwin, R. D., Marusic, A., & Hoven, C. W. (2003). Suicide attempts in the United States: The role of physical illness. *Social Science & Medicine*, 56, 1783–1788.
Joiner, T. E., & Van Orden, K. A. (2008). The interpersonal psychological theory of suicidal behavior indicates specific

and crucial psychotherapeutic targets. *International Journal of Cognitive Therapy*, *1*, 80-89.

Joiner, T., Pettit, J. W., Walker, R. L., Voelz, Z. R., Cruz, J., Rudd, M. D.,& Lester, D. I. (2002). Perceived burdensomeness and suicidality: Two studies on the suicide notes of those attempting and those completing suicide. *Journal of Social & Clinical Psychology*, *21*, 531-545.

Jones, B. (1983). Overuse injuries of the lower extremities associated with marching, jogging and running: A review. *Military Medicine*, *148*, 783-787.

Kang, H. K., & Bullman, T. A. (2008). Risk of suicide among US veterans after returning from the Iraq or Afghanistan war zones. *JAMA: the journal of the American Medical Association*, *300*(6), 652-653.

Kaplan, M. S., Huguet, N., McFarland, B. H., & Newsom, J. T. (2007). Suicide among male veterans: a prospective population-based study. *Journal of Epidemiology and Community Health*, *61*(7), 619-624.

Kaplan, M. S., McFarland, B. H., Huguet, N., & Newsom, J. T. (2007). Physical illness, functional limitations, and suicide risk: A population-based study. *American Journal of Orthopsychiatry*, *77*, 56-60.

Kruglanski, A. W., Shah, J. Y., Fishbach, A., Friedman, R., Chun, W. Y., & Sleeth-Keppler, D. (2002). A theory of goal systems. *Advances in experimental social psychology*, *34*, 331-378.

Mann, J. J. (2003). Neurobiology of suicidal behaviour. *Nature Reviews Neuroscience*, *4*, 819-828.

Milliken, C. S., Auchterlonie, J. L., & Hoge, C. W. (2007). Longitudinal assessment of mental health problems among active and reserve component soldiers returning from the Iraq war. *Journal of the American Medical Association*, *298*(18), 2141-2148.

Nademin, E., Jobes, D. A., Pflanz, S. E., Jacoby, A. M., Ghahramanlou-Holloway, M., Campise, R., et al. (2008). An investigation of interpersonal-psychological variables in Air Force suicides: A controlled-comparison study. *Archives of Suicide Research*, *12*(4), 309-326.

Ohman, A., & Mineka, S. (2001). Fears, phobias, and preparedness: Toward an evolved module of fear and fear learning. *Psychological Review*, *108*, 483-522.

Phillips, M. R., Li, X. Y., Zhang, Y P. (2002). Suicide rates in China 1995-1999, *Lancet*, *359*, 835-840.

Ponteva, M., Jormanainen, V., Nurro, S., & Lehesjoki, M. (2000). Mortality after the UN service. Follow-up study of the Finnish peace-keeping contingents in the years 1969-1996. *International Review of the Armed Forces Medical Services*, *73*(4), 235-239.

Rasic, D. T., Belik, S.-L., Bolton, J. M., Chochinov, H. M., & Sareen, J. (2008). Cancer, mental disorders, suicidal ideation and attempts in a large community sample. *Psycho-Oncology*, *17*, 660-667.

Scoville, S. L., Gardner, J. W., & Potter, R. N. (2004). Traumatic deaths during US Armed Forces basic training, 1977-2001. *American journal of preventive medicine*, *26*(3), 194-204.

Shneidman, E. S. (1998). Perspectives on suicidology: Further reflections on suicide and psychache. *Suicide and Life-Threatening Behavior*, *28*, 245-250.

Suominen, K., Isometsa, E., Suokas, J., Haukka, J., Achte, K., & Lön-nqvist, J. (2004). Completed suicide after a suicide attempt: A 37 year follow-up study. *American Journal of Psychiatry*, *161*, 562-563.

Thoresen, S., Mehlum, L., Rysamb, E., & Tnnessen, A. (2006). Risk factors for completed suicide in veterans of peacekeeping: repatriation, negative life events, and marital status. *Archives of Suicide Research*, *10*(4), 353-363.

Twomey, H. B., Kaslow, N. J., & Croft, S. (2000). Childhood maltreatment, object relations, and suicidal behavior in women. *Psychoanalytic Psychology*, *17*, 313-335.

Vogt, D. S., King, D. W., King, L. A., Savarese, V. W., & Suvak, M. K. (2004). War-Zone Exposure and Long-Term General Life Adjustment among Vietnam Veterans: Findings From Two Perspectives. *Journal of Applied Social Psychology*, *34*(9), 1797-1824.

第三部分

作 战 心 理

第11章 反恐怖作战心理

11.1 恐怖主义内涵的心理学解读／235
11.2 恐怖分子的心理分析／237
　11.2.1 静态一元论——人格层面／237
　11.2.2 动态多元论——综合性模型／238
　　　过程模型／238
　　　楼梯模型／238
　　　双金字塔模型／240
11.3 媒体对恐怖主义的影响／241
11.4 反恐心理研究：问题与挑战／242
参考文献／243

　　恐怖主义问题由来已久，从发生在第一次世界大战前夕的奥匈帝国王储斐迪南大公遇刺到发生在2001年美国的"9·11"恐怖袭击，两者虽然在形式上完全不同，发生的社会条件也迥然相异，但是在试图阻挠某种政治进程这一点上却有着惊人的相似性。所以，无论恐怖主义怎么发展变化，其本质不变，那就是，恐怖主义是一种通过对目标的毁灭性打击以制造心理恐慌从而达到其目的的复杂的政治和社会现象。它不仅会使受害者遭受身体上的残害和精神上的打击，甚至还会给其他无辜的公民造成一些严重的心理影响。从心理学角度出发，阐释恐怖主义的心理内涵，加深对恐怖主义行为的理解，探索遏制恐怖主义的有效手段具有十分重要的意义。

11.1 恐怖主义内涵的心理学解读

　　对恐怖主义的界定是一个存在广泛争议的问题。据统计，在1936年—1983年间，各国政府及研究人员就提出了一百多种定义，包括专业辞典、政府机构及学科研究者都提出了各自的界定。《韦氏大词典》(Webster's Third New International

Dictionary)认为：恐怖主义是：(1) 系统地使用恐怖行为作为强迫的手段；(2) 一种威胁或者暴力的气氛。《辞海》的定义是：主要通过对无辜平民采取暴力手段以达到一定的政治和宗教目的的犯罪行为的总称。较多地采用制造爆炸事件、劫机、扣押或屠杀人质等方式造成社会恐怖，打击有关政府和组织，以满足其某些要求或扩大其影响。

不同法律体制和政府机构在他们的国家法规当中对恐怖主义采用不同的定义。例如，我国于 2015 年 12 月 27 日第十二届全国人大常委会第十八次会议通过了《中华人民共和国反恐怖主义法》，该法对恐怖活动组织和人员的认定、安全防范、情报、信息、保障措施和法律责任等方面进行了规定。该法对恐怖主义作出了明确定义，即"通过暴力、破坏、恐吓等手段，制造社会恐慌、危害公共安全、侵犯人身财产，或者胁迫国家机关、国际组织，以实现其政治和意识形态等目的的主张和行为"。在美国，《美国法典》第 22 条把恐怖主义定义为："亚国家或者秘密代理人对非战斗人员实施的预谋的、基于政治动机的、通常意图影响公众的暴力。"在"9·11"事件爆发后，美国签署颁布了历史上第一部专门针对恐怖主义的法律——《爱国者法案》，该法扩展了美国法典中界定的恐怖主义活动的范围，对已有的反恐法律进行了修订和整合，并提出了一系列更为严厉的反恐措施。在与恐怖组织的斗争中，其他各国相继制定了自己的反恐法，随着形势变化与新问题的产生，不少国家也在不断对本国的反恐法进行修改，对恐怖主义的法律界定也在不断发生变化。

著名学者霍夫曼(Hoffman)评论道："不仅是政府部门就恐怖主义的定义难以达成共识，专家及其他在这个领域享负盛名的学者也不能就此达成一致意见。"荷兰学者施密德(Schmid)在他的权威研究《政治恐怖主义：调查指引》里曾用了一百多页的篇幅对 109 种恐怖主义的定义进行了分析，试图找出一个可被广泛接纳、合理全面的解释。在经历了四年及出版了第二版后，他仍未能达到目的。

虽然大家目前对恐怖主义的定义不能达成共识，有一点是毋庸置疑的，即恐怖主义是特定组织通过实施超出人们预期的、骇人听闻的行为来使社会公众产生感到可怕而畏惧的恐怖，从而达到其独特政治的或社会诉求的特殊手段。可以说，通过实施恐怖行为营造社会恐慌是恐怖组织区别于其他组织实现其主张的突出特点和关键步骤。美国兰德公司恐怖主义研究分析家和美国国务院关于政治阴谋和暴力问题的顾问詹金斯(Jenkins)就曾说："恐怖主义的目标不是实际的受害者，而是旁观者。恐怖主义是一个剧场。"因为实际受害者不是目标，而是恐怖分子的戏剧道具。以道具的牺牲来造成观众的最大恐惧是恐怖主义行为的最终目标。这正如同本·拉登曾经解释："9·11 袭击不是针对妇女和儿童的，真正的目标是作为美国军事和经济力量的标志。"因此，有研究认为恐怖主义至少包括以下心理要素：(1) 恐怖组织预谋实施的行为是出乎大众预期的危险方式或惨烈行为;(2)受害对象对恐怖行为事前缺乏感知或预警;(3)恐怖行为的后果不只是直接造成严重的后果,且容易引发更大范围的社会恐慌;(4)恐怖行为将导致政府在一段时间内,因巨大压力而缺乏有效的应对措施。

从以上关于恐怖主义心理要素的分析,我们可以看出,恐怖分子将恐惧作为一种心理武器,对个人乃至国家造成了远胜于事实影响的严重心理影响,正如霍夫曼所言,"恐怖主义是心理战的一种形式,即蓄意制造和利用恐惧来达到政治变革的目的"。

11.2 恐怖分子的心理分析

11.2.1 静态一元论——人格层面

"什么人会成为恐怖分子?"即恐怖分子的心理特征的研究,一直是行为科学家们的兴趣所在,也是恐怖主义心理学研究的核心课题。早期的研究主要集中在个人层面。恐怖分子之所以会使用异常的行为制造引人注目的后果,可能是因为他们存在精神或人格上的异常。这一推测引导一些研究者从临床的角度寻求答案,这种有关精神疾病和恐怖主义之间关系的研究就成为了最早的标志性研究,并激发了许多试图研究出一种独特的恐怖分子画像的热情。然而四十余年的恐怖主义研究已经表明,"仅仅只有'疯子'才参与恐怖主义"的猜想断然是不合情理的,并且许多研究已经表明无法呈现出一个有意义的、稳定的恐怖分子画像。麦考利(McCauley)就指出,"恐怖分子实施的行为与变态人格的行为在本质是不同的"。泰勒和西尔克(Taylor和Silke)就曾指出,这种将恐怖行为视为心理变态行为的研究者,实际上是在试图回避政治和社会问题在恐怖主义滋生中的作用。

霍根(Horgan)提出相比寻找恐怖分子独特的个性特质,聚焦于恐怖分子的"软肋"似乎更有意义和价值。"软肋"被视为可能会导致个体增加恐怖主义行为的风险因素。这些"软肋"可能被利用,使其成为恐怖分子的动机来源,或者成为个体获得激进意识形态的作用机制。博勒姆(Borum)提出了以下三种常见的"软肋":(1) 不公平感(injustice):不公平感被认为是理解恐怖主义暴力的中心因素。哈克(Hacker)认为,可纠正的不公正感是恐怖主义的基本动机。不公平感也可以理解成一种"委屈"情绪。罗斯认为这种委屈感是恐怖主义产生最重要的原因。他认为冤屈可能来自于经济、宗教、种族、法律、政治、信仰或社会等方面。(2) 认同感(identity):个体对于认同感的渴求会使其以多种方式向恐怖组织靠拢。拥有"非黑即白"意识形态的极端组织,对于那些对现实世界极其不满的人们具有很强的吸引力。根据英国学者布卢姆的观点,为求心理上的安全感,每个个体都有一股内在的冲动去"内在化"。所以很多学者认为,恐怖组织的成员身份为恐怖分子提供了身份的意义。对于这些个体来讲,归属于恐怖组织变成了他们心理社会身份的最重要的成分。泰勒和路易斯(Tayler 和 Louis)的研究表明极端组织中的个体无需再为自己的人生价值而苦恼挣扎,他们通过组织中的其他成员以及组织的目标,很容易界定自己的身份,并获得价值认同。(3)归属需要(belonging):对于潜在的恐怖分子而言,其加入恐怖组织的心理动机是巨大的归属需要。归属感是加入恐怖组织动机因素,也是留在恐怖组织的强制性理由,是参加恐怖行动的有效力量。正如阿尔戈(Argo)所概括:"情感和社会的联系先于意识形态的需求。"克伦肖(Crenshaw)的观点:"对于活跃的恐怖分子而言,最初吸引他们的是能带给他们认同感和归属感的组织,或是信徒们共同的团体,而并非是抽象的意识形态或暴力行为。"当然,这也很符合恐怖组织中的一个现象,即恐怖分子的"引路人"往往是他们的朋友、家人,他们的加入有时是为了密切人际交往和增进人际关系。因此可以说,进入恐怖组织往往是恐怖分子社会化过程的一部分,并非意识形态激进或精神病理上的需要。

11.2.2 动态多元论——综合性模型

过程模型

单一的人格特质往往不足以解释人们为什么加入恐怖组织成为恐怖分子。霍根(Horgan)认为心理学研究者意识到了从静态"特质说"的角度不太可能对恐怖分子有新的认识,而将恐怖主义视为一个具有复合性和动态性的"过程"进行研究更有意义。由此,他提出了一个新的理论,即所谓的"过程模型"。

2005年霍根提出,一个人演变成为恐怖分子是一个过程,这个过程不是一个简单的、线性的、顺序性的过程,而是随着时间推移,伴随辩证分析,逐步完成的过程,在这个过程中很多因素都发挥着关键作用。大体上包括:个体极易受到加入恐怖组织而带来的好处的影响;组织中都是思想相同的人,成为这个组织中的一员能带来思想统一和团体共享的舒适感;仰慕如本·拉登这样的"角色榜样"可能会使伊斯兰教激进分子参与恐怖活动;社区压力也可能有促进作用;来自重要他人的赞同(特别是妻子或丈夫)可能也有一些影响作用。霍根提到,要确定是什么使得一个人比别人更容易受到影响是很困难的,但是一个人既存的信仰、社会人生经历、对现实生活的不满都可能有影响作用。

楼梯模型

穆加达姆(Moghaddam)把一个人加入恐怖组织实施恐怖行为的过程比喻成一个爬楼梯的过程,恐怖主义是一个六步逐步变窄楼梯的终点,而每一步背后都有心理因素的驱动。

第一步,涉及人们对物质条件的心理解释。一个人的物质条件的好坏并不必然导致恐怖行为,而认为自己受到不公平待遇的人会被激励去寻找方法来解决这些不平事,那么这种人就进入到了第二步。穆加达姆(Moghaddam)认为相对剥夺感理论能解释这一步的心理动力,并且他认为相对剥夺感是恐怖主义形成的基础因素。相对剥夺感理论由美国学者斯托夫尔(Stouffer)提出,是社会心理学的经典理论。它是指某个个体或群体在与自己相似的其他个体或群体相比后,发现自己受到不公正对待和处于劣势时所产生的受剥夺感,这种感觉会引发消极情绪,可以表现为愤怒、怨恨或不满和强烈的不公平感。

第二步,涉及个人感知到的能改善生活的机会,以及在追求过程中体验到的公平感。穆加达姆强调个体对自己的认同不足或对其认同的威胁是这阶段的心理驱动因素。穆加达姆用恐惧管理理论来解释这一阶段的心理动力。这一理论的基本观点是,每个人都有对死亡的恐惧心理,并且为了缓解对死亡的恐惧,人们创造了文化世界观,这种文化世界观可以使人们产生象征性超越死亡的感觉,而文化世界观也可以使人产生一种感觉,即每个人是这个有意义的世界中有价值的一员。一个人自己的文化世界观和自尊是对存在焦虑的一种缓冲,因此人们就有了捍卫这两个因素的巨大动机。穆加达姆在这一阶段描述了一个非精英在经历几次失败的社会流动尝试后,转向改善个人状况的其他方法(如参加恐怖主义),而克伦肖(Crenshaw)认为这种选择是符合理性的。理性选择理论解释了恐怖主义是个体的有意识的、理性的基于成本—收益分析的选择。如果在这一阶段的个人认为自己无法影响社会的决策过程,并提高他们的社会地位,他们就会上升到第三步,走向恐怖主义。其中无法影响社会决策的感觉与班杜拉(Bandura)的自我效能概念有关。班杜拉定义自我效能感即为人们对自身能否利用所拥有的技能去完成某项工作行为的自信程度。在这个阶段的人可能会经历在社会决策中很低的自我效能感。

第三步,涉及攻击的移置(转向攻击)。心理学家穆加达姆认为恐怖主义是"移置在另一个对象上的攻击行为"。恐怖主义者往往不是直接攻击目标对象,而是转而攻击其他的无辜对象,以引起目标对象的注意。弗洛伊德(Freud)的自我防御理论中转向攻击行为就是指个体受挫折后,因无法直接对挫折来源(人或事物)发泄情绪,转而以另一不相干的对象为替代者施以攻击的情形。如果这种转向攻击行为发生,那么个人就会转到第四步。

第四步,恐怖组织尽一切力量使其成员相信自己的行为是符合道德的、是为自己的理想和信仰"殉道",而政府与其工作人员才是不道德的。穆加达姆提出,个人被恐怖组织所吸引,就如同被宗教团体和运动队所吸引。因为加入这样的组织后,恐怖分子感受到被接纳、被需要以及感受到自我价值的重要性。穆加达姆在此阶段用道德推脱理论来解释恐怖分子的反道德暴力行为。道德推脱由当代著名心理学家班杜拉提出。班杜拉认为,"道德推脱是广泛存在于个体头脑中的一种特定道德认知倾向。该认知倾向可以使得个体的内部道德标准失效,并心安理得地做出不道德行为"。具体而言,班杜拉在1986年提出个体是否做出道德行为,主要受到两股力量的影响:道德机制和道德推脱。前者为道德向心力,驱使个体做出道德行为;后者为道德离心力,引诱个体从事不道德行为。也就是说,正常情况下个体的内部道德机制在抑制不道德行为与强化道德行为方面发挥着自我调节作用,使其行为符合内部道德标准的要求。但道德推脱可以通过:道德辩护、委婉标签、有利比较、责任转移、责任分散、忽视或扭曲结果、非人性化和责备归因这八个推脱机制,使得个体的道德自我调节作用失效,并轻松地摆脱由于实施不道德行为而带来的内疚与自责情绪,进而心安理得地做出不道德行为。莫伽达姆描述恐怖分子通过强化"我们"和"他们"之分,并丑化"他们",完成"去人性化"过程,最终实现道德推脱的目的。

第五步,恐怖组织进一步加强其成员的"我们与他们"的分类思想,并使其行为合理化。在这一步中,恐怖组织根据个体的动机、才能和恐怖组织的需要,对个人进行培训以完成组织中的特定任务和向个人灌输极端思想。

第六步,通往恐怖主义的最后一步,通过训练杀人来瓦解个体的阻止机制。莫伽达姆提出了两个瓦解组织机制的心理机制:社会分类和心理距离。莫伽达姆认为,社会心理学中的服从理论和从众理论对于这一步的理解是至关重要的。

双金字塔模型

鉴于恐怖主义与宗教极端主义密切关联这一特征,"激进化"概念被广泛引入恐怖主义相关讨论。"恐怖主义激进化"(terrorist radicalization)几乎包括了个体在越过恐怖主义红线之前所经历的所有思想和行为的变化过程,即恐怖主义激进化过程意味着个体对所处社会主流价值观的否认,到逐渐对为了实现目标而使用暴力的思想的接受,最终发展为恐怖行动的真正实施。虽然激进化运动不是一个新现象,但恐怖主义激进化过程的研究却才刚刚开始。在近期研究中,麦考利(McCauley)等人基于政治激进化的框架试图解释个体演变为恐怖分子的过程。麦考利和莫斯卡连科(Moskalenko)指出,虽然以往都冠之以"激进化",但观念或者意识形态的激进化与行为的激进化是不同的过程(即激进主义与激进行为)。基于此,他们提出了政治激进化的双金字塔模型。

观念金字塔:金字塔的底层是那些不关心政治的个体(中立者),金字塔第二层是那些支持某种政治思想但不为暴力手段辩护的人(同情者),金字塔的第三层是那些为支持某种政治思想而为暴力手段辩解的人(辩护者),而金字塔的顶端则是那些出于自己的道义上的责任,为支持某种政治思想而采取暴力手段的人。这不是一个楼梯模型,而是个人可以越过某一水平,向上和向下移动的金字塔模型。

行动金字塔:金字塔的底层是那些不为任何政治团体和政治思想服务的人(不活跃分子),金字塔的第二层则是为实现某种政治思想从事合法政治行动的人(活跃分子),金字塔的第三层则是为实现某种政治思想从事非法政治行动的人(激进分子),而在金字塔的顶端则是为实现某种政治思想从事针对平民的非法政治行动的人(恐怖分子),同样,这也不是一个楼梯模型。

麦考利和莫斯卡连科认为偏激观念或极端的意识形态与激进行为(极端暴力行为或恐怖主义)是有区别的,并且两者之间的关系很微弱甚至没有。比如,相对于数以万计的极端宗教主义者,美国或英国只有数以百计的圣战分子。再者,有许多采取圣战行动的人,仅仅是由于仇恨、缺乏社会地位、逃避或者缺乏爱,而非宗教极端思想。相反,99%的激进分子并没有采取激进行为。激进化的研究,有助于将有激进化可能的个体识别出来,同时对激进化过程进行有针对性的干预。但激进化研究从诞生之初就围绕着反恐政策制定者的需求开展,这种现实目的的指向性恰恰是当前恐怖主义激进化概念和相关研究受许多批评家诟病的原因所在。

11.3 媒体对恐怖主义的影响

恐怖主义从根本上来说是对于"影响力"的争夺之战,始终围绕着"一小群人如何深刻地影响更广泛的群体"而展开。其本质是一场心理战。而任何反恐战争的胜利最终都取决于两个关键因素。第一个是情报战,每一方都必须保护自己的秘密和计划,同时打探另一方的秘密和计划;第二个是"人心之战"。一定程度上说,反恐战争的胜利并不在战场,而在无形的"人心"。因此媒体在恐怖主义与反恐中显得异常重要。

恐怖主义实施的恐怖行为不只是会使现场受众产生巨大的心理恐惧,而且这种恐惧会通过电视、网络等现代媒体以点带面迅速地传染给没有亲临或目睹现场的"局外人",造成大范围人群的恐怖、焦虑,甚至引发非理性行为和仇视怨恨的攻击行为。可以说恐怖事件本身并不是恐怖分子的目标,他们制造恐怖事件,不只是"要让更多的人死",更是要"更多的人看到更多人的死",最终引起更多人的恐慌,从而给政府施压,实现他们的政治企图。正如詹金斯所指出的,"恐怖活动是为了被很多人看到和听到,而不是为了导致大量的死亡"。因此,撒切尔夫人曾经讲过,大众传媒是恐怖主义的氧气。

20世纪几乎每个恐怖组织都密切关注其组织及行动在媒体上产生的影响,可以说恐怖分子比政府更早也更强烈地认识到了媒体是这场战争的关键要素。基地组织的副指挥艾曼·扎瓦希里曾这样说"我们处于一场战争中,而这场战争多半发生在媒体这一战场上。并且,我们正处于为我们乌玛(阿拉伯语,民族)的思想和灵魂传播的媒体之战中"。在本·拉登写给毛拉·奥马尔德信中也曾提到:"在这个国家中,媒体战(赢得宣传斗争)是最强大的方法之一。"

媒体还可以在以下方面被恐怖分子所利用:创造为暴力辩解的机会、寻求支持者和招募新成员。因此研究者最关心的问题是,媒体对恐怖袭击的报道是否会催生未来更多的恐怖主义呢?罗纳和弗雷(Rohner 和 Frey)研究发现了媒体报道与恐怖袭击的关系,即媒体报道的增多与随后袭击的增多有关,并且这个关系是相互作用的:更过的袭击导致更多的媒体报道,而更多的媒体报道也导致袭击数量的增加,但媒体报道是如何产生作用的以及产生作用的原因仍不明确。但可以明确的一点是:媒体如何描述恐怖袭击的场面,如何将恐怖袭击造成的影响传播出去,对于那些有激进化倾向的个体影响力极大,对此我们应该给予更多的关注。

11.4 反恐心理研究:问题与挑战

恐怖主义研究领域的社会科学研究人员一致认为:该领域目前的研究比较薄弱,且缺乏实证基础和严谨性,仍然有许多问题有待解决。

第一,即便学术文献中已经出现超过 100 种定义,然而学术界内部对恐怖主义的定义却不能达成共识。按说,因为学术研究本身所具有的中立性和客观性,学术界对于"恐怖主义"定义的限制更少,相比于政府机构和公众的界定应该更加客观。然而对于研究者来说,自身研究视角和认知差异使得中立性和客观性成为了一种研究者自身建构的独立逻辑,这种看似"中立"、"客观"的要求其实也暗含了研究者的一种价值的选择和判断。也许正如吉尔蒂(Gearty)在 1991 年总结的定义恐怖主义所遇到的主要挑战,他指出:"标签本身不可避免地承载了一定的价值观念。它的含义是由政府、媒体以及大众文化所共同塑造的,而并非来源于学术机构。由于经常使用这种标签来对个体的行为进行约束和控制,对官方与其他人而言,该词汇与道德谴责亦步亦趋。"作为研究恐怖主义的心理学者,我们认为提取恐怖主义行为中的心理要素角度进行界定也许是一个可取方向。

第二,大部分已有研究都是非实证性的或者只是建立在其他数据的基础上。西尔克的研究发现,在 1995 年—1999 年之间出版的研究恐怖主义的著作中,80%都是一些"主观碎片式"的研究,或者只是在媒体报道的一些信息基础上形成的观点,剩余不到 20%研究虽然有新观点,但却是基于前人一些毫无价值的数据提出的。其中的一部分原因可能是恐怖主义的数据大都是官方提供的,学者不能通过与恐怖分子进行充分接触并开展深入研究,而恐怖分子出于自身的考虑,也很难向别人倾诉真正的动机和目标等,所以很难直接得到一手数据。另外,目前对恐怖主义的心理学研究大多侧重于描述和解释,在预测和控制方面缺乏深入的研究。

总之,关于恐怖主义的心理学研究还有很大的发展空间。恐怖主义作为一种社会问题,很难被根除。目前为止,任何国家都没有能在反恐中取得根本性胜利。为了更好地应对恐怖主义,2017年4月美国心理学权威杂志《美国心理学家》(*American Psychologist*)刊载了一期专题论文,介绍了理解恐怖主义相关研究的新进展,也为未来研究指明了方向:未来关于恐怖主义的心理学研究需要人格心理学、社区心理学、工业与组织心理学、社会心理学和文化心理学等不同领域的心理学家从恐怖分子的个性特征、动机来源以及所处的群体特征、群际互动、文化语境等角度全方位理解恐怖主义,为科学有效防范和打击恐怖主义提供理论依据。

(买跃霞)

参考文献

贾凤翔,石伟.(2010).基于恐怖分子的恐怖主义心理学述评.心理科学进展(10):1660-1667.
刘启刚,刘冲.(2011).心理学视角中的恐怖主义及其处置方略.武汉公安干部学院学报,25(2),6-9.
沈晓晨,杨恕.(2014).当代西方恐怖主义激进化研究主要路径述评.兰州大学学报(社会科学版),42(3),37-43.
石伟,贾凤翔.(2011).自杀性恐怖主义的心理学述评.心理科学进展,19(9),1378-1386.
西尔克,孙浚淞等译.(2017).反恐心理学.北京:中国政法大学出版社.
张将星.(2014).恐怖主义定义的心理要素分析.暨南学报(哲学社会科学版),36(2),51-57
赵桂芬.(2007).个体恐怖分子的人格探究.中国人民公安大学学报(社会科学),(6),47-53.
Argo, N. (2006). The role of social context in terrorist acts. *The Chronicle of Higher Education*, B15-B16.
Bandura, A. (1986). Social foundations of thoughts and actions: a social cognitive theory. *Journal of Applied Psychology*, 12(1), 169
Bandura, A., & Adams, N. E. (1977). Analysis of self-efficacy theory of behavioral change. *Cognitive Therapy & Research*, 1(4), 287-310.
Borum, R. (2007). *Psychology of terrorism*. University of South Florida Tampa Dept Of Mental Health Law And Policy.
Crenshaw, M. (1986). The psychology of political terrorism. In M. G. Hermann (Ed.) *Political psychology: contemporary problems and issues* (pp.379-413), London: Josey-Bass.
Frey, B. S., & Rohner, D. (2006). Blood and Ink! The common-interest-game between terrorist and the media. CREMA. Center for Research in Economics, *Management and the Arts. Working Paper*, 8, 2006-2008.
Gearty, C. (1991). *Terror*. London: Faber and Faber.
Hacker, F. J. (1976). *Crusaders, Criminals, Crazies: Terror and Terrorism in our time*, New York: W. W. Norton.
Hoffman, B. (2007). A kind of Psychological Warfare. http://usinfo.state.gov/mgck/products/ejournals.html.
Horgan, J. G. (2005). *The psychology of terrorism*. London, United Kingdom: Routledge.
Horgan, J. G. (2017). Psychology of terrorism: introduction to the special issue. *American Psychologist*, 72(3), 199-204.
Levy, B. S., & Sidel, V. W. (2003). Challenges that terrorism poses to public health. *Terrorism and public health: A balanced approach to strengthening systems and protecting people*, 3-18.
Lygre, R. B., Eid, J., Larsson, G., & Ranstorp, M. (2011). Terrorism as a process: A critical review of Moghaddam's "Staircase to Terrorism". *Scandinavian journal of psychology*, 52(6), 609-616.
McCauley, C., & Moskalenko, S. (2017). Understanding political radicalization: The two-pyramids model. *American Psychologist*, 72(3), 205.
Moghaddam, F. M. (2005). *The Staircase to Terrorism: A psychological exploration*. American Psychologist, 60(2), 161-169.

Moghaddam, F. M. (2006). *From the terrorists' point of view*. Westport, CT: Praeger Security International.
Payne, K. (2009). Winning the battle of ideas: Propaganda, ideology, and terror. *Studies in Conflict & Terrorism*, 32(2), 109-128.
Silke, A. (2001). The devil you know: Continuing problems with research on terrorism. *Terrorism and political violence*, 13(4), 1-14.
Taylor, D. M.& Louis, W. (2004). Terrorism and the quest for identity. In F. Moghaddam and A. Marsella (Eds.). *Understanding terrorism: Psychosocial roots, consequences, and interventions* (pp.169-185), Washington, DC: American Psychological Association.

第12章 军事指挥决策研究

12.1 军事指挥决策心理研究的意义 / 246
    12.1.1 认识指挥决策心理特点 / 246
    12.1.2 探寻指挥决策心理规律 / 247
    12.1.3 发现指挥决策关键心理靶点 / 248
12.2 军事指挥决策心理研究的内容 / 248
    12.2.1 决策心理学理论对指挥决策的诠释 / 249
        目标导向性认知与作战企图 / 249
        决策信息加工构造主义观点与战场信息分析 / 249
        心理模型与战场态势 / 250
    12.2.2 决策心理学理论对指挥决策模型的修正 / 250
        OODA决策模型 / 251
        CECA决策模型 / 252
    12.2.3 描述性决策向标准化决策的融入 / 253
        指挥决策的标准化程序 / 254
        再认启动决策理论与再认计划模型指挥决策程序 / 254
    12.2.4 指挥决策失误心理机制的探索 / 255
        直觉决策和分析性决策 / 256
        前景理论 / 256
        决策心理偏差 / 257
12.3 指挥员决策心理特征评估 / 258
    12.3.1 决策特征评估的原则 / 261
        过程性原则 / 261
        滞后性原则 / 261
        差异化原则 / 261
        多质多法综合评价原则 / 262
    12.3.2 决策能力评估的方法 / 262
        决策能力评估主要方法 / 263
    12.3.3 决策风格评估 / 266
12.4 自然决策理论在军事指挥决策中的应用 / 267
    12.4.1 自然决策理论的兴起和发展 / 267
    12.4.2 军事指挥决策中的自然决策模型 / 268

再认启动决策模型／268
再认／元认知决策模型／270
军事指挥决策中的再认计划模型程序／272
12.4.3 自然决策在军事指挥决策中的应用／274
自然决策思想在美军作战条令中的体现／274
决策思想在优化指挥员决策能力中的应用／275

参考文献／281

    军事指挥决策是根据军事实践需要，在对军事活动的本质和规律以及现实的主客观条件认识的基础上，对军事行动的目的及其方式进行设计、选择和决定，通常表现为指挥员的决心、命令和计划等。军事指挥决策是否正确，决定着军事实践活动的成败。正确的军事指挥决策可以使指挥员"运筹帷幄，决胜千里"，错误的决策则可能"一着不慎，满盘皆输"。现代信息化战争突破了传统战争的线性作战模式，战场呈非线性状态，军事指挥决策具有高时效性、高风险性、多关联性和严规范性等特点。一是参与决策的信息情报空前多。对比研究海湾战争与二战时的一些著名战役可以发现：海湾战争战场信息量较二战提高了 50—60 倍；二是军事指挥决策所思考的问题更加复杂。既要全方位考虑政治、经济和外交等因素，又要解决好联合作战诸军兵种协同、指挥和保障等诸多问题；三是决策的时间压力更大。信息化条件下，战场环境瞬息万变，要取得作战的胜利，需要指挥员主动迅速准确地做出决策判断，提高部队整体反应速度和能力。如果决策时间过长，就会贻误战机、失去作用。另一方面，随着信息技术的迅猛发展，人工智能极大程度延伸了人脑的功能，智能化决策正成为指挥决策科学化以及提升核心军事能力的新增长点。人是军事指挥决策的主体，但军事指挥员的决策理性是有限的，现代军事指挥决策过程依然受到各种情境、各种无关信息的干扰，情境和信息干扰引发的决策失误而导致战场失利或事故发生的案例也屡见不鲜。如何有效应对军事指挥决策环境的不确定性及科学运用决策者的有限理性做出科学有效的军事指挥决策，已成为现代军事心理学家亟需解决的重要课题。

12.1 军事指挥决策心理研究的意义

12.1.1 认识指挥决策心理特点

    指挥员的指挥决策心理特征历来倍受关注。《孙子兵法》中就把为将者的心理特征列为关系战争胜负的"五事"之一,提出"将者,智、信、仁、勇、严也"。西方大国从其主导的近几次局部战争中,也逐渐意识到信息化条件下对指挥员决策心理的研究十分重要,虽然强大的 C^4ISR 系统(指挥(Command)、控制(Control)、通信(Communication)、计算机(Computer)、情报(Intelligence)、监视(Surveillance)、侦察(Reconnaissance))能够为指挥员决策提供大量战场信息,但它们却不能提供关于对方指挥员决策心理特点的情报信息,以致指挥员对敌方作战意图的推测准确性不足,这为作战埋下了失利的隐患。美军在《伊拉克战争经验教训报告》中特别指出:"在许多情况下,我们对选定的敌人可进行完全的监视。尽管有这些能力,但我们对敌军指挥官的作战意图却仍然摸不清楚。我们能准确地确定敌人装甲车和炮兵部署的位置,然而对它们为什么在那里却感到茫然。当敌人不是按照常规军事规则行动时,我们往往束手无策,因为我们不能准确地预测到其非常规的反应行动。这主要是由于我们缺少对敌指挥官作为人这一方面的情报。"

为了牢牢把握指挥决策优势,减少人的不确定性对作战进程的影响,美军不仅正在理解对方指挥员决策心理特点上下功夫,而且正在努力借助行为决策理论和高科技手段,帮助指挥员了解自身指挥决策心理特点,期望从源头上降低指挥决策中人因失误的概率。美国国防部高级研究计划局早在 2000 年就展开了一项大脑—机器界面研究计划,该计划通过计算机自动监控指挥员的决策风格、情绪状态和疲劳程度等决策心理要素指标,得出指挥员决策心理状态的综合评价并反馈给指挥员,要求指挥员在做重大决策之前,必须先了解自己的决策心理状态,方能进行决策,以此避免不良心理因素给决策过程带来消极影响,提高指挥决策效能。

12.1.2 探寻指挥决策心理规律

信息化战争中,信息已不再局限于发挥"武力倍增器"的作用,更具备了直接杀伤功能。军事信息系统是指用于作战的信息系统,既包括军队指挥信息系统的全部内容,也包括信息作战系统和嵌入主战武器的信息系统。完整的体系应包括"组织"、"人"和"信息"三个部分。"组织"是指有形的感知器、效应器、分析器和武器装备等;"人"包括所有参战人员,特别是各级指挥员。组织和人共同构成了信息流通的通路,信息则连接组织与人,形成完整的体系。信息的作战效能发挥,不仅需要被"组织"所感知、加工和利用,还要被"人"所感知、加工和利用。"人"在体系中不同层次的决策,以及各组分间的信息交互就成为了导致体系演化的关键因素,在美军网络中心战提及的物理、信息、认知和社会四大领域中,认知和社会都是将关注点聚集于各级指挥员的决策心理过程。

随着信息变革的深入,以计算机网络为中心的指挥信息系统,让有线或无线的网络连接、计算机、多媒体和超文本信息逐渐取代了电话线、发报机、作战地图和文本文书,成为作战指挥室的重要角色,大大提升了指挥员的指挥决策效率。但是,由于指挥决策系统中人—机之间尚未实现无缝对接,信息流转延误和信息超载等现象成为困扰指挥员的突出问题。为了破解这一难题,各国引入了现代认知心理学的基本观点,把"指挥员作为信息处理器的一般模型"看待,用信息科学的视角探索指挥员决策心理的基本规律,实现人与体系的无缝对接。其中,信息被人的各种感觉器官感知,通过神经系统传输到大脑的过程,被看作计算机使用鼠标、键盘和扫描仪等进行信息录入的过程;大脑动用记忆系统、注意系统和思维系统,在情绪情感系统和性格特质的辅助作用下,按一定规则对信息进行认知加工的过程,被看作计算机硬盘、软件、内存和CPU等设备处理信息的过程;大脑根据认识加工结果发出指令,做出特定行为的过程,被看作计算机的输出过程。由此将体系中的人与组织用同一研究模式整合起来,缩短了指挥决策环路的运行周期,提高了指挥决策效率。

12.1.3 发现指挥决策关键心理靶点

心理战是对目标对象的心理及行为施加影响,促进政治和军事斗争目标实现的作战行动。近几次高技术条件下的局部战争,凸显了心理战在信息化战争中所发挥的武力倍增器作用。美国心理战专家马丁·利比茨基认为,指挥员处于指挥决策系统的最高层,其将情报信息转化为指令信息,是整个作战体系的关键节点,理应是心理战的重点打击对象。采用心智诱导的心理战进攻战法,就是要采取谋略和技术手段,制作传送隐真示假信息,引发敌方思维判断错误,指挥决策失当,战局陷于被动。为达心理战的作战效能,研究指挥员的指挥决策心理规律和信息加工特点,发现其中的薄弱环节,并以此作为心战攻击靶点,创新心战战法,巧妙地设计心战信息并有的放矢地将其插入敌方指挥决策环路中,则能有效控制敌方指挥员的态势感知和决策过程,达成心理战作战目标。当前,外军十分重视将该领域研究成果向实际应用的转化,旨在通过压制对手决策环路,全面夺取战场决策优势。

12.2 军事指挥决策心理研究的内容

近二十年来,西方军队为保持其在信息化作战中的指挥决策优势,在不断总结实战经验教训基础上,将决策心理学理论大量引入作战指挥决策的研究中,并据此对指挥决策的理论和实践进行了深刻变革,使其指挥决策体系更科学、灵活和高效,更适应信息化条件下作战指挥决策的需要。

12.2.1 决策心理学理论对指挥决策的诠释

决策心理学的信息加工研究,为揭示人类决策规律做出了重大贡献。外军借助决策心理学理论对指挥决策领域的重要概念进行了全新诠释,为用现代科学视角研究指挥决策奠定了基础。

目标导向性认知与作战企图

现代决策心理学认为,决策是我们主动同客观世界进行交互影响的过程,是目标导向性的认知过程。人们在解决复杂问题或控制复杂系统时,首先要形成清晰的目标或子目标,随后再通过设计和实施计划来实现既定目标。决策是实现目标的一个过程或工具,目标为决策中的信息采集、方案设计、方案选择和展开行动等,指明了方向、限定了内容。与之相似,各级指挥员的指挥决策过程往往是在接受上级作战指示或命令后进行的。上级的作战指示或命令传递了上级作战企图,规定了本级欲达成的作战决心或作战任务。指挥员及作战机关所进行的情报采集、作战筹划、计划实施和军事行动等各个方面都是为实现上级作战意图展开的。这种先有作战意图,后有指挥决策的过程,充分表明指挥决策也具有目标导向性认知的特征。

决策信息加工构造主义观点与战场信息分析

决策信息加工的构造主义观点认为,人们对决策信息的加工不是消极被动地处理,而是积极主动地对信息进行选择、调整和解释,通过自下而上和自上而下的两种不同的信息加工过程共同形成对客观世界的理解。自下而上的过程是指外界信息直接作用于人的感觉系统,通过反射直接产生心理和行为反应。例如,当人听到突然的声响后,头会自动转向声音发生处的探究反射,就是一种典型的自下而上的加工过程。但研究表明,人们在进行复杂决策时,更多是依靠自上而下的加工过程,大脑先前储备的知识和经验会指导感觉和知觉系统,有针对性地识别各种关键信息和刺激,决定哪些信息应被传输到大脑优先处理,哪些信息应被忽视。这一过程既可以有意识地控制完成,也可以无意识地自动完成。

战场上的信息纷繁复杂,远远超出指挥员能够分析处理的范围,因此,优秀的指挥员不会被动地接收战场上的信息,而是依据自己的知识和经验及对任务和态势的判断,选择性地关注影响全局的关键信息。过去,指挥员手中的望远镜就是其感知觉系统的延伸,指向哪里看到哪里,由指挥员自己控制。现代战场上的高科技感受器取代了望远镜,采集的信息越来越多、越来越细,目的是让指挥员摆脱战争迷雾的困扰。但实际上却因为多数感受器不由指挥员直接控制,传递了大量的多余信息,反而干扰了指挥员的决策过程,使其陷入海量信息中难以自拔。为解决这一矛盾,外军引入决策信息加工的构造主义思想用于战场信息采集分析过程,指出数据和信息是有区别的,战场感受器采集到的仅仅是数据,只有指挥员利用经验和知识进行加工处理之后的数据才是真正意义上的信息,没有被加工的数据不能被称为信息,对指挥决策没有任何价值。因此,设计各种信息感受器和数据分析器应充分考虑指挥员对信息的自上而下加工的需求,反映指挥员的作战经验和对战场的理解,便于指挥员快速搜索、查找和处理战场信息,实现真正意义上的信息优先,全面夺控战场决策的主动权。

心理模型与战场态势

心理模型是决策心理学对认识人类决策规则的抽象表征。决策者进行决策,需要先将任务情境的外部要素以及这些要素间的内在联系在大脑中形成一种内在心理图式,即心理模型。心理模型有三个特征:第一,心理模型是客观环境的简化模式。心理模型的要素与客观环境要素一致,但并不完全一样,它更强调那些对决策起重要作用的要素及其之间的联系,是经过决策者主观筛选之后形成的简化模式,可能会受决策者经验、情绪和记忆偏差的影响而出现一定程度的偏离。第二,心理模型是决策过程的重要环节。决策者需要利用它来比较当前状态与期望目标状态之间的差异,在内心模拟行动计划,验证计划的可行性,评估潜在的行动后果等。没有正确的心理模型也就没有科学的决策。第三,心理模型是动态变化的。心理模型在决策过程中是不断变化更新的,一旦决策者接收到新的信息,就需要判断是否将这一信息纳入心理模型,如果纳入则必然给心理模型带来变化。

指挥员的指挥决策必须建立在对战场态势的深刻理解之上。指挥员在大脑中形成的战场态势的过程实际上是形成特定心理模型的过程,战场态势的心理模型与客观实际准确与否直接关系到指挥决策筹划的成败。库克(Cook)等提出指挥员在形成战场态势的心理模型中至少要包括6种要素:作战目标、敌军企图、部队部署、气候地形、作战时间和战区民众。外军研究表明,上级指挥官的心理模型一旦被下属正确理解,并成为部队成员间的共享心理模型时,会显著减少上下级沟通需求,提高指挥控制系统的效率,极大促进作战行动中的协同。

12.2.2 决策心理学理论对指挥决策模型的修正

美军认为指挥决策是各级指挥员的主要职责,是指挥员将最终作战意图转换为命令和行动的过程。外军研究者倾向于采用认知心理学的研究模式,将指挥决策看作是指挥员的一种高级心理活动,从认知加工的视角研究指挥决策,特别强调构建指挥决策模型的重要性。指挥决策模型是对指挥员指挥决策时内在心理过程的抽象描述,科学实用的指挥决策模型有助于对复杂的指挥决策现象分解后进行深入研究,更好地理解指挥员决策过程的内在规律。西方军队常常将经过验证的指挥决策模型直接转化成作战条令条例或制定成标准化指挥决策程序,并以此对作战单元和部队进行重组,使研究成果直接为作战服务。

OODA 决策模型

OODA 模型是 20 世纪 50 年代美国军事学家博伊德在对空战战术的研究中提出的,后来逐渐成为军事指挥决策的一个通用模型,对当今世界军事思想有着深刻和广泛的影响。OODA 代表观察(Observe)、导向(Orient)、决定(Decide)和行动(Act)四个相互连接的决策阶段。观察是指挥员从战场环境中采集信息和数据的过程;导向包含了对当前情境数据加工等情境评估和形成被选行动方案的过程;决定是对可执行行动过程的选择和决断;行动是执行决定的过程。由此,作战指挥可以看作是各自进行着 OODA 决策周期的组织之间的对抗,战争的胜利很大程度上取决于能否在决策速度和思维能力上超过对手。

博伊德于 1995 年提出了一个更加完整的 OODA 决策环路模型(见图 12.1)。该模型除了依照系统论增加了各个环节之间的反馈路线外,更将认知心理学自上而下的加工理念融入了 OODA 循环,突出了"导向"在整个环路中的重要地位,他指出:"导向是指挥决策的重心,它决定了我们与环境的互动方式,也决定了我们观察、决策和行动的方式……导向塑造观察、决策和行动,并反过来被进入我们的感觉或观察窗口的反馈和其他现象所塑造。"博伊德同时强调"要注意整个循环中心理投射、移情、关联与拒绝等心理因素对过程的影响"。OODA 环路借鉴了很多决策心理学的基本原理,同时抓住了高效命令控制系统中持续性和时效性的本质,较好地满足了信息战和信息化指挥控制的需求。

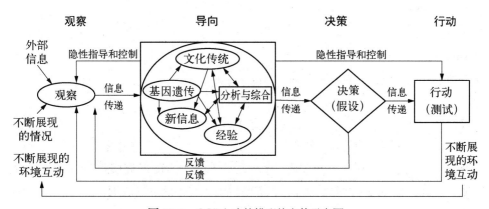

图 12.1　OODA 决策模型的完整示意图

但OODA决策模型还是存在一些问题：第一，该理论源于20世纪50年代飞行员近距离空中格斗的战术情境，这与高中级指挥员进行战役战略决策的情境相差甚远，将理论直接进行跨情境类推，多少有些牵强；第二，科学技术和研究方法的进步使人们对决策过程的内在规律的认识更加深刻，OODA模型虽经补充和完善，但禁锢在基本框架之内的调整，并没有完全反映决策心理学的最新成果；第三，OODA模型以"观察"为起点，将指挥决策看成是指挥员对战场环境的一种被动反应而不是主动选择的过程，违背了指挥决策目标导向性的本质，也与作战指挥的实际过程不符；第四，OODA模型中信息优先的理念，过度强调广泛的、无偏差的收集数据，容易使指挥员陷入大量原始数据中无法自拔，反而影响了对指挥员战场态势的准确理解；第五，OODA模型对决策的四个阶段进行了高度概括，但没有清晰阐释每个阶段具体的心理加工过程，使该模型对具体决策实践的指导性作用并没有充分发挥。

CECA决策模型

CECA决策模型是加拿大心理学家布赖恩特面向信息化作战指挥决策的现实需求，基于决策心理学最新研究成果基础上，提出的一个创新性决策模型。CECA是评价（Critique）、探索（Explore）、比较（Compare）和调整（Adapt）的缩写，其基本决策过程如图12.2所示。

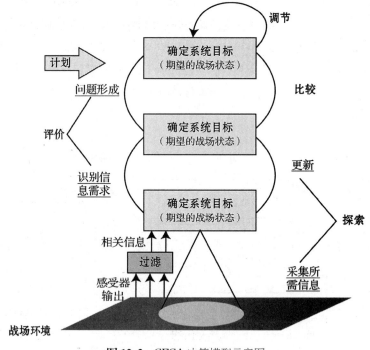

图 12.2 CECA 决策模型示意图

布赖恩特认为指挥决策是由四个相互连接的认知加工阶段组成：第一是"评价"阶段。该阶段指挥员要建立两个心理模型，并提出信息采集需求。指挥员接到上级任务后，先要形成关于任务计划的心理模型，它与指挥员作战决心欲达到的最终态势相一致，是军事行动按计划实施后的内部心理表征，即概念模型。同时，指挥员还要在内心形成当前战场态势的心理模型，即情境模型。为构建清晰准确的概念模型和情境模型，指挥员会向下级提出特定的信息需求，以此指导信息的采集。此时，如果指挥员发现概念模型中部分要素甚至全部要素存在问题，则需决定是否请求上级调整计划以适应战场态势的变化。

第二是"探索"阶段。该阶段包括主动和被动采集战场信息两个部分。主动采集是以第一阶段的信息需求为导向，快速反馈指挥员的信息需求。被动采集是通过特定的过滤程序，决定对哪些战场情境进行监控，将哪些信息反馈给指挥员。主动和被动数据采集都为了向指挥员提供战场信息，使其更新情境模型，准确感知当前战场态势。

第三是"比较"阶段。该阶段主要是完成情境模型与概念模型之间的差异比较，确定概念模型的各要素是否正确，当前态势是否与概念模型相一致。指挥员需要带着批判性思维进行比较，特别是要注意那些与预期不符的反馈信息，及其可能引发的潜在问题。这个阶段会一直持续，直到指挥员认为有必要进行第四个阶段为止。

第四是"调节"阶段。该阶段指挥员要决定是否对发现的不一致情况采取措施。如果这些不一致被认为不太重要，指挥员会选择忽略它们；如果不一致程度较大，指挥员需要重新设计新的行动计划以实现最初目标，甚至放弃最初的目标和行动。

2010年3月26日，美国陆军颁布了新版FM5-0野战条令《作战行动程序》，在条令中特别引入了作战行动的设计问题，并以一章篇幅就设计问题进行了全面介绍，被美军称为在战斗指挥理论方面的创新性变化，其核心要义深受CECA决策模型的影响，具体体现在：第一，条令中强调指挥员要框定作战环境以确定作战行动的预期最终状态和支撑条件，进一步根据框定的作战环境进行问题框定，以确定并详细说明需解决的问题，并带着问题进行信息采集和资源配置。这一过程与CECA的"评价"和"探索"阶段相似。第二，条令中要求，不论在作战过程的任何时段，只要作战环境出现了重大变化，都需要重新框定态势，以确保作战行动能从根本上保障最终状态的实现。这一要求与CECA的"比较"和"调节"阶段相似。第三，条令特别强调了在设计过程中指挥员批判性和创造性思维的重要意义，鼓励指挥员形成新见解、新方法和新观点。这也与CECA决策模型的理念相符。

12.2.3 描述性决策向标准化决策的融入

决策科学进步的源动力来自于两种研究范式的矛盾发展，一种是标准化范式

(normative),另一种是描述性范式(descriptive)。标准化决策范式是基于全智全能、头脑冷静、绝不感情用事的"经济人"假设,借助统计学、运筹学与系统分析,以定量化形式为载体,试图建立最优、完全理性、普遍适应的决策模型。描述性范式是基于存在众多心理局限性、有限理性的"真实人"假设,借助心理学和社会学,特别是认知心理学的研究方法,对决策者真实的决策规律做出描述性说明,试图揭示决策者实际决策的认知与思维过程。两者的主要区别如表 12.1 所示。

表 12.1 标准化决策范式和描述性决策范式的对照表

	标准化决策范式	描述性决策范式
依据理论	理性的原则	以真实认知过程为基础
理论目标	建立一个最优化决策的一般模型	理解真实人在确定范围内的决策
应用目标	与完美行为作为对照,通过显示决策缺陷,帮助人们达到最优化的境界	通过对决策者的培训,或者通过帮助决策者改善决策环境使之更有利,达到帮助决策者提高决策水平的目标
主导方法	数学模型和计算 测量主观效应	过程跟踪 知识提取和表达
学科根源	经济学 统计学	心理学 社会学 政治学

指挥决策的标准化程序

鉴于军队命令控制系统的严密性和规范性,指挥决策的研究一直侧重采用标准化决策范式,并以此制订严密的指挥决策程序,规范指挥员的决策过程,提高指挥决策质量。例如,美国陆军军事指挥决策程序(Military Decision Making Process, MDMP)包括 7 个步骤:受领任务、分析任务、制定行动方案、分析行动方案、比较行动方案、批准行动方案和命令生成。这样的决策程序看似提高了决策的科学性,但在实践中却存在两个明显弊端:第一,该程序忽略了指挥员内在的决策思维过程和规律,限制了指挥员的主观能动性,客观上增大了使用难度,指挥员在实际决策中并没有严格执行;第二,该程序决策步骤较多,用时较长,难以完全适应信息化条件下指挥决策的灵活性和时效性要求,特别是面临突发事件时,该程序更显得冗长拖沓,效率低下。为此,美军开始引入描述性决策范式的模式,力图改善标准化决策程序的不足。

再认启动决策理论与再认计划模型指挥决策程序

美国军事心理学家科莱恩(Klein)等通过对大量军事指挥员实际决策过程的分析发现,指挥员进行指挥决策时并没有完全按照规范的 MDMP 程序进行,而是在充分借助以往经验的基础上,采用了更快捷高效的方式,由此他提出了再认启动决策模型(Recognition-primed decision model),见图 12.3。

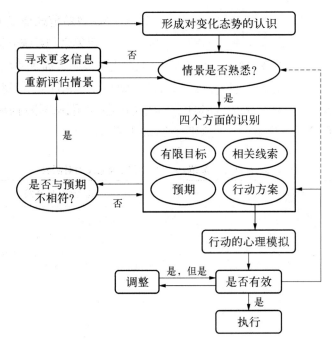

图 12.3 Klein 的再认启动决策模型

再认启动决策模型认为指挥员决策时,通常并不会进行广泛的数据采集和理性分析,形成多个备选方案,然后经过严格的比照采用最优的决策方案,而是会利用模型识别和匹配的方式快速做出判断,形成并采用一个较满意的决策方案。当指挥员面临决策任务时,他们首先会将当前的问题情境与记忆中的经验模型进行比照,提取一个已储存的解决方案,然后评估其可行性。如果该方案可行,则直接采用这一方案,而不再考虑其他的方案;如果方案的可行性较差,他们或者对方案进行必要的调整,或者回忆其他方案再进行评估。科莱恩认为指挥员通常不采用先形成多种备选方案,再逐个进行评估的低效模式。有经验的指挥员抽取的第一个备选方案就会比较有效,或者经过调整就能成为一个有效的方案。

当前,美军指挥控制野战手册(FM 101-5)受再认启动决策模型的影响,纳入了直觉决策的相关内容。同时依据再认启动决策模型制定的再认计划模型决策程序正处于实验验证阶段。研究表明,对指挥员进行再认计划模型决策程序培训后,其作战决策筹划效率会提升20%,同时决策质量不会降低。

12.2.4 指挥决策失误心理机制的探索

传统上,总结决策失误往往关注指挥决策的过程,如没有清晰界定可行的作战方案、没有收集恰当的信息、没有准确评估作战风险等等,而对指挥员决策失误的内在心理机制要么忽视,要么盖以轻敌、骄傲、自大和畏惧等"帽子"。决策心理学的研究表明,多数指挥决策失误背后有更为深刻的心理机制,阐明这些心理机制对于深入了解指挥决策的本质,指导决策者避免这些决策心理偏差,提高指挥决策质量有着十分重要的意义。

直觉决策和分析性决策

指挥员可能都有在复杂环境或紧急情况下无法依靠理性思维、不得不"跟着感觉走"进行决策的体验。使用直觉进行决策是人类最常用的一种决策模式,但这一模式却长期被忽略,甚至被认为是"不科学"、"拍脑袋"的错误方式。近年来,决策心理学家们通过实证研究方法表明,直觉决策是人类决策系统中不可或缺的重要组成部分,它在决策过程中发挥着重要作用,完全可与分析性决策媲美。

现代决策理论已达成共识,即人类决策是两套思维系统共同作用的结果,一套是分析性思维系统,它的特点是可控、外显、理智、速度慢、需要意志努力和处理信息能力有限。另一套是直觉思维系统,它的特点是自动、内隐、情绪化、速度快、无需意志努力和处理信息能力强大。决策时,两套系统总是频繁地交错、纠结在一起,由于两者的特点不同,往往是直觉系统先快速形成最初的反应,然后分析性系统通过深入的思考对最初反应进行调整或修改。可有时会因为情况过于复杂、可利用信息太少、时间紧迫等因素,使得分析性系统无法充分调整直觉系统的反应,决策者就会依靠直觉决策形成的方案实施。大量关于直觉决策模式的研究表明,直觉在决策中具有强大的适应性和保护性功能,特别是在情况复杂、时间紧迫、责任重大和创新性强的决策中,分析性系统往往很难快速发挥作用,这时就需要直觉决策方能找到解决问题的方法、提出创新性的意见、做出重大决策。管理学研究表明,职位越高,对直觉的敏锐性要求越高。然而,直觉决策是一把双刃剑,鉴于直觉决策的无意识性,决策者也会因直觉思维的固有方式(或称心理偏好)做出错误选择,特别是这些固有方式深藏于自动思考过程之中,甚至当人们中计之后还毫无察觉。为了更好地使直觉为决策者所用,决策心理学家进行了卓有成效的研究,揭示了众多心理偏好的基本规律、危害程度及其规避方式。

前景理论

前景理论是心理学家卡内曼和特韦尔斯基(Kahneman 和 Tversky)最先提出。他们发现决策者面临风险抉择时,并不完全符合期望效用理论的预期,甚至会违背理性思维的一般原则,表现出特有的心理规律。卡内曼因为"将来自心理研究领域的综合洞察力应用在了经济学当中,尤其是在不确定情况下的人为判断和决策方面做出了突出贡献",获得 2002 年度诺贝尔经济学奖。

前景理论将决策分为两个阶段：编码和评估。在编码阶段，决策者需要界定行动、结果和概率。决策者对问题阐释的方式、自身的价值观、习惯和经验都会影响对行动、结果和概率的估值和界定。在评估阶段，决策者比较多种备选方案带来的预期价值，并选择价值最大的行动方案。前景理论特别强调，预期价值并不是个绝对值，而是与参照点比较之后的相对值。此外，前景理论还发现人们决策时三种心理倾向性：第一，对结果进行预判时，人们倾向于高估可能的价值，低估可能的概率；第二，在调整参照点时，人们对收益的调整要快于对损失的调整；第三，人们理解和评估极端概率的能力有限。极端小概率事件要么被忽略，要么被过度重视；极端大概率事件和确定事件之间的差异，要么被忽视，要么被夸大。

将前景理论运用到指挥决策的研究中，能更好地解释现实作战中指挥决策的一般规律，能够为准确分析、理解以往战争案例中指挥员的决断提供新视角；能够帮助指挥员在特定态势中，推知对方指挥员可能采取的行动，做好预先准备，夺取战场主动权。例如，对第一次世界大战中西线战役的模拟量化研究，以及对第二次世界大战中盟军"市场花园行动"的质化研究均表明，作战指挥决策充满了不确定性和风险性，指挥员决策时也会表现出前景理论所描述的特点规律。

决策心理偏差

直觉决策的效率之所以高，是因为它会使用多种便捷的思维模式（启发式思维），不必进行准确计算，就能快速估计某种结果出现的可能性。多数情况下，这些便捷方式很有效，但在特定情况下也会出现偏差，影响决策的准确性。常见的启发式思维有三种：第一种是代表性思维，是指事件结果的概率预测受其发生过程中所表现出的突出特征的概率影响。例如，古代出兵打仗要是帅旗折断就表示此行凶多吉少，就是这种思维模式的典型表现。第二种是易得性思维，是指事件结果的概率预测受其从记忆中提取的难易程度影响。例如，两国一直处于敌对状态，突然一国向另一国示好，另一国也不会直接认为这是向其抛橄榄枝，而会认定背后肯定有不可告人的阴谋。第三种是锚定式思维，是指人们对情况的判断往往是以初始值（即"锚"）为依据，在判断时虽然会对该初始值进行调整，但调整的幅度有限。例如，对敌方作战力量评估时，最先得到信息往往会"先入为主"，受到较大重视。这些便捷的思维模式在特定情况下，单独或者几种模式结合在一起，更容易导致决策者发生误判，出现决策失误。哈蒙德（Hammond）等总结了决策常出现的8种心理偏差（他们称为心理陷阱），包括锚定陷阱、现状陷阱、沉没成本陷阱、证实性陷阱、框定陷阱、过分自信陷阱、谨慎陷阱和可回忆陷阱。

受决策心理学的影响，军事心理学也开始关注心理偏差对指挥决策效果的影响。美国军事心理学家扬泽（Janser）通过对美军历史上的大量作战案例分析，发现心理偏差也广泛存在于军事指挥决策过程中,严重影响了指挥员的判断和决策。他提出了9种指挥员普遍存在的心理偏差,包括:过度自信(指挥员高估自己对态势判断的正确性),忽略小概率事件(指挥员低估小概率事件或意外情况对作战进程的影响),关注表象(指挥员容易被鲜活性或典型性事件影响从而高估这些事件的发生概率),错误关联(指挥员错误地认为原本毫不相关的事件之间存在密切联系),夸大事实(指挥员对作战取得的成绩过度夸大),进退失衡(指挥员为了弥补过去的损失而错误地加大投入),惊弓之鸟(指挥员受以往失利的影响而变得极端小心谨慎),求全责备(指挥员害怕作战出现意外而过度追求面面俱到),自欺欺人(指挥员愿意得到积极的信息反馈而刻意忽略消极的信息反馈),害怕重蹈覆辙(指挥员夸大以往作战损失对现在或未来作战的影响)。利普希茨对第二次黎巴嫩战争中以色列军队决策过程的分析表明,正是一线指挥员处置突发事件时的决策心理偏差让以军在战争初期陷入了被动。

12.3 指挥员决策心理特征评估

在指挥决策过程中,指挥员的基本职能是组织监督决策活动的进行,指导决策过程以及做出决断。指挥员决策能力的高低,直接决定其在指挥决策实践活动中具有怎样的主观能力,也极大地影响着决策的效果与成败。因此,对指挥员的决策能力的评估就显得尤为重要。有研究提示,具有优良决策能力和决策风格的人可以在复杂情境下识别关键性信息,排除无关信息的干扰,在不确定性军事对抗环境下进行快速、理性和科学决策。可见,如何充分运用现代心理测量技术,科学把握决策能力测评的原理、原则和方法,对决策能力和风格进行科学有效的测评,从而为军事指挥岗位选拔具有优秀决策特征的指挥员,对于提高信息化条件下战争的胜算具有重要的意义。

军事心理学专家通过对军事指挥决策的具体过程和特点进行综合分析,指出军事指挥决策过程最为核心的构成要素有四个,分别是具有战略意义的"判断力"和"控制力"以及具有操作意义的"行动力"和"组织力"。从军事指挥决策的过程来看,这四种要素的综合构成了"判断/决断—行动/贯彻—组织/动员—控制/调节"的一体化过程。这四种构成要素的基本关系是:"判断力"是军事指挥决策制定的基本前提,"行动力"将具体的决策付诸行动,"组织力"为更好地贯彻决策提供保障,"控制力"监控随着势态的发展变化决策的执行是否取得了预期的效果。这种要素构成分析符合麦克兰德所提出的"在特定的岗位和环境中能够区分绩效水平的特征"。

第一,以决策主体综合素质为基础的精准判断能力(Capability of Judgment),是军事指挥决策的基础和前提。这种判断能力不但要求决策主体在军事指挥决策过程中能够保持理性、客观和无偏见的态度进行直接判断(自然决策),而且还要求决策主体能够对复杂的形势进行风险评估,基于有限的信息做出复杂判断(分析性决策)。在战争环境中,决策主体要依据所掌握的各类军事信息情报,首先对敌我双方对抗概况与战争发展态势做出全面的综合性的判断,制定或确定相关作战方案。例如,目前战争态势发展的预判、敌我优劣因素分析、能够采取的应急措施以及目前需要解决的突出问题等。

第二,将具体的决策内容快速地付诸实施的行动能力(Capability of Action),是军事指挥决策能力的集中表现。良好的行动能力首先包含了一个基于精准判断而将确定的作战方案转换为可行方案,并迅速地予以贯彻和推进的过程。研究人员通过对不同战例的分析发现,即使是面对极为相似的战场环境和条件,不同的军事指挥决策者战法和战术也有显著的不同。这与其说是不同的领导风格所致,不如说是军事指挥决策中大量问题的非结构化使然。这给决策者同时带来了机遇和风险,因为如何找准问题的突破口并迅速做出有效的反应,即便是在相似的场景和环境下也是可以有所不同的,这也是军事指挥决策者决策能力高与低的集中体现。

第三,有效动员各方面力量参与应对的组织能力(Capability of Organization),是形成有效应急决策的重要保障。这种组织能力主要体现为在决策过程中能够充分地利用特定时空条件下的有限资源,军事指挥决策包含了对一切资源和力量的有效调度。信息化战争条件下,这一点显得尤为重要。以导弹部队参加信息化条件下的联合作战为例,其作战效能除了与导弹武器性能、参战力量的强弱、战场准备的充分程度以及持续时间的长短等客观要素密切相关之外,还取决于情报保障部门有效支持、陆军防卫力量联防配合和民间力量的协同合作等一系列辅助力量的参与和配合。如何充分有效的调动各方力量协同配合并有效的组织起来,是信息化条件下军事指挥决策能力的重要保障。组织能力首先要求在指挥体系内部实现各类作战任务的科学分配,其次,能够经由组织和制度等渠道,实现对各种外部力量的合理调度,全方位保障作战的有效实施。也就是说,军事指挥决策能力应当包含并体现出良好的组织能力,从而推动并实现整个作战体系由传统的单项管理向现代的综合联防转变。

第四,对自身心理、行动节奏直至整个势态的控制能力(Capability of Control),是确保既定决策取得预期效果的重要条件。控制主要是对作战实施过程进行监督、依据反馈信息优化作战方案的过程。对于军事指挥决策而言,控制能力显得尤为重要。因为,决策主体所面临的是更为紧急和复杂的、瞬息万变的战场环境,敌我双方复杂的心理动态,一旦不能够保持清醒头脑并对自身心理和行动节奏有着较强的控制力,也就无法实现最终对整个战争或势态的有效控制,从而可能使战况陷入困境或者直接导致失利。这包括战场环境、指挥体系的把握以及自身心理状态等一系列因素的控制或调控。更为重要的是,仅强调贯彻与执行而不包含对比和校正的环节不能称为真正的控制。研究发现,指挥员在作决策的时候,经常会受到某种情绪状态的影响。比如,处于恐惧情绪中的保守特质的指挥员,会做出悲观的风险评估,进而做出风险规避的决策,而激进特质的指挥员在恐惧情绪下更可能会做出冒险的决策;而愤怒情绪下的个体更可能做出积极的风险评估和风险偏好的决策。然而,当战场信息量大大超出个体认知负荷的时候,指挥员很难及时意识到自己的情绪,更没有时间考虑所作的决策是否受到自身情绪的影响。因此,指挥员决策控制能力也是指挥岗位决策能力评估与选拔的重要内容。

需要指出的是,军事指挥决策能力主要构成要素并非是分割开来而独立测评的,而是全部镶嵌在军事指挥决策整体评估之中,并充分体现于军事指挥决策的具体内容之中(见表12.2)。现实情境中,对以上四个要素的独立评价很难反映一个指挥员军事指挥决策能力的高低,也难以通过以上独立的四个指标对指挥员做出定性和选拔。以上四个要素相辅相成、互相融合和渗透,最终形成军事指挥决策能力。以现有的文献来看,很难单独或独立的采用以上四个要素对军事指挥决策能力进行测评。同时,以上述要素构建军事指挥决策能力评价指标体系,仍然无法避免量化困难和指标权重分配等能力评价中的常见问题。

表 12.2 决策能力评价指标体系框架

一级指标	二级指标	指标解释	定量	定性
判断/决断能力	信息量	作为判断依据的各种信息的量,衡量决策主体是否能够有效运用相关信息,也反应了判断的复杂程度	√	
	判断时间	从受领任务经过判断到发出具体指令所用的时间,衡量决策主体的判断速度	√	
	准确度	经过判断所得出的相关结论与事实的相符程度		√
行动/贯彻能力	反应时间	从发出具体指令到展开具体行动所用的时间,衡量决策主体贯彻决策的速度	√	
	行动时间	从展开具体行动到完成有明确时间界限的行动所用的时间,衡量贯彻决策的速度	√	
	行动效果	期间所采取的各项具体行动达到预期行动目的的程度	√	√
组织/动员能力	任务分配	任务分派的合理性及其所用时间、分解任务的目标明确程度与完成情况		√
	说服指导	战前动员和发动群众、随时指导下属改进和推进工作的情况		√
	力量参与	请求上级指挥体系支援情况,动员社会及其他力量参与的情况,如:参与的组织机构和人、财、物支持	√	√

续 表

一级指标	二级指标	指 标 解 释	定量	定性
控制/ 调节能力	自我控制	应对过程中情绪和心理的稳定程度		√
	节奏控制	及时发现问题并予以纠正的能力		√
	战局控制	战局发展是否在掌控范围之内,主要反映决策效果	√	√

12.3.1 决策特征评估的原则

过程性原则

只关注结果而不关注过程的评价是限制指挥员提升理性决策能力的最关键原因。最终决策效果固然是军事指挥决策能力的重要参考指标,但并不是最重要的指标。也就是说军事指挥决策能力是决策目标达成的重要内容,但决策的最终成效是天时、地利、人和等各类因素综合作用的结果,因此对于军事指挥决策能力的测评不仅要重视结果,更应该重视决策的过程性。所谓过程性原则是指军事指挥决策能力体现于决策的全过程中,军事指挥决策前的认知能力和判断力、决策中的行动力、决策后的反馈效应等全过程因素都应该被纳入军事指挥决策能力测评的指标体系。过程性测评原则有利于避免根据决策效果判断军事指挥决策能力强弱这一以偏概全评价方法的不足,尤其是在进行军事指挥决策能力的相对有效性评价时,过程性原则显得更为合理。指挥员的独断专行而非集思广益、优柔寡断而非雷厉风行等作法即使能带来上佳的决策结果,但从过程性原理来看,该领导的决策能力仍然存在诸多需改进之处。

滞后性原则

现实中的军事指挥决策尤其是重大战役中的决策,其作战方案的实施与推进是一个不断反馈、重复修正的过程,即由于战场决策环境的复杂性、决策能力的有限性、决策效果的多样性,军事指挥决策过程同样是一个不断试误的过程。决策的试误性使得指挥员必须结合战争形态的变化,不断修正与完善优化决策、修正作战方案。决策方案的实施正确与否、有效与否应立足于整个战役或战场,需要全局性和全方位评价。因此,军事指挥决策效果的完全显现相对于战局而言具有一定的滞后性。与此相对应,对于军事指挥决策能力的客观、公正测评,其时点选择同样非常关键。

差异化原则

人是决策活动中最活跃的因素,指挥员作为军事指挥决策中的"核心人物",其决策风格与决策方式往往各具特色,差异较大。除此之外,指挥员本身所拥有或所必须具备的技能同样存在差别。因而不能采用统一标准一刀切,应结合不同的决策风格和指挥员的认知能力,采用差异化的方法对不同的军事指挥决策能力进行客观评价。管理学者卡茨(Katz)在《哈佛商业评论》中发表了一篇名为《能干的管理者应具有的技能》,指出管理者需要技术技能、人事技能和概念技能三种基本技能。管理学家孔茨和韦尔奇(Koontz 和 Welch)在卡茨提出的三项基本技能的基础上,补充了设计技能。格里芬(Griffin)亦对卡茨的三项基本技能做了新补充,增加了诊断和分析两项技能。德鲁克(Drucker)认为管理是特殊的工作,因而要求管理者具有特殊的技能,其中包括做出有效的决策、在组织内部和外部进行信息交流、正确运用控制和测评和正确运用分析工具等。由此可见,由于岗位的不同,指挥员工作和学历等背景的不同,自身所具有的技能的不同,或者性格禀赋的不同,军事指挥决策能力差异亦较大。与此相对应,判断军事指挥决策能力的指标很难具有普遍性、绝对性和适用性。差异化原则强调,对于军事指挥决策能力指标的考虑需要兼顾定性指标与定量指标、刚性指标与柔性指标,从而体现出针对不同军种、岗位和任务等军事指挥决策能力测评的差异性。

多质多法综合评价原则

决策特征的测评应是针对决策特征的不同维度和成分,采用不同的评价方法实现的。通常采用评价中心技术,综合运用问卷法(如:斯科特和布鲁斯(Scott 和 Bruce)的《通用决策风格量表》(*The General Decision-Making Style Scale*))、心理测验法(如:菲施霍夫(Fischhoff)的《成人决策能力测验》(*Adult Decision Making Competence*)),情境判断任务(如:延迟折扣任务、爱荷华赌博任务等)、人格测验、文件筐测验、结构化心理访谈和内隐联想测验等检测方法,互相印证,可以提高测评的准确性。

12.3.2 决策能力评估的方法

决策能力(decision making competence)的概念提出,缘于人类的决策观念从绝对理性到有限理性的演化及认知心理学的兴起。文艺复兴时期,西方启蒙思想家以理性复归人性,以天赋人权、自由意志反对神权,将一切事物与观念置于理性思维下审视。人类思维被视为"绝对理性"。进入 20 世纪,人们逐渐认识到"绝对理性"的决策不可能实现。诺贝尔奖获得者西蒙(Simon)认为:信息的不完备性、价值偏好的多样性、决策能力的有限性和事务关系的易变性等复杂因素,影响人们在资源有限的条件下做出最优决策。50 年代中期,认知心理学的兴起,决策作为人类高级的意识活动也被纳入认知的框架而得到重新认识。决策不仅是一种纯粹理性的逻辑推理过程,而是掺杂着决策者文化情感、直觉顿悟、认知风格、价值取向、主观偏好和创造性思维等非逻辑成分的复杂认知活动。认知包括认知风格与认知能力,同样,决策也包括决策风格与决策能力。

决策能力是一项多维的高级认知能力，包含系列信息输入与处理和分析综合等过程，它与智力、社会经济地位、认知需求和决策质量均有较高的正相关关系。

霍德涅（Hodne）认为决策能力至少应该包括：理解与认知决策目的、行动程序、潜在风险、替代方案和可能结果。伯恩斯（Byrnes）认为决策能力的关键在于评估选项可能带来的结果，以及什么选项能使结果接近既定目标，什么选项能使结果远离既定目标。他将决策分为四步：① 设定目标；② 找到实现目标的方法；③ 将不同方法进行优劣排序；④ 选择并实施最优选项。决策能力对应决策的四个步骤有着不同的体现，如设定的目标要适合，采用必要的求助策略，分析每一种方案的利弊得失等。优秀的决策者能够从失败和错误中学习，并能够通过反馈，及时调整决策。菲施霍夫（Fischhoff）等认为学习能力独立于决策能力之外，当人们面临全新的问题或者没有学习经验时，仍然需要普遍适用的决策技能，包括摘取相关信息、应用价值与具体情境设置及整合信息片段为决策规则等。菲施霍夫等整合前人的研究成果，总结出四项核心决策能力：信念评估（belief assessment），即感知事件发生概率的能力；价值评估（value assessment），即评估选项后果，对决策相关信息敏感，而对决策不相关信息不敏感；整合能力（integration ability），即对决策规则的认知；能力的元认知（meta cognition of one's abilities），即对自己的能力有清楚的认知与判断。

决策能力评估主要方法

（1）心理测验法

心理测验法具有方便、经济和客观等一系列优点，因而决策领域的心理学家们一开始就试图以心理测验的方式测量一个人的决策能力。其中以菲施霍夫（2007）的《成人决策能力测验》（*Adult Decision Making Competence*，A－DMC）最具代表性。A－DMC是卡耐基梅隆大学社会与决策科学系菲施霍夫教授领导的课题组，基于爱德华兹（Edwards）等人的研究成果，历时数年开发而成，是规范决策理论学派（normative theory of decision making）研究的最新成果。该课题受到美国自然科学基金的资助，课题组已在SCI、SSCI收录杂志发表论文十余篇，其中包括《个性与社会心理学杂志》（*Journal of Personality and Social Psychology*）、《行为决策杂志》（*Journal of Behavioral Decision Making*）等顶尖心理学杂志，是目前国际公认的测量决策能力最先进的工具之一。

在A－DMC开发以前，研究者尝试着用赌博游戏和情境测验等范式研究决策能力，如爱荷华赌博测验、延迟折扣任务、剑桥赌博任务和刘易斯（Lewis）情境测验等，但上述研究范式均存在一个关键不足：决策能力是一个多维度的复杂认知能力，仅仅通过一两个维度不能完全体现。最近50年间，行为决策研究发现人们存在各种不同的决策偏差（decision-making deficit），如框架效应、成本沉没效应和禀赋效应等。

跟进的研究证实,决策偏差彼此之间存在相关,即容易出现框架效应的人,也容易出现成本沉没效应,并进一步证明,这种偏差与个人理性思维差异(rational thought)显著相关。菲施霍夫认为决策技能可以由决策偏差反映,并提出可以分别用 6 种决策任务测量他提出的 4 种核心决策技能。

信念评估(belief assessment)。即感知事件发生概率的能力。A-DMC 利用两个任务对其进行测量,即风险感知一致性(consistency in risk perception)与社会规范识别(recognizing social norms);"风险感知一致性"包括 20 个题目,前 10 个题目询问在未来一年内,你发生某个事件的概率有多大,如交通事故、看牙医等,让被试进行 0%至 100%的判断;后 10 道题询问未来五年内,发生某一事件的概率有多大。题目之间有内在的逻辑,如五年内发生交通事故的概率应该大于或等于一年内发生交通事故的概率,意外死亡的概率应大于死于恐怖袭击的概率等。该任务的得分等于正确应答的百分比;"社会规范识别"包括 16 个题目,要求判断同龄人中有多少比例的人会认为某些行为,在某些特殊情况下是可以接受的,如偷窃、犯法、酒后驾驶等。该任务的得分等于主观判断与真实情况的差异。

价值评估(value assessment)。即评估选项后果的能力,对决策相关信息改变敏感,而对决策不相关信息不敏感。A-DMC 利用两个任务进行测量,即抵御框架效应能力与抵御沉没成本效应能力。框架效应是指同样的问题本质不变,但经由不同的表征方式描述后,被试的选择会发生相应改变的现象。如经典的亚洲疾病问题:"美国政府正为应对即将爆发的亚洲疾病做准备,预计此次疾病将导致 600 人死亡。现有两套抢救方案可供选择:如果采用 A 方案,200 人将被救活(400 人将死亡);如果采用 B 方案,有 1/3 的可能性 600 人全部被救活,2/3 的可能性 600 人全部死亡。"当问题以"救活"的表述方式呈现时,人们倾向于选择 A 方案,即保守方案;当问题以"死亡"的表述方式呈现时,人们会转而选择 B 方案,即倾向于冒险。理性的决策者应该不受到题目表述方式的操控,因此同样问题通过正负框架两种描述,被试决策的一致性即反映了被试抵御框架效应能力;行为决策研究发现,人们在做决策时常常受到前期投入的影响,从而做出非理性的选择,这个现象称为"沉没成本效应"。如,"你在火车站购买火车票,已经排了三个小时的队,前面还有 40 个人。这时你得到确切消息,火车站新开设了一个售票窗口,离你所在位置大概只有 50 米,现在就排了 30 个人。你更可能倾向于继续排队还是去新售票窗口购票?"理性的判断是去新售票窗口排队,因为那里人更少,但由于前期投入,人们往往不愿意做出理性的调整而选择留在原处排队。越少受沉没成本的影响,反映被试的理性程度越高。

整合能力(integration ability)。即对决策规则的认知。理性决策者应该按照既定的决策规则进行推理、判断,而不会受到无关信息的影响,随意改变规则。类似于"不忘初心"。如选择一台DVD机,既定的决策规则是只关注品牌口碑,那么决策者应该严格按照规则来执行,选择品牌口碑最佳的DVD,而不是临时起意,受到声音、质量或功能等特性的影响。执行决策规则时越能抵御无关信息的干扰,被试得分越高。

能力的元认知(metacognition of one's abilities)。这个指标反映了被试是否清楚知道自己知识量能否应对当前任务,既不盲目自信,也不因为信心不足而犹豫不决。如:"人们管美国叫'山姆大叔'是因为山姆大叔与美国的简写相同。这个说法是正确还是错误的?"你对你的回答的正确性的把握有多大?若被试能够准确估计自己对每个问题回答正确性的总体概率,说明其具有较好的能力元认知。

(2) 观察法或表现评审法

观察法是指在自然情境中或预先设置的情境中对人或动物的行为进行直接观察、记录、分析以期获得其心理活动变化和发展规律的方法。在军事指挥决策能力的评价中,需要决策专家在一定时间内观察被评价者,分析其在军事指挥实践中的决策表现进而评估其军事指挥决策能力。从理论上说,在复杂多变的军事情境中使用直接观察法最能直接反映测量对象的整体军事指挥决策能力。甚至有军事心理学家认为,在军事指挥决策过程中对军事指挥员进行长期观察比其他心理测量方法更为有效。但是,观察法也有诸多缺点。① 花费的人力较多;② 评测的信效度依赖于评价者的专业技能,同时与观察者的敏感性、领悟能力和解释技巧也相关较大;③ 对时间的要求较高;④ 容易受到外界因素的干扰;⑤ 很难设计或提供真实军事情境,因而不能为被评价者提供标准化的测评环境,其测量的标准化受到质疑;⑥ 多变的军事环境增加了制定统一观察评定表的难度;⑦ 不适合大规模人群测评,当评定人数较多时,需要统一对评定者进行标准化培训。总之,该方法较适合上级指挥员对下级军事指挥员军事指挥决策能力的评定,但前提是上级指挥员必须熟悉和掌握观察法的基本原理和方法。

(3) 标准化军事指挥决策情境评价法

标准化军事指挥决策情境评价法是指设计或模拟典型军事指挥决策情境,通过对其再现、表演或视频呈现,考察军事指挥员在此过程中的决策方案、决策速度及准确性从而评价其决策能力。类似的应用如医学领域往往采用标准化场景或病人评价医护人员的决策能力。通过选择能体现临床决策能力的标准化患者病例,能对患者病情的复杂性和严重程度等进行有效的控制,从而对医护人员的决策行为进行观察和评定,具有较高信效度。在军事指挥决策能力评价中,可以因"岗"制宜,针对特定岗位构建标准化军事情境,考察军事指挥员在该情境中的决策行为和效果,从而对其决策能力进行评价,这可以实现对不同指挥员的标准化测量和评价,具有一定的现实可行性。虽然标准化军事指挥决策情境评价法的标准化程度较高,可以看作是观察法的升级版,但仍然难以完全解决观察法的一些不足。目前有研究认为,模拟情境中的决策不能代表真实环境中的决策,因此,模拟情境法的测试结果虽然在一定程度上反映了被测评对象的决策能力,但它的真实性、实用性尚有待商榷。

(4) 计算机模拟评价法

基本原则同模拟情境法,通过呈现一定的真实军事问题或情境,要求受试者做出决策,从而考察受试者的军事指挥决策能力。具有操作简便、费时少、测试结果有可比性和可用于大规模人群测评等优点。计算机模拟评价内容丰富,形式多样,但是开发建立和维护军事情境模拟软件的所需技术要求和成本较高。

军事指挥决策能力是一个综合的、复杂的、涉及多方面因素的高级认知能力,在专业知识的基础上,整合了批判性思维、军事推理、人际沟通和信息的获取管理等多方面的能力。以上各种测评方法各有其优点及不足,其测量的角度和决策能力的维度也不尽相同,从现有文献分析来看倾向于多质多法测量军事指挥决策能力,即综合上述各种办法从多个角度综合测量军事指挥决策能力,以一致性的结果作为测量结论。总之,对军事指挥决策能力甚至决策能力的测评虽然经历了几十年的研究,但依然处于探索阶段,其测量方法和理论体系尚未成熟。因而,在实际军事指挥决策能力的测量中,并不局限于上述方法,需要军事学家和心理学家们,运用心理测量学原理结合军事指挥决策的特点和内容,有针对性地开发相应的测量方法和技术,补充完善相关测量方法和技术。

12.3.3 决策风格评估

决策风格是指挥员在决策时所表现出的一种习惯化的反应模式。它给指挥决策涂上了个性化色调,直接影响决策的质量和效率。官渡之战中,荀彧从度、谋、武、德四方面对比分析了双方最高统帅的特点,其中"谋"突出的就是指挥决策风格,他认为:"袁绍迟重少决,失在后机,而曹操能断大事,应变无方。"实际的战争进程正如荀彧所言,袁绍犹犹豫豫,进退失据,曹操果断决策,突袭乌巢,一战扫除了统一中原的最大障碍。现代研究认为可以通过以下四个途径优化人力资源,提高指挥决策质量:第一,帮助指挥员了解自身决策风格的长处和短处,扬长避短,提高个体决策质量;第二,科学搭配指挥参谋人员,做到风格互补、取长补短,提高群体指挥决策质量;第三,选派决策风格适宜的决策者处置不同的任务,优化人力资源匹配;第四,将指挥员决策风格的差异性研究融入指挥决策辅助系统研发,实现人与系统的完美对接。

虽然决策风格的重要性得到普遍认可,但决策风格的理论和测量方法却众说纷纭,常见的方法就有十几种之多。当前,西方军队多采用斯科特和布鲁斯研发的决策风格理论及测量问卷,对指挥员进行分析与评估。加拿大心理学家布赖恩特领导的研究小组于2005年前后,开展的21世纪联合指挥决策支持计划中,也遵循了斯科特和布鲁斯的决策风格理论。该理论将指挥员的决策风格划分为五种类型：第一，理性型。全面地研究各种信息，列出可能的备选方案，逻辑地评估各种备选方案；第二，直觉型。关注信息流的细节，而不是系统地研究信息和加工信息，有依赖预兆和感觉决策的倾向；第三，依赖型。决策之前先从他人那里寻求建议和指导；第四，回避型。只要有可能就避免进行决策；第五，自发型。通过即刻的感受和愿望尽快完成决策、形成决议。斯科特和布鲁斯研发的《一般决策风格问卷》有 25 个条目，采用李克特 5 点评分法。在众多国家军队中的应用表明，该量表具有较好的信度和效度。

欧洲军队将指挥员的决策风格分为四种：保守型，能够较好地按照条例条令执行决策，但是往往不能很好地理解条例规定的基本原则而导致过于教条，缺乏灵活性。这种水平的决策者往往是缺乏实际经验者；分析型，他们能将战场环境作为一个整体看待，注意自己单位与友军的协同。但是，他们过多强调决策系统中的控制环节，当面对经验丰富和创新型的敌方指挥官时，作战计划显得很不周密，容易上当受骗或被击败。这种水平的指挥官往往只参加过模拟或小型现实战斗；综合型，指的是具有指挥艺术和丰富经验的高级军事指挥员。这类指挥员能够预见指挥过程中可能出现的弱点、问题和时机。他们拥有较丰富的实战经验，但是在军事行动的快速变化中也很难一直胜任；变革型，有超凡的洞察力，有能力时刻保持创新精神。

12.4 自然决策理论在军事指挥决策中的应用

信息化作战中战场态势瞬息万变。战局的动态性、时间的紧迫性需要指挥员随机应变、迅速作出决策，因此指挥员通常无法制定多个行动方案并从中选择出最优方案。此外，指挥员在战场中所面临的问题很少是定义良好的问题，决策情境充满不确定性和模糊性。因此，在具体的决策过程中，指挥员更有可能是依靠经验和直觉、凭借关键时刻的灵感，在极短的时间内选择适合当时战场态势的行动方案。为了保持信息化作战中的决策优势，近年来，美军在不断总结实战经验和教训的基础上，充分吸纳了行为决策领域的最新研究成果，组织开展了大量有关揭示信息化条件下指挥决策内在规律的研究，提出了基于自然决策理论（natural decision making, NDM）的军事指挥决策思想。

12.4.1 自然决策理论的兴起和发展

美国陆军行为与社会科学研究所（Army Research Institute for the Behavioral and Social Sciences, ARI）于 20 世纪 80 年代末开始资助自然决策理论的研究，并于 1989 年组织召开了第一次自然决策理论学术会议，初步构建了自然决策理论的研究框架,随着科莱恩等将会议成果编辑出版了《行动中的决策:模型与方法》(Decision-making in Action: Models and Methods)一书,标志着这一理论的诞生。此后,自然决策理论及运用研究迅速发展。1994年第二届自然决策理论会议召开,受到美国陆海空三军及国家宇航局的共同资助。到2013年,自然决策理论会议已经连续举办了11届。目前,全世界有数百名军事心理学家正在从事自然决策领域的研究工作。

自然决策理论领域包括众多的理论模型。利普希茨认为有不少于9种自然决策理论模型存在。例如:认知连续理论、认知控制模型和再认启动决策模型等。这些理论虽然在构建模型的侧重点上有所不同,但是都有着基本的相同点:首先,这些理论都是过程导向的。研究者关注的是人们决策时的内部心理操作过程,关注人们如何依靠经验搜索和理解信息;其次,都认为熟练的决策者更多地运用的是"匹配"而不是"选择"的决策策略。决策者并非总是通过比较和分析多个决策方案,从中选出"最优"的或者是"满意"的方案,而是将当前情境与已有的认知"图式"(schema)加以匹配,尽可能地将其归为自己熟悉的一类,从而迅速地找出可行的方案;再次,都突出经验和知识在决策中的重要作用,并强调这些经验和知识只针对特定的领域和情境,因而使得决策具有情境依赖性;最后,都认为决策模型的目标是为了改进决策质量,不能为了一味地追求模型规范性而牺牲模型的解释效率。

自然决策理论与传统的决策理论在研究理念和方法上存在着很大的区别。传统的决策理论强调实验室研究。为了排除无关变量的干扰,实验者严格控制实验条件,研究中所使用的决策任务也比较简单,这使得研究结论在复杂不确定条件的实际决策情境中的推广面临着很大的挑战。与之相对,自然决策理论从一开始就是以现场观察和访谈为主,关注的情境都是复杂条件下具有时间压力的真实决策任务或是仿真环境下的决策任务。更为重要的是,自然决策理论的研究对象都是在某一领域经验丰富的专家和能手,例如:军队的指挥员、消防队长、专业医疗救护人员和飞机驾驶员等,目的在于揭示这些专家在高风险、时间有限、目标模糊和不确定以及动态的决策环境中如何做出艰难而正确的决定。

12.4.2 军事指挥决策中的自然决策模型

在自然决策理论众多的理论模型中,影响最为深远的莫过于科莱恩提出的再认启动决策模型。

再认启动决策模型

再认启动决策模型始于科莱恩等对消防指挥官在真实火场情境中决策过程的研究。起初,研究者期望揭示消防指挥官如何应对火场的时间压力与救火的不确定性。而随着研究深入,科莱恩却发现,他们在决策时,并不是"做出多择一的判断",也没有

"充分考虑其他选项"和"评估可能概率",而是"基于先前的经验制定、监控、修正行动程序以满足形势的变化",他们试图"在最短时间内找到可行的、低代价的方案"。

图 12.4 是再认启动决策模型描述的 3 种情况。最简单的情况是位于图最左边的模型。面对典型问题,决策者通过情境再认,直接实施已有的行动方案;稍复杂的情况是位于图中间的模型。同样是典型问题,但是决策者并不能十分确定行动方案是否有效,需要通过心理模拟评估后,接受或修正行动方案;最复杂的,也是战时决策过程指挥员经常会遇到的情况是位于图最右边的模型。在这种复杂的再认启动决策模型中,决策者面对的是非典型性问题,因此,决策的成败取决于两个关键步骤。第一个步骤是再认(recognition),也就是从记忆中激活信息。决策者通过再认判断当前情境是否熟悉。如果不熟悉,则寻求更多信息,重新评估情境;如果熟悉,则在过去经验和当前线索之间建立联系。再认使得决策者能够确定哪些目标是可行的,哪些线索是相关的,这些线索能否产生期望的结果,以及哪些行动方案可以起作用。由于是典型性问题,再认过程中的单个经验和当前情境很少能够完全匹配,因此,决策者通常会无意识地从大量经验中分别提取不同要素以用来帮助他们理解当前的情境线索,然后这些要素通过被科莱恩称为故事建构(story-building)的过程整合在一起。故事建构将离散模式的经验要素整合成一个新的综合的模式,形成初步方案以解决当前的问题。然而,通过再认这种快速评估的方式,决策者仍然无法确定所建构的

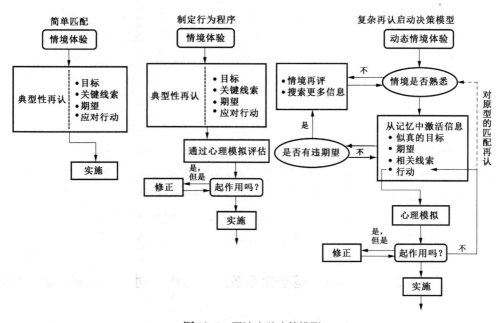

图 12.4　再认启动决策模型

"故事"是否适用,因此,他必须通过第二个关键步骤:心理模拟(mental simulation)评估初步方案的有效性。在心理模拟过程中,决策者结合当前情境中的诸多线索,在内心推演将要采取的行动,以及该行动可能达到的效果。如果行动没有达到预期效果,则调整原有行动,重新评估,直至决策者满意为止。

科莱恩认为再认启动决策模型有以下7个显著特点:(1)重视情境评估而不是判断一个方案是否优于另一个;(2)再认启动决策模型描述决策者如何运用先前经验解决问题,即假设决策者是经验丰富的专家而非新手;(3)再认启动决策模型假设经验丰富的决策者识别模型后产生的第一个解决方案通常是可行的。决策者不需要穷尽所有可能的选项,且解决方案的产生顺序也不是随机的;(4)满意而非最优原则。决策者需要找到第一个可行的方案,而非最佳方案;(5)再认启动决策模型假设选项评估是继时的,而不是同时的。即只有当第一个产生的方案被评估为不可行,才会评估第二套方案;(6)决策者基于心理模拟判断方案是否可行,而不是基于多维效用分析或决策树分析等;(7)心理模拟后快速反应,而无须等待完全的分析结果。再认启动决策模型自提出后,受到大量实证研究的支持。科莱恩总结了坦克车排长、城市与森林消防指挥官和师旅级主官决策的多项研究数据,结果发现决策专家在不同情境中再认启动决策模型符合率高达50%—95%,但很少使用多维效用分析和决策树等理性决策分析方法。

再认/元认知决策模型

再认启动决策模型认为专家级别的决策者在长时记忆中存贮着大量的、某一领域的专业知识,因此,当问题简单而典型时,决策者可以借助于模式匹配,在大脑中迅速找到解决当前问题的答案。然而,在现实决策情境中,尤其是在军事指挥决策中,很难找到与当前情境完全匹配的模式。因此,当决策者面临着复杂而非常规的问题时,有经验的决策者会收集并批判性地评估手头的证据,寻找一致性信息,并测试隐含在问题评估中的假设。科莱恩将这一过程称为"心理模拟",科恩和弗里曼则称其为"元再认"(meta-recognition),并提出了再认/原认知模型(recognition/metacognition, R/M)对这一认知过程进行描述和解释。

再认/原认知模型认为信息化作战中,指挥决策最为关键之处在于判断敌人将在何时、何地、采取何种方式与路线进攻,这个过程一定是通过整合现有信息与情报、综合分析进而推导出来的。这个推导过程,实质上就是决策者将断裂信息链组合成一个完整信息链的心理建模过程,即再认;在再认的基础上,指挥员会详细分析已建模型可能存在的漏洞或不合理的地方,甚至推翻已建模型重新构建新的模型,即元再认过程。因此,作战决策的实质,就是基于模型推演、不断地预估事态发展,不断地评估已有决策方案的有效性,最终作出合适的决策。

作为再认启动决策模型的补充,再认/原认知模型特别强调元再认过程。元再认分为三个阶段:分别是批判阶段(critiquing)、修正阶段(correcting)以及快速检验阶段(quick test)。批判阶段,即识别再认图式与情境模型中存在的潜在问题;修正阶段,即通过增加观察、修补信息、重新解释线索和提出新假设等方法构建更为合理和可行的模型和计划;快速检测阶段则是一种更为高级的认知加工过程,是对可用的时间、模型犯错的代价及模型的不确定程度等的评估。

科恩和弗里曼认为元再认过程会对已建心理模型的三个方面的特性进行批判和修正,分别是不确定性、不完整性和冲突性。如图 12.5 所示,不确定性指的是由于信息不完备,模型可能并不完整,因此,决策者需要提出新的假设以填补模型和计划的断裂地带;同时,面对各种矛盾的证据,决策者同样需要提出新的假设对其进行解释,这样就增加了模型的不确定性。不完整性是指决策者在评估模型时,会放弃不太可靠的假设,或在彼此冲突的信息资源中,舍弃部分信息,这样就增加了模型的不完整性;冲突性是指决策者为了减少模型的不确定性和不完整性,会收集大量的信息,然而这些信息真假难辨、良莠混杂,并且可能互相矛盾,这样就增加了模型的冲突性。科恩和弗里曼认为决策者对已有模型的批判和修正,就是试图在模型的不确定性、不

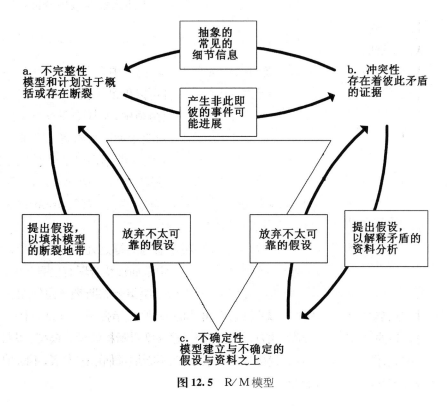

图 12.5　R/M 模型

完整性和冲突性三者之间建立平衡。而模型的快速检测过程则相当于修正中止程序,决策者通过评估模型错误的潜在代价,以确定模型修正到何种程度便可以被接受。

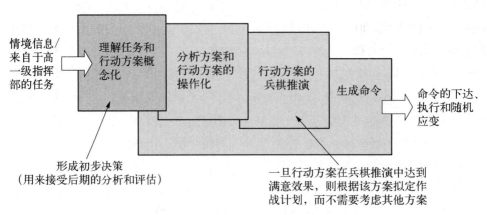

图12.6 再认计划模型程序

军事指挥决策中的再认计划模型程序

美国军事心理学家将再认启动决策模型的思想融入到作战计划的制定上来,提出了军事指挥决策的再认计划模型以用于确定行动方案(course of action, COA),拟定作战计划。

从图12.6可知,再认计划模型共由四个步骤组成。第一步:理解任务和行动方案概念化(identify mission/conceptualize a COA)。这是再认计划模型最为关键的阶段,也是再认启动决策思想的主要体现之处。低一级的指挥机构接受来自于更高级指挥部的任务,指挥员独自或与最有经验的参谋人员通过对情境信息的感知和判断,理解作战任务并同时概念化行动方案,以形成初步的作战决策。这一阶段主要有四个鲜明特点:(1)强调接受任务后"理解"任务的过程,而非仅仅"分析"任务的过程。"理解"既包括分析型思维,又包括直觉型思维。在美国陆军军事指挥决策程序中的步骤二任务分析阶段,共包含18个对任务进行逻辑性的分析加工的子步骤,这在一定程度上适合于任务不熟悉的情况。但是,当面对熟悉的任务时,决策者更多的时候是依靠直觉和灵感迅速抓住任务的主旨,此时,分析性思维反而会延误决策时间,妨碍对任务的理解;(2)指出理解任务和行动方案的产生是同时发生的过程。在美国陆军军事指挥决策程序中,步骤二任务分析和步骤三拟定己方行动方案是独立的两个阶段,旨在强调只有对任务进行全面彻底的分析之后,才能制定行动方案。因此,两个步骤之间是系列关系,而非并列关系。但是,在实际计划制定过程中,经验丰富的指挥员在理解任务的同时,大脑中常常会立刻涌现出解决问题的概念化的行动方案,而这种概念化的结论也反过来帮助指挥员加深对原有问题的理解;(3) 概念化的行动方案的产生意味着尝试性的决策已经形成。因此,与美国陆军军事指挥决策程序认为决策产生于整个计划过程的尾端不同,再认计划模型认为在计划的初始阶段,决策已经初步形成,而接下来的步骤只是对这一决策有效性和可行性进行分析和评估。这一策略的好处在于,决策的提前确定确保了整个决策机构有更多的时间完善和修订该方案,以及用来验证执行该方案的实际可能性;(4) 同再认启动决策一样,再认计划模型指出了美国陆军军事指挥决策程序中拟定多个方案加以比较,并选出最优方案的非现实性。概念化的方案往往是指挥员依靠直觉在大脑中所形成的首选方案。如果首选方案经过了后期的分析和验证,则不再需要考虑其他方案。

一旦指挥员给出了粗略的、概念上的行动方案,参谋人员则需要分析并细化这一方案,以使得该方案具有可操作性。这就是再认计划模型的第二步:分析方案和行动方案的操作化(Analysis/Operationalize the COA)。分析方案意味着参谋人员需要评估该方案的可行性,确认实现该方案的客观需求以及可能存在的问题。"行动方案的操作化"则要求参谋人员将宽泛的、概念上的行动方案分解为一个个可以分配给下属执行的具体任务,并建立关于这些任务之间的必要的协调措施。

在再认启动决策模型当中,科莱恩强调了对行动方案的心理模拟的必要性,认为这一分析型的评估过程可以降低直觉型思维所带来的风险。作为再认启动决策模型的补充,再认/原认知模型更是提出了元再认过程对心理模拟加以描述,而在再认计划模型中,与元再认相对应的是第三步:行动方案的兵棋推演(war-game COA)。在该阶段,指挥员和参谋人员结合敌方可能采取的作战方案,进一步验证我方方案,如果我方方案经得住敌方多个方案的考验,则不再需要考虑其他选择,而只需要根据该方案拟定作战计划。因此,在某种意义上,这一阶段可以看作是作战前的预演。

再认计划模型的第四步是生成命令(develop orders),这是计划付诸执行的阶段。事实上,生成命令开始于第二步的分析方案和行动方案的操作化阶段。这是因为,当遵循再认计划模型程序决策时,同一时刻只需要考虑一个行动方案。因此,与遵循美国陆军军事指挥决策程序不同,指挥员和参谋人员不需要比较和选择行动方案后再生成命令。以上就是再认计划模型的四个步骤,需要注意的是,在再认启动决策中,存在着多个反馈回路。同样,图 12.6 只是再认计划模型的简化版本,在完整的再认计划模型程序中,每一步骤也包括多个反馈回路。

与美国陆军军事指挥决策程序相比,再认计划模型强调自然作战情境下,指挥员和参谋人员需要依靠经验和专业知识,凭借直觉迅速下决心,制定计划;并且认为刻板地按照美国陆军军事指挥决策程序的步骤,反而会影响指挥员战时决策质量。

罗斯(Ross)等人研究发现再认启动决策程序能够在不降低决策质量的同时显著缩短决策时间,提升20%的作战决策效率。

12.4.3 自然决策在军事指挥决策中的应用

自然决策思想在美军作战条令中的体现

作战条令是规范军队战斗行动的法规,是军队战斗行动和战术训练的依据。其对于促进军队的军事训练和战备工作、提高军队战斗力,具有重要作用。自然决策理论强调专家级指挥员的经验和直觉在军事指挥决策中的作用;强调高时间压力下,对"灵感"产生的单个作战方案的心理模拟和评估,而非对多个作战方案的分析和比较。其思想已经逐渐体现于美军近些年颁布的作战条令当中。例如,2003年版的美国陆军野战手册《任务指挥:陆军部队的指挥和控制》(*Mission Command: Command and Control of Army Forces*)多次提到了经验和直觉的作用,并指出"直觉决策是一种强调模式再认的决策行为。模式再认基于指挥员的知识、判断、经验、教育程度、智力水平、勇气、感知觉以及性格特征。直觉决策着眼于对情境的评估,而非对多个选项的比较"。

2005年版的陆军野战手册《陆军计划制定和命令生成》(*Army Planning and Order Production*),从认知加工的角度分别阐述了分析决策和直觉决策的特点,并指出了这两种决策方法的适用条件,认为"至于究竟选择哪一种决策方法主要取决于指挥员及其参谋人员的经验以及时间和信息的可利用性。当有足够的时间和完备的信息在多个不同的作战方案之间做出选择时,或者当参谋人员经验不足时,分析决策的方法是恰当的。而当时间紧迫、信息缺乏或者信息不可信时,则应该依靠直觉决策""对于指挥员而言,制定作战计划最快速的方法是针对敌方最有可能采取的行动方案,直接拟定一个包含着细枝末节的己方方案。该技术只适用于时间极为有限的情况。而对于这一方案的选择通常是直觉性的,依赖于指挥员的经验和判断"。受到自然决策理论的影响,《陆军计划制定和命令生成》更是摒弃了原有作战计划制定中将分析决策和直觉决策割裂开来的错误做法,指出"决策的这两种方法是很少互相排斥的……当时间允许时,参谋人员可能会部分地依照美国陆军军事指挥决策程序,例如通过兵棋推演来验证并完善指挥员的直觉决策。同样,当指挥员在时间紧迫的情境中使用美国陆军军事指挥决策程序时,他们也会依赖于直觉决策的策略,例如迅速确定单个行动方案"。

2010年版的陆军野战手册《作战过程》(*Operation Process*)在继承了前两版的决策思想的同时,更是将自然决策的思想提升到了方法论的高度,提出了不同于美国陆军军事指挥决策程序的快速决策和同步过程(rapid decision-making and synchronization process，RDSP)以用于指导和培训指挥员的决策行为。如图 12.7 所示，RDSP 共包含五个步骤，其中后三个步骤：制定单个行动方案(develop a course of action)、完善并验证该方案(refine and validate the course of action)以及实施该方案(implement)汲取了再认启动决策模型的寻求一个相对适中的方案比寻求最优方案更实用的思想。因此，"与美国陆军军事指挥决策程序寻求最优方案不同，RDSP 在指挥员的意图、作战任务和作战概念的框架内寻求及时而有效的解决方法。RDSP 使指挥员避免了因为拟定决策标准和比较行动方案而浪费大量的时间……在 RDSP 中，指挥员将自身的经验、直觉与情境意识结合起来，用于迅速理解情境。基于此，他们可以不断地制定和完善可行的方案"。此外，《作战过程》与 2005 年版的《陆军计划制定和命令生成》的不同之处在于提出了作战设计的概念，并将其纳入了陆军作战准则当中。作战设计是运用批判性与创造性思维来理解、设想和描述复杂而结构混乱的问题，并制定出解决方案。作战设计强调指挥员在整个作战过程中应不断地开展设计。指挥员需要一面实施一面学习，从而不断更新理解和修改设想，并描述这些设想以修正计划。在某些情况下，指挥员不应只是修改基本计划，而可能需要重新辨识问题，制定新的作战方式，得出全新的作战计划。以上作战设计的思想也正是自然决策模型和理论的体现。

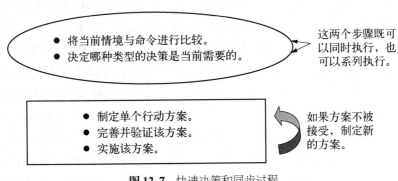

图 12.7 快速决策和同步过程

决策思想在优化指挥员决策能力中的应用

自然决策思想不仅仅体现在美军作战条令当中，更体现在美军优化指挥员决策能力的实践尝试当中。概括起来，主要有以下几个方面：

第一，强调战史学习的重要性。自然决策理论强调作战经验在战时决策中的作用，而作战经验很大一部分来自于指挥员平时对于经典战例的研究和学习。因此，美军非常强调通过战史学习丰富指挥员的间接经验。例如，美国前任海军陆战队司令官克鲁拉克(Krulak)上将指出：在对于战史的学习中，必须使指挥员专注于某一战役的决策过程。指挥员需要思考:当事人为什么会作这个决定?当做这个决定时,他掌握了哪些战场信息?哪些信息他没有掌握到?这一决定是否及时?他随后又做了什么决定以及原因?该决定的后果又是什么?而对于一些典型战役,指挥员应该到战场实地进行考察以增强对该战役的理解。通过这种方式学习战史,可以加强指挥员对已有战争模式的再认能力以及利用已有模式解决新问题的能力。

再认启动决策模型认为模式再认很难做到当前情境和以往经验一对一完全匹配。决策者通常会依靠专家直觉从大量经验中分别提取不同要素,然后对这些要素进行整合以解决当前的问题,科恩将这一过程称为故事建构,达根(Duggan)则将其称为战略直觉(strategic intuition)。达根(Duggan)结合认知神经科学对于智能记忆(intelligent memory)的研究结果将战略直觉的产生划分为三个阶段:首先,个体长期在大脑的"架子"(shelf)上存储信息;其次,个体通过"思维沉淀"(presence of mind)放松或者清理自己的大脑;最后,不同的信息自动地、有选择地在大脑中汇聚在一起,形成直觉这种"突然闪过的洞察力"(flashes of insight)。可见,美军对于战史学习的强调,实际上是要求指挥员尽可能多地在长时记忆中存储与作战相关的间接经验,从而为直觉对这些记忆进行"自动组合"(automatic combination)奠定基础。

达根通过英法土伦战役的个案研究证明了战史学习在战略直觉中的作用。在土伦战役中,初涉战场的拿破仑反对正面强攻土伦的计划,认为应该首先集中兵力,攻占土伦港西岸的小直布罗陀堡,夺取克尔海角的制高点,然后集中火炮于克尔海角,猛烈轰击停泊于港内外的英军舰队,迫使英舰撤出港口,失去舰队支援的土伦守敌只能向法军投降。法军统帅部采纳了拿破仑的计划,迅速收复了土伦。土伦战役中,夺取克尔海角是法军取胜的关键,而实战经验欠缺的拿破仑之所以会产生如此敏锐的直觉,达根总结出了四个要素:前两个要素分别是拿破仑对地形和炮兵知识的熟练掌握,这些知识来自于他在巴黎军官学院的学习。第三个要素来自于拿破仑对美国独立战争期间战史的研究。约克敦战役中,正是由于法国舰队切断了约克敦英军和英国舰队之间的联系,切断了英军的海上补给线和退路,从而导致约克敦英军守敌向美法联军投降。第四个要素来自于拿破仑对英法百年战争期间战史的研究。奥尔良战役中,贞德并不是直接攻击防守坚固的奥尔良城,而是依次攻下城市周围防守薄弱的英军要塞,进而收复了奥尔良。达根认为正是由于拿破仑对大量战史的融会贯通,才能自动地从记忆中挑选出与当前情境最相关的要素,并将这些要素创造性地组合在一起,从而定下准确的作战计划。

第二,强调模拟真实战场情境训练的重要性。通过战史的学习,指挥员获得了关于作战的间接经验,但指挥员还需要大量的直接经验来增强感知战场、熟悉战场的能力。在战争中锻炼无疑是积累直接经验最有效的方法。然而,在现今的国际环境中指挥员很少获得这样的实战机会,因此,旨在提高指挥员战时决策能力的,针对性的军事训练就显得至关重要。

再认启动决策模型强调再认和模式匹配的作用。指挥员对当前情境是否熟悉关乎到其战时决策的质量。对此,克鲁拉克上将指出:军事训练必须迫使指挥员经常处于与其职位相对应的高压环境之下;必须迫使他们始终面对过量的战场信息;必须迫使他们习惯于在信息不完全,以及充斥着各种矛盾和虚假信息的变化情境下做决策;必须迫使他们经常在寒冷、嘈杂、疲劳等状态下确定作战方案。克鲁拉克认为,通过这种特定情境下的训练,才能使作战决策时的模式匹配成为一种本能。由美国海军研究局资助的为期8年的"压力下的战术决策"(tactical decision making under stress,TDMUS)项目便是以上思想的体现。"压力下的战术决策"项目致力于探索各种压力对决策质量的影响,其100多项研究成果已经以讲座、课程和决策辅助工具等形式提供给了相应的海军培训机构,以训练指挥员在个人或团体决策中对压力的免疫能力。

为了最大可能地模拟真实决策情境中各级指挥员可能遇到的一切困难和阻力,美国陆军还发起了"作战训练中心"(combat training centers,CTCs)项目,旨在训练官兵在身体和心理上为打赢未来战争做好准备。这一目的的达成依赖于支撑CTCs项目的五大支柱:一是受训部队必须按照实战的标准进行组织。当一支部队被部署到作战训练中心之后,其所有人员和设备必须被分配到实际作战任务当中,并被要求执行其正常的后勤和行政职能,包括设备维护、部队给养、作战部队的汽油和水的补给、弹药的再补给以及医疗支援等;二是所有部队受训时需要接受"行动组"(operations groups)的观察与控制。行动组是训练中心的核心机构,它由来自于部队和地方的专业人员担任。行动组决定如何向受训部队提供真实战况以及训后为战士、军官和各级参谋提供反馈资料。行动组的观察控制员(observers/controllers)为每次轮训行动提供600多页的行动回顾;三是存在一支真实的敌对部队(opposing force),或称"假想敌"。这些假想敌是美国陆军在未来军事作战中可能遇到的所有对手,他们训练有素、设备精良,装备了无人驾驶侦察机、夜视镜和能够干扰GPS信号的干扰发射机等。这支部队不仅具有卓越的常规作战能力,而且还具备很强的非对称作战、巷战和近战能力;四是存在着能够模拟实战条件的装备和设施。包括各种实弹射击的设施以及用来收集作战中关键数据信息的先进仪器。例如多集成激光工作系统(multiple integrated laser engagement system,MILES),它可以在作战训练中很好地模拟设备的损坏和人员的伤亡。五是存在着可以满足CTCs项目要求的基础设施。包括足够的营房用来容纳所有参训官兵、能够处理大量货运和客运飞机的机场、受到军事级限制的领空和区域等。美国陆军的"作战训练中心"思想已经写入了美军作战手册,并引领着美国陆军的训练革命。

第三,训练指挥员像专家一样思考。自然决策理论研究对象都是某一领域内的专家能手,其模型的建构实质上是对这些专家能手在高风险、高时间压力、信息不完全和问题定义不良的动态情境下进行决策时的心理过程的解释和描述。因此,优化指挥员决策能力不仅应该重视各级指挥员直接经验和间接经验的积累,还应该重视训练他们像专家一样思考,即训练新手指挥员掌握专家级指挥员决策时的思维模式和心理操作过程。

罗斯等人指出了新手指挥员在决策时所面临的困境:"新手通常会花费大量的时间拟定多个方案,并且对这些方案的优劣进行比较,而不是借助心理模拟,深入地思考一个适合于当前情境的满意方案。"罗斯等认为培养类似于专家的迅速形成满意方案的再认技能,可以帮助指挥员节省时间和心理资源,从而将有限的心理资源专注于动态化的战场当中。再认启动决策模型揭示了紧急情况下专家不同于新手的决策策略,指出了模式再认和心理模拟在专家决策中的作用,从而为培养指挥员像专家一样思考提供了具体的方法。在美国海军研究局、美国海军陆战队以及美国国防部高级研究规划局的先后资助下,科莱恩及其团队依据再认启动决策编写了军事指挥决策手册,对指挥员的决策行为进行指导。结果发现,较之于美国陆军军事指挥决策程序,使用再认启动决策策略的指挥员不仅决策质量没有降低,反而提升了决策速度。而在瑞典国防大学的资助下,图尔姆(Thunholm)基于再认启动决策的思想提出了时间压力下的计划制定(planning under time-pressure, PUT)模型。研究者从 2000 年开始在瑞典国防大学以参加培训的指挥员为研究对象,对 PUT 的实用性进行了一系列的测试和评估。结果发现,使用 PUT 策略与使用传统决策策略相比,指挥员的决策速度更快,决策信心更强,决策中体验到的时间压力更小,并且决策质量没有丝毫损耗。现如今,PUT 模型已经在瑞典军队中得到广泛推广,并已成为其战术层面上决策制定的基本依据。

桑德西和卢西尔(Shadirch 和 Lussier)研究了苏联在国际象棋领域的成功经验,指出苏联在培养国际象棋大师时,不只是强调具体的象棋技术和规则的学习,同时也强调学习象棋大师在寻找妙招和避免失误、搜寻和评估棋位、控制情绪以及与对手打心理战中的心理操作过程。强调通过大量的、针对性的训练将专家的思维模式嵌入到新手的大脑当中。一旦新手掌握了专家的思维模式,便会无意识地、自动地运用一些基本技巧和规则,而将有限的意识资源集中到更具创意的、更具适应性的思考之上。据此,桑德西和卢西尔将培养象棋大师的一般性方法迁移到培养专家级指挥员当中,发起了"像指挥官一样思考训练"(think like a commander training, TLCT),项目以训练指挥员在战场当中的适应性思维(adaptive thinking)能力。

TLCT 项目通过大量的调查研究总结出了专家级指挥员区别于新手指挥员的 8 种思维模式：(1) 始终集中注意于任务本身和更高一级指挥机构的意图(keep a focus on the mission and higher's intent)。专家级指挥员在战场当中无论遇到什么困难,都不会忘记或忽略自身需要完成的任务;(2) 构建会思考的敌人(model a thinking enemy)。专家级指挥员不会将对方视为静止的、只会简单思维的机器,而是将对方视为想方设法要打败自己的、同样擅长于推理判断的敌手。(3) 考虑地形因素的影响(consider effects of terrain)。专家级指挥员会认识到天气和地形等因素对于任务完成的影响。(4) 利用所有可利用的资源(use all assets available)。作为一支多兵种合成队伍,专家级指挥员不会忽视指挥作战中的协同效应。他们不仅会利用自己所指挥部队的资源,还会利用更高一级的指挥机构提供给他们的一切资源。(5) 对于时间因素的考虑(consider timing)。专家级指挥员具有敏锐的时间感知能力,可以正确地估算出各种战斗任务所需要的时间。(6) 全局观(see the big picture)。专家级指挥员对于战时发生在他们周围的所有事情,这些事情如何影响到自身部队的作战以及如何影响到友军和敌军部队的作战都有非常清楚的认识。(7) 对于战场的设想(visualize the battlefield)。专家级指挥员能够较为准确地设想动态的战况,从而能够预测和快速地适应变化的战场态势。(8) 考虑突发事件并保持灵活(consider contingencies and remain flexible)。专家级指挥员能够制定灵活的作战计划,并充分考虑偶然性的突然事件,从而在战斗过程中能够快速、有效地做出反应。TLCT 项目以上述 8 个方面为框架设置具体的战术决策任务,来培训新手指挥员像专家一样思考。

在培训过程中,桑德西和卢西尔将心理行为训练中"刻意练习"(deliberate practice)的方法融入到决策训练中,指出不同于传统的训练方法,刻意练习中的积极的教练(active coaching)、聚焦反馈(focused feedback)、即时性表现(immediacy of performance)、关注难点(emphasis on difficult aspects)和关注弱点(emphasis on areas of weakness)五个特征,强调通过设置专家级教练不断地对新手指挥员的决策结果给予评估和反馈,使指挥员始终关注决策过程中的难点和弱点,而当指挥员接收到正确的反馈后,立刻对他们进行重复性的训练以检验和巩固反馈后的效果。研究发现,随着刻意练习的深入,在模拟的军事指挥决策任务中,虽然规定的决策时间越来越短,指挥员的决策质量却有所提升。

第四,强调对指挥员批判性思维的培训。如前所示,再认启动决策模型由两个认知加工系统组成,分别是再认和心理模拟。再认依赖于直觉系统,而心理模拟则依赖于分析系统。前面介绍的优化指挥员决策能力的方法,主要从再认的角度入手,旨在提高指挥员基于模式匹配的直觉决策的能力。那么,如何提高指挥员的心理模拟能力呢?根据再认/原认知模型的思想,军事心理学家开发了"批判性思维技巧培训"(critical thinking skills training)方案来达到这个目的。再认/原认知模型强调元再认的过程,即强调当再认模式和当前情境不匹配时,决策者需要通过增加观察、修补信息、重新解释线索和提出新假设等方法以构建更为合理和可行的模型,并不断地对已建模型进行评估和修正。批判性思维技巧培训即着眼于培养这种元再认能力。

批判性思维技巧培训包括4个心理过程的训练:(1)建构、检验以及评估故事(creating, testing, and evaluating stories)。首先,当指挥员无法确定对当前战场态势的判断是否正确时,需要围绕着判断建构(creat)合理化的"故事"(story)。故事包括过去发生了什么?现在正在发生什么?如果当前的判断是正确的,未来将会发生什么?其次,指挥员使用该故事来检验(test)判断。当观察到的线索与已有判断相矛盾时,指挥员需要通过对线索的合理化解释来修补故事。再次,指挥员需要对检验的结果进行评估(evaluate)。当对于故事的修补包含太多不可信的假设时,指挥员需要形成新的判断,并重新开始建构故事和检验判断过程。最后,即使建构的故事能够很好地解释当前各种线索,指挥员也需要针对故事中最为薄弱的假设拟定处理偶发性事件的计划(plan)。(2)对敌方意图的故事建构(hostile-intent stories)。在建构故事的心理操作过程培训中,需要重点培训指挥员对于敌方意图的建构。所建构的故事需要包括以下成分:敌方的作战动机、作战目的、作战能力、敌方可能把握的机遇、敌方当前的意图、敌方将要采取的行动以及该行动可能产生的结果。(3)批判性的故事建构(critiquing stories)。重点培训在故事建构中指挥员的批判性思维能力。此部分的培训使用"魔鬼代言人技术"(devil's advocate technique)揭示隐藏在故事中的假设、鼓励指挥员对线索做出不同的解释。"魔鬼代言人技术"是指无论当前线索多么支持已有假设,无论指挥员对形成的判断多么自信,培训师都坚称他们的判断是错误的,要求其重新解释线索。这一技术可以帮助指挥员在看似相互冲突的信息中找到融合点,并促使他们多角度、全方位地思考问题。(4)确定使用批判性思维的时机(when to think more)。批判性思维并不适用于所有情况,它需要满足以下条件:首先,延迟决策的风险必须是可以接受的;其次,立刻行动所导致失败的代价必须是极高的;最后,指挥员面临的情境在某种程度上是非常规和定义不良的。此部分的培训着眼于经验丰富的决策者运用以上标准的方法。批判性思维技巧培训是有效的培训方法,研究表明,在模拟的决策任务中,接受培训的指挥员(实验组)的决策质量要明显高于未接受培训的指挥员(控制组)。

第五,强调指挥部特定的决策氛围。克鲁拉克上将强调指挥部应该营造一种鼓励下属指挥员作决策的氛围,从而将自然决策理论所倡导的理念和思想植入整个部队,并认为这样可以提高指挥部的决策效率,掌握战场的主动权。在美军代号为"千年挑战2002"(millennium challenge 2002)的军事演习中,由蓝军对抗假定的中东敌手担任的红军。蓝军指挥官使用各种先进的计算机系统和软件处理战场信息,并且依赖智能化决策工具进行缜密的逻辑分析。而红军指挥官里佩尔(Riper)中将则鼓励下属指挥员依靠直觉和经验快速决策。为了躲避蓝军精密的电子侦查网络,红军使用摩托车兵传达信息,使用灯光信号指示飞机起飞。在使用难以被侦查的小艇确认了蓝军舰队的位置后,红军迅速发起了大规模的巡航导弹攻击,共摧毁了蓝军包括1艘航空母舰、10艘巡洋舰在内的16艘战舰。如果在现实中发生同样的战果将会造成美军超过2万名官兵的死亡。

里佩尔在解释红军取胜的原因时指出:"作战的总体方针和意图由我和最高决策层制定,但我们并不要求作战部队依赖来自于高层的复杂指令。指挥员可以充分发挥他们的主动性和创造力。几乎每天,各级指挥员都会从不同角度想出打败蓝军的各种新点子,但他们从未从我这得到过任何具体的指示,从我这得到的只是作战意图。"需要承认的是,里佩尔的指挥模式存在一定的风险,它建立在下属指挥员严格执行指挥官作战意图的基础之上,但不可否认,这种鼓励下属作决策,尽量不干涉战术层面上的决策的氛围,无疑有利于指挥员战时决策能力的培养。

(肖 玮 孙云峰 孙慧明 彭嘉熙)

参考文献

白新文,王二平.(2004).共享心智模型研究现状.心理科学进展,12(5),791-799.
郎淳刚,刘树林.(2009).国外自然决策理论研究述评.技术经济与管理研究,165(4),63-66.
楼铁柱,张音,高云华.(2010).认知神经科学的军事应用前景分析.军事医学科学院院刊,34(2),101-104.
汪祚军,欧创巍,李纾.(2010).整合模型还是占优启发式模型? 从齐当别模型视角进行的检验.心理学报(8),821-833.
Adam, R., Bays, P. M., & Husain, M. (2012). Rapid decision making under risk. *Cognitive Neuroscience*, 3(1), 52–61.
Adamson, W. G. (1997). *The Effects of Real-Time News Coverage on Military Decision-Making: DTIC Document*.
Ancker, C. J., & Flynn, M. (2010). Field Manual 5-0: Exercising command and control in an era of persistent conflict. *Military Review*, March-April, 13–19.
Birnbaum, M. H., & LaCroix, A. R. (2008). Dimension integration: Testing models without trade-offs. *Organizational Behavior and Human Decision Processes*, 105, 122–133.
Cannonbowers, J. A., & Salas, E. (1998). Individual and team decision making under stress: theoretical underpinnings. *In J. A. Cannon-Bowers*, 17–38.
Cohen, M. S., & Freeman, J. T. & Thompson, B. (1998). Critical thinking skills in tactical decision making: A model and training strategy. In J. A. Cannon-Bowers, & E. Salas (Eds). *Making decisions under stress: implications for individual and team training*. Washington, DC: APA Press.
Cohen, M. S., & Freeman, J. T. (1996). Thinking naturally about uncertainty. *Human Factors & Ergonomics Society Annual Meeting Proceedings*, 40(4), 179–183.
Cohen, M. S., Freeman, J. T., & Wolf, S. (1996). Meta-cognition in time stressed decision making: Recognizing, critiquing, and correcting. *Journal of the Human Factors and Ergonomics Society*, 38(2), 206–219.
Cojocar, W. J. (2011). Adaptive leadership in the military decision making process. *Military Review*, November-December, 23–28.
Connolly, T., & Ordóñez, L. (2003). *Judgment and decision making: Wiley Online Library*.
Council, N. R.. (2009). *Opportunities in neuroscience for future army applications*. Washington, DC: The National Academies Press.
Crandall, B., Klein, G. A., & Hoffman, R. R.. (2006). Working minds: a practitioner's guide to cognitive task analysis. *Perspectives in Biology & Medicine*(5), 311.

Davison, K. (2008). From tactical planning to operational design. *Military Review*, September-October, 33 – 39.

Duggan, W. (2005). *Coup D'Oeil: Strategic Intuition in Army Planning*. Carlisle Barracks, PA: Strategic Studies Institute, US Army War College.

Duggan, W. (2007). *Strategic Intuition: The creative spark in human achievement*. New York: Columbia Business School Publishing.

Duggan, W., & Mason, M. (2011). Strategic Intuition. In M. Sinclair (Ed.), *Handbook of intuition research* (pp.79 – 87). Cheltenham, UK: Edward Elgar Publishing Limited.

Ericsson, K. A., Krampe, R. T., & Tesch-Romer, C. (1993). The role of deliberate practice in the acquisition of expert performance. *Psychological Review*, 100(3), 363 – 406.

Ericsson, K. A.. (2008). Deliberate practice and acquisition of expert performance: a general overview. *Academic Emergency Medicine*, 15(11), 7.

Finucane, M. L., & Gullion, C. M. (2010). Developing a tool for measuring the decision-making competence of older adults. *Psychology and aging*, 25(2), 271.

Franke, V. (2011). Decision-making under uncertainty: Using case studies for teaching strategy in complex environments. *Journal of Military and Strategic Studies*, 13(2), 1 – 21.

Friedman, J. A. (2013). *How cumulative dynamics affect military decision making*.

Gilovich, T., Griffin, D., & Kahneman, D. (2002). *Heuristics and biases: The psychology of intuitive judgment*. New York: Cambridge University Press.

Gladwell, M. (2005). *Blink: The Power of Thinking Without Thinking*. New York, NY: Little, Brown & Company.

Grigsby Jr, W. W. (2011). Integrated planning: The operations process, design, and the military decision making process. *Military Review*, 91(1), 28.

Helsdingen, A. S., van den Bosch, K., van Gog, T., & van Merrienboer, J. (2010). The effects of critical thinking instruction on training complex decision making. *Human Factors*, 52(4), 537 – 545.

Hogarth, R. M. (2001). *Educating intuition*. Chicago: The University of Chicago Press.

Hogarth, R. M. (2005). Deciding analytically or trusting your intuition? The advantages and disadvantages of analytic and intuitive thought. In T. Betsch & S. Haberstroh (Eds.), *The routines of decision making* (pp.67 – 82). Mahwah, NJ: Lawrence Erlbaum Associates.

Jaiswal, N. (1997). *Military Operations Research: Quantitative Decision Making (International Series in Operations Research & Management Science)*.

Kahneman, D., & Klein, G. (2009). Conditions for intuitive expertise: A failure to disagree. *American Psychologist*, 64(6), 515 – 526.

Kahneman, D., & Tversky, A. (1979). Prospect theory: an analysis of decision under risk. *Econometrica*, 47, 263 – 291.

Kahneman, D., & Tversky, A. (1981). The framing of decisions and psychology of choice. *Science*, 211(4481), 453 – 458.

Kaufman, S. B., DeYoung, C. G., Gray, J. R., Jiménez, L., Brown, J., & Mackintoch, N. (2010). Implicit learning as an ability. *Cognition*, 116, 320 – 321.

Kennedy, W. G., & Patterson, R. E. (2012). Modeling Intuitive Decision Making in ACT – R. *Proceedings of the 11th International Conference on Cognitive Modeling (ICCM)*, 12 – 15.

Klein, G. (1992). *Decision making in complex military environments*. Fairborn, OH: Klein Associates Inc. Prepared under contract(66001).

Klein, G. (1998). *Sources of power: How people make decision*. Cambridge, MA: MTI press.

Klein, G. (2008). Naturalistic decision making. *Human Factors*, 50(3), 456 – 460.

Klein, G. (2011). Expert intuition and naturalistic decision making. In M. Sinclair (Ed.), *Handbook of intuition research* (pp.69 – 78). Cheltenham, UK: Edward Elgar Publishing Limited.

Klein, G. A., Calderwood, R., & Clinton-Cirocco, A. (1986). Rapid decision making on the fire ground. *Proceedings of the Human Factors and Ergonomics Society 30th Annual Meeting*, 576 – 580.

Klein, G. A., Calderwood, R., & Clinton-Cirocco, A. (2010). Rapid decision making on the fire ground: The original study plus a postscript. *Journal of Cognitive Engineering and Decision Making*, 4(3), 186 – 209.

Klein, G., (1997). *Making decisions in natural environment (Special Report 31)*. Alexandria, VA: U. S. Army Research Institute for Behavioral and Social Sciences.

Krulak, C. C. (1999). Cultivating Intuitive Decision-making. *Marine Corps Gazette*, May, 15 – 20.

Lieberman, M. D. (2000). Intuition: A social cognitive neuroscience approach. *Psychological Bulletin*, 126(1), 109 – 137.

Lieberman, M. D. (2007). Social cognitive neuroscience: A review of core processes. *Annual Review of Psychology*, 58, 259 – 289.

Lipshitz, R. (1993). Converging themes in the study of decision making in realistic settings. In G. A. Klein, J. Orasanu, R. Calderwood, & C. E. Zsambok (Eds.), *Decision making in action: Models and methods*: 103 – 137. Norwood, NJ: Ablex.

Lipshitz, R., Klein, G., Orasanu, J., & Salas, E. (2001). Focus article: Taking stock of naturalistic decision making. *Journal of Behavioral Decision Making*, 14, 331 – 352.

Louvieris, P., Gregoriades, A., & Garn, W. (2010). Assessing critical success factors for military decision support.

Expert Systems with Applications, 37(12), 8229–8241.

Marr, J. J. (2001). *The Military Decision Making Process: Making Better Decisions Versus Making Decisions Better*: DTIC Document.

McCown, N. R. (2010). *Developing intuition decision making in modern decision making leadership*. Newport, RI: Naval War College.

Meng, Q., Zhong, L., Li, Y., & Wei-ming, Z. (2010). A Coordination Theory-based Modeling Approach for Military Decision Making Process. *Fire Control and Command Control*, 1, 009.

Orasanu, J. (1997). Stress and naturalistic decision making: strengthening the weak links. In R. Flin, E. Salas, M. Strub, & L. Martin (Eds.). *Decision making under stress: emerging themes and applications* (pp. 49–160). Aldershot: Ashgate.

Orasanu, J., & Salas, E. (1993). Team decision making in complex environments. In G. A. Klein, J. Orasanu, R. Calderwood, & C. E. Zsambok (Eds.). *Decision making in action: models and methods* (pp.327–345). Norwood, NJ: Ablex.

Ross, K Patterson, R. E., Pierce, B. J., Boydstun, A. S., Ramsey, L. M., Shannan, J., Tripp, L., & Bell, H. (in press). Train intuitive decision making in a simulated real-world environment. *Human Factors: The Journal of the Human Factors and Ergonomics Society*.

Ross, K. G., Klein, G. A., Thunholm, P., Schmitt, J. F., & Baxter, H. C. (2004). The recognition-primed decision model. *Military Review*, July-August, 6–10.

Ross, K. G., Lussier, J. W., & Klein, G. (2005). From the Recognition Primed Decision Model to Training. In T. Betsch & S. Haberstroh (Eds.), *The Routines of Decision Making* (pp.327–332). Mahwah, NJ: Lawrence Erlbaum Associates.

Salas, E., Cannon-Bowers, J. A., & Johnston, J. H. (1997). How can you turn a team of experts into an expert team? Emerging training strategies. In C. E. Zsambok, & G. A. Klein (Eds.). *Naturalistic decision making* (pp.359–370). Mahwah, NJ: Erlbaum.

Salas, E., Prince, C., Baker, D. P., & Shrestha, L. (1995). Situation awareness in team performance: implications for measurement and training. *Human Factors*, 37, 123–136.

Schmitt J., & Klein G A. (1999). A recognitional planning model. *Command and Control Research and Technology Symposium*.

Schultz, J. V. (1997). *A framework for military decision making under risks*: DTIC Document.

Shadrich, S. B., & Fite, J. E. (2009). *Assessment of the captains in command training program for adaptive thinking skills*. Arlington, VA: U.S. Army Research institute for the Behavioral and Social Sciences.

SI, G.-y., HU, X.-f., & WU, L. (2003). Survey on Construction Environment for Workshop and Simulation of Metasynthetic Engineering for High Level Military Decision-Making[J]. *Acta Simulata Systematica Sinica*, 12, 001.

Simon, H. A. (1955). A behavioral model of rational choice. *Quarterly Journal of Economics*, 69, 99–118.

Snyder, J. (1989). *The ideology of the offensive: Military decision making and the disasters of 1914* (Vol.2): Cornell University Press.

Thunholm, P. (2006). A new model for tactical mission planning for the Swedish armed forces. *In Proceedings of the 2006 Command and Control Research and Technology Symposium: The state of the art and the state of the practice*. June 20–22, San Diego, CA. Washington, DC: Command and Control Research Program (CCRP).

Tversky A., & Kahneman D. (1974). Judgment under uncertainty: heuristics and biases. *Science*, 185 (4157), 1124–1131.

U.S. Department of the Army. (2003a). *Combat Training Center Program* (Army Regulation 350–50). Washington DC: Headquarters, Department of the Army.

U.S. Department of the Army. (2003b). *Mission Command: Command and Control of Army Forces* (Field Manual 6–0). Washington DC: Headquarters, Department of the Army.

U.S. Department of the Army. (2005). *Army Planning and Order Production* (Field Manual 5–0). Washington, DC: Headquarters, Department of the Army.

U.S. Department of the Army. (2010). *The operations process* (Field Manual 5–0). Washington, DC: Headquarters, Department of the Army.

Volpe, C. E., Cannon-Bowers, J. A., Salas, E., & Spector, P. (1996). The impact of cross training on team functioning. *Human Factors*, 38, 87–100.

Vowell, J. (2004). *Between Discipline and Intuition: The Military Decision Making Process in the Army's Future Force*: DTIC Document.

Whitney, P., Rinehart, C. A., & Hinson, J. M. (2008). Framing effects under cognitive load: The role of working memory in risky decisions. *Psychonomic Bulletin & Review*, 15(6), 1179–1184.

Williams, B. S. (2010). Heuristics and biases in military decision making. *Military Review*, September-October, 40–52.

Wise, H. L. (2007). *Inside the danger zone*: The U. S. military in the Persian gulf 1987–88. Annapolis: Naval Institute Press.

Yao, P., Zhou, X., Zhang, J., & Wang, X. (2012). Research on decision-making entity organization structure of military C2 organization. Paper presented at the *Robotics and Applications* (ISRA), 2012 IEEE Symposium on.

第 13 章 基于信息系统体系作战的心理战

13.1 基于信息系统体系作战对心理战提出新的要求／284
13.2 基于信息系统体系作战心理战的基本原则／289
 13.2.1 进攻的原则／289
 13.2.2 防御的原则／292
13.3 基于信息系统体系作战中心理战的实际运用／294
 13.3.1 进攻运用／294
  以信息系统为支撑，实现心战兵战的统一指挥／294
  以体系作战的重心为指向，准确选择心战与兵战的关键点和精确打击的目标／295
  以功能耦合为准则，合理构建心战兵战在整个体系作战行动中的程序、方式及心战兵战相互协同模式／296
  以联动聚能为牵引，灵活实施心战与兵战整体释能和对敌体系破击的行动／297
 13.3.2 防御运用／300
参考文献／305

信息化时代的到来，呼唤着军队提升基于信息系统体系作战的能力，也同时要求心理战必须有机融入整体作战的体系中发挥重要作用，这与传统心理战的模式有本质的区别。要完善基于信息系统体系作战心理战的理论，必须创立心理战融入作战体系的基本理论，健全心理战融入体系作战的体制机制，完善心理战融入体系作战的方法途径。

13.1 基于信息系统体系作战对心理战提出新的要求

战争历来都是物质和精神的较量与对抗。基于信息系统体系作战时，虽然体系要素作战能力构成多元,包括情报侦察能力、指挥控制能力、火力打击能力、立体机动能力、信息攻防能力、全维防护能力、综合保障能力和"舆论战、心理战、法律战"能力等,任务能力也多种多样,包括核威慑与核反击能力、联合火力打击能力、联合封锁作战能力、联合岛屿进攻能力、联合边境防卫能力、联合保交作战能力、联合防空作战能力、联合太空作战能力、联合信息作战能力等,但不难发现其中心战和兵战都是对体系作战核心目标最具影响力的两个最基本的要素。

体系作战的理论规律表明:体系作战中所有的作战行动和作战力量都必须围绕攻击敌作战体系的重心这一中心展开才能高效地达成作战目的。因此,体系作战应当是重心中心战。而作战体系的重心既可能聚集于物质力量要素上,也可能聚集于精神心理因素上,还可能聚集于物质与精神心理要素的结合点上。体系作战中,系统的能量不仅仅取决于系统内部的构成要素,更取决于各要素之间的结构。因此,在体系作战中两个最基本的要素——心战与兵战,它们以什么方式融合才能产生最大的结构力,进而给敌作战体系以制命一击,这是体系作战战斗力生成至关重要的问题。在体系作战中,兵战是硬实力,心战是软实力,而心战与兵战有机的融合则是巧实力。体系作战必须围绕攻击敌作战体系的重心这一中心展开各种军事行动,有机地融合硬实力与软实力,充分发挥巧实力的威力,才能生成强大的整体作战效能。

心理战必须有机融入基于信息系统体系作战。战争不仅是军队物质实力的角逐和较量,更是精神、心理的比拼和对抗。冷兵器时代是如此,机械化战争是如此,信息化战争更是如此。美军从信息活动过程角度,把战斗力系统构成区分为物理域、信息域和认知域,在以信息处理和使用为主的作战能力构成要素基础上,进一步强化了信息传播中意识形态认知流与社会意识流的作战功能和价值。美军的网络中心作战理论把"观察—判断—决定—行动"的 OODA 循环过程深入到信息—心理—物理领域的互动之中,以实现溶化其精神纤维、扰乱其心理意象、中断其作战行动,颠覆、削弱、夺取或征服敌方所依赖的信息—心理—物理支撑点、联系或活动,从而破坏其内部和谐、使敌人瘫痪、抵抗意志崩溃。

基于信息系统体系作战的战斗力系统由多种战斗力要素构成。心理战的各种作战要素、作战单元和相对独立的力量体系要有机地融入基于信息系统体系作战之中,就必须首先使作战理念、作战理论、作战实践等各个方面,都符合基于信息系统体系作战的特点、规律和具体要求。比如:诸军兵种心理战一体化,战略、战役、战术心理战一体化,心理战指挥控制系统与武力战指挥控制系统一体化等。在立体打击重心目标中,重心目标打击需求在作战行动中的牵引作用将进一步发挥,围绕重心目标展开的"侦察目标系统—选定重心目标—立体打击重心—评估打击效果"将成为一个闭合回路系统(如图 13.1)。

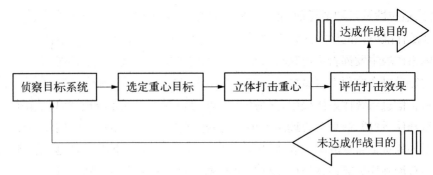

图 13.1 立体打击重心目标作战环路示意图

心理战必须遵循基于信息系统体系作战的客观规律。在信息化条件下的局部战争中,心理战被作为重要作战手段运用于作战行动和战争活动的全过程之中。深入研究和把握基于信息系统体系作战的内在规律,并严格遵循这些规律进行实践,才能使军队心理战行动真正在体系作战中发挥作用。

美军在《美国武装部队联合作战(JP-1)》、《美军联合作战纲要(JP3-0)》、《联合心理作战纲要(JP3-13.2)》、快速决定性作战构想、基于效果作战理论、战略瘫痪理论、网络中心战理论和空海一体战等的探索之中,已经形成较为一致的认识,比如:基于信息系统体系作战作为现代作战从数字化、网络化向智能化发展中的重要样式,其作战目的、作战形态、指挥控制、力量运用、制胜途径、作战空间、作战手段和保障等方面,正在向更偏重于"剥夺敌作战意志"、"非接触对抗"、"随机决策"、"力量体系整合"、"控制敌决策意志"、"全维一体"、"信息攻击"和"精确保障"等方面转化。

综合来看支配这种作战转型的内在规律性主要有:信息主导、综合制权、整体融合、精确释能、体系破击、并行联动、集效聚优和自组织协同等。基于信息系统体系作战的心理战必须科学组织实施立体打击敌作战体系重心行动,要把握敌体系关键要素,特别是要抓住敌体系内的关键脆弱点和要害部位,坚持信息主导、联动聚能、立体精打、毁节瘫体、削弱、打击敌战争意志和作战决心,突破敌方的思想和心理防线,加快整体作战的胜利进程。

心理战必须为总体作战目标的实现发挥不可或缺的特殊重要作用。任何战争都离不开精神和心理的角逐与较量,基于信息系统的体系作战也不例外。人是战争的主体和最大的能动因素,基于信息系统的作战体系的复杂适应性是人的决定性作用的体现。武器的数字化、网络化、智能化等发展,是人的物质、精神和心理力量的拓展和延伸。缺乏对军事行为精神和心理意义空间的全面系统而有效的影响与控制,就会丧失战争的主动权,并可能导致战争的失败。在作战的关键阶段,利用各种威胁感、不确定性和不信任情绪刺激影响敌作战有机整体系统,攻击破坏敌方指挥体系的主动性、适应性及其和谐互动,强化其精神和心理冲突,颠覆其所依赖的重心,可以不断加速敌作战体系的崩溃。以人的精神—心理—行为为目标的心理战,在基于信息系统体系作战中发挥着不可或缺的重要作用,特别是心理战,已经成为与各种武装暴力打击行动融合成强大立体打击力量的重要元素。

基于信息系统体系作战中,作战体系内的重心目标往往是物质、信息和心理等因素的复合体,物质、信息和心理因素相互之间又是互相支撑和互相影响的,所以对作战体系内的重要目标的系统立体打击,往往离不开对人的精神和心理施加影响,以及对社会政治施加影响,实践已经证明:对这些心理目标和政治目标的打击,武装力量的暴力手段的影响常常是间接和有限的,而更直接更有效的影响行动往往是来自心理战的一系列行动。在基于信息系统体系作战条件下,当火力打击手段、信息攻击手段与心理影响手段按整体作战的目标组合成一个最佳攻击模式时,其产生的整体作战能量将会比一般的火力战能量、信息战能量和心理战能量简单相加大得多,这就是$1+2>3$的效应。

基于信息系统体系作战中,作战体系的重心目标所包含的心理因素、政治因素的比重逐渐增大,这对基于信息系统体系作战中心理战本身作用的发挥,以及对心理战与其他作战力量的组合模式都提出了新的更高的要求,基于信息系统体系作战中的心理战必须以战略重心目标为牵引,与火力打击力量与信息攻击力量有机融合,才能在整体作战中发挥不可或缺的特殊重要作用。

信息化条件下部队心理战防御面临的挑战。心理战防御是指通过思想教育、心理训练、心理疏导以及相关防范措施,提高部队反敌心战以及战场心理适应能力,巩固军队心理防线的心理作战行动。心理战防御工作是部队战斗力生成方式之一,是体系作战攻防体系中的重要环节。

信息化条件下部队心理战防御面临的挑战具体体现在以下几个方面。

一是敌对势力的心理攻击全方位开展,全时空渗透。从近年来的态势看,敌方的心理攻势常常表现出全方位开展、全时空渗透的特点。敌心理攻势很少受时间、地点、气候等因素的影响,可以全天候、全时空不间断地进行。当前,信息技术对心理攻击起到了很强"催化"作用,凡信息可以波及的地方,都可以是心理攻击的场所。从空间上看,敌心理攻势突破了前后方的界限,地面、天空,甚至水下都成了心理攻击的范围。从时间上看,心理攻击已经逾越了战时和平时的界限,贯穿于战争全过程,不仅广泛用于战时,而且渗透于平时,延续于战后。从领域来看,心理攻击跨越了战场和国界,超出了单纯的军事领域,广泛渗透于政治、经济、外交和宗教等各个社会领域,表现为全方位的渗透。同时,还通过大量的民间交流,如旅游、探亲、访友和学术交流等活动进行渗透。

二是敌心理攻击多种手段并举,网络运用异军突起。近年来,敌心理攻击手段表现出多样化的特点,主要手段有:(1)利用军事力量的影响。如通过频频显示军事力量施加心理影响,通过双方军事交流渠道,利用武器展示、阅兵活动等,炫耀实力,给对方造成心理压力。(2)利用现代宣传工具如广播、电影、电视等媒介的作用,通过这些媒介进行广泛连续的宣传,造谣惑众,扰乱视听,破坏国家的稳定。如"美国之音"以53种语言,每周1 300多个小时的播放时间,向包括世界各地广播,传播西方价值观;影片《变形金刚2》更是全方位展示美军作战能力,极具威慑效果。(3)利用西方报刊杂志、理论著作、学术交流等载体的渗透。在西方敌对势力看来,心理攻势还在于文化的力量,打文化牌进行全面渗透是施加心理影响的重要手段。多年来,西方国家先后推出了"国际访问者计划""富布赖特计划"等文化学术交流项目,从中灌输、渗透西方"民主""自由"的思想和价值观念。(4)通过人力组织策反制造动乱。主要从两个方面:一是从外部投送间谍、特工人员潜入散布谣言,组织策反;二是从对方内部寻找不坚定分子及所谓"持不同政见者",培植反对当局者,传播反动信息,蛊惑动摇人心,制造动乱,造成恐慌。

三是借助信息技术,突出网络心战。以美国为首的西方国家,凭借资金、技术优势,实行价值准入规则,推行话语霸权,传输政治价值观。据有关统计,目前在互联网络上,英语内容约占90%,法语内容约占5%,其他语种的内容只占5%。在网络心理攻击下,官兵和民众都可能会出现思想观念蜕变、道德水准下降、不满情绪蔓延等社会心理问题。

四是心理攻势节奏快强度大,时效性更强。技术条件的因素对心理攻势的影响举足轻重。在信息化时代以前,心理攻势节奏较慢,通常持续时间较长,很难在短时间内取得效果。在信息化条件下,C4ISR系统将成为心理进攻平台,使得心理攻势在时间上加快,实现了作战实时化。主要表现为两方面:一方面是高技术的信息流通平台使得心理攻击信息处理快捷高效。以计算机为核心的信息处理技术的飞速发展,为心理攻击信息收集、传输、处理、评估等环节提供了快速通道。如美军在系统联网的基础上,实现了武器装备甚至单兵与信息网络的连接。美军数据库存储了大量的信息,能够将海上、空中、地面力量的各种信息结合在一起,不仅使每一个战斗单元都能随时了解到战场地形、态势等信息,而且能够对另一方的心理做出判断。另一方面是信息技术促进了心理攻击媒介的发展和升级,提高了心理攻击能力。信息技术拓展了心理攻击的范围和空间,而且促成了传统心理攻击手段的更新换代。如将传统的心理攻击手段广播、电视、电影等进行改造与包装,使传统的心理攻击手段更加现代化、实时化,既增强了心理攻击的隐蔽性,同时也使攻击效能得到大幅度提升。

五是敌方心理攻势破坏性大,对部队官兵心理的威胁不断加剧。信息化条件下敌方心理攻势破坏性大,对部队官兵心理威胁进一步加剧。主要心理威胁表现为:(1)官兵的信念系统受到严重干扰。在政治思想等价值观领域开展攻击,可使官兵的认知系统受到严重干扰,一些人的价值取向被扭曲,极端情况下会使极少数官兵迷失自我,滋长个人主义观念,激起享乐主义欲望,崇尚金钱,贪图享乐,在思想上产生困惑,信念动摇,有的甚至铤而走险,以身试法,跌进犯罪的深渊。(2)官兵的伦理系统受到强烈冲击。长期的道德伦理方面的攻击,会使青年官兵缺乏辨别能力,受到不同伦理观的影响,常常会出现困惑、不解和彷徨。(3)官兵的社会心理潜伏多重危机。心理攻击会利用军队官兵心理弱点、心理盲点、心理敏感点进行攻击,如利用当前社会上普遍存在的腐败现象、两极分化等一些改革过程中的社会问题对官兵开展心理攻势,易使官兵产生吃亏、不平衡等心理,甚至产生怀疑、不满、对立等消极情绪。

13.2 基于信息系统体系作战心理战的基本原则

基于信息系统体系作战是现代战争的基本形态。在基于信息系统体系作战中,心理战作战要素、心理战作战单元及心理战作战体系在与整个作战体系中其他各作战要素、作战单元及作战体系之间相互影响、相互作用和相互融合形成一个有机整体和完善的运行机理。

13.2.1 进攻的原则

深入研究和揭示基于信息系统体系作战心理战运行机理并坚持其科学作战原则,对于有效指导基于信息系统体系作战心理战,加快战斗力生成模式转变,提升部队基于信息系统体系作战实战能力,具有重要的理论价值和现实指导意义。

一是信息主导。信息主导是相对于传统作战中主要通过地面兵力快速突击的"兵力主宰"而言的。基于信息系统体系作战,是各作战力量体系、作战单元和作战要素基于一体化信息系统实施的整体对抗。其作战的基本模式,由传统机械化部队在火力支援下兵力突击主宰作战,转变为由信息驱动和主导控制下的体系对抗,表现为作战中部队能量的精确集聚与释放。信息系统犹如布设于作战体系中的"神经网络",来自上级的指令信息和自身感知获取的战场态势信息,通过一体化信息系统流经作战体系各节点,有效地"激活"与驱动着每一个作战单元和作战要素参与作战行动。因此,基于信息系统体系作战心理战在组织筹划时,要充分利用战场信息基础网络的区域覆盖功能,将心理战各作战力量单元及相应的心理战武器装备系统,与指挥信息系统有机交连,确保心理战各要素在战场复杂电磁环境下有效运行,确保战场心理战情报信息的实时共享与心理战行动指令的畅通。为此,心理战必须与火力战、信息战的各种作战要素、单元、体系通过信息数据链高度集成、有机融合,作战效能贯穿于认知域、物理域和信息域,从而大幅提升心理战及整体作战的效能。心理战信息必须通过嵌入信息系统,影响信息流量、流向和性质等,从而形成对敌信息优势、决策优势、行动优势和心理优势。心理战必须通过对敌信息和信息网络的关节点实施"软杀伤",限制、削弱、瘫痪敌作战体系的功能。

二是综合制权。综合制权是相对于传统战争中某一单独的制权而言的,它是指诸军兵种依托 C4ISR 系统,在多维战场空间共同实施作战行动的过程中,其作战效能的发挥取决于制空、制海、制天、制电磁权和制心理权等多维空间的综合制权的争夺。每一种制权都不是孤立存在的,而是紧密联系、相互制约、互为条件的。在基于信息系统体系作战条件下,作战行动将在战场的多维空间展开,通过无所不在的"信息流"和"能量流",把这些空间融合一体,表现为基于信息系统体系作战的综合控制权,即把有形的与无形的、地面的与空中的、内在的与外在的战场空间紧密地联系起来,使各战场围绕统一的作战目的,在战略、战役和战术行动上融为一体。离开了哪一维战场空间,或者失去哪一维空间的控制权都将直接影响全局的作战效能。基于信息系统体系作战在陆、海、空、天、电、网和心等多维空间展开,多种制权相互影响、相互作用,心理因素在其中发挥着连接、渗透、支配的独特作用,制心权成为夺取战场综合制权的重要内容。为此,基于信息系统体系作战必须围绕综合制权对敌作战体系重心展开精确高效的立体打击。作战重心的构成既有物质因素,也有心理因素,打击敌作战体系的重心有利于削弱和瓦解敌方整体战斗力,摧毁敌人的抵抗意志。

三是集效聚优。集效聚优是相对于传统作战中的"集量聚优"而言的。基于信息系统的体系作战,包括心理战力量在内的各种作战单元、作战要素实现了无缝连接融合,一般不再通过事先在主要作战方向和重要地域调集较多数量的兵力兵器实现"集量聚优",而是基于实时更新共享的战场态势,动态聚集兵力、火力和信息等多种作战手段的综合战斗效能,直接作用于敌方体系的重要目标和关键节点,从而实现"集效聚优",重点用兵的作战效果。心理战必须在这个过程中,对整体作战效能的提升发挥不可或缺的重要的作用。基于信息系统体系作战必须着眼于集中效能,基于效果作战,强调以质取胜,心理战由原先的由点对面的"粗放式"打击转变为点对点的"精确式"打击,注重聚集无形的作战效能。基于信息系统体系作战各要素高度集成,从发现目标、指挥决策到分队行动周期大大缩短,心理战作战力量必须更加注重时效性,通过发挥信息系统的"网聚"能力实现整体作战聚精集锐。

四是并行联动。并行联动是相对于传统作战各力量编组,按照由前至后线式推进的作战进程,依次投入兵力交战的"顺序交战"而言的。基于信息系统体系作战,疏散配置在多维广域战场空间的心理战力量及其他各作战力量、作战要素依托一体化信息系统实现无缝连接,通过信息网络动态实时地集聚战斗效能,无需再集中编配成较大规模的作战力量集团,心理战行动及其他作战行动在多维立体空间同步展开,并行联动交战,真正实现了技术传感系统与武器打击和心理攻击的系统融合,以及部队行动和作战指挥一体化的理想状态。基于信息系统体系作战各作战单元和作战要素依托一体化信息系统实现无缝连接,各作战行动在多维立体空间同步实施,心理战力量必须融入作战体系,实现各种作战力量的功能集成与效能耦合。基于信息系统体系作战诸单元分散配置,通过信息系统形成紧密联系的整体,发挥体系作战整体效能,心理战必须由强调预先集中统配力量转变为更加注重实时动态聚集,突出"数字化""模块式"和"非线性"等编成与部署。

五是体系破击。体系破击是相对于传统作战中"歼敌制胜"而言的。在机械化战争中,敌对双方主要通过对对方战斗人员、武器装备等战场目标的实体打击和摧毁,不断消减对方战斗实力来实现作战的目标。基于信息系统的体系作战,由于作战体系的构成要素整合紧密,也不可避免地带来了体系结构的复杂性,对其中任何一个节点或单元的损毁都可能带来整个体系结构的全面崩塌和整体效能的丧失。体系破击战已经不再一味强调通过大量杀伤消耗敌有生力量,而是通过寻求并攻击敌方作战体系的关键部位、重要目标和心理支撑点,进而瓦解作战体系结构,达到削弱和摧毁其整体功能的目的。

围绕打击敌作战体系重心目标促进己方整体作战企图实现这一核心,心理战能够有计划、有步骤地与武力战、信息战通过步调一致、协作同步的行动,按照立体打击重心目标的规律和要求,达成各作战要素功能耦合、联动聚能,最终实现有机融入作战体系的整体行动。

作战体系重心目标的指向往往是通过对作战系统中由美军沃登(Warden)提出的五环模型目标的综合分析判断而形成的,如图13.2所示,指挥控制系统常常是首选的立体攻击目标,其他依次分别为有机必需品资源、基础设施、介入民众及作战部队,这五环环环相扣,相互影响、相互制约,在不同的时期和条件下能分别产生举足轻重的决定性作用,选择进行立体攻击,不仅要攻击物理域的关键、敏感、薄弱的目标,如敌指挥所掩体及指挥官等有生力量,还需要攻击信息域的关键、敏感、薄弱的目标,如敌指挥数据链等指挥控制系统的重要节点,更不可缺少对认识域的关键、敏感、薄弱的目标的攻击,如对敌指挥决策层的决心、意志等重要的精神心理因素的攻击。

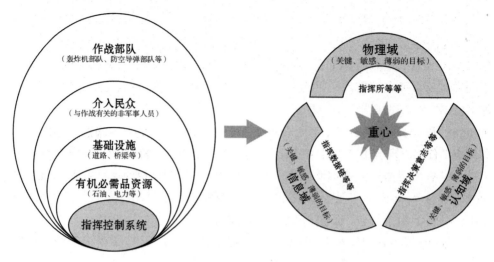

图 13.2 作战体系重心目标指向形成示意图

克劳塞维茨认为:"我们必须把交战国双方的主要特点牢记在心,这些主要特点中会产生一个中心点,而所有一切都取决于这个力量和行动中心。这就是我们必须集中所有力量对付的敌人的重心。""只有不断寻求敌人的核心,为全胜而投入全部兵力去击碎这个核心,才能打败敌人。"美军现代联合作战理论认为:"重心是一支军队、一个国家或一个联盟能够从中获得行动自由、物质力量或战斗意志的那种特长、能力或部位。"

基于信息系统体系作战是体系与体系的对抗,但同时也突显了体系结构的复杂性、脆弱性和不稳定性,心理战必须摆脱传统的"平台对抗"观念,确立全新的"体系对抗"理念,实现瘫体毁能,破击制胜。体系作战以打击敌体系重心及其关键点为突破口,基于信息系统体系作战心理战必须通过攻击敌心理支撑点和心理弱点等关键目标,扰乱敌作战决心、削弱敌抵抗意志和战斗士气,以实现瓦解敌作战体系结构的目的。

13.2.2 防御的原则

《孙子兵法·形篇》曰:"昔之善战者,先为不可胜,以待敌之可胜。不可胜在己,可胜在敌。""不可胜者,守也。可胜者,攻也。"信息化条件下心理战防御工作应摒弃传统主要针对少数群体和人员的治疗与健康心理防护观,牢固树立战斗力标准全员全程全维心理防护观,对可能削弱军民战斗力的负性心理反应采取各种干预措施,为顺利高效执行军事任务提供心理保证。主要目的是构筑己方坚固的心理防线,有效抵御敌方心理攻击。

心理战防御具体任务：

一是加强宣传教育，提高官兵理论认知能力。通过深入广泛的思想教育，宣传战争的正义性，宣传人民群众的支持，宣传中央决策的正确，揭露敌人的阴谋和暴行，使广大官兵始终保持健康的心理状态和旺盛的战斗意志，提升抗击敌人心理进攻的能力。

二是及时进行心理调适，保障官兵心理稳定。保障官兵的心理稳定是心理战防御的重要任务。现代战争条件下，参战官兵无时无刻不面对着作战任务的压力、战场环境的影响、作战情况的刺激和敌人全方位、全时段、高强度的心理攻击，官兵随时都可能产生各种不良心理反应，如不及时采取有效措施，势必影响集体战斗心理，导致战斗力减弱。因此，各级指挥员要特别注意所属官兵心理的不稳定因素，并及时采取调控措施，保持官兵的心理稳定。

三是及时控制揭露谣言，粉碎敌心战阴谋。谣言是一种没有事实根据，故意捏造出来迷惑人心的虚假消息，是敌人进行心理战最普遍运用的一种方式。它一般具有分裂作用、烟幕作用、诱骗作用和瓦解作用，及时消除谣言对保持官兵心理的纯洁性和稳定性具有重要意义。控制措施谣言一方面要为部队提供正确的信息来源，保证正面信息传播渠道的畅通，特别是要注意及时向所属官兵通报敌我态势、友军情况，占领官兵视听阵地，防止谣言侵入；另一方面是发现不良谣言传播后，应立即组织调查了解，必要时将情况上报。根据谣言的内容和影响，及时组织"消毒"，用事实和道理予以揭穿，消除其不良影响。

四是运用各种手段，干扰压制敌心战机构和设施。敌心战机构和设施，是敌心理攻击的作用源。从积极防御的立场出发，在基于信息系统体系作战中应充分运用可能的条件和能力，打击和摧毁敌人心战的机构和设施，干扰和阻塞敌人的心理战信息，从而挫败敌心战企图，牢牢掌握心理战防御的主动权。美军在历次战争中，一直将敌对势力广播、电视等传媒设施作为重要打击和干扰目标，并取得了较好战绩。

五是严格战场纪律，收缴销毁敌心战宣传品。对一切可能传播敌心战信息的载体，包括传单、报纸、书籍、杂志、光盘、收音机，以及可载有心战信息的贺卡、玩具等，要建立严密的检查制度。严密封锁堵塞敌心战信息的散布，一经发现要及时清查，彻底消除，肃清影响。要健全内部控制机制，对己方的信息生产及传播行为进行严格检查，控制消极舆论、不利消息。

组织和实施心理战防御，必须贯彻积极防御的方针，坚持以下基本原则：

(1) 平战一体。平时的工作是基础，战时的工作是关键。平时对此不重视，不注意研究敌人心理战的方法和手段，不注意摸清军队官兵的心理特点，不注意加强思想教育和作战心理训练，战时就会露怯。平时训练，要从实战要求，开展高强度对抗性训练,锤炼军民过硬心理品质;组织实景模拟、网络模拟等心理训练,穿插进行心理战和反敌心战演练,强化军民战场心理适应能力、稳定能力和承受能力。

(2) 攻防兼备。一方面,要采取有力措施增强己方官兵心理防御能力,消除敌人心理攻击的影响;另一方面,要根据己方体系作战和总体防御意图,守中有攻,以攻为守,采取各种手段,向敌方施加心理压力,牢牢把握夺取心理防御的主动权。

(3) 疏堵相济。一方面,要采取有力的行政手段和强制措施,堵塞和破坏敌实施心理攻击的渠道和手段。另一方面,要及时开展战地立功、表彰奖励等活动,使参战人员感受组织系统支持,增强集体归属感;组织家属开展各种前线慰问活动,强化家庭情感支持和心理慰籍,消除心理孤独感;通过互帮互助活动,开展朋辈支持,缓解消极情绪;协调地方政府帮助解决军民家庭实际困难,组织各种拥军爱民、支前慰问、事迹宣传等活动,增强荣誉感。

(4) 专群结合。整合军地心理资源,综合运用心理激励、心理疏导和心理治疗等手段,缓解战场环境和军事行动给军民造成的心理压力;分级分层分类实施诊断治疗,及时对战场应激反应人员进行救治;组织后送战场应急反应较重人员,进行专业治疗,消除其心理障碍,医治其心理创伤。

13.3 基于信息系统体系作战中心理战的实际运用

基于信息系统体系作战中心理战的实际运用,最关键的是要促成作战体系中心战与兵战的有机融合。作为体系作战的指挥员,必须准确把握体系作战的基本规律,要从体系作战的整体需要出发,以有效击毁敌作战体系的重心作为组织作战行动的中心,促成心战与兵战的高效融合。

13.3.1 进攻运用

以信息系统为支撑,实现心战兵战的统一指挥

指挥员要促成体系作战中心战与兵战的融合,依赖于对体系作战信息资源的系统高效利用,因为信息是体系作战中心战兵战各种能力整合的重要纽带。在体系作战中,作为基础资源的信息资源,将主导作战体系中心战与兵战等各种要素和各种作战行动,从而主导着整个作战能力的发挥。将信息融入心战与兵战的各要素中,再通过统一分析与加工,就可以实现心战和兵战能力各要素的结构优化和系统集成,心战与兵战的物质性、能量性作战能力就会因信息化而得到合理配置与运用。

为此,体系作战要全面利用各种信息技术手段,实现心战与兵战各作战单元和要素之间的信息共享;要利用高效的信息技术手段,实现战场上心战与兵战行动的透明直观;要依托综合电子信息系统,通过自适应协同,达到心战与兵战行动的实时调控;把火力硬摧毁与心战信息软杀伤有机结合,实现多空间、多手段的精打要害能力和一体化攻击能力;通过信息网络的联结和聚合作用,实现心战与兵战作战效能的精确释放。

以体系作战的重心为指向,准确选择心战与兵战的关键点和精确打击的目标

打击对方作战体系的重心是取得体系作战胜利最直接的途径,也是有效和果断地执行作战计划的重要保证。

克劳塞维茨的重心概念通常被理解为指挥员在自己所负责的区域建立的一个要点,而体系作战中的重心概念与克劳塞维茨的重心概念已经大不相同了。就当前人们对体系作战基本规律的认识来分析,体系作战的重心就是在作战体系中实现决心意图、形成作战攻防力量的性质、意志、能力及重要物质条件的综合指向。

重心常常由一个或几个关键点组成。关键点既有物质方面的因素,也有心理方面的因素。关键点主要是关键性力量和关键的脆弱部位。关键性力量是完成作战目标的核心能力。关键的脆弱部位则是可能是严重制约作战目的顺利完成的作战体系中的某种因素。关键点既可能是军事力量,也可能是非军事力量。既可能是具体和有形的,如:地理位置、军事力量等;也有可能是抽象和无形的,如:战斗意志、协作精神、民众的支持或者精神力量、纪律等。

重心的活动是复杂的,但其也是有规律的。重心存在于战争中的各个层次。通常情况下,战略重心可能较抽象、较少、较稳定;它可能更多地指向战斗意志、协作精神、公众支持和精神力量等。在科索沃战争中,对于北约部队来讲,南联盟的战略重心不是它的作战力量,而是它的抵抗意志。而作战战术重心可能较具体、较多、较易发生变化、识别也较复杂和困难。在作战战术层次上,重心多指军事实力,如人的素质、火力、机动力以及各种支援保障能力等。比如在2011年的利比亚战争中,对于北约部队而言,战争第一阶段,利比亚的战役重心是其一体化的防空力量和指挥控制系统,战争的第二阶段利比亚的战役重心是其指挥控制系统及地面重装备部队。可见,对各个层次上的重心识别,是一个复杂的动态过程,它需要指挥员密切注意战场情况,并对战场出现的各种变化进行科学的分析和判断,从而正确找出敌作战体系的重心。

选准了重心之后,心战或兵战指挥员在作战决策中就必须根据打击敌作战重心的要求,着眼武力打击的心理效应的发挥,对武力打击行动的目标、方法、手段、强度和程度等提出具体决心建议,同时根据强化对敌重心立体打击的效应及作战军事行动的需要,提出对敌进行渲染、诱导、策反等心理攻击的决心建议。

通常情况下,军政首脑、指挥通信中心、广电中心、重要军事和工业基地以及有象征意义的目标,常常是军队信心、意志、士气和凝聚力的支撑点。选择并摧毁此类目标,既有利于己方增强信心、昂扬斗志和高涨士气,也有利于削弱对方信心、斗志和士气,打压对方心战能力。因此要着眼敌作战体系重心,精选打点,饱和攻击,有效摧毁,强化对敌要害的多重打击。

实际战争中,由于敌战役、战术层次重心的易变性,以及各种因素的相互影响和相互制约,所以对敌关键点的寻找又常常是一个非常复杂的问题。

对体系作战特点与规律的分析表明:美军沃登的五环模型对于我们准确把握对敌关键点的寻找是有帮助的。五环是相互支撑相互影响的一个有机整体。要对敌作战体系进行攻击,最为重要的一个方式是对敌人最内层也是最脆弱的战略环施加压力。但如果没有能力直接打击对方的最内层,或对方对其防范非常严密,就需要去寻找与其相关联的支撑点或制约因素。保护机制环的意志通常是非常坚强的,不轻易屈服的,所以其很难被直接瓦解,但当与其密切关联的个体群环受到惨烈打击后,其则往往容易间接崩溃。

以结构破坏的思路为指导,把敌方作为一个体系,用系统分析法,找出敌作战体系中最为重要、最为薄弱的关节,通过对其实施结构破坏,达到瘫痪体系功能的目的,就能达成最大的作战效益。在这个过程中,主要打心战目标还是兵战目标?主要用心战方式、兵战方式还是复合方式?完全取决于对敌作战体系及其重心和关键点的系统分析和判断。

以功能耦合为准则,合理构建心战兵战在整个体系作战行动中的程序、方式及心战兵战相互协同模式

心战与兵战的功能耦合就是在综合电子信息系统融合的作用下,心战与兵战的各种行动实现功能上的长短互补、效能倍增。体系作战结构力主要取决于心战与兵战结构力的生成,而这一切主要由各种心战与兵战力量要素的有机组合来决定,当然这还需要作战体系整体功能上完好的系统性和周密的协调性。

心战与兵战的效能融合是提高心战与兵战功能耦合水平的主要途径。根据系统原理,系统的功能不仅取决于系统的构成要素,而且在更大程度上取决于这些要素的构成方式。这就决定了完全可以在作战体系内心战与兵战等作战要素的能量基本不变的情况下,通过效能融合实现作战体系整体功能的提升。

在不同的作战阶段有不同的重心,而不同的重心决定了不同的打击目标。在众多的武力打击目标、心理打击目标以及复合打击目标等目标体系中,在从体系作战的整体需要考虑,确定心战与兵战的所要打击的目标和程序时,应按下列基本原则进行筛选和排列程序。

(1) 按敌各目标在其重心中所占的比重,选准重点打击的目标类型。比如,在敌作战体系中有众多的打击目标,如果其作战重心主要是作战力量,对其打击的目标类型就应以军事目标为主,如果其作战重心主要是其抵抗意志,则对其打击则可能主要是与其抵抗意志紧密关联的政治、经济或其他相关目标。

（2）按敌单项目标在敌同类型的目标体系中所处的地位作用,选准重点打击对象。如已经确定要打击的是敌方军事目标这一类型,则要分析敌军事目标体系中的关键对象,一般情况下军事指挥控制中心是军事目标中最为重要的目标。

（3）按重点目标的组成结构和关联性因素,选准目标的要害部位和突破口。如果已经选定要打击敌方的指挥控制中心,但这一重要目标通常也是敌防守非常严密的,直接打击如果不能如期达成目的,则要分析其指挥控制中心作战指挥能力的主要构成维度及相关的影响因素,如指挥人员的生存环境、其亲人的安危等,寻找出其关键而薄弱的环节加以攻击,从而对其形成间接的打击。

（4）按敌目标各单元、各要素在不同作战阶段对己方威胁的程度和相互制约关系,确定打击的先后次序。通过情况下,要优先打击对己方作战体系中政治、军事、经济等关键因素构成严重威胁的目标;另外对需要打击的敌众多重要目标具有制约影响作战作用的目标,也是需要优先打击的目标。

以联动聚能为牵引,灵活实施心战与兵战整体释能和对敌体系破击的行动

心战与兵战的联动聚能就是在作战体系中心战与兵战要素通过整体联动、同步运行,使作战能力凝聚成一个整体,实现效能的聚合,并随时根据作战中各种情况做出协调一致的反应。

心战与兵战各作战要素要依托综合电子信息系统,实现情况判断、决心处置、部队行动、作战评估的快速循环和作战力量的整体联动。在发现并确定心战与兵战的攻击目标之后,要能够根据不断变化的战场情况,迅速决定用心战或兵战力量、以心战或兵战的某种方式遂行单项或复合式的攻击任务,指挥引导心战或兵战力量实施精确打击,并进行实时化的心战与兵战作战评估,从而确保整体作战效能得到最大程度的发挥。

体系作战中的心战与兵战力量相互依存、相互作用的密切联系是联动聚能的前提;心战与兵战各构成要素之间顺畅的信息流是联动聚能的关键;而要实现心战与兵战力量联动聚能,又要求作战体系必须能够同时感知战场心战与兵战的态势,必须能精确敏捷地指挥控制心战与兵战行动,心战与兵战力量必须能够同步对关键目标实施攻击。

纵向聚能就是要求各作战阶段立体打击力量始终指向敌作战体系的重心,采取最佳攻击途径和方式,汇集强大的综合攻击力。由于作战体系的重心随作战的进程的变化而变化,所以心战与兵战的行动也要围绕各阶段作战目标的实现、敌作战重心和关键点来展开。心战与兵战始终要以最佳的组合方式展开行动,如不能直接达成预期目标,则应迅速调整攻击的途径和方法手段,直至达成最终的作战目标为止。

横向聚能就是要按攻击敌作战体系关键点要求科学组合心战与兵战行动。当心战与兵战行动因时空局限或各自行动的负面影响产生矛盾冲突时,按两利相权取其重、两害相权取其轻的要求进行取舍,力求这一作战阶段的能量最大化。

作战系统的结构决定其作战功能,若破坏敌作战系统的结构,那么敌作战系统就会失去原有的作战功能。所以我们应善于寻找并攻击对方作战体系的要害目标或关节点,破坏其作战能力生成机制和作战体系运行机制,达到瘫痪体系功能,追求最大作战效益的目标。

由于作战体系中的单个目标在受到零星打击后,常常可以通过体系内部的调整和系统再生机制恢复系统的原有作战能力,所以体系作战要达成预期作战目标,必须实施全纵深同时打击,作战空间立体多维,心战与兵战及其他多种攻击行动汇聚作战能量实施同步快速释放。

心战与兵战整体释能应注意三个方面的问题。一是效能优先。通过分析所要打击的对象特点、作战目标,评估准备采用的各种心战与兵战方式方法的预期效能,优先选用效能最匹配的心战和兵战方法。二是排除耗散。对武力战可能的负面心理影响及心理战可能对武力战造成的不良冲击,要进行科学分析与评估,尽可能避免采用可能造成相互间能量相耗的心战或兵战方法。三是协作增能。主要是根据体系作战综合打击的需要及心战与兵战打击能量的薄弱环节,适时组织心战与兵战力量进行相互支援和配合,以确保对所攻击目标有充足的立体打击的能量。

基于信息系统体系作战的重心目标往往由在物理域、信息域和认知域等多领域中的若干关键目标所组成,在重心目标系统内,各关键目标相互间往往会形成一定相互影响、相互制约和相互支撑的关系。任何一个领域关键目标性质和状态的变化,都可能对其他领域相应的关键目标产生影响。重心目标系统内的关键目标,可能会偏重于指向物理域目标,也可能会偏重于信息域目标或者偏重于认知域目标。根据作战体系的重心指向不同的领域,心理战运用的模式手段应主动适应作战要素集成、单元合成、体系融合的科学规律,有针对性地优化组合,才能对敌作战体系的心理支撑点形成有效的致命打击。

当重心偏重于指向认知域内的目标时,心理打击会直接摧毁敌认知域关键目标,引导武力战和信息战在对敌重心的立体打击中相互配合和支援。由于领导决策者的决心意志、广大军民的抵抗意志对战争的胜负都有着重要的甚至是决定性的影响,所以对这些目标进行打击,可摧毁敌方的抵抗力,从而直接达成胜利的目的。因此,要通过有效的心理攻击,涣散敌方军队士气、改变敌方领导人和民众对于战争的态度,同时,有针对性地引导信息战、武力战配合、支援行动,对敌重心目标形成高效的立体打击,彻底摧毁敌方的抵抗意志,从而实现"不战而胜"或"小战大胜"的目的。

比如,当敌方领导指挥层的决心意志成为体系作战的重心时,要综合运用多种手段对其实施全方位、高强度的心理打击。特别是要在政治、军事、经济、外交等领域采取舆论造势、法理宣传、意志瓦解、利益引诱、公关游说等方式对敌方领导指挥层实施孤立施压,动摇或改变其决心意志;同时引导武力打击和信息攻击对敌领导指挥机关进行精准有力攻击。如果不能直接促成敌领导指挥层决心意志的瓦解和崩溃,则应以打击和摧毁支撑敌领导指挥层决心意志的其他关键目标,尤其是敌领导指挥层非常敏感和在意的重要目标,如关键的军事基地、战略性撒手锏武器装备、民众对战争的态度、军队的战斗士气等。通过对敌方民众和下层官兵的怀柔感化、离间策反,引起敌方民众反战情绪,激化敌下层民从对其当局的不满情结和敌对态度,并引导武力战、信息战对敌战略性撒手锏武器装备进行攻击,全方位给敌方领导指挥层施压,从而间接促成敌方领导指挥层决心意志崩溃。

当重心偏重于指向信息域内目标时,心理攻击会间接破坏信息域关键目标,高效配合对重心目标的立体打击。由于作战数据链是各作战要素、单元、体系整合为一个有机的作战体系,进而形成整体作战效能的关键因素,所以心理战行动要配合信息攻击行动,破坏敌关键的指挥通信系统,切断敌重要的作战数据链,剥夺敌获取信息、处理信息和传输信息的能力,从而彻底摧毁敌人观察、判断、决策和指挥控制部队的能力,造成敌整个作战系统的瘫痪。特别是要通过高效的心理打击行动,扰乱敌方领导指挥层的决策,动摇敌方作战意志和决心,对敌作战指挥控制系统造成全方位的破坏影响,从而加速胜利的进程。

比如,当敌一体化的作战数据链成为敌战役作战体系的重心时,要在对敌重心目标实施信息阻断、破坏或摧毁等信息攻击时,巧妙融入诡诈和威慑等攻心的手段策略,特别要重视运用综合信息火力战和攻心夺志战等多种作战手段,将信息打击的"实"与"虚"紧密结合起来,渗透至敌指挥信息系统中,篡改或删除重要作战信息,输入诱导就范的错误信息和威慑性信息,干扰和攻击敌作战信息系统,影响敌领导指挥层的指挥决策意志和武器装备系统的效能,引发敌作战指挥人员心理混乱、判断失误、战役决策出错,进而使敌战役指挥决策层意志崩溃、作战体系瘫痪。

当重心偏重于指向物理域内目标时,心理攻击会间接影响物理域关键目标,有力支援重心目标的立体打击。实施武力打击行动,摧毁能够对战局产生决定性影响或对战争胜负起关键支撑作用的物理域重要目标,直接削弱敌实施战争的实力和潜力,动摇敌方军事抵抗的物质基础,削弱敌方军民的抵抗意志。此时,组织心理战力量,渲染和强化武力打击的心理效果,并通过对敌军心士气和民众战争态度的影响,间接影响物理域的关键目标,尤其是心理打击行动要遵照集中精锐、精打要害、攻心夺志、速决制胜的指导思想,对敌物理域重心目标实施软硬兼施、恩威并举、打拉结合的立体打击和影响,在武力打击同时,提高心理威慑的层次、增强心理威慑的言辞,加大威慑宣传的力度,力图达到慑敌止战的目的;要在精确的火力打击过程中,有针对性地渲染己方火力打击行动的杀伤力和破坏力,扩大精确打击的心理毁伤效果;要善于结合特种作战行动,有针对性地对敌指挥首脑机关重点人员进行精确的攻心宣传、恐吓威胁、离间策反等心理打击,从而有力支援敌重心目标的全维致命性打击,彻底摧毁敌军的战斗意志,加快胜利的进程。

13.3.2 防御运用

心理战防御是一种特殊的作战样式,应紧紧围绕"控制心理压力、阻断威胁信息、强化心理免疫、缓解负性症状、激发心理动力"等关键环节,灵活采取多种方法组织实施。

第一,认知免疫,凝魂聚力。要打牢官兵科学理论基础。政治上的坚定来源于理论上的清醒,应高度重视用科学理论武装头脑,进一步增强广大官兵用理论武装自身的自觉性和坚定性,树立正确的世界观、人生观和价值观。坚定官兵的理想信念。理想信念是军队精神支柱的根本思想基础。要筑牢军队的军魂。增强军队的创造力、凝聚力和战斗力,确保从思想上、政治上、组织上牢牢掌握部队。要加强官兵战斗精神的培养。官兵良好的心理素质是以战斗精神为支撑,以正确的世界观为基础的。战争从来既是物质力量的较量,又是精神力量的较量。无论武器装备多么先进,都不能代替人的战斗意志和战斗作风所迸发的力量。军队官兵历来具有顽强的战斗意志和作风,但在信息化战争中,武器装备毁伤力成倍增大,战斗场面异常残酷、惨烈,这对部队的战斗意志和作风将是一个严峻的考验。必须从加强部队战斗意志和战斗作风的培养入手,结合国际形势和军事斗争准备需要,在部队广泛开展正确的战争观教育、军队根本职能教育、爱国主义和革命英雄主义教育,在官兵中树立敢打必胜的坚定信心,培养一不怕苦、二不怕死的英雄气概。

第二,心理接种,固心强能。优良的心理适应性和心理稳定性是抵御敌人心理攻击的有力屏障。因此,要提高官兵心理适应能力。通过理论灌输、观看信息化战争录像及介绍新武器、新战法等形式,组织部队官兵学习信息化战争的有关知识,使官兵对信息化战争特点、作战条件和敌高技术武器装备的威力、效能以及这些武器的弱点有一个全面而深刻的认识,提高官兵对敌大规模杀伤武器的防御能力,降低其心理的突变性,保证战时可以做到思想转换快、心理适应快、行动反应快,不因战争中的"意想不到"而失去心理平衡。在近似实战的演习中通过战备等级转换、临战动员和临战训练搞好战争爆发模拟训练,制造战争紧张气氛,有意识地向官兵施加心理压力,使官兵能经受住由平时到战时心理转变的严峻考验。

要提高官兵心理稳定能力,帮助官兵学会心理稳定自我调控的方法。心理稳定是完全可以通过内在的心理机制进行自我调控的。主要的方法包括自我暗示、调整呼吸和活动身体。反复组织官兵进行紧张条件下或战斗行动中的射击训练和投弹训练,通过分析成绩来判定官兵的心理是否稳定,对不符合要求的官兵进行有针对性的强化训练,同时还要通过官兵对各种情况的处置检验官兵在紧张情况下的心理稳定程度,加强官兵的心理自制力。要提高官兵心理承受能力。模拟信息化战争的真实战场环境,如以声、电、光、火等科技手段模拟核化袭击、枪弹飞啸、飞机扫射、强烈震动等情况,对官兵心理活动进行反复刺激,使官兵感受到"真枪实弹"的战斗氛围,锻炼官兵在精神紧张状态下进行自我调节,消除恐惧心理。

设置险象环生、犬牙交错的战场"绝境",让官兵进行处置,锻炼官兵的应变力和心理承受力。认真组织野外生存训练,让官兵在毫无外援的情况下经受各种困难的考验,学会生存本领,增强其在战时紧张、复杂情况下克服困难和挫折的适应力,以抵御敌人的"硬摧毁"。引导官兵认清敌心战阴谋和欺骗宣传伎俩,保持清醒的头脑,做到立场稳固、信念坚定、斗志旺盛,以抵御敌人的"软杀伤"。要提高官兵意志品质。让官兵在生疏复杂的地形和瞬息万变的战场条件下接受不同情况的刺激,培养官兵坚定沉着、勇往直前、孤胆作战的精神和意志。让官兵在睡眠、饮食得不到保障的情况下,在风雨、严寒、冰雪等恶劣的自然环境中进行多课目、不间断的战斗能力训练,锻炼官兵坚忍不拔的心理耐力和韧力,磨砺官兵能打仗、打胜仗的顽强意志品质。

第三,动态预警,系统评估。要构建心理战防御联合预警机制。建立集心理威胁监控、威胁预测、威胁防范功能于一体的心理防护预警机制,对敌实施心理战相关信息进行监测、采集整理、分析加工、反馈利用,为实施心理战和反心战提供知识储备和信息预警,对可能发生的心理战策略、战术和可能造成的心理危机及时觉察,及时评估,设立分级警戒线并及时启动应对预案。要准确掌握参战人员的心理特点,及时发现消极心理反应,是判明敌实施心理战对官兵造成影响的重要手段。

心理调查主要是为了了解参战人员的思想态度、欲望要求和心理特征等。战场心理调查可分为战前、战中、战后三个阶段进行。调查方法主要有谈话法、问卷法和统计分析法。通过设置谈话内容,编拟设计调查问卷,对官兵的思想态度、认识水平、欲望要求、情绪情感、信心信念等内容的资料作系统的定性、定量分析,以确定参战人员的心理特点,并对参战人员的心理反应状况进行统计、分析、整理,写出调查报告,为首长机关做出心理战的防御决策提供依据。要及时了解掌握民众心理动态,广泛征求军内外社会心理学家、组织行为学家、认知神经学家、军事专家等人员意见,编制大规模群体性心理调查问卷,研制问卷数据统计分析系统,着重对以军民风险认知、紧张度、心理控制预期、一般情绪、应对行为、未来战争预期等6个指标体系进行评估判断,形成军民心理动态分析报告,为联合指挥部决策提供依据。

第四,主动为先,适时反击。贯彻积极防御的原则,采用各种手段,以攻为守,对敌心战实施坚决有力的反击,具体主要有反宣传、戳穿谣言、武力打击等手段。因此,要开放教育,反驳引导。在宣传策略上,要采取主动出击,先发制人的方法,针对敌人可能进行的心理攻击内容先机制敌,借鉴战争时期军队反敌心战教育经验做法,组织实施开放教育,引导官兵形成认知免疫能力。利用敌心战宣传中的错误逻辑和歪曲事实对其进行戳穿和反击。要运用直接反击与间接反击相结合的方法。直接反击就是针对敌人的宣传内容直接进行驳斥;间接反击就是通过提出问题,攻击敌方弱点,以暗示的方法予以反击。要权威引导,巧妙戳穿谣言。

美军心理学家对破解谣言的方法进行了专门研究,认为下列措施对消除谣言有帮助:(1)保证官方消息确实可信。一旦官方消息失去可信度,谣言就会滋生。(2)促进对领袖的信任。(3)尽量公布事实。只要不会泄密,一贯尽量披露详细的事实。人民无法了解到事实真相,就只好听信谣言。(4)战时阻断谣言信息传播必须讲究策略,措施要得当:(1)进行辟谣。辟谣要有说服力,在多大范围内传播,就要在多大范围内辟谣。如果涉及具体的人和事,当事人出面效果最好。(2)畅通信息传播渠道。在不泄露机密的情况下,及时向社会公布大量充分的正道消息,使谣言无从滋生。(3)及时阻断谣言信息传播链条。要武力打击,精确反制。运用火器或战术行动,对敌心战机构、设施和专业分队进行火力打击,这是积极心理防御的重要手段,也是整体作战的重要组成部分。要对支撑敌方心理的目标,作战体系的"关节点"或软肋之处,进行摧残性的打击。综合运用各种火力,重点打击敌海空基地、指挥控制中心、计算机网络中心、通信枢纽和媒体目标。使用各种精兵利器和特种作战部队打击敌后方补给基地,使其能源短缺,失去持续进攻能力,军心动摇。

第五,心理康复,疗心激气。要使官兵始终保持高昂的士气和良好的心理状态,如果紧张恐惧、惊慌失措以及精神崩溃等消极心理反应出现,必须及时帮助官兵进行心理调节和心理恢复。因此,要注重官兵集体心理调适。在战场态势发展复杂、严重受挫或战场境况急剧变化的情况下,要及时对士兵进行调节和诱导,把犹豫不定、无所适从的官兵心理引导到正确的目标或方向上从而实现团结一致,夺取胜利。

集体心理调适的主要方法有以下几种:可使用整修公事、保养武器、幽默玩笑等方法转移官兵注意力,从心理上避开引起恐惧的情景;利用战情通报,及时传播胜利消息,利用英雄事迹,增强官兵信心,帮助官兵抑制和克服消极心理反应;通过指挥员的言行举止,对官兵进行心理暗示诱导,控制下属的不良心理状态和倾向;通过休息、娱乐、改善伙食等方法帮助官兵调整生理机能,恢复心理平衡等。

要加强军人个体自我调适。军人个体自我调适是军人个体通过自制力控制自己的心理状态以保持心理稳定性的方式。军人个体自我调适方法主要有：面对危险的战场环境，军人可以默念"要冷静""再坚持一下""敌人也一样害怕""我有过硬的军事技术，能打败他"等，稳定自己的情绪。用"别人能做到的，我也能做到；别人能当英雄，我也能"的意念来激励自己的行为；当战斗受挫或被敌人的嚣张激怒时，不妨以打拳或修公事的方式使自己平静下来；在极度痛苦或悲伤时，要选择适度的宣泄方式。

要完善社会支持系统，激励官兵士气。激励士气是实施心理防御的重要手段，是保持部队高昂战斗意志的有效途径。应及时开展战地立功、表彰奖励等活动，使参战人员感受组织系统支持，增强集体归属感；组织家属开展各种前线慰问活动，强化家庭情感支持和心理慰藉，消除心理孤独感；通过互帮互助活动，寻求朋辈支持，缓解消极情绪；协调地方政府帮助解决军民家庭实际困难，组织各种拥军爱民、支前慰问、事迹宣传活动，增强荣誉感。战时，也可采用榜样激励法、鼓动激励法、奖惩激励法等士气激励方法，最大限度地增强战斗士气本身所具有的增力性、稳定性和感染性，提高心理防御的效能。

此外，心理战防御组织实施应注意把握一些必须关注的重要问题。要重视战场心理战防御体系的整体建设。心理战防御是一个有机的系统工程。各种心理战防御措施是相辅相成、功效互补的整体，共同构成立体的、全方位的、心理防御的体系。要依托军地四级心理防护组织，建立心理疾病三级防治体系，积极构建具有军队特色的心理防护应急反应机制，实现心理防护快速决策、组织、实施。通过军地心理防护协调机制，迅速动员军地心理防护资源，科学编组力量，明确保障方式，为做好心理防护提供有力支持。

各级政治部门要协调地方有关部门拟制各种防卫作战行动心理防护预案，明确心理防护的组织指挥、人员编成、机动方式、任务职责、集结地点、展开方式、工作流程、协同动作、巡诊制度、随访机制、携行装备、通联方式、后装保障等要素。对防卫作战重点区域及时补充调配便携式心理防护系统、战时心理防护远程会诊系统、战场心理压力反应速测系统、官兵战场心理恢复系统等心理防护装备器材。

要充分完善军民心理防护方法体系。制定心理危机反应评估标准，完善相关理论模型，建立心理反应识别及应对方法库，编制心理防护自助手册，制定应急状态下心理防护方案，规范心理危机干预及心理防护训练的方法与技术。开展各种实战性环境下心理防护教育训练，使官兵形成心理防护认知图式，提高军民心理复原力和恢复力，进而增强个人和群体应对强敌威胁的自我效能感。充分发挥社会支持系统心理激励作用，改善战场生活休息环境，控制环境、生理、心理应激源，减轻军民心理活动负荷和压力。按照"快速、立即、集中、期望、就近、简单"原则，对出现战斗应激反应的官兵,区分"即时、急性、慢性"不同阶段,采用系统发泄、重新评价、逐步适应等方法,实行自我治疗、心理治疗、药物治疗相结合,使其行为反应正常化,尽快回归作战岗位;注重系统化、科学化、全程化,长期关注军民隐性心理创伤,恢复常态军营和社会生活。

要整合资源,积极构建信息域的心理防护模式。官兵的心理防护从心理战的视角来看,是心理较量中的主动心理防御过程。心理战中心理防护工作是心理战攻防体系中的一个完整的信息流程,应遵循以下运行模式(见图13.3)。该模式主要是通过教育、训练、信息管控等途径提高官兵的防护能力。通常包括:对各类心战信息进行滤过处理,将负性心理效应降到最低;通过教育、训练,改变个体行为特征,降低冲动易焦虑的个体控制高度反应,提高心理调控能力;包括建立自我效能和控制感,培养社会支持网络等。

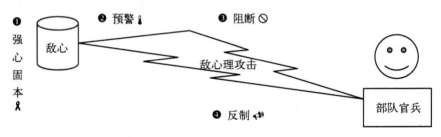

图13.3 基于信息域的心理防护模式

心理战防御预警机制必须具备威胁监控、威胁预测分析和威胁防范三大功能。(1)心理战监控的任务,确定心理战监控指标,有针对性地进行情报收集,从而探测出敌实施心理战的先兆与征候。(2)心理战预测分析,对敌可能实施的心理战信息、内容等进行分析判断,在形成基本判断之后,分析心理战可能带来的心理威胁。(3)风险评估,包括对敌心理战进攻效果的评估以及对己方军心士气风险的评估,是加强官兵心理防护的重要环节。风险评估主要包括风险分析和风险评定,并可进一步细分为风险识别、风险估算、风险接受和风险处理等要素。(4)按照标准流程发送预警信号,或者给出未来己方心理变化趋势预报。

基于信息系统体系作战心理战理论与实践需要研究解决的问题是多方面的,本章主要从作战理论的角度进行了研究,今后基于信息系统体系作战心理战理论与实践的研究工作还需要对信息化条件下军队联合作战训练模式构建、人才队伍培养、组织机构建设、法规制度完善等问题进行深入探索和研究,从而真正促进信息化条件下联合作战心理战理论体系和实践运用的成熟与完善。

(蒋 杰 唐国东)

参考文献

蒋杰,班定军.(2017).基于信息系统体系作战心理战重大问题研究.北京:解放军出版社.124-139.
蒋杰.(2015).美军重心战中的心理战运用.军队政工理论研究,16(2).
劳伦斯,马修斯.杨征译.(2014).牛津军事心理学.北京:科学出版社.
李志云.(2005).战时心理创伤防治.北京:军事科学出版社.23-57.
利西奇金,谢列平.(2003).第三次世界大战:信息心理战.北京:社会科学文献出版社.
刘勇.(2005).心理战防御概论.北京:国防大学出版社.11-18.
罗新芹.(2005).信息化战争中的心理战.北京:军事谊文出版社.11-23.
苗丹民,王京生.(2003).军事心理学研究.西安:第四军医大学出版社.482-489.
任连生.(2009).基于信息系统的体系作战能力概论.北京:军事科学出版社.
周永才,林福.(2004).心理中心战.北京:国防大学出版社.6-19.
Pub, J. (1995). Doctrine for joint operations. *Joint Publication 3-0*. Washington D.C.: United States Joint Staff 10,7(4),18-23.

第 14 章　军事信息支援作战与信息损伤

14.1　军事信息支援作战的特点与本质 / 307
　　14.1.1　未来战争的特点 / 307
　　14.1.2　未来战争的本质 / 309
14.2　军事信息支援作战概念的理解 / 310
14.3　军事信息支援作战的平台 / 313
　　14.3.1　网络空间 / 313
　　14.3.2　军事信息支援作战的指挥与职能 / 315
14.4　致伤性信息与信息损伤 / 317
　　14.4.1　致伤性信息及效应 / 317
　　14.4.2　信息损伤的特点与影响因素 / 317
　　14.4.3　信息损伤效应 / 318
　　　　对感知觉的影响 / 319
　　　　对决策的影响 / 319
　　　　对态度的影响 / 320
　　　　对情绪的影响 / 321
　　　　对人际的影响 / 321
　　14.4.4　致伤性信息效应评估 / 322
　　　　信息的"量"效应 / 322
　　　　信息的"时间"效应 / 322
　　　　信息的"质"效应 / 322
　　　　信息的"机遇"效应 / 322
14.5　中国军队信息作战及信息损伤的研究 / 322
参考文献 / 324

　　未来战争中,信息战已成为最重要的作战形式,信息也成为比核武器威力更加强大的"杀伤性"武器。通过信息技术,操控致伤性信息打击认识系统,改变或扭曲态度体系和作战意志,影响或干扰指挥者决策,为军事信息支援作战;利用信息技术诱导心理/精神障碍,严重影响部队作战效能,即为信息损伤。

德国著名军事家克劳塞维茨曾经说到,每个时代都有不同的战争,每场战争都有其特定的限制条件和范围。因此,尽管经常有人希望根据哲学的原理规范战争理论,但是每种战争理论都印着不可磨灭的时代烙印。在势态喧嚣的国际社会唇舌混战中,在浮躁盲目的国际军备激烈竞赛中,我们是不是应该静下心来认真思考:"未来战争究竟会打什么?"因为,对未来战争走势和发展的思考,是现代化军队建设和全面构建作战心理学框架的风向标,也是摆在我们军事科学人面前的挑战。

本章将从外军心理战研究进展入手,探讨心理战发展的历程,展示军事信息支援作战的缘由。而后,从军事信息支援作战与信息损伤、基于信息系统体系作战心理战重大问题和网络在未来战争中作用的三个方面,详细阐述军事信息支援作战在当今现代化战争中的作用,展望其在未来战争中的指导作用。

14.1 军事信息支援作战的特点与本质

14.1.1 未来战争的特点

当中国人还沉浸在航母、新型战机、核动力潜艇等高技术武器快速发展的喜悦中,沉浸在我国军费增长不断、刷新历史最新高值的兴奋中,我们有没有思考过,这些武器在未来战争中能派上多大用处?它们的主要效应又是什么?今天,能构成大规模致命伤害的核化生武器对人类的威胁力已经受到国际社会的普遍质疑,尽管一些美国军事学家和经济学家试图希望改变这一局面,但其威慑力也仅仅是武器所传递的信息,而不是武器本身。自古以来,人类为了掠夺他人的利益,几乎花费了20%—30%的财富研发各种新型武器。但随着科学技术的发展,被实际应用到战争中的武器装备却越来越少。今天,许多高科技武器没有参加过实战,而是以信息威慑的形式存在着。以距离我们最近的一场战争——"奥德赛黎明"为例,分析现在战争发展的脉络,或许从中我们可以获得一些启迪。

2011年3月19日在联合国安理会第1973号决议的"掩护"之下,法、英、美多国联军开始了针对利比亚的军事打击。联军连续执行了300多次轰炸任务,发射了162枚战斧巡航导弹,仅用了4个月零7天的时间,以"零伤亡"的战绩,摧毁了拥有8万兵力的利比亚政府军。8月24日反对派占领政府军阿齐齐亚兵营,从此结束了利比亚的卡扎菲政权时代。

尽管这是一场武器装备实力悬殊的军事较量,但联军没有轻敌,在整个战役的前、中、后全过程采用了大量军事信息支援作战的作战手段,以最小的军事代价,赢得了最大化的政治、军事和经济效益,充分体现了现代高科技战争的优势,也在世人面前展现了未来战争的雏形。北约联军战区司令认为,军事信息支援作战所产生的效益占总战绩70%—80%。在"奥德赛黎明"军事行动中,联军采用军事信息支援作战的主要特点有以下六个方面。

第一,建立移动广播系统,应用信息插入技术,让整个利比亚只能听到一个声音。美军出动第193特种作战大队的7架EC-130J心理战飞机,通过移动广播站、"信息插入"技术,采用阿拉伯语、法语和英语等语言对利比亚港口、商船和军舰进行宣传,让当地民众只能"收听"来自多国部队的消息,煽动其抛弃卡扎菲政权、不抵抗北约联军、不与反对派为敌,同时播放利比亚政府军节节败退的消息。

第二,压制通信指挥,干扰决策系统,造成政府军指挥体系瘫痪。美军第4心理战大队、英军心理战15大队、意大利及北约心理战部队通过信息技术,压制利比亚军队通信指挥系统、打击电视传输系统,并通过3套地面卫星传输天线,造成利比亚的通讯台网系统瘫痪,以干扰利比亚政府军的作战计划,削弱其精神力量,动摇其信念,谎报双方伤亡人数,虚报战况和战争进展,捏造卡扎菲政府高级官员投降的消息,彻底破坏和动摇卡扎菲(Gaddafi)政权的指挥。

第三,散发传单,威慑恐吓。整个战争中,联军向利比亚投放1 400万份传单(平均每人收到2—3份传单),用死亡威胁利比亚军人,促使他们停止作战、放下武器、临阵脱逃;宣传北约在军事上的优势。其中有的传单上写道:"你们无法抗拒现代化武器和北约的空中优势,继续抵抗就会让你们灭亡。"有的传单则通过画面说明北约用无人机打击利比亚坦克的经过。

第四,电子邮件、私人电话成为极具杀伤力的进攻性武器。以英国心理战专家为主导,联军通过利比亚军官尤其是高级军官的电子信箱、办公和私人电话实施策反,其主要内容是要求他们不要支持卡扎菲,威胁他们个人位置已经被锁定,恐吓他们投降以免被消灭。24岁代号"诺米迪娅"的利比亚女间谍,使用7部手机和22张手机卡向利反对派武装及多国部队传送信息,加速了卡扎菲政权的垮台,这充分表明一部小小的手机,由于传递信息更方便、内容更灵活(包括文字、图片、视频等)、从事谍报工作更隐蔽、传递信息更迅速和准确,发挥了"杀伤性武器"的功效。

第五,舆论导向,混淆是非,诱导国际社会反卡扎菲思潮。北约联军一方面利用互联网系统,抨击利比亚官僚权贵垄断国家资源,公布卡扎菲家族在石油、天然气、通讯、基本建设等投资中的巨额资产,揭露其奢华生活和国外巨额存款等。另一方面大肆渲染利比亚的内部矛盾,如失业率攀升、地区发展不平衡等;揭露卡扎菲政府的残酷统治,如与外国人谈话判刑三年、绞死示威游行的学生和反对派成员、三小时内屠杀1 200名不同政见的囚犯等。让国际社会形成卡扎菲政权不得人心、已日落西山的印象。

第六,开辟网络空间战场,形成全新的作战领域。在利比亚战争中,网络战成为一种极具威慑力和破坏力的全新作战方式。联军通过网络,呼吁成立"愤怒日"以唤起民众对卡扎菲政权的不满;创建"自由利比亚"组织,瓦解政府军士气;窃取网络情报,干扰政府军指挥决策;建立"网络黎明"网站,及时发布奥德赛黎明行动消息;借助谷歌地图实时掌握战争进展战况(12天浏览31.4万次);利用"罗盘呼叫"等装备,入侵利比亚网络系统为空袭提供准确信息等。

军事专家们预言:21世纪的战争将是别开生面的信息战,旨在以信息为主要武器,打击敌方的信息系统和认识系统,影响或改变敌方决策者的决心,并由此引发敌对行为。

14.1.2 未来战争的本质

新的科技进步催生了新的战斗力。从冷兵器战争到信息化战争,战争形态发生了根本性改变。战争的最终目标从"躯体死伤"发展成为"意识转化";赢得战争的关键不再是占领地盘,而是占领民心和摧毁敌对国的国家意志。因此,未来战争中信息将成为战争的主要武器!

然而,随着信息科学技术的发展,战争理论、核心技术、科学基础和作战形式都在发生革命性变化。未来战争的基本理论可能是意识论,即以意识控制、认知及脑科学技术、复杂网络和无人化为特征的作战形式。

表14.1 信息技术在科学作战中的发展

	机械论战争	热力学战争	控制论战争	混沌论战争	意识战争
核心技术	时钟	发动机	计算机	网络	意识控制
科学基础	力学	能量	信息	信息	认知科学
	运动学	熵	负熵	非线性	脑科学
	线性学	概率	信息负反馈	信息正反馈	复杂网络
作战形式	封闭式秩序	大规模动员	指挥与控制	分散	非接触
	战术部署	机械化	自动化	蚁群	无人化

2003年兰德公司在《全球化信息技术革命指南:主题与区域性差异》中指出,认清信息技术对政治、军事、金融、文化和社会等领域的影响,特别是对战争形势、战争发展的影响,对一个国家在未来战争中获得国际战略制高点起着重要的作用。北约成员国战略构想《2010年共同远景》中提出,在与敌对国的所有军事行动中都必须首先抢占信息优势。美军则认为,信息武器的优势是美国巩固21世纪霸主地位的关键,是未来军事潜力中最重要的组成部分;美军不断增强研发信息武器的意识,早在1994年用于信息武器的财政拨款就已经超过核武器和太空武器,而与此同时,所有

的军事院校均开设了信息战专业课程,培养使用信息武器的专业人才,并已于 1995 年培养出了第一批信息战专业军官。

根据信息革命的理论,未来战争的本质应该是以信息武器为主导,围绕信息技术的特点和规律展开的涉及军事指挥、大众传媒、通信、交通、银行、能源、工业及服务等各个领域的战争,而未来战争自身的特点主要表现为以下几点。

高智能:精确打击,高智能化武器在战场上的广泛应用;

夺心战:赢得战争的关键不仅是交战利益本身,更重要的是争取民心;

不对称:成编制集团式作战形式已经不存在了,而是表现为优势一方通过"空天网"特种部队实施单打一式的围剿攻击;

突然性:信息战极有可能随时发生,将在没有任何传统意义上的战争准备情况下突然发生;

非线性:战争态势瞬息变化,越来越难以探究其内在规律;

多样性:对国家政治、军事、金融、文化和社会等各个领域产生影响;

网络化:互联网已成为信息战应用最广泛、最便利的平台,而依次形成的网络中心战在任何环境下都能最大限度地发挥杀伤性武器的潜能。

《21 世纪主战场:网络电磁空间》中曾经这样描述:"未来战争可能是一场没有痛苦的、计算机操纵的电子游戏。"美国军事专家认为,信息战将是一种改变传统作战方式的新型作战方式。今后,当美国的盟友受到威胁时,美国不会立即派舰队或大军压境,而是会通过鼠标、监视器和键盘实施精心策划的信息战:先将计算机病毒送入敌方电话交换枢纽,造成敌方电话系统全面瘫痪;再用定时计算机逻辑炸弹摧毁敌方控制铁路和部队调动的电子运输指挥系统,造成运输失控,使敌方部队和军需物资调动混乱;干扰无线电信号,通过无线电向敌方的战场指挥官发出伪造命令,把敌人的部队调动分布在荒山野岭,使之失去有效的战斗力;用信息战飞机干扰敌人的电视广播,发动宣传攻势,鼓动民众起来推翻统治者。美国军事专家认为,通过这种方式,不费一枪一弹,就可以及时制止一场即将爆发的战争。当然,反过来也可以用这种方式发动一场战争。美国信息战的目标就是利用 20 世纪末的高科技,悄悄地对敌方军事和民用设施实施快速、大规模和毁灭性的打击。

14.2 军事信息支援作战概念的理解

2010 年 12 月 3 日,美国防部长备忘录将心理战(Psychological Operations)与信息战(Information War)相结合,改为军事信息支援作战。自此,美军信息战部队被划拨到北卡罗来纳州布拉格堡军事信息支援作战司令部,隶属于美军特种作战司令部。

军事信息支援作战总部有 2 400 名现役军人、文职语言专家和分析专家,主要任务是通过各种媒体影响舆论。第 4 心理战大队也改名为第 4 军事信息支援作战大队。

现代心理战起源于第一次世界大战,风靡一时的白色、灰色和黑色宣传战,极大提升了战争的公众支持并打击了敌军将士的士气。1920 年英国军事分析家、历史学家富勒(Fuller)首先提出了心理战的概念。美军 1982 年在《作战纲要》中首次规定了心理战的作战目标和方法。目前,我们通常认为"心理战是通过信息传播的手段,散布恐怖、不安和不同政治观点,以改变敌人的认知、削弱其斗志和忠诚度的活动"。它已经成为各类战争中应用最为广泛作战手段。

信息战的概念最早出现在 1976 年波音公司《武器系统与信息战争》的研究报告中。1980 年,美国社会预测学家托夫勒(Toffler)所著的《第三次浪潮》在美国军方引起强烈反响,美国空军开始秘密研究信息战,提出信息可以是被攻击的目标,也可以作为进攻性武器。1989 年美国军方提出了信息战进攻性武器"计算机病毒战"的概念。1990 年托夫勒在《权力的转移》中用了一章的篇幅阐述了信息战,但更多的是从市场意义探讨的。1991 年,信息技术第一次被作为战争手段应用到"沙漠风暴"行动中。1992 年美国国防部在颁发的《国防部指令》中第一次正式提出信息战的概念:信息战不只是一些能力,而是与网络空间结合发挥的一种威力。1993 年,托夫勒的《第三次浪潮的战争》将研究信息战的眼光转向军事领域,引发美军信息战研究的高潮,加快了世界范围内信息战研究及应用的步伐。目前就军事意义而言,信息战是战争双方企图通过控制信息和情报流动把握战场主动权,在情报支援下,综合运用军事欺骗、作战保密、心理战、电子战和通过信息系统摧毁、阻断敌方的信息流,影响和削弱敌指挥控制能力,并确保自方指挥控制系统免遭敌方破坏。

信息对抗的概念源于 1996 年美国国防部公布的代号 S-3600-1 秘密指令《信息对抗》,重新定义了以往沿用的信息战。在该指令中,信息战只被用来特指某一类信息对抗,即"在危机或冲突期间,为达到或支持某些特定目标,针对一个或多个特定敌方所进行的'信息对抗'"。而信息对抗被定义为:在任何时候,为影响敌方信息和信息系统,保护己方信息与信息系统所采取的各种行动。

战略信息战的概念是美军于 1996 年提出的,指发生在政治、军事、经济、社会、心理和科技等与国家利益密切相关的各个领域中的信息战的总称,主要目的是控制民众的意识和观念,摧毁武装力量的精神和战斗潜力,影响国家领导人或决策机构的意志和信仰,为政治颠覆、经济侵略、军事渗透奠定基础。战略信息战通常利用大众传播媒介和心理战等方式攻击敌人的认识体系和思维体系,是一种不必宣战、不受国际法规约束、不耗费资金和效价比极高的新型战争,从根本上改变了传统战争的观念。在作战空间方面可覆盖陆、海、空、电磁等所有空间,在交战时间方面可全天候、全天时作战,在攻击目标方面可攻击上至国家政治、金融、交通等,下至航空母舰、战斗机、巡航导弹等武器系统,在攻击对象方面主要包括敌对国家军队、敌对国的结盟国家,使敌人丧失心理防御能力,精神上、心理上、意志上、信仰上均被彻底摧毁,陷入瘫痪,让部队根本不想打仗甚至根本无力再战或者防御。苏联解体和东欧巨变就是战略信息战的具体体现。

2011年初,美国特种司令部海军奥尔森(Olson)上将指出,将心理战改为军事信息支援作战不是简单地改个名称,而是捋清心理战与宣传战、信息战和网络战关系的需要,捋清心理战与公共外交和公共事务关系的需要,以调整公众对心理战神秘和不道德感的认识,正确看待心理战饱受争议的历史,为其带来新的希望。因此,军事信息支援作战可以视为:运用现代信息技术,通过精选信息和制定信息作战计划,影响受众群体的认知、态度和情绪,改变国外政府、组织、集体和个体的动机和行为目标。

军事信息支援作战的提出,至少解决了以下四个方面的问题。

第一,由于心理战常常与宣传的负面影响联系在一起,在一定程度上被视为谎言、欺诈和假情报的化身,因此在实际作战中人们经常将心理战说成是"信息战"。有研究认为,实际上有效的心理战信息95%是真实的,是没有被操控的,只有5%的信息受到不同程度的操控,但其效应也是暂时的,如二战期间著名的"德国士兵尸体制造肥皂"的谣言,只是暂时地激发起了战争的热情,随后就招致民众对美国政府的不信任和猜疑。在战争的后期,民众对谣言和假情报已变得漠不关心。也就是这5%被操控的信息导致了人们对心理战的批评甚至厌恶。美国海军奥尔森上将认为,用军事信息支援作战的目的是消除目标受众与不正确推测和误解等欺骗活动间的关联,因为军事信息支援作战必须基于真实。

第二,在心理战理论中,始终没有解决对本国、同盟国民众心理影响的称呼问题。为了回避采用"心理战"形成的不真实、不谨慎的刻板效应,许多国家用公共外交、国际公共事物或信息战等取代了心理战的说法。其实,心理战与外交事物有着共同作用。即使是善意的,心理战的消极内含及其历史烙印也不可避免地会对公共外交产生消极影响。而将心理战的技术和实践经验通过"善意的"意图用于外交活动,可以解除"敌意"的外衣,通过商业互信、公共相关和跨文化交流等,可以使心理战容易被接受,增加心理战亲和力,降低公众的怀疑度。美国政府使用"公共外交"一词,目的在于迷惑、引导、影响本国和同盟国民众,使其对美国政策和社会产生好感,从而提高对美国领导世界的道德认可。

第三,信息武器具有破坏信息系统和影响心理活动两大功能,即包括信息心理战和信息技术战两大内容。为了突出最有威力的效应——对人类心理的影响和对行为的控制，又要强调信息载体的一体化，军事理论家们对军事信息支援作战已达成了共识。专家认为，军事信息支援作战有着更可信的内涵和清晰的概念界定，比心理战和信息战都更具有概括性、信服力、说服力和准确性。

第四，最后，军事信息支援作战能更好地迎合现代战争信息化作战发展的需要，特别是强调了网络空间在持续性冲突和多维、复杂层次战争中所发挥的功效。

军事信息支援作战的提出具有积极的意义，它既包含了心理战和信息战的核心内容，也在一定程度上规避了两者的弊端，特别是突出了"信息"在未来作战中的地位，也使网络空间成为了最重要的军事信息支援作战平台。

军事信息支援作战也被称为军事信息支援行动，其概念通常被描述为：心理战与信息战相结合的产物，将信息科学的理论与技术融合到心理战体系中，形成的新的军事心理学分支；采用现代信息技术，通过信息服务与信息干预等手段，影响受众者的态度与行为、影响决策者的指挥与决策；也有这样定义军事信息支援作战的：以有利于实施者目标实现的方式，向外国受众有选择地传递信息和征候，从而影响其情感、动机、客观推理，直到最终影响外国政府、组织、团体和个体之行为的有计划的行动。

14.3 军事信息支援作战的平台

2008年5月12日，美国防部将网络空间正式定义为可以实施军事行动的又一维作战空间，并指出其具备以下特点：作战中心由传统平台转向网络，信息成为战斗力的倍增器，网络化具备高效协调的作战效能，灵活与适应性使指挥人员作战指挥更加便捷。

中国军队未来的作战方向为："必须坚持以国家核心安全需求为导向，着眼履行新世纪新阶段军队历史使命，与时俱进加强军事战略指导，高度关注海洋、太空、网络空间安全。"网络空间已成为军队未来重要的作战方向。

14.3.1 网络空间

网络空间：指通过计算机网络传递数字信息构成的全球信息环境域，通过对信息的认知构成了认知域，通过认知产生的群体效应构成了社会域。网络空间是物理、认知、社会域概念的总和。

网络是信息社会的命脉，也是高技术作战体系的"神经中枢"。对网络空间实施攻击，在政治上可对敌民众的思想、心理、情绪产生影响，在经济上可导致敌金融业务瘫痪、通信阻塞、供电中断、交通混乱等，在军事上可以使敌指挥通信瘫痪、武器失灵、战斗力下降。掌握网络空间的控制权,一定意义上也就抢占了战争胜负的制高点。

2009年5月29日,美国总统奥巴马敲响了美国网络安全的警钟,批准公布了国家网络安全评估报告,认为来自网络空间的威胁已经成为美国目前面临的最严重的经济和军事威胁,并明确提出恐怖袭击已被网络战争所取代,应加强互联网领域绝对优势和安全,形成强大的网络力量。2011年6月23日,美国国防部长盖茨宣布正式创建网络战司令部,奇尔顿(Chilton)将军担任司令,下辖两个部门:全球网络联合部队(joint task force-global network operations)和网络战联合功能司令部(joint functional component command network warfare)。随着计算机网络在军事领域的普及,美国军事预测学家亚当斯(Adams)在《下一场世界战争》中预言:在未来的战争中,计算机本身就是武器,前线无处不在,夺取作战空间控制权的不是炮弹和子弹,而是计算机网络里流动的比特和字节。

"最好的防守就是进攻",美军和以色列曾对伊朗核设施发动了名为"震网"的病毒攻击。达到了大规模杀伤性武器的破坏效果。《21世纪主战场:网络电磁空间》一书中评述,阿富汗战争中,CNN成为实际的主角,而美国士兵只不过是一群斗志昂扬的影视演员。伊拉克战争中,美英联军通过网络实施的一系列信息攻势,达到了造"势"、造"假"、造"谣"和煽"情"的目的,淡化了战争带来的负面影响,鼓舞了己方士气,以确定和不确定的"新闻"给敌军施以强烈的刺激和影响,造成敌军哗变,将战役的主动权牢牢掌握在己方,给伊军造成了强烈的心理震慑。《环球时报》于2013年3月15日第16版报道了一条消息:目前,全球有150个国家推行网络战战略,而美国是最早成立专业化部队的国家,已建立规模为5.3—5.8万人的"网攻"部队,其中新增40支部队中的13支为进攻性部队,每年耗资100多亿美元进行网络攻击与安全防护作战。

随着云计算、物联网、IPV6(Internet Protocol Version 6)等网络技术的广泛推广应用,网络规模将进一步扩大,各国之间围绕网络空间的争夺更加激烈,由此引发的矛盾也将更加尖锐。而网络是军事信息支援作战重要的平台;掌握网络空间的控制权,有利于抢占未来战争胜负的制高点。"棱镜门"事件使全世界人民有了深刻的体会:美国互联网力量和网络战争是真实存在的,美国网军正通过攻击主干网络、网络强行渗透、联手网络巨头收集网络情报三大技术进行网络侵犯。据斯诺登揭露,美国网军已向中国发动了6.1万项网络攻击计划,并将魔掌伸向全世界;美国正在收集海量数据,并在犹他州建设数据中心,储存能力高达5ZB,是全世界海滩沙子数量的5倍,而美国电信巨头正帮助美国监控数百万用户的电话,9大互联网公司均参与了网络监控项目,真正的网络安全是不存在的,符合美国国家利益才是美国网络行为的根本目的;有人形容"棱镜门"事件对美国的打击如同二战时期的珍珠港事件,它动摇了美国的价值观，使盟友及本国人民认为美国没有言论自由，这也使得以往美国用来攻击中国等其他国家的言论都变得苍白无力。

军事信息支援作战的直接作战效应是信息损伤，即在信息的影响下，致伤性信息引起受众心理结构失衡，产生认知偏差，情绪紊乱，意志消沉，甚至人格扭曲，以及社会群体效能下降等。从以上文献分析中我们不难看出，未来战争应以信息损伤为主要作战目的，因此如何揭示信息损伤的规律，探讨信息损伤防御措施是摆在我们军事医学人面前的挑战，是指导军队备战训练的核心。

14.3.2 军事信息支援作战的指挥与职能

军事信息支援作战的最高指挥权在美国总统。总统通过国家安全委员会、国防部、参谋长联席会逐级对各联合司令部和战区司令部实施指挥，并统领各军兵种。

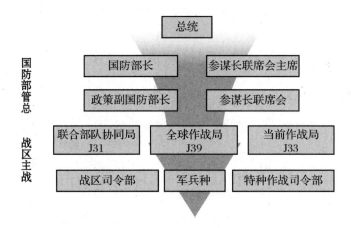

图 14.1 军事信息支援作战最高组织机构

参谋长联席会下设的联合参谋部有三个机构分别管理军事信息支援作战的具体职能：联合部队协同局(J31)负责提出军事信息支援作战需求；全球作战局(J39)负责制定政策、出版作战条令、管理军事信息支援作战部队；当前作战局(J33)则负责审批军事信息支援作战的作战合法性。

军事信息支援作战的核心任务包括五个方面：(1) 建议：对各类人员进行信息作战指导，特别是指挥官、政府人员、外交官、国家行动小组，帮助其提高战场态势感知，理解个体和群体对作战影响；(2) 筹划：制定军事信息支援作战计划，了解战区社会、文化背景和政治环境；(3) 制作：进行信息操作，选拔有资质的人员；(4) 投送：寻求信息传递途径，选择最合适的军事与民用技术；(5) 评估：在多大程度上引起目标受众的行为变化，为制定进一步行动目标提供依据。

在军事信息支援作战的指挥与职能方面,美军采用了三位一体的建设与管理模式,即军种管建、特战管联和战区管战的模式,明确划分了指挥职能。

军种管建。主要提供军职或文职人员的心理战训练及技能提升;提升本军种执行心理战行动的建制能力,并根据国防部长和参联会主席指示发展专业心理战部队和装备;制定涉及本军种所承担的基本功能的军事心理战条令;对心理战部队进行全球兵力管理,支援作战司令官和其他政府部门和机构地区性心理战计划和活动;将心理战指示纳入军种训练和教育规划等。

特战管联。为所属部队进行规划与预算准备,为已批准的心理战规划提供资金;提供训练完备的心理战部队,为国防部长和其他作战司令官提供支援;为战区和功能作战司令官行使信息作战职责以及心理战的计划、协调、同步和执行提供支援;确定心理战训练、情报和军事需求方面的优先顺序,并将其提供给参联会主席,支援军种、作战司令部和联合参谋部履行心理战相关职责;制定支援国家安全目标的概念、审核军种心理战条令发展与联合条令的一致性,并确保联合和军种心理战训练要支援国家目标等。

战区管战。确保在制订和实施联合心理战时司令部的参谋部门和有关机构充分、高效参与;会同联合参谋部和美国特种作战司令部制订计划,对受援作战司令官的心理战需求进行支援;制定并向参联会提交为支援作战司令官计划所必要的附加心理战需求;根据国防部指示,接收配属的心理战部队;在心理战计划能力、协调心理战行动和确保地区计划、活动和行动支援国家目标方面制定专门的参谋;制定心理战分析、计划与执行所必需的情报与反情报需求;与战区司令官责任区域内的美国外派使团负责人协调军事信息支援事宜;准备计划并在得到批准之后开展心理战支援军事行动;在多国部队和地区性安全组织内培育合作性的心理战政策;建立报告体系,提供有关敌方宣传、可量度的心理战效果和对当前活动的预期变化的相关信息等。

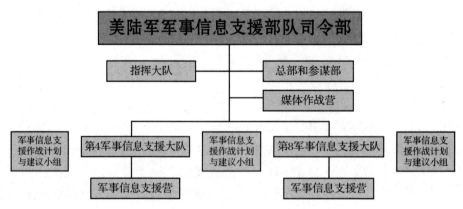

图 14.2 军事信息支援作战的作战组织机构

14.4 致伤性信息与信息损伤

军事理论家布斯凯(Bousquet)分析发现,在未来战争中信息以不确定和不可预测(混沌)的形式存在,由此大大增加了信息的复杂性和多变性(Scientific Method for Fight, 2010)。军事理论家克劳塞维茨认为,战争中的信息大部分是相互矛盾的、错误的,甚至更多的是让人充满怀疑的。这些矛盾、错误或质疑性信息中隐含着大量的有害信息,被称为致伤性信息,即直接打击敌方认知和情绪系统,引发认知偏差的各种信息;而其导致的行为紊乱、情绪障碍,甚至指挥决策失误、作战意志丧失,严重影响部队作战效能,被称为信息损伤。

对于信息损伤的概念,在目前国内外文献中尚未见报道。想要界定信息损伤,应首先考虑导致信息损伤的信息种类,信息损伤的表现,以及信息损伤的程度。

14.4.1 致伤性信息及效应

信息与人类的生活息息相关,大部分信息对人类生活和工作将产生积极的影响。但在心理战条件下,信息作为新概念武器的一种被战争利用,成为决定战争"胜败"重要因素,被用于诱导心理杀伤并降低战斗力。信息作为一种杀伤性武器,主要的致伤特性有:依据信息本身的特性,包括虚假信息、恐吓信息,以及怀柔离间信息。依据信息的影响方式,包括短时间大量充斥,导致信息过剩、信息爆炸,或信息长时间阻断、缺失或封闭。此外,还可以依据信息影响的程度、媒介和时空等特点进行分类。

致伤性信息主要导致人们心理出现各种变化,首先是认知领域的变化,包括认知偏差、认知扭曲以及认知能力降低;其次是情绪变化,包括焦虑、恐惧,出现情绪紊乱等;严重的信息损伤还会导致人们意识混乱,意志消沉,甚至发生人格扭曲。

14.4.2 信息损伤的特点与影响因素

为探讨信息损伤的特点及影响因素,2003年"非典"时期,研究人员对北京、广州和西安地区近8 775名各类人群进行了问卷调查,结果发现信息损伤具有以下特点:首先,情境性。特定时期、特殊环境赋予了某些信息特殊的意义。"非典"研究调查结果发现,有48%的人认为"非典"对人类危害最大,而认为癌症和艾滋病对人类危害最大的人加起来也只有43%。在这种信息失控条件下,一些人的道德判断准则发生了变化,有17%的人认为"非典"病人逃跑是个人的自由,可以理解。其次,规模性。一是大众传媒已经成为人们生活中的重要信息交流工具,在信息化时代,信息爆炸、信息过剩导致的信息损伤具有广泛性;二是传媒信息的影响具有较强的隐蔽性,很多时间人们在不知不觉中受到影响,信息影响的累积和潜移默化效果,使信息的影响具有更强的渗透性;三是传媒普及面广,信息传递速度快,信息损伤一旦发生,就具有较强的传染性,往往会使负性影响呈几何性增长,损伤规模大。四是反馈性。信息损伤是一个动态的变化过程,信息损伤后的信息反馈,尤其是信息接受者的主观态度,在抵御信息损伤方面具有重要的调节作用。

信息损伤程度与是否掌握相关知识和文化背景有密切关系。一方面,研究发现,2003年5月上旬"非典"在我国蔓延呈下降趋势阶段,44.1%的普通人认为 SARS 流行正呈上升趋势;32.0%的普通医护人员有同样的认识;而传染科或战斗在隔离区一线的医护人员中的72.7%认为非典已经得到控制。另一方面,研究还发现,文化程度越高受信息损伤更严重;而低文化程度群体对信息的认识容易出现偏差,容易丧失判断能力,出现非理性行为。

信息损伤与年龄有关。研究发现,20岁至40岁间的个体受信息打击后容易产生恐慌。

信息损伤与性别有关。女性由信息损伤导致的恐慌心理比较严重。一方面,女性对传媒信息比较敏感,情绪波动性大,容易出现信息损伤;另一方面,女性容易受到传媒信息的暗示,所产生的情绪恐慌也比较严重。

信息损伤与不同群体的性质有关。调查发现,普通人群与部队官兵相比,前者受到信息损伤后有更明显的恐慌心理,这与部队群体接受信息来源的方式有关;担任特殊训练任务的部队与预备役部队相比,前者受到信息损伤的影响较大,这可能与他们肩负的任务性质有关,他们对传媒信息的动态变化比较敏感。

14.4.3 信息损伤效应

20世纪50年代以来,随着计算机的出现和普及,信息对社会进步乃至人类发展的影响变得越来越大,信息的数量、信息的传播速度、信息的加工速度以及对信息的利用程度都在以几何级数的方式飞速增长,因此,21世纪的人类毫无疑问是生活在信息时代中。

互联网的出现与普及更加促进了信息的传播。在2011年召开的"存储网络世界"(storage networking world)年会上,美国加利福尼亚大学圣地亚哥分校对计算机服务器年处理数据量进行了统计,结果让人瞠目结舌:世界范围内服务器年处理量为$9.57 \times 1\,022$字节,如果换成书本厚度的话,那么这些书本摞起来的厚度将高达90亿千米,这长度是地球与海王星距离的20倍。

信息损伤对人的认知变化有一种启动效应。它首先作用于人的认知加工过程,在认知变化出现以后,便会像"阀门"一样辐射到其他的心理通道,例如感觉、知觉、推理、判断和问题解决等。最终对人类的感知觉、决策、态度、情绪和人际这重要五个方面产生影响,它不但影响了个体的观点立场、情绪情感和价值观,还可以左右个体和群体的行为,甚至可能威胁到社会舆论的走向以及国家的安定团结。因此,认知评估的方法与技术是至关重要的,其不但具备个体意义,更具备国家意义和战略价值。

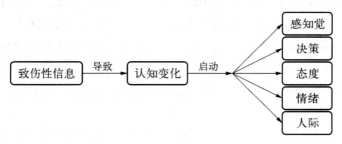

图 14.3 信息损伤的效应过程

对感知觉的影响

在致伤性信息作用于人的大脑时,感觉系统是人类接受并加工信息的第一道防线。当感觉系统受到损伤后,信息加工的准确性便会受到影响,严重时个体对信息的理解会出现歪曲和失调,甚至出现整体的"心理崩溃"。海湾战争中,美军利用声像技术,在深夜播放猛兽的狂吼声、妇女和婴儿凄厉的哭叫声、牧师低沉的祈祷声、教堂震耳的钟声,使伊军官兵的视觉和听觉系统承受了沉重的负荷,并由此产生了巨大的心理压力;使民众的精神受到了很大刺激,诱发了严重的心理创伤。不仅如此,由于知觉是对感觉的有意义加工,因此致伤性对知觉系统产生的影响甚至更为强烈。在伊战中,美军利用虚拟光影技术,在天空中投射了巨大的耶稣受难的图像,给伊民众的知觉系统造成误导,伊民众看到以后惊讶万分,都以为是耶稣显灵了,纷纷双手合十进行祷告,希望战争早日结束。美军利用显影技术巧妙地激发了民众饱受战争困扰的负性情绪,使得民众内部对战争的抵制更加强烈,从而造成伊拉克人心涣散。泽加尔(Segall)在 1966 年的跨文化研究中发现,只有美国人受缪氏错觉的影响较大,而对于大部分其他文化群体而言,该错觉的影响微乎其微。

对决策的影响

2002 年度诺贝尔经济学奖得主、美国普林斯顿大学心理学教授卡内曼(Kahneman)研究发现人类并非我们想象的那般具备完美的理性。人类利用两个认知系统进行思考:"第一系统"依赖于直觉,反应迅速,非理性的错误决策都是由"第一系统"产生的。而"第二系统"则更为审慎、缓慢,犯错的可能性较低。当我们碰到复杂难解的问题时,"第二系统"将接管我们的思维。人类的生活充满了判断和决策。郑雨明认为:认知偏差造成的非理性决策虽然不是与生俱来的,但是几乎没有人能够对其"免疫"。这就使得致伤性信息对人类决策的影响无处不在,并有可能引发难以预计的后果。利用人类的非理性弱点设下陷阱,可以诱导个体犯下重大的决策错误,甚至有可能引发民众的暴乱甚至国家的倒戈;利用问题的措辞和框架还可以诱导人类做出非理性的决策错误。博雷利(Borrelli)认为:即使只改变问题中的一两个词语,也会对人们的回答产生深刻影响。斯坦福大学心理学家博罗迪斯特斯基(Borodistsky)在2011年发现:当把犯罪描述成"猛兽"时,有71%的被试提出需要采取强制措施遏制犯罪,而将"猛兽"换成"病毒"时,这一数字就跌到了54%。这个结果证明了措辞的微妙变化对人决策的影响。卡内曼在其研究中,说一种病"造成10 000人中1 286人死亡",比说这种病"造成24%的人口死亡"更令人感到危险,尽管第二种描述中死亡率为第一种的2倍。可见生动的语言往往会胜过基本的算术能力,诱导决策者犯重大的概率错误。

对态度的影响

美国著名社会心理学家托马斯(Tomas)认为:社会心理学就是"研究社会态度的科学"。前美国心理学会主席奥尔波特曾经提出"态度是社会心理学中最重要、最关键的概念"。从个体水平看,态度影响个体的知觉、思维和行为;从人际水平看,态度影响对他人社会行为的预测;从群际水平看,态度可以导致群体排斥和群体认同。由此可见,态度在人类的认知和行为中扮演着极为重要的中介角色。它既可以影响人的认知,又可以左右人的行为。致伤性信息可以在使民众有意识的情况下改变其态度。在2003年伊拉克战争开始前,美国国内外反对对伊动武的呼声很高,美国迅速发动美国有线电视新闻网CNN、美国全国广播公司NBC等主流媒体大肆渲染伊拉克同基地组织有联系,并拥有大规模杀伤性武器,使美国国内对伊动武的支持率由不足50%逐渐上升到70%以上。美国反复利用媒体的信息传播造势,通过影响国内公众的舆论和态度来达成战争的目的,这便是致伤性信息引发战争的重要证据。在态度改变的过程中,要想成功说服对方必须要遵循一定原则。二战期间担任美国战争部首席心理学家的耶鲁大学教授霍夫兰(Hovland)通过对说服的研究,强化了美军士兵对战争的认同感,弱化了他们对战争的厌恶态度,为战争做出了不可磨灭的贡献。为了鼓舞士气,他系统地研究了训练影片和历史记录是如何影响新兵对战争的态度的,并在1959年提出了态度改变的说服模型,其中说服者、信息内容、被说服者与情境这四个因素影响了态度改变(图14.4)。

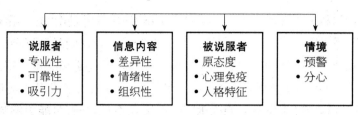

图 14.4 霍夫兰态度改变—说服模型

对情绪的影响

1989年旧金山地震对美国民众造成了巨大的情绪创伤。彭内贝克和巴伯(Pennebaker 和 Barber)对旧金山地区和远离旧金山的城市的800名民众进行了调查,结果在旧金山的幸存者中,他们发现了三个明显的应激反应时期:紧急期(最初3—4周内),幸存者在社会接触、焦虑情绪和定向强迫观念等方面都有明显增强;抑制期(3—8周之间),幸存者典型的特征是涉及有关地震的谈论突然减少,但相关应激反应(如争论、恶梦)却明显增加;适应期(2个月后),灾难给大多数人带来的心理影响逐渐消退,但仍有20%的幸存者停留在地震痛苦中,并且长达一年之久。

对人际的影响

法国著名社会心理学家波(Bon)在其经典著作《乌合之众》中有这样一段描述:"它可以让一个守财奴变得挥霍无度,把怀疑论者改造成信徒,把老实人变成罪犯,把懦夫变成豪杰。"这个"它"指的就是群体,可见群体本身便是致伤性信息的影响因素。1967年,200名俄克拉荷马大学的学生聚集在一起围观一个声称要从塔顶跳下来的同学,下面的人起劲儿地同声呼喝着:"跳!跳!"最后那个学生真的跳了下来,当场身亡。在某些群体情境中,人们可能抛弃道德约束,忘却个人的身份,而顺从群体规范,即"去个性化"。从轻微的失态(在餐厅里扔食物、怒骂裁判、摇滚乐现场的疯狂),到冲动性的自我满足(抗日游行砸车、纵酒狂欢),甚至具有破坏性的社会暴力(袭警、暴动)等。莫斯科维奇和扎瓦洛尼(Moscovici 和 Zavalloni)认为:群体讨论通常可以强化其成员最初的意向。利基特和霍尼克特(Lickiter 和 Honeycutt)认为人类的大多数行为都是受社会影响的。在社会影响下,人可能会根据他人而做出行为或信念的改变,而出现从众的现象。菲利普(Philips)的研究发现,当媒体报道了自杀事件之后,一些自杀事件以及致命的车祸、私人飞行事故也会迅速增加,这便是暗示的结果。负面信息的传播会给整个社会造成的消极暗示,然后群体中个体会产生一种不自觉的行为改变,因此负性事件就会像多米诺骨牌一样接二连三地出现,并不断扩大影响效应。卡劳和威廉斯(Karau 和 Williams)对4 000多名被试的49项研究元分析发现:随着群体规模的增大,个体所付出的努力程度在减小。"人多不一定力量大",这便是社会懈怠效应的作用所在。

14.4.4 致伤性信息效应评估

信息的"量"效应

致伤性信息的作用效果与受试者接触的量有直接关系。接触量包括到达范围（reach）、次数（frequency）和总量（gross），$G = R \times F$。通常，可以根据信息熟悉度调整 R 和 F 的比例，如熟悉度的信息，给 F 设较大的系数。克鲁格曼（Krugman）提出了有效到达次数的观点，并发现次数与效果变化曲线呈"S"形，而有效到达次数受媒介载体、目标效应、累积效果、人际交流和发出者权威性等因素的影响。

信息的"时间"效应

信息的"时间"效应与人类的记忆有关。信息攻击的效果在下一期攻击前依然保存的现象被称为"延迟效应"（carryover effect）。莱昂内（Leone）等研究发现：一般致伤性信息的延迟效应在6个月内仍能保持90%左右。齐尔斯克和亨利（Zielske 和 Henry）发现：信息作用效应与投放日常有关，短时间大强度的投放效益更加明显，作用效应会随投放停止迅速消失。威尔文德等提出了"睡眠者效应"和"双重线索理论"解释信息"时间"效应的特点。亨德森（Henderson）等的"饱和效应"则着眼于解释信息"时间"作用是如何终止的。

信息的"质"效应

信息作用效果大小，与信息本身质量有直接的关系。信息质量受到受众结构、受众态度、接受场所和信息利用便利性等因素的影响，同时信息源投放的媒体不同，信息质量效应也不相同，艾普尔（Apple）将该现象称为"信息源效应"。同时，无意识文化传承效果、无意识信息处理效果和有意识认知整合效果等理论，也诠释了媒体信息是如何对信息质量产生影响的。

信息的"机遇"效应

通常，受众群体与信息的接触机会被称为"信息接触点"。"信息接触点"可分为连续型、断续型和脉冲型3种。西蒙（Simon）等发现：信息接触点类型如果与受众群体信息需求相适应，可以达到最佳效果。信息接触点效应会受到信息发生的集中性、复杂性、单位时间次数、信息类型（如阈下意识、潜记忆）、信息环境（如群体意识、社会规范）等因素的影响。

14.5 中国军队信息作战及信息损伤的研究

20世纪80年代中期，在《解放军报》开设的"未来战场设计"栏目中，沈伟光开始对信息战进行研究；1987年，其以"信息战的崛起"为题，介绍了信息战研究的学术观点；1990年，其完成《信息战》一书，该书是我国信息战研究的首部专著。

在心理战中,信息作为心理杀伤武器,早已被人们所熟悉。但迄今为止,罕有学者从实证研究的角度关注信息致伤的特点和规律。相关研究大都是描述性的,且人云亦云。要提高中国军队心理战防御能力,必须首先搭建一个研究平台,使信息致伤研究能够在实证研究水平上进行,在非临战条件下对其进行研究,有助于揭露其本质。"十二五"期间,我们紧密跟踪国际军事前沿,在大量文献和实证研究基础上,从心理战防御的角度对心理战的实质做出了新的界定,并率先提出了心理战信息损伤的概念,形成了一系列研究成果。

第一,构建了完整的信息损伤理论框架;提出了评估信息损伤的3个关键指标——自信心、凝聚力和信任;揭示了特殊环境人脑在彩刺激下的神经编码过程及信息加工机制;创建了军人群体相关的彩信文模型,发现色彩心理语义具有较明显的群体文化特征;对军人群体人际沟通特点的调查和网络结构分析,为合理构建作战单元网络结构提供了理论的支持,并通过两类代表性的突发公共事件,将心理学研究技术方法有效的和新闻传播学、社会学相融合,揭示了突发公共事件的一般特点、规律。

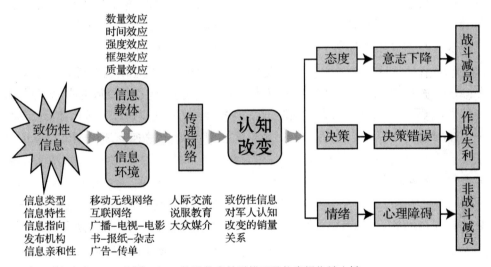

图 14.5　构建信息传递模型及信息损伤效应链

第二,提出了基于关注网络的目标用户选取策略,解决了微博数据采集噪声大、数量少、无法定制的问题,并且实现了特定时间段内,目标用户所发信息的完全采集;提出了一种完整采集微博转发信息的方法,解决了转发信息抓取不完整和路径还原不准确的问题;构建了基于"语义原子"的"概念树"模型;设计并研制了致伤性信息舆情分析及预警原型系统。

第三,建立了"信息损伤—决策行为"数据库;开发了基于中国文化和军事环境的军人决策行为相关评估系列工具,编制了一系列决策风险任务软件;探索了采用情境呈现常见决策偏差的方式以提升决策能力,对形成决策能力提升训练方法进行了初步尝试。

第四,提出了大脑结构磁共振成像的三维加权梯度方向直方图(3D-WHGO)描述子和皮层顶点云的大脑局部形态特征描述子,丰富了大脑结构特征抽取理论;提出了基于最大互信息系数的非线性功能连接度量、动态功能连接低频振荡振幅度量、时频多变量格兰杰因果连接度量,以及基于成组典型相关分析的大脑功能磁共振成像盲源分离方法,提出了多中心脑影像数据的多任务学习方法和鉴别稀疏自编码深度学习方法,有效解决多中心脑影像数据差异问题;提出了面向精神障碍辅助判别的无监督学习方法和多类精神障碍分类的脑连接组多流形内蕴判别分析方法;发现了精神分裂默认脑网络标记和大脑—纹状体—小脑环路标记,揭示了抑郁症小脑—皮层异常连接环路标记和默认网络的分化特性,发现了网络成瘾人群冲动抑制障碍的神经环路标记。以上研究为信息损伤下精神障碍的脑影像分类识别提供了脑结构特征描述方法。

第五,创立了信息损伤下抑郁、焦虑障碍发生的危险性因素、脑电与脑功能影像学特征、快速筛查工具;创建了焦虑障碍高危人群"双向"调节技术,显著提高了应激防护效果;发现了信息损伤背景下创伤后应激障碍的神经影像变化及脑血氧变化等临床特征,明确了群短—中—长期的脑血氧变化规律;制定了创伤后应激障碍评估量表,建立了快速客观的评估技术,利用该技术调查了军事群体创伤后应激障碍流行病学特征,并阐明了人格、生物和心理等三个方面的创伤后应激障碍易感因素,进而建立了仿真信息损伤背景下创伤后应激障碍预警模型,形成了早期预警技术。

第六,明确了精神障碍高危人群的概念和内涵,构建了快速筛查技术,制订了相应的判定标准;提出并验证了反社会型人格障碍高危人群的独立性,建立了反社会型人格障碍个体在人格形成与发展中的负性信息损伤易感指标群,发现了反社会型人格障碍高危人群的注意认知与电生理机制,为遏制军队凶杀事件发生提供了科学和实操性方法。

最后,首次应用项目反应理论建立了精神障碍前驱期计算机化自适应筛查系统,探索了精神分裂症高危人群的眼动模式特点;首次完成了精神疾病高危人群流行病学调查,发现了焦虑障碍的高危风险,以及其易于与其余精神障碍形成合并高危风险的特点,为制订多样化军事行动心理勤务保障预案的制订提供了实践依据。

(苗丹民 武圣君 张艺军)

参考文献

苗丹民,朱霞.(2006).心理战信息损伤的概念与研究.心理科学进展,14(2),190-192.

徐北巨.(2011).科学作战方法—现代战场上的有序与混沌(第一版).北京：蓝天出版社.
B. A. Keith. (2007). Warfighting in cyberspace. *Joint Force Quarterly*, 46(3), 58-61.
B. Alex, E. Ben. (2009). Twitter free Iran: an evaluation of twitter's role in public diplomacy and information operations in Iran's 2009 Election Crisis. Paper presented at *the meeting of Communications Policy & Research*, Sydney, Australia.
B. R. Colonel. (2010). Information operations as a deterrent to armed conflict. *Military Review*, 97-104.
C. C. Boyd. (2010). The Future of MISO. *Special Warfare*, 24, 22-28.
E. L. (2004). *Armistead*. *Information operations: warfare and the hard reality of soft power*. Washington, DC: Potomac Books Inc.
E. R. Walter. (2009). The future of information operations. *Military Review*, 103-112.
Frank G. Hoffman. (2007). Mind maneuver, the psychological element of counterinsurgency warfare can be the most persuasive. *Armed Forces Journal*, 28-32.
H. Paddock. (2010). Legitimizing army psychological operations. *Joint Force Quarterly*, 56(1), 89-93.
Hollis, D. B.. (2008). "why states need an international law for information operations". *Social Science Electronic Publishing*.
K. C. Sapan. (2008). An overview of information operations in the Indian Army. *Information Operations Journals Special Edition*, 10-14.
V. Michael. (2011). Information operations: from good to great. *Military Review*, 67-81.
Z. Amy. (2010). Narrative as an influence factor in information operations. *Journal of Information Operation*, 3(2), 4-10.

第15章 网络在未来战争中的应用

```
15.1  网络战／326
    15.1.1  网络战概述／326
    15.1.2  网络心理战／327
    15.1.3  美军的网络中心战／328
    15.1.4  外军网络部队概况／330
    15.1.5  我军网络战及网络部队的建设／332
15.2  信息战／333
15.3  网络舆情、大数据、云计算等新兴议题／335
    15.3.1  网络舆情／335
    15.3.2  大数据在军事领域的应用／335
    15.3.3  云计算在军事领域的应用／337
参考文献／337
```

随着信息技术的革命性进展和人机物三元世界的日益融合,网络逐渐渗入金融、商贸、交通、通信和军事等各个领域,网络空间日益成为维系国家和社会正常运转的重要基础设施。网络空间已成为陆地、海洋、天空和太空之外的第五维国家安全领域,针对网络空间的攻击、破坏、窃密、感知等活动的影响越来越大,网络空间安全已经成为国家安全的重要组成部分之一。信息时代,网络已融入社会生活的各个领域,无论是生产部门、服务部门,还是政府机构,其运作都越来越依赖于无处不在的各种结构和规模的电脑网络。尤其是通信、管理等系统与军事系统、国家安全有着紧密联系,对这些网络系统的攻击就是对军事系统与国家安全的攻击,所有会导致损失的病毒侵袭和黑客攻击均可视为网络战争。

15.1 网络战

15.1.1 网络战概述

随着世界各国新军事变革的深入,网络战正日益成为信息化战争的一种重要的作战样式,它可以兵不血刃地摧毁敌方的指挥控制、情报信息、防空等军用网络系统,也可以悄无声息地破坏、瘫痪、甚至控制敌方的商务、政务等民用网络系统,从而达到不战而屈人之兵的效果。俄罗斯著名军事理论家斯里普琴科将网络信息战比作是,继冷兵器时代、火器时代、机械化时代、核时代和高技术时代之后的未来的"第六代战争"。第六代战争的本质特点是非核战争和非接触性战争,它的本质有别于前几代战争,网络战以网络空间作为全新的作战领域。

军队的训练要着眼于未来,而且要进行作战和训练的评估,以确定如何能使训练更加有效和高效。美军在网络战领域内走在世界前列,美国陆军研究所发布了关于军事训练的报告,报告介绍了新的训练经验教训,并确定了训练的具体原则和在今后的训练设计,该报告是根据新的训练设备、数字系统和各种各样的实验方案,以及来自各地的美国陆军系统内的培训经验总结而成的。报告包括 1997 年—2004 年期间的训练研究。主要的研究成果包括数字化系统、交互式教学软件、模拟训练、新的步兵系统和校内培训课程。其中一些见解源于作者在军事训练、训练研发、人类行为和军事行动中共同的综合的经验。这些经验教训主要围绕以下训练领域:教学系统设计,现实、虚拟和建设性的环境。

15.1.2 网络心理战

根据黄遵生的定义,网络心理战是指利用高度发达的互联网系统对敌方民众和军队进行广泛心理宣传,影响敌方士气,降低其战斗力,影响其决策和意志,使之不能有效地遂行作战行动,从而取得战争中的优势地位,实现"不战而屈人之兵"的一种心理战作战样式。心理战是信息战的重要内容,是指运用各种手段对敌实施心理攻击和瓦解,对己进行心理防护和激励,以小的代价换取大的胜利的特殊作战样式。它已成为现代战争的重要组成部分,许多国家已将其纳入国家战略。许多军事理论家认为,心理战堪称"战争之外的战争,战争之上的战争"。纵观人类战争史,世界各国在心理战的研究和运用上都有许多成功的范例。"攻心为上,攻城为下;心战为上,兵战为下"的兵家名言,早已深入军心。

心理战已成为信息战条件下的重要作战样式。传统战争中,心理战与武力作战相比较,始终处于辅助地位。现代信息战条件下,高度精确化、智能化、数字化和网络化的武器装备运用广泛,为心理战的信息收集、生成、处理、传输和显示,提供了更先进、更快捷、更有效的物质技术手段,使心理战的渗透性、时效性、震撼性远远超过了历史上任何一个时期。心理战对抗的成败将对信息战产生直接而重大的影响。任何一场战争,战争重心和基础不仅表现为有形的物质形态,还包括更重要的信念、意识、意志和精神等无形的内容。信息战条件下,虽然每一种作战样式都可以在不同程度上发挥心理战的效应和作用,但在直接动摇敌人的战争信念和毁伤敌人进行战争的精神力量方面,心理战具有其他作战样式所不具备的强大威力。海湾战争结束后,一位伊军师长曾说过,心理战对部队士气是一个极大的威胁,其威力仅次于多国部队的轰炸。

心理战已成为部队战斗力新的增长点。战斗力的生成是由多方面因素构成的。信息战条件下,如何更好地瓦解敌军斗志、巩固己方心理防线,已成为战斗力新的增长因素。美军在朝鲜和越南战争中,远离本土、不适应气候环境、后勤保障困难、战争久拖不决等因素所导致的消极心理影响,是美军败退的重要原因之一。1991年海湾战争使参战的部分美军所患的"战争综合征",至今仍未被彻底治愈。

15.1.3 美军的网络中心战

1999年6月,美国国防部负责网络与信息一体化的助理国防部长办公室研究室主任艾伯茨在《网络中心战:发展和利用信息优势》一书中对"网络中心战"的定义是:"网络中心战是人员和编组在以网络为中心的新的思维方式基础上的一种作战行动。它关注的是对作战各要素进行有效连通和网络化所生成的战斗力。"2001年7月,美国国防部在提交给国会的《网络中心战》报告中指出:"网络中心战是通过部队网络化和发展新型信息优势而实现的军事行动。它是同时发生在物理域、信息域和认知域内及三者之间的战争。"2005年1月,美国国防部部队转型办公室发布的《实施网络中心战》文件对"网络中心战"的定义是:"网络中心战是信息时代正在兴起的战争理论。它也是一种观念,在最高层次上构成了军队对信息时代的反应。网络中心战这一术语从广义上描述了如何综合运用一支完全或部分网络化的部队所能利用的战略、战术、技术、程序和编制,去创造决定性作战优势。"

国内学者樊高月对美军的网络中心战进行了总结:通过全球信息网格,将分散配置的作战要素集成为网络化的作战指挥体系、作战力量体系和作战保障体系,实现各作战要素间战场态势感知共享,最大限度地把信息优势转变为决策优势和行动优势,充分发挥整体作战效能。

想了解信息是如何影响执行军事行动的能力的,要考虑到三个领域(图15.1):物理域、信息域和认知域。物理域是指军方试图产生影响的情况出现时的所在地。它是海陆空以及空间环境下袭击、防卫以及演习发生的领域。也是物理平台以及通信网络连接所在的领域。该领域的要件相对来说是最容易测量的,因此,战斗力的测量历来主要集中在该领域。在美军的分析和模型中,物理域的特点是真实可靠或地面实况。用于测量该领域战斗力的重要指标包括杀伤力和生存能力。

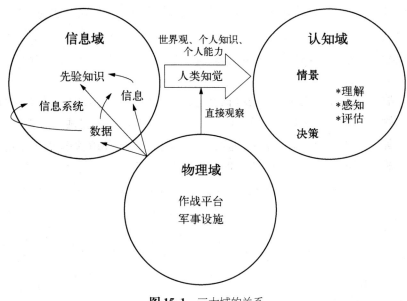

图 15.1 三大域的关系

　　信息域就是信息所在的领域。它是信息被创建、操纵以及分享的领域。它为作战人员间的信息交流提供了便利。它是现代军队命令和管理得以交流、指挥官的意图得以传达的领域。信息域中出现的信息会影响地面实况,例如,一个探测真实世界的传感器产生一个存在于信息域中的输出信号(数据)。除了直接的感官观测,我们所有有关世界的信息都来自并受我们与信息域交互作用的影响。通过信息域我们才能与他人交流(心灵感应除外)。由于更好的部分历史信息处理只发生在大脑中,并且通信也局限于送信者、骑手、旗语、击鼓或者信鸽。时至今日,收集、记录、存储、处理和传播信息的能力也仍然极为有限。孙子和克劳塞维茨所处的时代的信息技术的相对缺乏使得指挥官了解情况和与下属沟通和协作的能力受到限制。这些局限影响着军队的作战方式。尽管目前我们已取得了很多进步,尤其是 19 世纪电报的引进,但是今天我们收集、处理和传播信息的能力仍然限制着我们的作战方式。

　　认知域存在于参与者的思想中。这里是观念、意识、理解、信仰以及价值观存在的地方,是决定许多战役和战争真正输赢的领域。领导力、士气、军队凝聚力、训练及经验水平、态势感知以及舆论,这些无形资产存在于此。关于该领域的成文资料已有不少,且自孙子著有孙子兵法以来其关键属性一直保持相对恒定。该领域的特质很难测量,并且各个子领域(个人独立的思想)都是独一无二的。

　　认知域界定了信息化战争的一个重要空间。未来信息化战争将同时发生在物理域、信息域和认知域三个领域。物理域是传统的战争领域,由作战平台和军事设施等构成,为信息化战争提供物质基础。信息域是新近崛起的战争领域,即信息产生、传输和共享空间,将成为信息化战争较量的重点。认知域是反映人的知识、信念和能力的空间。将认知域作为信息化战争的一个基本领域,是对战争时空范畴的新界定,它反映了21世纪初信息化战争的特征,对于认识和指导信息化战争具有重要的理论和实践意义。

认知域的地位伴随战争信息化程度的扩大而提高。人对战争的认知受到历史条件的制约。现代信息技术的发展,推动了战争形态由机械化向信息化转变,提高了人对战争的认识和控制能力。未来信息化战争中,借助以网络为中心的先进手段,人的战场感知力将显著提高,信息处理能力也将空前增强,对战争的认知将扩及前所未有的领域。近十多年发生的几场局部战争表明,拥有信息优势,战场认知能力强的一方,就会扫清战争迷雾,争得战场透明。认知域作为信息化战争的制高点,直接影响战争的过程和结局。

认知域强调发挥人对信息化战争的能动作用。人的因素首先体现在对战争的认知上,提出认知域问题的理论意义在于,从战争存在方式的客观角度肯定了人的主观作用,唤起了各国对人在信息化战争中的能动作用的关注。通过对美国《2010年联合构想》、《2020年联合构想》和《网络中心战》报告书等一系列指导性文件的分析不难看出,美军在信息化建设过程中越来越重视发挥人的作用。有人甚至认为:"招募和保留具有献身精神的高素质人员,是部队建设的头等大事。"探讨认知域问题,有助于从战争形态演进的历史逻辑中认识和把握人的因素;有助于从科技进步和军队建设发展的客观要求上建立和丰富人的认知结构;有助于适应高技术战争的特点和规律,促进人与武器装备、人与信息环境的紧密结合。

15.1.4 外军网络部队概况

随着信息化和网络化的不断发展,世界各国都开始重视加强网络战的攻防实力,构建各自的"网络威慑"。美国为了打击敌对国家和应对黑客的网络威胁,于2009年6月建立了网络战司令部并立即正式开始运作,美国也由此成为了全球首个将战争机构引入互联网的国家。据《凤凰卫视》报道,美军有网络专家3 000—5 000人,涉及网络战的官兵有50 000—70 000人,加上原来的电子战部队人员,美军的网络部队已具有相当大的规模,相当于7个101师。2010年5月美军建立网络司令部,目前至少有3 000名信息战专家和80 000名以上从事网络战、电子战的军人,已研制出的网络武器(如木马病毒)超过2 000种。2011年5月,白宫发布《网络空间国际战略》,宣称美国将使用一切必要手段防御至关重要的网络资产,像对待其他任何威胁一样,对网络空间的敌对行为作出反应,并保留诉诸武力的权利。同年7月美国再次发布《网络空间行动战略》,为其"防御"制定行动指南。新战略包括进一步将网络空间列为与陆、海、空、太空并列的"行动领域",变被动防御为主动防御,实际上明确了美国的网络战进攻思想。到2011年10月1日,美国网军全面运行,当年预算约为32亿美元。美国"网军"已成为继陆、海、空、天之后的第五大战略军种。美国时任国防部长哈格尔于2014年3月28日表示,国防部将继续致力于扩大网络部队规模、提升美国在网络安全领域的能力,计划于2016年将网络司令部网络部队人数增至6 000人。网络战正与特种部队渗透、无人机侦察和攻击一起,构成实际的军事打击能力。

图15.2　美军网络司令部标志

受制于电子战水平和网络核心技术,俄罗斯在网络战领域实力不及美国,但事实上俄罗斯对网络战的理论研究很早就已经起步。早在20世纪90年代,俄罗斯就设立了专门负责网络信息安全的信息安全委员会,在2002年推出的《俄联邦信息安全学说》中,网络信息战更是被提升到新的高度,被俄军方称作未来的"第六代战争"。俄军网络战理论认为,网络世界的战争将主要在以下四个层面展开:(1) 信息基础设施,也就是计算机和通信设施的物理连接,包括有线、无线通信设施、通信卫星、计算机等硬件设备;(2) 基础软件系统,包括操作系统、网络协议、域名解析等;(3) 应用软件系统,包括涉及金融、电力、交通、行政、军事等领域的软件系统;(4) 信息本身,也就是在网络中流通的所有信息。

据新华网的消息,日本防卫省决定,在2011年度建立一支专门的"网络空间防卫队",以防备黑客攻击,加强保护机密信息的能力。"网络空间防卫队"计划设于自卫队指挥通信系统部之下,初期人数约60人。这支"网络部队"负责收集和分析研究最新的病毒信息,并进行反黑客攻击训练。防卫省2010年度预算中已包含总额约70亿日元(约合7 525万美元)的"应对网络攻击"项目。防卫省将设置专门机构负责筹建"网络空间防卫队",培训具备专门知识的队员。其重要作战指导思想是通过掌握"制网权"达到瘫痪敌人作战系统的目的。日本在构建网络作战系统中强调"攻守兼备",拨付大笔经费投入网络硬件及"网战部队"建设,分别建立了"防卫信息通信平台"和"计算机系统通用平台",实现了自卫队各机关、部队网络系统的相互交流和资源共享;成立由5 000人组成的"网络空间防卫队",其研制开发的网络作战"进攻武器"和网络防御系统,目前已经具备了较强的网络进攻作战实力。同时,日本注重与美国联合发展,在引进先进技术的基础上不断完善自身建设,不断提升"网战"能力。

2009年7月,韩国国防部官员表示韩国军方将于2010年成立网络司令部,以提高网络作战能力,应对网络攻击威胁并在遭攻击后实施反击。另有韩国媒体指出,韩军方还计划在未来3年内将网络司令部的兵力再翻一到两番,而长远计划更是要打造成一支由大将指挥、兵力数万的网络战部队。对于此次网战司令部的大幅扩军,韩国军方表示是为了应对来自朝鲜黑客的攻击。韩军方消息人士称,朝鲜军方正在大规模培养专业黑客人员,提升网络战能力。此外,英国、以色列、印度和伊朗等多个国家都具有自己网络部队,发展迅速,且各国网络部队实力强劲。我国网络部队的建设较为缓慢,网络部队实力与我国的大国实力不相称,中国建立的"网络蓝军"又受到西方媒体的质问,但西方舆论的骚扰显然动摇不了中国加强网络防护能力的决心。

15.1.5 我军网络战及网络部队的建设

在我们的日常生活及国家安全与互联网关系日趋紧密的时代,中国应理直气壮地加强捍卫本国网络空间安全的能力,把中国互联网的命运从别人的手中夺回,牢牢握在自己的手里。2011年5月25日,中国国防部新闻发言人耿雁生大校首次确认,解放军已建立了网络蓝军。网络战已开启,网络战将长期持续。中国是拥有最多互联网用户的国家,截至2018年6月底,我国网民规模达8.02亿(见《中国互联网络发展状况统计报告》)。

图15.3 中国网民规模和互联网普及率

中国正开始大量应用互联网,大量国家和个人信息汇集互联网,大量资源投入互联网,人们的生产生活日益依赖互联网。网络安全已经直接关系到国家安全。中国是网络技术的后来者,也是网络战场的防御者,但关于中国网络战威胁的声音却不绝于耳。2011年,中国在加强网络管理,加强网络防御,也在回应国际社会的不实指责。不过中国的"网络蓝军"并非所谓的"黑客部队",而是一些国防单位为了自身需要而临时设立的网络防卫训练机构。所以说,中国的"网络蓝军"目前并不是成建制的网络部队,其设立的目的是为了维护本国的网络安全,并不是对外发动网络战争或者网络攻击的部队。中国在网络战的防御方面已经有了很大的进展。研制、开发了多种防御技术和信息设备,已经形成了一定规模的网络战防御体系。但是,中国在网络领域的核心技术上,对发达国家的依存度很高,存在着严重的安全隐患。我国的网民数量全球第一,也是遭受网络攻击最严重的国家之一。如今,重要的信息网络系统已成为维系国家和军队的命脉和战略资源,一旦被攻击而失去功能,整个国家的安全将面临崩溃的危险。因此,在信息化战争中,必须建立一支专业的网络战部队,这样才能在网络电磁空间的角逐中占据优势,才能占据21世纪战争的战略主动权。

15.2 信息战

我国古代著名军事家孙子曾说过:"知己知彼,百战不殆;不知彼而知己,一胜一负;不知彼,不知己,每战必殆。"这句流传千古的名句生动地诠释了信息在战争中的价值。古往今来,信息在军事行动中一直占据着核心地位。纵观历史,军队领导者已经意识到要取得战争的胜利,信息扮演着关键角色。指挥官们一直在寻求获得优于敌方的决定性信息优势。孙子和克劳塞维茨的作品都反映了战争中信息的关键作用。孙子在2500年前就强调了在战争中知识的重要性。近年来的技术进步大大提高了我们的收集、处理、传播和利用信息的能力。例如,机载和天基传感器能够提供增加了维度(高光谱)和分辨率的即时图像。最显著的进步来自于与信息传播相关的技术。我们发布信息,发布至大范围受众,或者以更集中的方式(小范围播送)发送。然而,尽管我们处理信息的能力有了相当大的进步,这些进展却没能与信息收集量的增加并驾齐驱,人类仍须搞清所收集信息的涵义,同时,模式识别、分析工具和可视化技术上的技术进步使得人类吞吐量得到提高,从现有的数据和信息中提取自己的所需变得越来越简单。这实际上会让我们更早而不是更迟地能够访问几乎任何主题、任何地点、任何时间有用信息。技术在缩短距离,让人们能在日益复杂的方式下相互交流,使个人和组织的信息共享,协作完成任务,并同步行动或影响。

美军三军参谋长联席会议制定的《21世纪联合构想》提出了"信息优势"的概念,

即"在阻止敌方自由利用信息和信息系统的同时,拥有占有优势的信息搜索、处理、分发和利用能力"。

信息是战斗力的元素。按照美国陆军的定义,信息战就是应用电子战、计算机网络战、心理战、军事欺骗和作战安全的核心能力,并且需要相关的支持和能力来影响或者保护信息和信息系统,进而影响决策。信息战包含攻击敌方指挥与控制系统(攻击信息战),保护己方的指挥控制系统免受敌方的破坏(防守信息战)。有效的信息战由攻击信息战和防守信息战的效果来产生在决策点的信息优势。进攻信息战破坏、破解、瓦解、影响敌方决策者和妨碍己方成功作战的其他人。进攻信息战也会将敌方决策过程的信息和信息系统作为打击目标。防守信息战则是保护自己或己方的信息、控制指挥系统(C2 系统)和信息系统。信息战的目标是为了获得并保持信息优势,这种信息优势使得指挥官能够把握、保持主动权,这种信息优势能够促进决策的效率和行动的速度。信息战可以以最小的伤亡代价快速争取军事行动上的胜利。

信息战的实施需要指挥者通盘考虑信息环境的挑战。信息环境的复杂性会给军事指挥者带来重大挑战。大部分战争都在全世界的视野范围内,同时信息技术也在迅速地发展,这都影响着己方和敌方的作战行动。指挥者主要面临政策和舆论、士气、法律等方面的考虑。全球范围内的信息环境使得新闻报道和各种评论解读能够迅速影响舆论和军事作战上的决策。新闻媒体会 24 小时提供全天候多角度的解读和观点。作战的全球可见性(global visibility of operations)也会影响策略或作战策略、指挥者的决策。全球信息环境的报道并不能完全准确、全面或反映现实,因为它们有可能是基于谣言或者是敌方故意发布虚假信息的结果。在这种情况下,指挥官可能会被诱惑做出情绪化的决策或和实际情况不一致的决策。高效的指挥官会预测敌方如何企图形成信息环境并阻止敌方在公众舆论方面具有优势。全球公众对作战的感知会通过影响士气影响作战效能,现代传播系统快速的传播功能会使其传播信息的速度比军事指挥链还要快。指挥官的战场包括家庭、国内的信息环境,坏消息、误报,故意发布的虚假消息都会影响士气和士兵的意志。

为了获得信息优势,指挥官要在专注于提高己方的作战画面(operational picture)的同时影响敌方的战场感知(battlefield perceptions),以此作出对己方有利的决策。这种情景为指挥官进行的作战决策所选择的时机提供了一个机会窗口,绝对的和持续的信息优势是不可能一直存在的。敌方的行动、己方的反应和敌方的再次回应决定了己方可以合作利用的时间长度。敌方会采用多种方式保护他们的 C2 系统,一些是和己方类似的方式,另一些是非对称的方式方法。同样地,敌方会使用多种方法攻击己方的 C2 系统并形成对自己有利的信息环境。此时,无论己方的实力如何,信息优势都会迅速衰退。在技术上匹配的对手会使用技术方法打击己方的信息优势。

技术上次于己方的对手会使用较为落后的方法和在某一领域具有优势的技术打击己方。因此,己方指挥官不会寻求较长时间的信息优势,信息优势是相对于敌方而存在的。指挥官可能并不知道何时具有信息优势,然而当指挥官可获得的信息允许他们统揽全局、预测态势,并能够作出比对手恰当及时的决策时,那么信息优势就存在了。信息优势提高了指挥官们行动的自由,并允许他们执行决策和保持主动。指挥官们意识到,没有持续的信息战保持信息优势,敌方可能就会夺取信息优势。

15.3 网络舆情、大数据、云计算等新兴议题

15.3.1 网络舆情

舆论攻击其实久已有之,俗称"造谣"。对于网络上的一些信息,普通民众和官兵很难分辨其真实性,且虚假信息的传播在很大程度上会改变人的行为,比较典型的例子就是前些年在我国爆发的"抢盐风波"。从这些例子中我们可以看到,一旦民众受到谣言的影响产生大规模的盲从行为时,局势会变得难以控制。从军事理论的观点看:一般认为舆论攻击是心理战的一种特殊类型,主要通过发布、扩散真实或虚构的信息,破坏敌对方的形象声誉,从而制造敌对方政府、军队与民众之间的矛盾,赢得第三方及其他利益关联体的支持,从而为己方的获胜制造条件。舆论一直是战争获胜不可或缺的一环。林肯说:"你有舆论的支持,无往而不胜,而没有舆论的支持,则无事不败。"俗话说:"得道多助,失道寡助。"从古到今,没有一场战争,不打舆论战。"正义之师""出师有名"等,在战场较量的同时,军事家、政治家都在为自己的战争行为寻求最广泛的舆论支持。舆论是影响战争的重要因素,现代战争更将其纳入了作战计划之中。

15.3.2 大数据在军事领域的应用

美国军方在越战时对数据的使用、滥用和误用让我们明白在由"小数据"时代向大数据时代转变的过程中,对信息的一些局限性必须给予高度的重视。数据的质量可能很差、不客观,可能存在分析错误或者具有误导性,更糟糕的是,数据可能根本达不到量化它的目的。

大数据是指那些超过传统数据库系统处理能力的数据,数据量通常在10TB(1TB=1 024GB,为1万亿字节)以上,具有数据量巨大、数据类型多样、处理速度快和价值密度低等特点。大数据给军事领域带来了挑战:(1)大数据成为网络攻击的显著目标;(2)大数据加大隐私泄露风险;(3)大数据威胁现有的存储和安防措施;(4)大数据技术成为黑客的攻击手段;(5)大数据成为高级可持续攻击的载体。当

然,大数据也为信息安全的发展提供了新机遇。大数据为安全分析提供新的可能性,对于海量数据的分析有助于信息安全服务提供商更好地刻画网络异常行为,从而找出数据中的风险点。

国防信息学院研究所孟宝宏认为,未来影响、决定军事行动的最大核心在数据,数据的积累量、数据分析和处理能力、数据主导决策将是获得战场优势的关键。大数据技术应用在侦察预警领域,可极大提高信息优势方侦察预警情报的获取、跟踪、定位、处理、分析和防护等能力,以及进一步提升挖掘他国高价值的军事情报的能力;在指挥控制领域,能很大程度地提高对指挥控制数据的智能处理、辅助决策能力,有效地增强基于数据的指挥控制水平;在信息通信领域、信息对抗和火力打击领域、综合保障领域,大数据应用的影响同样广泛而深刻。面对大数据时代的来临,我们必须认清特点,把握走向,积极应对,高度重视其潜在战略价值,时刻关注前沿技术,加快推进实际应用,确保在新一轮信息化浪潮中赢得主动,占得先机。只要对其合理利用,而不单纯只是为了"数据"而"数据",大数据就会变成强大的武器。

大数据时代的到来,使得军事研究的范式也发生了改变。网络的发展,特别是推特、脸书等社交媒体的快速崛起,对人们的生活影响也越来越大,因此越来越多的研究开始关注和探索网络心理与行为规律。2009年6月18日,奥巴马内阁的国防部长盖茨公开宣称推特等网络社交平台是美国"极为重要的战略资产"。2011年4月20日,奥巴马专程访问脸书总部,并参加脸书创始人扎克伯格主持的网络直播会议。现今网络发达,各种各样的社交网站和聊天工具丰富,国外的有脸书、推特等,国内有腾讯QQ、微信、微博等。社交网站和聊天工具会产生大数据,这些大数据自然可以应用于军事领域。英国媒体《金融时报》称,美军正在研究如何利用推特等社交媒体的公共信息追踪恐怖主义及洗钱等安全威胁,这引发了人们对推特公司可能在无意之中帮助政府分析其用户的担忧。在一次为期8天的被称为"量子跳跃"的实验中,美军特种作战司令部集合了50位来自政府和企业的参与者,测试如何在洗钱案中"发现并挖掘个人、商业和信息网络"。美军曾推出"涂尔干计划"(The Durkheim Project,艾弥尔·涂尔干(Émile Durkheim),是以一位曾在1897年进行广泛调查并著有《自杀论》的学者),该计划是从美军退役士兵中拣选受试者,通过脸书的行动应用APP收集数据资料,并将用户的活动数据传送到一个医疗数据库。收集的数据经过分析,利用预测方程来即时监测受试者是否出现了一般认为的伤害性行为。研究员会利用这些资料交叉比对脑震荡、家庭压力、创伤后应激障碍以及其他可能造成退役军人自杀的因子,参与计划的科学家们尚未找出能够整合数据与真实自杀案例的方法,但是信息技术的发展和大数据的兴起,无疑为人们研究军人的健康、心理、生理乃至训练等问题带来了新的途径与思考。

15.3.3 云计算在军事领域的应用

2006年8月9日,云计算由谷歌首席执行官埃里克·施密特在搜索引擎大会上首次提出,并引起世界的密切关注。作为高科技密集的军事领域,云计算的军事应用已经进入了军事专家的视野。据报道,2008年美国国防部与惠普公司合作建立了云计算基础设施,并开始在陆军体验中心项目和空军的人力资源管理项目等业务部门进行云计算的应用研究。2010年2月,美国空军与万国商业机器公司(IBM)签订合同,由后者为部队建立一个能够安全地支持国防和情报网络的云计算系统,目的是更加有效地保障军方的网络安全。美国国防部网站的消息显示,2012年美国陆军以2.498亿美元的价格与7家公司(标准系统公司、通用动力公司、万国商业机器、惠普企业服务公司、洛克希德马丁公司、诺斯罗普·格鲁曼公司和微软技术公司)签订了合同,这7家公司将会为美国陆军项目执行办公室企业信息系统提供企业云计算服务,这个项目服务计划在2016年12月前完成。国防信息系统局利用私有的云计算(如惠普公司)以保护美国军方的利益,但是云计算的第一次军事应用是在阿富汗战场上,美军战士在战场上借助安全网络获得关键检测和决策信息。云计算将为未来军队提供重要的技术支持。

(朱 霞 黄 鹏 杨志兵 曹 菲)

参考文献

曹菲.(2015).军人媒介接触及信息传播效果的相关研究.第四军医大学.
陈炳焱.(2003).美军网络中心战理论与实践.解放军报.
陈敏直.(2006).战争与新闻控制.理论刊,3,51-53.
樊高月.(2007).美军网络中心战理论与实践.外国军事学术,10,1-8.
黄遵生.(2006).面向攻击的网络心理战研究.国防科学技术大学.
严岳.(2011).网络战的现实与未来.南方周末.
杨志兵.(2016).误导信息特点分析及其传播意愿影响因素的研究.第四军医大学.
郑刚.(2009).网络舆论攻击——一种全新的非军事战争手段.竞争情报,3,18-23.
钟卓新.(1995).美军信息安全新动向与我们的对策.信息安全与通信保密,3,6-17.
周正.(2013).大数据应用开拓军事变革新境界.解放军报.
Xi, C., Liao, X. (2012). The Application Research of Cloud Computing in Military Intelligence Fusion. *Paper presented at the International Conference on Industrial Control & Electronics Engineering*.

第16章 无意识目标研究

16.1 无意识目标启动的界定 / 339
16.2 无意识目标启动的相关变量 / 340
　16.2.1 无意识目标启动的自变量 / 340
　　　　个人心理状态的影响 / 340
　　　　环境中他人的影响 / 341
　16.2.2 无意识目标启动的因变量 / 341
　　　　任务表现 / 341
　　　　社会关系的处理 / 342
16.3 无意识目标启动的机制 / 342
　16.3.1 从"无意识"到"无意识目标" / 342
　16.3.2 从"目标"到"无意识目标" / 343
16.4 无意识目标的应用及展望 / 346
参考文献 / 347

人们日常生活中的目标设定和行为选择通常是有意识地进行的，即通过分析这些行为需要付出的努力和可能的结果，做出相对较优的目标选择。然而，无意识目标（unconscious goal）的研究表明，上述目标选择可以在无意识状态下完成。巴奇（Bargh）提出的目标自动激活模型（auto-motive model）认为：目标与社会态度、建构、刻板印象和图式等一样，是行为满意状态或结果在个体头脑中的一种表征，此表征中包含有目标、目标追求情境和目标追求手段。当个体在某种社会情境下重复地追寻某一目标时，其"动机和目标表征"就会在记忆中形成与该社会情境的表征直接而自动的心理联结，当环境中出现相似的线索时，该目标就能够被"隐秘地"激活。而被激活的目标可以自动激活目标计划，从而使计划与环境中的目标相关信息建立关联并得以实施。这一理论模型得到了许多后续研究的支持。

近年来，随着无意识目标研究的不断深入，无意识目标的研究重点从论证其影响是否存在，转向了如何鉴别是否启动了无意识目标，启动效应受到哪些因素的影响，启动后的无意识目标对行为有何影响，这些影响又是如何发生的等更深层次的问题。

这些研究深化了我们对目标和动机的认识,其成功应用将有利于激励人们更积极地对待学习和生活,更有效地完成工作任务,具有重要的军事应用价值。本文系统地梳理了无意识目标启动研究的新进展,界定了无意识目标启动的概念,分析了无意识目标启动的机制,并对其在现实中可能的应用进行了展望。

16.1　无意识目标启动的界定

研究无意识目标启动时总会面遇到这样一个难题:怎样将"目标"同其他心理表征区别开来呢?由于缺乏明确的界定规范,研究很难明辨到底是"目标"还是其他一些心理表征被激活了,因而难以获得广泛的认可。为解决这一难题,在近期的无意识目标启动研究中,有研究者从目标的典型特征出发,对如何界定是否启动无意识目标进行了一系列探讨。他们指出,与其他启动不同的是,在典型的目标启动研究中,与特定目标或是理想的结果状态相关联的线索能够促使带有动机性的行为出现,也就是说,这些行为显露出目标的典型特征,即启动线索的影响不会随着时间的推移而消失。

要证明刺激所启动的是"目标"的心理表征,可以先假定启动造成的影响的确是在"目标"这一心理表征激活后产生的,由于目标通常会持续地对人的行为产生影响,直至目标被实现,因此这些启动对于行为的影响也应该是持续的,直到相应的目标实现为止。这一假设能够使语义联结和目标连接之间存在的差异展露出来。比如塞萨里奥、普莱克斯和希金斯(Cesario、Plaks 和 Higgins)的实验就发现:如果老人图片激活的是被试希望与老人接触的目标,而并非与老人相关的语义网络,那么在想象与老人接触的情景后,即被试动机目标得到满足后,与老人有关的语义线索便不再具有优势,也就无法快速地辨认。再比如,温基尔曼、贝里奇和威尔巴尔格(Winkielman、Berridge 和 Wilbarger)的研究中,考察了不同动机状态下被试接受面孔图片启动的差异。与消极面孔图片相比,积极面孔图片更能使被试对靶刺激所呈现饮料的评价更高,并愿意喝更多的饮料。然而研究发现:被试的行为还与动机状态(口渴和不口渴)有关。这里的动机就与目标相关,目标能使动机得到满足。如果被试在接受启动时处于不口渴的状态,则启动效应会大打折扣,这表明面孔图片启动在此属于目标启动。

在此基础上,福斯特(Förster)等人概括出判断无意识目标启动的 7 条原则:(1) 包含对结果状态的价值判断;(2) 包含目标达成后的动机衰减;(3) 会随着距离目标的远近而变化;(4) 与人们产生的期待和评价成正比;(5) 包含对互相冲突目标的抑制作用;(6) 包含自我控制和反馈;(7) 会受到"不同手段相同结果"和"相同手段不同结果"的影响。这些原则为人们辨别语义启动和目标启动提供了理论指导,但由于这些原则只是抽象的概括,因此在一定程度上缺乏可操作性,仍然有待进一步具体化。

16.2 无意识目标启动的相关变量

16.2.1 无意识目标启动的自变量

人们从确立一个目标,到制定追求目标的方案,再到实施追求目标的行为,是一个动态的循环的过程,这一过程中的每个环节都会受到人本身状态以及环境中各种线索的影响,无意识目标的启动也不例外。

个人心理状态的影响

无意识目标能否被激活并影响个体的行为表现,受到个体心理的制约。将现有的研究成果概括起来,可以发现影响无意识目标的个体心理包括:原有的目标、专注度及在社会生活中形成的"说服抗拒"心理等。

首先,为研究者普遍接受的观点有意识目标会影响无意识目标的启动和作用效果,然而研究者们就影响如何产生,以及它们之间如何相互作用并没有达成共识。彭贺和徐千里对无意识目标和有意识目标之间的关系进行了总结,认为当两者一致时,两者效果都将增强,比如在设定了较难的目标并明确要求被试"尽力而为"时,无意识目标可以增强有意识目标的影响效果,而在设定的目标较简单时,无意识目标的作用效果并不显著;当两者不一致时,目前的研究结论并不一致,主要存在以下三种观点:(1) 两者不可共存;(2) 有意识目标和无意识目标的运行是相互独立的,可以共存;(3) 两者的相互作用取决于两者的兼容性,两者的效果可以累加。

其次,当人的专注度和觉察力水平提高时,将更少地受到无意识目标启动的影响。拉德尔、萨拉兹、勒格兰和戈班斯(Radel、Sarrazin、Legrain 和 Gobance)研究发现虽然那些受到阈下目标词汇影响的被试在随后的考试中表现更好,但这一表现受到其专注度的制约,这是因为更专注的个体将自己的注意力更多地放在直接的语境上,因此他们会更有意识地思考,从而制约无意识目标的影响效果。

此外,人们在社会生活中形成的说服抗拒心理也会影响无意识目标的启动和影响,这表现为一些广告语会使得消费者产生与该广告语意向相反的行为倾向。比如"沃尔玛"超市的广告语是"节约用钱,生活更美好"(save money, live better),然而在实验中,如果给被试呈现该广告语时,他们却倾向于花更多的钱;相反地,在给被试呈现该超市的商标时,被试则会控制消费。这是因为,广告语在社会生活中被视为用来操控消费者的诡计,因此人们在无意识中形成了去修正或是反抗这些广告语影响的社会习惯。如果无意识目标的启动与这种习惯相关,其效果将会受到它的影响。拉朗(Laran)等的研究进一步表明,广告语会激活人们说服抗拒的目标,而当这一目标得到满足之后,这种说服抗拒效应就会消失。

环境中他人的影响

相似的环境线索并不总能激活相应的无意识目标,这是因为虽然环境线索能够激活人们遵从特定行为规范的目标,但是只有当环境中同时存在人类活动的线索时,上述效应才存在,这是无意识目标具有较强社会性的表现之一。

比如,乔利、斯塔佩尔和林登堡(Joly、Stapel 和 Lindenberg)在实验中给被试呈现了4幅不同的餐馆图片,要求他们回答一系列关于是否认为应该在餐馆中降低说话的音调、洗手和耐心等待的问题。被试只有在观看了有他人线索的图片后,才表现出了符合餐馆规范的行为倾向,而观看空无一人的餐馆图像的被试则没有这样的倾向。因此只有当特定的环境与社会关系结合时,该环境下的遵循社会规范的目标才能被激活。然而该研究还发现,当人们已经产生了想要去往特定环境的意愿时,他人就不会对其目标形成产生影响了。

16.2.2 无意识目标启动的因变量

人们对目标的追求贯穿一生,反映在各方各面,启动后的无意识目标对行为的影响研究范围也同样广泛。现有的研究表明,从个人的任务表现到社会关系的处理,都会受到它的影响。

任务表现

影响人们任务表现的因素包括了任务中的努力程度和灵活程度,也就是创造性,它们在某种程度上都会受到无意识目标启动的影响。

无意识成就目标的启动会对个人工作中的努力程度会产生影响,这一结论在早期无意识目标的实验室研究中就得到了证实。比如让被试参加一项语言测试,其中包含与任务表现相关的单词(如成功、达成等),这些被试在随后的工作中表现得更加努力了。后续研究进一步证实无意识成就目标能够在实际的工作环境下影响人的任务表现,而且这种影响能够持续3小时左右,而不仅仅是早期研究报告的几分钟。与以往的研究不同的是,该研究用具有竞赛获胜意义的图片启动无意识成就目标,丰富了无意识目标启动的研究范式。

无意识目标启动对任务灵活程度的影响研究较少,近期才出现了部分关于创造性的研究。比如菲茨西蒙斯、沙特朗和菲茨西蒙斯(Fitzsimons、Chartrand 和 Fitzsimons)分别以阈下的方式给被试呈现"苹果"和"IBM"的商标,由于在被试脑中"苹果"的商标同创造性相关,那些受到"苹果"商标刺激启动的被试,在后续的日常用品创新用途测验中表现得更好。不足的是,从这一角度切入的研究相对单薄,相较于努力程度的研究还不够深入,相关研究在未来有较大发展空间。

社会关系的处理

环境中社会关系的存在会影响无意识目标启动的发生发展,人们对社会关系的处理方式会因无意识目标的启动而发生变化,诸如与他人的合作程度、对他人的遵从程度等均已被证实会受到通过语义启动或工具启动的无意识目标的影响。

早期研究倾向于采用语义启动无意识的合作目标,如采用"合作"的近义词作为启动刺激,能够使被试在任务中表现得更具支持性和利他性;近期研究则更多地探讨了工具启动的效用,比如让被试目睹粗鲁的行为,这样的工具性启动也会使被试变得不再合作(如不愿意参加后续的实验等),而且对物品使用的问题(如"举出砖头的几个用途")的回答也更具攻击性(如"可以用来敲打别人的头")。近期还有研究证实传递合作和利他信息的音乐作品,也能够激活无意识合作和亲社会的目标,比如听到迈克尔·杰克逊(Michael Jackson)的《治愈世界》(*Heal the World*)的被试更倾向于克制自己攻击性的想法、情绪和行为。

在社会关系中对他人的遵从程度也会受到无意识目标启动的影响。相关实验使用不同的图片分别启动了被试"顺从和归属"和"独立"的目标,当人们接触到更加保守的图片(如一幅专业会计师的照片)时,他们更倾向于与他人的意见保持一致,但是当人们接触到的是异常的画面(如一幅怪异的朋克迷的照片)时,他们将表现得较为叛逆。

16.3 无意识目标启动的机制

无意识目标启动对人的影响是广泛而又隐秘的,探索其发生发展并产生作用的心理机制就成为了该领域研究的重点和难点。从现有的国内外研究来看,不同研究者从不同的角度对无意识目标的机制进行了理论探讨,有的从无意识研究的成果中提取出可用的部分,与目标的特征相结合,用以解释无意识目标的心理机制;有的则在Bargh的目标自动激活模型基础上,对目标自动激活模型进行了进一步的完善和发展。

16.3.1 从"无意识"到"无意识目标"

"知觉—行为模型"这一经典的无意识模型是对无意识信息作用机理的集中概括。该模型指出,无意识的信息之所以能够对行为产生影响,是由于知觉到的无意识启动线索能够使记忆中相关的信息更容易提取,从而表现出与信息相匹配的行为倾向。这与认知心理学经典的"S-O-R"模型不同,无意识的信息加工中绕过了意识处理这一步,直接对行为反应产生自动化的影响。贾尼斯泽夫斯基和范奥赛拉

(Janiszewski 和 Van Osselaer)的"无意识行为选择模型"与赛斯里欧(Cesario)等的"动机准备说"都是在该无意识模型基础上进行补充和改进,以解释无意识状态下目标的机制的。

"无意识行为选择模型"认为,无意识目标启动要对行为产生作用需要经历两个过程:(1)记忆激活过程,即将目标以及与目标相关的手段视为储藏在个体记忆中的知识结构,内部或者外部信息启动激活目标及相关手段的过程;(2)评价过程,即个体对实现目标的手段进行选择的过程,个体按照一定的标准对每种实现目标的手段进行评价,并最终选择价值最大化的手段,进而产生与之相匹配的行为表现。这一模型对"知觉—行为模型"主要进行了两点补充和改进,一是将行为激活这一过程扩展为"激活"与"选择"两个阶段;二是对"激活"与"选择"两阶段中的意识参与成分进行了划分,提出了尽管无意识目标启动的过程是无意识的,但个体在行为选择上仍是有意识的。这样的观点在一定程度上解释了无意识目标启动中意识和无意识成分的分工与合作问题。

"动机准备说"的核心观点为:无意识目标线索启动激活的是人脑中实现该无意识目标的行为倾向。"知觉—行为模型"和"无意识行为选择模型"并没有对线索启动激活何种心理表征进行解释;而"动机准备说"明确了具体的心理表征,认为带有目标性的无意识线索启动激活的是人们与相应的社会群体接触时表现出的行为倾向。以同性恋实验为例,暗指同性恋和异性恋的阈下信息,并没有启动与这两种社会类型相一致的行为。受到"同性恋"刺激启动的被试表现出的是敌意,而不是与"同性恋"这一类型相一致的"柔弱"。这反映出无意识目标启动与普通的语义启动在记忆激活这一阶段存在根本差异。虽然"动机准备说"并没有像"无意识行为选择模型"那样将激活后的行为选择过程予以区分,但该模型认为无意识目标启动会因为环境条件的变化产生不同的行为倾向。比如当被试接触到一个威胁性的信息时,行为倾向包括"逃跑"或"反抗"两种方式,如果他们处于一个密闭的空间中,"逃跑"的倾向就会被环境压制,而更多地表现出"反抗"的倾向;如果被试处在一个开放的空间中,他们则更多地表现出"逃跑"的倾向。

上述两个模型从不同的角度切入,对"知觉—行为模型"进行了补充完善,使其更加适于解释无意识目标对行为表现影响,然而仅从"无意识"的角度探讨无意识目标启动的机理无法全面地体现出"目标"这一表征的特点,因此,从目标的确立及发展的心理进程出发,讨论无意识状态下目标启动各个阶段的特征是非常必要的。

16.3.2 从"目标"到"无意识目标"

弗格森(Ferguson)的"评价性准备模型",卡斯特斯和阿特斯(Custers 和 Aarts)

的"情感因素模型"以及哈辛(Hassin)等人的"适应性模型"都将重点落在"目标"这一心理表征的特点上,分别从不同角度解释了无意识目标启动的机制。

"评价性准备模型"认为无意识目标启动的机制与有意识状态下目标的作用原理类似,有意识状态下,如果人的某一目标(如"吃"和"吸烟")被激活,那么其对相关刺激(如食物或香烟等)的渴望程度就会增加。同样的,无意识目标启动的作用原理也是通过增加人们对有利于目标实现的刺激的渴望,来改变人的行为选择。比如启动了无意识"成就"目标的被试能够更快地分辨出有利于实现该目标的词汇(如"技巧"、"书本"和"图书馆"),对这类词汇的态度更加积极,后续行为也受到了影响,这说明无意识目标能够提高人们对符合自己意愿刺激的敏感度。这一作用具有评价性,而对启动刺激(如"狗")的评价又取决于该刺激承载的哪些特征更加突出("小狗"或"狂犬")。

"情感因素模型"则从目标实现的进程出发,认为人对目标的追求无论是在意识层面还是在无意识层面都包括三个基本的步骤:(1) 在脑海中形成可能的结果或目标;(2) 考虑实现该目标的行动或资源是否有效;(3) 评估该结果的价值。如图 16.1 所示,无意识目标在环境刺激的影响下激活后,进入行动的准备和结果的评估阶段,并共同决定人们是否会在最后阶段选择追求环境所激活的目标。在准备阶段,行为选择遵循"意动原则",即只需接触到一种行为及其结果,就会立即增加人们实施该行为的概率。而在无意识目标的评估阶段,人们能够灵活地选取行为和目标对象,比较环境中的"奖励"因素,做出最优的目标选择。

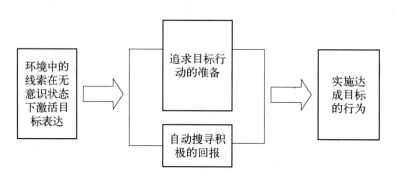

图 16.1　卡斯特斯和阿斯特的无意识目标模型

在详细阐述目标形成发展进程的同时,该模型将情感因素这一内在因子纳入无意识目标启动的机制中,强调情感因素在这一进程中作用,认为在无意识目标的心理表征中,不仅包含了指向目标状态的导向性信息,比如如何实现目标的客观信息,还包含关于这个目标的主观的、情感性的信息,因为人并不是简单而直接地追求那些被启动的目标,目标的启动效应受到人对目标的主观渴望程度的影响。这种信息在激发目标,实施目标行动以及保持目标表征的可用性等中扮演着重要角色,它决定了人们是否会追求某一无意识目标。情感表征和其他认知信息共同作用于目标行为,使无意识能够跟踪发现人想要什么,从而避免一次又一次地考虑每一个潜在的目标。比如沙阿和克鲁格兰斯基(Shah和Kruglanski)的实验就发现：启动刺激的作用受到被试与其父亲的亲疏程度的影响。不仅是已经形成的固有情感倾向会影响无意识目标的启动,伴随目标启动同时出现的情感因素也有相似的效果,即积极的情感因素能够促使人们形成并追求某一目标,消极的情感因素则会抑制目标的形成。比如启动了想要参加聚会目标的被试中,如果消极情绪同时激活,那么他们与控制组相比并不会表现出差异,这是因为当一个预定目标被激活后,能在无意识状态下保持较高的"可用度",然而当个体接触到伴随该目标的消极情感信息时,这种水平就会受到抑制,并渐渐消失。情感因素在动机性心理活动中的影响也得到了脑神经研究的支持。

上述几种机制均假设无意识目标是基于一定程度的生活经验,哈辛等人称其为"习惯"的无意识目标机制,这种机制和人的形成的习惯相似,只能解释那些在熟悉的语境下形成的目标,却难以解释在新异性环境下无意识目标如何影响人的行为。面对这一问题,哈辛推断,面对复杂多变的环境,人们的目标选择往往是灵活多变的,而无意识目标启动的作用也应该能够适应变化的、新异的世界,并利用"威斯康辛卡片分类测试"(Wisconsin Card Sorting Test, WCST)和改制的"爱荷华赌博任务"(Iowa Gambling Task, IGT)证明了无意识目标启动的灵活性。研究发现那些启动了无意识目标的被试,能够更加迅速地适应卡片分类和赌博任务中变化的规则,说明无意识目标使人们的认知灵活度提高了,能够更快地适应环境中的变化,这种灵活性不仅体现在对环境的适应上,也体现在在信息处理过程中对相互矛盾的意图的适应上。

在此基础上,无意识目标"适应性模型"认为无意识目标启动要发生作用包含三个步骤：(1)当目标被激活之后(无论是在阈上还是阈下状态下),它将进入工作记忆之中,并得到一定的存储空间。(2)假设为这个目标分配了足够的容量,如果此时人脑中只形成了一个可使用的有关目标和手段的知识网络,即图式,那么人们就会依据该图式去追求相应的目标;如果存在多个图式,人们将遵循"暗示原则"选择一个图式;如果没有任何可用的图式,或者图式选择十分困难,该目标会保持在工作记忆中,等待新图式的形成。(3)一旦选择了图式(无论是已有的还是新形成的),目标追求就会启动,这个过程将会通过反馈回路受到监控。这个模型实现了两个突破,一是首创性地提出了无意识目标能够进入工作记忆中,二是指出了无意识目标能够实现无意识地监控和反馈,这使得无意识目标能够和其他目标相互作用,共同影响人的行为表现。这两点假设都在某种程度上得到了实证研究的支持,为无意识目标的研究开拓了全新的图景。

16.4 无意识目标的应用及展望

已有的研究表明了无意识目标对人的心理和行为的影响十分广泛。卡斯特斯(Custers)就曾指出：只要我们能够利用无意识目标，它的巨大能量就能为我们所用。根据无意识目标的作用原理，有意地施加积极的刺激，启动相应目标，就能在潜移默化中影响人在学习和工作中的表现，具有十分可观的应用前景。

在社会领域，无意识目标启动能够用于控制种族歧视等偏见。莫斯利维茨、利和柯克(Moskowitz、Li和Kirk)的研究表明，无论是激活长期还是短期的无意识平等目标，都能够帮助人们控制他们的偏见反应，特别是种族歧视，这种偏见常常被认定是不受意识控制的，难以通过传统的手段纠正。

在心理治疗领域，利用前面提到的积极情感因素能够促进无意识目标的形成，能够进行认知治疗，帮助人们增强动机。

在工作管理领域，无意识目标启动能够用于激发工作动机，提高工作绩效。尚茨和莱瑟姆(Shantz和Latham)就利用无意识目标显著地提高了实验被试的工作绩效。彭贺和徐千里对无意识工作激励进行了研究，无意识工作激励是指由外部环境自动诱导出个体努力行为的过程，并且这种自动诱导的过程无法被个体所内省。与有意识工作动机相比，无意识工作激励具有低成本、高效率、隐密性、自动性、无控制等重要特征，比传统工作激励具有更多独特优势。这种工作激励的过程中就包括无意识目标的激活。利用无意识目标激活，企业可以诱发个体的无意识工作激励机制，达到提高个体绩效的效果。

这些研究向我们揭示了无意识目标的广阔应用前景，然而我们也应该看到，无意识目标的研究还存在许多不足，制约了其在实际生活中的效用发挥：首先，虽然关于无意识目标的实验范式种类繁多，但大多只解释了这一复杂心理机制的一角，结论多靠推理得出，因而难以支撑起整个理论框架。其次，虽然对于无意识目标的定位已经得到广泛认同，但对于"目标"这一心理表征的区分还十分模糊，前面提到的区分原则都较为抽象，缺乏实用性。最后，无意识目标的心理机制模型虽多，但还未形成一个概括性较强的心理机制，无法全面地说明无意识目标如何影响人的心理和行为。

针对这些不足，今后无意识目标启动的研究可从以下三个方面展开：第一，为了得出更为准确的心理机制，单靠行为学数据和推理得出的结论是不够的，应该引入无意识目标启动的脑机制研究，探究目标启动与其他心理表征启动脑区活动的区别、有意识的目标启动和无意识目标启动脑区活动的区别，以与其他相关概念和模型辨析的方式建立起自己的理论框架。第二,对于"目标"和其他心理表征的区分,要从心理机制层面深入探讨,同样可以利用空间分辨率较高的脑成像技术对"目标"和其他心理表征激活的脑区进行对比。第三,无意识目标启动的心理模型研究要综合考虑过程中的自变量和因变量等各种影响因素,再进行分析、归纳,进而总结出一个全面的心理机制模型。

(廖东升 杨 芳 张晶轩)

参考文献

彭贺,徐千里.(2010).无意识工作激励:定义、模型及展望.心理科学进展,18(6),963-970.
Aarts, H., Custers, R., & Holland, R. W. (2007). The nonconscious cessation of goal pursuit: When goals and negative affect are coactivated. Journal of Personality and Social Psychology, 92, 165-178.
Aarts, H., Gollwitzer, P. M., & Hassin, R. R.. (2004). Goal contagion: perceiving is for pursuing. *Journal of Personality and Social Psychology*, 87(1), 23-37.
Bargh, J. A. (1990). Auto-motives: Preconscious determinants of social interaction. In E. T. Higgins & R. M. Sorrentino (Eds.), *Handbook of motivation and cognition: Foundations of social behavior* (Vol.2, pp.93-130). New York: Guilford Press.
Bargh, J. A., Gollwitzer, P. M., Lee-Chai, A., Barndollar, K., & Tröetschel, R. (2001). The automated will: Nonconscious activation and pursuit of behavioral goals. *Journal of Personality and Social Psychology*, 81, 1014-1027.
Bassili, J. N., & Brown, R. D. (2005). Implicit and explicit attitudes: Research, challenges, and theory. In D. Albarracín, B. T. Johnson, & M. P. Zanna (Eds.), *The handbook of attitudes* (pp.543-574). Mahwah, NJ: Erlbaum.
Berridge, K. C. (2007). The debate over dopamine's role in reward: The case for incentive salience. *Psychopharmacology*, 191, 391-431.
Cesario, J., Plaks, J. E., & Higgins, E. T. (2006). Automatic social behavior as motivated preparation to interact. *Journal of Personality and Social Psychology*, 90, 893-910.
Cesario, J., Plaks, J. E., Hagiwara, N., Navarrete, C. D., & Higgins, E. T. (2010). The ecology of automaticity: How situational contingencies shape action semantics and social behavior. *Psychological Science*, 21, 1311-1317.
Custers, R. (2009). How does our unconscious know what we want? The role of affect in goal representations. In B. M. Gordon & G. Heidi (Eds.), *The psychology of goals* (pp.179-202). New York: The Guiford Press.
Custers, R., & Aarts, H. (2010). The unconscious will: How the pursuit of goals operates outside of conscious awareness. *Science*, 329, 47-50.
Dijksterhuis, A., Smith, P. K., van Baaren, R. B., & Wigboldus, D. H. J. (2005). The unconscious consumer: Effects of environment on consumer behavior. *Journal of Consumer Psychology*, 15, 193-202.
Ferguson, M. J. (2008). On becoming ready to pursue a goal you don't know you have: Effects of nonconscious goals on evaluative readiness. *Journal of Personality and Social Psychology*, 95, 1268-1294
Fishbach, A., Friedman, R. S., & Kruglanski, A. W. (2003). Leading us not unto temptation: Momentary allurements elicit overriding goal activation. *Journal of Personality and Social Psychology*, 84, 296-309.
Fitzsimons, G. M., Chartrand, T. L., & Fitzsimons, G. J. (2008). Automatic effects of brand exposure on motivated behavior: How apples makes you think different. *Journal of Consumer Research*, 35, 21-35.
Förster, J., Liberman, N., & Friedman, R. S. (2007). Seven principles of goal activation: A systematic approach to distinguishing goal priming from priming of non-goal constructs. *Personality and Social Psychology Review*, 11, 211-233.
Förster, J., Liberman, N., & Higgins, E. T. (2005). Accessibility from active and fulfilled goals. *Journal of Experimental Social Psychology*, 41, 220-239.
Greitemeyer, T. (2010). Exposure to music with prosocial lyrics reduces aggression: First evidence and test of the underlying mechanism. *Journal of Experimental Social Psychology*, 47, 28-36.
Hassin, R. R., Aarts, H., Eitam, B., Custers, R., & Kleiman, T.. (2007). Non-conscious goal pursuit and the effortful control of behavior. *Oxford Handbook of Human Action*.
Hassin, R. R., Bargh, J. A., & Zimerman, S. (2009). Automatic and flexible: The case of non-conscious goal pursuit. *Social Cognition*, 27, 20-36.
Janiszewski, C. & van Osselaer, S. M. J. (2005). Behavior activation is not enough. *Journal of Consumer Behavior*, 15, 218-224.
Joly, J. F., Stapel, D. A., & Lindenberg, S. M. (2008). Silence and table manners: When environments activate

norms. *Personality and Social Psychology Bulletin*, *34*, 1047–1056.

Laran, J., Dalton, A. N., & Andrade, E. B. (2010). The curious case of behavioral backlash: Why brands produce priming effects and slogans produce reverse priming effects. *Journal of Consumer Research*, *37*, 999–1014.

Moskowitz, G. B., Li, P., & Kirk, E. R.. (2004). The implicit volition model: on the preconscious regulation of temporarily adopted goals. *Advances in Experimental Social Psychology*, *36*(04), 317–413.

Norman, D. A., & Shallice, T. (1986). Attention to action: Willed and automatic control of behavior. In J. R. Davidson, G. E. Schwartz, & D. Shapiro (Eds.), *Consciousness and self regulation: Advances in research and theory* (Vol.4, pp.1–18). New York: Plenum Press.

Pendry, L., & Carrick, R. (2001). Doing what the mob do: Priming effects on conformity. European *Journal of Social Psychology*, *31*, 83–92.

Porath, C. L., & Erez, A. (2009). Overlooked but not untouched: How rudeness reduces onlookers' performance on routine and creative tasks. *Organizational Behavior and Human Decision Processes*, *109*, 29–44.

Radel, R., Sarrazin, P., Legrain, P., & Gobance, L. (2009). Subliminal priming of motivational orientation in educational settings: Effect on academic performance moderated by mindfulness. *Journal of Research in Personality*, *43*, 695–698.

Seibt, B., Häfner, M., & Deutsch, R. (2007). Prepared to eat: How immediate affective and motivational responses to food cues are influenced by food deprivation. *European Journal of Social Psychology*, *37*, 359–379

Shah, J. Y., & Kruglanski, A. W. (2002). Priming against your will: How goal pursuit is affected by accessible alternatives. *Journal of Experimental Social Psychology*, *38*, 368–383.

Shantz, A., & Latham, G. P. (2009). An exploratory field experiment on the effect of subconscious and conscious goals on employee performance. *Organizational Behavior and Human Decision Processes*, *109*, 9–17.

Winkielman, P., Berridge, K. C., & Wilbarger, J. L. (2005). Unconscious affective reactions to masked happy versus angry faces influences consumption behavior and judgments of value. *Personality And Social Psychology Bulletin*, *31*, 121–135.

第17章 军事人因工效研究

17.1 军事人因工效研究进展 / 350
17.2 航空工效研究进展 / 352
    17.2.1 研究方法 / 352
    17.2.2 航空模拟器 / 352
        模拟座舱 / 353
        运动系统 / 353
        视景系统 / 353
        计算机系统 / 353
        教员控制台 / 353
    17.2.3 驾驶员模型建模理论 / 357
        控制理论的一般概念 / 357
        驾驶员最佳控制模型及应用 / 358
        驾驶员传递函数模型 / 359
    17.2.4 驾驶员—飞机系统计算机仿真 / 360
17.3 航天工效研究进展 / 362
    17.3.1 人适应机器和环境 / 363
        航天员选拔 / 363
        航天员训练 / 363
        航天模拟器 / 363
    17.3.2 机适应人 / 367
        人机界面技术 / 367
        航天飞行训练模拟技术 / 368
        航天飞行训练模拟技术的挑战和要求 / 369
        适居住研究 / 370
        航天工效学基础研究 / 370
    17.3.3 文件标准及期刊 / 370
    17.3.4 应用及问题 / 370
17.4 军事领域的人机系统设计及分析评价 / 371
    17.4.1 人机系统设计 / 371
    17.4.2 人机系统评价 / 374
        评价内容 / 374
        评价特点 / 374
        评价方法 / 375

17.4.3 人机系统安全分析 / 376
事故原因分析 / 377
事故发生的行为因素 / 378
事故发生的心理因素 / 378
故障树分析 / 380
17.4.4 人人系统 / 383
参考文献 / 386

军事人因工效研究人、机、环境之间相互关系的规律,以达到确保人—机—环境系统总体性能的最优化,提高军事活动绩效,提高武器装备的效率,减少人因失误的发生,是涵盖心理学、医学、管理学等多学科领域的一门交叉学科。第二次世界大战后,当飞行事故率再次上升时,研究人员将注意力集中到了航空系统中人—机适应问题上,诞生了最早的军事人机工效学。60年代,T型仪表板的出现,使航空工效学步入"旋钮与表盘"时代;80年代,计算机的广泛应用,使航空工效学成为最早进入计算机时代的学科;计算机多媒体和虚拟现实技术的出现,最大程度地解决了人—机和谐问题,开创了军事工效系统协调和最佳效能的军用途径。源于军事应用的需要,人因工程学的很多研究都在军事领域首先开展,军事领域的人因工程研究成果完善了人因工程学的学科知识体系。

17.1 军事人因工效研究进展

第二次世界大战期间,由于战争的需要,许多国家大力发展效能高、威力大的新式武器装备,由于片面注重新式武器和装备的功能研究,忽视了其中"人的因素",由操作失误而导致失败的教训屡见不鲜,这引起了决策者和设计者的高度重视,他们在军事领域中开展了与设计相关学科的综合研究与应用。例如,为使武器能够符合战士的生理特点,设计工程师与解剖学家、生理学家和心理学家共同努力,收到了良好的效果,武器设计更加合理。1950年末,美国科学院应陆、海、空三军的要求,组成了一个专门的委员会,着重分析和研究人因领域的研究现状,并于1983年1月提出了"人因研究需求"的报告,报告指出,70年代人因方面的研究的放松,使得军事领域的人因与其他领域的人因研究有着显著的差别。人们认识到,在人和武器的关系中,主要的限制因素不是武器而是人。"人的因素"在设计中是不能忽视的一个重要条件,要设计一个高效能的装备,只有工程技术知识是不够的,还必须有生理学、心理学、人体测量学、生物力学等学科的知识。

"人—机—环境"理论是指导我国国防科技工业建设及武器研制的重要理论。1981年,在著名科学家钱学森院士的亲自指导下,陈信、龙升照等人提出了人—机—环境系统工程(man-machine-environment system engineering, MMESE)理论,在航空、航海、兵器等国防建设领域以及交通运输、工业生产方面得到了充分应用并发挥了重要作用,是指导我国国防科技工业建设及武器研制的重要理论。系统中的"人"是指作为工作主体的人(如操作人员或决策人员),"机"是指人所控制的一切对象(如工具、机器、计算机、系统和技术)的总称,"环境",是指人、机共处的特定工作条件(如温度、噪声、振动等)。研究目的是通过对人的失误分析,使人尽可能地适应武器及训练、作战等军事活动,以提高军事系统的可靠性、安全性及综合性能。同时,使军事系统的设计研制最大限度地体现人因工程的基本原理与原则,实现人与机的有机结合。系统最优组合的基本目标是"安全、高效、经济"。所谓"安全",是指不发生人体的生理危害或伤害,不发生各种事故;所谓"高效",是指全系统具有最好的工作性能或最高的工作效率;所谓"经济",就是在满足系统技术要求的前提下,使系统的建立的投资最省。(见图17.1)

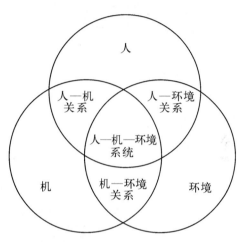

图17.1 人—机—环境系统示意图

"军事人因工程学"以系统论、控制论、信息论为指导,从人、机、环境系统出发,研究探讨人与军事系统其他要素间的相互关系,通过对从事军事活动的人的失误分析和对策研究,提高军事系统的可靠性、安全性和综合性能,是人因工程学在军事领域的具体应用;相关研究涉及系统论、信息论、控制论、系统工程、运筹学、社会学、心理学、行为学、教育学和管理学等许多学科知识,自身又囊括武器装备的设计研制、军事训练、作战指挥、安全控制和人员培训等许多领域而自成体系。

人对军事系统有着双重影响,一方面由于人的积极性和创造性参与,避免了事故的发生;另一方面又因人的失误造成不利影响甚至是灾难性事故。

目前,研究主要侧重于以下几个方面:
(1) 人在军事活动环境下的失误分析;
(2) 现代高技术战争条件下的人因化分析;
(3) 考虑人因的军事系统的可靠性、安全性及综合性能分析与评价;
(4) 从提高军事系统可靠性、安全性及综合性能的角度出发,探讨人员的选拔和训练；

(5) 根据人因工程的原则对军事活动进行优化设计。

17.2 航空工效研究进展

现代工效学在航空航天领域的应用以及与航空航天学科的结合逐步形成了航空航天工效学。航空航天工效学是指研究航空航天领域系统中人、武器装备及工作环境之间相互作用的规律，研究如何安全、高效、健康、舒适地完成作业任务的学科。航空航天工效学在我国起步较晚，目前还属于新兴边缘学科，随着未来的不断发展，研究内容的不断扩大，其名称和定义还将发生变化。

17.2.1 研究方法

航空航天工效学的研究广泛采用了人体科学和生物科学等相关学科的研究方法及手段，也汲取了系统工程、控制理论、统计学等其他学科的研究方法，为探讨人、机、环境要素间复杂的关系，还采用了一些独特方法。常用的研究方法有：观察法、实测法、实验法、模拟和模型试验法、计算机数值仿真法、分析法和调查研究法。

其中，分析法是在获得了一定的资料和数据后采用的一种研究方法，具体包括如下几种分析法：瞬间操作分析法、知觉与运动信息分析法、动作负荷分析法、频率分析法和危象分析法等。调查研究方法包括简单访问、专门调查、精细评分、心理和生理学分析判断，以及间接意见与建议分析，进而得到操作者或使用者的意见和建议。

17.2.2 航空模拟器

指模仿航空器执行飞行任务时的飞行状态、飞行环境和飞行条件，并给驾驶员（空勤人员）提供相似的操纵负荷、视觉、听觉、运动感觉的试验和训练装置。从广义上来说，就是用来模拟飞行器飞行的机器。如模拟飞机、导弹、卫星、宇宙飞船等飞行的装置，都可称为飞行模拟器。它是能够复现飞行器及空中环境并能够进行操作的模拟装置。从狭义上说，就是用来模拟飞行器飞行且结构比较复杂、功能比较齐全的装置。结构比较简单且功能较少的飞行模拟装置，称为飞行训练器。

早在1929年，美国的爱德华·林克就设计出了世界上第一台机械式的飞行模拟器——林克机。随着科学技术的进步，飞行模拟器也变得越来越先进，越来越逼真。现代的飞行模拟器，集计算机、机械、电气、电子、自动控制、液压和光学等技术于一体，是一种十分复杂、精密的高科技设备。

飞行模拟器，从大的用途角度可分为两大类：一类是工程研究用模拟器，另一类是训练用模拟器。前者用于新型飞行器的研究、试验和已有飞行器的改进;后者用于训练飞行人员,使其掌握飞行驾驶技术和其他相关技术(如领航、轰炸、射击、空战),以及某些复杂设备的使用方法。通过使用训练用飞行模拟器,人们在地面就可以操纵飞行器,操作方法与在实际飞行器上完全一样,同时人们还能体验到飞行器在空中飞行时的各种感觉。因此,人们借助模拟器,不用上天,就可以学会飞行。

用来模拟飞机飞行的模拟器,称为飞机飞行模拟器。它通常由模拟座舱、运动系统、视景系统、计算机系统及教员控制台五大部分组成。

模拟座舱

训练用飞行模拟器的模拟座舱,其内部的各种操纵装置、仪表、信号显示设备等与实际飞机几乎完全一样,它们的工作、指示情况也与实际飞机相同。因此飞行员在模拟座舱内,就像在真飞机的座舱之中一样。飞行员操纵各种操纵设备(驾驶杆、油门、开关等)时,不但能使各种仪表、信号灯正常工作,而且还能听到相应设备发出的声响(如发动机的轰鸣声、收放起落架的声音等)以及外界环境的声音(如机体与气流的摩擦声、雷雨声等)。同时,飞行员的手和脚上还能体验到因操纵飞机而产生的力感。

运动系统

运动系统用于模拟飞机的姿态及速度的变化,以使飞行员的身体感觉到飞机的运动。先进的飞行模拟器,其运动系统具有六个自由度,即在三维坐标中绕三个轴的转动及沿三个轴的线位移。它主要由六个液压伺服作动筒(或六个电动作动筒)及其所支撑的平台组成,模拟座舱就安装在这个平台之上。六个作动筒协同运动,就可驱动平台并模拟出飞机的运动变化情况。

视景系统

视景系统用于模拟飞行员所看到的座舱外部的景象,以使飞行员判断出飞机的姿态、位置、高度、速度以及天气等情况。先进的视景系统通过计算机模拟座舱外部的景象,然后通过投影、显示装置显示出来。

计算机系统

计算机系统是飞行模拟器的神经中枢。飞行模拟器就是一个实时性要求很高、交流信息量很大,精度要求较高的实时仿真控制系统。计算机系统承担着整个模拟器各个系统的数学模型的解算与控制任务。现代的飞行模拟器,通常都是由若干台计算机联合组成一个网络,各计算机既分别单独处理不同的信息,相互之间又不断地进行信息交流,从而使整个模拟器协调一致地运行。

教员控制台

教员控制台是飞行模拟器的监控中心,主要用于监视和控制飞行训练情况。它不但能及时显示飞机飞行的各种参数(高度、速度、航向、姿态等)、飞机飞行的轨迹，而且还能模拟各种飞行条件(风速、风向、气温、气压、起始位置等)。另外，还能模拟各种故障，以训练飞行员的判断与处理故障的能力。先进的教员台，还具有维护检测、考核、鉴定等功能。

各国的国家民航局，如美国联邦航空局与欧洲航空安全局，负责检定与测试各种类型的模拟器。美国商用机飞行员只有在美国联邦航空局审核通过的模拟器上的训练时数受到认可，同样地，欧洲飞行员只有在欧洲航空安全局审核通过的模拟器上的训练时数会受到认可。若模拟器要得到认证，必需符合监管机构对该被模拟飞机所设计的飞行模拟设备或全功能飞行模拟机的要求项目。测试项目与标准详列在核准测试指引(Approval Test Guide, ATG)或是认证测试指引(Qualification Test Guide, QTG)之中，模拟器被分为1到7级的飞航训练器(Flight Training Device, FTD)或是A到D级的全功能飞行模拟机(Full Flight Simulator, FFS)。等级最高、功能最强的是D等级全功能飞行模拟机。当资深飞行员要从一种机型换到另一种类似的机型时，这种模拟器可用来做所谓的零飞行时数转换。有了零飞行时数转换，飞行员即可在训练官在旁监督的情况下初次驾驶该机型做商业飞行，而不需要累积既定的飞行时数。

系统训练器是用于训练飞行员操作各种飞机系统的能力的。一旦飞行员熟悉了该系统，他们将转换到驾驶舱程序训练器。这些都是固定且不会移动的设备，且安装有精确的驾驶舱仪表、开关和其他控制装置的复制品，被用于训练飞行人员做操作与检查，是较低等级的飞航训练装置。较高等级的是迷你模拟设备，有些可能配备有视觉系统。总之，飞航训练器没有运动平台，也不具备全功能飞行模拟机的拟真度。

一套全功能飞行模拟机完整复制了飞机的各个方面以及它的环境，包括了6个自由度的运动。在模拟机里的人员必需像在真实飞机里一样系上座位的安全带。因为任何模拟器起重轴的运动距离都是有限的，所以会采用动作系统模拟一开始加速度时的靠背感，这可以解决范围有限的问题。

民航用的全功能飞行模拟机制造商有美国的飞安国际与洛克威尔·柯林斯，加拿大的CAE与MSI，以及法国的泰勒斯。目前全世界在运作中的飞行模拟器大约有1 200套，其中美国约有550套，英国约有75套，中国约有60套，德国与日本各有50套左右，法国约有40套。

除了一般的飞行训练用途之外，飞行模拟器还广泛地被应用于研究各种航天课题，特别是在飞航动力学和人机交互系统。相关设备涵盖从简单如电子游戏机的机种到非常特殊且昂贵的机种。例如安装在美国俄亥俄州赖特-帕特森空军基地的

LAMARS(图17.2),是由诺思罗普公司为空军研究实验室所研制的,其特点是配备了大幅度的5个自由度运动系统以及一个360度的圆顶式视觉系统。

图 17.2 LAMARS 实际照片

捷克生产的升级后的三维方向自由运行的飞行模拟训练器 TL39,安装在莫斯科飞行学院,如图 17.3 所示。

图 17.3 TL39 飞行模拟器

注:下方即为训练官工作站。

第 17 章 军事人因工效研究 355

大多数的模拟器都有训练官工作站。在工作站上，训练官可以很快地模拟各种正常与异常的情况下飞机的内在或外在的环境，例如引擎失火、起落架故障、电路故障、暴风雨、下爆气流、闪电、迎面而来的飞机、跑道湿滑、导航系统失灵以及无数其他问题，而飞行员必须熟悉这些状况并且采取行动。许多模拟器可让训练官在驾驶舱控制模拟机，也可从在飞行员座位后面的控制台，或者正驾驶旁的副驾驶的位子。

在过去，全功能飞行模拟机都是几百万美元的液压设备，只有大型的训练中心在使用。但是现在规模较小的训练中心，包括单引擎飞机，已经可以使用较经济的电力驱动全功能飞行模拟机。

不论是单一飞行员或是机组人员的训练，飞行模拟都是一个基本的项目。这不但节约时间与金钱，也可以减少人员的损失。即使是昂贵的 D 级飞行模拟机的运作成本也比在真实的飞机上训练低很多。

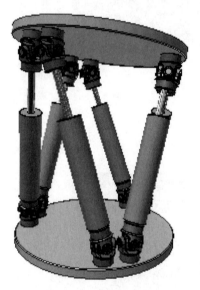

图 17.4　史都华平台

高端的商用和军用飞行模拟器的动作基座实现了最真实的模拟。这些模拟器大部分都是依靠史都华平台（图 17.4）来产生动作。借由液压缸，这些系统可为各种飞行训练所需的情景提供真实的动作。但是，史都华平台有一个小缺点，就是只能做有限度的俯仰、滚转以及偏转的动作，使用史都华平台的动作基座通常最多只能做出正负 35 度的俯仰或滚转。一些公司致力于从事研发更先进的动作平台以期能提供更大幅度的动作。

奥地利的 AMST 系统科技与荷兰的 TNO 人因工程两家公司正在合作建造狄蒙娜飞行模拟系统。这套大型的模拟器透过万向接头可提供驾驶舱无限制的旋转，该万向接头由提供垂直运动的框架所支撑，而框架又装在一个可调整半径的大型旋转平台上。狄蒙娜模拟器的设计是以无限制的自由旋转来提供持续的重力加速度模拟。

美国国家航空航天局艾姆斯研究中心设有垂直运动模拟器。这是一个先进的高度拟真运动平台，垂直高度达到惊人的 60 英尺。可换座舱的设计允许快速更换不同的模拟机，从小飞船到航天飞机都可模拟。

模拟动力学公司正在开发一个可旋转的球形囊模拟器。这一设计的基本概念始于二次大战期间，初见成型是在太空竞赛期间所建造与运作的旋转飞行模拟器，直径达3米(10英尺),重达2903千克(6400磅),目前收藏于布鲁克斯空军基地的美国空军航太医学博物馆。模拟动力学公司正在研发的名为 Xenosphere 的新球形囊模拟器,直径小于2.4米(8英尺)且使用轻质的复合材料。这一新的模拟器的设计是为了产生高敏捷度与无限制的旋转运动。

17.2.3 驾驶员模型建模理论

控制理论的一般概念

被控量、给定值和干扰。任何技术设备、机器和生产过程都必须按要求运行。例如:要想飞机完成俯仰跟踪这一飞行任务,驾驶员或自动驾驶设备必须通过操纵杆改变飞机的俯仰角,且尽量避免干扰。这里,飞机是工作的主体设备,类似操纵杆的这些被操纵的设备装置称为受控对象,而俯仰角则是表征设备工况的关键参数,这些参数称为被控量,希望这些工况参数达到的值称为给定值。操纵任务(即控制任务)可抽象为使受控对象的被控量按给定值变化。在运行中,被控量以时间函数 $c(t)$ 表示,给定值以 $r(t)$ 表示,干扰以 $n(t)$ 表示,这些是参与控制的原始信号。

控制系统的性能要求。系统受到给定值或干扰信号作用后,控制被控量 $c(t)$ 变化的全过程称为系统的动态过程。系统控制性能的优劣,可以从动态过程 $c(t)$ 对 $r(t)$ 的比较中充分和直观地显示出来。在工程上,一般从稳定性、快速性和稳态精度这三个方面来评价控制系统性能的优劣。

稳定性:如果控制过程中出现被控量围绕给定值的摇摆或振荡,那么首先振荡应该逐渐减弱,其次其振幅和频率都不应过大,这样才能完成控制任务,所以稳定性就是在动态过程中被控量相对给定值变化的平稳性。

快速性:振荡型过程衰减很慢,或者虽然没有振荡,但被控量迟缓地趋向平衡状态,都将使系统长时间地出现大偏差。快速性就是指系统的动态过程应尽快进入稳态,快和稳都是反映系统过滤态的性能。快且稳是指过程中被控量偏离给定值较小,且偏离时间短,表明系统动态精度高。

稳态精度:指系统进入平衡工作状态后,被控量对给定值所达到的控制准确度,反映系统后期稳态的性能。

闭环控制系统。在控制系统工程中,凡是输出信号对控制作用有直接影响的系统,都称为闭环控制系统。闭环控制系统是一种能对输出量与参考输入量进行比较,并应用反馈作用来建立输出量与参考输入量的偏差,从而力保两者之间既定关系的系统。因而,闭环控制系统也称反馈控制系统。图17.5表示闭环系统输入量与输出量之间关系的框图。

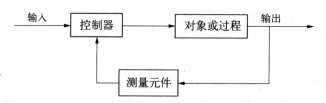

图 17.5 闭环系统输入量与输出量的关系

驾驶员最佳控制模型及应用

20 世纪六七十年代,巴伦、克兰曼和利维森(Baron、Kleinmen 和 Levison)运用现代控制和估计理论建立了最佳驾驶员控制模型,即训练有素的驾驶员在实施操纵时,会在任务要求及身心生理限制条件下,尽可能以最优控制的方式进行,从而使人机闭环特性与最优反馈控制回路特性相当。被控对象及显示装置的特性以常系数线性系统的动态方程表示,即

$$\dot{x} = Ax + Bu + Ew$$
$$y = Cx + Du$$

式中,x 为 n 维状态变量;u 为一维控制变量;w 为 n 维零均值高斯白噪声;y 为 r 维输出变量;A、B、C、D、E 为相应的矩阵或矢量。若 y_i 为显示给驾驶员的某一输出量,则驾驶员能估计出变化率 $\dot{y}_i$,故 y 中可包含这两类输出量。

驾驶员感知的输出变量 $y_p(t)$ 是有延迟及经噪声污染的,因此有如下关系:

$$y_p(t) = y(t-\tau) + v_y(t-\tau) = CX(t-\tau) + Du(t-\tau) + v_y(t-\tau)$$

式中,$y_p(t)$ 为零均值高斯白噪声;v_y 为观察噪声;τ 为操纵延迟时间。

应用最优控制理论,经最优控制策略运算可得 $uc(t)$ 为

$$uc(t) = -R - 1k3X(t) - R - 1k4\dot{u}c(t) + um(t)$$

式中,$um(t)$ 为驾驶员操纵带来的驱动噪声;$k3$ 和 $k4$ 为 Ricatti 方程的解。

最优控制模型可以处理更多的实际问题。如对目视信息感受及较简单的驾驶任务,在考虑驾驶员本身的生理特点基础上涉及了对目视信息的观察噪声和延迟,考虑了通过人的四肢进行控制时的运动噪声,对信息进行滤波、预测和按性能指标确定出最优控制策略等。本身也是驾驶员监控模型中的组成部分,但由于是用确定性的数学方法来描述人的不确定行为,故必然存在很大的局限性,在性能指标选定上还缺乏普遍准则;另外,驾驶员的最优控制模型是对整个时间历程上的预测,这显然不符合人在进行跟踪控制时的预测思维。因为终端时刻往往是未知的而且是难以确定的,所以,对驾驶员的最优控制模型还需要进行深入研究。

驾驶员传递函数模型

人机系统模型一般由人的动态特性模型和机的动态特性模型构成,而机的动态特性又可以分机械动力学模型和显示动力学模型两个分支。机械动力学模型是一种把控制杆的运动与飞机俯仰轴转角联系起来的模型,可以用刚体动力学方法进行分析。飞机的显示系统是通过各种感受器(如雷达、高度指示器、无线电信号等)收集、综合处理信息,然后在显示器上以数字或者图像形式向驾驶员显示,能够显示出信息处理的时延所造成的不可避免的滞后等动态特性和诸如用微分环节来获得"超前作用"等的人为影响。因此,显示系统的动态特性也可以用显示动力学方法来分析。

人机系统建模的关键是人的建模,这是由于人本身是一个复杂的系统,人的很多特性至今还不能用数学模型来反映。因此,对人机系统建模研究的重点放在人的建模上。

由人的动态特性模型和机的动态特性模型构成的人机系统,其输出是一个单一的直接控制量 $c(t)$ 和一个单一的间接控制量 $g(t)$。其中直接控制输出量是机的动态变化,如飞机的速度、高度及俯仰角度等,间接控制输出量是伴随直接控制输出量变化的物理量,不是控制行为的直接对象。然而,当人感受到机器的动态变化并根据这些变化决定如何操纵控制器时,还必须考虑间接控制输出量,如飞行员控制飞行速度时,并不能直接控制发动机的噪声,但这也是要考虑的许多与速度有关的输入信号之一。

为了获得与某些使用情况相当吻合的模型,必须将复杂的人机动态特性模型进行简化。最常用的简化结构为如图 17.6 所示的补偿跟踪结构,驾驶员模型采用准线性模型。图中 $r(t)$ 为系统输入,$e(t)$ 为误差信号,假设人只能感受到"误差"信号而感受不到任何间接控制的输出;$W_{m'e}(s)$ 为人的传递函数的线性部分;$m'(t)$ 为 $W_{m'e}(s)$ 的输出;$n(t)$ 为与人的传递函数非线性部分有关的残差;$m(t)$ 为人的总输出;$W_{cm}(s)$ 为机器与显示器等的机的传递函数;$c(t)$ 为系统输出;$H(s)$ 为反馈回路

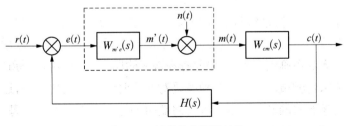

图 17.6 补偿简化跟踪结构

的传递函数。另外，在实验建模中，用一根与电位器相联系的控制杆、一台仿真 $W_{cm}(s)$ 的模拟计算机、一台输出 $r(t)$ 的信号发生器和一台示波器，就能组成一套简化结构的试验装置，见图 17.7，图中示波器上水平虚线表示 $e(t)$，采用的是高扫描率，虚线在水平基准线（$e=0$）上下移动。

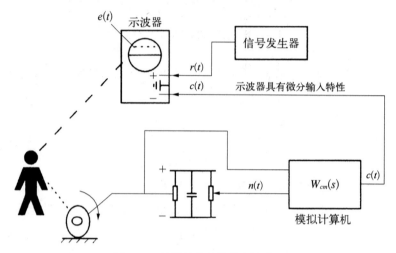

图 17.7 补偿简化结构的实验装置

对于同一类型的输入信号 $r(t)$，根据机的传递函数 $W_{cm}(s)$ 而使用不同形式和数值的人的传递函数 $W_{m'e}(s)$。机的动态特性所具有的实际约束和人体自身的限制限定了 $W_{m'e}(s)$ 的范围。研究这个范围，可得到相当简单的普遍性模型，并能获得为适应具体的 $r(t)$ 和所需的 $W_{cm}(s)$ 而改变系统参数的调节规律。因为建立的线性模型是人行为的良好预测器，所以模型的预测值与人的实际输出值之间的差值 $n(t)$ 为一个很小的量。由此，根据人所感受的误差信号 $e(t)$ 和人的总输出 $m(t)$ 的测量值来求人的最佳线性传递函数 $W_{m'e}(s)$ 的问题，可归结为寻找一个使 $W_{m'e}(s)$ 的输出 $m'(t)$ 与人的总输出 $m(t)$ 之间的均方误差为最小的传递函数 $W_{m'e}(s)$。

17.2.4　驾驶员—飞机系统计算机仿真

人机系统特性分析要通过驾驶员对系统的飞行品质要求进行评价后确定。飞行品质（或舒适性）主要反映飞机系统的稳定性和操纵性，因此，人机系统特性分析就是指对系统稳定性和操纵性的动力特性分析。为了在原型机试飞前确定驾驶员对飞机飞行品质的评价，运用驾驶员数学模型进行人机系统分析有非常高的经济价值。图 17.8 为俯仰跟踪人机系统模型，机的传递函数 $W_c(s)$ 为

$$W_c(s) = \frac{\theta Y_s Y}{\varphi Y_s Y} = \frac{\overline{M}_z^\varphi Y_s + \overline{Y}^a Y}{Y s^2 + 2\xi_1 \overline{\omega}_{n1} s + \overline{\omega}_{n1}^2 Y s} = \frac{-7.027(s+0.638)}{(s^2 + 2 \times 0.36 \times 2.416 s + 2.416^2)s}$$

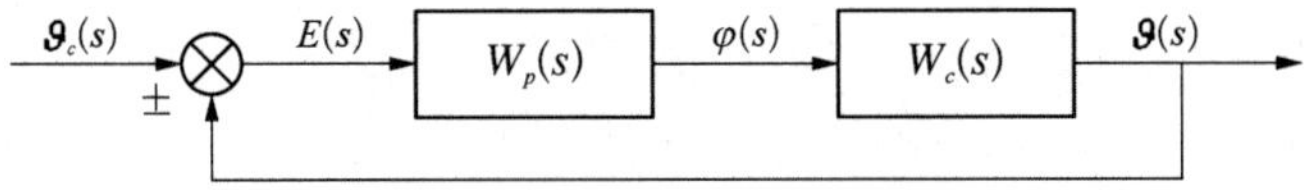

```
ϑ_c(s) →⊗→ E(s) → W_p(s) → φ(s) → W_c(s) → ϑ(s) →
          ±↑_____|
```

图 17.8　俯仰跟踪人机系统模型

式中，$\overline{M}_z^\varphi$，$\overline{Y}^a$，ξ_1 为线性微分方程中有关变量前的系数；$\overline{\omega}_{n1}$ 为飞机的短周期固有频率；s 为拉普拉斯变换的算子。

根据驾驶员传递函数模型由可以推出：

$$W_p(s) = K_p \frac{T_L s + 1}{T_I + 1} e^{1\tau_p s}$$

式中，τ_p 为驾驶员神经传输和肌肉反应引起的体内纯延迟时间。在忽略控制系统动态特性的情况下，技术熟练的高级试飞员的 $\tau_p = 0.1\,\text{s}$。

图 17.9 是 τ_p 为 $0.1\,\text{s}$，驾驶员超前补偿时间常数 T_L 为 $0\,\text{s}$，$0.2\,\text{s}$ 和 $0.4\,\text{s}$ 时人机系统的根轨迹。由图示知：

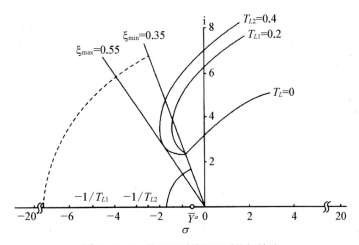

图 17.9　T_L 值不同时的闭环系统根轨迹

① 随着 K_p 增加，有一对共轭复根由 s 左半平面向右半平面移动。该对共轭复根反映了飞机短周期运动模态。

② 一个小实根近似反映了飞机俯仰角的运动模态。

③ 在 $T_L = 0$ 时随着增益 K_p 增加，系统的阻尼比下降，固有频率增加；在增益值

不大的情况下,会导致飞机有不稳定倾向。

④ 当 $T_{L1}=0.2$ 时选取适宜的增益,使系统的阻尼比和固有频率增加些,可提高系统的快速性;但从调整观点看,K_p 的选择范围较窄。

⑤ 当 $T_{L2}=0.4$ 时系统的阻尼比和固有频率有较大提高,且 K_p 的选择范围较宽,从而使飞机的飞行品质评分等级有可能达到1级。

其他的模型参数对人机系统特性亦有重要影响,如 τ_p 值过小将使飞机的评价变坏。其原因与加重了驾驶员的神经紧张状态有关。然而过大的 τ_p 值也会使飞机出现耦合震荡(PIO)现象。合适的 τ_p 值应在 0.1 s—0.3 s 范围内选择。

上述系统虽是简单的人机系统,但所得的结论具有普遍性,即只要有任何一点超前补偿量,T_L 值就能增加飞机的短周期阻尼比,改善系统的稳定性,而此时 K_p 的增值不大。驾驶员模型参数 K_p、T_L、T_I 对不同的操纵对象,完成不同的飞行任务,其值是变化的,反映了驾驶员操纵飞机精确完成某一飞行任务时,所必须付出的精力、体力负荷的大小。因此,可用这些参数来评价飞机飞行品质的好坏。

上面仅介绍了适用于补偿式跟踪作业的"准线性模型"。在飞机设计中,穿越模型因能更好地拟合试验曲线,故应用甚广。但是,穿越模型在和被控对象的传递函数具有明显的非线性、阶次过高或被控对象明显不稳等情况下,一般不适用。传递函数模型可看作是1960年前技术的主要演化,其核心是处理来自系统或者系统传递函数的输入与输出信号之间的关系。由于所使用的技术概念简单,所以计算量很小。但这种传统的控制理论有若干弊端,主要问题是其仅仅适用于单输入/输出线性的稳态系统,无法表示时变系统、非线性系统以及非零初始条件下的线性定常系统。另外,以传递函数表征系统数学模型的经典设计法,不可能使系统获得在某种意义上的最优性能。

17.3 航天工效研究进展

1957年10月4日,苏联成功发射了世界上第一颗人造地球卫星(Sputinik 1),开启了航天时代的篇章;1961年4月12日,苏联用"东方1号"(Vostok 1)宇宙飞船将航天员尤里·加加林成功送入太空,并安全返回,加加林成为进入太空的第一人;随后,同年5月5日,美国开展水星计划将航天员艾伦·谢泼德(Alan B Shepard)由"自由7号"(Freedom 7)宇宙飞船送入太空,成为第二个将宇航员送入太空的国家。

航天工效学是应用工效学的基本理论、方法及原则,研究载人航天实践中航天员、载人飞行器及航天环境的相互作用,航天环境中航天员的工作能力、特点和规律,确保航天员生命安全、身心健康并高效出色地完成航天飞行任务;作为综合性学科,其与航天心理学、航天环境医学、航天实施医学和航天分子生物学等学科密切相关，研究范畴涉及人体测量、人的能力特性、飞船环境布局及人机界面设计，人机功能分配及工作负荷评价，航天环境对工效影响及评价等方面。

17.3.1 人适应机器和环境

在载人航天活动的人—机—环境系统中，航天员居于核心，保障航天员安全、健康和高效地工作是载人航天的重要研究方向。人和机器之间的相互匹配是工效学研究的重要方面，载人航天可以通过选拔和训练航天员实现人与航天器和航天环境之间的适应或习服。

航天员选拔

为了选拔出能适应载人航天飞行的航天员，同时减少航天员培养的淘汰率，必须对候选者的基本条件、心理、医学和特殊心理功能等进行严格检查。为了选拔出具备过硬的思想政治品质、良好的身体和心理素质等必备条件的航天员，各国都针对性地制定了本国航天员医学、心理学等方面的选拔方法和标准体系。

航天员训练

经过严格选拔，入选的航天员还要经过系统严格的训练，经考核认定合格，取得航天飞行资质后，才能承担载人航天任务。各国航天员训练分类不尽相同，大致可分为基本训练和专业技术训练两类。我国航天员训练包括八大门类，如基础理论与综合文化素质训练、体质训练、心理训练、航天环境适应性训练(超重、前庭功能训练、失重飞机飞行训练、水槽训练、噪声训练等)、航天专业技术训练(飞行程序训练、出舱任务训练、组合体训练、交会对接训练)、救生与生存训练等，通过训练可以达到使航天员掌握航天基础理论、提高综合文化素养，提高身体基本素质，掌握心理技能和增进团队融合，适应航天超重、噪声等环境，掌握飞行器构造和设备操作，提高返回后恶劣环境中航天员生存能力等目标。针对航天员训练，各国均制定了各自的航天员训练标准及计划。

航天模拟器

航天员训练离不开航天模拟器。利用航天飞行模拟训练器进行飞行训练，具有提高训练效率，节省训练经费，保证飞行安全，减少环境污染等优点，也可用于训练机组成员的正常和紧急作业程序。美国和俄罗斯积累了载人航天飞行的丰富经验，航天员的队伍都非常健全，载人航天器的种类和型号很多，并与之配套建立了成系列的、先进的航天员训练用模拟设备。我国在实现载人航天三步走的目标的过程中，为适应各特定时期的科研和航天飞行任务的需要，逐步建立了载人离心机、低压密闭舱、固定基全任务航天模拟器、中性浮力水槽、出舱程序训练低压舱、手控交会对接模拟器、飞船—目标飞行器组合体模拟器等航天模拟器。

只有经过长期艰苦的训练,才能取得航天任务的成功。在执行航天任务前,航天员们对各种可能出现的故障情况已进行了反复演练,在实际任务中,各种故障出现的情况很少,即使出现,大多也能根据训练中掌握的方法很快排除。NASA 的航天员模拟训练设备的仿真精度很高,除发射时的噪声和振动有些偏差以及无法模拟失重体验,模拟器训练体验与实际飞行任务基本完全一致。

单项系统训练器。单项系统训练器是航天飞机各个分系统的模拟设备,采用半实物仿真并结合计算机数据库和软件,航天员可以通过它的控制和显示界面与其交互来进行训练。每个航天员在一名教员的指导下,按照安排的训练步骤学习各分系统的操作方法。训练内容包括正常系统操作和故障的排除。单项系统训练器如图 17.10 所示。

图 17.10 单项系统训练器(仪表板训练模拟器)

综合任务模拟器。单项系统训练器训练之后,航天员转入综合任务模拟器训练。综合任务模拟器可以模拟航天飞机的各种操作和各系统的仿真过程,让航天员体会和练习各飞行阶段(发射段、上升段、轨道运行段、再入和返回段)的运行程序及操作步骤。轨道运行段的训练还包括科学实验、载荷部署和回收、机动、交会对接等。综合的航天飞行训练模拟器通常由实时仿真计算系统、模拟座舱系统、运动系统、仪表仿真系统、视景系统、音响系统、教员控制台系统、辅助支持系统 8 大部分组成。综合任务模拟器有两种,一种是固定基模拟器,另一种是运动基模拟器。

固定基模拟器。固定基模拟器用于任务及载荷训练和发射、返回及着陆的程序训练。它安装有与真实飞行器一样的前、后控制面板,包括遥控操纵系统的控制台。它通过数字图像生成系统提供视景信息,例如地球、星体、舱外载荷和着陆跑道等。可以模拟航天器从发射到着陆的全过程,也可以模拟出舱活动准备、交会对接、载荷部署及回收等。固定基模拟器如图 17.11 所示。

图 17.11 固定基模拟器

运动基模拟器。运动基模拟器安装有航天飞机飞行舱前段的模拟设备,并设有指令长、驾驶员和两个任务专家的座位,主要用来训练指令长和驾驶员在发射、返回和着陆等阶段的控制操作,也可以安装带有任务专家和载荷专家座位的飞行舱中段,使全体乘员一起模拟航天飞机发射、上升、返回和着陆的过程。航天飞机运动基训练模拟器配置有运动系统,该模拟器通过一个有六个自由度的运动系统提供运动感觉,并可以旋转到垂直角度模拟发射段和上升段。运动基模拟器如图17.12所示。

图 17.12 约翰逊中心航天飞机运动基模拟器

在综合任务模拟器上训练的同时,航天员还要在几种部分任务模拟器上进行训练。这些部分任务模拟器可以实现不同的训练目的。

中性浮力水槽。中性浮力水槽用于模拟太空微重力环境下人体运动的情况。它对于载人航天器的设计、试验和发展是一种必要的设备。对于训练来说,它可以训练航天员出舱活动,以及体会失重条件下身体的运动特性等。中性浮力水槽如图17.13所示。

操纵器模拟设备。操纵器模拟设备是一个载荷舱模型,装有与实物大小一样的遥控机器手。遥控机器手用于训练任务专家把载荷舱内的载荷送入轨道,或者把轨道上的卫星等捕获住放入载荷舱,也可以训练空间站各部件的装配工作。

全机身训练器。全机身训练器是一个用夹合板制成的与航天飞机大小相同的模型,它包括飞行舱、中段舱和载荷舱,不能模拟航天飞机的实际功能,只用来训练航天

图 17.13　NASA 位于休斯顿的中性浮力水槽

员熟悉航天飞机上各系统的位置及进行日常起居训练,例如食品的准备和进餐,垃圾废物的处理,摄像、摄影设备的使用,载荷实验过程的熟悉,以及工具和设备的放置等训练。它还可用于航天飞机紧急着陆后的航天员救生训练。

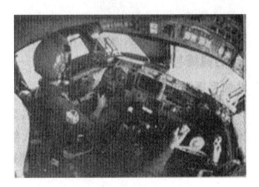

图 17.14　专用训练飞机

着陆训练飞机。驾驶员还必须进行航天飞机的返回和着陆训练。训练所使用的是用喷气飞机改装的训练飞机,具有和航天飞机相近的动力特性和控制方法。由于航天飞机降落的角度很陡,速度也非常快,因此与普通飞机的着陆非常不同。驾驶员在执行任务前要进行约 100 小时的训练,大约完成 600 次着陆训练。专用训练飞机如图 17.14 所示。

失重飞机。失重飞机进行抛物线飞行会产生短时间失重效应,因此可以用来训练航天员失重的体验和失重条件下的各种活动,例如进餐、喝水及操作设备等。失重飞机训练如图 17.15 所示。

随着载人航天工程在我国的开展,近年来,相关部门在借鉴国外先进技术的基础上,根据我国载人航天的实际需要,相继研制了许多训练模拟设备,初步建立起了具有一定规模、技术先进的航天员训练系统。新建的设备主要有：航天服试验舱、人用离心机、热真空试验舱、环控生保试验舱、多个载人飞船单项系统训练台、计算机辅助训练器、固定基全任务飞行训练模拟器等。这些设备已经用于我国航天员的各种训练,并已取得良好的效果,为我国载人航天工程的实施提供了有力的保障。我国研制部分训练模拟器如图 17.16 所示。

图 17.15　失重飞机训练

图 17.16　中性浮力水槽—出舱训练模拟器

17.3.2　机适应人

人机界面技术

在载人航天技术的发展初期，主要是研究人能否在空间环境中发挥作用，如美国的水星计划，并在此基础上，确定系统人—机功能分配、人—机接口、航天服合体性、舱外活动机动装置的可操作性等涉及人的因素的问题。

美国 NASA 于 1985 年提出了一份载人空间站的人、机功能分配的技术报告。该报告将空间站分为两大类，即无思维创造性的活动与有思维创造性的活动。比较了人、机器进行任务操作的优缺点，并阐述了系统人、机功能分配的一般原则。苏联在载人航空航天活动中，主要研究人的工作能力，着重于手操纵的作用，增加机械的可靠性，弥补和克服自动化系统的不足。典型的人、机功能分配的结果是飞船与空间站交会对接活动的任务分配，即开始由舱内自动接近系统工作，在接近空间站几十公里外使用雷达跟踪、显示器指示进行监视，在接近距离为 180 m—100 m 后由航天员采用手操纵使飞船与空间站对接。目前，对于载人航天活动中的人、机功能分配已形成的一般概念如表 17.1 所示，但仍未有一种系统的、可以普遍采用的方法，因而未来非常有必要对此展开深入研究。

表 17.1　载人航天器系统可能的人、机功能分配

控制或操作	分配建议		
	航天员	自动控制	共同
船载系统、各种设备、仪器、装置在飞行过程中的启动和关闭	−	+	−
自动控制系统运行状态的监视	−	+	+
在船载系统故障时使其恢复功能	+	−	+
确定载人航天器状态及解决导航问题	+	−	+
控制载人航天器使其绕质心运动(姿态控制)	+	−	+

续 表

控 制 或 操 作	分 配 建 议		
	航天员	自动控制	共 同
修正弹道或轨道	−	+	+
与其他飞行器的交会对接	+	−	−
轨道机动飞行	−	+	+
与地或其他飞行器的通讯	+	−	−
修正飞行程序	+	−	−
执行与飞行程序有关的操作(观测、导航等)	+	−	−

注：+(有利于分配)；−(不宜分配)

为了更好地发挥航天员的工作能力,必须开展围绕交互对接人工控制、出舱活动、空间站等任务进行涉及如何可靠、充分地发挥出人的工作能力等方向的研究。从内容来看,研究重点应为：多通道整合工效学研究；人的认知规律的研究；新型交互设备的工效学设计；语音指令系统中人—机对话工效学研究。虚拟现实技术将成为新一代人—机接口适人设计研究的重要手段,各种航天环境因素模拟器是进行航天工效学研究必不可少的手段。增强现实是近年来的研究热点,增强现实可以将计算机产生的虚拟物体叠加融合于真实场景之中,具有虚实融合、实时交互和辅助增强等特点,在诸如太空维修和大时延遥操作等任务中,增强现实技术可以发挥独特的作用。

航天飞行训练模拟技术

随着人类载人航天活动的发展,航天飞行训练模拟技术在航天领域发挥了极大作用。伴随着仿真技术、计算机技术、信息技术的发展,以航天训练需求为动力,航天飞行训练模拟技术本身也获得了迅速发展。这主要体现在以下几方面。

建立各种航天器系统模型。运用机理建模、系统辨识、模糊建模、神经网络建模及模糊神经网络建模等仿真建模技术,已可建立各种航天器系统的模型,模型动态响应、精度等能够很好地满足训练要求；仿真模型的校核、验证与验收技术有了较大发展,提高了仿真结果的可信度。

模拟航天飞行过程。计算机成像、数字音响播放、多自由度的运动控制技术使得针对航天的视景、音响、运动模拟技术不断提高,可以非常逼真地模拟航天飞行过程。

智能技术的应用。人工智能、神经网络、专家系统等智能技术的应用,使仿真建模、仿真计算、系统控制及训练评价方法有了很大的提高。

能够模拟各种航天环境。针对具体的飞行任务,可以系统地建立各种计算机辅助训练器、单项系统训练器、单任务模拟器、全任务模拟器以及基于分布式仿真技术的大系统综合训练模拟。各种训练设备更加逼真、完善,模拟的任务更加细化、具体,可基本覆盖航天飞行任务训练的各个阶段、各个层面。

基于虚拟现实技术的训练模拟器已开始进入实用阶段。代表性的如：美国的"毒刺"导弹训练装置和美、德合作开发的SIMNET坦克模拟训练网络等。航天领域一个非常著名的计划是用虚拟现实训练模拟器培训"哈勃"望远镜维修任务飞行乘员组和地面支持专家，保证了维修"哈勃"望远镜任务的成功。应用虚拟显示技术创建的"哈勃"望远镜维修飞行任务的模拟训练设备，除了复制出"哈勃"望远镜的物理结构和各种部件之间的关系外，还建立了同所有主要维护维修程序相关的、最严格的边界条件模型，第一次实现了同部分智能计算机辅助训练系统的集成。飞行任务结束以后，从受训人员收集到的调查数据证明，对受训人员来说，在虚拟现实模拟器中的训练提高了他们在真实飞行任务中的工作效率。

航天飞行训练模拟技术的挑战和要求

载人航天技术的进一步发展必将对航天飞行训练模拟技术提出更高的要求。同时，科学技术发展带来的最新成果又会促进航天飞行训练模拟技术发展，主要体现在以下几方面。

复杂的航天运动规律和新的航天器系统机理研究，可以使人们建立精确的稳态和动态模型，这些模型能精确地描绘全程操作范围的装置行为，从而使模拟仿真的效果更加逼真、更加精确。

神经网络、人工智能和复杂模型识别技术的集成运用，将使得航天器系统建模、仿真计算及控制水平有了极大的提高。

研制具有最新建模技术、编程技术的仿真建模环境或平台，这种平台具备建立、调试和运行动态模型的完整功能，可将建模编程的重复劳动降至最少，可以使不懂建模的工程技术人员轻松地建立大系统模型和解决仿真试验问题。

视景、音响、运动感等仿真技术将随着显示技术、计算机三维成像技术、数字三维空间声音播放技术、大动态、快速响应的运动控制技术的发展，向更精密、更逼真、立体化、大范围的方向发展。

新的载人空间活动以及各种新型航天器和装备的出现，将使航天训练模拟设备向着种类更多、模拟更精细、功能更完善的方向发展，以后将研制出具备环境条件模拟的综合性全功能模拟器。

随着虚拟现实技术的发展，其费用低、通用性好、易修改等优点，将成为航天飞行训练模拟的重要实现途径，基于虚拟现实的训练模拟技术将使操作者有全真实的感受。

在失重条件下训练以及出舱活动训练等方面，将研究出更简单、更有效的训练手段。

分布交互式仿真技术及信息技术的发展,将促进航天大系统同步演练、天地同步训练的实现。

适居住研究

适合的太空居住环境,可以提高航天员的生活舒适度,为航天员提供更好的私密空间,保护航天员个人隐私,从而提高航天员的工作效率。

航天工效学基础研究

为配合美国载人登月和登陆火星的规划,NASA 在 1991 年制定了航天工效学的发展规划,以研究航天环境下航天员的心理、行为和工效变化,以及用于保证航天员在航天飞行中的安全、健康和工作能力的可靠方法。该计划包括五项具体工作:测定航天员心理、行为和工效对航天环境的急性和长期反应;测定航天飞行中影响航天员心理和行为的关键因素并查明其机理;确定航天飞行对工效学和适居性的基本要求;提出工效学的设计要求和监测技术;提出先进的模型和模拟技术,以便在地面研究这些心理、行为和工效反应。这些工作体现在 NASA 不断更新的航天医学路线图中。

国家 973 计划重点研究项目"面向长期空间飞行的航天员作业能力变化规律及机制研究",研究周期从 2010 年开始,到 2015 年结束,部分研究成果已经刊登在《科学》(Science)专刊"太空人类绩效:中国航天研究进展"(*Human Performance in Space: Advancing Astronautics Research in China*)中。

17.3.3 文件标准及期刊

目前 NASA 相关标准包括《NASA‑STD‑3001 航天飞行人—系统标准》(*NASA‑STD‑3001 Space Flight Human-System Standard*),包含两卷,卷一主要与乘组健康有关,卷二与人因、适居及环境有关;《NASA/SP‑2010‑3407 人整合设计手册》(*NASA/SP‑2010‑3407 the Human Integration Design Handbook* (HIDH)),而此前的《人机整合设计标准》(*NASA‑STD‑3000 Man-Systems Integration Standards* (MSIS))已经被取代废止。

本学科相关的最新研究成果主要刊登在《宇航学报》(*Acta Astronautica*)、《航空航天环境医学》(*Aviation, Space, and Environmental Medicine, ASEM*)等国际期刊以及《航天医学与医学工程》、《载人航天》、《中华航空航天医学杂志》等国内期刊上。

17.3.4 应用及问题

随着登陆火星等计划的逐步实施,长时间、远距离和多乘员的载人航天已成为航天技术发展的重要方向,研究如何发挥出航天员工作能力以提高系统的可靠性,是对载人航天具有重要意义。

由于载人航天是一项耗资巨大的工程，不可能在太空条件下用实物进行全部的具体试验，尤其是涉及系统工效的研究，因此，采用以计算机为基本手段的先进技术对飞船的人工控制、仪表显示、报警方式以及座舱结构等方面进行仿真等航天工效研究就显得尤为必要。

相比而言，科学技术可以更好地提高人机环境系统中的机器和环境因素，人的因素则较为局限。因此，未来人机环境系统中必须充分考虑航天员的心理认知、控制和反应能力，从"人适应机器"转变为"机器适应人"，这对于可靠地发挥人的作用，提高系统可靠性，保障航天员安全、健康、高效地工作是非常必要的。

广泛地开展载人航天国际合作的重要性日益突显。在美苏太空竞赛结束后，载人航天的国际合作日益增强，如美国和俄罗斯分别培养了很多他国航天员；和平号空间站和国际空间站上先后有多国航天员驻留。近年来，相关合作日趋深入，如包括中国在内的多国参加了俄罗斯的 MARS-500 试验；欧洲航天员中心与中国航天员中心将就洞穴训练、失重飞机训练、心理与行为训练等航天员训练展开合作；2014 年 9 月在北京举行的第 27 届太空探索者协会年会，吸引了近百名国外航天员到访中国及交流；第 16 届国际宇航科学院"人在太空"学术会议（16th IAA Humans in Space Symposium 2007）和第 64 届国际宇航大会（64th International Astronautical Congress (IAC 2013)）等国际性航天学术会议都在我国召开。

17.4 军事领域的人机系统设计及分析评价

17.4.1 人机系统设计

人机系统基本特点。人机系统由人、机及其所处环境组成，它的基本特点包括以下几点。

目标性。被看成可以实现某个目标的存在物的整体，任何系统都是为了达到某个目标而存在的。

层次性。被包含在一个更大的系统内。同样，一个大系统也包括多个子系统。

功能性。每个部分都至少具有一个功能，这些功能结合起来可以实现系统的一个或多个功能。其最根本的特征在于整体功能大于各部分功能的总和。

组分交互性。组成系统的各个组分之间为了达到系统目标会相互影响，这也是系统功能大于各部分功能之和的原因之一。不管影响有多大，某个组分总会对其他组分产生影响。

典型的人机系统示意图参见图 17.17。

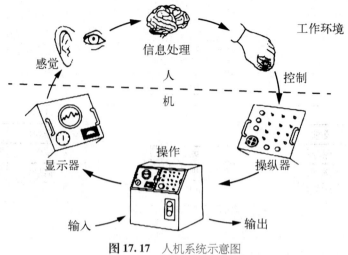

图 17.17 人机系统示意图

在人机系统中,人通过感觉器官感知机的显示器传递的信息,经大脑分析和决策后,通过手脚等运动器官对操纵器进行控制,改变机器的运行状态,而机又将新的状态信息通过显示器传递给人,完成一个人机交互循环。所有人机系统的交互过程都是在某一特定环境下完成的,环境对人机系统的交互质量具有重要影响。因此,环境是人机系统中不可忽视的一个重要组成部分。

人机系统设计要求:

(1) 能达到预定目标,完成预定任务;

(2) 在人机系统中,人与机都能充分发挥各自的作用和协调地工作;

(3) 人机系统接受输入和输出的功能,都必须符合设计的能力;

(4) 人机系统要考虑环境因素的影响,包括照明、噪声、温度、湿度、振动和辐射等;

(5) 人机系统设计不仅要处理好人和机器的关系,而且需要把和机器运行过程相对应的周围环境一并考虑在内,因为环境始终是影响人机系统的一个重要因素;

(6) 人机系统应有一个完善的反馈闭环回路,且输入的比率可进行调整,以补偿输出的变化,或用增减设备的办法,以调整输出适应输入的变化。

人机系统设计的总目标是:根据人的特性,设计出最符合人生理心理特性的操作系统,包括最方便使用的操纵器,最醒目的显示器,最舒适的座椅和工作姿势,最合理的操作程序,最有效、最经济的作业方法,最适宜操作的工作环境等,使整个人机系统安全、可靠、效益最佳。

人机系统设计需要工程学、心理学、生理学和人机工程等多学科专家共同完成。图 17.18 是人机系统设计流程图。

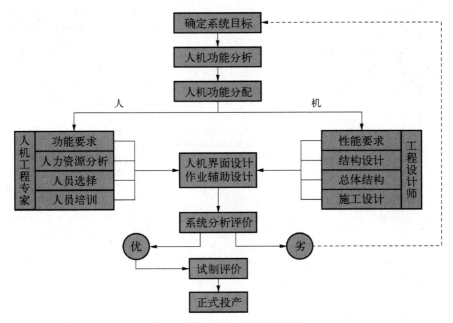

图 17.18 人机系统设计流程图

表 17.2 给出了人机系统设计流程的参考信息。

表 17.2 人机系统的设计流程

设计阶段	主要项目	注 意 事 项	专家设计实例
明确系统主要事项	确定目标	对主要人员的要求和制约条件	对主要人员的特性、训练有关的问题的调查和预测
	确定使命	系统使用上制约条件和环境上制约条件；系统中人员的数量和质量	对安全性和舒适性有关条件的检验
	明确适用条件	能够确保主要人员的数量和质量，能够得到的训练设备	预测对精神和动机的影响
系统分析和系统规划	详细划分系统主要事项	详细划分系统主要事项	设想系统性能
	分析系统功能	对各种设想进行比较	执行任务分布图
	发展系统的设想	系统功能分配；与设计有关必要条件；与人有关必要条件；功能分析；主要人员配置和训练设想	对人机功能分配和系统功能各方案进行比较研究；对各性能作业进行分析；决定必要的信息显示与控制的种类
	选择最佳设想和必要设计条件	人机系统试验评价设想；与其他专家组进行权衡	根据功能分配预测所需人员数量和质量及训练计划和设备；提出试验评价方法；设想与其他子系统关系和准备采取对策

续表

设计阶段	主要项目	注意事项	专家设计实例
系统设计	预备设计 设计细则	与人有关的因素 设计细则与作业的关系	准备合适的人机工程数据 提出人机工程设计标准；选择和研制信息控制系统；研究作业性能；研究居住性能
	具体设计	在系统最终构成阶段，协调人机系统；操作和保养的详细分析研究；设计适应性高的设备；人所处空间的安排	最终方案确定；确定人机之间功能分配；信息、联络、行动迅速、准确实施；安全性考量；防止热情下降对策；提高维修性对策；空间设计、人员和机器配置；确定照明、温度和噪声等环境条件和保护措施
	人员培养计划	人员指导训练和配置计划；与其他专家小组的折中方案	决定使用说明书内容和样式；决定系统运行和保养所需要人员数量和质量；训练计划和器材开发
系统实验和评价	规划阶段、模型阶段、雏形阶段、原型等的评价；最终模型缺陷诊断修改建议	人机工程试验评价；根据数据分析和修改设计	设计图纸阶段评价；模型或模拟装置人机关系评价；确定评价标准；对安全性、舒适性、工作热情影响的评价；机械设计变动、使用程序变动、作业内容变动、人员素质提高、训练方法改善、系统规划反馈
生产	生产	以上述各项为准	以上述各项为准
使用	使用、保养	以上述各项为准	以上述各项为准

17.4.2 人机系统评价

在任何人机系统的设计中都存在评价问题。评价是一种价值判断的活动，是对客体满足主体需要程度的判断。评价的意义在于控制设计质量，把握设计方向，减少设计中的盲目性，并为设计人员和用户提供判断设计质量的依据。

评价内容

评价主要包括两方面内容：一是指在系统设计过程中，对解决设计问题的方案进行比较和评定，由此确定各方案的优劣，以便筛选出最佳设计方案；二是指人机系统设计完成后，遵循一定的评价指标和标准评判其优劣。

评价过程可以看成是一个系统，该系统由评价者、评价指标、评价标准和评价方法四个要素组成，各要素之间的关系为：评价者按照评价指标对要素、方案或系统进行分析和认识，然后，再将认识结果与评价标准相比较，并通过相应的评价方法将其变成评价结果。

评价特点

人机系统评价方法可分为定性评价和定量评价两大类，究竟采用哪种方法要视不同的评价对象而定,例如力和扭矩这类可以得到量化数值的指标应采用定量的评价方法,而有关人的主观感受表示的评价指标则只能采用定性的评价方法。

对一个系统的评价往往既包含定量评价指标,也包含定性评价指标。为便于进行分析和比较,常常需要将定性评价结果转化为量化的评价结果。例如:可以将很好、较好、一般、较差和很差等定性评价结果量化为 5 分、4 分、3 分、2 分和 1 分,然后再利用数学分析手段进行分析、推导和计算,完成由定性到定量的评价。当采用分析计算仍难以判断其优劣时,还可以通过模拟实验或样机实验对方案进行评价。人机系统的评价特点可以归纳如下。

评价指标种类繁多。在人机系统评价中,无论是对已有的人机系统进行评价,还是对新设计方案进行评价,需要考虑的评价指标均种类繁多,既有关于人的特性、机的特性和环境特性的评价指标,也有关于人—机关系、人—环境关系、机—环境关系和人—机—环境关系的评价指标,而这些评价指标往往又可细分为若干层次的子评价指标。

评价标准的客观性与直觉性。每一个评价指标都应该有相应的评价标准,评价标准直接影响评价结果,标准应定义准确、清晰和定量化,易于评价者理解和正确运用。

在人机工程标准中,有两种形式的评价标准,一种是以数值形式给出的标准,如人体尺寸、人的可达域、操纵器的尺寸和操纵力等,运用这些评价指标可以得到量化的评价结果;另一种是以设计原则形式给出的评价标准,如美学特性中的造型、色彩和质感等,这种评价指标主要依靠人的直觉判断,只能以定性语言表述评价结果。因此,人机系统的评价标准是理性与感性、客观性与直觉性的统一。

评价结果的相对性。由于人机工程标准中有很多以指导性设计原则表述的内容,这部分内容在评价中只能依据评价人的主观感受给出定性的评价结果,而评价人的主观感受与个人喜好、经验和知识背景等诸多因素有关,这会使造成评价结果具有相对性。鉴于此,在评价过程中选择适当的评价者和评价方法十分重要,可以在一定程度上减少评价结果的相对性,提高评价结果的应用价值。

评价方法

人机系统评价方法有检查表法、联系链法、灰色理论评价方法、神经网络评价方法、仿真评价方法、模拟实验和样机实验方法。在本节内容中,主要针对前三项方法做简单介绍。

检查表法是一种定性评价方法,是利用人机工程原理检查人机系统中各种因素及作业过程中操纵员的能力、心理和生理反应状况的评价方法,主要内容包括:作业空间评价、作业方法评价、环境评价、作业组织评价、负荷评价和信息输入和输出评价。

联系链法是一种由定性到定量的评价方法,常用于人机界面配置的设计与评价。其方法如下:首先画出人机界面中操作者和设备联系链图,列出人机界面各要素的相互关系,一般用圆形表示操作者、长方形表示设备;用细实线表示操作链、虚线表示视觉链;用点画线表示听觉链,双点画线表示行走链;用正方形表示重要度、三角形表示频率。然后,确定各个要素的重要程度和使用频率:各联系链的重要程度和使用频率可根据调查统计和经验确定其数值。一般用四级记分,即"极重要"和"频率极高"者为4分,"重要"和"频率高"者为3分,"一般"和"一般频率"者为2分,"不重要"和"频率低"者为1分。最后,计算联系链值:将各个联系链的重要程度值与频率值分别相乘,乘积表示联系链值,链值高者表示重要程度和使用频率高,应布置在最佳区,操作链应处于人的最佳作业范围,视觉链应处于人的最佳视区,听觉链应使人的对话或听觉显示信号声最清楚,行走链应使行走距离最短等。如果不满足上述要求,就需要考虑重新布置。

灰色系统理论评价方法。人机系统因为子系统种类繁多、有层次性、关联关系很复杂,在结构、功能、行为和演化方面都很复杂,同时又与外界有能量、物质和信息的交换,所以就是开放的复杂巨系统,这类系统的复杂性可以概括为:系统因素不完全明确、因素关系不完全清楚、系统结构不完全知道、系统的作用原理不完全明了,即"信息不完全"系统,而这类系统的输入和输出没有简单的对应关系,所以对这类系统需要用灰色系统理论与方法把握与描述。灰色系统是指信息部分明确、部分不明确的系统,该理论认为"差异是信息""认知的根据是信息",提出了"差异信息原理",建立了以信息为根据的认知模式,由于信息不完全、不确定,必然导致认知的不确定性,即解的非唯一性,从而得出灰色系统的基本原理是差异信息原理、解的非唯一性原理以及灰性不灭原理,基本模式是以信息为依据,通过映射建立了以信息、表现和构造关系为基础的认知模式。采用的方法称为灰色关联分析方法,是一种系统分析方法,通过分析系统中各评价指标与评价标准的关联程度,完成对系统由定性到定量的量化比较评价。其基本思想是:根据参考数列(评价标准)曲线和被比较数列(设计方案)曲线间的相似程度判断关联程度。相似程度越大,关联程度越大,即参评方案与评价标准越接近。主要步骤包括:(1)选取评价指标;(2)确定各评价指标的权重值P_k;(3)建立灰色关联评价模型;(4)计算关联度。

17.4.3 人机系统安全分析

人机系统研究的主要目的是既要充分发挥人的效能,又要保障操作者的健康和安全。因此,是否能够避免或尽量减少事故及其伤害和损失,常被作为人机工程学研究和设计的重要评价因素。

事故原因分析

人是在一定的场所或环境中完成作业的,因此,事故的发生显然与作业环境直接相关。从物理环境考虑,易于发生事故的作业场所有机械、热、火、化学、电、放射性和噪声等。

从总体上看,事故发生的原因是人的因素和设备环境因素之一或两者的综合。许多专家认为：80%以上的事故与人的行为有关,只有10%左右是由于物理或机械条件不当。

按图17.19所示模式,为了避免事故,从人机工程学原理考虑重点可放在：

(1) 准确、及时、充分地传示与危险有关的信息(如显示器设计)；

(2) 有助于避免事故的要素(如控制装置、作业空间等)；

(3) 作业人员培训,使其能面对可能出现的事故,能采取适当措施。

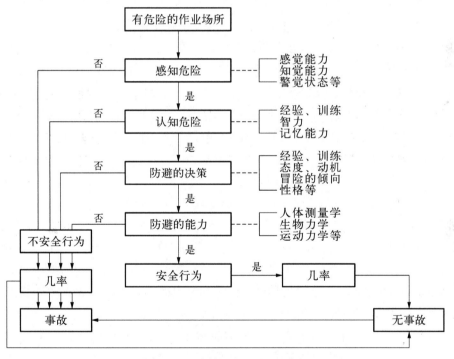

图17.19 事故发生的时间顺序图

根据研究,按照事故的时间顺序模式,不同阶段的失误情况的比例如下：

对将要发生的事故没有感知　　　　　38%

已感知,但低估了发生事故的可能性　　29%

已感知,但没有作出反应   19%
感知并作出反应,但无力防避   14%

根据该结果可知,人的行为、心理因素对于事故最终发生与否有很大影响,而"无力防避"属环境与设备方面的限制与不当(也可能是人的因素),只占很小的比例。

事故发生的行为因素

训练与技能。作业者已经形成习惯的动作或行为中,有些是安全的,有的则是不安全的。形成习惯是长时间训练的结果。如果长时间按安全操作方式进行作业,则不易发生作业事故。训练方面导致事故的原因有:训练依据的标准不安全,训练结果可靠性不高,不能应付紧急情况。不安全的行为常比安全的行为更方便、节省时间,乐于为人接受,因而受过训练的人中,还是有人不愿按安全的方式操作,这样的训练实际上是无效的。

记忆疏漏。许多作业要求作业者有很好的记忆力,如此才能准确无误地按步骤完成各种操作。作业者须记住作业的次序、位置、各种信息的意义及作出的反应等,但人们存贮有效信息的能力往往是有限的,较为复杂的或不经常的操作不易被记住。记忆疏漏往往是错误的先导,它有两种类型:全部忘记和记忆错误。如果忘记控制系统中某一不太重要的环节,还不一定会造成事故,因为操作还没有执行。但若记忆错误,比如操作顺序错误,就会容易造成事故。

有时记忆疏漏不是由于记忆能力不够,而是由于心不在焉或走神。往往熟练的作业者比新手更容易出现这种疏漏。因为对于熟练者,作业顺序是一种程式化的东西,单调的作业不能使其集中注意力。

年龄和经验。在做事故分析时,常常考虑到年龄的因素。统计分析发现,20岁左右的作业者,事故发生率较高,然后就急剧下降,约为25岁左右以后,事故发生率基本稳定,到50多岁以后,事故率又逐渐上升。在年龄对事故发生率的影响中,包含经验、训练程度以及作业能力方面的因素。一般年轻作业者经验少,易于出错。若年龄过大,事故率又稍有增加,主要是由于作业能力减弱。在完成作业速度较高和认知要求较复杂的作业时,年长者较难胜任,一方面的原因是难以注意细节,另一方面的原因是注意力集中的持续时间短。

生活压力。紧张和压力会影响人的健康和行为。诸如婚变、经济拮据、家庭不和、疾病等,给作业者增加了心理负担而使其陷入不安和焦虑,作业时不能保持精力集中,导致动作不协调。该因素常常是事故发生的前奏。

事故发生的心理因素

性格。就作业的安全性考虑,如系统设计得当,就能使大多数人少失误,但对某些特定的人,相同的客观条件下,出的事故仍比一般人要多。有些学者研究认为,这是一类"易出事故的人",其性格特征决定了其失误率高。"易出事故的人"应该被安排在相对较安全的工序上。人的性格的另一方面是所谓的外向型与内向型。外向型者适合担任集体性任务,而内向型者宜于单独作业。因此,应根据个人职业适应性检查的结果,按作业者不同的性格特点安排作业类型,以提高系统的安全性。

还有一类个体属于冒险型性格者。为避免冒险行为,减少事故率,应对作业者进行必要的训练,提高其自我估计能力;在作业设计时,必须注意使作业者不能有捷径可走;还可以从保险装置的角度,减少冒险的机会。

生理节律。人体系统的各部分都在以自己的生理节律工作,人体的机能随生理节律而变化。所以,生理节律影响人的工作效率,也影响人的作业安全。在人体机能上升时期,操作错误少,发生事故率低;相反,在人体机能下降时期,容易产生误操作,事故发生率也高。图 17.20 反映了人体机能与误操作的关系。因此,按生理节律科学地安排好劳动和休息,对减少事故和保障安全生产是有益的。

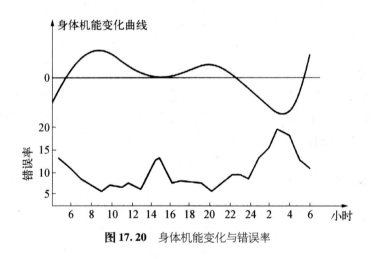

图 17.20　身体机能变化与错误率

作业疲劳。疲劳可分为生理疲劳和心理疲劳。生理疲劳主要表现为生理机能低下,局部肌肉酸痛,操作速度变慢,动作的协调性、灵活性、准确性降低,工作效率下降,人为差错增多等。心理疲劳表现为心理机能低下,思维迟缓,注意力不能集中,工作效率下降,人为差错增多等。如果疲劳长时间得不到解除而逐渐积累,则可形成过度疲劳。过度疲劳将导致一系列生理、心理功能的变化,主要表现为肌肉痉挛,浑身酸痛,心率加快,血压上升,全身乏力,头昏脑胀,动作力度和速度下降,感知能力、思维判断能力下降,并产生一种难言的和难以忍受的不适感以及强烈的休息愿望,致使各种差错和事故增多。

故障树分析

故障树分析(fault tree analysis)是广泛应用于工程系统灾害分析和故障分析、提高系统可靠性的一种设计方法，也是对人机系统进行安全性分析评价的方法。这种方法对于分析复杂的人机系统非常有用，同时在产品设计时，它可以帮助设计者寻找潜在的故障，在产品使用时，又可以帮助使用者进行事故分析。故障树分析最初是由美国贝尔实验室的沃斯顿于1961年在进行民兵式导弹发射控制系统的可靠性及安全性分析时提出的。此后，美国国家航空航天局又发展完善了这一方法。目前故障树分析已广泛应用于航空航天、核能、机械、冶金、电子、化工和采矿等各个领域。

故障树分析是一种图形演绎方法，是对系统分析时，围绕系统的事故或失效事件，做层层深入的分析，直至追踪到引起事故或失效事件发生的全部最原始的原因为止。现以图17.21为例，简要说明如何使用故障树分析找出事故的基本原理。

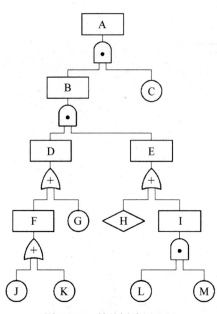

图17.21 故障树分析示例

图中A、B、C……M均为事件，它是存在于或发生在某一系统中的一些特殊现象或事物。事件可分为正常事件和故障事件两类。若事件发生或不发生的状态是按系统规定的数量和时间出现的，即为正常事件，反之则为故障事件或失效事件。在故障树分析中，通常只列出故障事件。故障树中的事件一般有顶端事件、中间事件、基本事件等几种概念形式。

顶端事件。这是人们最不希望发生的故障事件(或失效事件)，是会使系统不能正常工作的故障表现形式，是分析故障发生的原因、发生的概率以及可能产生影响的最终事件，是事故分析的目标。在图17.21中，矩形块A即为整个故障树的顶端事件(最终事件)。

中间事件。所有可能导致顶端事件发生的直接因素，包括系统组成部件的自身性质的变化以及系统外界因素，统称为中间事件。在图17.21中，置于矩形块中的B、D、E、F、I均为中间事件，也称相对最终事件。如B是由D和E造成的相对最终事件，而D又是由F和G造成的相对最终事件，I是由L和M造成的相对最终事件。

基本事件。导致系统或部件发生故障的最基本的不需要再分解的事件即基本事件。在图 17.21 中，置于圆圈中的 C、G、J、K、L 和 M 均为基本事件。用相应的代表符号和逻辑门将顶端事件、中间事件和基本事件连接构成树形图，此树形图即为故障树。故障树是由元件、部件或人为失误等事件而引起顶端事件的逻辑关系图，根据它可对系统的事故或失效进行定性分析和定量计算。这种以故障树为手段，对系统的事故或失效进行分析评价的方法，称为故障树分析法。

故障树分析法具有如下特点：一是在建树阶段能发现以前未引起注意的事件，并加以分析研究；二是能把各事件之间的关系连接成逻辑门；三是能对系统的改善提出具体方案。因此，用故障树分析能反映出系统的内在联系，明确表达出部件、人为因素与系统事故或失效之间的逻辑关系，使人一目了然，并可形象地运用这种关系进行确切的分析。

故障树分析的一般方法和步骤：故障树的建造过程实质上也就是了解系统、分析系统的过程。建树的完善程度直接影响对系统的定性分析和定量计算。所以，建树过程需要经过多次反复讨论修改，逐步完善。

建立故障树的步骤如下：选定顶端事件，并将其置于故障树的最上端；列出可能引起顶端事件的一切因素，并按其相关性分为若干组；确定各组中各事件的性质（中间事件、基本事件、发生概率微小的事件），并用不同的符号将其分别标出；将各组的事件组成适当的逻辑门（"与"门或"或"门）；按逻辑关系将各逻辑门连接构成故障树。

故障树符号目前尚无统一规定，表 17.3 列出了常用的基本符号，可供参考。

表 17.3　故障树中的事件与逻辑门的基本符号

名　称	符　号	符号的意义
矩　形	□	表示故障树的顶端失效事件和中间失效事件，在矩形框内注明失效事件的定义。矩形符号的下端与逻辑门连接，表示该事件是此逻辑门的一个输出事件。
圆　圈	○	表示故障树的基本失效事件，是元件、部件在设计、运行中所发生的固有的随机失效事件，在故障树中再向下追也追查不出原因的事件。它只能作为逻辑门的输入事件。其失效分布一般是已知的。
菱　形	◇	表示故障树中，可能发生但概率值微小或对该系统到此为止不需要进一步分析的事件。
"与"门	⌒•	表示有两个或多个输入事件和一个输出事件（最终事件），所有的输入失效事件同时发生，输出失效事件才发生。
"或"门	⌒+	表示有两个或多个输入事件和一个输出事件，任何一个输入失效事件发生，则输出失效事件即发生。

下面以卷扬机发生碾绞工人死亡事故为例建立故障树,如图 17.22 所示。

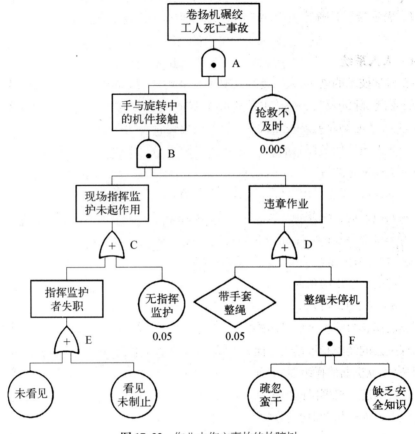

图 17.22　作业中伤亡事故的故障树

故障树的概率分析,一般是从树底向上进行直至顶端(最终事件),即先通过实验或考查,确定各基本事件和不需要进一步分析的事件发生的概率,再求出顶端事件发生的概率。最终事件发生的概率取决于逻辑门的结构。"与"门和"或"门输出的失效事件发生的概率,可由下列公式计算。

"与"门(AND)的概率:

$$P_A = \prod_{i=1}^{n} q_i$$

式中: P_A 表示"与"门输出失效事件发生的概率; q_i 表示逻辑门中独立的输入事件 i 发生的概率($i=1,2,3\cdots\cdots n$); n 表示输入失效事件的件数。

"或"门(OR)的概率:

$$P_0 = 1 \mid \prod_{i=1}^{n} Y1$$

式中：P_0 表示"或"门输出失效事件发生的概率；q_i 和 n 同上。

17.4.4 人人系统

随着科学技术的进步,大型复杂人机系统开始出现,如大飞机、舰艇、大型导弹、大型流水线等,除涉及"人—机"关系外还涉及"人—人"关系。因此,除研究人机最佳功能分配外,还必须研究多作业人员工作负荷分配及合理性评价。

多作业人员工作负荷分配不合理,容易导致负荷较重者疲劳,负荷过轻者注意力难以集中而诱发事故等。多作业人员工作负荷分配不合理也会影响系统的总体功能发挥。所以,我们需要利用多作业人员工作负荷分配及合理性评价平台,该平台提供了多作业人员负荷分配及合理性评估模型、方法和工具：为多作业任务分配提供了依据和仿真调节手段；为各岗位人员选拔提供了依据和手段；为多作业人员合理搭配提供了选拔方法；为多作业人员合作能力提供了心理训练手段；为多作业人员生理心理综合评定提供了工作负荷。

在人机系统中,操纵人员被看作系统中的一个元件。操作人员通过感觉器官(视、听、触、嗅、味)接收来自机器的信息,了解其意义并予以解释,或先进行计算,再把结果与过去的经验和策略进行比较,然后做出决策。做出决策后,人通过控制器官(手、脚等)操纵机器的操纵器(如开关、按钮、操纵杆、操纵盘、光笔或呼口令等)改变机器的运转情况。机器随即发出新的信息,如此重复不断。

传统上,"人—机"间功能分配方法的依据,是对两者的功能进行质量比较所获得的结果。但这一结果常常带有主观性,特别是当人或技术装备的优点不够明显时,更是如此。在系统设计过程中的功能分配方法学方面的问题如下：

(1) 列出系统的总任务并将其分解成若干基本操作任务流水作业线；
(2) 测定所有任务流水作业线基本特性的平均值；
(3) 测定操作者完成单项任务最短的工作时间；
(4) 挑选出各类操作人员可参与的单项任务；
(5) 进行班组人员间的任务分配。

为了更好地解决上述问题,国外主要工业大国都在致力研究不同任务过程中人、机功能分配方法,提出了几种具体系统中的功能分配模型理论：

(1) 在任务的流水作业勤务水平及若干操作群水平上的班组活动模型,是用大量的勤务理论术语描述和建立的。这对于一些重复性情况而言是最典型的。通过这种模型进行功能分配,可以优化操作员间任务作业流水线的分配,并选择和评定他们相互作用的最佳方式。

（2）由一名操作者完成的单项任务或一组操作水平上的活动模型，是用图表理论或方框图形式描述和建立的。通过这种模型，可以从完成该项任务的质量要求观点出发（还要考虑到给予操作者的时间限制），使功能分配方案更加准确化。

（3）在潜在的知觉、记忆、比较、决策等心理生理活动水平上建立的操作者活动模型，可以用来从操作者的能力及使用具体设备进行操作活动特征的观点出发，评定某一种或另一种功能分配方案。

（4）从操作劳动的负荷强度和紧张程度的观点出发，对功能分配做出更准确的规定。

以上模型都是主要针对重复性操作或简单性操作提出的，还存在比较多的局限性，如勤务理论术语、图表理论及方框图形等计量方法仍以定性分析为主，人为主观性比较突出，特别是对于一些复杂人机系统功能分配的决策仍缺乏定量分析。同时目前对于人机组织系统的分析大多是利用心理学或组织行为学对人机系统的机制进行分析，未涉及组织管理因素对人因影响的定量分析，这主要是因为人机组织系统因素的量化研究还存在很多障碍，如，组织因素本身的不确定性，包括指标体系的确定和度量，尚无一种普适性较高的规范化的研究方法。

美国空军在 80 年代初就研究了负荷水平对不同人、机功能分配方式下人—计算机系统效能的影响。研究结果表明，在高负荷情况下，让人处理各种意外情况，而由计算机进行一般的判断、决策的功能分配方式所组成的人—机系统，其抗负荷水平最高。此外，美国 NASA 于 1985 年提出了一份载人空间站的人、机功能分配的技术报告。该报告将空间站分为两大类，即无思维创造性的活动与有思维创造性的活动，比较了人、机器进行任务操作的优缺点，并阐述了系统人、机功能分配的一般原则。

进入 90 年代，人可靠性分析方法的研究更趋活跃，被认为是多学科交叉渗透的面向 21 世纪的重点研究领域。这样，许多学者将人工智能、随机模拟、心理学、认知工程学、神经网络、信息论、突变论和模糊集合论等学科的思想应用于人可靠性分析中，出现了以里曾（Reason）为代表的人可靠性心理模型、霍勒纳格尔（Hollnagel）等的人可靠性分析综合认知模型、胡多克林（Hudoklin）等的人模糊可靠性模型、卡恰布（Cacciabue）等的人机系统中人失误率评估的动态可靠性技术（DREAMS）以及计算机辅助人可靠性分析等。1994 年，格特曼（Gertman）在归纳近十年来各国学者对人的失误及其可靠性分析的研究成果的基础上，结合自己在该领域的长期研究积累，出版了《人可靠性与安全性分析数据手册》，首次大容量地公布了部分人的失误概率和可靠度数据，这是目前该领域内一部较为全面、内容新颖的专著，而人的失误及其可靠性分析的实施规范则以 1992 年电器与电子工程师学会制定的 IEEE - STD -

P1082D7 最具权威性。迪隆(Dhillon)、雷亚帕提(Rayapati)基于状态空间转移图,提出了有人为差错和有致命人为差错时冗余人机系统可靠性的预测方法,此外,迪隆和杨(Yang)通过运用增加变量、马尔可夫过程及拉普拉斯变换的方法研究了人机系统的不同组合方式与人可靠性的关系;而黄(Hwang)等考虑到潜伏性人为失误和危险性人为失误,建立了评估不同恢复行为下系统可靠性模型;利斯(Lees)等结合多因素人为失误导出了系统可靠性评估的随机模型并给出了表达式,而阿巴斯(Abbas)等则建立了多维人机系统有效性的随机模型。进入21世纪以来,国外主要大国认为人的失误对运输和飞行系统的安全性与可靠性有着十分重大的影响,并进行了一系列的研究。格洛斯(Gloss)从运输安全着手,把飞行安全的核心问题归结到飞行人员的失误,并局限于历史事故数据的统计分析人的失误;霍金斯(Hawkins)则从人机工程学的角度出发,企图从飞行系统的重新设计、评价和优化管理的层次上减少人为失误;而恩兹利(Endsley)着重于状态意识(situation awareness)的机理识别和测度,以期从本质对相应的差错进行预先控制;布雷赫(Brehmer)把驾驶失误分为感知失误、执行失误和疏忽,然而,他通过对驾驶失误的更进一步研究,发现缺乏驾驶技能和经验的驾驶员极易产生系统失误,而且这种失误较易评估和控制,但严重影响交通安全的随机失误却极难预测;布朗(Brown)指出孤立地运用单个事故的致因分析很难揭示出驾驶失误的真正内涵,但他也指出驾驶员对交通系统中危险因素识别的不足和对自己驾驶技能的过高估计降低了驾驶行为的安全度,并且驾驶失误的产生也与驾驶员在失误状态的恢复能力的低下具有很强的相关性;但格罗杰(Groege)的研究却得出驾驶员对失误状态的过分调节却极易引起不注意而导致错误的反应,尽管目标已经有了如此多的研究结果及其理论模型,但这一领域的研究进展仍相当缓慢。

我国自90年代初期才开始进行人机系统可靠性分析的研究,除在人机系统可靠性数字仿真和小型班组可靠性分析方面取得一定进展外,大部分论著是对国外文献的评述性介绍。近年来,来自核工业、航空航天、机械仪表、土木建筑、交通运输等领域的学者从不同层次和不同角度对人的因素,尤其是人机关系及其可靠性分析这一前沿课题展开了研究,并且将其纳入了可靠性系统工程的范畴。由于人可靠性分析可以对人机系统中人失误的本质和失误状态进行有效的辨识,尽管对人失误率量度结果的精度有待提高,但人可靠性分析至少可以给人们提供一种定量人失误的基准。基于此,人可靠性分析已从人们所认识的起始阶段(50年代)迈入第二阶段(21世纪),上升到一门新学科的高度。尽管如此,由于所涉及课题的复杂性,至今许多问题未能真正得以解决,因此,在未来深入发展过程中,人的失误及其可靠性分析的研究者和应用者尤其应关注如下问题:

(1) 注意人行为中的随机因素并充分考虑时间变量;
(2) 评价模型的复杂性、精度及多学科的交叉渗透;
(3) 需要量化人失误的模糊性和突变性;
(4) 人行为形成因子间的交互影响及人失误的社会因素;
(5) 关注人与作业环境的适宜性与相关性。

(马　进　秦海波　胡文东)

参考文献

蔡启明,余臻,庄长远.(2005).人因工程学.北京:科学出版社.
丁玉兰.(2004).人因工程学.上海:上海交通大学出版社.
甘茂治,康建设,高崎.(2005).军用装备维修工程学.北京:国防工业出版社.
高金源.(2003).飞机飞行品质.北京:国防工业出版社.
顾永芬.(2004).飞机总体设计.北京:北京航空航天大学出版社.
郭伏,钱省三.(2007).人因工程学.北京:机械工业出版社.
何旭洪,黄祥瑞.(2007).工业系统中人的可靠性分析:原理、方法与应用.北京:清华大学出版社.
李丽光,谭业发,李莉,章善彪,谭华,李华兵.(2006).军用机械电子设备的电磁环境分析及其防护技术对策.机械制造与自动化,35(3).
李明,刘澎.(2000).武器装备发展系统论证方法与应用.北京:国防工业出版社.
凌永顺,万晓援.(2004).武器装备的信息化.北京:解放军出版社.
刘伟,袁修干.(2008).人机交互设计与评价.北京:科学出版社.
刘志坚.(2002).工效学及其在管理中的应用.北京:科学出版社.
龙升照,黄瑞生,陈道木,曾固.(2004).人—机—环境系统工程理论及应用研究.北京:科学出版社.
吕志强,董海.(2006).人机工程学.北京:机械工业出版社.
罗仕鉴等.(2004).人机界面设计.北京:机械工业出版社.
马志宏,李金国.(2006).军用装备抗振动、抗冲击设计方法.装备环境工程,3(5),70-73.
阮宝湘,邵祥华.(2005).工业设计人机工程.北京:机械工业出版社.
沈燕良.飞机系统原理.(2007).北京:国防工业出版社.
苏马德普提·陈格勒,苏姗娜·罗杰斯,托马斯·伯纳德.(2007).柯达实用工效学设计.北京:化学工业出版社.
王保国,王新泉,刘淑艳等.(2007).安全人机工程学.北京:机械工业出版社.
王继成.(2004).产品设计中的人机工程学.北京:化学工业出版社.
王凯,孙万国.(2008).武器装备军事需求论证.北京:国防工业出版社.
威肯斯.(2003).工程心理学与人的作业.上海:华东师范大学出版社.
谢庆森,牛占文.(2005).人机工程学.北京:中国建筑工业出版社.
徐军,陶开山.(2002).人体工程学概论.北京:中国纺织出版社.
颜声远,许大青.(2003).人机工程与产品设计.哈尔滨:哈尔滨工程大学出版社.
杨建军.(2008).武器装备发展系统理论与方法.北京:国防工业出版社.
周美玉.(2001).工业设计应用人类工程学.北京:中国轻工业出版社.
Charlton S. G., o'brien T. G.. (2002). *Handbook of Human Factors Testing and Evaluation*. New Jersey: Lawrence Erlbaum Associates.
GB/T 17245-2004,成年人人体惯性参数.北京:中国标准出版社,2004.
GB/T 18717.1-2002,用于机械安全的人类工效学设计第1部分:全身进入机械的开口尺寸确定原则.北京:中国标准出版社,2002.
GB/T 18717.2-2002,用于机械安全的人类工效学设计第2部分:人体局部进入机械的开口尺寸确定原则.北京:中国标准出版社,2002.
GB/T 18717.3-2002,用于机械安全的人类工效学设计第3部分:人体测量数据.北京:中国标准出版社,2002.
GB/T 20527-2006,多媒体用户界面的软件人机工效.北京:中国标准出版社,2007.
Kroemer, K. H. E., Kroemer, H. J., & Kroemerelbert, K. E.. (1986). *Engineering physiology*. Springer Berlin.
Mccormick, E. J., & Sanders, M. S.. (1982). *Human factors in engineering and design*. Tata McGraw-Hill Pub. Co.
Niebel, B., Freivalds, A., & Niebel, B.. (2014). *Niebel's methods, standards, & work design*. McGraw-Hill Higher Education.
Reason J.. (1997) *Managing the Risk of Organizational Accidents*. Brookfield, VT: Ashage.
Rouse, W. B., & Rouse, S. H.. (1983). Analysis and classification of human error. *IEEE Transactions on Systems, Man, and Cybernetics, SMC-13*(4), 539-549.
Salvendy, G.. (2012). *Handbook of human factors and ergonomics*. John Wiley & Sons.

第18章　外军战场心理防护

18.1　美军心理防护与特点 / 388
　　18.1.1　心理防护主要机构 / 388
　　18.1.2　心理防护工作介绍 / 389
　　　　重视军人社会支持 / 389
　　　　重视提高心理素质 / 390
　　　　重视战争相关应激障碍 / 391
18.2　俄军心理防护与特点 / 394
　　18.2.1　军人精神心理保障机构 / 394
　　18.2.2　重视军人社会支持 / 395
　　18.2.3　重视培养心理工作军官 / 395
18.3　其他国家军队心理防护工作 / 397
　　18.3.1　以色列 / 397
　　　　重视凝聚力 / 397
　　　　重视领导力 / 397
　　18.3.2　比利时 / 398
　　18.3.3　挪威 / 398
　　18.3.4　印度 / 398
参考文献 / 399

　　战争给军人带来的伤痛不仅是身体上的,而且是心理上的。最近,美军持续十多年的战争使得与战场相关心理问题越来越突出。作战对手在军事上给美军造成的麻烦,远远没有美军在战争中所遇到的心理问题棘手。由于心理问题导致的战斗减员在军队的发生比例越来越高,有数据表明心理受损减员已经从二战的6%—7%上升至25%。如何对军人心理进行防护,以保证他们在战场上有效履行职能,成为人们关心的问题,本章的主要目的就是介绍各个国家在军人战场心理防护方面的做法和研究成果。

　　目前,世界上的军事强国都有在军队服役的心理学工作者,甚至一些小国家的军队也有从事心理防护工作的专业人员,而且数量正在逐渐增多。以比利时为例,20

世纪80年代早期,在军方工作的心理学家不到10位,现今大约有80位心理学家受雇于比利时国防部门。在这些国家中,以美军的心理防护工作最为成熟和完善,主要原因是自二战以来美军经历和发起的战争最多,这方面的经验教训最多,研究投入最多,成果也最多;而且美军非常重视在新的战争中应用和检验新成果,并进一步总结经验教训,修改完善,这使美军的心理防护工作处于世界领先地位。据统计,对军人心理问题的研究成果80%以上来自于美军,所以本章首先介绍美军在心理防护方面的做法;其次是俄罗斯,进入21世纪后,俄罗斯明显增加了军队心理工作军官的培养数量和规模;最后是其他一些国家,鉴于资料有限,有选择地介绍了以色列、比利时、挪威和印度的做法。

18.1 美军心理防护与特点

第二次世界大战以来美军逐渐重视军人的心理健康与战斗力的关系,重视心理健康专业人员在军队中的地位和作用,并着手建立了自己的心理干预机构和心理干预网络系统。该系统曾在伊拉克战争和阿富汗战争中发挥了很大作用,降低了心理战伤在减员中的比率。尤其是2003年美伊战争中,由于贯彻执行了严格细致的个性化群体系统训练等措施,美军的心理应战能力大为增强,成功地抵御了"显性"和"隐性"心理杀伤力,使官兵战斗力得到了实质性提高。鉴于此类研究成果应用的军事前景重大,美国军方已设立支持心理学研究部门,组织研究项目,提供充足的研究经费,制定了支持心理学应用基础研究的长期计划和20年"认知科学基础研究规划"。为完成这些丰富的研究内容,美军充分利用了军内外资源。据我们掌握的资料,从1990年到2008年间,美国至少有27个以上军内研究机构、院校以及28个非军事研究机构、院校直接承担了美军基础理论、应用方案与实施研究任务。可以说,美军对军事心理学的研究最为充分,在军事心理学方面的条令法规与编制体制最为成熟,因此首先介绍美军为保证军人在战场上的效能而开展的心理防护工作。

18.1.1 心理防护主要机构

美军一方面自己开展心理防护工作,一方面吸收美国政府和社会相关团体等多个专业主体,彼此分工合作,相互联系,互为补充。总的来说,美军心理防护机构大致可以分为三类。首先是军队专门心理防护机构,这是实施军队心理防护工作的专业主体,主要分为科研体系和心理防治体系两大部分。在科研体系上,以陆军为例,美军组建了卫生科学学院、牧师学校、陆军行为和社会科学研究所等多个机构,有近千名专家从事心理防护相关研究。在心理防治体系上,美军建立了战斗应激防控分队,平时配属至战区、军、师,战时配属全营。1个战斗应激防控分队包括9名军官,14名士兵,1辆2—0.5吨和6辆3/4吨载重(包括拖车)的卡车。分派原则是每个师或每2—3个独立旅一个战斗应激调控医疗分队。分队包括3个战斗应激预防队(每个队包括1名精神病医生、1名社会工作者和2名行为科学专家)和1个战斗应激修整队(有1名临床心理学家、3名行为科学专家、1名职业治疗师、2名职业疗法技师、1名精神科护士、2名精神科技师和1名病人管理专家)。其次,随军牧师也是实施心理防护工作的一个部分。

最后是民间社团,这是实施心理防护工作的社会主体。美国民间社团数量较多,有着很强的社会影响力。例如,美国退伍军人协会是一个与美国国防部合作密切、具有很高影响力的社会组织,该协会共有1.5万个地方分会,会员注册数量达到300万,遍及美国本土及海外。成立于1978年的越南老兵基金会也是一个知名度很高的美国民间组织。美军充分利用这些民间社团的知名度和影响力开展心理防护工作,效果也非常明显。例如,越南老兵基金会以慈善募捐的形式筹集资金和物品,为无家可归的越南老兵提供基本的食宿保障和精神康复服务。美国退伍军人协会与美国国防部共同发起"美国支持你""英雄归故乡"等活动,动员美国社会各界表达对军人及其家庭的支持、对反恐战争的支持,在心理上给军人以强有力的社会支持,从而激发和强化官兵的荣誉感与战斗精神。美军还多次征召地方心理工作人员,赴前线开展心理工作。二战期间美军动员了2000多名心理学专业工作者、精神病医生一起参与军人心理问题的防治。2003年伊拉克战争期间,美军也从国内紧急抽调了200多名心理学家和心理医生,奔赴战场开展心理防护工作。

18.1.2 心理防护工作介绍

重视军人社会支持

首先是加大物质利益投入。为了激励士气,美国政府大幅提高一线军人的工资待遇,提高危险地区服役津贴,同时还给每位军人购买生命和医疗保险。军人一旦在战斗中阵亡,其家人将得到由保险公司和军队共同提供的一笔可观的抚恤金。在作战装备方面,美军为驻伊美军提供优质的头盔、防弹衣、防雷靴等防护设备和牢固的庇护所等工程设施,充分保障枪支、弹药供给,并及时修复战损车辆等,甚至专门研发抗爆性能好的军用厕所,防止军人在如厕时被偷袭,全方位地保证军人在战场上的安全感。

其次是社会舆论宣传造势。美国利用各种机会宣扬军队的功绩,宣传战斗英雄的事迹,表彰优秀官兵,创造浓厚的社会支持氛围。同时发动国内各界人士,从军政要员到社会民众、从歌星影星到中小学生,以各种方式慰问前线部队。二战和越南战争期间,美军曾动员女大学生、电视台女主播、州姐等慰问官兵。2003年6月,布兰妮·墨菲、艾莉莎·米兰诺等好莱坞当红女星应邀前往波斯湾劳军,在"尼米兹"号航空母舰表演。

最后是实行家庭帮助计划。美国颁布了《家庭支援、儿童保护及父子关系》和《建立家庭支援队指南》等法律制度,形成了较为完善的军人家庭援助计划。在伊拉克战争中,针对在伊拉克战场军人夫妻两地分居,双方性需求得不到满足,进而导致性犯罪或离婚的现象,美军推出了一个历史性的新政策,安排战地夫妻定期同居,允许已婚官兵在作战第一线与伴侣过同居生活。

重视提高心理素质

战场上军人的心理素质很重要,不仅直接决定了其能否胜任军事行动,甚至会影响战争的成败。由于心理素质差,无法胜任军事行动,军人生存失败的例子不胜枚举。为此,美军非常重视通过高强度的训练,提高官兵心理素质,增强他们完成军事行动的胜任力。实验也表明,相同的危险刺激重复两到三次,可以大幅度地减轻官兵的恐慌心理。

耐挫能力训练,美军曾要求士兵在切断粮食供应的情况下自行取食,并于1小时45分内完成16千米的急行军;西点军校专门开设"委屈学概论"基础课程,认为能够经得住委屈才是迈向成功的第一步;美军著名的兽营训练设有野外生存、毒气体验、人格污辱等心理训练课目,目的是锻炼官兵在遭到生化武器袭击、被敌军俘虏后受到折磨时以及在寒不得衣、饥不得食、渴不得水、危不得援等恶劣情况下的心理承受能力。

心理韧性训练,美军研究发现高心理韧性的军人对战争相关的精神疾病具有较高的免疫力,于是美国国防部成立了心理韧性与预防指挥部(Resilience and Prevention Directorate, R&P),开发了一系列心理韧性培训计划,如军人综合健康计划、空军心理韧性训练计划、海军作战压力控制计划以及海军陆战队战斗行动压力控制计划等。

环境适应能力训练,美军比较重视利用高科技手段帮助士兵更好地适应战场环境并生存下去。例如,通过在阿拉斯加州建立"北方作战训练中心"和在巴拿马建立"热带丛林作战中心",应用光电技术、音像合成技术、网上对抗技术、激光技术和电子干扰等高科技手段,构建逼真的战场环境,提高军人战场适应能力。在抗疲劳方面,美军编制了一个名为"避免疲劳计划工具"的睡眠软件。指挥官只要简单敲几下键盘,该软件可生成任务期间的最佳睡眠时间表,只要按照时间表进行休息,飞行员就能够在完成任务中最大限度地发挥个体潜能。美军还开发了一种名为"不夜神"的药品。普通人服用一片"不夜神",能精力十足地连续工作40小时而不犯困;接下来睡上8个小时,再吃一片,还可连续工作40小时。另外,美军研制出一种保鲜时间长达3年称作"不坏三明治"的干缩食品。这种食品包装在一个小袋子里,里面有一个过滤器,可以滤去水中99.9%的细菌和绝大多数有毒的化学物质。如果环境恶劣,缺少饮用水,士兵们想食用它时,借助泥浆就可以顺利完成水合过程。如果连泥浆都没有的话,用自己的尿液也可以。

重视战争相关应激障碍

从美国独立时的解放战争开始,美军参加的每一次战争都曾遇到参战人员出现精神失常的问题。解放战争时,出现了由睡眠、生活方式等急剧变化引起士兵"发热"的现象。美国内战时期,联军士兵出现了一种被军医少将威廉·哈蒙德(Willian Hammond)称为"思乡病"的症状,这样的病例在战争的第一年出现了5 231例,每年每千兵力发生率为2.34,第二年发生率为3.3。第二次世界大战时,在1942年冬天到1943年的春天,美军在北非登陆时,出现了大量的精神性伤员,当时还认为是性格脆弱、心理素质差的原因。负责精神伤员救护工作的格林克(Grinker)中校和斯皮尔格(Spiegel)少校,所做的工作只是对士兵的状态进行评价和静脉注射巴比妥类药物,并未取得很好的效果,大多数士兵都没有归队。在第二次世界大战中的14 998 369名内科病员中,精神病、精神神经病及病态人格的病人达929 307人,占总数的6.19%,其中有近50万人因此退出现役,约占各时期退役人员的20%—50%。美海军中因"战斗恐惧"而致精神异常者达14.9万人,其中7.6万人退出现役,占战争期间因病退役人员的32%。由于同样原因,91 565人不能进入海军训练中心接受培训。1943年,美空军所有现役人员因神经精神因素(包括非战斗相关性疾病如精神分裂症)退役的人数达到了123 717名;而从美国运到海外的用来补充地面部队的人数仅为61 961名。1943年9月,神经精神障碍性退役率达到了每年每千兵力36.5。朝鲜战争中,美军精神异常人员的年发病率是32%,占退役总人数的10%。越南战争中,1970年在越美军发病率24%,人数达175 510人;而美全军为15.4%。1991年齐丹(Jordan)等研究发现心理障碍发生概率随战场应激程度的提高而增加:在暴露于高战争应激条件下的男性老兵中,63%的个体会符合终身精神病学诊断中的一项,而暴露于低到中等强度的老兵中的这一比例只有45%。2008年一项数据显示,心理问题会随参战时间的增加而增加(见图18.1),另外创伤后应激障碍和抑郁是最普遍的心理障碍,前者发病率为22%,后者发病率为17%。此外,美军的自杀问题越来越严重,自杀率逐年递增。有研究显示创伤后应激障碍和自杀意念之间关系密切,创伤后应激障碍是近期自杀意念的重要征兆,退伍军人中创伤后应激障碍患者自杀可能性比非创伤后应激障碍患者高3倍。

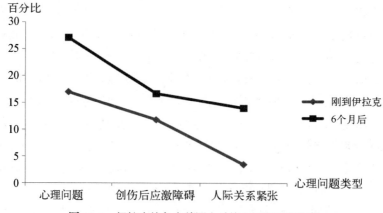

图18.1 伊拉克战争中美军士兵的心理问题发生率

不仅是美军,其他军队也均不同程度地出现了战场应激障碍。

俄军和苏军:1905年的日俄战争中,俄军共收治了约2 000名精神伤员,而实际的战争精神疾病的发生率要远远大于这个数目。患精神疾病士兵的数量超过了卫生机构的救治能力,所以大多数患病士兵被送到俄罗斯红十字协会进行专科治疗。苏军在这方面做得很出色。二战中,苏军中由神经精神原因引起的离队率是6%—10%。

英军:一战中应激心因性减员的数量超过了躯体减员的数量,二者之比达到了2∶1。英军医院收容了80 000名"炮弹休克"伤病员,其中的四分之一,最终进了精神病医院。英军报道有7%—10%的军官和3%—4%的士兵患"精神崩溃"。另有200 000名英国人退出现役,因为他们失去了继续服兵役的能力。二战中,医疗后送的23%是精神病性伤病员。在为期74天的马岛战争中,由于采取了有效的降低精神伤员发生率的措施,精神伤员仅有16名,占伤员总数的2%。

以军:1973年的第四次中东战争中,以色列被两件事所震撼:一是所遭受的突然的猛烈袭击;二是"战争精神病"的困扰。这次战役以军精神异常减员与创伤减员之比是30∶100。在1982年的入侵黎巴嫩的战争中,发生精神异常减员600名,战伤减员2 600名,二者之比是23∶100。

伊军:在沙漠风暴中伊拉克的军医说,在地面战斗开始之前,就已经有50%的战斗人员发生了心理损伤。

日军:在1938年—1945年侵华战争和第二次世界大战期间,患精神疾病住院病员为10 454人,其中精神分裂症4 384名,躁狂抑郁症363名;颅脑损伤性精神病1 086名;反应性精神病1 086名;中毒性精神病61名;躯体性精神病368名;神经症2 205名(其中癔症1 199名,神经衰弱739名;强迫症622名)。由菲律宾被俘后被遣送回国的 1 200 名战俘中,神经症患病比例达 49.2%,精神分裂症患病比例达 20.8%。

目前针对战争应激障碍,美军救治普遍遵循 BICEPS 原则:简短(brevity)、即时(immediacy)、期望(expectancy)、集中(centrality)、就近(proximity)和易用(simplicity)。简短是指针对目标,简明扼要;即时强调干预要尽早;期望是承认该症状的短暂性;集中是保持该军人与战友和上级之间的沟通,并始终与作战任务保持一定联系;就近是指恢复期间不要远离自己的部队;易用强调实用性和便利性,如帮助该军人重返部队,或者尽可能少用药物。在这一原则的指导下,美军开发出了应对战斗应激障碍的一些具体方法,包括:心理教育、认知疗法、持续暴露疗法以及药物治疗。近年来美军开始尝试采取一种新型治疗方法:虚拟现实治疗技术,即让患者进入一个计算机虚拟出的军事行动场景,逐步改善其心理控制能力。该治疗方法在因"9·11 恐怖袭击"而出现精神问题的患者中首次被应用。随后,美军在海军研究办公室、远程医学与技术中心、陆军研究发展工程司令部资助下,南加利福尼亚大学、康奈尔大学和麦迪根陆军医疗中心合作,于 2010 年开发了一系列名为"虚拟伊拉克"和"虚拟阿富汗"的暴露治疗虚拟环境系统,已使 80% 的受试者摆脱了创伤后应激障碍的困扰。

美军还比较重视对战后战场应激障碍的预防。比如,针对大约 18% 的驻伊士兵出现的以焦虑心理为主的应激反应,美军提出了名为"冷冻"的心理防护计划。一方面规定所有从伊拉克前线准备回国的美军士兵必须接受医生和心理专家对其进行的强制性的过滤检查。出现应激反应的士兵回国后,仍须留在国内军事基地 2—3 个星期,以适应非军事化的环境。期间他们将接受身体、心理方面的康复训练,参加夫妻团聚课程的家庭培训,可以通过热线电话和家人联系,以降低焦虑心理。2011 年军人心理压力的超负荷促使美军开发了一个基于健康的预防医疗项目——"全方位士兵健康计划"(Comprehensive Soldier Fitness, CSF),这可以说是美国有史以来最大的心理防护工作。目前,美军在本土有 22 个军事心理应激研究机构,还有大量的有关战斗应激的规范性文件(表 18.1)。

表 18.1 美国国防部及三军总部各类规范性文件

英 文 名	中 文 名
US DOD、MCRP 6 - 11C、NTTP 1 - 15M、FM 90 - 44/ 6 - 22.5: Combat Stress	《战斗应激》
US Army FM 22 - 51: Leader's Manual for Combat Stress Control	《指挥员战斗应激调控手册》
US Army FM 8 - 55: Planning for Health Service Support	《卫生服务支持计划》
US Army War: Psychiatry Textbook of Military Medicine	《军事医学精神病教义》
US Army FM 8 - 51: Combat Stress Control in a Theater of Operations Tactics, Techniques and Procedures	《战斗应激调控策略、技术及步骤》

英　文　名	中　文　名
US Army GTA 21-3-4: Battle Fatigue — Normal, Common Signs What to Do for Self & Buddy	《战斗疲劳：正常、常见症状》
US Army GTA 21-3-5: Battle Fatigue — "More Serious" Signs Leader Actions	《战斗疲劳："较严重"症状》
US Army GTA 21-3-6: Battle Fatigue — Company Leader Actions and Prevention	《战斗疲劳：连长作用及预防》
US Dept. of Veterans Affairs, National Center for PTSD: Psychological First Aid Manual: Field Operations Guide (2nd Edition)	《心理急救手册—现场操作指南》（第二版）

美军这些文件不仅从顶层指导应对战斗应激的策略,而且对基层操作也做了规范。如,调控战斗应激的4C原则：自信心(confidence),注意力(concentration),坚韧性(commitment),调控(control);治疗战争疲劳的4R原则：保证恢复正常(reassure of normality),从极度的紧张中解脱(rest from extreme stress),提升人的生理健康(replenish physiologic well-being),将人作为服务对象而非病人进行治疗、复述应激事件来恢复他们的自信(restore confidence by treating the person as a service member, not a "patient," by debriefing(retelling the stressful events), and by work activities),等等。

18.2　俄军心理防护与特点

俄军认为,精神心理保障如同战术保障、后勤保障、技术保障一样,是一种独立保障类型,理应在军队活动中建立相应的精神保障体系。1995年又提出在总部、军区、军、师四级建立心理疾病防治中心。2003年俄国防部公布的《俄罗斯联邦武装力量发展的紧迫任务》的构想文件,将"完善军人教育和精神心理保障体制"列为新阶段俄罗斯武装力量发展建设的九大方向之一,并将"散布假情报的特种战役地位提高"和"精神因素作用急剧提高"列为未来军事艺术十大发展趋势中的两大趋势。2005年俄国防部长签发第22号命令,批准《俄联邦武装力量教育工作总局条例》,赋予其制定并落实武装力量精神心理保障计划、组织武装力量精神心理保障的职能任务。据悉,目前俄军中的心理医生已配属至旅、团级。

18.2.1　军人精神心理保障机构

经过近十年的改革,俄军建立的精神心理保障系统已日趋完善。该系统在原先各级教育工作机关的基础上吸收各军团、兵团和部队军事主官参加，建立起了常设的精神心理保障机构。比如，针对新兵的教育问题，俄军建立有由心理学工作者和心理医生组成的新兵社会心理研究小组和职业心理治疗小组，研究新兵的心理诊断和检查结果，对新兵做出心理鉴定，并对患有恐惧症、抑郁症等心理疾病和心理诊断结果不良的新兵进行进一步的心理诊治；针对部队官兵的日常心理问题，在兵团和部队中设有心理内科，为军人提供心理疾病的咨询和治疗服务。为了向参战部队提供更加专业的精神心理保障，还建立了由心理工作者和心理医生组成的编外动员小组，为所有作战地域的军人提供心理咨询。对存在某种心理障碍的官兵，单独组建强化心理教育的跟踪和观察小组，有针对性地为之制定心理校正和康复治疗方案，并附之以特殊的锻炼。俄国防部长伊万诺夫在2003年10月2日国防部召开的军方高级领导干部会上的讲话要求进一步"完善军人教育和精神心理保障体制。在武装力量、其他军队、队伍和机构中建立统一的军人教育体制，加强对军队的社会学研究，从组织上优化和加强军人教育工作机构和精神心理保障体制"。

18.2.2 重视军人社会支持

第二次车臣战争开始后的1999年8月26日，俄公布过一项"关于在达吉斯坦共和国执行维护法制和社会安全任务的军人和内务机关工作人员的额外保障和补偿"的联邦政府令。该命令使得参加维护北高加索法制和社会秩序的所有军人都能享受到联邦政府给予的额外保障和补偿。保障和补偿金额达到每天每人810—950卢布，而且实际参加作战行动的时间计入工龄，一个月按三个月计算。对于作战负伤的军人，国家也会通过一系列措施给予本人及其家庭必要的物质补偿。在俄军到达吉斯坦的初期，组织了官兵与当地行政长官和地方代表的座谈，了解当地的社情民意，征求对参战部队必需的社会帮助和生活保障的意见。近年的北高加索作战中，普京总统本人不止一次地深入一线部队慰问参战官兵，向伤残官兵赠送残疾人专用轿车。一些参战部队还组织了"每天写信一小时"活动，借以保持反恐部队与社会、家庭的联系。事实表明，所有这些对于形成良好的社会心理氛围，稳定参战军人的心理状态，提高他们的士气起到了重要作用。

18.2.3 重视培养心理工作军官

俄军基层的心理防护工作主要由心理军官负责。心理军官属于专职教育军官，负责组织实施各项心理工作，保持军人的心理状态的稳定性，领导心理帮助与康复中心的工作。业务上服从兵团心理军官指挥并指导营（与其同级的单位）心理军官开展工作。1997年以前，俄军的心理工作军官大多从地方院校特招。吸收地方高校的毕业生担任社会人文和心理工作专业军官,是新形势下俄军教育制度改革的一项重要举措,也是当前俄军补充军官的重要渠道之一。特别是苏联解体后,部队存在大量的精神心理问题,俄军急需大批懂得心理学专业的军官,而俄军相关专业培训能力有限或专业设置不全,从地方高校征召心理学专业军官有效地弥补了这一缺口。实践也证明了地方院校的生源广泛,培养费用低,心理工作者思维灵活,社会适应性强。但是地方院校特招的心理学工作者缺点也很突出,普遍缺乏部队生活基础,军事素养不高,综合素质不能完全适应部队的要求。因此,俄罗斯武装力量开始转变培养方式,逐渐减少地方培养的心理学专业军官,改为部队院校直接培养。俄国防部决定从2002年秋季新学年起,在陆军新西伯利亚军事学院、空军沃罗涅日军事航空工程学院等12所军事院校开设心理教育学专业课程,扩大招收和培养心理学专业人才。军事院校正在成为俄军心理工作军官培养的主渠道。

除院校教育外,俄军也注意在部队生活实践中培养心理工作干部。据统计,部队生长的心理工作军官每年可为3.5万名军人进行心理调节,诊治心理疾病。1997年前,俄军规定在75人以上的团级机关增加专职心理工作人员。根据俄军建设的实际需要,从1998年起,俄军不仅为团级指挥员增配了心理工作助理,而且在25人以上的连级分队也增设了心理工作军官。统计表明,从1997年底到1999年,俄军在编的心理工作军官从1 500人增至2 300人左右,加上编外从事军队心理工作的人员,俄军目前已有心理工作者3 000—3 500人。车臣战争中,俄军曾超配编外心理学专家小组奔赴作战前线。为发挥心理工作军官在部队建设中的积极作用,俄军将其纳入武装力量总体建设中,无论平时还是战时,在工作准备上、在编制体制上和开展工作方式方法上,注意紧密结合部队建设的实际,充分发挥心理工作军官的作用。

在部队执行任务期间,首先,心理工作军官会做好先期准备工作。一是学习运用精神心理保障配合作战和训练的方法;二是详细分析官兵和其家庭成员的精神状况,以及暴露出来的一些社会问题,并拟订解决这些问题的相关措施;三是通过个别谈心了解官兵个人的具体情况,得出带有普遍性的心理调查结果;四是对新兵进行心理测试,分析其履历材料;五是严格按照自愿原则挑选士兵,要求每名士兵写保证书、决心书。通过以上工作,为官兵建立心理档案,增强精神心理保障工作的针对性和有效性。其次,分层次合理配置心理工作军官。一是由在编心理学专家负责全部心理保障工作,重点集中在班排和战斗分队。二是建立编外心理咨询所、康复所,由经验丰富的军官总结经验,帮助官兵掌握自我心理调解和相互间的心理疏导方法。三是组成编外机动小组,由心理学专家、精神病医生、神经科专家构成,对所有官兵进行心理诊治,提供心理恢复方面的专业咨询。最后,心理工作军官为每个编入强化心理教育跟踪和动态观察小组的成员制订心理矫正和恢复计划,并布置专门的作业和训练以及随机提供心理支持。

18.3 其他国家军队心理防护工作

18.3.1 以色列

重视凝聚力

以军的军营被称为有机组织,因为它以长期不变的人员和固定的角色为特征,正是这种长期形成的凝聚力使其在战争动员时就像一个有机组织恢复工作一样快速而有序。当前,战争的形态发生了显著的变化,尤其是战争持续的时间越来越短,团队凝聚力就显得更加重要。戈兰高地的犹太人赎罪日战斗充分证明:共同训练相互熟悉的坦克乘员要比训练良好但是没有在一起受训的坦克乘员出现精神疾病的人数少得多。

重视领导力

以军将作战视为建立在集体行动、合作和互相支持基础上的社会行为,并认为具备专业水平和领导才能的军官,在逆境中所展示的勇敢精神和个人品质将大大缓解战士的紧张情绪,激发集体士气。据统计,历次中东战争中,以色列军官阵亡的比例要远远高于士兵。1981年5月,以军行为科学部对1 200多名以军士兵进行的一项战备能力调查也显示,士兵对军官的信任直接作用于战斗精神和士气的激发。这种信任主要依赖于军官的专业能力、作为信源的可信度和对下属的关注程度,其核心是军官的个人感召力。因此,以军要求连长应具备一些特殊品质和才能,比如面对面实施领导的能力、正直的品质、以及营造军官与士兵间互相信任氛围的能力,并逐渐培养士兵对武器和战斗系统的信赖等。以军认为,各级军官必须具备的另一个重要能力是为部属提供必要的战场信息。在实战中,对战场态势及必要信息的了解可大大降低未知因素所造成的紧张和恐惧。反之,相互隔绝和孤独将会削弱团队的整体合力。在受到强大的攻击时,如果指挥官没有预先通报必要的信息,整个作战单位有可能陷入崩溃。

对参加黎巴嫩战争的以色列退伍军人进行的调查研究表明:孤独(如缺乏紧密团结和互相协作)是战场上士兵战斗中压力反应的明显特征,而且具有该性格的指挥官的支持率也最低。以军强调关心部属是军官必须具备的能力,因为军官是远离前线的高层机构与执行任务的部属之间的关键性纽带。指挥官必须确信所赋予的任务不会无谓地危及到部属的生命,同时部属又能最大限度地完成。这些都要求指挥官要经常让部属了解到对他们身体和心理上真诚的关切。当指挥官给予部属足够的关心时,通常不需要管理和监督,部属就会更认真地执行任务。同时,指挥官必须努力在平时共同的训练中得到士兵的信任,才能确保在实战中,与士兵并肩作战时使自己的决策与士兵的行为更加一致。

18.3.2 比利时

20世纪80年代早期,在比利时军方工作的心理学家不到10位,现今大约有80位心理学家受雇于比利时国防部门,主要从事心理选拔、心理治疗和心理教育。从事心理选拔的人最多,其次是心理教育和治疗,一些心理学家任教于皇家军事学院,主要教授普通心理学和领导原则。

18.3.3 挪威

挪威军事心理学起源于第二次世界大战中的征兵检测工作,于20世纪70年代拓展了新领域:军事领导力培训。目前,军事心理学工作者主要负责军人心理选拔、心理卫生服务、对退伍军人与现役军人及其家人的心理支持。少数挪威现役军官获得了心理学博士学位,在军校或参谋学院或国防部任高级职位。

18.3.4 印度

宗教是印军心理防护的全部。印度教徒约占全国人口的85%。印军官兵基本上都信教,利用宗教对军队进行心理教育是印军一大特色。印军《战时教育》中称,一个印度士兵,必须是一个虔诚的教徒。印军设有专门的宗教场所和专职的宗教人员,每个营都设有讲经堂,并配备专职宗教人员,每天早晚在经堂祈祷、诵经。每个连都配备一名宗教军士,即便在小、远、散单位,也设有祭师和教徒做祷告的祭坛。印军定期举行各种宗教活动,宗教节日时活动规模更大,气氛更热烈。官兵遇到不幸要找宗教人员指点,逢吉庆喜事要向其谢恩。新兵入伍要举行宗教仪式,宣誓忠于神、忠于职守、忠于印度当局。官兵每晚都要到经堂祈祷、诵经。在印军的部队训词中,有不少内容都引自宗教教义。

总的来说军事强国心理防护工作任务大多分4个阶段,并各有重点,一是入伍,着重心理评估选拔;二是战前,着重预测、预防训练;三是战时,着重救治、防范;四是战后,着重迁延性心理障碍治疗、康复(见图18.2)。其中,为提高参战人员心理素质,充分发挥技战水平,保证及时完成军事任务,军方尤其重视战前(平时)的心理应激不良反应预防措施的执行。据称,在此阶段实施有效的预防方案,不仅可大大减少战斗减员,而且会使参战人员的判断、行动能力有所提高。

外军心理卫生工作的研究还非常重视"获取资料的时效性、理论依据的先进性、

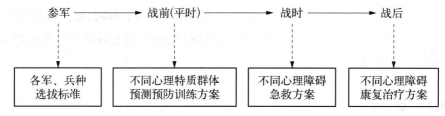

图18.2 美军防御心理应激的措施

研究方法的客观性和研究结果的实用性"。目前外军心理卫生工作的主要内容有：一是心理学原理与应用结合的总体思路及理论依据；二是心理战引起的心理生理反应的应用基础研究；三是制订适合不同心理特质人群的"战时军人心理训练大纲"；四是编写"反心理战防御训练教材"；五是建立适合各军兵种的"心理防御训练基地"；六是建立或规范心理应激引起心理障碍的诊断、治疗、康复的手段和标准；七是研究对付未来高技术心理战武器的防御措施和办法；八是建立"平战时心理创伤康复中心"。

（严 进 陈国良 祁志强）

参考文献

班定军.(2010).美军在多种军事行动中的心理防护措施.国防科技,31(5),72-77.
陈立,韩立敏,徐英雪.(2014).美军心理韧性培育计划及其启示.心理技术与应用,5,6-8
陈文亮.(2006).现代卫勤前沿理论.北京：军事医学科学出版社.
高丽,潘育,严进,刘伟志,唐云翔.(2010).极端环境下个体绩效的负性表现.心理科学进展,18(06),980-986
黄伟灿.(2013).军队心理卫生勤务学.北京：第二军医大学出版社.
劳伦斯,马修斯.杨征译.(2014).牛津军事心理学.北京：科学出版社.
苏文娜,楼铁柱,刁天喜,吴东.(2011).美军心理健康维护进展.军事医学,35(9),714-716.
王京生.(2017).军事心理学——临床与军事行动中的应用.北京：中国轻工业出版社.
心理战专业研究中心.(2010).非战争军事行动心理防护专题研究.北京：军事科学出版社
许苹,马玉琴(2017).医疗保障学.上海：复旦大学出版社.
鱼敏.(2007).军队卫生勤务学.北京：人民军医出版社.
赵琳,张少锋,刘叶鑫.(2010).俄军心理服务工作.军队政工理论研究,11(3),117-118.
Boulos, D., & Fikretoglu, D.. (2018). Influence of military component and deployment-related experiences on mental disorders among canadian military personnel who deployed to afghanistan: a cross-sectional survey. *Bmj Open*, 8(3), e018735.
Liu, L., Chen, X. L., Ni, C. P., Yang, P., Huang, Y. Q., & Liu, Z. R., et al. (2018). Survey on the use of mental health services and help-seeking behaviors in a community population in northwestern china. *Psychiatry Research*, S0165178117312052.
Livny, A., Reichenberg, A., Fruchter, E., Yoffe, R., Goldberg, S., & Fenchel, D., et al. (2017). A population-based longitudinal study of symptoms and signs before the onset of psychosis. *American Journal of Psychiatry*, appi.ajp.2017.1.
Nazarov, A., Fikretoglu, D., Liu, A., Thompson, M., & Zamorski, M. A.. (2018). Greater prevalence of post-traumatic stress disorder and depression in deployed canadian armed forces personnel at risk for moral injury. *Acta Psychiatrica Scandinavica*.
Nock, M. K., Millner, A. J., Joiner, T. E., Gutierrez, P. M., Han, G., & Hwang, I., et al. (2018). Risk factors for the transition from suicide ideation to suicide attempt: results from the army study to assess risk and resilience in servicemembers (army starrs). *J Abnorm Psychol*, 127(2), 139-149.
Sampasa-Kanyinga, H., Zamorski, M. A., & Colman, I.. (2018). Mental disorder, psychological distress, and functional status in canadian military personnel. *Canadian Journal of Psychiatry Revue Canadienne De Psychiatrie*(1), 706743718762098.

Taillieu, T. L., Afifi, T. O., Turner, S., Cheung, K., Fortier, J., & Zamorski, M., et al. (2018). Risk factors, clinical presentations, and functional impairments for generalized anxiety disorder in military personnel and the general population in canada. *The Canadian Journal of Psychiatry*, 070674371775287.

Waitzkin, H., Cruz, M., Shuey, B., Smithers, D., Muncy, L., & Noble, M.. (2018). Military personnel who seek health and mental health services outside the military. *Military Medicine*.

第 19 章　美国军人行为和社会科学研究

19.1　基本现状 / 402
19.2　研究历史 / 402
19.3　研究现状 / 403
  19.3.1　心理训练 / 404
    C4ISR 训练技术和工具 / 404
    士兵数字化设备操作的训练 / 405
    数字化设备的使用速度与认知训练 / 406
    分散环境下的合作训练 / 406
    未来军队战士的训练 / 407
    现实和虚拟情境下的个体与团体训练 / 408
  19.3.2　领导力开发 / 409
    未来领导者的胜任特征模型 / 410
    领导者的批判性思维技术 / 413
    领导者应对未来的适应能力 / 414
    领导者的社会意识与跨文化能力 / 415
    数字化环境下的领导力开发 / 416
  19.3.3　士兵问题 / 417
    新世纪的士兵问题 / 417
    21 世纪的士兵选拔、分类和绩效测量 / 418
    军队中的女性 / 420
  19.3.4　职业分析 / 421
  19.3.5　人事调查 / 421
    转型军队的士兵态度和观点调查 / 423
    对逃兵和减员的调查 / 423
19.4　未来的研究趋势 / 424
  19.4.1　认知神经科学 / 424
  19.4.2　社会神经科学 / 424
  19.4.3　虚拟现实系统的应用 / 425
19.5　对我国军事心理研究的启示 / 426
  19.5.1　构建我军的人岗匹配系统 / 426
  19.5.2　探索心理学在军事训练中的应用 / 426
  19.5.3　把握军人及其家属的思想动向 / 427
参考文献 / 428

美国陆、海、空三军共有14个研究机构从事军事心理学研究,其中美国陆军行为和社会科学研究所(U.S. Army Research Institute for the Behavioral and Social Sciences, ARI)是美国军人行为和社会科学研究中的佼佼者,该研究所的研究历史、研究现状与研究前沿基本代表着美国军事心理学的发展水平。下面重点介绍ARI的研究基础、研究现状以及研究前沿,以期为我国的军事心理学研究带来启示。

19.1 基本现状

近年来,美军对心理学的需求越来越多,要求也越来越高。心理学"地位"的上升,既有学科的内因,也有环境的外因:一方面研究者的不懈努力使得军事心理学在理论和应用上均取得了长足的进步;另一方面大环境的变化导致了各种心理学范畴问题的出现。上述两方面原因使得心理学在军队中的作用愈发凸显。

美国军人行为和社会科学研究主要运用实验研究、问卷调查和职业分析等方法研究训练、领导力以及士兵问题(包括征兵、选拔、分配、绩效等),致力于提高军事个体和团队的决策和绩效。其基本任务包括:通过征兵选拔保证兵源的数量和质量;通过职业分类系统实现人力资源的最大化;通过训练解决突发问题的快速反应;通过职业分析探索岗位及武器装备的改变对士兵和指挥官的影响;通过调查问卷把握士兵和领导者的态度及其所关心的问题等。由此可见,ARI通过为全军提供全方位的心理学支持,帮助美军的士兵、指挥官和领导者更好地应对转型的挑战,适应未来军事的环境。因此可以将其基本任务总结为:紧跟前沿科技,紧扣科学问题,解决军队需求。

19.2 研究历史

1917年,一颗新的石子被投入了军事技术的池塘,它就是心理科学。当时哈佛大学心理系主任罗伯特·耶基斯(Robert Yerkes)教授召集了一些心理学家,在一起商讨心理学如何帮助国家打赢战争。这次会议奠定了军事心理学的基础,孕育了美国军人行为和社会科学研究的萌芽(图19.1)。

后来,随着第一次世界大战期间陆军甲种

图19.1 罗伯特·耶基斯(1876—1956)

测验(Army Alpha)在 170 多万军人中施测,人们第一次认识到了心理学在战争中的重要性,军事心理学也在此刻宣布诞生。第二次世界大战期间,美国成立了军队人事选拔和分类委员会,专门进行征兵和分配的研究,该分会便是 ARI 的前身。在二战期间,美国的心理学期刊上将近一半的文章都是军事心理学领域的,而美国国内的心理学家也几乎占到了全部心理学家的 25%。

第二次世界大战后期,ARI 将研究重点由心理测验逐渐扩展到训练、人体工效学、社会心理学、生理心理学等方面,极大地丰富了军事心理学的研究领域和应用前景。直至 50 年代中期,ARI 开始全面开展人机交互系统的研究,使武器装备的设计更便于士兵操作。从 60 年代到 70 年代中期,ARI 重点研究了载人操作系统的设计,努力使士兵与武器装备达到一体化。与此同时,人员训练、新兵分配以及人员储备等问题也引起了 ARI 的极大关注。到了 80 年代,美军的兵源数量和质量均达到了较高的水平,因此 ARI 开始设计市场化的征兵策略,并在训练、士气、凝聚力以及领导力方面投入了更多精力。到了 21 世纪,ARI 的研究主要由训练、士兵问题以及领导力开发三大主线,以及职业分析和人事调查这两大分支,共五个方面构成。ARI 力求在未来帮助美军实现人力资源的最大化,提高军队战斗力,以应对日益复杂的作战任务与战争环境的挑战。

为了顺应军队发展的需求,ARI 的研究领域逐渐涵盖了选拔、分配、训练、领导力、临床心理、人体工效学等诸多方面,并且研究思路和角度上较以前做了许多调整和扩展。近年来,ARI 不断在心理测验领域进行探索,花了 8 年时间终于开发出了针对应征入伍青年使用的《军队职业倾向测验》(Army Services Vocational Aptitude Battery, ASVAB),帮助美军解决了兵源选优淘劣的难题。然而,仅把优秀的人选拔进入部队是远远不足够的,在选拔之后还面临着人员的分配难题:只有根据士兵的能力和兴趣将其分配到适合的军事岗位上去,才能最大化地发挥其能力。在这种需求下,应征人员分配系统(Enlisted Personnel Allocation System, EPAS)应运而生。它能将士兵的特点与岗位的需求恰当地匹配在一起,实现人与岗的科学对接。更重要的是,这种匹配体现了一种动态的概念,因为无论是个体还是岗位都是不断变化和发展的,所以匹配也是一个长期评估与再评估的过程。ARI 的人岗匹配系统通过详尽的职业分类解决了什么人适合从事什么职业的问题,帮助美军保证了入伍新兵的人力资源效能最大化。从如何选拔适合部队的士兵,到如何把士兵分配到适合他们的岗位上去,这种由心理选拔向职业分类的过渡是一脉相承的,并体现了时代的需求。

19.3 研究现状

自 21 世纪以来,美国陆军行为和社会科学研究所根据美军的实际需求出发,为解决实际问题而设计了训练、领导力和士兵问题三大研究主线,以及职业分析和人事调查两大分支研究类型,共同组成了美军行为和社会科学研究的五大研究方向。

19.3.1 心理训练

与心理干预、户外拓展、团队辅导等训练方式相比,心理训练是提高军队战斗力的最直接有效的手段之一。训练具有普遍性、持久性和动态性的特点。首先,训练是贯穿军队日常生活的,每个士兵必须参加新兵的入伍训练,而指挥官、文职人员以及领导者也要参加特定岗位的专业训练,只有经过训练才可能具备胜任职位的能力。其次,训练是伴随军人职业生涯始终的,它既是新兵适应军事岗位必不可少的一环,又是保持军队士气和战斗力的重要方法。最后,训练的内容、方法、强度等并不是一成不变的,它会随着时间季节、战略部署、武器装备等内外因的影响不断地调整和优化,以顺应环境的变化和部队的需要。美军为打赢未来战争做了充分的准备,其中对构成作战系统的士兵和指挥官的训练就是重要手段之一。目前,ARI对训练的研究包括开发新技术和策略培养通才的、多技能的士兵与领导者;利用虚拟现实技术介绍新武器装备,并模拟训练、演习和实战场景;推广认知科学及机器人技术,熟悉数字系统和机器人的操作,实现人机联合作战;训练未来士兵的数字化操作能力,实现通过无线电或网络对武器装备的控制;利用网络开展分散式环境的合作学习,促进跨军种、跨军区的素未谋面同事的合作等。以上研究可总结为新技术训练、实战与方法训练和虚拟训练三大类(图19.2)。下面重点介绍训练部分的几个核心研究项目。

图 19.2 美军训练研究的分类

C4ISR 训练技术和工具

随着未来战争系统(future combat system, FCS)的飞速发展,军事行动和演习均朝着高强度移动、快速部署和依赖信息网络的方向发展。面对未来军事环境的变化,指挥官需要通过训练使自己在用兵上达到理性、自信、全面、老练、应变等标准。针对配备了FCS的团以下指挥官的C4ISR训练技术由此诞生。C4ISR指的是指挥官必备的一些特质,它包括指挥(command)、控制(control)、交流(communications)、计算机(computers)、智力(intelligence)、监督(surveillance)和侦查(reconnaissance)。美军通过实验室模拟技术模拟了未来的作战情景,并识别和测量了未来的指挥官在C4ISR领域的技能,这些技能可能对未来的指挥和作战的绩效起到关键性影响。ARI与高级防御研究项目机构(Defense Advanced Research Projects Agency)进行合作,设计了一系列针对C4ISR的模拟实验,并开发了指挥官训练效果的测量方法,评估士兵在C4ISR各项特质上的能力,并进行针对性的训练。在作战人员实验和先进技术示范(advanced technology demonstrations)中,C4ISR训练技术和工具对提高指挥官的绩效起到了重要的作用。该项目由ARI的装甲部队研究部门牵头完成,由美军装甲部队中心提供支持。

士兵数字化设备操作的训练

美军的旅以下作战指挥系统(FBCB2)是数字化的作战指挥信息系统。在伊拉克战争中,美国陆军首次使用了FBCB2系统,安装了该系统的部队在战场上的误伤率几乎降低为零,有效地解决了自海湾战争以来一直困扰美军的问题。可见,随着计算机、无线电、掌上电脑等数字化设备的应用与普及,美军对先进电子设备的依赖程度在逐渐增加,对士兵、指挥官以及文职人员的数字化设备操作能力的要求也随之升高。美军士兵的计算机使用经验调查发现,在25岁以上士兵中有91%使用过计算机。在各项功能的使用频率中,发送电子邮件的比例最高,远程学习的比例最低(图19.3)。

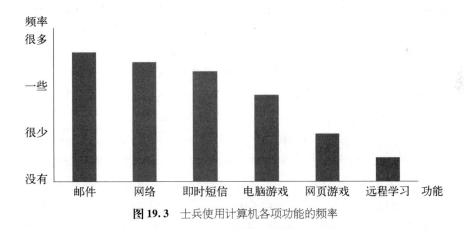

图19.3 士兵使用计算机各项功能的频率

因此,士兵和指挥官不但要学习复杂设备的数字参数的识别和处理,熟练掌握设备的操作,还要在作战环境中达到自动化的操作要求,只有这样才能把足够的认知资源投入复杂多变的战场环境中。显而易见,现代化装备的普及对士兵和指挥官的知识水平以及加工速度提出了更高的要求,这种认知水平和操作能力的考验是前所未有的。因此,对士兵和指挥官进行新武器装备和数字操作系统的训练是迫在眉睫的。

数字化设备的使用速度与认知训练

通过设备讲解、演示和模拟操作等任务,帮助士兵和指挥官提高知识与技能的熟练程度。该训练对其视觉加工速度以及认知资源的分配能力同样有着显著的促进作用。接受训练的士兵和指挥官能够对设备快速呈现的参数进行反应并调整自己的操作。速度与认知的训练维持了该类复杂操作任务的绩效,更好地实现了人机一体化的概念。此外,ARI还开发了针对数字化设备操作的技能熟练度的绩效测量,测量的内容包括数字化应用操作技术、数字化熟练度等级,数字化标准操作程序的依从性等。此外,ARI建立了数字化操作任务的数据库,用以设计和指导训练内容以及测量绩效。通过评估军人数字化操作的水平,可以发现其知识水平和操作技能上的漏洞或者设备设计上的不足,然后开发相应的讲解和训练以强化技能或者改进设计,直到士兵在操作过程中的认知负荷减轻并达到自动化加工的标准。该项目由ARI的模拟系统研究单位牵头完成,由三军指挥部提供支持。

分散环境下的合作训练

由于发生战争的地点不是永远固定不变的,因此军人必须具备在陌生环境中快速部署,以及与素昧平生的战友快速合作的能力。尽管这种能力并不是日常必须的,但若想提高作战的储备性,就必须在非战时开展士兵、指挥官以及卫勤人员的分散化电子网络合作训练。然而,现在还没有一个成熟的利用电子网络设备与分散化的同伴进行合作训练的工具,因此美军对这种训练的需求迫在眉睫。近年来,ARI增加了对基于网络的分散式合作训练技术的研究力度,旨在提高军人的作战反应能力,加强其电子化操作以及合作能力的储备。实证研究发现,让9个分散式小组和9个本地的合作小组在2—9天内完成8个集体任务,本地小组的成绩远好于分散小组,这说明本地小组减少了个体和团队的不必要活动并有利于合作,也从另一个角度证明了分散环境下的合作训练的重要性。

目前,美国陆军模拟、训练和装备司令部(Simulation Training and Instrumentation Command, STRICOM)已经在研究个人电脑和视频游戏训练。其中罗格斯·皮尔(Rogue Spear)步兵作战游戏为操作者提供了一个逼真又准确的模拟环境,可以用来训练士兵的建筑物清查能力以及团队合作能力。此外,近年来美军越来越重视网络教学,ARI在1996年—2002年发表了500多篇网络教学相关的文献,其中大多的是关注于网络教学设计和技术方面问题的建议。此外,ARI开发的多人在线游戏技术就是通过网络激发士兵合作学习的训练方法之一。这种训练方法分为个体和团队训练两种形式,让士兵在非面对面的情况下,利用网络和计算机建立的模拟情景进行个体与团队的交流和沟通,建立人际关系并培养合作的默契。该项目由 ARI 的高级训练方法研究部门牵头,由美军训练和条令指挥部提供支持。

未来军队战士的训练

未来军队战士(future force warrior)是一种前瞻性的概念,美军正在进行一项 2015 未来战士项目,对未来士兵的培养趋势进行了一系列设想和预测(图 19.4)。未来的士兵将配备新的武器装备,并可能置身于更加复杂的环境,装备的更新和环境的不确定性将使得小型部队的指挥官面临更多指挥和决策上的挑战。因此,为了顺应未来军队的发展与环境的变革,必须在改变发生之前就对领导者和士兵进行前瞻性的训练,以确保他们能更轻松、迅速地适应未来的部队需求。

图 19.4　美军 2015 未来战士计划

在这种需求下,ARI 着眼于小型部队士兵与领导者的操作技能、思维决策以及综合能力的培养,开发了"士兵与指挥官的未来军队战士训练程序",以促进其任务绩效和决策效率的提高。此外,该训练程序还提供了绩效的评估方法,测量士兵和指挥官在灵活性、毁灭性、存活性、耐受性以及情境觉察等方面的综合能力表现,为训练效果提供评价与反馈。通过未来军队战士训练,士兵得到了充分适应新武器装备的操作机会,保证能够有效地使用它们并发挥其功能优势;领导者培养了快速、准确的思维决策技巧,开发了与作战相关的综合能力,从而提高了小型部队士兵与指挥官的作战效率。

近年来,教育、工业和军事组织花费了大量的时间和资源培训他们的员工。由于训练费用昂贵,因此训练完成的速度和效率就变得十分重要了。然而,速度却不是唯一的考虑因素,因为如果个体在训练时学会了某一任务但是在需要执行时却忘记了,这显然是失败的训练。所以训练需要持久性,然而即使是持久的掌握某一技能也不能保证遇到不同情况时能活学活用。所以,训练的灵活性也是必要的。美军研究发现,最大限度地减少知识和技能的获得时间可能不利于训练效果的长期保存,即所谓"学得快不如记得牢"。另一方面,最大化的知识和技能的保留限制了应用的灵活性,因此一个有效的教学目标应该权衡速度、持久性和灵活性三者的关系,并考虑信息过载、压力、沮丧、疲劳等因素对训练产生的影响。该项目由 ARI 的步兵研究中心牵头,由美军步兵学校提供支持。

现实和虚拟情境下的个体与团体训练

美军致力于用虚拟现实技术进行战斗训练、任务演习、武器装备测试与评估等。然而许多的模拟装置被开发出来后,沉浸感和心理逼真度都达不到虚拟的要求。这时,虚拟情境和游戏技术脱颖而出,该模拟装置为单兵提供了移动、观察、射击、通话等虚拟背景,极大降低了美军训练和演习的成本。有研究模拟了边境看守、直升机降落区识别、火灾后定位等任务,发现通过虚拟现实训练,士兵在完成时间和行为表现上都有了明显的提高。关于其有效性的评估发现,在虚拟模拟条件下,士兵和小团体领导者自我报告在管理、协调、沟通和计划的技能上提高较多。

目前,虚拟情境训练技术已经成功应用于个人和团体中,帮助美军在任务中获得更好的表现。美国陆军行为和社会科学研究所、美国陆军模拟、训练和装备指挥中心以及美国陆军研究实验室参与了虚拟现实系统的研发。其关键技术包括:士兵虚拟行动后回顾系统;半自动部队步兵的指挥系统;士兵可视化站;超级士兵模拟器等。研究方法包括针对士兵的调查问卷和小组访谈,以及对领导者和团队的观察。纵使已取得了上述成果,然而相关部门关于虚拟情境训练还没有形成一个系统的方法,包括训练的设计、有效性评估、结果的选择等。为此,美军研发了"虚拟情境训练要求说明",并在虚拟飞行器和坦克两个模型中进行了验证,结果发现"虚拟情境训练要求说明"扩大了虚拟情境训练的应用范围和可用性。

以虚拟现实技术应用最成熟的飞行员训练为例,在1970年模拟训练技术出现之前,天空就是飞行员的"训练场",这种在真实环境中的训练是飞行训练的一大特色。然而由于繁杂的武器系统、多变的任务、频繁的部署以及稀缺的飞行空间和时间等因素的干扰,飞行员在真实环境中的训练机会变得越来越少。在时代的迫切需求下,虚拟现实训练技术应运而生。该技术可以利用计算机和模拟设备对飞行员进行集体训练,其效率是飞行器训练的 10—30 倍,并且最大程度地节约了资源与经费,其每小时的训练经费是真实飞行器训练的 5%—20%。美国空军在 2002 年统计得出:C5 飞机训练每小时要花费纳税人 1 万美金,而 C5 模拟器的训练每小时则只需花费 500 美金,两者的费用比是 20∶1。美国海军报道,大多数军事战斗机或歼击机训练的费用比在 10∶1—20∶1,如 F18 战斗机的费用比是 18∶1,黑鹰直升机的费用比是 15∶1,

而波音747的真实飞行与虚拟飞行训练的花费比则高达40∶1。在该项目中，ARI研究了模拟情景下飞行员集体训练的目标、任务、技术和程序，并对载人装备的模拟仓进行了设计，以使其尽可能达到人机一体化的要求。通过评估和对比真实和模拟情境下的训练效果，研究所发现模拟训练能够匹敌真实的训练效果，然而值得注意的是，真实环境的训练仍然是必须和必要的。虚拟现实训练技术的出现为士兵的集体训练提供了计算机科学和人工智能的技术支持，并解决了领导者关于训练安全性和训练效果权衡的矛盾。

此外，许多应用研究都证明了虚拟现实训练的有效性。完全沉浸式团队训练（fully immersive team training，FITT）的研究发现，在城市搜寻和守卫、建筑物内步兵行动、特殊武器与战斗、集体射击模拟训练中，虚拟现实情境都达到了较好的训练效果。此外，在对186名预备役士兵的激光射击训练中也发现，利用模拟声音和反冲击力的射击训练的成绩能够较好地预测实弹射击的能力，这为激光射击训练系统代替步枪实弹射击训练提供了支持。对美军参加伊拉克行动的重型作战单位和美国陆军国民警卫队重型战斗单位的网络调查发现，虚拟训练系统能够有效地模拟演习和团体训练，是十分有效的现实训练替代品。对军事直升飞机、军事部署、商务航空公司、通用航空、战斗机和歼击机的飞行模拟器的研究发现，运动能力、噪声、震动等对飞行员对模拟器的接受程度有很强的影响，教学设计比模拟器的物理逼真度对训练效果的影响要重要的多。

近年来，虚拟现实的训练已经发展出各种各样的变种，比如虚拟情境的文化训练利用模拟认知和情绪、自动语言识别、3D技术、语言认知和核查、高级交互等技术，通过提供虚拟环境中表现正确文化行为的"榜样人物"的表演和示范，来提高受训者跨文化的语言和传统技能。在训练初期，受训者学习"榜样人物"的文化行为模型，进行通关游戏，系统会对受训者的表现给予及时的反馈和指导，随着学习的进行，逐渐减少反馈的数量，直至受训者不用干预就能通过整个场景，从而达到文化训练的目的。该项目由ARI的螺旋桨飞行研究机构牵头，美军飞行中心提供支持。

19.3.2 领导力开发

"明日的领导成就未来的军队"，这句话阐释了美军对领导力开发的重视。领导者的指挥和决策历来是军队制胜的关键。在武器装备迅速升级，组织结构不断变化的今天，人的因素在军队中的地位不但没有削减，反而显得愈发重要。正是在这种考虑下，美军越来越重视领导力的开发和培养，并设计了使领导者能够适应战场的思维和决策技术；改善人际关系并培养团队凝聚力的技术；在电子化环境中提高指挥效率的方法等，以此来提高领导者的思维和适应能力，满足未来战争对领导者的要求。优秀领导者不但需要掌握通用的决策和批判性技术,还要掌握报告、说服、激发自信心的人际技术,并在整个过程中保持创造性。除此之外,ARI 把领导力的研究作为三大研究主线之一的另一个原因,是领导力胜任特征模型的建立对训练、绩效与测评都有着十分重要的支撑作用:它能够评估测评效果、检验绩效并弥补训练和教育的不足(图 19.5)。

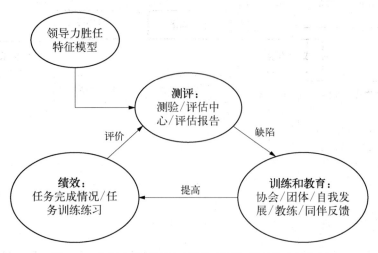

图 19.5 领导力胜任特征对训练、测评与绩效的支持作用

同时,频繁的部署和电子化设备的应用使得部队趋于小型化和分散化,分散性部队的指挥方式与传统的集体化部队相比也面临着许多挑战。以上的种种改变问题促使军队领导者必须提供有针对性的领导力开发技术,通过训练和经验传授使得年轻的领导者能够更从容地在职业生涯中应对这些挑战。针对变化中的军队,ARI 开发了领导者的虚拟情境模拟和游戏训练技术,并通过个体训练和团体实践来强化该领导力,帮助领导者迅速积累经验并提高领导技能。此外,ARI 还开发了"像指挥官一样思考"的系列学习光盘,帮助教育者和指挥官学习通用的思维技术,提高思维决策效率。下面重点介绍领导力开发的几个核心研究项目。

未来领导者的胜任特征模型

未来的军队领导者需要让部队朝着更快速、更抗压,并且能够有效适应复杂的、不稳定的、无组织环境的方向发展。美军有一个形象的比喻:领导者是军队的"大脑",士兵是军队的"躯干","大脑"接受外界的刺激并发出信号支配"躯干"的行动,只有强健的体魄而没有灵活的头脑,是很难在复杂的现代化战争中取胜的。现代的战争更多的是"大脑"的较量,这就突显了领导者认知与决策能力的重要性。ARI 通过多年的研究建立了一套胜任特征的研究流程(图 19.6),并建立了领导力胜任特征模型。该模型认为军队价值观是根基性的,它包括:忠诚、责任、尊重、无私、服务、信誉、诚实和勇气。在军队价值观之上的是领导特质,它包括道德、社会、心理、伦理、身体、情绪和智力这几部分。在逻辑关系上,领导者的胜任特征会影响行为进而产生不同结果,因此领导者的胜任特征是军队绩效的根源因素(图 19.7)。

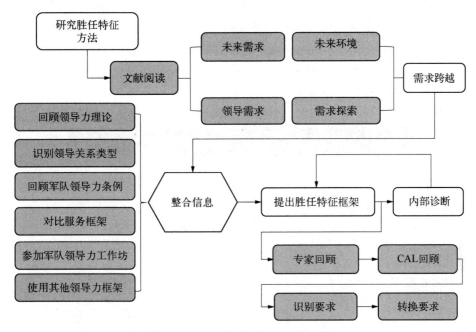

图 19.6　领导者胜任特征的开发过程

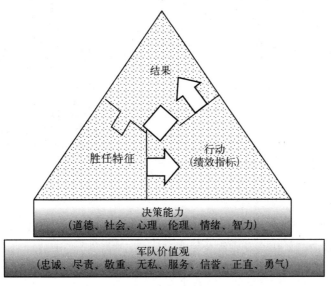

图 19.7　胜任特征与领导力价值观、特质、行为和结果的关系

21世纪的军队需要具有前瞻性并且随机应变的领导,领导者的计划性、适应性、灵活性、决策能力等将被重点训练并被作为评价领导者的重要指标(图19.8)。基础研究提出了领导者的实践智力理论:实践智力即真实情境下与绩效有高度相关的能力群,包括学习能力、决策能力、批评性思维能力等,该理论认为实践智力比普通智力更能预测领导者的绩效。根据该理论,基础研究开发了一种帮助领导者快速获取知识的技术,通过学习方法指导、指挥技能演练和实战经验分享等方法,该技术可以提高领导者的信息加工速度,迅速捕捉信息并转化为自己的知识,使领导者的信息深度和广度始终保持在军队的最前沿。

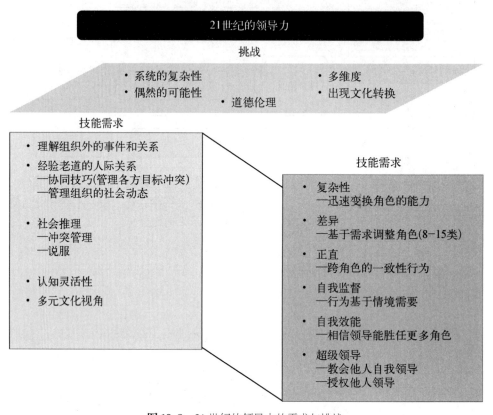

图 19.8 21世纪的领导力的需求与挑战

2002年,美国陆军领导中心要求对军队的领导力进行一次系统的梳理,通过回顾领导力研究的文献,结合美军和外军的实际情况并综合经济、政治、人口等社会因素,以及对138名研究对象的调查,美军建立了未来军队领导力的胜任特征模型。该模型包括了8大主要胜任特征、55个子成分和200多项具体的行为描述,从而成为了领导力选拔、训练、教育和评估的重要参照依据。采用360度测评法对美军现役和预备役的士官和军官的调查发现该模型效度较好,各个维度的效度在0.48—0.96之间,其中最佳预测项目和效标之间的R^2值为0.48。而各项胜任特征之间是高度相关的($R = 0.91—0.96$),这显示了评估领导胜任特征只表达了一个单一的领导维度。此外,为考察不同经验的领导者的思维决策差异,有研究通过给16名上尉和25名陆军军官学校的学员呈现一部在阿富汗组织食物分配的电影,考察他们下达命令的不同策略。研究发现,上尉更倾向于把重点放在战术决定和关系处理上,这说明军官比学员的决策有着更高位的整合。该项目由ARI的领导力开发研究机构牵头,美军指挥与参谋学院提供支持。

领导者的批判性思维技术

研究发现,批判性思维能力是最能预测领导者在不确定性和复杂战场中的绩效表现的优秀指挥官能力。随着武器装备的升级,军队的作战半径也越来越大。在某些情况下,领导者和指挥官要在从未经历过也未训练过的陌生环境中进行指挥和决策。在未经历过的情境中,过去的知识储备和经验往往都是失效的。指挥官需要用批判性思维去解决异常的、不确定的、复杂的环境中可能突发的问题,因此批判性思维能力是正确指挥与决策的关键,是对思维过程和结果的评估和反思。从2000年开

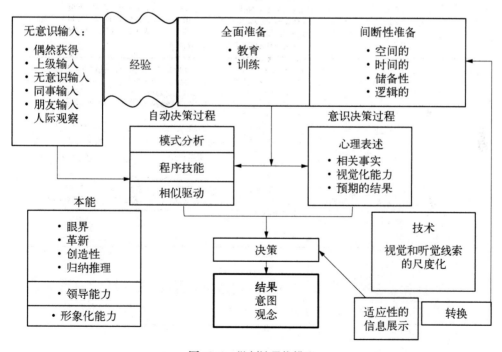

图 19.9　批判性思维模型

始,ARI 就开始研究军队作战指挥的批判性思维理论模型,先后开发了八种有效的批判性思维技术,这八种技术包括:制定问题、识别重点、计划目标、事件串联、自我反省、归纳总结、换位思考、信息决策。此外,美军还开发了训练作战指挥中的批判性思维技能的课程,并在全美的军校中推广,使批判性思维训练变得流行。对该批判性思维训练效果的评估表明,该技术确实能够提高指挥官和领导者的决策效率和正确率。该项目由 ARI 的领导力开发研究机构牵头,由美军领导力中心提供支持。

领导者应对未来的适应能力

根据美军的发展战略计划,未来的 30 年中美军将进入迅速转型期,因此美军面临着前所未有的适应问题的挑战。这预示着未来的军事指挥和部署需要精确协调各种变化中的作战单位。对基层军官的长期追踪研究发现,无论军队是否开发了数字化标准操作程序(digital standard operating procedures,简称 SOPs),领导者都会面临复杂的、不明确的、高风险的操作情境,这种情境的不确定性给指挥带来了极大的难度。美军在 1999 年发布的领导力手册中,就提出了"be""know""do"领导力框架模型,其中"be"是价值观和特质层面的,定义了领导者"应该是什么样";"know"是技能层面的,定义了领导者"应该具备哪些技能";而"do"是行为层面的,定义了领导者"应该如何行动"(见表 19.1)。

表 19.1 "be""know""do"领导力框架模型

be 价值观	be 特质	know 技能	do 行动
忠诚 责任	心理:意愿、自律、主动、判断、智力、自信、文化觉察 生理:健康适当、身体适当、军事耐受力	人际能力 概念能力	影响:交流、决策、动机
尊重 无私奉献	情绪:自我控制、平衡、稳定性	技术能力 战略能力	操作:计划、准备、执行、评价
荣誉 诚实 个人勇气			提高:发展、建立、学习

自 9·11 和全球反恐战争以来,领导者的适应能力越来越重要,它包括人格特质、认知能力、人际交往能力、特定领域的知识和经验等。根据可训练性强弱的差异,适应能力又包括了许多相关特质,可训性强的包括特定领域知识、多样性经验等;可训性弱的例如认知能力、开放性、弹性、成就动机等(图 19.10)。此外,美军还开展了

"军官自适应思想和领导能力项目",它将特种作战环境中的自适应能力训练设计为一个三天半的训练项目,特别关注心理自适应、人际间适应、领导适应等主题,并提供工具和策略训练个体在每种情境下的自适应能力。

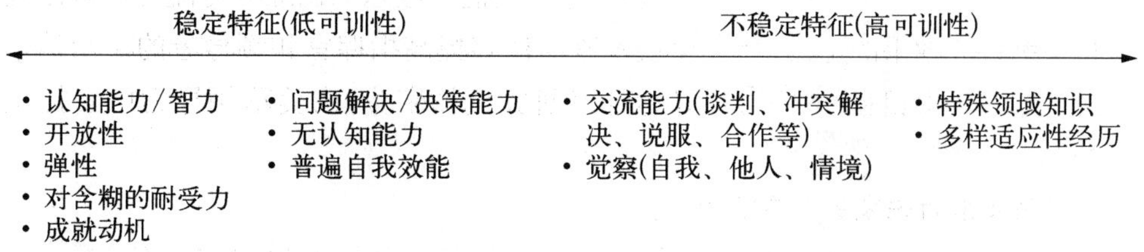

稳定特征(低可训性)	不稳定特征(高可训性)
·认知能力/智力 ·开放性 ·弹性 ·对含糊的耐受力 ·成就动机	·问题解决/决策能力　·交流能力(谈判、冲突解　·特殊领域知识 ·无认知能力　　　　　　决、说服、合作等)　　·多样适应性经历 ·普遍自我效能　　　　　·觉察(自我、他人、情境)

图19.10 适应能力相关特质的连续谱

领导者的社会意识与跨文化能力

近年来,美军正越来频繁地从事跨国任务,因此会接触大量的多元文化和陌生环境。这就要求领导具备从其他文化观察问题的视角,并发挥团队精神。这种观点采择能力是一个识别他人思想和情感的认知过程。对此,美军提出了两大类共六种多元文化观点采择能力,基本能力包括自我意识、个人技能与交流技能、区域性专业知识;高级能力包括提取技巧、口译技巧以及文化模式培养。通过加强多元文化观点采择的训练,使军队领导者拥有更广泛的跨文化驾驭能力。

在伊拉克和阿富汗战争中美军进行了大量的反叛乱、维稳、维和等任务,在这一过程中美军发现领导者的跨文化谈判技能至关重要。通过对刚从伊拉克战争返回的20名中尉和16名上尉的25个问题的深度访谈,研究者发现与平民谈判主要集中在重建项目、治安和民政事务问题上,而军官面临的主要挑战集中在"宗教的调解""道德困境""文化价值观和行为规范冲突""威胁性谈判与权力的使用""情绪的自我调节"以及"对冲突的适应"。美军希望为领导者提供非西方文化的谈判和文化意识方面的训练与指导。

研究发现,领导者在跨文化环境下的工作绩效与个人领域、工作领域和人际领域这三方面相关,其中个人领域包括心理和生理的调整、健康和幸福感、对跨文化的适应等;工作领域包括工作调动、任务的提前终止与完成;人际领域包括有效的沟通、跨文化的人际关系构建等。而上述跨文化能力是可以被测量、培训、教育和开发的。此外,领导者要想成功地完成任务,必须具备谈判和说服个人与群体的能力,而社会意识对领导者的影响力有着重要作用。例如非言语的知识和文化规范、沟通和说服技巧、政治技能、社会智商、元认知、自我意识等,都对领导者的影响力起着重要作用(表19.2)。

表 19.2　个体和人际胜任特征

个体胜任特征	人际胜任特征
经验学习	沟通技巧
适应性	情商
持续学习	人际敏感度
创造性	领导力
批判性思维	倾听
决策能力	维护指挥官意图
指导和控制	激励他人
信息管理	开放性
诚信	团队维护
管理模糊性	提供并保持眼界
管理复杂性	关系构建
自我激励	社会意识
计划	团队协作
自我管理	建立信任
情境评估	
情境觉察	

数字化环境下的领导力开发

以往的战场指挥是借助纸质地图和无线电电波实现的,而未来的战争指挥将大量依赖新的数字技术,例如"电子文本传输""电子地图共享""远程信息共享"等。美军越来越倾向于在网络中心的环境中工作,有时合作的同事可能相隔数英里或数千英里,他们之间只能通过数字系统共享任务信息。因此沟通模式、团队成员的任务知识、合作方式等因素极大地影响着合作绩效。

对传统指挥与电子化指挥的效果差异的比较研究发现,电子设备把领导者的指挥变成了一种虚拟的信号,这种非真实的情境可能会对领导力造成一定影响。该研究对聚集和分散这两种环境下小团体领导力的效果进行了对比,考察了在面对面与电子化交流的情境下,领导者的指挥、命令和交流对士兵的服从、信任及士气的影响。研究者试图在电子化环境中开发一种交互、交流、信任的领导力技术,帮助领导者与士兵建立信任的关系,保证指挥的有效性。研究者选择了 28 对大学生,让他们通过电脑游戏(SCUD Hunt)来定位飞毛腿导弹发射器的位置,并研究了训练条件、合作方式和通信模式的影响,结果发现当被试对全部情境有了全面的认识,了解了彼此的角色,并采取了频繁沟通后,能获得较高的工作绩效,这为电子化指挥的训练提供了依据。

此外,美军对"互动式、计算机化与电影情节的案例教学"的研究发现,电影案例教学是一种简洁、直观且有效的学习方法,在研究内容上,只需 13 分钟即可呈现传统文本 22 分钟才能表达的内容;在情感表达上,情感的激活和效价的运用要强于幻灯片与文本;对场景细节的记忆上,对电影情节的记忆也远胜于幻灯片与文本。因此,在指挥艺术的领导力开发中,电影案例教学是一种极为优越的形式。

反应性计划策略模拟(REPSS)是一个可以客观测量团队问题解决能力的研究工具,它可以通过团队的协作计划任务来产生装备基准性能分数,然后对任务进行组织规划和资源配置。在一个为期四周的人道主义救援行动中,美军利用 REPSS 系统制订筹备食物、交通运输和人员救护等计划。为了检验 REPSS 系统的效果,实验分为控制组(不进行 REPSS 系统训练)和实验组(进行 REPSS 系统训练),每组 7 人,包含了 1 个指挥员和 3 个 2 人构成的小团队。每个组都有一个情况介绍简报,然后由各组自己安排进程对 REPSS 任务和界面工具进行自动化训练。训练后每个组进行 1 个 40 分钟和 3 个 20 分钟的问题解决会议,在四个星期内向四个城镇派遣救济补给护送队,设备自动记录下每个组在输送需求救济补给比例的成功表现。结论证明了 REPSS 能应用于团队任务的设计、组织与协调,并对绩效进行反馈干预。

19.3.3 士兵问题

士兵问题是美国军事心理学诞生伊始就面临的一项艰巨的任务。早在世界大战期间,美军就为了提高兵源质量而开发了陆军甲、乙等测验,这开创了士兵问题研究的先河。可以说 ARI 最初就是从解决士兵问题开始的。因此对士兵问题的研究不但是 ARI 的发家之本,也是他们保持至今的优势领域。士兵问题的范畴广泛,包括士兵的征募、选拔、分配、储备等士兵相关问题都是 ARI 感兴趣的领域。

此外,ARI 对士兵问题的研究还包括了开发评估士兵现在以及未来绩效的工具;解决新兵和后备军官对军队环境的适应问题;根据入伍动机的改变趋势,激发士兵的服役动机,吸引并选拔长期服役的个体;研究任务、装备和条令的改变对士兵和岗位的影响,调整岗位分类和人员分配的工具;调查影响军官职业生涯决策的主要因素,建立军官就职和去留的预测模型等;调查士兵态度和观点的变化,帮助高层领导把握部队动态,适应未来部队的改变和需求等。下面重点介绍士兵问题的几个核心研究项目。

新世纪的士兵问题

目前,美军迫切渴望了解未来部队所需的士兵能力和特质,进而识别并测量这些能力和特质。新世纪士兵问题评估了那些持久和可靠性的特质,并分析了这些特质的开发、测量以及其对绩效的贡献。未来作战系统的出现将极大地提高部队的机动速度、士兵的生存能力和战斗力。然而,未来作战系统的战斗力体现需要士兵具备人际间的交互配合意识。研究发现,士兵个人和人际间的能力和特质包括了11个方面,分别是:认同和支持他人,容忍文化差异,有抵抗精神,独立,有组织能力,具备可变性和灵活性,有社会知觉,具备口头表达能力和感染力,书面交流能力,领导能力,合力解决问题的能力。这些能力和特质能够预测士兵在未来的工作绩效。随着战争进度的演进,不同作战频谱的士兵需要具备不同的技能与特质(图19.11)。

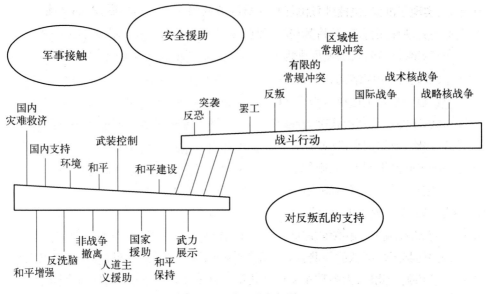

图 19.11 作战进程频谱图

例如,有研究将适应性和灵活性作为跨岗位的对绩效有贡献的两种特质,并对士兵的这两种特质进行评估。另外,为了保证兵源的数量及质量,有研究还探索了可能影响新兵招募和人才储备的社会学和心理学因素,例如经济趋势、政府支持率、家庭赡养责任、个人职业生涯规划等,并从经济、社会及政府支持率等角度探讨了征兵的各种影响因素,为日后征兵工作做出解释和预测。此外,有研究还探索了人员轮转对团队绩效影响的积极和消极方面。当团队失去一个得力干将时,必须花费时间和精力来重新培训一个新人填补其位置,然而新人可能带来大量有价值的知识,并且有可能改变墨守陈规的团队风格。对团队凝聚力的研究发现了"人员稳定—连接—凝聚力—期望"的凝聚力发展模式,人员稳定促进了连接的过程,促进了同级(士兵与士兵)、垂直(士兵与领导)与组织方向(士兵与军队)的凝聚力。

21世纪的士兵选拔、分类和绩效测量

美军一直致力于用高质量的应征青年填补各层部队的需要。然而在90年代末期,征兵工作变得越来越棘手,没有足够数量的优秀人才愿意投身国防事业,因此征兵人员的工作变得颇具难度和挑战性。征兵人员相当于美军的"销售员",优秀的征兵人员能够更好地宣传军队的优势,从而吸纳更多高质量士兵入伍,帮助美军满足兵源的需求。可以说,征兵人员的绩效直接影响军队兵源的质量和数量。因此ARI开发了针对征兵人员的筛查工具,用来识别并选拔优秀的征兵人员。早在2001年,ARI就开发了征兵人员的筛查测验,该测验有较好的预测效度,其同时开发了计算机化版本,实现了准确、快捷地预测征兵人员的绩效的目标。几年后,ARI又建立了征兵人员的关键胜任特征,并将其与筛查测验相结合实现了对征兵人员的全面筛查。

为了紧跟信息时代的发展进程,顺应国际局势的瞬息万变,美军进入了一个条令条例、武器装备、组织结构、人力资源等诸多方面变化的转型期。在变化的压力下,美军需要新建一个能够适应未来需求的人事选拔和分类系统,使未来的士兵成为高适应性、高抗压性以及高自我指导性的问题解决者。为此,ARI开发了一系列测量未来士兵任务绩效及组织承诺的方法,将其与未来的征兵选拔和分类程序相结合,使现有的方法与未来的发展趋势相适应。在1990年前后,由于军队裁员以及维护经费高等,美军废弃了《士兵资格测验》(Soldier Qualification Test, SQT)的使用。SQT的停用给士兵工作绩效的评估留下了空白。如今,美军急需开发一种适应转型中军队结构的、性价比高的士兵绩效评估系统。基于这样的需求,ARI针对跨技能士兵开发了一种评估其工作绩效的新测验,该测验可以代替SQT,为日后士兵自评测验的开发打下了基础。此外,大多数军事职业仍缺乏客观的绩效评价方法。ARI通过计算机建模,建立了一个虚拟的职业分类系统,根据工作分析的数据将全部职业分为11大类,每大类中的职业士兵的绩效可以采用相同的方法评估,从而形成了一个可操作性强,并且性价比高的评估标准。例如海岸警卫队、海军陆战队、空军、海军等兵种对士兵能力特征的类型和程度上的要求也都是不同的,划分非常全面而细致(表19.3)。

表19.3 不同兵种的工作框架对比

美国海岸警卫队	美国陆军	美国海军陆战队	美国空军	美国海军	ECQ
绩效	执行、操作	完成任务	执行驾驶任务	完成任务	结果导向
影响他人	影响		影响和协商	影响和协商	影响和协商
和他人一同工作	动机		领导个人和团队	领导个人	领导个人
改善程序	改善	主动	持续驾驶和改善	持续改善	
有效沟通	沟通	与舰队保持联系	训练效应、沟通	口头/书面沟通	口头/书面沟通
提高眼界和执行力	计划、准备		创造/展示眼界	眼界	眼界
决策、解决问题	概念化	做出声音决策	练习声音判断	问题解决、果断	问题解决、果断

续 表

美国海岸警卫队	美国陆军	美国海军陆战队	美国空军	美国海军	ECQ
团体动力 自我意识、学习 精通技能 价值观匹配	建设、发展 学习 技术 7 种价值观的领导力	团队训练 探索自我/改善 精通技能 7 种价值观	培养团队协作 自我评估 在案例中学习	团队建设 技术可靠性 正直	团队建设 持续学习 技术可靠性 正直、诚实

军队征募配额系统(The Army Recruit Quota System, REQUEST)和应征人员分配系统(The Enlisted Personnel Allocation System, EPAS)是美军进行职业岗位分类的两种重要工具。其中 EPAS 是 ARI 多年研究和开发的最新的为军队优化分类的工具,它通过一种人岗匹配的方法,对新兵的职业分类提供优化建议,它的表现超越了美军目前使用的 REQUEST 系统。自 2002 年开始,美军采用了一套涉及 9 大能力区的兵种倾向选择测验,并使之成为双模型分配系统的一部分。

近年来,在有限时间同时执行多个任务对士兵来说是非常普遍的。随着军事和民间组织的大幅裁员,任务负载在工作中体现的越来越明显,这就增加了对人员的多任务技能的要求。研究表明,多任务对员工士气和工作绩效有严重的负面后果,并且会增加错误、倦怠、压力并消耗工作资源。此外,由于认知加工能力与人格的差异,有些人能够更好地处理多任务,例如外倾性人格和 A 型人格都被证明是完成多任务的积极因素。目前,美军正在开发评估多任务能力的测验,该测验可以帮助民间和军事组织识别那些可以出色完成多任务工作的员工,降低培训成本和损耗,并可以根据岗位需求将其分配到多任务水平相匹配的岗位上去。该项目由 ARI 的选拔和分配研究机构牵头,由美军副总参谋部 G1 提供支持。

军队中的女性

近年来,女性在军队中的地位大大提升,在 1973 年美军中女性的比例是 2%;到了 2002 年,这一数字增长到了 15%,并且几乎在所有的军事岗位都可以看到女性的身影。ARI 对军队中的女性问题关注较早,早在 1976 年就开发了女性版本的军队发展测验(Women Content in Units Force Development Test, MAX WAC),测量连队的绩效。结果证明,军队的绩效并不会因女性的存在而降低,并且女性的绩效并不比男性低。后来,ARI 又开展了一个有关军队中女性的项目(Women Content in the Army, REF - WAC),旨在检验女性对维修、医疗、后勤等训练型军队绩效的影响,结果发现女性的存在本身没有对军队造成任何消极影响,反而是对女性的偏见、指挥官的水平以及士气等因素对军队绩效的影响更大。然而值得注意的是,对女军人的研究结论并不都是积极的,有些研究反映了消极的一面。对女性在基础战斗训练中表现的调查发现,虽然女性的态度一直是积极的,但其身体状况、心理压力以及绩效均逊于男性。对混合性别部队与男性部队的追踪研究发现,混合性别部队在基础战斗训练中会表现出无纪律、低凝聚力以及心不在焉等问题。可见,由于研究角度和方法的差异,对军队中女性问题的研究尚未达成一致的结论。然而,出于公平的考虑,人们逐渐认为,在分配、晋升、奖励等问题上应该给女性平等的机会。在1991年,美国法律废除了对女性战争飞行的限制,随后的政策又允许了女飞行员在战舰上服役。到了1994年,法案再次进行修改,对获得资格的女性开放所有的军事岗位,从此女性和男性拥有了同样的权力和竞争机会。由此可见,在过去的几十年内,无论是女性在军队中的地位还是公众对女军人的态度都有了积极的转变。

19.3.4 职业分析

改变和革新是美军永恒的主题,这种改变体现了两层含义。一层是组织结构的改变:美军为了顺应局势和环境的变化,把军队的结构朝小型化调整,尽量使得军队的调动和部署更具灵活性和机动性。另一层是操作流程的改变:由于武器装备的更新换代以及数字作战系统的推广,新装备的操作流程和要求也日趋复杂,这就要求士兵和指挥官保持知识和技能的"更新"。他们要适应与日俱增的任务复杂性的挑战,熟练掌握新的操作知识与技术,并在军事环境中达到自动化快速操作的标准。

职业分析通常只在由工作重建或岗位调整造成武器系统、组织结构或操作流程改变时才进行。它聚焦于军事职业分类系统(Military Occupational Specialty, MOS)的设计与再设计,当工作内容或岗位结果调整时,就需要针对新任务重新收集、分析、综合信息,并报告士兵和军官的工作绩效和训练需求,然后根据分析结果重建新职业或岗位所需的知识、技能以及经验,保证新岗位的操作内容和工作要求准确明晰。经过职业分析后,就要针对新工作和岗位开发新的训练方法,努力让士兵胜任新的岗位并达到军队的预期。

目前,军队职业分析项目(Army Occupational Analysis Program, AOAP)开发了自动化的在线调查技术,该技术可以在线收集全世界范围内来自士兵及领导者的职业分析调查的数据。该调查结果可以被用于评估存在潜在改变可能的军事职业类别的内容和结构,并考察个体的知识技能及普通任务的训练效果能否达到特定岗位的要求。

19.3.5 人事调查

作为美军的调查中心,ARI时刻把握着美军的时代脉搏,在士兵和国防部之间架起了一座沟通的桥梁。近年来,美军转型的过程牵扯了若干人事问题的变化,例如士兵的职业生涯规划、服役动机、团队凝聚力的改变等,这些问题进而可能影响到人才储备、工作分配、岗位训练以及战斗准备等多方面工作,因此对人事问题进行追踪调查是必要的。为了顺应军队的发展,确保士兵和指挥官快速适应变化中的环境,美军需要在基层连队和高层决策者之间建立持续的反馈循环。人事调查是军队高层领导者"把握军队脉搏"的重要手段,它通过对现役军人及其家庭成员的态度和观点的调查,帮助领导者把握士兵和军官及其家庭的意见和需求,从而做出决策上的调整和改变。此外,调查给了士兵"实话实说"的机会,并把他们的想法传达到上层,这种真实反馈能够传达丰富的信息。调查的优势在于可信、有效、可重复、可比较,优秀的调查需要具有良好的解释和预测能力,从而为军队提供评估军人及其家庭的观点和态度的方法。例如,2004 年 ARI 调查发现,准尉工资的支付结构比士兵少一些项目,因此士兵不愿意当官,严重影响了特种部队的人才保留。国防部根据他们的调查结果,及时进行了工资改革,保留了大量的专业人才(图 19.12)。

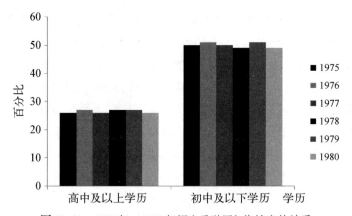

图 19.12　1975 年—1980 年间士兵学历与淘汰率的关系

　　人事调查涵盖了士气、动机、训练、分配、职业生涯规划、工作满意度、主观幸福感以及战斗准备状态等方方面面的内容,长期追踪地收集这些趋势数据,可以掌握军人及其家庭的思想动向。关键人事问题的调查报告每年都会上报美国国会,国会通过对调查结果的分析和讨论做出相应的政策或管理上的调整,以满足现役军人及其家庭人员的需求,让他们在部队能够安心地服役。人事调查机构目前正在进行两个全军范围内的调查:半年一次的军队人事样本调查(Sample Survey of Military Personnel, SSMP)以及两年一次的军官职业生涯调查(Survey on Officer Careers, SOC)。这些调查都是长期追踪进行的,纵向的大样本数据能够提供丰富的信息,这些调查的结果将为征兵、分配、训练等问题提供重要的指导和建议。

目前,军队转型的趋势强调了精简化和网络化的特点。相应地在调查方面,ARI开发了军队知识在线(Army Knowledge Online,AKO)系统,该系统是利用互联网的自动化在线调查工具,可以便捷地进行调查的派发、施测、回收以及数据分析等工作,这种性价比高的调查系统给美军带来了难以计量的时间和经济上的节约。此外,该自动化调查系统还可以对题目进行合并和归类,并自动化识别与个体不相关的问题,极大地缩减了调查的长度,将被调查者的注意力集中在重要问题上,不但能够提高答题效率和答案的准确性,还能够大幅度减轻被调查者的心理压力和认知负担。

转型军队的士兵态度和观点调查

在转型的军队中调整是无处不在的,上至政策制度的改变,下至衣食起居的调整,都会直接对士兵的工作和生活造成影响。士兵是改变的直接作用者,一丝一毫的可能改变都会左右士兵态度和观点。此外,集体化生活军队中士兵的态度和观点是很容易发酵和膨胀的,积极风气可以激励军队的士气和凝聚力,而消极风气则会让部队人心涣散、溃不成军,甚至造成安全隐患。为了掌握转型带来的影响,高级领导者需要持续而准确地评估军队的指挥风气,发现士兵所关心的问题,把握士兵态度和观点,并根据士兵的反馈调整自己的指挥和决策。ARI通过对士兵的态度和观点的长期大样本的追踪性调查,开发了评估士兵态度和观点以及领导者指挥风气的方法,这项工作能够保证高层领导了解士兵的思想动态及其所关心的问题,并对士兵可能出现的紧急问题,在第一时间给出解决方案。该项目由ARI的军队趋势分析研究机构牵头,由美军副总参谋部G1提供支持。

对逃兵和减员的调查

2001年,美军超过4 500名士兵逃亡,这一数字比前十年逃兵总数的两倍还要多,为此美军着手对400名逃跑未遂的士兵和241名军队领导进行了一项调查,从而更好地了解士兵并制定合理措施阻止这种现象的蔓延。调查发现,逃兵具有6个特点:受教育程度较低或能力较差,大多数来自破裂的家庭,之前有擅自离岗的情况,入伍门槛较低,对军队有抵触,之前有犯罪史。并且,大多数士兵在逃离之前没有得到足够的关注,也没有主动寻求过支援,而四分之三的逃兵在逃跑后都有归队的意向。此外,逃兵们认为在入伍前更多了解部队的生活,并与家人保持密切的联系是阻止他们潜逃的有效方法。而领导者们认为,征兵时对筛选的严格把关,以及对擅自离岗人员的大力处罚可以有效控制此类事件的发生。

此外,ARI人事调查机构还建立了士兵的减员模型,建立了变量统计模型预测减员人数及减员的相对强度。对2 003个应征入伍士兵的追踪调查发现,有211个士兵在6个月的军事任务中被淘汰,这些减员的预测因素包括:人口学特征与背景、天资能力、教育水平、犯罪记录、经济历史、过往行为问题、精神或身体健康和观点和态度等。美军希望找出顺利服役士兵与淘汰士兵在预测因子上的差异,并将这些预测因子在非美国样本中推广,从而将宝贵的训练资源应用于服役士兵,减少在减员士兵身上的浪费。

19.4 未来的研究趋势

19.4.1 认知神经科学

自20世纪80年代以来,认知神经科学就逐渐成为心理学研究者关注的热点领域。认知神经科学利用功能性核磁共振成像(functional magnetic resonance imaging, fMRI)、事件相关电位(event-related potentials, ERP)、正电子断层扫描(positron emission tomography, PET)、功能近红外光谱(functional near-infrared spectroscopy, fNIRS)等技术手段研究人类的脑机制与结构,发现心理活动的生理基础,从而使心理学变得更加"科学"和"可见"。

美军紧紧把握住了神经科学"第四次技术革命"。2008年5月由美国科学院认知神经科学部和ARI合作出版的《新兴的认知神经科学及相关技术》,分析了全球认知神经科学技术中可能影响美军作战能力的发展趋势,评估了有军事价值的技术和方向,预测了未来20年该学科在军事领域中可能的发展。例如用功能神经影像学阅读人脑,神经精神药物控制认知,实时脑机界面控制装备等。

2009年6月,美国科学院的陆军科学技术委员会出版了《神经科学:未来美国陆军应用前景》,报告重点分析了神经科学技术对陆军产生的影响与应用前景,指出神经科学技术将推动新型技术与装备的开发,并可能在训练、决策、认知适应、脑机界面、神经状态标志物等领域带来难以估量的应用价值。例如用神经科学手段评价训练效果,在选拔中引入神经科学手段,辨别决策差异的神经关联性,监测、预防并治疗个体作业能力缺损,神经工效学的悄然兴起等。

19.4.2 社会神经科学

社会神经科学是1992年才出现的一门新兴交叉学科。它探索了社会过程与社会行为的生物学机制,即大脑活动与社会行为的交互。出于战略需要,美军的军事行动涵盖了世界范围内的多个地区,士兵和指挥官可能被部署到任何一个跨种族、跨语言、跨肤色、跨文化的陌生环境中。由于缺少陌生环境的相关训练,因此如何帮助士兵和指挥官快速适应环境并顺利完成任务成为了美军面临的巨大难题。在过去的战争中,因文化摩擦造成的非战斗减员让美军尝尽了苦头。因此美军提出了"文化战的概念,即以执行军事行动为目的,快速适应并融入一种陌生的跨文化环境,避免语言、文化、习俗等差异带来的摩擦和损耗。例如,美军正在进行的一项研究是利用功能性核磁共振成像技术,发现与士兵的态度、沟通、劝说等社会行为所相关的脑区,然后用行为训练激活和强化这类脑区,从而提高士兵社会行为的效率。此外,多元文化观点采择的胜任特征包括了理解文化概要、区域性专业知识、个人和人际技能以及自我意识四个维度,它们通过提取、解释、采择、运行四个步骤发挥作用(图 19.13)。

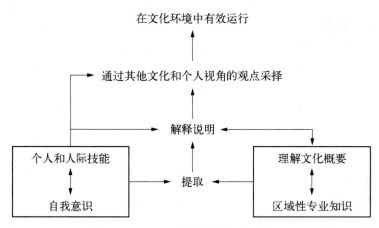

图 19.13 多元文化观点采择的胜任特征框架

19.4.3 虚拟现实系统的应用

在过去,军事训练或演习都是在真实的训练场地上进行的,这种真实的训练形式不但简单直接,并且可以达到与作战情境的相似性最大化,因此士兵和指挥官可以更好地熟悉和适应作战环境。然而,近年来军事任务的复杂多变,训练空间和时间的稀缺,武器系统的复杂性提高以及军队的频繁部署等原因,让士兵在真实环境中训练变得越来越不经济。随着信息技术的飞速发展,虚拟作战训练系统在美军中悄然兴起。该系统可以利用计算机和模拟器创造一个虚拟的作战场景,士兵在虚拟场景中进行装备操作以及思维决策。士兵在虚拟场景中达到了相应的训练标准后再到真实的环境中去巩固实践,这种虚拟和真实结合的训练方法是训练领域的一项重大突破。虚拟训练避免了不必要的人员消耗和资源浪费,并且能够达到与真实训练相类似的效果。目前,除了一些军事基础训练外,大多数高专业性操作训练都或多或少地依赖于虚拟作战系统。例如士兵演习作战情境中的行动、对新武器装备的使用介绍、操作仓的驾驶控制演示等内容都可以在虚拟作战训练系统中实现。

19.5 对我国军事心理研究的启示

19.5.1 构建我军的人岗匹配系统

美军早在第一次世界大战期间已经开始用心理测验控制兵源的准入口径,这是心理学初次在军队人事选拔中崭露头角。自此之后,美军就从来没停止过在人事选拔与分配上的探索。其中研究时间跨度最长、最具意义和代表性的研究成果当属新开发的应征人员分配系统。该系统认为,将优秀的人才吸纳到部队只是征兵工作的第一步,它保证了军队有着足够的高质量新兵。但研究人员通过长期的追踪研究发现,那些经过严格标准化选拔的士兵并不都能在工作岗位上发挥出其应有的水平,只有将其分配到适合的岗位上,才能实现其绩效的最大化。因此,为了充分利用现有的人力资源来提高军队的战斗力,美军继选拔之后又进行了一项颇具意义的工作:人岗匹配,即将优秀的人才分配到适合他的岗位上去。美军利用美国劳工部组织开发的职业信息网,对各类军事岗位进行工作分析并提取相应的胜任特征。基于对岗位标准和任职者所需特质的描述,评估新兵的能力与特质是否匹配该岗位的工作,即所谓的"一个萝卜一个坑"。目前,受技术和经验所限,我国还没有建立起军事岗位的职业分类系统,故不能保证入伍新兵全部达到人尽其才的效果,在一定程度上造成了军队人力资源的浪费,有必要在未来的研究中填补我军职业分类系统的空白。

19.5.2 探索心理学在军事训练中的应用

美军对训练的研究是其提高战斗力的一项有力武器。美军的训练既不是完全依照条令条例而照本宣科的,也不是完全根据指挥官的经验而总结归纳的。美军的训练是通过大量研究和调查而开发的一整套科学、标准化的训练方法和操作流程。士兵和指挥官只有在训练中做好足够的知识和技能的储备,才能在战场上充分发挥出作用,因此美军在训练领域投入的大量科研力量与经费是有迹可循的。随着近年来美军对训练的大力投入,美军的训练变得越来越具有针对性和特异性,目前美军已经开发了多种多样的训练:根据培养目标的不同可以分为一般基础训练、岗位专业训练和多技能士兵的通才训练等;根据训练群体的不同可以分为个体和团体训练;根据人员层次的不同可以分为士兵、指挥官、技术人员和领导者的训练等。此外,美军将训练界定为一个动态的概念,即不断地调整训练的内容、方法和技术来适应未来部队的需求。诸多因素都会成为开发新训练或对训练进行再设计的原因,例如武器装备的更新换代、军队结构小型化的转型、数字化设备的普及、甚至季节的更替等,因此训练研发部门经常要评估士兵训练的影响因素并根据训练效果对训练进行动态的调整。目前,我军将心理学用于训练时,大多局限于培养心理素质的拓展训练以及建立人际关系的团体训练,这两种训练都只能作为一种辅助手段和保健因素,而不能直接地提高军队的战斗力。因此,美军在训练领域的研究进展帮助我们发现了自己在训练领域研究的滞后,如何在未来将心理学应用于军事训练的设计中是研究者们需要思考的重要问题之一。

19.5.3 把握军人及其家属的思想动向

通过长期对士兵及其家庭的追踪调查,美军的人事调查研究所收集了大量的态度和观点的数据,这些数据不但体现了近年来美军发展的趋势以及士兵关心的热点问题,更有可能成为领导者决策的"风向标"。这种问卷调查的优势在于涵盖面广,能够提供丰富的来自基层的声音。并且,大量的数据背后往往蕴含了丰富的信息,从不同的角度分析可能得到不同的有意义的解释。因此,在大数据时代,领导者应该成为一名"数据侦探",挖掘数据背后所蕴含的深刻意义,从中选择与军队发展和士兵利益最相关的问题,为自己的决策提供依据。在我国军事心理学的研究中,研究者们同样大量应用了调查问卷以收集军队的信息。但由于没有系统性地规划,研究者们各自为战,研究的角度和内容千差万别,因此研究结果在庞大的知识体系中也只能是若干个零散分布的小点,不能将其连贯起来形成有结构的信息链或者知识网络,最后也就很难形成有说服力的调查结论并为领导者的决策提供帮助。因此,未来可以考虑开发一个系统性的军队问卷调查体系,由以往的"众说纷纭"变成"团结统一",对研究人员进行统一培训,并使问卷的发放、施测、收集、数据分析等过程标准化。通过这种长期追踪性的调查就可以对跨地域、跨军种、跨层级、跨时间的数据进行综合分析,既可以体现调查内容的广度又可以体现调查时间的跨度,这样才能得出有说服力和参考价值的结论。

进入21世纪以后,随着互联网的兴起和信息技术的革命,美军在传统的心理战的基础上,又提出了新型的军事信息支援战。经过两伊战争的成功实践,美军已经能够熟练地运用军事信息支援战打击摧毁敌方的意志、瓦解敌法的士气、攻克敌方的心理防线,从而达到不战而屈人之兵的效果。时至今日,互联网作为没有硝烟的战场,在大国力量斡旋中扮演着重要的角色,同时也对军事心理学研究提出了新的挑战。美国军人行为和社会科学研究作为国际军事心理学研究的领头羊,一直是学科发展的标杆,具有较强的参考价值。本章通过对其研究历史的回顾、研究现状的分析、未来研究趋势的预测及对我国军事心理学启示这四部分内容,揭示了当今美军在军事心理学上的研究进展。希望能为我国军事心理学研究者带来一些思考,为我国军事心理学的研究提供借鉴,也希望有更多对军事心理学感兴趣的研究者投身于这个广阔而有趣的领域,共同促进我国军事心理学的发展。

(辛　伟　苗丹民　黄　荷)

参考文献

苗丹民,蒋杰,刘旭峰,朱霞,孙云峰,武圣君等.(2012).军事心理学:为国防安全服务的心理学科.中国科学院院刊(S1),108-118.

苗丹民,王京生.(2003).军事心理学研究.西安:第四军医大学出版社.

苗丹民,辛伟,朱霞,刘旭峰.(2013).军事信息支援战与信息损伤.第三军医大学学报,35(20),2123-2128.

苗丹民.(2003).军事医学心理学研究进展.西北地区第六届航空航天医学学术会议论文汇编,58-63.

苗丹民.(2006).军事心理学研究.心理科学进展,14(2),161-163.

Bowden, T., Laux, L., Keenan, P., & Knapp, D. (2003). Identifying and Assessing Interaction Knowledges, Skills, and Attributes for Objective Force Soldiers. *MICRO ANALYSIS AND DESIGN BOULDER CO*.

Burgoon, J. K., Weisband, S., & Botnito, J. (2005). Interactivity Communication and Trust: Further Studies of Leadership in the Electronic Age (No. TR-1154). *ARIZONA UNIV TUCSON CENTER FOR THE MANAGEMENT OF INFORMATION*.

Cook, M. (2009). Personnel selection: Adding value through people. John Wiley & Sons. Day, David. V., & Haipin, S. M. (2001). Leadership development: A review of industry best practices. *ARMY RESEARCH INST FIELD UNIT FORT LEAVENWORTH KS*.

Cortina, J., Zaccaro, S., McFarland, L., Baughman, K., Wood, G., & Odin, E. (2004). Promoting realistic self-assessment as the basis for effective leader self-development. US Army *Research Institute for the Behavioral and Social Sciences*, 1-69.

Cronin, C. J. (1998). *Military psychology: An introduction*. Simon & Schuster.

Driskell, J. E., & Olmstead, B. (1989). Psychology and the military: Research applications and trends. *American Psychologist*, 44(1), 43.

Gal, R. E., & Mangelsdorff, A. (1991). *Handbook of military psychology*. John Wiley & Sons.

Healy, A. F., Kole, J. A., Wohldmann, E. L., Buck-Gengler, C. J., Parker, J. T., & Bourne Jr, L. E. (2005). Optimizing the speed, durability, and transferability of training (No. 153-1392). *COLORADO UNIV AT BOULDER*.

Judge, T. A., Bono, J. E., Ilies, R., & Gerhardt, M. W. (2002). Personality and leadership: a qualitative and quantitative review. *Journal of Applied Psychology*, 87(4), 765-780.

Kim, J. M., Zbylut, M. R., Gordon, A. S., Ward, J. N., & Vowels, C. L. (2008). Learning the lessons of leadership: Case method teaching with interactive, computer-based tools and film-based cases. *United States Army Research Institute for the Behavioral and Social Sciences*. *Technical Report*.

Nobel, O. B., Zbylut, M. L., Fuchs, D., Campbell, K., Brazil, D., & Morrison, E. (2006). Leader experience and the identification of challenges in a stability and support operation. *ARMY RESEARCH INST FOR THE BEHAVIORAL AND SOCIAL SCIENCES FORT LEAVENWORTH KS*.

Nobel, O., Wortinger, B., & Hannah, S. (2007). Winning the war and the relationships: Preparing military officers for negotiations with non-combatants(No. RESEARCH REPORT 1877). *MILITARY ACADEMY WEST POINT NY DEPT OF BEHAVIORAL SCIENCES AND LEADERSHIP*.

Woycheshin, D. E. (2000). Officer selection introduction: Director human resources and evaluation national defence headquarters Ottawa, *Ontario*, Canada. K1A OK2.

Zbylut, M. L., Metcalf, K. A., Kim, J. M., Hill Jr, R. W., Rocher, S., & Vowels, C. (2007). Army excellence in leadership (AXL): A multimedia approach to building tacit knowledge and cultural reasoning. *ARMY RESEARCH INST FOR THE BEHAVIORAL AND SOCIAL SCIENCES FORT LEAVENWORTH KS*.

第四部分

军队组织文化与军人心理健康

第20章 军人组织承诺、信任与忠诚度

20.1 组织承诺／432
    20.1.1 概念界定／432
    20.1.2 结构与测量／432
        结构及测量的研究进展／432
        对留职意向影响的研究／435
        组织认同的结构与测量／436
        我军相关研究进展／436
    20.1.3 影响因素研究／437
        外军相关研究／437
        我军相关研究／439
20.2 信任／440
    20.2.1 概念与分类／440
    20.2.2 测量／442
    20.2.3 临时军队组织快速信任／444
20.3 忠诚度／445
    20.3.1 概念界定／445
    20.3.2 军人忠诚度的结构与测量／446
    20.3.3 影响军人忠诚度的因素／446
        个体变量／446
        情境变量／447
    20.3.4 军人忠诚度的培育与局限性／448
参考文献／449

    组织承诺(organizational commitment)是个人在多大程度上认同自己的组织并为之付出全部的努力。信任(trust)和忠诚度(loyalty)作为组织承诺的重要组成部分,是关乎军队作战能力的重要组成部分。1996年—2000年美军发生上尉危机(captain crisis),8%—14%的上尉选择提前退役,使美军高层认识到深入研究组织承诺、信任度的重要性。本章的主要目的主要是:介绍国内外组织承诺的研究现状;介

绍信任感的研究进展及测量方法;介绍忠诚度的相关研究进展。

20.1 组织承诺

20.1.1 概念界定

贝克(Becker)最早在1960年提出组织承诺的概念,指员工随着对组织"单方投入"的增加而使其不得不继续留在组织的一种心理现象。随后,不少研究者们都对组织承诺进行了研究并提出了自己的看法,尽管他们有关"组织承诺"的定义并不一致,但仔细分析后可以发现又都存在一个共同点:强调成员对组织的认同和投入是组织承诺中相当重要的成分(见表20.1)。结合表中的定义,我们认为组织承诺是个人对组织持有的一种肯定性的态度,即个人在多大程度上认同自己的组织并为之付出全部的努力。

表20.1 不同学者对组织承诺的定义

作者	年代	内容
Becker	1960	员工随着对组织"单方投入"的增加而使其不得不继续留在组织的一种心理现象。
Poter	1974	个人对一特定组织认同与投入态度的相对强度,可以从三个层面上来说明:在态度上,相信且接受组织的目标、价值观及经营理念;在行为意图上,愿意为了达成组织的目标而付出额外努力;在动机上,想保有组织成员身份的强烈愿望。
Buchanan	1974	认同组织的目标与价值、对工作充分的投入以及对于自己的组织成员身份肯定且忠贞。
Mowday	1982	个人对组织的一种态度或肯定性的内心倾向,是个人对某一特定组织感情上的依附和参与组织的态度相对强度。
刘小平	2001	指员工对组织的一种责任和义务,源于对组织目标的认同,由此衍生出一定的态度或行为。
赵萌	2007	个人对组织的认同和投入。

20.1.2 结构与测量

结构及测量的研究进展

1998年美国心理学协会(American Psychological Association, APA)旧金山大会上对组织承诺测量问题进行了广泛的讨论,几位主要来自美国军事研究院的学者盖德、特伦布、卡拉斯和埃夫内(Gade、Tremble、Karrasch和Heffner)就组织承诺研究的成果进行了交流,盖德等研究者强调了组织承诺测量实践的重要性。研究组织承诺的著名学者艾伦(Allen)发表了一篇题为《军队组织承诺研究理论和实践讨论》的论文,她认为军队在人员数量和范围上有便利的条件,使军队有具大的潜力可以弥补组织承诺研究的不足,军队在承诺研究上采取更系统和理论性更强的研究方法将为科学界带来极其重要的贡献。盖德等认为,已有的军人组织承诺研究都不是倾向于使用一个建立在理论基础上发展起来的工具,在许多研究中,较少关注概念的结构和效度已经成为一个具有挑战性的问题。在军队组织中应用各种方法和技术来评价军人组织承诺及其相关变量非常重要。许多研究者认为应当系统地依据现有理论来实施对承诺的评价。

要想对组织承诺进行测量,就必须弄清楚组织承诺的结构。学者对组织承诺结构的看法经历了一个由单维到多维的过程。目前,研究者们的看法已经基本趋于一致,即承诺是一个多维或多种的成分结构。其中影响比较大的理论是迈耶和艾伦(Mayer和Allen)提出的组织承诺三因素理论,这个理论也得到了很多研究的验证。这三种组织承诺分别是:情感承诺(affective commitment, AC)、持续承诺(continuance commitment, CC)和规范承诺(normative commitment, NC)。情感承诺是指成员对组织的情感依附,使个人对组织的目标产生认同,并内化组织的价值观。成员对组织承诺是因为他们"想要(want to)"这么做。持续承诺源于行为承诺的概念,说明组织承诺的产生,是由于组织成员无法改变其行动结果,因而改变其态度。根据认知失调理论,当成员觉察到态度与行为有落差,离开组织的代价大于利益时,便会寻求某种理由来改变其态度。于是,外在的奖赏往往成为维持此类承诺的关键。所以,个人与组织之间聘雇关系的维持,靠的是物质利益而非情感因素。也就是说,成员对组织的承诺是因为"需要(need to)"这么做。规范承诺强调个人与组织关系中的义务方面,认为组织成员经由组织或社会规范的内化,产生一种接近个人义务或道德责任的承诺。成员认为留在组织、为组织付出是一种不可逃避的个人义务。也就是说,成员对组织的承诺是因为他们感到"应该(ought to)"这么做(见图20.1)。在实证研究中,情感承诺和规范承诺这两类承诺对成员行为的影响差异并不明显。一般来说,规范承诺对成员行为表现的影响不如情感承诺强。因此,在国外规范承诺较少受到重视。这三种成分随后被卡拉斯利用验证性因素分析(confirmatory factor analysis, CFA)进行了证实。迈耶和艾伦的量表也分为情感承诺、持续承诺和规范承诺三个部分,该量表共18个项目,是国际上广泛使用的量表。

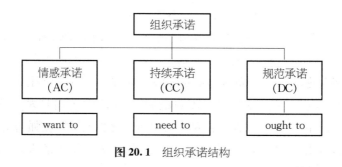

图 20.1　组织承诺结构

盖德等在迈耶和艾伦的研究基础上发展出了军队专用的量表,并对驻守西奈半岛执行维和使命的美军部队开展了为期两年多的研究。首先,他对改编版迈耶和艾伦量表进行了因素结构和信度的分析,验证性因素分析(CFA)结果表明与 AC、CC 两因素结构吻合很好。其次,承诺对军队绩效的影响也得到了证明。在研究中,他们对实验对象做了分组,区分了承诺高低不同的组别：LAHC(低情感承诺—高持续承诺组)和 HAHC(高情感承诺—高持续承诺组),LALC(低情感承诺—低持续承诺组)和 HALC(高情感承诺—低持续承诺组)。结果得出了几个重要的发现：一是不同承诺组在绩效得分上的差别,绩效得分由低至高,相应地组织承诺的组别为：LAHC、HAHC、LALC 以及 HALC;二是不同承诺组与留职意向,倾向由短期留职到长期完全服役(20 年),相应地组织承诺的组别为：LALC、LAHC、HALC 以及 HAHC;三是不同承诺组与准备状态,准备状态评定分数由低至高,相应地组织承诺的组别为：LAHC、LALC、HAHC 以及 HALC;四是不同承诺组与士气评定的关系,士气评定分数由低至高,相应的组织承诺的组别为：LALC、LAHC、HAHC 以及 HALC。总的来说,盖德等研究者对军人组织承诺的研究达到了预期的三个目标：第一,在迈耶和艾伦的组织承诺量表基础上发展出了军队专用量表,而且经过验证,具有与迈耶和艾伦量表完全相同的结构,加之量表简便,更方便在讲究时间和效率的军队组织中使用。重要的是,有了这样一个量表,通过组织承诺能够预测军队绩效、留职和士气等重要的影响因素,并可以更好地开展追踪研究。第二,尽管该量表从条目上简化了,但是信度依然良好。第三,验证了迈耶和艾伦的理论,即高的情感承诺对绩效、准备状态和幸福感的良好预测力。最后,盖德等研究者认为,随着对该量表的进一步改善和标准化,AC 和 CC 量表将结合在一起,发挥预测留职意愿、表现出色和好公民行为的作用。总之,组织承诺测量构成了军队作战准备状态最主要的指标。

萨洛(Salo)对芬兰 2 000 多名应征入伍军人开展组织承诺研究时,对迈耶和艾伦三维量表中的 ACS 进行了改进,自行设计了量表。值得一提的是,他在设计量表的过程中尽可能考虑了组织承诺的预测变量,如个人和情境因素,并专门设计了测试来检测这些内容。此外,他还将军人服役期分为"应征入伍之前、基本训练结束后以及服役结束后"三个阶段并分别设计测试。该测验的大部分条目都是关于观点和态度的,采用 5 级计分法,由"基本的情感基调"和"军队责任"两个因素构成。通过信效度分析,该测验各个分测验的 α 值均大于 0.80。

随着研究的深入,研究者对组织结构的看法又提出了一些新的观点(见表 20.2)。2001 年,布洛和加里(Blau and Gary)将承诺综合为四个维度,即感情承诺、规范承诺、累积成本承诺和选择限制承诺。2002 年,斯威尔斯(Swailes)将组织承诺扩展到行为范畴,分为四种类型,即情感承诺、持续承诺、规范承诺和行为承诺。2007

年柯恩(Cohen)又对组织承诺的结构提出了新的观点,他基于"时间"和"承诺"两个维度提出了新的组织承诺模型。时间维度分为进入组织前和进入组织后,承诺维度分为承诺倾向和实际承诺。进入组织前的承诺为承诺倾向,分为工具性承诺倾向和规范性承诺倾向;进入组织后的承诺为实际承诺,分为基于物质和经济因素的工具性承诺,以及基于情感依赖、组织目标和价值观内化因素的情感性承诺。该模型能够通过控制时间维度,很好地解决情感承诺与规范承诺之间关联度过高的问题。2008年索林格(Solinger)和他的同事提出了与柯恩不同的观点,他们将"态度—行为模型"引入组织承诺的研究,认为迈耶和艾伦的三维结构模型包含的是不同现象:情感承诺指的是对于组织的一般态度,而规范承诺和继续承诺则指的是对于行为特定形式的态度,以及对离职行为的可能结果的评估。因此他们建议用基于承诺的单维的态度观,来考察承诺的情感、认知和行为等方面问题。2009年萨默斯(Somers)则认为应该在基于三维结构模型的基础上,集中精力研究不同组织承诺维度的组合对于工作绩效的影响。在他的研究中,发现了五种承诺组合,分别是:高承诺、情感—规范支配组合、继续—规范支配组合、继续支配和无承诺。在我国,凌文辁等在2001年提出了中国企业职工组织承诺的心理结构五因素模型,即:感情承诺、规范承诺、理想承诺、经济承诺和机会承诺。这些新观点反映出组织承诺的结构研究正不断走向深入和全面。

表 20.2 组织承诺结构的新观点

作者	年代	维度
Blau	2001	四维:感情承诺、规范承诺、累积成本承诺和选择限制承诺
凌文辁	2001	五维:感情承诺、规范承诺、理想承诺、经济承诺和机会承诺
Swailes	2002	四维:情感承诺、持续承诺、规范承诺和行为承诺
Cohen	2007	两维:基于时间和基于承诺
Solinge	2008	单维:"态度—行为模型"
Somers	2009	五维:感情承诺、规范承诺、理想承诺、经济承诺和机会承诺

对留职意向影响的研究

利用组织承诺量表能否判断出一个人是否愿意长期在军队服役?这成了检验量表有效性的重要标准。幸运的是研究者在不同军人群体的研究中均发现了组织承诺量表的预测作用。霍姆(Hom)使用波特和史密斯(Porter和Smith)的组织承诺量表调查了1200名美军国民警卫队(Army National Guard)成员,发现组织承诺可以很好地预测延长服役时间的意向和行为。马丁(Martin)研究了1200名后备役军人,发现情感承诺与军队工作满意度、群体(单位)的凝聚力以及留职意向有关。卡拉斯克(Karrasch)使用迈耶和艾伦的情感承诺(7个条目)量表,对714名初级军官进行了留职研究,发现 AC 与职业期望和留在军队的倾向有正向的相关,但是与预感到的军队职业工作和家庭的冲突有负相关。他还发现在军队服役时间与情感承诺(AC)有正相关(r = 0.17),但相关性不大。罗森和马丁(Rosen 和 Martin)调查了来自美国三军 1 300 名士兵,发现 AC 与适应部队生活、战斗准备状态良好以及幸福感有显著的相关性。金(Kim)等人研究发现,AC 预测了一项在 1990 年开始的对 244 名空军医生的留职倾向研究。

组织认同的结构与测量

研究者对组织认同的研究,可以看作是对组织承诺中情感承诺的深入研究:情感承诺是指成员对组织的情感依附,使个人会对组织的目标产生认同,并内化组织的价值观。2000 年弗农(Vernon)等人研究了组织认同的结构,认为组织认同包括三个交织作用的现象:一是团结感或者归属感,即强烈的依恋和情感吸引的感觉,把自己作为是组织的成员,并以此为自豪;二是组织支持或忠诚,即忠诚于组织和对组织目标的狂热;三是共有特征的感觉或相似性,即具有共有的特征,并尊重共同的价值或目标。在组织认同的测量方面,比较有影响的是切尼(Cheney)在 1983 年制定的《组织认同量表》(Organizational Identification Questionnaire, OIQ)。该量表由 25 个题目组成的李克特型量表,主要从三个方面上来测量员工对组织的认同程度:成员资格(membesrhip)(题目如:"我为我是公司的员工而感到自豪");忠诚(loyalty)(题目如:"我非常愿意把我未来的事业都放在现在的公司上");共性(simliarity)(题目如:"一般情况下,我把公司的问题看成是我自己的问题")。每个题目有 7 个刻度,从"非常强烈地同意"到"非常强烈地不同意"。该量表具有很高的信度,alpha 系数从 0.90 到 0.94。在国内目前还没有看到专门测量组织认同的量表。江楠楠等人开发研制了《我军潜艇员士气量表》,其中有一个维度是组织认同,另外台湾地区学者颜志龙开发的《台军士气量表》中也包括了认同感。

我军相关研究进展

我国的学者在参照迈耶等组织承诺三成分理论基础上,编制出了自己的职业承诺量表,并对我国的军人进行了测量,其中比较有代表性的是彭嘉熙和王芙蓉的研究。2011 年彭嘉熙等测量了国防生的职业承诺,鉴于国防生的成长环境是在地方高校,还没有真正在军事单位体验军队生活,因此在研究中他们使用了龙立荣编制的中国员工职业承诺量表。龙立荣等的职业承诺量表是在迈耶等组织承诺的三成分理论基础上改编的,包括情感承诺、代价承诺和规范承诺三个维度,研究发现,国防生职业承诺表现出以下三个特点:总体水平较高,规范承诺和情感承诺分别达到 3.80 和 3.65;规范承诺、情感承诺显著高于代价承诺;规范承诺显著高于情感承诺。原因是国防生愿意从事军事职业或维持国防生身份是因为对军事职业的喜爱和义务感,而不是改变职业所付出代价的权衡。国防生规范承诺水平显著高于情感承诺可能是因为国防生在校期间,并未深入军队组织,从事军事职业,而国防生在校就读期间,军队会提供每年一定金额的国防奖学金,用于学业和生活补助,同时投入专门经费用于国防生的培养。一方面,对于职业的了解程度低,另一方面,接受来自军队的物质补助,国防生对于军队的义务感、道德感很强。所以国防生对于职业承诺出现了规范承诺高于情感承诺的特点。

龙立荣等的量表在编制过程中取样主要来自教师群体,将基于教师群体开发出组织承诺量表,直接用于军人群体,可能会有误差。于是2013年王芙蓉等专门对军人取样,参照了迈耶和艾伦的组织承诺三成分理论,开发研究了中国军人职业承诺的测试问卷。他们对800多名初级军官进行了测试,最终提出了四个维度,分别是情感承诺、代价承诺、机会承诺和规范承诺(见图20.2)。"情感承诺",指因为符合职业理想和志趣,对军事职业很喜欢而不愿离开现职业;"代价承诺",指因为在军事职业上投入了大量时间和精力,一旦转换职业将导致物质和精神上的损失,故不愿转换职业;"机会承诺",指因为职业外发展机会受限而导致的被动承诺;"规范承诺",指受社会伦理规范影响形成的对军事职业的留恋。我国的职业承诺之所以是四个维度而不是三个维度,可能与特殊的国情有关。有趣的是,研究者在警察职业的研究

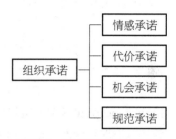

图 20.2 我军组织承诺的结构

中也发现了四个维度。方娟等从组织承诺的角度研究了都市民警的职业承诺,将职业承诺分为四个因子:情感因素,指在个人情感上对警察职业的认同感和归属感;代价因素,指从经济的角度看待警察职业,担心离职会付出很大的代价而选择留在警察队伍中;机会因素,指认为选择其他职业并获得同等待遇和地位的机会有多少;义务因素,指认可做好警察工作是自己的责任和义务。这四个维度与王芙蓉的研究比较相似,可以说进一步验证了四维度模型。

20.1.3 影响因素研究

外军相关研究

军人对于本职工作和军队组织的承诺是一个渐进的积累过程,这一积累过程会受到多种因素的影响。在有关军人组织承诺的影响因素的研究中,我们可以将这些影响因素大致分为两类:个体变量和情境变量。

个体变量包括年龄、性别、个人的态度、价值观以及能力归因特点等。其中,年龄与情感承诺呈弱相关,可能是因为年龄与个体在组织中的威望、地位以及对组织的投

入有关。与年龄相似,性别对军人组织承诺的影响并不显著,然而它却能影响组织内部的人际关系。在萨洛的研究中,相比男性,女性志愿者在应征入伍后表现出了更强烈的动机和承诺度。较之人口学变量,个人的态度、价值观以及能力等因素对组织承诺的影响更为明显。有研究者认为军队应该征召那些持有特定价值观的人入伍,从而使新入伍的军人更快地融入部队,这些特定的价值观包括"愿意为集体利益牺牲个人利益、愿意融入组织、集体责任感、尊重权威"等。在能力归因方面,尼波利坦(Neapolintan)发现个体相信能够控制自己生活的程度(控制点)在个体改变职业的决策中起到了很重要的作用。内控性高的个体认为,影响其职业的一些事件是受自身控制的,而不是外界因素或运气,因而能主动为自己的职业表现负责,不易被工作中的困难所压倒,故内控高的军官职业承诺更高。此外,个人对工作环境的适应性能够增加他们对工作的满意度、对组织的情感承诺以及留在部队的意愿,这能有效地减少部队内部人员的流失。因此,可以通过提高军人对部队生活的适应能力来增强军人的承诺度。

除军人自身因素外,其所处情境、与组织成员的关系等情境变量也会影响组织承诺。综合来看,这些情境变量主要涉及职业经历、组织氛围、管理方式以及组织地位等因素。在军队环境下的工作经历和组织体验尤为重要,军队存在着特殊的交流情境,即军人每日必不可少的基础训练,通过在训练中的交流,军人的承诺度将逐渐积累提高。共同的经历对承诺度有积极影响,那些长时间相处的士兵之间存在较为强烈的情感承诺;在一起训练和工作的军人,能够有更多分享经历的机会,从而与整个组织融为一体,并对组织目标产生认同。此外,军事训练还有助于提高军人的技能和能力,对自身能力的肯定与军人的承诺度也呈显著相关。为军人提供必要的训练机会能使军人相信组织对他们的努力和付出持肯定态度,从而增加他们对组织的承诺度。然而那些不够成功的训练安排却会使军人产生无聊和倦怠感,从而对军队产生消极情绪。此外,部队严明的纪律和惩罚措施也有利于增强军人的道德承诺度。外军研究还显示,军人在组织中的级别和身份也会影响其承诺度。相比级别较低的士官和士兵,那些军队组织中的领导者表现出了更高的承诺度,他们中85%—90%的人表示愿意为祖国而战,而士官和士兵中的这一比例仅为69%—70%。

与组织体验和经历相似,组织内部的和谐程度也是影响情感承诺的重要变量。组织内的和谐度包括上下级之间满意的交流、同级之间强烈的联结等,这与领导的行为和处事风格息息相关,那些在工作和生活中给予下属更多关心和帮助的领导能够提高下属对自己的承诺度,进而在总体上增强军人对整个军队的承诺度。成功的领导关心尊重下属,能力较强,责任心强,他们能够影响军人对于整个组织以及更高级别的目标的情感承诺,因此成员对组织的承诺和对集体的承诺都与他们对上级领导的承诺呈显著相关。领导调换对承诺度的影响实质上反映的也是领导的成功与否。一般来讲,领导调换对工作动机和道德承诺会有消极影响。

此外,组织和家庭对军人的支持也是影响承诺度的重要变量。比如组织能否满足军人自身的需要,军人配偶对受伤或牺牲风险的评估以及对组织持何种态度等,会影响军人的情感承诺。在部队中,家庭成员或军人身边的关键人物会使军人产生一种竞争性的承诺,并增加其服役过程中的压力。因此,家庭中的一些问题,如即将出生的宝宝、分居两地的亲属等,都会影响军人对于军队组织的感情。

2008年克里斯塔(Krista)等认为军人会对所在组织中的所有要素,包括对工作挑战和自主权,角色压力和缺少和谐,领导的帮助和支持,工作小组之间的合作,组织属性,工作场所暴力甚至性侵犯等做出认知评价,形成心理气候(psychological climate)。他们设计了心理气候量表并发现军人的心理气候与情感承诺之间有很高的相关(见图20.3),如果一名军人对所在的军事团体形成了不好的认知性评价,心理气候差,便不会投入情感,进而产生离开的想法。心理气候与军人组织承诺的关系也得到了来自军事广告研究的支持。军事广告能够影响个体对军队的印象,优秀的广告会使个体对军队做出积极评价,形成良好的心理气候,进而增强对军队的情感承诺。2012年马克(Mark)等的研究证实了这一点,他们发现,军人在入伍前的情感承诺受到了军事广告的影响,那些被军事广告吸引并对广告持积极评价的人对军队的情感承诺更高,更愿意参军,甚至还劝说自己的朋友一起参军。

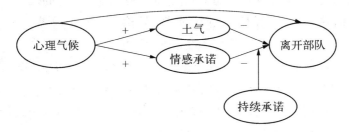

图20.3 心理气候、士气、情感承诺、持续承诺以及离开部队意图之间的关系

我军相关研究

2013年王芙蓉等考察了个体变量和情境变量对我国军人组织承诺的影响,他们利用自编的四维职业承诺量表测试了400多名初级军官。主要探讨了性别、婚姻、级别及学历对组织承诺的影响。

性别方面,男女军官在情感承诺、规范承诺和代价承诺上没有显著差异,只在机会承诺上存在显著差异。原因可能是多方面的,一是不同职业存在性别偏好,社会期望一般认为军事职业的激烈对抗性更加符合男性特征,故对男军人要求可能更高,从而造成男军人职业压力增大,承诺总体水平偏低;二是不同性别对职业的不同要求,相比女性职业的稳定性,男军官可能更加独立和自信,面临职业转换时可能更大胆,敢于挑战职业外的其他机会。

婚姻方面,不同婚姻状况对初级军官的代价承诺和职业承诺总分有显著影响,已婚军官代价承诺和职业承诺总分均显著高于未婚军官。稳定的职业状态下,社会关系能够持续发展,经济来源有保障,可以帮助已婚军官更好地承担起家庭责任,所以他们对职业的连续性和稳定性要求比未婚军官要高,从而表现出较高的职业承诺水平。

级别方面,正连职军官在情感承诺、规范承诺和职业承诺总分上均显著低于副连职军官,副营职军官在职业承诺总分上也显著低于副连职军官。绝大部分副连职军官真正进入军事职业的时间并不长,这个群体大多对军事职业充满期待,表现出较高的热情和积极进取心态,故情感承诺高;同时,副连职军官刚刚走出军校,在校期间所受的使命意识和责任意识教育影响持续存在,所以对军事职业规范承诺也高。大概经过三年左右,副连职军官晋升正连职,随着职业经验的积累,原本对军事职业的理想色彩逐渐褪去,职业认识渐趋现实,此外职务等级提升将带来在军事职业中的进一步分工和定位,新的适应和更大的责任随之而来,这些情况可能是造成正连职军官情感承诺、规范承诺和总承诺较低的主要原因。

学历方面,硕士学历军官在情感承诺、规范承诺和职业承诺总分上均显著低于专科学历军官和本科学历军官。学历没有像预期那样与职业承诺呈现出正相关,反而出现了负相关,有多种可能的原因:一是由于学识水平和专业能力较高,硕士军官群体对职业表现的期望值也高;二是随着学历层次的提升,硕士军官可能更加珍视自我的独立思考和判断,他们对一般社会性规范的解读和遵循会有不同;三是硕士军官会提出相应较高的生活目标,若军队福利待遇不能满足需要时,他们对军事职业的依赖可能就低。同时,硕士军官在代价承诺上也显著低于本科学历军官,这可能是因为,他们具有相对较高的学历,自身条件较好,如果重新择业,付出的代价要小一些。

20.2 信任

个体对组织中领导或同级的信任,将有助于提高组织内部的和谐程度,进而影响个体对组织的情感承诺。因此,为了更好地增强个体对组织的情感承诺,对信任进行深入的研究非常有意义。

20.2.1 概念与分类

在介绍信任前,我们有必要对几个重要的概念进行区分。尽管信任多少包含了亲密、信心的成分,但信任并不等同于亲密或信心。亲密的关系可能有助于建立信任(但也可能会破坏信任)。卢曼(Luman)曾认为,"亲密的关系是生活中不能避免的事实……但信任才能解决具体的问题"。对某人的熟悉会使得我们通过自己所熟悉的一些表面信息来做出信任的决定。同样,信任与信心也有一定的联系,因为两者往往密切关联,但是不同于熟悉,信心通常建立在一种更深的知识水平上,并且往往是与具体环境相关的。例如,你信任一个会计可能是因为他已经多次以一种可信的方式处理过你的钱财,你可能对他的能力有信心,因为他在你交所得税的时候帮你省了钱,但是你也可能会出于比钱财更重要的考虑而选择不相信他。

有关信任的概念,研究者存在两种相反的理解:一种理解为是一种状态,暗示着其能够随环境而改变,并且是在发展的;另一种理解为一种特质,暗示着信任其更多的是由个性所控制,而且趋向于更加稳定,因此不太会发展。由于对概念的理解不同,研究者对信任的定义也不同,但分析信任研究的相关文献,可以发现定义大致可分为三个方面。首先,当一个人(信任者)信任另一个人(被信任者)的时候,信任者期望被信任者的表现是能够预见的,这就是"被信任者的可预测性"。换句话说,假如你相信某人,并告知他一条重要信息,你期望他能够保守秘密或者在你设置的界限内使用这一信息。其次,文献很大程度上同意这样的观点:信任是一种相互依赖的关系,其对信任者来说本身就有风险,并且易受到信任伤害。大多数情况下,信任者选择使自己处于这种易受伤害的情境中,是因为他们为了达到预期的结果必须相信被信任者,因此,他们是相互依赖的。很明显,这种选择会伴随着风险——被信任者的背信行为。第三,伴随着信任者易受伤害这一点而来的还有一种不确定性。信任者并不能够确切地知道被信任者是否按照双方约定的方式行动,这就涉及了之前提到的被信任者的可预测性。这又回到了上述第一点,被信任者的可预测性决定了信任者的这种不确定性。

信任的分类有两种依据。第一种的依据是"冷"思维和"热"情感,信任者既可以通过认知来确定自己具有充分的理由跟别人建立一种冷静理智的信任关系,也可以与被信任者建立了情感上的联系,从情感上建立了热情甚至超出理智的信任关系。

另一种是依据时间因素,分为三个连续的阶段:计算型信任(calculus-based trust, CBT)、了解型信任(knowledge-based trust, KBT)以及认同型信任(identification-based trust, IBT)。计算型信任是基于一种相当简单的利益成分分析。随着信任者与被信任者之间关系的成熟以及合作历史的建立,计算型信任就会让位于了解型信任。了解型信任是建立在被信任者的可预测性及多次合作的基础上。这种从 CBT 到 KBT 的过程是部队领导与下属关系中常见的,尤其是当一个新兵刚入伍到一个新集体时,开始领导相信新入伍人员能够完成基本军事训练中训练过的任务。当新入伍人员证明了自己的熟练技能后,接下来单位领导会与之交流并了解其他的信息,例如其他的技能和经历,谈话可能超出军事训练的范围。领导对新人员的真实技能有了更新的了解后,就可能形成 IBT,分配一些更具挑战性、更复杂的任务给他们。

与情感基础的信任一样,假如条件成熟的话,基于"熟悉"的信任有可能为以"确定"为基础的信任开辟道路。莱维基和邦克(Lewicki 和 Bunker)曾经报道过 IBT 是建立在"每一方都非常了解和懂得对方需要的基础上。这种相互的理解发展到顶峰后,双方会高效地为他人做事……并且也因此而使这样一个为其他单位服务的组织得到承认,其可作为中间的交易机构来代替他们"。在委托人与被委托人之间也可能会建立积极的情感,或者至少能够建立双方的可信度和技能。在军队的环境里 IBT 可能很好地演示了一个经验丰富的指挥官和其上级军事顾问之间的关系。指挥团队的要求是其高级军事顾问必须经常为指挥官辩护,并且由于对抗的优先级问题,他必须经常"支持"指挥官。与指挥官之间的深层次信任并不是自发形成的,但是它常发展得很快,因为他们在驻军、训练以及战争环境下面临着独特的挑战(见图 20.4)。

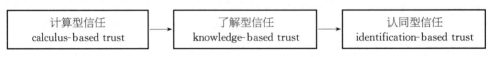

图 20.4　三种信任之间的递进关系

20.2.2　测量

20 世纪六七十年代,西方学者较早开始研究人际信任度的测量工具,编制了相关量表。不过这些量表更多关注地方普通人群,而非军人。比较有代表性的是克里斯蒂和盖斯(Christie 和 Geis)编制的《马基雅维里主义量表》,目的是了解受试者对他人能否被操纵并为己所用的估计,该量表有 20 个项目,包括三方面内容:一是社会交往技巧,二是对于人性的看法,三是抽象或一般的道德。美国康涅狄格大学心理学系的教授罗特(Rotter)运用社会学习理论制定了《人际信任量表》(*Interpersonal Trust Scale*),用于测查受试者对他人的行为、承诺或(口头或书面)陈述之可靠性的估计,内容包括各种处境下的人际信任,涉及不同社会角色(如父母、推销员、一般人群、政治人物及新闻媒介),多数项目与社会角色的可信赖性有关,但也有一些项目与对未来社会的乐观程度有关;该量表的重测信度(间隔 7 个月)为 0.56,分半信度为 0.76;量表间隔 3 个月和 7 个月的重测信度为 0.68 和 0.56,均达到显著水平;对不同社会背景的被试测量效度也是较好的。沃尔格斯曼(Wrlghtsman)设计的《人性哲学量表》(*Philosophies of Human Nature*)用于测试受试者对他人一般行为模式的估计;经编制者修订后,量表又被用来测试受试者的信任和愤世嫉俗程度,并定名为《人性的哲学修订量表》(*Revised Philosophies of Human Nature Scale*)。伦佩尔和霍姆(Rempel 和 Home)的《信任量表》(*Trust Scale*),用来研究关系密切者的信任问题,共 18 个题目,包括信任的三种内涵:可预测性、可依靠性和信赖;总量表内部一致性系数是 0.81,其中可预测性 0.81,可信赖性 0.80。罗森堡(Rosenberg)的《信赖他人量表》(*Faith in People Scale*)用于测查受试者对一般人的可信性、诚实、善良、慷慨和友爱等本性是否有信心。费伊(Fey)的《容纳他人量表》(*Acceptance of Other Scale*),测量三种独立的变量:对他人的容纳,对自己的容纳,他人容纳自己程度的感受。在医学领域还存在一个应用比较广泛的信任量表,哈尔(Hall)等人开发的《维克森林医师信任量表》。该量表共 10 个条目,分 4 个维度:忠实(即以患者的利益为基础,避免与之相冲突的利益)、能力(即拥有必要的服务能力和适当的沟通技巧,做出正确的判断,避免错误)、诚实(即向患者传递真实的信息,避免刻意的隐瞒)和综合信任(即其他难以被详细阐述和归入其他维度的信任的核心部分或者与情感相关的内容)。

其中在我国,应用最广泛的量表的是罗特的《人际信任量表》。该量表采用 5 点(1 至 5)计分,共有 25 个项目,以总分高低代表信任水平,其理论最低分为 25 分,最高分为 125 分,中间值为 75 分。量表不仅被翻译成中文,还被证实有良好的信度和效度,例如有研究者报告量表内部一致性信度为 0.91,重测信度为 0.78,结构效度和效标效度均较为理想。另外,董恩宏等根据中国的实际修订了《维克森林医师量表》,结果确定了两个维度:仁爱与技术能力。

相比而言,有关军人群体信任的直接测量研究比较少,不过外军有关士气的测量研究中有很多题目涉及信任的测量,如《美军备战士气量表》(CRMQ)是为测量军队士气而发展的自陈式量表,最早由盖尔和曼宁(Gal 和 Manning)编制。此量表可用以评估战斗部队士气(combat unit morale)。该量表由 30 题的 5 点式量表构成,于 1981 年对 1 200 多个连队进行测量,在进行因素分析后,共测量了 8 个维度,其中有两个维度是测量信任的:对高级指挥官的信任(confidence in senior commanders),对直接的指挥官的信任(confidence in immediate commanders);研究结果显示量表中各题的效标关联效度介于 0.00 至 0.55 之间。另外还有加拿大学者阿尼·阿郎森(Arni Ahronson)等的《军队单位士气量表》(Unit Morale Profile),测量了工作动机、满意、对领导的信任、对群体凝聚力的感知等因素。2016 年我国研究者刘国芳等尝试研究了作战部队基层单位信任的结构与测量。他们对 369 名男性军人进行了测量,开发设计出了 16 道题目的《中国军人信任量表》,量表分为两个维度:人际信任与制度信任,每个维度各 8 道题。2018 年刘旭峰、庞惠群和祁志强等对 2 000 多名军人进行测量,开发设计了 13 道题目的人际信任量表,量表分为两个维度:战友信任和领导信任,其中战友信任 7 道题,领导信任 6 道题。各量表汇总见表 20.3。

表 20.3　军人信任量表

群　体	作　者	量　表　名　称
非军事群体	Christie 和 Geis Rotter Wrlghtsman Rempel 和 Home Rosenberg Fey Hall 董恩宏	《马基雅维里主义量表》 《人际信任量表》 《人性哲学修订量表》 《信任量表》 《信赖他人量表》 《容纳他人量表》 《维克森林医师信任量表》 《修订维克森林医师信任量表》
军事群体	Gal 和 Manning Arni Ahronson 刘国芳 庞惠群和刘旭峰	《美军备战士气量表》 《军队单位士气量表》 《作战部队基层单位信任量表》 《作战部队官兵人际信任量表》

20.2.3　临时军队组织快速信任

未来战争更多是各军兵种之间的协同作战,是联合作战的局面,加之部队特殊的政策和环境,经常是在复杂且快速多变的情况下执行任务,因此军人经常面临频繁的团队及领导变更,快速与各种各样的任务组(例如,跨部门以及联合作战)建立合作关系,联合起来完成任务。2008 年,部队战略潜在能力评估的作者曾说:"美国国家安全策略必须要求各机构共同努力,以便整合所有的国力元素。这些元素不仅包括我们的外交、经济和军事能力,还包括激励和具体执行战略的人的力量。"(U.S. Army Training and Doctrine Command)在这种比以往任何时候都更强调快速合作联合的形势下,一般没有足够充分的时间让下属和领导之间的信任关系充分发展,去建立传统的成熟信任,而是需要二者快速地构建信任关系并加以强化,进而一起全身心地投入到任务中去,无法像传统那样等待事实慢慢显示谁能够被信任,谁不能被信任。于是,研究快速信任的规律及特点,进而研究如何快速地在陌生的团队中建立起信任就显得非常重要。

研究者初步探讨了快速信任的影响因素,为以后快速信任的测量,并筛选出可以快速构建信任的个体组成军事任务团队,提供了有益的借鉴。资料显示,领导的特性如军衔等级、权力、专业知识、声誉以及积极情绪等影响快速信任的建立。一般而言,军衔等级越高、权力影响大、专业知识深厚、声誉好以及情绪积极的领导会利于快速信任的建立。下属性格,如信任倾向与成就需求也影响快速信任的建立。通常具有积极信任历史的,并渴望获得成就的个体会利于快速信任的建立。变革型领导行为,如个性化关怀、理想化影响力、鼓舞性激励、智力激发以及参与式决策,也均有利于快速信任的建立。有关快速信任的研究也仅是刚起步,未来还有大量的工作需要开展,相信在不久的将来,我们就能看到有关军队快速信任在研究与测量方面的可喜进展。

20.3 忠诚度

忠诚是一个历史悠久的人文概念,在中西方不同的文化背景下有着不同的释义。在组织承诺的研究基础上,结合我国文化背景,衍生出了关于忠诚度的研究。忠诚是关乎军人在战场上的生死和一个军队乃至国家生死存亡的大事,是军队战斗力生成的重要因素。忠诚历来被视为军人重要的道德规范和价值要求,是军人武德品格的第一要素。一方面,随着中国国力的日益强大,一些国际势力不甘失去昔日荣光,不断采取包括军事手段在内的各种方式逐渐加大对我国的压制力度;同时,疆独、藏独等恐怖组织如百足之虫死而不僵,我军面临的任务压力不断增大。另一方面,当前社会利益关系重组,反差增大,军人在价值选择和职业坚守上面临前所未有的矛盾与困惑。因此,深入研究当代中国军人的忠诚度,大力提升其忠诚度水平,对于有效管理我军官兵职业生涯、提升军队组织的稳定性、保障军队战斗力生成发挥和增强我军心理防线具有重大意义。

20.3.1 概念界定

西方在忠诚的内涵认定上存在明显的文化差异。在《现代汉语词典》中,忠诚是"(对国家、人民、事业、领导、朋友等)尽心尽力"。"忠"在中国传统文化中占有重要地位,儒家的道德准则"忠孝节义"中"忠"字为首。在中国传统文化体系中,中国式集体主义、高权力距离以及对和谐、服从权威、尊重传统的强调,使得出于社会规范动机的忠诚和对直接主管的个人忠诚得到强化。

而在西方社会,忠诚有两个内涵接近的概念,一是 loyalty(忠诚),一是 commitment(承诺),两者关系密不可分。早在中世纪,西方人就认为忠诚的人就是谨守承诺和誓言的人。然而,两者的研究视角和研究侧重点有所不同。有的学者认为"忠诚"只是"承诺"的一个维度,有的则强调忠诚这个概念中具有承诺的含义。哈维和诺维切维奇(Harvey 和 Novicevic)认为,对某组织或职业的"忠诚"实际上是对"承诺"的纵向理解,即在时间的流逝中,对组织或职业的承诺就会累积成对组织的忠诚。

1908 年,哈佛大学哲学教授乔赛亚·罗伊斯(Josiah Royce)在其著作《忠的哲学》中,将忠诚定义为"个人对某种对象全身心的投入"。到了近代,在贝克的"单方投入"理论提出下,"忠诚"的各概念研究开始不断丰富发展起来。然而忠诚的定义并没有达成一致,一开始便存在两种独立的观点。部分学者认为忠诚是对组织或职业的态度。与之相对的"行为观"则更加注重行为的代价和回报,认为忠诚是随着职工对组织的投入增加而使其不得不继续留在该组织的一种心理现象。基于盖尔对于军人忠诚度的研究以及研究者们对于忠诚度概念的探讨,可以将军人忠诚度定义为"军人对于军队系统的目标和使命的坚定信仰和认同",这种忠诚反映了军人个人利益价值与国家利益价值的一致性和协调性。

军人的忠诚不仅包含了军人对国防安全政策的态度,也包含了个人参与国防系统的行为倾向。高忠诚度的军人,具有献身国防的强烈意愿以及对服务于军队完全的赞同。因此,军人忠诚度应该被定义为一种综合了态度和行为双重含义的复杂概念。

20.3.2　军人忠诚度的结构与测量

赵萌等人在对多篇外军文献进行分析综合后认为,军人组织承诺是一个复合性结构,包括接受组织的价值观、为组织而付出心力以及留在组织中的愿望。这种复合性的结构观点在国内一些研究中得到了良好应用。夏江沩等人发现,中国初级军官忠诚度由情感、规范、代价和机会忠诚四个维度构成,与其他职业群体的研究结果类似。

我国军队忠诚度研究多采用李霞、龙立荣开发的《中国员工职业承诺量表》(CCQ),该量表由16个项目组成,包括情感承诺、代价承诺和规范承诺三个维度。这些量表为准确测量军人忠诚度,进而探讨军人忠诚度的影响因素及其作用效果提供了有利条件,促使其相关变量研究不断引向深入。陈罡、王芙蓉等构建了一个多维度、多层次的当代军人忠诚度理论模型,并以此为基础编制《中国军人忠诚度量表》(CSLS),共99个项目,5级计分。量表由对党、国家和人民的忠诚度,对职业的忠诚度,对单位的忠诚度和对领导的忠诚度4个分量表构成,每个分量表包含情感忠诚、规范忠诚和继续忠诚3个因子。

20.3.3　影响军人忠诚度的因素

军人对于本职工作和军队组织的忠诚是逐渐积累的,这一积累过程会受到众多因素的影响。目前的研究将忠诚度的影响因素归结为个体变量和情境变量。

个体变量

个体变量包括年龄、性别、婚姻状况和教育水平、个人的态度和价值观家庭背景和家庭关系以及在组织中的级别和身份等。这些因素中,年龄与情感忠诚呈弱相关,这可能是因为年龄与个体在组织中的威望和地位以及他们对组织的投入有关。与年龄相似,性别对军种忠诚度的影响并不显著,然而它却能影响组织中的内部人际关系。在萨洛的研究中，相比男性，女性志愿者在应征入伍后表现出了更强烈动机和忠诚度。婚姻状况和教育水平对忠诚度的影响也不持久，因此并不提倡从个人的婚姻和教育水平出发来判定军人是否忠诚。

较之人口学变量，个人的态度和价值观以及能力等因素对忠诚度的影响更为明显。有研究者认为军队应该征召那些持有特定价值观的人入伍，这样能够使这些新入伍的军人更快地融入部队，这些特定的价值观包括"愿意为集体利益牺牲个人利益，愿意融入组织，集体责任感，尊重权威"等。此外，个人对工作环境的适应性能够增加他们对工作的满意度，对组织的情感忠诚以及留在部队的意愿，这能有效地减少部队内部人员的流失。因此，也可以通过提高军人对部队生活的适应能力来增强他们的忠诚度。

情境变量

在一个群体中的积极体验是组织成员情感与忠诚的基石，除去军人自身的因素外，其所处情境以及与组织成员的关系等因素也会影响忠诚度的高低。综合来看，这些情境变量主要涉及职业本身、组织规模（体制）、组织氛围、管理方式以及家庭与社会支持等因素。

在军队环境下的工作经历和组织体验尤为重要，军人每日必不可少的基础训练可以看做是军人特殊的交流情境，通过这种交流，军人的忠诚度将逐渐积累提高。共同的经历对忠诚度有积极的影响，那些长时间在一起相处的士兵之间存在着较为强烈的情感忠诚，在一起训练和工作的军人，能够有更多分享经历的机会，从而与整个军队组织融为一体，并对组织的目标产生认同。此外，这些军事训练还有助于提高军人的技能和能力，而军人对自身能力的肯定与他们的忠诚度也十分相关。为军人提供必要的训练机会能使得军人相信组织对他们的努力和付出持肯定态度，从而增加他们对组织的忠诚度。然而那些组织得不够成功的训练却会使军人产生无聊和倦怠感，从而对军队产生消极情绪。此外，部队中严明的纪律和惩罚措施也有利于增强军人的道德忠诚度。进一步研究还显示，军人在组织中的级别和身份也会影响其忠诚度。相比级别较低的士官和士兵，那些军队组织中的领导者表现出了更高的忠诚度。

与组织体验和结构相似，组织内部的和谐程度也是预测组织内情感忠诚的关键变量。组织内的和谐度是由上下级之间满意的交流以及同级之间强烈的联结构成的，这与领导的行为和处事风格息息相关，那些在工作中给予下属更多关心和帮助的领导能够提高下属对自己忠诚度，进而在总体上增强军人对整个军队的忠诚度。成功的领导关心尊重下属，他们能力较强，责任心强，能够影响军人对于整个组织以及更高级别的目标的情感忠诚，因此成员对组织的忠诚和对集体的忠诚都与他们对上级领导的忠诚呈显著相关。领导的调换对忠诚度的影响实质上反映的也是领导的成功与否。一般来讲，领导的调换对工作动机和道德忠诚会有消极的影响。

此外，组织和家庭对军人的支持也是预测忠诚度的重要变量。比如组织能否满足军人的个体需求，军人配偶对组织持何种态度等，会影响军人的情感忠诚度。还有研究表明家庭中父亲的职业也会影响一个人的价值观和责任感。而在部队中，家庭成员或军人身边的关键人物会使军人产生一种竞争性的忠诚，并增加其服役过程中的压力。

与西方学者研究稍有不同的是，在中国背景下，上级支持程度、与上级关系等因素表现出更大的重要性，充分体现了在中国这样一个以关系为导向的国家里，上级对下属态度的影响远远超过组织本身对员工的影响。

20.3.4　军人忠诚度的培育与局限性

古今中外所有军队都高度重视军人忠诚度的教育和培养。美军以"责任、荣誉、国家"的核心价值观为主体，结合美国的民族文化和军队特点，形成了一整套独具特色的培养军官忠诚品质的方法和制度。如灌输国家利益至上的忠诚基准，将各种形式的忠诚具体化，定期考核可以量化的忠诚品质等。为了实现军队和国家的一体化，俄罗斯突出对军队的精神控制。2003年，俄军制定了《军官荣誉准则》，包括"忠于誓言和职责""荣誉来于忠于职守"等内容，要求所有俄罗斯官兵争做忠诚之人。俄军院校普遍进行国家观念、军人道德及爱国思想的灌输，要求学员"忠实地履行军人义务，勇敢地捍卫俄罗斯的自由、独立和宪法制度，保卫人民共和国"。外军"把对国家忠诚作为根本的理性概念"，把忠于职业作为"军人必备的德操"，要求官兵"对军队的使命不持任何怀疑"，以"饱满的热情和高超的实践能力"去遂行任务，"军人必须认清使命"，建立起"保卫祖国的自豪感"，要有真正的军人品格。我军将"忠诚于党"作为当代革命军人核心价值观的第一要素，集中体现了党和人民对军队和革命军人的最高政治要求。

但忠诚度及其培育研究还存在以下不足。

一是军人忠诚度培育缺乏实证研究的支持。开展军人忠诚度培育研究，首先要确定军人忠诚度的结构、特点与规律，即将军人忠诚度具体化。目前，国内外对军人忠诚度的实证研究比较少，尤其是关于中国军人忠诚度的结构、测量、影响机制等定量研究基本处于萌芽阶段。

二是军人忠诚度培育的研究基础相对薄弱。忠诚是当代革命军人核心价值观的第一要素，忠诚度培育应该是军人核心价值观培育中最为基础，也是相对独立的研究内容。但是，当前军人忠诚度培育大多依附于军人核心价值观培育研究，而军人忠诚度培育的具体原则、内容、策略和机制,则是一个相对薄弱的研究领域。

三是军人忠诚度培育的研究视角比较单一。军人忠诚度培育是一个长期、艰巨的系统工程,需要榜样示范、实践养成、环境熏陶等,这些必须通过军人忠诚文化来实现。当前军人忠诚度的培育大多侧重于政治层面,鲜有从政治文化、价值文化、伦理文化、心理文化、法理文化、经济文化等多维视野出发的综合对策研究。

未来军人忠诚度的研究应该在已有承诺研究的基础上,建立自身的研究体系。针对中国军人职业特点,结合中国军队文化背景,编制具有较高信效度的忠诚度测评工具。在此基础上,开展中国军人忠诚度的现状研究、跟踪研究和干预研究,为改进部队管理方式,提高部队战斗力提供有益建议。

(王芙蓉　祁志强　杨　征　王永昌　杨　芳)

参考文献

陈罡,王芙蓉,雷潇.(2008).中国军人忠诚度的特点及影响因素.中国临床心理学杂志,(1),162-169.
董恩宏,鲍勇.(2012).维克森林医师信任量表中文版修订的信效度.中国心理卫生志,26(3),171-175.
凌文辁,张治灿,方俐洛.(2001).中国职工组织承诺研究.中国社会科学,1,90-102.
刘国芳,祁志强,苗丹民.(2016).作战部队基层单位信任的结构与测量.心理技术与应用,4(10),622-629.
刘小平,王重鸣.(2001).组织承诺及其形成过程研究.南开管理评论,4,58-62.
龙立荣,李霞.(2002).中小学教师的职业承诺研究.教育研究与实验,18(4),56-61.
庞惠群.(2018).作战部队官兵战斗心理准备状态研究.博士学位论文,西安:第四军医大学.
彭嘉熙,孔毅,苗丹民等.(2011).国防生职业满意度、职业承诺与焦虑的调查.中国健康心理学杂志,19(11),1391-1393.
邵艳菊.(2007).知识型员工组织忠诚度测评及相关问题研究.硕士学位论文,兰州:兰州理工大学.
汤舒俊,汪超群.(2007).现役士兵工作满意度与组织承诺的相关研究.长江大学学报(社会科学版),30(6),114-116.
汪向东.(1999).心理卫生评定量表手册.中国心理卫生杂志,1999(增刊),130-155.
王芙蓉,陈欢.(2013).初级军官职业承诺问卷的编制.中国临床心理学杂志,20(1),5-12.
王芙蓉,杨芳.(2014).军人忠诚度研究进展.中国临床心理学杂志,22(1),186-190.
王芙蓉.(2013).初级军官职业承诺特点及影响因素.中国临床心理学杂志,20(4),662-665.
杨莲珍.(2004).忠诚教育在外军.中国武警,4,48-49
赵萌,苗丹民,孙云峰等.(2007).国外军人组织承诺研究进展.第四军医大学学报,28(8),765-767.
Alutto, J. A., Hrebinak, L. G., & Alonso, R. C. On operationalizing the concept of commitment. Social Forces, 1973, 51, 448-454.
Aranya, N. Ferris, K. R. (1984) A reexamination of accountants organizational-professional conflict. The Accounting Review, 1984, (54), 1-15.
Bartone, P. T., Johnsen, B. H., Eid, J., Brun, W. & Laberg, J. C. (2002). Factors influencing small-unit cohesion in Norwegian Navy officer cadets. Military Psychology, 14(1), 1-22.
Becher, H. S.(1960). Notes on the concept of commitment. American Journal of Sociology, 66, 32-42.
Blau, G. J. (1989). Testing the generalizability of a career commitment measure and its impact on employee turnover. Journal of Vocational Behavior, (35), 88-103.
Blau, Gary. (2001). On assessing the construct validity of two multidimensional constructs: occupational commitment and occupational entrenchment. Human Resource Management Review, 11, 279-298.
Boroff, K. E., Lewin, D.(1997). Voice and intent to exit a union firm: a conceptual and empirical analysis. Industrial & Labor Relations Review,(51), 50-62.
Britt, T. W. (1999). Human dimensions baseline assessment of the 75th Ranger Regiment. Department of Operational Stress Research. Washington, DC: Walter Reed Army Institute of Research.
Buchanan, B., II. "Building organizational commitment: The socialization of managers in work organizations". Administrative Science Quarterly, 1974. 19, 533-546.
Cheney G. (1983). on the various and changing meanings of organizational membership: A field study of organizational identification. Communication Monographs, 50, 342-362
Cohen A.(2007). Commitment before and after: A reconceptualization of organizational commitment. Human Resource Management Review, 17, 336-354.
ensimmäisellävuosikymmenellä — empiirisiätutkimustuloksia. Johtamisenjasotilaspedagogiikanlaitos, Julkaisusarja 3(2). Helsinki:

Edita Prima Oy.

Eränen, L., Harinen, O. & Jokitalo, J. (2008). Sotilasyhteisönsosiaalipsykologiaa. Teoksessa M. Valtanen (toim.), Johtamisensosiaalipsykologiaa-Käsitteitäjakäytäntöjäsotilasyhteisössä. Maanpuolustuskorkeakoulu. Johtamisenlaitos, Julkaisusarja 2(19). Helsinki: Edita Prima Oy, 20 - 76.

Fisher, C. D., Shaw, J. B., Woodman, R. W. & Mobley, W. H. (1983). Final report on transition socialization effectiveness, years one and two. TR - ONR - 11. College Station, TX: Texas A&M University.

Gade, P. A. (2003). Organizational commitment in the military: An overview. Military Psychology, 15(3), 163 - 166.

Gade, P. A., Tiggle, R. B. &Schumm, W. R. (2003). The measurement and consequences of military organizational commitment in soldiers and spouses. Military Psychology, 15(3), 191 - 207.

Gal R. (1985). Commitment and obedience in the military: An Israeli case study. Armed Forces and Society, 11(4), 553 - 564.

Gordon, M. E., Beauvais, L. L., & Ladd, R. T. (1984). The job satisfaction and union commitment of unionizen engineers. Industrial & Labor Relations Review, l37(3), 359 - 37.

Hall, D. T. A (1971), theoretical model of career sub-identity development in organizational settings. Organisational Behaviour and Human Performance, 3(1), 50 - 76.

Hall, D. T., Schneider, B., and Nygren, H. T. (1970) Personal factors in organizational identification. Administrative Science Quarterly, 15 (2), 176 - 190.

Harris, R. N., White, M. A., Eshwar, N. C. &Mottern, J. A. (2005). Stress and attrition from military training: First-term sailors in the U.S. Navy. Navy Personnel Research, Studies, and Technology.

Harvey, M. G., Novicevic, M. M. (1999). Inpatriate managers: how to increase the probability of success. Human Resource Management Review, 9, 51 - 82.

Heffner, T. S. &Rentsch, J. R. (2001). Organizational commitment and social interaction: A multiple constituencies approach. Journal of Vocational Behavior, 59, 471 - 490.

Henderson, W. D. (1985). Cohesion: The human element in combat. Leadership and societal influence in the armies of Soviet Union, the United States, North Vietnam, and Israel. Washington, DC: National Defense University Press.

HMK (HenkisenMaanpuolustuksenKomitea). (1964). Henkisenmaanpuolustuksenperustekijät,

Ingraham, L. H. & Manning, F. J. (1981). Cohesion: Who needs it, what is it? Military Review, 61(6), 2 - 12.

Irving, P. G., Coleman, D. F. & Cooper, C. L. (1997). Further assessments of a three-component model of occupational commitment: Generalizability and differences across occupations. Journal of Applied Psychology, 82(3), 444 - 452.

Karrasch A. I. (2003). Antecedents and con sequences of organizational commitment. Military Psychology, 15 (3), 225 - 236.

Kekäle, P. MTS-tutkimukset 1990 - 1997. Maanpuolustustiedotuksensuunnittelukunta, Tutkimusjaseminaariselosteita n: o 8.

Krista L. Kelly S. (2008). Psychological Climate, Organizational Commitment and Morale: Implications for Army Captains'Career Intent. Millitary Psychology, 20, 209 - 236.

London, M. (1983). Toward a theory of career motivation: A career motivation. Academy of Management Review, (8), 62 - 63.

Lähdesmäki, M. (1993). Varusmiehenläheisetihmissuhteetjaniidenmerkityksellisyysjasopeutuminenarmeijaelämään. PuolustusvoimienKoulutuksenKehittämiskeskus, Tutkimusselosteita C - S1 - 1/ 1993. Helsinki.

Mark D Cistulli, Jason L Snyder, Randy Jacobs.(2012). Affective Organizational Commitment as a Predictor of Military Enlistment Discussion and Recommendation. International Journal of Business, Humanities and Technology, 2(3), 27 - 33.

Mathieu, J. E. &Zajac, D. M. (1990). A review and meta-analysis of the antecedents, correlates, and consequences of organizational commitment. Psychological Bulletin, 108(2), 171 - 194.

Mathieu, J. E. (1991). A cross-level nonrecursive model of the antecedents of organizational commitment and satisfaction. Journal of Applied Psychology, 76(5), 607 - 618.

Meyer J. P, Allen N. J. (1991). A three-component conceptualization of organizational commitment. Human Resource Management Review, 1(1), 61 - 89.

Meyer, J. P. & Allen, N. J. (1984). Testing the "side-bet theory" of organizational commitment: Some methodological considerations. Journal of Applied Psychology, 69(3), 372 - 378.

Meyer, J. P. & Allen, N. J. (1997). Commitment in the workplace: Theory, research, and application. Thousand Oaks, CA: SAGE Publications.

Meyer, J. P., Allen, N. J. &Topolnytsky, L. (1998). Commitment in a changing world of work. Canadian Psychology, 39, 83 - 93.

Mowday, R. T., Porter, L. W., & Steers, R. M. (1982). Employee-organization linkages: the psychology of commitment, absenteeism and turnover. New York: Academic Press.

Mueller, C. W. (1997). Assessment of Meyer and Allen's three-component model of organizational commitment in South Korea. J. Appl. Psychol, 82, 961 - 973.

Mullen, B. & Copper, C. (1994). The relation between group cohesiveness and performance: An integration. Psychological Bulletin, 115(2), 200 - 227.

Nissinen, V. (2001a). Military leadership. A critical constructivist approach to conceptualizing, modeling and measuring military leadership in the Finnish Defence Forces. Dissertation. Publication Series 1(20). Helsinki: OyEdita Ab.

Nissinen, V. (2001b). Military leadership training. Development of leadership behavior in the Finnish Defence Forces. National Defence College. Publication Series 1(18). Helsinki: OyEdita Ab.

O'Reilly CA, Chatman J. (1986). Organizational commitment and psychological attachment: The effects of compliance, identification and internalization on prosocial behavior. J. Appl. Psychol, 71, 492-499.

O'Shea, P. G., Goodwin, G. F., Driskell, J. E., Salas, E., Ardison, S. (2009). The many faces of commitment: facet-level links to performance in military contexts. Military Psychology, 20, 5-23

Paul A G.(2003). Organizational commitment in the military: An overview. Military psychology, 15(3), 163.

Payne, S. C. & Huffman, A. H. A. (2005). longitudinal examination of the influence of mentoring on organizational commitment and turnover. Academy of Management Journal, 48(1), 158-168.

Porter, L. W., and Smith F. J. (1970). The etiology of organizational commitment. Unpublished paper, University of California, Irvine.

Porter, L. W., Steers, R. M., Mowday, R. T., Boulian, P. V. (1974). Organizational commitment, job satisfaction and turnover among psychiatric technicians. Journal of Applied Psychology, 59(5), 603-609.

Powell, D. M., Meyer, J. P. (2004). Side-bet theory and the three-component model of organizational commitment. J. Vocat. Behav, 65, 157-177.

Riketta, M. (2008). The causal relation between job attitudes and performance: A meta-analysis of panel studies. Journal of Applied Psychology, 93(2), 472-481.

Ritzer, G., Trice, H. M. (1969). An empirical study of Howard Becker's side-bet theory. Social Forces, 47, 475-479.

RosenLN, MartinL. (1996). Childhood antecedents of psychological adaptation to military life. Milit Med, 161, 665-668.

Salo M. (2009). Commitment to the military service among finish conscripts. Course Library of the Finnish National Defence University.

Salo, M. (2008a). Determinants of military adjustment and attrition during Finnish conscript service. Doctoral Thesis. Department of Teacher Education. Tampere: University of Tampere. (http://acta.uta.fi/pdf/978-951-44-7470-5.pdf)

senkokonaistavoitteetjaerialojentehtävätsekäjohto-jasuorituselimetrauhanjasodanaikana. Mietinnön I osa. Mikkeli: Länsi-Savon Kirjapaino.

Sheldon, Mary. (1971). Investments and involvements as mechanisms producing commitment to the organization. Administrative Science Quarterly, 16, 143-150.

Sinclair, R. R., Tucker, J. S., Cullen, J. C. & Wright, C. (2005). Performance differences among four organizational commitment profiles. Journal of Applied Psychology, 90(6), 1280-1287.

Sinkko, R. (2009). Katsaussuomalaistenmaanpuolustustahtoonjasentilaan 2000-luvun

Sinkko, R., Harinen, O. &Leimu, H. (2008).

Solinger, O. N., Olffen, W. V., & Roe, R. A. (2008). Beyond the three-component model of organizational commitment. Journal of Applied Psychology, 2008, 93(1), 70-83

Somers M J. (2009). The combined influence of affective, continuance and normative commitment on employee withdraws. Journal of Vocational Behavior, 74, 75-81.

Swailes. (2002). Organizational Commitment: A critique of the Construct and Measures. International Journal of Management Review, 4(2), 155-178.

Tremble, T. R., Payne, S. C., Finch, J. F., &Bullis, R. C. (2003). Opening organizational archives to research: Analog measures of organizational commitment. Military Psychology, 15, 167-190.

Tucker, J. S., Sinclair, R. R. & Thomas, J. L. (2005). The multilevel effects of occupational stressors on soldiers' well-being, organizational attachment, and readiness. Journal of Occupational Health Psychology, 10(3), 276-299.

Van de Ven, C. & Van Gelooven, R. (2006). Early attrition in the Netherlands' Armed Forces, a new monitor. http://www.internationalmta.org/Documents/2006/2006036P.pdf.

Vandenberghe, C., Bentein, K. & Stinglhamber, F. (2004). Affective commitment to the organization, supervisor, and work group: Antecedents and outcomes. Journal of Vocational Behavior, 64, 47-71.

Vernon D M, Mike A, Mary K C. et al. (2000). Reconsidering the organizational identification questionnaire. Management Communication Quarterly, 13(4), 629.

Wesbrook, S. D. (1980). The potential for military disintegration. In S. C. Sarkesian (Ed.), Combat effectiveness: Cohesion, stress, and the volunteer military. Beverly Hills, CA: SAGE Publications.

Zaccaro, S. J. (1981). The effects of cohesion source on process loss in group performance. Doctoral Thesis. The University of Connecticut. Ann Arbor, MI: ProQuest Company.

第 21 章　军队组织心理健康

21.1 组织健康／453
　　21.1.1 组织健康的概念／453
　　21.1.2 组织健康的理论／454
　　　　迈尔斯的组织健康理论／454
　　　　帕森和埃奇奥尼的组织健康理论／455
　　　　布鲁恩和斯凯勒的组织健康理论／455
　　　　雷丁等的组织健康理论／456
　　　　詹姆斯和马丁的组织氛围理论／456
　　21.1.3 组织健康的测量／457
　　　　迈尔斯的测量维度／457
　　　　吕登和克林格勒的测量维度／457
　　　　美国南达科他州交通部的测量维度／458
　　　　美国海军的《海军大规模个人调查》(Navy-wide Personnel Survey，NPS)／459
　　　　英国《持续态度调查》(Continuous Attitude Survey，CAS)／459
　　21.1.4 组织健康的特征／460
　　　　环境适应性／460
　　　　自我调节性／460
　　　　学习创新性／460
　　　　持续成长性／460
　　　　组织、成员与社会健康性／460
21.2 军队组织心理健康／461
　　21.2.1 军队组织心理健康的结构与概念／461
　　21.2.2 组织心理健康基本要素／464
　　　　命令氛围／464
　　　　凝聚力／464
　　　　士气／465
　　　　战斗心理准备／466
　　21.2.3 组织心理健康测量／467
　　21.2.4 组织心理健康与个体心理健康的对比／467
　　　　自我接纳—组织认同／467
　　　　与他人的良好关系—组织凝聚力／468
　　　　自主性—责任感和承诺／468

　　　　　　　　　　　　　环境控制—团体效能感 / 468
　　　　　　　　　　　　　生活目标—组织目标认同 / 468
　　　　　　　　　　　　　个体成长—组织学习 / 468
　　　　　　　　　21.2.5　军队组织心理健康的应用 / 468
参考文献 / 471

国际军事医学发展的主流方向正从以往伤病救治朝着提高作战效能的方向转变,战斗力生成已经成为军事心理学研究的核心。在长期军队心理服务工作中我们发现:在一个连队中,个体的心理是否能保持健康,很大程度上取决于个人的行为目标与组织目标的一致性。当个人价值与组织价值趋向一致时,个人对组织的认同感增加,一方面有助于组织目标实现,另一方面个人的能力能够得到发挥、心理健康能够得到促进。说到组织心理健康,首先应从组织健康(organizational health)讲起。

21.1　组织健康

迈尔斯(Miles)于1965年最早将健康的概念引入组织管理科学中,提出组织如同个体一样,也有健康好坏之分。这一概念很快引起了企业界的重视,企业纷纷将其作为发展理念,并将其放在他们的口号中。然而,学术界对组织健康的研究却仅仅始于20世纪90年代。健康型组织(healthy organization)便成为这一时代逐渐兴起的研究课题。组织健康源于对工作压力对成员健康产生影响的研究,进而扩展到目前重视个体与组织目标整合的广义组织健康研究。尽管目前就组织健康概念本身而言,还没有统一的认识,但研究者们似乎有一个共识,健康的组织是一个值得获取的状态,因为它能够明显提升组织效能。组织健康是组织行为学文献中特有的概念,不仅体现了组织充分发挥其职能的能力,而且反映了组织成长和发展的能力,它为研究者提供了组织特征的一幅宏伟画面。组织健康评估和诊断被看作是企业自我评估、自我完善的重要手段。很多研究者都对组织健康理论进行了深入探讨,其中迈尔斯和帕森(Parson)的工作为组织健康的理论研究奠定了基础,布鲁恩和斯凯勒(Bruhn和Schuyler)的组织健康结构框架是对这一理论的发展,而雷丁和彼得斯(Redding和Peters)的观点则为组织健康的评估提供了有益指导。

21.1.1　组织健康的概念

迈尔斯最早提出组织健康的概念,即一个能够正常运作且不断发展和成长的系统。克拉克(Clark)认为,组织健康指组织成员自觉按照组织未规定却高度一致的方式工作,因为这样的工作方式允许组织各层级按照两个基本要求维持现状并促进发展。雷金纳德(Reginald)认为,组织是否健康取决于对成员需求的满足。鲁德(Rudy)说,组织健康就是指拥有体魄强健、情感和谐个体的组织,他们彼此相互扶持与合作,这样的组织能够帮助成员适应不断变革的社会。丹尼斯(Dannis)更关注个体健康与组织效能发挥之间的关系,即健康组织应该能够处理好在组织发展和生产力变革中如何改善个体健康的问题。弗伦茨(France)认为,组织健康是人员与环境的正确匹配,这种环境包括工作需求、工作支持与约束,以及有助于缓解成员压力水平、提高成员心理健康自尊,而组织中的个人健康体现为成员主观满意和客观健康。吕登和克林格勒(Lyden和Klengele)则认为,组织健康是组织高效运转和成长发展的能力。Bruhn和Schuyler参照世界卫生组织(World Health Organization, WHO)关于健康的定义,将组织健康界定为组织主体、组织心理和组织精神的完美状态,即健康的组织应该是组织结构合理、权力使用恰当、沟通通畅、信念坚定、执行坚决、友善对待并充满活力的团队。我国学者时勘认为,组织健康是指一个组织能正常运作、注重内部发展能力的提升,并有效、充分地应付环境变化、开展合理变革。本尼斯(Bennis)指出,没有任何单一时间切点的组织会表现出足够有效的健康,组织健康是组织不断应对环境变化的过程,强调了组织健康的持续性和内在实现机制。

从上述定义可以看出,多数研究者认为组织健康是提高绩效的重要条件,是提高组织生产力及组织生存的头等大事,其核心就是个体发展和源于合作的创造精神,本质是对变革的适应。

我们有两项研究也表明,提升组织健康能够保持部队的作战绩效、维护官兵心理健康。其中,在影响部队完成任务的各项因素中,内部关系、激励体制、领导力、集体荣誉感等内部因素是关键要素。我们通过对477名军人心理咨询案例进行分析发现,影响官兵心理问题的主要原因是部队生活适应不良、人际关系冲突、对个人前景困惑等,也表明组织内部的因素是影响官兵心理健康的关键。

通过以上分析,可以看出个体作为组织中的一员,其心理健康受到组织健康水平及其对心理氛围评估的影响。因此,从组织层面入手,提升组织健康水平,改善心理氛围对于维护个体的心理健康具有重要的意义,也是近些年组织行为学关注的焦点。

21.1.2 组织健康的理论

迈尔斯的组织健康理论

迈尔斯于1969年提出了组织健康的概念。他认为,一个组织、社区和社会,如同人体健康一样,也有好坏之分。其衡量标准是:能正常地运作,注重内部发展能力的提升,有效、充分地应对环境变化,合理地变革与和谐发展。国内也有学者提出建立健康型组织的理念。健康的组织一方面能够拥有较高的工作效益和较强的企业竞争力,另一方面能够为人们提供归属感、认同感和社会支持,维护成员的心理健康。

迈尔斯认为:一个健康的组织不仅仅是一个正常运作的系统,而且是不断发展和成长的系统。组织健康结构模型包括 10 个维度。前 3 个与任务有关,包括目标中心、充分交流、权力平衡;中间 3 个与组织内部状态和成员留任要求有关,包括资源利用、凝聚力和士气;后 4 个与组织成长和变革有关,包括创新、自治、适应和恰当解决问题。

迈尔斯提出组织健康的理论后,不少研究者将其用于实践,并编制相应的组织健康问卷,希望证实迈尔斯的理论。但研究结果表明,他们所编制的问卷没有一个在维度上与迈尔斯的理论完全吻合,说明迈尔斯的理论并不完善,为此不少研究者开始提出质疑。金普斯顿和索纳本(Kimpston 和 Sonnabend)的组织健康维度包括了决策、内部关系、变革、自治、学校公众关系。休伯特的维度有士气、适应、权利分配、凝聚力、领导和计划。霍伊和费尔德曼(Hoy 和 Feldman)的维度涉及制度完整、校长(领导)影响、关怀、参与结构、资源支持、士气和强调学术。而内格巴尔(Neugebaurer)则认为,组织健康应该包括计划评估、动机控制、群体功能、团队发展、经济管理和环境作用六个维度。

帕森和埃奇奥尼的组织健康理论

帕森和埃奇奥尼认为,所有的社会组织要想生存、成长和发展,都必须解决四个基本问题:适应、目标、认同、潜力。他们认为,对于一所学校而言,要解决的根本问题是环境适应、制定和实现目标、保持学校内部稳定以及创造和维持独特的价值体系。由此,帕森给学校健康下了一个操作性的定义:在技术、管理和公众水平上保持和谐,能够满足教师的工具性和情感性需要,能够成功应对外部的干扰,并将全部力量用于实现组织目标。

他提出组织健康应包括 8 个维度。技术层面有 3 个维度:士气、凝聚力是教师的主要特征,重视学术是联系教师和学生的纽带;管理层面有 4 个维度:校长的能力素质和关怀体贴是领导力的基本维度,支持和影响下属是管理行为的基本维度;公众层面上只有 1 个维度,称公众正直,指将学校与其周围环境保持相对独立的能力。

布鲁恩和斯凯勒的组织健康理论

布鲁恩和斯凯勒对组织健康理论进行了更加深入的探索,将 WHO 关于健康的定义用于组织健康中,提出组织健康应该包括主体、心理和精神三个层面。主体层面包括组织结构、组织设计、权力的使用、沟通的渠道、工作分配等;心理层面包括组织的基本信念、目标和政策,如何执行组织规程,如何对待组织成员、组织如何学习等;精神层面指组织的核心和内涵,使组织充满活力并且给予其动力。

斯凯勒提出了能量线性模型,用于诊断组织中不健康的因素,并找出改善的思路。

他认为,评估组织健康应该囊括三个水平:组织、团队和个体。评估这三个水平时应从三个方面入手:目标、行动和能量。能量包括四个成分:躯体能量(从事生产和服务人员的行为)、脑力能量(组织或成员的智力水平,体现组织面临挑战和机遇时创造性地解决问题的能力)、情感能量(组织或成员的幸福感)、精神能量(聚合人心的倾向)。

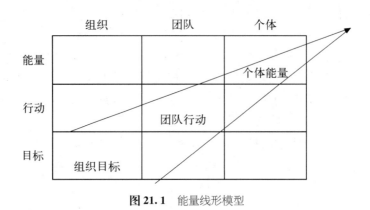

图 21.1　能量线形模型

雷丁等的组织健康理论

雷丁认为,组织健康是由下面的五个程度共同决定的:管理层对成员工作的支持程度,成员参与决策的广泛程度,成员被组织的信任程度,成员间坦率沟通的自由程度,公司对组织目标强调的程度。

彼得斯在《追求卓越》一书中,列举了卓越组织的诸多特征:提升成员自我价值感以造就成功人士,获得成功后及时庆贺,使用非金钱性激励方式(如"大张旗鼓"宣传和掌声鼓励),让成员感到能够掌握自己命运,鼓励卓有成效的谈话和行动(做实事而不是空谈),倡导多非正式沟通渠道,提倡成员定期接触和坦率沟通,鼓励友好竞争。

蒂姆(Timm)等认为,现实社会中不存在完美的"健康组织",但优秀的健康组织应该具备一些特定的要素:信任,各等级人员都能尽一切努力建立和维持相互的关心和信任;参与决策,在制定组织政策时听取所有成员的意见,给各等级成员提供与管理层沟通的渠道,使他们能够参与决策和目标设置;支持,鼓励成员畅所欲言,创造坦诚和支持的氛围;上下沟通畅通,除保密原因外,组织成员能够比较容易地获取所需信息,包括个人工作信息、部门协调合作信息,以及其他公司的相关信息;上下沟通畅通,各级管理部门应以开放的态度聆听下属的建议或提问;关注绩效目标,各级成员都应十分关注组织绩效目标。

詹姆斯和马丁的组织氛围理论

有学者提出,组织健康的评估实质是成员对组织知觉要素的评价,为此提出了心理氛围(psychological climate)的概念:个体对与其密切相关工作环境的知觉,即从关注组织客观特征转向关注成员对组织特征整体知觉的评估。在众多的心理氛围理论中，詹姆斯和马丁提出的理论得到多数研究者的支持。他们认为，心理氛围包括四个一级维度，即工作知觉、角色知觉、领导知觉、工作团队与组织知觉。此外，还存在一个更高层次的一般因素，称为一般心理氛围(general psychological climate)，代表了个体对工作环境利弊的总体评估。其中成员氛围知觉对多种个体和群体效应产生影响，心理氛围与个体工作满意度、耗竭、工作融入、组织公民行为和工作绩效呈明显相关，与组织层面的事故率、客户满意度和经济绩效也呈显著相关。马丁研究表明，心理氛围作为一种压力应对资源，有利于减轻工作压力带来的消极影响，维护成员心理健康。而员工援助计划(Employee Assistant Plan)能够帮助管理者了解员工的心理健康状况和个体对职业发展所关心的问题，并为员工提供一系列辅导措施帮助员工解决问题。

21.1.3 组织健康的测量

迈尔斯的测量维度

国际组织科学研究学者迈尔斯和费尔曼(Fairman)设计了评价组织健康的问卷，用于对组织健康状况进行诊断，以提升组织效能，该问卷包括 10 个维度。

目标中心：组织目标对组织成员来说应逻辑清晰、自愿接受，组织有能力制定一个明确的、被成员接受和支持的目标；

充分交流：在组织内部与外部环境之间保持自由顺畅的双向沟通；

权力平衡：权力区分相对公平，组织成员与领导的权力划分比较合理；

资源利用：成员能够充分发挥才能，领导了解并通过协调使组织中的个人承受最小的压力；

凝聚力：组织、群体和个人认同感的清晰程度；

士气：个人综合的情感体验，包括幸福感、满意和快乐等；

创新：组织努力研制新的程序，制定新的目标，生产新的产品，并随着组织的发展中间显示多样化特征，允许个人发明创造和具有冒险革新的精神；

自治：组织不会因外部需求而进行破坏性变革，允许个人、群体或组织在各自的范围内自由处理事务；

适应：组织自主变革的能力强，具备承受外界压力并保持稳定的能力；

恰当解决问题：能够制定规章程序以觉察存在的问题，提出切实可行的解决方案并贯彻执行，同时能评估其效果，用最小的代价发现和解决问题。

吕登和克林格勒的测量维度

吕登和克林格勒认为：健康的组织不仅仅具有充分发挥自身作用的能力，而且包括成长和发展的能力。健康的组织中有忠心耿耿的成员、士气高昂的氛围、开放交流的渠道、高效的生产力。健康的组织就是人们喜欢工作的地方,也是成员感到骄傲的团队。由此,评估组织健康应包括 11 个相互独立但又相关的维度。

沟通:指促进成员间以及上下级间经常性的沟通。沟通是双向的,非威胁式的,组织各层面之间的。

参加与投入:指组织表现出的一种开放性,即一个健康组织要激励各层级成员恰当地参与组织决策,培养成员的主人公精神。

忠诚与承诺:指在一个健康组织中,成员间具有的高度信任。成员通常表现出,他们愿意在组织内工作,愿意参加与工作有关的各种会议,会很自豪地告诉他人自己工作的单位。

士气:指表现出的友好氛围,如成员之间相互爱护,喜爱自己的工作,充满热情地工作,具有强烈的工作动机。

公众声誉:指公司对外的声誉,即公司在与外部社团交流中,享有良好的名声,使成员感到光荣。

道德:指积极规范组织中成员的道德行为,规避不道德行为的出现。

成绩认可:指组织积极鼓励和支持成员实现个人潜能,让他们感到有价值和受重视,成绩得到了认可。

目标调整:指个人对组织目标有清楚的认识,对部门核心目标有明确的了解,他们能适当参与目标设计,并实现对组织目标的统一认识。

领导:指管理者在组织中扮演着重要的管理角色,其工作业绩突出、对本职工作充满兴趣、友好且易于接近,得到上级及同级管理者一致认可。

发展:指组织对成员个人训练和发展的支持,制定正式的发展计划,吸纳成员积极参与,并投入适当经费支持个人发展。

资源利用:指对资源能恰当地利用,使成员感到资源分配合理公平。

美国南达科他州交通部的测量维度

为了达到把交通部变成令人愉快的工作场所,吸引和保留最好员工的目的,从 1998 年开始,美国南达科他州交通部(South Dakota Department of Transportation)每两年都会对部署组织健康情况进行一次评估,以实现四个目标:充分了解员工的对组织健康水平的满意度和期望值;确定南达科他州交通部组织的优势和劣势;通过观察结果的变化趋势,评估交通部组织文化提升的过程;推荐能够实现交通部达到战略目标和提高组织健康的措施。他们在 2004 年使用的组织健康评估问卷包括 105 道题目,涉及公开交流、成员参与、认同反馈、训练发展、政策公平、满意和自豪、信任、重视绩效、团队协作、人际关系和待遇共 11 个方面。

南达科他州交通部的组织健康维度与吕登和克林格勒的基本相同,不过南达科他州交通部更重视绩效、团队协作、人际关系和待遇,而吕登和克林格勒则更强调目标调整、领导、公众声誉和道德。

表 21.1 两种组织健康评价维度的比较

序号	南达科他州交通部	吕登和克林格勒	序号	南达科他州交通部	吕登和克林格勒
1	公开交流	沟通	9	团队协作	
2	成员参与	参加与投入	10	人际关系	
3	认同反馈	成绩认可	11	待遇	
4	训练发展	发展	12		目标调整
5	政策公平	资源利用	13		领导
6	满意和自豪	士气	14		公众声誉
7	信任	忠诚与承诺	15		道德
8	重视绩效				

美国海军的《海军大规模个人调查》(Navy-wide Personnel Survey, NPS)

NPS 是美国海军个人研究发展中心从 1990 年开始进行的,每两年进行一次。该调查有三个特点:第一,调查包括了海军高层领导重视的关键内容;第二,调查对军官和士兵进行随机取样,样本量很大(大约 2 万名官兵),具有很好的代表性,能够代表整个海军的状况;第三,每两年进行一次,既可以掌握官兵对这些关键内容的态度现状,也能动态观测变化趋势。

NPS 的条目一般包括官兵关于工作生活质量、职业发展、职业意向和生活满意度等的态度和观点,每年条目根据需要会略有调整。2000 年 NPS 量表总共有 99 个条目,涉及官兵的人口统计学资料、性别构成、训练/培训需求、领导力的满意度、经济地位、任务安排、部署、离家时间、工作特征、工作满意、职业发展、资源利用和海军生活整体状况的满意度 13 个大类。

美军 2000 年的调查结果表明,同 1998 年的调查结果相比,积极的方面表现为官兵拥有中等/高水平的工作满意、更多的官兵愿意长期(20 年以上)留在海军,最近的工资福利的提高增加了官兵留职意愿,官兵对领导力比较满意,有高水平的组织承诺,在日常生活中网络的应用也有所增加;消极的方面表现为官兵对目前的任务安置系统、晋升体系、工资福利感到不满意,认为与主官的沟通存在问题,而且没有充足的给养和装备。

英国《持续态度调查》(Continuous Attitude Survey, CAS)

英军同美军一样也会定期在官兵中进行综合的态度调查,从而评估和监控服役官兵的态度现状和变化趋势。英军的军队人员政策委员会负责每年一次的 CAS 的组织、实施、分析和报告。因为军兵种的性质不一样,陆海空军的问卷略有差异。

陆军2003年的CAS共有113个主要条目,具体包括人员的背景资料,入伍情况,工作,工资和福利,内部交流,服装和装备,军事部署,军队的生活方式,培训和职业发展,多元化,公平和公正,歧视、折磨和威胁,投诉程序,健康和福利,住宿,设备和维修,伙食费,家庭,留职20个大项,总计313个条目。

21.1.4 组织健康的特征

王兴琼、陈维政(2008)通过对组织健康文献的梳理和归纳总结,提出了组织健康核心特征理念。

环境适应性

多数学者认为组织的环境适应和生存能力是"健康型组织"的基本条件。本尼斯(Bennis)认为:"适应环境"是个动态过程,如同人类的生命周期(Bennettr)。因此,组织是一个在动态变化环境中相互融合的有机整体,随着外部环境的改变,要想保持内在自我健康状态,就必须具备有效的管理、运行能力,清晰地界定目标,随时形成恰当的战略转型。

自我调节性

健康的组织应能通过自我监控、测量或评估,随时调节组织目标和行为。在组织发展中,不均衡是时时存在的:稳定—变动、一致—多样、结构—弹性、资源控制—非控等。组织要在不同维度两者间拿捏,不偏向其一,保持适度平衡,才是真正整体的健康。换种说法,健康组织生存的关键是能够采用适应和灵活的方法,保持组织与内外环境的平衡。

学习创新性

森奇(Senge)认为:只有那些学习型的组织才能在日益动荡、竞争激烈的全球大环境中取得成功。健康的组织应具有不断学习创新的能力,将组织的各项决策建立在认真学习创新的基础上,以适应内外部环境的变化。

持续成长性

波林斯(Bollins)在《基业长青——对伟大的公司如何不朽的研究》中特别强调,组织健康应具有长期持续成长性,不能因短期利益而牺牲组织的长远发展。一个健康的企业应在经济上得到同行的信赖,外部受到投资者的尊敬。因此,健康的组织要持续培植组织长期健康的活力,在社会环境巨大变迁中实现组织的可持续发展目标。

组织、成员与社会健康性

健康的组织必须同时关注不同层面的健康状况,包括个体、组织以及外部环境。即,包含有活力、有士气、可持续发展的组织,还有健康、热情、满意的成员,和遵循社会道德规范,创造和维持一种健康和相对宽松的内外环境。费汗尔(Verschoor)强调,健康的组织应具有道德特征,应把自觉承担环境责任和个人责任作为组织健康的重要标准。

21.2 军队组织心理健康

20世纪90年代以来,以信息技术为核心的高新技术迅猛发展及其在军事领域的广泛应用,不断改变着战场生态学环境和社会环境。为了生存和胜利,部队将不得不以小的、分散的单位展开军事行动。美军野战条令中明确指出:基本作战单元的作战效能是保障战斗胜利的前提。作战单元的战斗力已经成为各国军事组织关注的重点,围绕如何提升作战单元作战效能的相关研究正在成为军事心理学研究的重要方向。库利(Cooley)将基本作战单元定义为首属群体,即以有面对面的亲密联系与合作为特征的群体,军事组织中的班、排、小分队或分队完全符合这个定义。英格拉哈姆(Ingraham)认为连、排应该是被划定为部队首属群体的最高上限。我军《军队基层建设纲要》中明确指出,连队、舰艇、飞行大队及与其相当的队、站、室、所、库等基层单位是军队的基础,是进行作战、训练、执勤、科研与保障等任务的基本单位。因此,研究军队首属群体的组织心理健康的结构、内容和效应发挥就成为了评估未来战争能否取得胜利的重要因素。

希尔斯和贾诺维茨(Shils和Janowitz)对二战历次战役的分析发现:部队保持优秀作战能力的源泉是单位群体(班、排、连)为战士提供的物质和社会支持。克雷格(Craig)提出,军人面临极端压力时的反应受到个体对组织、社会环境变量以及个体变量的加工和过滤,其中对部队或首属群体的认知评估是军人积极应对极端压力并且保持战斗力的必备条件。在军队组织心理健康领域的研究中,命令氛围(command climate)、凝聚力(cohesion)、士气(morale)、战斗心理准备(combat mental readiness)的研究倍受关注。

21.2.1 军队组织心理健康的结构与概念

孙云峰在他的博士论文中通过大量的实验研究,系统地探讨了作战单元组织心理健康结构与评价方法。

该研究对3 020名官兵所在的241个连队的组织心理健康状况进行了调查,通过因子分析,提取出了六个维度,分别为领导行为(LB)、凝聚力(CO)、人际关系(IR)、士气(MO)、连队支持(CS)和连队效能(CE)。领导行为指领导在执行其职能过程中表现出的特有行为和人格特质,是组织心理健康的决定因素。凝聚力指组织成员的集体荣誉感、自豪感和归属感。人际关系指成员之间的亲密关系和协作关系,反映了亲密的战友情谊。士气指组织在完成遂行任务时表现出来的一种积极向上的精神面貌。连队支持指组织为成员提供的物质和文化支持。连队效能指组织满足成员成就需要的程度。在心理健康的组织中,领导者应能有效地行使职能,组织成员具有高昂的士气和凝聚力,组织能够为成员提供充足的保障和支持。对于军队组织而

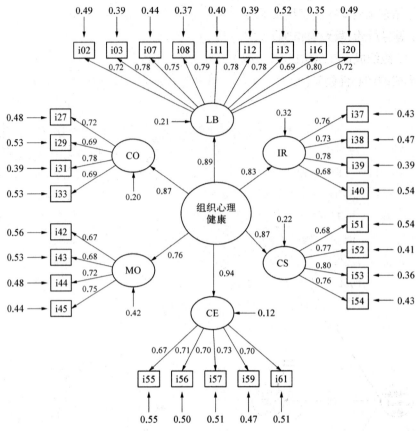

图 21.2 组织心理健康结构的验证性因子分析

言,心理健康的连队应能充分发挥作战效能、主动抵御不良信息的损伤、维护应激条件下的官兵心理健康。

研究发现,这六个维度对连队组织工作绩效都有显著性贡献。评分高的为高组织心理健康连队,评分低的为低组织心理健康连队,两种类型在六个维度上均存在显著性差异(见表21.2)。

表 21.2 高、低组织心理健康连队作业绩效比较

因 子	高健康组 (n=28)	低健康组 (n=28)	t	p
LB	3.39±0.32	2.89±0.24	6.44	0.00
CO	3.39±0.27	2.98±0.30	6.54	0.00
IR	3.40±0.22	3.03±0.19	6.80	0.00
MO	3.61±0.20	3.25±0.19	6.83	0.00
CS	3.13±0.35	2.53±0.27	7.18	0.00
CE	3.33±0.28	2.86±0.21	7.05	0.00

徐振东又对245名官兵做了进一步调查,对六个维度作二阶因子分析,获得3个维度:领导行为、凝聚力和连队效能。根据这3个二阶维度,徐振东将组织心理健康定义为:组织成员在与组织互动中,将个体目标与组织目标协调一致以完成组织任务而形成的向心性趋势。

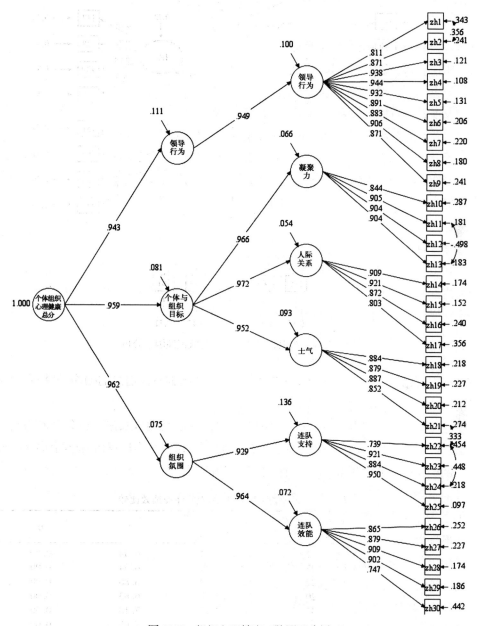

图 21.3 组织心理健康二阶因子分析

根据以上结构分析和调研结果,我们总结出军队组织心理健康的理论公式:

组织心理健康 $= 0.70 \text{LB} + 0.15(\text{CO} + \text{MO} + \text{IR}) + 0.15(\text{CS} + \text{CE})$

根据该理论公式,我们对组织心理健康做了以下定义:组织成员在与组织互动中,将个体目标与组织目标协调一致以完成组织任务而形成的向心性趋势。

21.2.2 组织心理健康基本要素

组织心理健康是组织成员在特定环境中有效地发挥心理调适能力的程度。它与组织是否能正常地运作,注重内部发展能力的提升,充分有效应对环境变化、创新与和谐发展具有直接的关系。90年代中后期,组织行为学开始从组织成员的心理认知层面以及人际关系因素上分析组织的健康发展的问题。

因此,国际相关领域专家普遍认为,组织心理健康是指组织成员在与组织良性互动中形成的一种积极氛围,这种氛围有助于组织克服困难实现既定目标。然而,组织心理健康是由哪些内容组成的?它是可以测量和评估的吗?目前研究者没有一致意见。

命令氛围

1997年,美军野战手册将命令氛围定义为:部队指挥官及其下属军官在实施领导力过程中形成的气氛或氛围。1999年又重新定义为,组织(单位)成员对部队工作和生活所持有共同的知觉和情感,即组织成员对工作环境和社会关系的知觉和信念。迪多夫(Dierdorff)等编制的《命令氛围问卷》在美军应用较为广泛,共有8个维度83个条目,包括满意度、直接领导、上级首长、交流、个人管理、训练和发展、团队凝聚力以及调查反馈等维度。

军事心理学的研究表明:命令氛围的好坏直接影响组织和个人的士气、凝聚力以及战斗力。由于军事组织中的领导拥有绝对的权威,因此单位领导正确行使职能是塑造命令氛围的关键。研究发现,领导过硬的自身能力、对下属的关心照顾、支持士兵的个人价值和成长机会等有利于团队中组织理念的形成。一项针对25 000名士兵的研究指出:领导者的关心照顾是形成良好命令氛围的关键。领导者的关心照顾主要体现在为人正派、尊重下属和积极关注下属等方面。

凝聚力

希尔斯和贾劳维茨对二战德军的研究表明,首属群体的凝聚力"在战斗动机方面有两个重要功能:规定和强调了群体行为标准,支撑和维持压力下的个体坚持"。此后,美军一直重视军队凝聚力的研究。虽然凝聚力理解起来很容易,但进行确切描述非常困难。至今没有一个被研究者广泛接受的概念,也没有一个统一的测量方法或可操作化的结构框架。相对而言,卡龙(Carron)的凝聚力定义得到了多数学者的认可,凝聚力是"组织的一种动力过程,反映了组织成员在共同追求组织目标和完成组织任务过程中形成的团结一心趋势"。考德里(Cowdrey)提出了凝聚力的三个基本结构框架:水平凝聚力,即同事亲密关系和协作;垂直凝聚力,即领导关心和领导能力;组织凝聚力,即自豪感和价值感,需要和目标的实现。他认为小型作战单元的凝聚力能够维持单位成员与群体之间的社会关系,并且有利于实现单位目标。

大量研究表明,凝聚力的形成取决于首属群体能否满足士兵对物质装备的基本需求,能否得到领导和同事的情感支持和尊重。格里菲斯(Griffith)认为,凝聚力可以作为一种应对资源,帮助个体或群体积极应对当前的威胁性事件。威胁事件对个体而言是紧张,对群体而言是解体。组织解体是群体成员的一种集体退缩,使组织无法抵抗外界压力,促使组织成员抛弃或解散组织。无论是紧张还是组织解体,均会影响个人或群体绩效,而凝聚力则通过提供情感支持和任务支持,缓解或消除压力带来的紧张或组织解体,从而维持个体和群体绩效。研究表明,凝聚力能够影响组织绩效、个体绩效、工作满意度、心理健康、战斗准备和战斗效能等多个变量,其影响作用在作战高应激情境中尤为突出。西博尔德(Siebold)回顾凝聚力的研究后指出,保持作战单元凝聚力十分重要,原因在于:第一,作战单元的凝聚力同战斗力和绩效密切相关;第二,凝聚力可以减轻大规模杀伤性武器和精确制导武器在战场上形成连续饱和轰炸引起的恐怖和畏惧感,减少士兵压力伤亡(stress casualty);第三,凝聚力是战斗力的倍增器,能够使得部队打败人数和武器装备远远强于自己的对手;第四,小型作战单元可以通过团队协作、提升凝聚力弥补人数少和火力弱的不足。

士气

士气对于军事组织尤为重要,高昂的士气是军队打胜仗的前提条件。麦基(Mackay)认为:士气是部队战斗力的倍增器。外军针对士气的研究较早,但进展缓慢,主要是因为士气的概念和界定十分困难,其内涵和外延非常模糊。近些年美军作战式样不断变化,美军认识到未来要想在分散和孤立的战场上成功部署、不间断地连续调动、展开全方位的军事行动,必备的条件之一就是士兵要具备崇高的奉献精神和卓越的作战训练水平,而形成和保持高昂的士气是实现这一目标的关键。由此,美军开始重新关注士气的研究,我国亦有学者对军队士气进行了初步探索。

士气的界定主要存在三种争论:第一,士气是一种精神力量,是个体和组织的精神力量的外在表现形式;第二,士气的本质是一种态度,士气中的感觉、知觉、情绪、意志、行为倾向和精神状态等都是态度的构成要素;第三,士气是指个体的心理、情绪和精神状态,是一种自我感觉,包括多种情绪情感体验,如快乐、充满希望、自信、欣赏、价值感、无悲伤和无沮丧等。贝恩斯(Baynes)对士气的操作性定义比较简单,得到较多学者的认可,他认为士气是一种群体成员从事该群体规定活动的积极性与坚持性。莫托维多和博尔曼(Motwidolo 和 Borman)编制的《行为锚定量表》和盖尔和曼宁(Gal 和 Manning)编制的《战斗准备士气量表》是常用的两个工具。前者包含部队 160 个具代表性的士气行为,共有 8 个维度:群体关系、合作、对逆境的反应、上下关系、表现与努力、纪律、荣誉心与爱国心、闲暇时间的运用。后者采用五点量表,其中有两个题目直接询问个人及团体的士气。

战斗心理准备

各种军事训练和军事计划的目的就是加强部队的战斗准状态。现在战争的突发性很强,客观上要求部队要有较高的战斗准备状态,能保证随时进行部署和调动,做到"召之即来、来之即战、战之能胜"。克雷格(Craig)指出,战斗心理准备影响士兵对连队的认同、士兵对领导的信任、领导对连队的信心,以及士兵的期望。良好的战斗心理准备可为士兵提供支持性的关系网络,该关系网络能够减轻士兵的应激反应,为士兵提供心理防卫力量,提高士兵在战争环境中的安全感和生存可能性。

军事心理学领域关于战斗心理准备的定义并不明确,沃特·里德(Walter Reed)军事研究院、盖尔和曼宁、麦格尼格尔(McGonigle)等分别提出了各自的战斗心理准备理论框架。沃特·里德军事研究院就"单位人员配备系统"进行了大量研究,提出"战斗心理准备"应该包括 5 个维度:水平凝聚力、垂直凝聚力、个人士气、对团队能力的信心和对领导的信心。盖尔和曼宁认为,战斗心理准备应包括 7 个维度:个人及团体士气、对领导者的信赖、对自己和团体以及武器的信赖、对任务及营地的熟悉性、对敌人的评估、对战争合法性的知晓以及担忧。麦格尼格尔提出了心理准备的 6 个维度:单位凝聚力、适应、胜任能力、组织公民行为、家庭准备和承诺。学者们普遍认为,沃特·里德军事研究院和麦格尼格尔的模型适合平时战斗心理准备状态的研究,而盖尔和曼宁的模型适合临战前战斗心理准备状态的研究。

通过以上分析可以看出,军事作业中维护群体心理健康是保证部队战斗力、减少战斗心理减员、维护官兵心理健康的重要环节,受到各国军事心理学研究者的关注。然而,部队群体心理健康层面的研究概念众多,概念之间界定模糊,内涵和外延相互交错,缺乏严谨的理论依据和结构框架,严重限制了该领域的研究进展。要想真正认识作战单位的组织层面对战斗力的影响,理论的界定是必须和首先要解决的难题。

综上所述,随着现代战场环境和战场生态学的变化,军人承受着前所未有的心理压力,各种心理问题的发生率和严重程度不断增加,个体水平的心理卫生保健已很难适应未来战争的需求。越来越多的军事心理学研究人员开始重新关注心理健康的组织(群体)水平研究。大量相关研究的结论一致认为:组织层面的因素对作战单元整体战斗力影响更大,组织或群体的心理健康是影响部队战斗力的重要因素。虽然,外军已经在该领域进行了一些探索,但研究中概念界定比较模糊、理论验证相对缺乏,严重制约该领域的发展。相对外军而言,我军在该领域的实证研究还是相当缺乏的。同时,组织行为学中针对组织的人性层面的研究正好与我军一直以来提倡的以人为本,科学管理的治军理念不谋而合,因此,未来很有必要在该领域进行深入研究。

21.2.3 组织心理健康测量

组织心理健康与组织因素密切相关。在组织中的沟通、参与、决策、合作、绩效认可和人际关系等指标,均为组织心理健康评估的要素。在组织心理健康评估时应综合考虑以下方面:组织中的沟通、组织成员参加和投入到组织活动的程度、成绩得到组织认可和反馈的程度、组织成员得到训练和发展的程度、组织成员重视组织绩效的程度、组织管理的公平公正程度、组织士气、组织成员之间合作程度、组织的信任和组织承诺、组织成员间人际关系、对组织目标的认同、组织中的领导、道德、组织成员的荣誉感等。

21.2.4 组织心理健康与个体心理健康的对比

组织心理健康的结构与个体心理健康结构不能一一对应,但如果我们将组织视为一个完整的个体,两者之间在一些维度上也存在一定的关系。

表 21.3 个体心理健康和组织心理健康结构的比较

序号	个体心理健康	组织心理健康
1	自我接纳	组织认同
2	与他人的良好关系	组织凝聚力
3	自主性	责任感和承诺
4	环境控制	团体效能感
5	生活目标	组织目标认同
6	个体成长	组织学习

自我接纳—组织认同

心理健康的一个重要特征是自我接纳。发展心理学强调,人对自我的现状和对过去的认可和接纳,是保持积极态度的主要特征。而组织认同是组织心理健康最重要的因素之一。组织成员对组织的认同,经历了一个自我增强与自我归类的过程。承认自己的组织、认同自己是组织的一员,对成员的心理会产生很大的影响。一个认同自己组织的员工,会将组织的成就和自己联系起来,产生荣誉感和自豪感。

与他人的良好关系—组织凝聚力

对个体而言,对人类、对自然的爱心,热爱他人、承认他人、与他人能保持良好关系是心理成熟的标志。在组织中,良好和谐的内部关系有助于形成组织凝聚力,而凝聚力是组织发挥效能的保证。

自主性—责任感和承诺

自主性被理解为不以他人的喜好看待问题,而是根据自己的标准作出评价。成员在组织中的自主性感受是一种主要的心理状态,它可以增强成员对工作结果的责任感和授权感,可进一步发展成员对组织的承诺感。

环境控制—团体效能感

环境控制是指个体能选择和创建适合自身发展的环境。组织与环境密切关联。组织力量在一定程度上取决于人们的集体效能感,即相信人们只要通过齐心协力就能够解决面临的问题。集体效能感的信念,影响着成员寻求获取什么样的社会前途,投入多少努力,在集体力量不能带来快速效果时能坚持多久。

生活目标—组织目标认同

个体在不同年龄阶段应有不同的生活目标。一个持积极生活态度的人一定是有目标的,这样会使他认识到生活的意义。健康组织必须有明确的发展目标。但只有当组织目标与成员目标一致时,才能激发成员的工作动机,提高工作积极性,使组织成员朝共同的目标追求和努力。目标认同包括:将组织发展目标确定为自己的目标,愿为目标的实现而努力,关心组织的未来发展,愿朝领导对自己的期望前进,喜欢组织,不轻易离职等。

个体成长—组织学习

不断充实自我、需求自我实现、挖掘自身潜能是个人成长观的要旨。不仅个体要学习,组织也要学习。组织学习是组织中团队的学习,也是当今大多数组织为了适应环境变化所主动采取的应对方式。一个会学习的组织,才能获得健康发展的机会。

21.2.5 军队组织心理健康的应用

军队是组织心理健康研究的最佳实验室。军队组织心理健康最有代表性的实践是美国太平洋舰队本福尔德驱逐舰的实例。90年代晚期,美国太平洋舰队的本福尔德驱逐舰成为一颗耀眼的明星,它成为一个领导者转变自己的观点和角色取得巨大成功、促进组织健康的一个典型范例。舰长阿布拉霍夫(Abrashoff)在1998年成为该导弹驱逐舰的舰长,通过两年努力,将两年服役期满士兵的留职率从28%提高到100%,船只的部署准备指标从52天减少到19天,并且节省了25%的开支。他的名言"记住:这是你的船!要让它成为最好的!"深入每名水手内心。阿布拉霍夫认为,实现这一令人瞩目的目标,首先是领导角色的转化,因为"限制人们潜能的最大障碍是领导的规定,根源则在于人们自己的害怕、自我需要和徒劳的习惯"。在《这是我的船》一书中,他总结自己的管理经验,包括树立典范、积极聆听、有效沟通、建立信任、注重结果、理性冒险、打破成规、培养人才、同心协力和提高生活质量等。

军人心理健康问题已经引起各国高层的重视。美军研究表明,26%的官兵承受着巨大的工作压力,每年18.5%—29.5%的官兵出现心理和精神问题。工作压力、生活事件和心理问题严重影响官兵的工作绩效和身体健康,引发人际冲突,缺勤率和事故发生率攀升,降低部队士气和凝聚力。我军一项关于士兵心理健康的调查研究发现,在寻求心理咨询的士兵中有心理问题的占78%,其中一般心理问题占92%,心理障碍占7%。诱发心理问题的原因主要包括五个方面:部队生活适应(34.9%)、人际关系(30.8%)、个人前景(24.3%)、家庭和个人情感(16.2%)和疾病医治(6%)。这些研究均发现,以上影响士兵心理健康的因素与连队组织心理健康有密切联系。这说明,连队组织心理健康状况不佳,组织不但不能成为士兵应对压力的重要资源,反而会成为诱发心理问题的重要因素。连队面对外界巨大压力时,如艰苦的战场环境或遭遇心理战攻击,由于士兵缺少必要的应对资源,很可能会出现严重的心理问题,限制个体功能的发挥,进而影响整个部队的战斗效能,甚至出现组织解体。由此可以看出,要想预防士兵心理问题的出现,提高士兵应对压力的能力,增强部队的战斗效能,关键是不断改善连队组织心理健康水平,构建和谐健康的连队氛围,使连队真正成为士兵可以依靠、信赖的组织,使得士兵可以真正从连队获得有效、可利用的应对资源,以此应对各种压力。

一项对第二次世界大战期间92.9万精神障碍伤员的分析发现,那些战斗精神障碍的士兵,主要特征是因人际关系瓦解而变得极度的恐惧、孤独和无助;他们感觉不到自己是一个强大群体的一部分,却强烈地预感到个人的孤独、无助和失败,最终导致战斗精神障碍,丧失战斗力。因此,马歇尔(Marshall)将军在《与武器对抗的人们》一书中对第二次世界大战时的经验作总结时说:"战争中最朴素的真理是,当有战友在场或假定有战友在场时,就足以驱使一名士兵勇往直前。"当有人问及什么东西能够促使一个士兵勇敢地面对死亡时,他回答道:"这与引导他们勇敢地面对生活在很大程度上是一样的,友谊、对责任忠诚、意识到他被人们所信赖,以及他对别人的信赖等。"

而战争中,军人之所以能够在看不到丝毫希望的境况下仍然保持战斗力,来自首属群体的人际间的友谊关系是保持坚韧性的决定因素。当连队的首属群体能够满足士兵的基本生命需求,军官能够为他们提供关爱和尊重,群体能够为他们带来力量感,充分融洽的人际和上下级关系,瓦解组织效能的因素(如自私自利)被消除,就会使这个连队保持坚韧作战精神。

特利尔(Little)关于朝鲜战争中士兵"伙伴"关系研究,马洛(Marlowe)关于基本训练的研究,以及马斯克斯(Moskos)对越南战争的观察,都更加注重首属群体的"亲密关系",同时也进一步证实这些人际关系对心理健康以及军事绩效具有核心作用。

在20世纪80年代,美国陆军意识到仅靠战争的严酷性来提高凝聚力是危险的,于是做出了一个明确的、并且是史无前例的尝试来培养凝聚力。其中最显著的成果是构建了"单位人员配备系统",就是将分配和调动士兵的权利由以往的个人改变为连队。这一努力是由总参谋长迈耶促成的,它充分保证了人际关系的稳定性,使得军队凝聚力得到了极大的提高。他将部队的凝聚力定义为:无论是面对战斗还是工作压力,支持士兵的意愿,信守彼此的承诺,让士兵们认识到在战斗中生存或在工作中取得成绩必须依赖于他人,这就会使部队形成团体凝聚力。

如同军事领域中有关士气的定义一样,这一定义并没有提到满意或者快乐,而是明确地包括了对完成使命的义务和对部队的义务。因此,部队凝聚力应该被看作是士气的一个贡献者、是一个独立的概念,而不是士气的同义词或者相关概念。该定义的第二个含义以及附加上"部队"这个词的原因是,大多数关于凝聚力的学术文献在定义凝聚力的时候都是集中于个体渴望隶属于群体,而不考虑群体对所选择或者被赋予的任务的积极性。"部队凝聚力"第三个显著的方面是关注这个"部队"的大小,这在迈耶将军的定义中并未提到。特利尔对于韩国两人"伙伴系统"优势作用的观察发现,接受并信任另一个士兵是大有好处的。希尔斯和贾劳维茨在文章中提到的"首属群体",将其定义为以面对面的亲密联系与合作为特征。如同英格拉哈姆的研究所表明的,即使是和平年代的士兵,至少就住单身宿舍而言,几乎可以把排或者连划定为首属群体的最高上限。所有人都会承认,尽管80至160人的连队构成了士兵的日常生活圈子,但士兵们更容易从人数远远超过这种连队规模的组织中产生自豪感、从中获取巨大的力量,有时甚至会为这种组织献出自己的生命。实际上,这种情感和行动正是团队精神反映的内容。

2008年3月至5月举办的全国青歌大奖赛上,首次将合唱作为比赛项目,总政合唱队凭借着高超的技术和团队合作精神一举获得全国大赛第一名。在总结成功的经验时,他们没有谈及个人的发展,却更多地感悟到合作的意义:合唱队员都必须在和谐的音调中找到自己的位置;合唱队员要有很好奉献精神,抛弃个性,弘扬主旋律;合唱练习是去个性化、强化集体意识的过程;合唱、唱齐需要花费很长时间来学会与他人合作;合唱队员总要想着别人,在集体发展中寻找个人发展契机。同时有研究表明,个人成就感与集体成绩间的关系是成正比的。也就是说,只有组织达到预期的目标或者取得良好的成果,该组织内的人员才会拥有更多的自我认同。

从以上实例中我们不难看到,组织心理健康的各种功能往往是交织在一起共同发挥作用的。这样不仅有助于促进官兵个体心理健康发展,使连队中的每个成员具有强烈的自豪感、荣誉感、责任感和使命感,更重要的是有助于在连队中培育形成积极向上的团队精神。这种团队精神就是组织心理健康的重要标志,它是我军战斗力的重要源泉,是战斗精神的灵魂。

(苗丹民　孙云峰　曹　爽　黄　荷　徐振东)

参考文献

路惠捷,苗丹民.(2011).个体心理健康与组织心理健康理念的博弈.医学争鸣,2(5),14-16.
苗丹民,郭宁选,杨耀明,孙云峰.(2007).坚持为部队心理服务的宗旨构建部队心理保障体系.心理学应用探索,1(1),4-5.
苗丹民.(2006).军事心理学研究.心理科学进展,14(2),161-163.
孙云峰.(2006).作战单元组织心理健康评价体系与方法研究.博士学位论文,西安:第四军医大学.
Belschak FD, Den Harton D, Fay Doris. Exploring positive, negative and context-dependent aspects of proactive behaviors at work. Journal of occupational and organizational Psychology, 2010, 83, 267-273.
Narroe WE, Rae DS, Robins LN, Regier DA. (1994). Revised prevalence estimates of mental disorders in the United States. *Arch Gen Psychiatry*, 51(1), 8-19.
Page LJ, Ferguson ED. (2010). Business and organizations. *The journal of individual psychology*, 66(4), 482-491.
Pflanz SE, Ogle AD. (2006). Job stress, depression, work performance, and perceptions of supervisors in military personnel. *Mil Med*. 171(9), 861-865.
Pflanz SE, Sonnek S. (2002). Work stress in the military: prevalence, causes and relationship to emotional health. *Milit Med*, 167(9), 877-882.
Shamir B, Brainin E, Zakay E, Popper M. (2000). Perceived combat readiness as collective efficacy: individual- and group- level analysis. *Military Psychology*, 12(2), 105-120.

第 22 章　外军随军牧师的心理作用

22.1　美军随军牧师制度及定位／473
　　22.1.1　法规制度／473
　　22.1.2　组织机构／473
　　22.1.3　角色定位／474
　　22.1.4　选拔与培养／474
　　22.1.5　职能与任务／475
　　22.1.6　美军随军牧师的作用／477
　　　　　　战争宣传／477
　　　　　　战时提升凝聚力和士气／478
　　　　　　提供"精神依靠"／479
　　22.1.7　美军随军牧师的贡献／479
22.2　美军牧师制度面临的问题／480
　　22.2.1　随军牧师任务繁重／480
　　22.2.2　不同宗教信仰相互矛盾／480
　　22.2.3　信仰和现实矛盾冲突／481
　　22.2.4　随军牧师自身信誉受到质疑／481
22.3　其他国家随军牧师制度／481
　　22.3.1　英国／482
　　22.3.2　法国／483
　　22.3.3　德国／483
　　22.3.4　俄罗斯／484
　　22.3.5　其他国家／486
22.4　外军随军牧师的启示／487
　　22.4.1　依法治军，完善法治建设／487
　　22.4.2　构建信任，提高凝聚力／487

参考文献／488

从美国独立战争到今天,随军牧师及其助理为军队服务长达240多年。纵观这段历史,可以说是一部随军牧师奉献和牺牲史。随着军事任务和战争需求的变化,随军牧师的制度和作用也在一步步地发展和完善。了解外军随军牧师工作的特点,可以为我们打开一扇研究军队心理服务的窗户,通过触及随军牧师在士兵心理、士气和道德方面起到的作用,对我们开展部队心理服务工作以更多的启迪。本章将对当今外军随军牧师的制度、任务、作用、存在问题等进行介绍和批判性分析。

22.1 美军随军牧师制度及定位

22.1.1 法规制度

《美国宪法》规定每个士兵享有信教权利,也明确了美军随军牧师的法律地位。依据美国《陆军条令》,宗教生活、宗教道德和部队的士气由指挥官、随军牧师和随军牧师助理共同负责,随军牧师只是部队指挥官的特别参谋和顾问。《将军令》还规定了随军牧师助理在军队中的职责和地位。第48版《美国陆军军官手册》进一步指出,根据随军牧师的职业特点,陆军部为其配备了士兵助手,做行政工作,担任车辆司机,并在战斗中保护牧师的生命安全。通过以上法律法规,美军随军牧师的地位有了可靠的法律保障,也使随军牧师职责有了明确的方向和严格的界限。

22.1.2 组织机构

美国国防部设有武装力量牧师委员会(Armed Forces Chaplains Board),主任为少将军衔。武装力量牧师委员直接隶属于分管人事的国防部副部长,由6人组成,其中3人是军种首席牧师,他们轮流担任委员会主席,任期一年,对各自兵种的参谋长负责。武装力量牧师委员对各类随军牧师分支机构实施领导,是随军牧师的最高领导机构。所有随军牧师在编制上由所在兵团指挥官领导,在业务上由相应的牧师机构指导。

在陆海空三军都设有牧师部长,少将军衔。其中陆军设有陆军牧师部,在营、旅、师、军级部队中都有编制内的随军牧师。通常情况下,营级部队随军牧师授大尉军衔,旅级部队为中校,军级为上校,拥有随军牧师的部队至少是营级以上单位。海军部队设有牧师部,舰队、陆战队设牧师处,分舰队设牧师科,大型舰只、中队设牧师。空军设空军牧师部,战区、航空兵设牧师处,基地、联队有牧师科。

图 22.1　美军陆、海、空三军牧师团徽章(来源：维基百科)

22.1.3　角色定位

《陆军条令》165-1规定随军牧师的两个基本角色：宗教事务领导者和专业事务顾问,属于非战斗人员,没有命令权利。宗教事务领导者指的是所有的牧师致力于宗教信仰、传统、习俗的培育和实践,强化士兵及其家属的宗教生活；组织一些宗教活动或仪式,并且为宗教、道德问题提供专业的指导和建议。专业事务顾问是牧师向指挥官提供有关道德、士气、心理工作的建议,拥护、支持指挥官的决定。

22.1.4　选拔与培养

成为美军牧师的条件非常苛刻,牧师都要通过严格的资格认证。美国国防部规定：凡民间牧师入伍前必须具有经军方认可的神学学位,4年大学或3—4年神学院的学历,或在民间传教2—4年的传教经历,还必须得到所属宗教团体的同意；除了掌握宗教事务以外,还需具有广泛的现代科学文化知识。因此,随军牧师的综合素质往往较高,不少人精通文学、艺术、历史、哲学、心理学等知识,大多数拥有硕士或博士学位。

随军牧师入伍后,先要进入美国国防部牧师中心和牧师学校进行3个月的培训,学习随军牧师基本课程；课程大体分成宗教服务课程、军人技能课程和其他相关课程,包括心理学。军队宗教服务课程主要有主持军队葬礼的基本程序、做军人家庭的思想工作、主持宗教教育、在战场提供各种服务等。军人技能课程从战场生存训练开始,包括体能适应性训练、战场救护、地图判断和昼夜间陆地巡航航行等,来了解军队情况、熟悉部队的日常生活,并接受"军事合格技术"训练。考核合格后被授予中尉军衔,分配到部队提供宗教服务,在部队工作6—10年后再到培训单位接受9个月的高级训练。地方神职人员想完全转变为随军牧师,还需学习领导艺术、军队法律、军用文书书写、军史,并接受心理训练等。

目前,有3 800名随军牧师在美军中服务。现役随军牧师的年龄有着严格的规定，陆军不得超过40岁，海军不得超过36岁，空军不得超过42岁。加入现役后必须服满3年现役。由于随军牧师的特殊身份，他们还必须通过严格的军事训练。一旦战争爆发，他们必须知道自己的职责以及在战斗中的位置，承担牧师的职责，解决军人随时出现的各种心理问题。由于任职条件严格，美军随军牧师在平时和战时成为美军士兵不可或缺的"精神支柱"。

美军对随军牧师的需求大，因此美军提供多种途径征选优秀牧师入伍。神学院的学生是主要招募对象，如果学生接受军方的全额奖学金，需要签一份预备役4年、之后在现役正规军工作6年的合同。神学院的学生进入预备役即为公务员，有工资、有津贴，可以就地就近服役，不影响学习。军队随军牧师享有美国武装力量军官享有的所有优待，并按军衔确定基础工资和其他补助。随军牧师每年可休假30天，还可以得到10天的行政假。部队为随军牧师提供住房、免费医疗服务和其他一系列优待；此外，还有40万美元的生命保险，全家享受医保。军队专门为随军牧师拨款购买制服和专用服装；随军牧师还可以得到相当于支出金额75%的教育培训补助。美军一直以优厚待遇吸引地方牧师为其服务。如果地方牧师有两年以上工作经历，跟军队签约3年试用期，6年服务期，可获1万美元奖金。五角大楼特别推出了"联合培养项目"，即由军方和民间大主教管辖区来共同培养随军牧师。这一项目允许地方上的教会到军队中发现有志成为牧师的士兵，在征求这些士兵同意之后，把他们送到地方神学院学习培训，学习结束后去地方教会工作3年，然后返回军队任随军牧师。

22.1.5　职能与任务

根据浸信会通信社（Baptist Press）报道，在第一次世界大战中，牧师的职责包括：提供宗教和个人的咨询，为伤者和死者祈祷，组织纪念庆典，为美国本土和驻扎在欧洲的战士组织祈祷。

相比之下，目前的各种法规对于随军牧师职责的规定更加全面、覆盖范围更广。《宗教保障野战条令》规定：随军牧师应提供宗教服务，举行宗教仪式，宗教教育，对军人家庭生活提供帮助，为军人提供心理及人文支持。美国陆军招聘网站（www.goarmy.com）提出合格的随军牧师应该具有以下4方面的职责：

（1）就宗教、道德和士气相关问题向指挥官提供建议；

（2）全面负责职业事务，包括教育、咨询和家庭活动等；

（3）主持各种重要的仪式，如结婚、葬礼和纪念日等；

（4）向来自美国、外国机构各种武装人员和平民提供宗教等服务。

《随军牧师手册》则更加全面、详细地对随军牧师的职责进行了界定：

（1）出席任何集会或活动。无论牧师在其中的角色和作用是怎么样的，牧师的

出席能够给大家传递这些活动是十分重要和有意义的信息;

(2) 举行祈祷活动。祈祷是随军牧师的主要工作之一;

(3) 组织、参与各种仪式或节日活动,如独立日、老兵节、葬礼等仪式;

(4) 参加所有美军官方的仪式或典礼;

(5) 从精神上塑造官兵"为国家服务"意识;

(6) 每年向上级汇报本年度的工作情况,如详细列出参加或组织的各种活动,详细统计工作时长、工作里程、通话记录等;

(7) 积极与上级沟通;

(8) 积极探望、关心伤员和新兵,提供心理支持;

(9) 需要时通过电话、邮寄卡片等形式与服务对象的家人沟通;

(10) 适时组织各种宗教、心理活动。

可以看出,不同时期对于随军牧师的要求不尽相同。近年来,牧师的职责逐渐扩大,具体表现在增加了以下4个方面的工作:

(1) 强调了向指挥官负责。随军牧师需要就部队的士气、道德、心理等问题向指挥官提供建议;牧师招聘网站(http://www.pastoralcounseling.org/)明确提出随军牧师要拥护指挥官的决定。

(2) 军人品德教育和知识普及。比如,根据反酗酒、反毒品、预防自杀计划开展工作等,开展历史、卫生防护等知识讲座。

图 22.2 莫里斯·卡普罗(Maurice S. Kaprow)与乔治布什号航母的官兵讨论自杀预防问题

(3) 心理健康和疾病。帮助战士处理各种心理问题,提供咨询及安慰;识别存在心理问题的战士,及时送至心理专家或者医生处理;帮助提高战士的心理顺应性等。

(4) 宗教服务对象不局限于部队官兵。美军开始意识到家人对于部队官兵在心理健康和士气方面的重要作用,因此军人的家人也是随军牧师的服务对象。同时,随军牧师要为敌方战俘和贫民提供帮助,保证他们的宗教信仰。

早期的随军牧师职责主要为处理宗教相关事务,而现在则拓展到教育、心理健康等各个方面,即只要能够提高战斗力的事情,牧师都可以参与。正如退休随军牧师布林斯菲尔德(Brinsfield)所述:"牧师提供的不仅仅是做礼拜,还有宗教教育、娱乐、人道主义服务。他们参与自杀预防、创伤后应激障碍预防、离婚等事务,和人相关的事情牧师都会参与。"美国军队历史学家马丁·布卢门桑也认为:"那些被人称为'服务于上帝与军人之间'的随军牧师们,除了要行使宗教服务和主持宗教实践的职能外,还需担当起培养军人道德观,做好相关思想工作和提供心理咨询的责任。"这种变化的产生和美军参与的各种战争性质密切相关。从独立战争到南北战争,再到一战和二战,这些战争是正义的,部队官兵和人民大众的参战热情高、积极性强。相反,朝鲜战争、越南战争和中东的一系列战争,这些对外的"侵略"战争,在道义上缺乏足够参战的理由,迫使美军必须加强对于部队的思想管理。同时,"非正义"的战争必然致使战士对于战争合法性产生怀疑,进而增加各种战场心理疾病的发生,因此,需要牧师在心理、士气等方面为战斗提供合理解释。除此之外,随军牧师对于海外战场当地平民的帮助,也是为战争的后果进行美化,为美军的侵略行为进行"洗白"。

22.1.6 美军随军牧师的作用

美军法律规定随军牧师的主要职责在于处理宗教事务和提供宗教支持,凭借宗教这种特殊的优势,牧师对战争的宣传和士气的提升起着重要的作用。

战争宣传

任何战争都需要"师出有名"。《列宁选集》中提到:"在任何战争中,士兵们相信战争的正义性并且意识到有必要为了兄弟们的幸福需要牺牲自己的生命时,他们会提高斗志并肯忍受空前沉重的负担。"战争的合法性能够使战士摆脱杀戮带来的罪恶感,从而激发参战的自觉性和从容性。随军牧师在解决美军战争合法性方面起着至关重要的作用,他们告诉美军士兵自己才是"上帝的选民",只有美国才是自由、民主的化身。因此,他们需要承担"世界警察"的责任,从而使其他"较少得到上帝眷顾的外国人能够分享到自由民主的幸福"。

当士兵为杀死陌生人而感到困惑时,牧师们会拿出《圣经·新约-罗马书》,用第13章"在政府名义下使用致命的军队"教导官兵,解决他们的心理问题,告诉他们宗

图 22.3 美国国旗与基督教教旗

教信仰与成为一名战士并不矛盾。同时,随军牧师还借助宗教将信仰和爱国精神统一起来,比如,在美军的教堂里常常可以见到美国国旗与宗教旗帜挂在一起。牧师告诉军人,作为虔诚的基督徒军人,更应接受和响应国家与军队的感召,为上帝惩罚邪恶,哪怕是奔赴最危险的地方,也要接受生死考验,做好不惜牺牲生命捍卫祖国利益的精神准备。1775 年,乔治·华盛顿创建了美军军事神职人员制度,他指出:"任何时候我们都需要上天的祝福和庇护,尤其是在社会动荡、军事危险频现的时候。我希望并坚信,每一名军官和男人都会像基督教战士那样捍卫祖国的自由。"

战时提升凝聚力和士气

美军官方没有明确说明随军牧师与思想工作的关系,但随军牧师对鼓舞部队士气、军人心理健康、提高战备水平发挥着不可替代的重要作用。美军认为,当一个人陷入巨大的失望当中,无法得到爱人的理解和支持的时候,他所需要的无非就是有人倾听、有人交谈——不用担心随军牧师会泄露你的隐私,也不必在乎所谓的消极影响。牧师为美军官兵解开心结,化解矛盾,成为西方军队中少有的专业心理工作者。

在战争期间,随军牧师采取的一系列活动都大大地提高了部队凝聚力和士气,有时甚至超过了行政力量。随军牧师也为军人家属提供宗教支援,减轻参战官兵与其家人的担忧,防止官兵因遭受战斗压力折磨,出现"战场综合征",丧失战斗意志。同时,美军军事基地教堂全天开放,为参战人员家属提供各种服务,组织家属子女给参战亲人写慰问信、募集和邮寄慰问品等,受到参战官兵的欢迎。随军牧师选择恰当时间和地点,组织官兵周日礼拜,探访受伤官兵并进行心理咨询等。战争期间,每个人都沉浸在紧张和恐惧的气氛之中时,有人能够设身处地帮助他们,这在官兵之间起到了粘合剂的作用。

美军认为,战时宗教支援不仅保证了政府对军队的政治控制和精神影响,起到稳定军心的作用,还能辅助作战计划的制定与实施。联合作战中,美军根据作战任务需要任命资深随军牧师到战区司令部工作。随军牧师用自己的实际行动,增加了官兵之间的交流和互动,增进了人们之间的理解,缩短了人际距离,有助于大家形成统一的认识,从而提高凝聚力和士气。战争期间,士兵发现他们最想见到的人就是随军牧师。不论是现役美国军人,还是曾经在军队中服过役的美国人,都或多或少地得到过随军牧师们的帮助。

提供"精神依靠"

古往今来,每当发生灾害或者战争的时候,人们往往沉浸在恐惧之中。此时,人们需要精神上的慰藉和鼓励,从而转移恐惧或者借此增强自信心,这是人类的一般规律。比如,战士在战争期间拿出家人的照片,期盼早日和家人团聚,从而寻求短暂的心理安慰。

21世纪以来,美国加紧推行海外军事存在的国防战略,加之连续发动了三场大规模的局部战争,复杂而沉重的心理问题压在美国大兵的心头。这时候,牧师的作用就体现了出来,他们布道时不需要专门的教堂和讲坛,战场上泥泞的小山或是军营宿舍都是传播上帝旨意的"讲坛",但是对官兵的影响却"比其他任何因素都大",成为名副其实的"精神支柱"。

美国的军事政治领导人也认为,军人对宗教的需要正在急剧增长,尤其是处在战斗环境中时。当美军在波斯湾执行任务时,在各团的礼拜仪式上愿意听有关基督教徒的布道和关于宗教话题谈话的士兵人数明显增多。据驻科威特的某分队宗教小组的一位洗礼教牧师称,在战斗行动即将开始前,分队会积极创造条件,"引导士兵们成为基督教徒,只要我一出现,就有人想同我谈耶稣"。在一次礼拜中竟然有19人开始皈依宗教;在另一次礼拜中,有63名军人在波斯湾接受了洗礼,其他人则在挖的水池中接受了洗礼。

随军牧师们称,士兵们都说与上帝重归于好使他们在防守时充满自信,坚信自己的使命是正义的。援引海军陆战队一名上等兵的话说:"经过洗礼之后,我觉得自己穿越边境的准备更充分了……对我来说,这是最好的自我保护手段,比海军陆战队提供给我的武器更有效。"随军牧师们说,在战场上皈依上帝的部分军人,尽管在此后和平条件下忘记了这一切,但在战场上这些转变是极其重要的。

22.1.7 美军随军牧师的贡献

随军牧师对于美军的贡献是重要的,随军牧师一直伴随着美军的发展。尽管军队神职人员不被视为战士,但许多牧师在战斗环境中表现英勇而受到高规格的军事奖励。自从建国以来,共有419名牧师在战场上牺牲。

从南北战争起,已经有14%的随军牧师获得战场勋章。从1775年以后的36场战争和242场作战任务中,超过25 000名随军牧师被授予奖章。从1861年到1975

年,6名随军牧师被授予荣誉勋章,27名获得十字勋章,44名获得银星勋章,67名获得功勋勋章,719名获得铜星奖章,109名获得紫心勋章。美军还专门设立了"勇敢牧师奖章"(Army Chaplain Medal of Valor)。纽约的时代广场为第一次世界大战中美军著名的随军牧师弗朗西斯·达菲(Francis P. Duffey)立有纪念碑。

图 22.4 弗朗西斯·达菲(1871—1932)美国一战时期著名随军牧师

22.2 美军牧师制度面临的问题

22.2.1 随军牧师任务繁重

无论是在科威特烈日炎炎的沙漠演习场,还是在阿富汗、伊拉克战场上,遇到麻烦的美军士兵不是向他们的长官求助,而是向身穿军官制服却不携带武器、号称"服务于上帝与军人之间"的美军随军牧师们求助。目前,由于整个美国牧师队伍老化,美军也面临着随军牧师短缺的问题。美国陆军日前声称,军中天主教牧师短缺的问题已经十分严重,以致驻扎在全球各地的10万名信仰天主教的官兵及其家属连最起码的宗教仪式都无法得到保证。五角大楼负责招募陆军随军牧师的办公室主任戴维·克尼汉表示,天主教牧师的严重短缺使得信仰天主教的官兵在星期天无法作弥撒或者参加圣礼。

22.2.2 不同宗教信仰相互矛盾

目前世界上所有的教派在美国都有,美国国内各种宗教团体有近3000个。其国内各宗教派别信徒比例最能反映目前美国宗教现状:75%的美国人信奉基督教

(主要是新教教徒,其所占比例超过总人口的50%),2%的人信奉伊斯兰教,1.5%的人信奉犹太教,0.5%的人信奉佛教和印度教,0.1%的人信奉其他宗教派别。还有10%的美国人认为自己属于"世俗论者"(即虽然相信上帝,但不属于某一特定的教派)和"不可知论者"(即认为证明上帝的存在与证明上帝不存在一样,都是不可能的),另有不超过8%的人是"无神论者"。

依据随军牧师机构相关法律,随军牧师不仅要为本教派的信徒提供帮助,也要为全体军人提供帮助。随军牧师并不认为军人之间会因宗教信仰不同而起冲突,因为他们相信为信徒提供帮助是最重要的。然而,对于军人自己来说,包容其他信仰的人是困难的。最近美军已经意识到,原有的基督教、天主教随军牧师已经无法满足信仰佛教、伊斯兰教士兵的需要了。一方面,基督教随军牧师和伊斯兰教徒之间"宽容相处"非常自然;另一方面,基督教随军牧师和其他教派的随军牧师之间也存在一定的矛盾。

22.2.3 信仰和现实矛盾冲突

在牧师看来,仅靠读《圣经》《古兰经》无法解决一切问题,很多工作不能完全依赖于宗教理念。牧师本身是理论与实践、理想与现实相矛盾的职业,特别是在军队。他们作为军事参谋而强调忠诚,作为宗教使者又强调人道,两种观念激烈冲突。他们自誉是上帝的使者,给芸芸众生避难消灾,却要鼓励士兵们勇敢参战、从容面对杀戮与死亡。如何才能把这两种相互矛盾的使命巧妙地结合在一起,则取决于牧师本人与周围人群的关系和自身的人格魅力。

22.2.4 随军牧师自身信誉受到质疑

20世纪六十年代对于随军牧师来说是个分水岭。在越战期间,随军牧师对于战争的公开支持导致他们成为人们反战的主要目标。反战分子对于随军牧师的批评对随军牧师名誉产生深远的影响。为了应对这些质疑,随军牧师在做好宗教事务外,开始积极从事部队官兵的教育工作。

22.3 其他国家随军牧师制度

世界上许多国家都有随军神职人员。在一些国家的部队中,随军牧师被授予军官军衔且直接隶属于国防部,士兵和士官在面对他们时,更多地像面对军官,而不是自己的精神监护人。不过,随军牧师对部队士兵带来的正面影响,远远超过随军牧师制度本身的缺陷。随着信息领域的对抗不断加剧,随军牧师的作用未来还将不断增强。而且,随军牧师除了发挥宗教方面的作用,他们在价值观塑造、爱国教育、心理疾病防控等方面也起到重要作用。

22.3.1 英国

英国有近 90% 的人信仰宗教,即使在他们参军入伍后,各自的宗教信仰仍未改变。因此,为了保持较高的士气和军人在战场上的心理稳定性,英军随军牧师主要主持各教活动,对军人的宗教信仰进行强化和引导。英军的随军牧师制度由来已久,可以追溯至 17 世纪 60 年代,当时英国爆发了资产阶级革命,资产阶级革命家克伦威尔自费建立了一支由底层劳动者组成的"铁骑军",并在军队中设置随军牧师团,宣扬清教徒精神以鼓舞士气提高军队的战斗力。1796 年,英军"正式"设立了随军牧师团。起初,随军牧师的队伍中只有英格兰圣公会的代表。到 19 世纪初,长老会、天主教和新教先后向军队派驻了神职人员。1892 年,又增加了犹太教随军牧师。鉴于随军牧师团在第一次世界大战中功绩卓著,随军牧师团荣膺"皇家随军牧师团"称号。

英军的随军牧师团由牧首(少将军衔)领导,牧首配有若干副职,其中一名副职专门负责罗马教会天主教神职人员的活动,并同国防部协作管理教堂。目前,英军有 400 名左右的随军牧师服役正规军、民兵部队或军事院校,英国国防部会定期根据部队人数及其教派构成调整牧师名额。而英军中的小部分士兵信仰其他教派,为此英军也接收了各种宗教的"文职人员"进入部队,并首次出现了非基督教随军神职人员。英军的随军牧师由武装力量随军牧师中心负责培训,该中心每年招生两期,每期 4 至 5 个月。完成培训后,随军牧师还要在皇家军事学院学习军事心理学、教育学、哲学等专业性课程,毕业后学员与军队签定服役合同。为保证牧师履行职责。英军规定,无论何时只要有可能、有条件,就要给牧师提供教堂和静心屋的便利设施,并为负责若干个单位的牧师配备专用车和勤务兵(由司机兼任)。

除了对军人进行精神指导和帮助外,英军随军牧师的主要任务是消除军人紧张的心理状态。条令条例中对牧师的职责予以明确规定,他们应当主持各种宗教仪式(礼拜日祈祷、洗礼、安魂弥撒及其他仪式),参加军队节日、庆典,帮助军人挑选和学习宗教书籍,组织宗教主题谈话、前往部队医院和禁闭室对伤病员和受罚者进行精神安抚,对官兵家属进行教育。为了加强军人的爱国主义精神,在唱圣歌、祈祷、朗诵圣经后都会奏响国歌,军队教堂也必须悬挂国旗和军旗。随军牧师每周都要为部队上宗教课,课程的名称是极富特点的"精神指导教程"。军人在课堂上通常从一般宗教概论开始学习,但他们获得的教诲都具有极强的实用性。宗教课程成绩优异的军人经随军牧师推荐,将被派往随军牧师中心参加基督教知识训练班,毕业后可以出任随军牧师的助手。

总体而言,英国军队的精神心理教育是以基督教教义为基础,注重宣扬爱国主义、责任、荣誉和继承传统的理念。

22.3.2　法国

公元742年查理曼大帝颁布法令,设立随军牧师机构。当时随军牧师的职责是在战斗行动时唱弥撒曲,为阵亡军人进行安魂祈祷,并且禁止随军牧师携带武器。1539年,弗兰西斯一世在陆军和海军中建立了随军牧师机构。1555年,亨利二世下令在每个团和分队中都配备随军牧师。1793年法国大革命时期,法国军队中取消了随军牧师机构。到1805年,拿破仑又恢复了随军牧师机构。1952年7月26日颁布的《教会法令》,设立军队教区统辖陆军、空军和海军主教机构,并置于巴黎大主教管辖之下。1967年,军队教区脱离巴黎大主教管辖,改由武装力量牧首领导。1986年4月21日,罗马教皇颁旨提高随军牧师机构的地位,教区升格为主教辖区,也就相应地出现了法国武装力量主教和武装力量主教辖区这样的名称。

目前,主教辖区的领导机构是主教委员会、教会委员会、全国牧师委员会和财经委员会。为强化教育效果,法军主教辖区设立了教育委员会,负责帮助主教委员会对军人自我教育和精神面貌实施监督。法军主教辖区的出版物有《武装力量教会》、《法国武装力量天主教随军牧师年鉴》、《法国武装力量主教辖区教堂弥撒历法》及年度专题文选等。

法国随军牧师在慈善领域的活动值得一提,随军牧师机构直接领导创建了"法国武装力量随军牧师联谊会",并在1956年成立了专门照顾病人、伤员和残疾人的慈善组织——"圣母院"。该慈善组织由武装力量主教直接领导,包括现役军人、退役军人及其家庭成员,此外还包括其他非军职人员。除直接为伤员提供帮助外,该慈善组织还为在部队医院工作的随军牧师提供帮助,协助本组织成员实现精神层面的自我完善。该团体还有一项重要任务,即组织所属人员参加一年一度的国际圣地瞻仰活动。

法军随军牧师主要在完善军人精神心理领域方面开展工作,军人的爱国主义教育则由部队指挥官负责实施。

22.3.3　德国

联邦国防军十分重视随军牧师工作。实际上德国军队中一直有随军牧师(希特勒纳粹军队和东德军队除外)。德国军队中设有军事宗教局,德军的宗教机构与美军、英军有明显不同,德军的随军牧师是文职,且不列入部队编制。德军官兵主要信仰天主教和新教,军队教会执行机构是天主随军主教联邦国防军事务局和新教教会联邦国防军事务局。相关宗教事务归主教管,行政事务归国防部管。各军区也设有军事教长和副主教,具体的工作由各部队中的神职人员负责,一名神职人员往往负责几个部队。两种教派的神职人员各自设有分支机构互不干扰,有时也会组织联合宗教活动。

联邦国防军中有一个非常有趣的现象令随军牧师和士兵之间能够高度信任,即随军牧师不是军官,而是国家工作人员。为了提高随军牧师在部队中的威信,德军中的神职人员的选拔比较严苛,那些接受过神学专业高等教育,拥有三年以上的教区工作经验,同时通过军方"试用期"的牧师(当然必须是德国公民)才有机会入选。德军的随军牧师通常与军队签订7年工作合同,工作期间相当于临时服役的国家公务人员,不授军衔,但必须穿军装,特别是在冲突地区,凭肩章上的十字符号与士兵区别。虽然军队工作的神职人员需要掌握的军事知识不多,但仍需要了解一些基本信息来融入这个大集体中。此外,神职人员还要在军医学校学习一些必要的急救技巧,在需要时可作为军医助手。

联邦国防军随军牧师的基本工作方式与美、英军差别不大,但较之美军随军牧师活动所受的限制更为严格,单在选择工作方式方面有更大的自由。联邦国防军的随军牧师与自己的教民们形影不离,他们不是"政治教官",相当注意和重视的与士兵的谈话,了解他们的心理。德随军牧师的另一个重要角色就是为士兵上"生活课",每个月抽出两个小时讲述一些行为举止、相互关系、共同社会生活规则等常规问题,具体课题由军事宗教局与国防部商定。同时,还要伴随军人参加野外训练和演习,并在维护军人家庭和睦、促使家庭成员支持军人服役方面开展了很多工作。他们与宗教团体的成员一起学习圣经和神父的作品,组织信教军人瞻仰国内外圣地。随军牧师可以休假参加这类活动。

同法国军队一样,联邦国防军的随军牧师实际上只负责宗教问题,主要在完善军人精神心理领域方面开展工作,不负责爱国主义教育等。

22.3.4 俄罗斯

俄罗斯目前只有12.9%的人口是无神论者。最常见的宗教是东正教,大约有41%的人口。在苏联时期,东正教一度差点被消灭。苏联在1926年颁布了《苏俄刑法典》,规定向未成年人传教、向教会捐赠、企业挂宗教画像都是违法行为,会被送去劳改。1929年取消了所有宗教传播自由,全面清洗东正教,拆毁教堂。据1917年统计,俄国有46 500座东正教堂,到了卫国战争爆发前夕只剩下不到30座,1932年之前有2 500万人被强制脱离东正教。很多人以为苏联在十月革命以后,已经消灭了东正教,其实这是误解。由于战争期间的需要,苏联是可以信仰宗教的,但信徒多为老年人,东正教大教堂银行账户存款逾百万卢布,这些都来自信徒们的捐赠。东正教大牧守的祷文也与时俱进,他祝福前线红军作战胜利,平安归来,祝福全苏联人民的慈父领袖斯大林同志身体健康。

苏联解体后,废除了实行了70年的政治委员体制,军队国家化,军人的政治思想工作成为空缺。1991年12月后苏联解体的初期,俄罗斯军队为营级单位配备了一名主管意识形态和政治工作的副营长,但效果并不理想。苏联军队丧失了原本的指导思想,对于军队和国家的忠诚陷入迷惘。面对这种情况,俄军为了维持军心,挽回军队形象,不得不请出东正教。1994年3月,俄国防部长格拉乔夫与东正教大牧首阿列克赛二世签署了一项联合声明:"俄罗斯军队将与东正教会携手合作,共同致力于对军人的精神道德教育和爱国主义教育,以及对军人的社会保护工作。"东正教会在军队中取得了合法地位,可以名正言顺地在军队中开展工作。这是东正教在政治上的一个胜利。

对俄军来说,宗教的介入就像是给一个垂危的战士扎了一剂强心针。1992年初,据《红星报》对某炮兵师的调查表明,有7.8%的军官信教,士兵中教徒占到19%,还有33%的官兵不同程度地参加宗教活动。宗教在军队中得到了极高的认同,使得宗教足以维持军队的团结。而且社会中有广泛的宗教基础,使得一支"与民众信仰相同的军队",更容易获得广大百姓的支持。除此之外,在俄罗斯历史上,宗教对于军队的影响先例颇多,这使得宗教在宣传推广上也没有什么阻力。就这样,宗教势力便在俄罗斯军队中以前所未有的速度发展起来。

为了重塑俄军的信仰,2000年普京上台后,鼓励东正教对军队开展道德、心理和爱国主义教育,以教会掌控军人思想,在军队里设立了宗教事务处,支持随军牧师的工作,力图以教会掌控军人思想。俄军目前大概有1 000名随军牧师,在团以上部队设有随军牧师,但是这些牧师属于东正教系统。俄军的随军牧师没有军衔,他们归东正教莫斯科牧首区和军方共同管理。具有正式军队编制和军衔的牧师只有几十人,他们都是高级管理人员。

目前,俄罗斯武装力量的各种武器装备和用品,在使用前都需要接受随军牧师的典礼保障。这些仪式的花销都由军费负担。像战斗机之类的重要武器,更是需要典礼以后才能飞行,例如2015年8月15日,为了庆祝俄罗斯空军节,伏尔加顿斯克教区的大牧首,为驻守莫罗佐夫斯克的第4轰炸机团苏-34战斗轰炸机主持了仪式。

图 22.5 最新式苏-35 战斗机出厂前的宗教仪式

22.3.5 其他国家

在摩洛哥、阿尔及利亚、利比亚、埃及、苏丹、叙利亚、约旦、沙特阿拉伯、科威特、卡塔尔、巴林、阿联酋、阿曼等国家,军队教育工作由所谓的精神指导机构负责。精神指导机构不仅负责制订军人开展日常工作的制度,还负责监督军人是否严格遵守教规。精神指导机构的军官本身较少从事教育工作,从事军人教育工作的主要是在编的军队毛拉,部分受过良好训练的士兵或士官,或派遣到部队的民间毛拉也参与此项工作。

在伊朗军队,毛拉与军官具有同等地位,对军人的精神心理状态负有同等责任。排以上部队都有毛拉,设有专门负责领导和协调意识形态工作的特种司令部,为部队挑选和派遣神职人员。最高统帅部下属政治意识形态局、国防部下属意识形态局与文化部相配合,共同确定意识形态工作方向。毛拉每周在军队中开展大约 8 个小时活动,主要有宗教谈话、祈祷、宗教讲座等,这些活动的意识形态导向作用大于宗教色彩,在军队教育中发挥着重要作用。伊军神职人员通常在专门的训练中心接受培训。

巴基斯坦军队中的毛拉担负着同样重要的责任。他们同部队指挥员一起开展教育工作,维护军人的精神心理健康,国防部通过军事信息(宣传)局对其实施领导。在巴基斯坦军队中,毛拉享有与军官同样的地位。为了使宗教思想工作覆盖所有服役的军人,部队中的指挥官会任命毛拉助理。毛拉助理主要由在校学生或文化程度较高、经过专门培训的士官或士兵担任。除此之外,毛拉还要帮助指挥员研究军人行为与心理特征和规律。

22.4 外军随军牧师的启示

22.4.1 依法治军,完善法治建设

法律和法规对牧师的职责进行了详细地规定,几乎涉及到各个方面。比如,美军在《陆军条令》165-15中严格规定,随军牧师享有"受到法律保护的私下交谈"保密的权利。《随军牧师手册》规定,随军牧师应深入到训练场或战斗一线从事心理安抚工作;与士兵同甘共苦,取得信任与支持,树立吃苦耐劳的榜样。美军在一系列军事行动中不断发现问题,不断明确、完善法律法规,从而做到了有法可依。在不同的环境、执行不同的任务、作战训练不同的阶段,随军牧师的职责都在工作条例中有具体的规定,监督和检查都有明确的要求。

除此之外,美军编制了许多牧师工作手册,帮助牧师完成工作。比如,《随军牧师手册》详细规定了组织活动的时间、地点、实施程序,需要的道具工具和注意事项都有明确的描述。有了这些规定,随军牧师知道该如何开展工作,也利于工作能够在部队中传承下去,即使原牧师不离岗,新牧师也能够尽快适应工作;同时,也避免了指挥官借助行政权力,干扰活动的进行。

22.4.2 构建信任,提高凝聚力

随军牧师不携带武器,不能直接参与战斗,但仍然有大量的牧师在军中服役,还有专门的法律保障他们的权利,由此可见随军牧师在外军中的重要地位。牧师的工作其实就是"与人打交道"。在消防局工作的美军牧师莱文这样描述自己的工作:他年轻的时候也是消防员,对消防员群体十分了解,每次救火他也同去一线,大家都信任他,因此他的工作能够顺利开展,因为牧师了解战士们的所思所想。无论在本土,还是在战斗前线,牧师都会和战士们在一起,给他们帮助和鼓励。只要战士们关心的事情,随军牧师都会参与;随军牧师没有行政权,战士们也不用惧怕担心;随军牧师乐于助人,倾听战士们的诉说,就像一个"知心朋友"。随军牧师积极活动在战士周围,化解矛盾,倾听倾诉,为战士举行各种活动(如生日)等。有了随军牧师,战士觉得有了依靠,减缓了精神压力。

相对于长官的吼叫训斥,士兵们更乐于向随军牧师倾述,聆听他们的教诲。随军牧师虽然具有军衔,但是并没有实际行政权利,他们的军装上也不体现军衔。因此,以"知心朋友"出现在官兵的各种活动中,从而能够第一时间了解官兵的一举一动,包括思想动态、心理状况、士气、凝聚力等。他们对于普通战士就是"自己人"。牧师在军事行动中和部队在一起,使战士觉得有依靠,从而有助于行动的实施。

(吴 迪 关慕桢)

参考文献

黄龙华.(2007)."上帝"也参军——世界各国的随军牧师扫描.环球军事(7),36-37.
列宁选集:第3卷.(1960).北京:人民出版社.
刘刚.(1998).外军政治工作概要.北京:海洋出版社.
刘茂艳.(2010).美军牧师制度与军人价值观培养及启示.西南农业大学学报(社会科学版)(3),242-244.
张煜,李书吾.(2007).美军牧师如何选.当代军事文摘,31-33.
张煜,李书吾,张丽萍.(2005).美国陆军随军牧师制度发展简史.军事历史研究(1),180-188.
张煜,李书吾,张丽萍.(2005).美国陆军随军牧师制度发展简史(续一).军事历史研究(2),171-184.
张煜,李书吾,张丽萍.(2005).美国陆军随军牧师制度发展简史(续二).军事历史研究(3),166-176.

第23章 女军人心理健康研究

23.1 女军人常见心理问题 / 491
    23.1.1 自卑 / 491
    23.1.2 优越感强 / 491
    23.1.3 成就动机不强 / 491
    23.1.4 耐挫性差 / 492
    23.1.5 承受力差 / 492
    23.1.6 适应力差 / 492
    23.1.7 "无家可归"现象 / 492
    23.1.8 外军女军人更易出现心理问题 / 493
23.2 影响女军人心理健康的因素 / 493
    23.2.1 生理因素 / 493
    23.2.2 家庭因素 / 494
    23.2.3 职业适应性 / 495
    23.2.4 人际关系 / 495
    23.2.5 安全需要 / 495
    23.2.6 性别歧视 / 496
23.3 军事环境对女军人心理健康的影响 / 497
    23.3.1 自然环境 / 497
    23.3.2 作业环境 / 498
23.4 女军人心理健康维护 / 500
    23.4.1 建立合理认知模式 / 500
    23.4.2 充分认识自己、主动适应环境 / 501
    23.4.3 学会放松心情、积极调节情绪 / 501
    23.4.4 主动寻求帮助 / 501
    23.4.5 培养自信心 / 501
    23.4.6 树立奋斗目标 / 501
    23.4.7 加强心理健康教育引导 / 502
    23.4.8 提高职业成就动机 / 502

参考文献 / 503

女军人是军队的重要组成部分。目前,女军人主要从事通讯、文工、卫生医疗、科研等方面的工作。一些国家改变了"战争让女人走开"的传统做法,使得女军人可以进入一线部队服役,甚至还担负了最危险的"男性职业",比如狙击手、机枪手、侦察兵和飞行员等。2001年,联合国安理会第1325号决议要求在所有联合国维和行动中提高女性的参与度,这种做法更加有利于阻止、平息维和行动过程中出现的冲突。有的国家女兵数量甚至超过了一些小国的总兵力,美国现役部队总兵力约有150万,其中,女兵的数量超过30万,相当于其总兵力的20%,她们当中的很多人和男兵一样在第一线战斗。2001年"9·11"事件后,有28万女军人在伊拉克或阿富汗战场服役。澳大利亚陆海空三军共有5.1万名现役军人,其中女军人有6900余名,约占总数的13.3%。俄罗斯军队的总兵力在85万至90万之间,女兵总数大约10万人,相当于俄总兵力的九分之一。俄罗斯女兵的战斗力非常强悍,甚至有一支全部由女兵组成的伞兵部队。以色列是世界上唯一强制女性服兵役的国家,他们的女兵比例占35%,军队中有超过90%的工作岗位对女兵开放,现役女兵总数接近6万人。日本自卫队的总兵力在25万左右,其中女兵占到了十分之一。日本女兵主要参与行政和后勤工作,她们还有一个特殊任务就是仪仗,这几乎成了日本的特色。英军的总兵力不到12万,其中8000多是女兵,占总兵力的6.67%左右。这些女兵有一部分在海军陆战队服役,战斗力十分强悍。在乌克兰,女兵占总兵力的15%左右。我国女军人约10万多人,占我国军人总数的5%左右。

女军人有着军人和一般女性的共同心理特点,而由于处于部队特殊的环境中,她们更容易出现一些心理问题,从而陷入迷茫的心境,发生心理失调、情绪、行为失控,甚至精神错乱的情况,进而丧失战斗力,失去生活信心,出现自伤自杀或他杀行为。因此,分析女军人的心理问题及影响因素,采取一些积极措施(如图23.1),提高她们

图23.1 正在进行心理行为训练的女军人

的心理调节能力和心理素质,对于女军人自身和集体都具有重要的意义。

23.1 女军人常见心理问题

女军人常见心理问题有:自卑、优越感强、成就动机不强、耐挫性差、承受力差及适应力差等(见图23.2)。

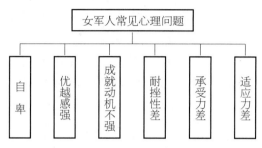

图 23.2 女军人常见心理问题

23.1.1 自卑

由于体能的差异,在与体能相关的军事训练中,女军人可能会落后于男军人,这可能会导致女军人的自卑,使其自我效能感下降,低估自己的能力素质,缺少勇气承担自己事实上能胜任的任务,缺乏竞争拼搏精神,从而错过或丢失成功的机会。

23.1.2 优越感强

女军人因为数量上的稀缺和性别上的不同而成为军营中亮丽的焦点,在许多科目上会受到额外的照顾,这使得某些女军人容易将这种特殊对待不自觉地转化为自己心理上的角色优越感,感觉自己比别人优越,目空一切。具体表现为:在言行上不够谦虚,不合群,脆弱敏感,缺乏竞争和挑战意识,事业心不强,对前途盲目乐观,自律性不强。这些"优越感"使她们在工作上不思进取,停滞不前;在训练中强调生理和心理上的差异,要求降低各种训练强度和标准;在个人发展道路上不善坚持,易妥协,半途而废。

23.1.3 成就动机不强

生育、抚养等社会责任构成的性别角色削弱了女性的竞争优势,加之长期受"男主外、女主内"传统思维观念的束缚,这种社会外部环境和内心压力的抑制使女军人的职业动力有所降低,对于能否与男性在同一平台上竞争心存疑虑,成就动机较低。一项调查显示,在"事业获得成功"和"建立一个温暖小家庭"的选择中,仅有25%的女性选择前者。这种低成就动机也使她们在面对高智能、高强度、高效率的工作时退缩不前,心理负荷加重,变得容易焦虑、倦怠、多疑。

23.1.4　耐挫性差

"个性"较强、不合群会导致耐挫性差。军营是一个非常强调共性的地方,但作为新时期的女军人,她们追求个性解放、人格独立与自由。她们希望情感安全,从而容易陷入"自我封闭",很少向别人倾诉自己的真实想法和内心世界,谨言慎行,遇到困难和挫折也不会轻易向别人诉说,不善表达内心的想法和不安的情绪。在面对挫折时常采用逃避的策略,导致耐挫性较差。调查显示,在择业时,只有43.8%的女性选择风险大、有竞争力的工作。一些女性安于"弱者"地位,习惯于被保护、被照顾,难以适应某些职业的紧张节奏,经不起责难和失败的考验,一旦受挫,很容易产生失落和抑郁情绪,不良心境的持续时间也较长。

23.1.5　承受力差

汤泉采用《军人心理承受力量表》进行调查发生,男军人的心理承受总分以及问题解决、人际交往、乐观自信、意志力四个维度得分均高于女军人,其中问题解决、乐观自信、意志力及总分差异显著。女军人在工作中遇到上级领导的批评、人际关系的羁绊或工作不如意时,尤其是当良好的主观动机产生不了预期的客观结果或被误解时,会产生畏难情绪、不敢前行,重者会抑郁、精神不振。另外,女军人在面对挑战与新生事物时,会过分在意外界的议论与评价,轻易被他人意见所左右,常常受到一些琐事的影响和困扰。

23.1.6　适应力差

中国女军人入伍前大多生活在优越的环境中,她们带着对前途的美好憧憬来到军营。入伍后,生活环境、人际关系与以往相比有较大的差异,加上军事生活的艰苦,工作、生活作风的紧张,女军人往往会出现适应不良的问题。当理想和现实发生冲突时,很容易引起不良的情绪反应。

23.1.7　"无家可归"现象

女军人在退伍之后,重返家庭和朋友圈时,往往发觉自己已经不属于这个世界,难以得到理解,十分孤单,与其他人沟通困难。对于正在考虑或者即将离开部队的女军人,一些因素会成为她们与新环境建立和谐关系的障碍,比如,社会的冷漠和敌意,对于社会职业的担心,对于公共服务系统的困惑等,这些因素会使女军人出现失落和无助感,这种现象被外军称为"无家可归"。

与"无家可归"相联系的特征是服役期间的性攻击、失业、伤残、更糟的总体健康水平以及较高程度的焦虑或创伤性应激障碍等。退伍女军人产生无家可归感觉的可能性是未服役女性的三到四倍。与以前的退伍女军人相比,现在的退伍女军人越来越年轻化,民族成分更加多元但"无家可归"的问题仍旧存在。

23.1.8 外军女军人更易出现心理问题

女军人的心理健康水平普遍比男军人的心理健康水平高,这是很多研究者对我军心理健康进行研究得出的结论。相反,国外研究发现,女军人较男军人更易出现心理和生理障碍,女性更易出现焦虑、抑郁、自杀意念等情绪障碍,以及出现应激相关的生理障碍(如内分泌紊乱)。研究者分析可能有以下原因:一是东西方文化的差异,我国军队体制以及政治、文化背景、价值观念均与西方存在显著差异,中国女军人的权益受到特别的保护;而据国外相关报道,西方军队女性军人更易受到丈夫人身攻击、人格侮辱、性骚扰、性攻击等。二是国外女军人越来越多地走向战斗岗位,如美国女军人在阿富汗和伊拉克战场上都留下了身影,战争环境导致了发生人身伤害、心理应激的机会大大增加,从而引发其情绪障碍、行为问题和适应障碍;而我国女军人的工作岗位与西方存在差异,中国女军人较多地承担医疗救护、通信保障、宣传等非战斗岗位,较少遇到强烈应激事件,这可减少中国女军人适应不良现象的发生。

23.2 影响女军人心理健康的因素

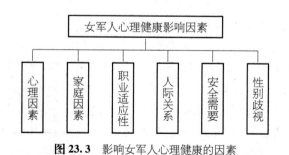

图23.3 影响女军人心理健康的因素

23.2.1 生理因素

女军人和普通女性一样,会面临生理周期、结婚生育、更年期等特殊时期的身心问题。而由于军人所处的特殊环境,女军人月经周期紊乱、继发闭经、经前期紧张综合征、痛经等问题的发生率较普通女性要高。

在经期参加军事训练时,女军人的精神会极度紧张,从而导致月经调节功能异常、性功能减退、月经紊乱或闭经,另外,作为一种应激刺激,训练伤引发的疼痛也可以引起月经失常。焦虑、恐惧等消极情绪可降低人的疼痛阈值,从而增加痛经的可能性。

更年期女性第二性特征逐渐退化,生殖器官萎缩,表现出不同程度的躯体不适及植物神经紊乱等症状,女军人也同样。因为激素水平的改变,围绝经期女性的情绪波动较大,躯体及心理的健康水平均较差,常见的心理障碍主要是焦虑、抑郁和睡眠障碍。随着更年期症状的加重,女性心理障碍的发生率和严重程度也在升高。

处于围绝经期年龄阶段的中年女军人,业务通常较为熟练,多为单位的中坚力量,应引起部队的重视,特别是面对严格管理、紧张训练、激烈竞争和转业复原等现实问题,以及高原、海岛、边防、坑道等恶劣环境的时候,她们要承受更多苦恼和压力,更容易出现身体和心理的症状。

23.2.2 家庭因素

对女军人而言,婚姻与家庭也是其军人生涯中重要的部分。社会对女性的定位通常是照料者和家务劳动者、对男性的定义通常是主要的经济提供者,这意味着男性工作的同时就是在履行家庭责任,而女性的家庭和工作角色是彼此平行的,这种社会性别文化导致女性会比男性承受更多的角色压力,这一点对女军人尤为突出。已经身为人妻人母的女军人需要在各个角色之间进行转换,她们中大多面临着双军人职业冲突、夫妻两地分居、子女教育等现实的问题,虽然女军人已经开始慢慢摆脱传统印象中符号化的性别定位和模式化的职业选择,但固有的以家庭为中心的生活方式,仍然是她们价值观的主导,对于东方女性来说更是如此。

家庭因素是导致女军人焦虑的重要因素。在执行任务时,长时间与家庭的分离也容易诱发女军人的焦虑。她们会牵挂年幼孩子、生病老人的照顾问题。双军人家庭则面临着更多的困扰,他们需要决定由谁去执行外派任务,将谁的职业发展置于优先地位。在澳大利亚,当家庭出现矛盾,发生孩子的抚养权纠纷时,法庭往往会优先将抚养权判给孩子的父亲,而不允许孩子跟随女军人的新配偶或者其父母生活,这会给离异的女军人造成相当大的困扰。

美国海军女军人有执勤期间怀孕的情况发生,这使得整体战备执勤和训练受到了严重的影响。因此,美海军在 90 年代发布了一项关于计划怀孕的政策,新政策要求所有的女军人实行计划怀孕,使女军人尽可能地在岸上休整期间怀孕,以避免出现海上执勤期间怀孕的问题。为此,美海军会对女军人进行孕前教育,内容包括最佳的怀孕时机、怀孕和生孩子对生活带来的影响以及自身所肩负的职责等,帮助其做好成为母亲的心理准备。政策的制定能降低女军人怀孕对备战的影响,也肯定了女军人是"美海军及陆战队不可分割的成员"。

近几十年来,亲密爱人暴力(intimate partner violence,IPV)逐渐成为地方和军队都存在的严重社会问题,IPV 会导致受害者身心受到伤害甚至死亡。经历 IPV 的军队女性的心理健康状况受到了特别关注。研究表明,现役女性遭受地方丈夫家庭暴力的风险是其他家庭组合的 3 倍。为更好地应对 IPV 可能带来的危害,制定有效的治疗和干预计划,检查受害人在创伤后应激失调以及压抑失调等方面的综合效果非常重要。

23.2.3 职业适应性

绝大部分女军人有着独立、坚强、自律、守纪等军人所具备的优秀品质,然而由于部队编制调整和岗位轮换,她们需要面对转岗或者退伍的抉择。尤其是中年女军人,面对第二次择业,一切都要从头开始的时候,她们常常对前途和未来感到茫然,出现恐慌、焦虑、担心等不良情绪。对于女性服役,社会方面存在着一些文化阻力,特别是在家庭和退伍军人群体中,许多人认为,战争只是男性的事,女性应当照顾家庭,这使女军人感到受伤、失意,职业成就感和认同感降低,对军队的归属感降低,甚至怀疑自身服役的价值,损害了女军人的身心健康和幸福感。

23.2.4 人际关系

在军营中,女军人的数量通常较少,可进行沟通的对象通常也较为缺乏,女军人容易出现孤独、抑郁等情绪和心理问题。在女军人较为集中的通讯、医疗等单位,女军人常出现人际关系敏感性增加的情况。研究发现,女军人社交圈的大小随军龄的增加呈下降趋势,随着年龄的增加,女性将注意力更多地转向家庭、子女和丈夫,而部队严明的纪律,艰苦的生活以及训练条件,也容易导致女军人出现环境适应不良的问题,从而影响情绪和人际关系。

23.2.5 安全需要

战争是女军人最大的安全威胁。伊拉克战争期间,美军虽然对女军人从事的岗位、任务做了严格的规定,但仍有 97 人牺牲,565 人受伤。退伍女军人比非军人使用火警报警器的概率高 1.6 倍。除了敌人之外,女军人最大的威胁来自战友。在阿富汗和伊拉克两场战争中,女兵在战场上遭受"战友"强暴的人数远远超出伤亡女兵的数量。美国国防部退伍军人事务办公室调查发现,美军女兵服役期间被强奸的可能比例高达三分之一,在2010年到2012年期间,美国军队中性侵犯和性骚扰案件上升了35%。遭受性侵害的女军人,无论是被言语侵害、身体侵害,还是精神侵害,其内心常常积压着极大的愤怒和仇恨,甚至会出现强烈的自我攻击性,经常处于一种恐惧不安的状态中,即便是异性轻微的身体接触,也会使其产生过度恐惧,扭曲对男性和"性"的态度,对自己人生的价值完全否定,常常会抑郁、麻木,甚至自我毁灭。《环球时报》2016年8月26日报道,女军人的自杀风险是普通人群的6倍,经历性侵事件后,100%的美国女性退伍军人考虑过自杀。而美军高层对军队中存在的"性侵文化"持默许与纵容的态度,使得"性侵文化"成为了美军内部的潜规则,这无疑增加了女军人的安全威胁。

在我国,女军人的安全感相对较强。一方面是因为我国政府实行积极防御的战略方针,对向女性开放作战岗位向来持比较谨慎的态度,不会轻易把女军人送到一线战场。另一方面,中国军队是一支文明之师,素来有尊重女性的传统。尊重妇女已成为部队的重要文化,即使是在作战、训练、生活等一些细节问题上,都会为女军人提供良好的保护和照顾。

23.2.6 性别歧视

目前各国军队中,特别是作战部队仍然维持着以男性为主导的传统现状,女性在军队中能获得的发展空间比较有限。其原因主要有:女性不具备适合作战的体格,会增加性骚扰事件发生的概率,一旦成为俘虏会给军方和政府带来比男军人被俘更大的麻烦等。美国陆军规定,不允许将女军人派遣至以直接地面作战为"基本"任务的部队,限制将女军人派遣至与直接作战部队共同驻扎和对体能有要求的部队。目前,虽然美军女兵已经渗透到几乎所有岗位,战斗机飞行员、潜艇舰员、地面战斗部队等,不过女兵的角色在每一次重大转变中都伴随着一些争议。1974年,6名女性成为首批女性战斗机飞行员,但国会禁止她们直接参战。

性别歧视在军队中普遍存在。德国几乎完全禁止女性在与武器相关的部队服役,以色列虽然兵源严重匮乏,也仍然不允许女兵与敌方直接接触。美国《新闻周刊》报道,阿富汗女将军,45岁的卡图勒·穆罕默德·扎伊是阿富汗历史上第一个从直升机上跳伞的女伞兵,28年的军旅生涯中完成了600多次跳伞任务,被视为民族英雄和国家象征。但是她依然无法摆脱性别歧视,曾因表现优异多次遭到排挤和暗算,食物两次被人下毒,鞋里曾被人藏过一颗浸过毒液的钉子。甚至当她走进国防部大院时,有些军官和士兵会不向她敬礼,尽管她的肩章上有三颗星,衣服上别有35枚勋章。虽然多个国家禁止军中的性别歧视和种族歧视,但性别歧视在外军中依然严重。

23.3 军事环境对女军人心理健康的影响

23.3.1 自然环境

女军人所处的自然环境多种多样,这会给女军人的心理健康造成不同程度的影响,其中比较典型的有海洋环境和高原环境。

目前在世界各国,舰艇女军人的兵役来源、部署岗位和领域日益宽广,覆盖了供应操作和分发、医疗、军法、公共事务、海洋地理、情报、水面战斗、供给、航空、发射和通讯等领域,还有不少女军人承担着指挥、作战、导航等工作。其中,美国和法国已出现了女护卫舰舰长,英国、美国、法国、意大利、西班牙、俄罗斯、荷兰、墨西哥、希腊和新加坡等国海军舰艇均有女舰员。我国也在这一方面进行了一定的探索和实践,中国海军军医大学曾进行系统的研究论证,对部署女军人的舰艇种类、岗位分工、人数比例以及舰艇上女军人生活舱室的改造都提出了明确意见和方案,系统规范了舰艇部署女军人的医学保障方案,制定了《海勤人员心理检测标准》等一系列规章制度,从而有效地保障了女舰员顺利地完成护航、演习等任务。

不论是长远航期间还是长远航之后,女舰员的心理健康水平均会有所降低。一项针对女实习舰员进行的长远航心理健康状况的研究发现:长远航期间,女实习舰员心理健康问题总体检出率为21.8%,其中躯体化、强迫症状、人际敏感、敌对等因子分较高;女实习舰员躯体化、焦虑、恐怖、偏执因子分均显著高于军人常模,女实习舰员焦虑及抑郁发生率显著高于其他各组。在"和谐使命—2013"任务中,远航不同阶段女军人焦虑抑郁情况均高于军人常模;女军人焦虑总发生率为7.9%,抑郁总发生率为4.2%,高于男军人焦虑、抑郁的发生率。这主要是因为女性相比男性来说对外界环境更为敏感,情绪波动更大,对环境的适应能力及调节能力也相对较差,相比男舰员,女舰员的总体心理健康状况较差。不同于男性舰员较常出现的反社会型人格障碍,女性舰员更容易面临情感、焦虑和躯体病样精神障碍的问题;创伤后应激障碍在女性中亦具有较高的发生率。女舰员用烟酒等方式应对问题的比例较低,而在乐观性解释方面得分则相对较高,这说明女舰员通常会用积极的眼光和行动对待困境。有人结合年龄、婚姻状况、文化程度、职业等因素对长远航女军人SCL-90测评的阳性发生情况进行了研究,结果如表23.1所示:低学历、年轻及士兵群体的心理健康状况较差。

表 23.1 长航女军人 SCL-90 测评阳性发生情况

项 目	因 素	例 数	阳性例数	阳性率(%)
年龄(岁)	≤26	11	3	27.2*
	25—34	30	3	10.0
	35—44	26	1	7.6
	45—50	9	1	11.1
婚姻状况	已 婚	46	4	8.6
	未 婚	30	3	10.0
文化程度	高 中	11	4	36.3**
	大 专	32	2	6.5
	本科及以上	33	2	6.1
职 业	士 兵	11	3	27.2*
	机关军官	13	2	15.3△
	医务人员	52	2	3.8

注:与相应项目比较,* $p<0.05$;** $p<0.01$;与医务人员比较,△ $p<0.05$。

高原驻防的女军人不仅要面对高原地区严寒缺氧、强日辐射等严酷的自然环境及交通不便、信息闭塞、生活单调的生存环境,还肩负着和男军人一样的责任,这些因素经常使女军人产生焦虑,是部队的不稳定因素。

高原驻防女军人焦虑情绪发生率较高。相关分析发现,军龄、职务等因素对高原驻防女军人的焦虑情绪影响显著,军龄较长者,因其高原驻防经验丰富,心理准备充分,焦虑程度相对较低;而职务较高的女军人,不仅承担着一般官兵的作战训练任务,同时肩负着指挥作战、保障安全等重要使命,其焦虑程度相对较高。

23.3.2 作业环境

随着女军人可从事岗位种类的增加,女军人也面临着多种不同的作业环境,同自然环境一样,不同的作业环境也会对女军人心理健康造成不同的影响。叶超然等人的调查结果显示,在通信作业环境中工作的女通信兵,其偏执、精神病性、躯体化、强迫、人际敏感、抑郁、焦虑、敌对等因子的评分及总分均高于中国女军人常模,在得分≥2分和得分≥3分两个区段内,将各因子的发生率按照总人数的百分比进行排序,抑郁因子得分高于其他因子,轻度以上抑郁的人数为13.56%,中度以上抑郁的人数为7.63%。如表23.2所示。分析原因,可能与女通信兵工作单调枯燥,岗位要求较高有关。如,通讯岗位要求女兵要有较强的记忆能力和较高的个人职业道德修养。另外,通信部队高度的保密特点使其工作时所处的空间相对封闭,生活模式刻板,每天"宿舍、机房、饭堂"三点一线,每天保持坐姿工作8小时,语言温馨且不能出现差错,面对连续不断的重要保障任务,更是要做到万无一失。长此以往,女通讯兵容易产生枯燥、厌倦、压抑等不适感,从而出现抑郁、敌对、躯体化、人际敏感、强迫等症状。

表 23.2 女通信兵 SCL-90 症状自评量表各因子评分与中国女军人常模比较($\bar{x} \pm S$)

项 目	女通信兵 (n=118)	女军人常模 (n=1 014)	t 值	得分≥2 人数 (%)	得分≥3 人数 (%)
躯体化	1.54±0.29**	1.32±0.35	4.02	14(11.86)	6(5.08)
强 迫	1.95±0.40**	1.70±0.52	3.79	11(9.32)	4(3.39)
人际敏感	1.99±0.41**	1.73±0.55	4.23	15(12.71)	8(6.78)
抑 郁	1.91±0.45**	1.56±0.52	5.17	16(13.56)	9(7.63)
焦 虑	1.55±0.36**	1.42±0.41	3.19	8(6.78)	3(2.54)
敌 对	1.60±0.39**	1.46±0.48	3.48	9(7.63)	5(4.24)
恐 怖	1.39±0.31	1.42±0.45	0.81	4(3.39)	0(0)
偏 执	1.65±0.43	1.56±0.51	2.16	9(7.63)	3(2.54)
精神病性	1.47±0.33*	1.39±0.39	2.02	7(5.93)	2(1.69)
总 分	149.20±11.90**	135.00±14.00	3.31	11(9.32)	5(4.24)

注:与中国女军人常模相比, *$p<0.05$, **$p<0.01$。

维和环境与实战环境一样,会对官兵的心理健康产生影响。联合国维和任务多在战乱地区进行,自然环境较为恶劣,作为女性维和军人,长时间远离祖国和亲人,面对复杂的社会环境,在执行任务中承受着较男性军人更多的生理和心理压力。执行维和任务的女军人承受着较大的身心压力,她们不仅要履行维和军人的职责,还要克服战斗、特殊环境、气候、传染病等因素对身心健康的影响,承受着巨大的心理和生理压力。

医疗环境中的部队女性医护人员比一般人承受了更多的精神压力,其工作对象复杂、责任重、风险大,行为后果直接,生活不规律,长期处于充满应激源的环境中,容易身心疲惫,心理负荷较重。尤其对于已婚女性来讲,军人、医护人员、妻子、母亲的多重角色发生冲突,极易诱发不良的心理倾向。调查显示,军队女医护人员躯体化、人际关系、抑郁、恐惧、精神病性等因子的得分明显高于国内正常人群,强迫、人际敏感、焦虑、恐怖、偏执等因子得分明显高于军人常模。结果如表 23.3 所示。

表 23.3 军队女性医护人员 SCL-90 与我国军人常模的比较($\bar{x} \pm S$)

症状因子	军队女性医护人员 (n=285)	中国军人常模 (n=19 622)	t
躯体化	1.58±0.39	1.55±0.57	1.254
强 迫	2.02±0.25	1.77±0.60	17.296**
人际敏感	1.95±0.47	1.78±0.61	6.321**

续 表

症状因子	军队女性医护人员 (n=285)	中国军人常模 (n=19 622)	t
抑郁	1.52±0.27	1.64±0.60	-7.659**
焦虑	1.99±0.24	1.52±0.52	33.295**
敌意	1.56±0.38	1.62±0.62	-2.699**
恐怖	1.86±0.31	1.35±0.45	27.683**
偏执	1.98±0.26	1.67±0.63	20.294**
精神病性	1.36±0.36	1.51±0.50	-7.143**

注：**$p<0.01$。

在航空作业环境中，女军人与男军人的身心健康水平也有一定的差异，温妮(Whinnery)对离心机加速度承受能力的性别差异进行了研究，结果表明尽管平均最高心率与男性基本相同，但女性应激作用前心率略高、所经历的平均最高加速度水平比男性低1.0G，心电图也存在性别差异；狄克逊(Dixon)等观察到女性受试者中因患有延迟性减压病症状而需要高压氧治疗者，比在同样试验条件下的男性多，女性在月经期或月经刚结束时患减压病的可能性增高；英国皇家空军曾报道1例女飞行员在弹射训练时颈部受到损伤的案例，意外的原因是女性骨强度小于男性，使得在弹射离心机时脊柱损伤危险性增加；怀特(White)等对年龄相近的男女受试者逐级增强下体负压，至晕厥前状态时，对两组心血管反应的累加负荷指数进行比较，发现男女的耐力具有非常显著的差异；联邦航空管理局(Federal Aviation Administration, FAA)的一份报告中指出，在已毕业的飞行学员中，女性发生晕机病者较多，这与一般所认为的女性晕机病敏感性高于男性一致。一项研究显示：空军女军人焦虑总分、状态焦虑和特质焦虑得分都显著高于男性军人，从焦虑绝对分值来看，女军人焦虑得分比空勤人员更高。

23.4 女军人心理健康维护

23.4.1 建立合理认知模式

认知心理学认为：对情绪造成影响的不是事物本身，而是我们对事物的看法。看法决定了我们的情绪体验：总是对现实不满，过多的消极情绪就会对心理健康造成影响；接受现实，伴随自己的就是积极的情绪体验，可以有效地促进心理健康。同一件事，不同的认识，就表现出不同的心情。因此，在日常生活和工作中，当遇到挫折和不遂意的事时，不妨换个角度看问题，就能减少许多烦恼。

23.4.2 充分认识自己、主动适应环境

人应该有自知之明,知晓自己的优缺点,施展自己的长处,接受短处,以坦然、自信的态度去应对现实。在工作和生活中做到有所为、有所不为;承受该承受的,放弃应放弃的;还要根据现实环境及时调整自己的目标;把握好自己的角色,力求工作到位,让做事成为快乐的过程。

23.4.3 学会放松心情、积极调节情绪

面对各种压力,可以采取以下方法来放松心情,缓解压力:(1) 积极参加各种体能训练,如3公里越野等,不但可以控制体重,还可以减轻压力给人带来的焦虑和抑郁等消极情绪。(2) 参加各种文化娱乐活动,如摄影、各种球类比赛。(3) 发展个人爱好,学习乐器、唱歌等,陶冶情操、修心养性。(4) 学习各种保健操,如太极拳、太极剑等。情绪是人们对事物的体验,正确认识自己的情绪,主动调整自己的情绪,用适当的方式表达、释放情绪,可以使自己处于自然、平和的状态。

23.4.4 主动寻求帮助

大多数情况下,消极情绪会随着时间的推移而消失。但当消极的情绪持续两周以上,或出现一些躯体症状(睡眠紊乱、性功能减退、周身不适、全身疼痛等)而没有查出病因时,就需要及时寻求精神科医生、心理科医生的帮助。不要碍于面子,不好意思寻求相应医学机构的帮助,从而延误就医和治疗。

23.4.5 培养自信心

自信是最好的内驱力,它能使自己充满能量和激情,鞭策自己与忧虑和痛苦作斗争,摆脱对自我失败情景的想象,摆脱挫折带来的不良情绪困扰,从而振奋精神,乐观积极地对待一切。

23.4.6 树立奋斗目标

女军人要增强目标意识。第一,目标要长远。目标一旦确立,能帮助女军人认识自己作为军人的社会职责、历史任务和使命担当。第二,目标要切实可行。切实可行的目标是指具有挑战性、能提高女军人积极性,同时又可望且可及的目标,如果目标过高,女军人力所不及,就容易产生挫折心理。最后,目标要科学有据。科学有据的目标能促使女军人在言与行、主观与客观上一致,从而更好地发挥自身的智慧与优势,促进自我实现。

23.4.7 加强心理健康教育引导

心理健康教育要多法并举,合力摒除心理问题带来的负面影响,使女军人在工作学习中能够扬长避短、发展兴趣、发挥潜能,使女军人时刻保持乐观与积极。针对女军人的心理问题,要做好心理角色定位、人格塑造、社交心理、情绪管控、训练心理以及进取心理等全方位、宽领域、多层次的教育引导工作,从而使女军人发展自我、改善自知、提升自尊、增强自信、善于自控、学会自立。

23.4.8 提高职业成就动机

闫卓认为职业成就动机是个体追求自认为重要或有价值的工作,并使之达到完美状态的动机。职业成就动机对女军人适应工作环境、胜任工作岗位具有促进和维持作用。通过排解职业选择的社会压力、营造良好的社会舆论氛围、创造职业选择发展的保障机制、搭建职业选择发展的广阔平台等方式提升女军人职业成就动机。

"战争让女人走开"曾是军营里的男子汉们引以为自豪的格言,他们认为战争是男人的世袭领地,是不容女子涉足的"男人区",而实际上,这个格言早已被打破。女军人在各国军队中普遍受到了重视,被赋予了神圣而光荣的使命,她们不仅仅局限于卫生、话务、后勤服务等工作领域,而是堂堂正正地跟导弹、飞机、军舰等尖端武器装备打交道(如图23.4),有的还是优秀指挥官,成为了军营中引人注目的军事人才。在我国,军内的主要科研项目,从常规武器到尖端武器,从原子弹、氢弹爆炸到火箭上天,从运算速度上亿次计算机的研制成功到人造卫星的地球同步轨道定点,都有女军人的智慧和汗水。而欧美和日本等一些国家,女军人的力量几乎也是无所不在。美国空军为了培养女军事人才,于1989年10月1日开始执行新的"不论性别"的招募政策,取消了招募女兵的比例不得超过22%的限制。空军中的女军人还可以驾驶在国外执行任务的高空侦察机;海军陆战队中的女军人可以执行为美国驻外大使馆警卫的任务;海军中的女军人可以驾驶EP—3型侦察机,美国海军还准备派女军人到第一线支援船上工作。现在美国军队中不仅有了女将军,还有了女武官。在苏联卫国战争时期,女军人还从事了最危险的"男性职业",如狙击手、机枪手、侦察兵和飞行员等。荷兰女军人所从事的专业也在不断扩大,部分女军人不但加入了坦克和装甲车乘员的行列,而且允许在作战舰艇上服役。实践证明,女军人并不是军营的点缀,而是钢铁长城不可缺少的砖石。

因此,我们要重视对女军人的身心健康问题的研究。对女军人存在和潜在的心理问题做到早发现、早疏导、早治疗。结合军事训练各个阶段的心理状况、女军人的生理特点及个性特征,有针对性地开展心理健康教育工作;结合问卷调查、面对面访

图 23.4 我军首个女子导弹发射连

谈、脑电和眼动等仪器检查做好心理问题甄别工作;结合传统精神分析、人本主义、认知行为疗法及现在普遍受欢迎的正念疗法、神经生物反馈疗法等开展心理咨询和心理治疗;结合政治思想工作,注重引导培养和提高女军人的情绪调控能力,不断完善其人格,从而全面提升心理素质,为圆满出色地完成军事任务夯实心理基础,提高部队战斗力。

(杨 群 王炳昭)

参考文献

丁娟,陶永华,巴剑波.(2013).巾帼海洋梦:海军舰艇女军人发展报告.中国妇女报,A2 页.
丁娟.(2014).关于中国海军舰艇部署女军人研究报告的思考.山东女子学院学报(3),12 - 18.
胡亮平,李侠,于丽,冯顺宏,吴峰,张悦等.(2012).空军某部女新兵心理健康水平调查与分析.人民军医,55(10),911 - 913.
金瑞林,贾和平,马岩,张丹靖.(2010).心理干预辅助治疗月经不调疗效观察.人民军医(10),768 - 769.
晋翔,朱智明,刁丽华,王海英,张在文,郭勇.(2011).我国首批女实习舰员长远航心理健康状况调查分析.中华航海医学与高气压医学杂志,18(3).
康永升.(2013).中国女军人走向作战"一线".中国青年报,A9 页.
孔令明,张理义,梅贵森,任忠文,张志斌,邹华根等.(2014).中国女军人适应不良状况及其与时代变迁的关系.中国健康心理学杂志(5),727 - 729.
牛艳萍,胡兴茂.(2013).维和军人急性心理应激障碍干预.解放军医药杂志,25(8),80 - 81.
乔红霞,俞国良.(2011).国外军队女性心理研究评述与展望.心理科学(2),435 - 440.
王瑜,吴俊华,秦彩云.(2001).女军人心理健康状况的研究.人民军医,44(3),128 - 129.
夏松云,陈蕾,吴海波.(2014).参加"'和谐使命—2013 任务"女军人心理健康水平调查.人民军医(9),949 - 950.
夏松云,陈蕾,吴海波.(2014)."和谐使命—2013"任务中军人焦虑抑郁心理状况调查.中华航海医学与高气压医学杂志,21(5),333 - 335.
谢琴红,何静,欧微,宋兴勇.(2011).生物反馈在焦虑症治疗中的研究和应用.医学信息:中旬刊(9),4307 - 4307.
谢艳娥,王京,韩淑贞,郭伟玲.(2014).陆军某部女新兵集训期心理健康状况调查分析.现代医药卫生(11),1644 - 1645.
徐晓丹,邹枝玲.(2013).冲动性、强化敏感性与自我损耗的关系研究.心理学与创新能力提升——第十六届全国心理学学术会议.

叶超然,王成,李硕,苟仲勇,秦春朝,聂淼等.(2010).女通信兵心理健康调查分析.华南国防医学杂志,24(6), 487-489.
张静涟,沈慧(2009).倾听女人的心事——妇女领袖修业学堂:心理篇.上海:上海人民出版社.
张理义,姚高峰.(2011).军事医学心理学研究现状与发展构想.解放军医学杂志,36(12),1255-1258.
张淑红,彭海燕,钮彬.(2011).某部高原驻防女军人焦虑状况测评小结.实用医药杂志,28(6),484-484.
赵铁梅,李俊丽.(2013).军队综合医院不同编制护理人员心理健康水平调查分析.解放军医药杂志,25(1),72-74.
赵薇,李芬.(2014).围绝经期女军人450例焦虑情绪及更年期症状.特别健康:下(8),92-92.
朱远红.(2010).职业竞争中的女性心理探析.创新,4(3),115-117.
Crompvoets, S.. (2011). The health and wellbeing of female veterans: a review of the literature. *Journal of Military & Veterans Health*, 19(2).
Kim, D. Y., Seo, B. D., & Choi, P. A.. (2014). Influence of taekwondo as security martial arts training on anaerobic threshold, cardiorespiratory fitness, and blood lactate recovery. *Journal of Physical Therapy Science*, 26(4), 471-474.
Mccall-Hosenfeld, J. S., Liebschutz, J. M., Spiro, A., & Seaver, M. R.. (2009). Sexual assault in the military and its impact on sexual satisfaction in women veterans: a proposed model. *Journal of Women\"s Health*, 18(6), 901-909.
Rueger, S. Y., Malecki, C. K., & Demaray, M. K.. (2010). Relationship between multiple sources of perceived social support and psychological and academic adjustment in early adolescence: comparisons across gender. *Journal of Youth and Adolescence*, 39(1), 47-61.
Shekelle, P. G., Batuman, F., Beanmayberry, B., Goldzweig, C., Huang, C., & Washington, D. L., et al. (2011). *Health effects of military service on women veterans*.
Tolin, D. F., & Foa, E. B.. (2006). Sex differences in trauma and posttraumatic stress disorder: a quantitative review of 25 years of research. *Psychological Bulletin*, 132(6), 959-992.
Zoefel, B., René J. Huster, & Herrmann, C. S.. (2011). Neurofeedback training of the upper alpha frequency band in eeg improves cognitive performance. *Neuroimage*, 54(2), 1427-1431.

第24章　军人心理健康促进

24.1 军人心理健康发展概述／506
　　24.1.1 初始阶段：第一次世界大战和第二次世界大战期间／506
　　24.1.2 中间阶段：朝鲜、越南和海湾战争期间／508
　　24.1.3 当代阶段：现代军事任务期间／508
　　24.1.4 中国军人心理健康观发展的三个阶段／510
24.2 综合士兵强健计划／512
　　24.2.1 综合士兵强健计划的组成元素／512
　　　　定义心理弹性／512
　　　　制定量表／513
　　24.2.2 综合士兵强健计划的干预措施／513
　　　　普通适应训练／513
　　　　个体化训练／514
　　　　高级心理弹性训练／514
24.3 中国军人心理健康／514
　　24.3.1 中国军人的心理健康特征／515
　　　　中国军人总体的心理健康特点／515
　　　　不同军种和兵种军人的心理健康特点／515
　　　　特殊环境条件下军人的心理健康特点／515
　　　　军事应激条件下军人的心理健康特点／517
　　24.3.2 中国军人心理健康的心理机制／518
　　　　应对方式对中国军人心理健康的影响／518
　　　　个性对中国军人心理健康的影响／518
　　　　生活事件对中国军人心理健康的影响／518
　　　　社会支持对中国军人心理健康的影响／518

24.3.3 中国军人心理健康研究的不足及展望／519
中国军人心理健康研究的不足／519
中国军人心理健康研究的展望／520

参考文献／520

军人心理健康促进是军事心理学研究中至关重要的一环。从在战场上出现心理健康问题开始，对心理健康的评估、诊断、咨询、治疗、训练与预防，就从未停止。军事心理学家的关注点也逐渐从军人出现心理健康问题之后的治疗，转到心理健康问题的预防和军人心理健康促进训练。军人心理健康的内涵和外延也逐渐由心身疾病治疗转向军人心理健康素质的提升。本章首先梳理了军人心理健康的发展脉络，归纳了初始阶段、中间阶段和当代阶段军人心理健康的重要研究与应用；然后着重介绍了美军目前应用最广泛的综合士兵强健计划；最后，介绍了我国军人心理健康的特征、心理机制、不足和展望。

24.1 军人心理健康发展概述

军人心理健康与部队的战斗力密切相关，因此得到了各国政府及研究者们的重视。外军对军人心理健康状况的研究发现军人存在着各种心理问题，如格雷（Gray）对现役的 527 名波斯湾参战老兵调查发现他们的心理症状测验分数较高，更易出现创伤后应激障碍及较多的神经症症状。在执行特殊军事任务时，在疲劳、睡眠剥夺、应激因素的影响下，军人的心情、警觉性会影响其风险倾向，导致其冲动性增加。相关研究还发现心理障碍是导致男军人过早退役的最主要原因，是女军人退役的第二大原因，在住院的 1 年兵当中，47％的人由于首发精神障碍在 6 个月内退役。最近的研究表明，战争中的生理创伤易诱发战后创伤后应激障碍。

依据战争的性质和在战争中心理学的发展，21 世纪军事心理健康领域的研究可依据战争中军事心理学的发展分为三个阶段：初始阶段，一战和二战期间；中间阶段，即朝鲜、越南和海湾战争期间；当代阶段，即现代军事任务期间。

24.1.1 初始阶段：第一次世界大战和第二次世界大战期间

第一次世界大战是欧洲历史上破坏性最强的战争之一。大约有 6 500 万人参战，1 000 多万人丧生，2 000 万人受伤。显然在战争的需求面前，军事人员的征召与选拔才是当务之急。所以在该阶段，美军召集了耶鲁生物心理学教授、前任美国心理学协会(American Psychological Association, APA)主席罗伯特·耶克斯等一批心理学家，集中力量研发用于筛选参战平民青年的测量工具，所以才有了陆军甲、乙种测验，甲种测验针对识字人群，乙种测验针对文盲，这项工作堪称军事心理学的里程碑。但与此同时，在军人心理健康领域也有像《伍德沃斯人格数据表》这样为了发现战火中崩溃人格而研发的工具。虽然它没有起到很大作用，但其对军人心理健康领域的探索是重要的。

在一战中，各种新式武器如飞机、毒气、坦克、远程大炮相继投入战争，是武器发展史的重要阶段。与此同时，随着杀伤性武器的使用，士兵们不可避免地会经历这些武器带来的创伤，诸如被炮弹炸成碎片和"芥子气"中毒等。因此，军人在战争期间出现了身体僵硬、对声音反应迟钝等症状。有些人被认为是"怯战"，是"懦夫"，而备受孤立和排挤，也有被称为"炮弹休克"。慢慢地，出现了像"毒气癔症""战争神经症""未诊断的神经症"和"心机能紊乱"等术语描述该状态。这些术语此后便成了战斗应激的代名词。有了这样的诊断，神经外科、认知康复、神经心理学和认知重建领域取得了长足发展，可以帮助预防士兵出现这种异常行为并促进恢复。战场前线的精神病治疗主张利用 PIE 原则，即接近(proximity)、即时(immediacy)和期望(expectation)来治疗炮弹休克病例。因此，第一次世界大战突出了心理健康工作的重要意义。肯尼迪等人进一步认为：第一次世界大战的经验教训仍旧在指导着精神卫生专业人员应对目前恐怖主义威胁进行化学战和生物战的恐惧反应。

二战时，精神伤亡人数逐渐增多，对战斗情绪创伤和应激源的正常反应不再被当作是性格的缺陷，而是战斗应激反应。肯尼迪、休斯和麦克尼尔都曾表达过，二战期间的美国，因为早期的心理健康训练很少依赖心理选拔避免战争的消极心理反应，所以并没有在一开始就汲取一战的战斗应激反应的教训，在前线开展及时干预。然而，战争进程的推进使得在一战中被忽视的"军人心理健康促进"的需求增强，即"士兵们不仅需要心理健康的评估和诊断，还需要为他们的心理健康水平提升而工作的心理学家"。心理学家不仅是研究人员和评估专家，还是心理健康服务的提供者。重要的是，战斗应激反应的出现推动了美国《精神障碍诊断与统计手册》的开发与制订。当时，美军心理学家还关注热带和北极的极端气候条件的心理健康研究。

除此之外，二战中直接死于战争及与战争相关原因的人约为 7 000 万，是人类历史上规模最大的世界战争。美国在日本广岛和长崎投下原子弹，以及日本自杀性轰炸袭击，都使得二战与其他任何战争不同。索尔特报道，核攻击的幸存者产生了急性和慢性心理反应，包括戒断、严重恐惧反应、心身症状和创伤后应激障碍。因此，心理学家在初始阶段结束时，不仅负责实施心理健康检测和评估，还在提高士气、为部队提供心理健康咨询、设计工作站与工作系统等相关领域开展研究和工作。1947 年，与一战心理学家在战后复员不同,二战后的心理学家拥有了永久的现役身份。

24.1.2 中间阶段:朝鲜、越南和海湾战争期间

朝鲜战争期间,军事将领们并没有忘记从二战中学到的"关于交战区参战人员需要心理健康维护"的经验教训。心理学家在朝鲜战争期间服务于海外、战区和医院。此外,朝鲜战争开始后的第一年,九个月一轮换的政策得到实施,这有效降低了精神损伤人数。各种身体状况(如疲劳)和极端环境下如何提高军事人员绩效的研究开始得到关注。

越南战争在武器装备的性质、战争技术和经验方面是十分复杂的。美军忙于丛林作战,还经常有可怕的战俘经历,虽然自这场战争开始以来,军队就提供了精神卫生保健,但在个人和团体层面上仍存在健康维护的障碍,尤其是在实施轮换政策以后,士兵根据需要离开驻地,而不是整个部队撤离,这是非常不利于团体凝聚力和士气的形成的。此外,战场神经官能症虽然得到了有效控制,但战争中出现的人格障碍、药物滥用以及创伤后应激障碍的病例仍在增多。直到今天,一些越战退伍老兵仍患有创伤后应激障碍。因此,需要对危机事件做出正式反应,例如士兵在训练或战争期间死亡、自杀、自残、遭遇自然灾害,战争结束后的创伤后成长等,成为了军事心理健康领域研究者关心的问题。

同样,海湾战争期间,战士们也经历了特殊的应激源。马丁、斯帕拉奇诺和贝伦基提到,沙漠盾牌和沙漠风暴行动中,军事人员要面临多种战斗应激源:比如,更多的敌军,环境的挑战,致死的动物,卫生条件不足,可能遭遇的化学武器和生物武器,以及排斥美国价值观的文化等。贝尔·巴尔托内根据对陆军人员的实地考察,包括从海湾战争到波斯尼亚的部署,认识到积极心理是士兵应对应激环境的关键因素;因此,他呼吁制定训练方案,将其作为军事教育的一部分让军官接受培训,培养他们对事件的控制和影响能力。

24.1.3 当代阶段:现代军事任务期间

从事现代军事任务的军队,其任务和目标具有极大的多样性。在当代阶段,对于每一个具有挑战性的事件,部队都要采取行动。无论是在尼泊尔、也门或克什米尔等地区和国家的灾害撤离,还是为非洲或其他东南亚国家提供人道主义援助,军队都至关重要。随着军队越来越多地参与非战争军事行动,全球各地的部队,都必须面临新的角色挑战。军队可能参与灾难援助、人道主义援助、医疗后送、非战斗人员疏散,维和行动以及与监视/侦察/罢工/突袭、缉毒/拐卖、人质解救等有关的行动,还有可能参与"俘获或击毙"如萨达姆·侯赛因和奥萨马·本·拉登等这类任务。在现代军事

任务期间,部队会接触到他国政府和民众,还会经常在反叛乱和反恐怖主义行动中疲于自卫。维和任务本身的演变也表明,当代军人面临着更多心理挑战;另一方面,同当代维和任务相比,暴露于传统交战区的经验已经不再能够应对现在的情形。正如凯西认为的,发现和治疗心理疾病虽然重要,但如果以提高战备和军事绩效为目标,那么发现和治疗心理疾病则显得有些不足。这种情况下,士兵不仅需要健康的心理,还必须锻炼自我控制、独立思考和快速决策的能力;士兵还需要精通与提供援助的当地居民和平民打交道的方法。因此,军人心理健康的促进的内涵与外延被进一步拓展。士兵在身体、情感和精神方面的培养和训练得到了加强。近年来,军队专业培训师除了培训士兵熟悉军事操作外,也致力于培养士兵们的乐观主义心态。

与20世纪的战争不同,现代战争通常涉及不明确的敌人、不对称的战斗,没有明确的时间甚至没有地理空间参数。士兵没有任何线路可以撤退到相对安全的地方,致命威胁出现的可能性永远存在。阿富汗和伊拉克最近几场战争都是现代战争的典范,全世界还有许多国家受战争影响,它们的性质也是相似的。应激相关的不适反应显著增加。处理战斗相关应激障碍的传统做法是雇用更多的精神卫生专业人员对士兵进行诊断和治疗。而应激的不适反应除了创伤后应激障碍,还有抑郁症、行为障碍和自杀。例如,在9年战争之后,美国陆军的自杀率几乎翻了一番,现在正处于历史最高点。因此,抑郁治疗和预防自杀的问题也开始步入了军人心理健康研究的视野。在军队管理层面,多国均设有自杀预防的专门机构或组织,负责相应理论、政策的制定,以及相关服务的具体实施。例如,美国国防部自杀防卫指导部,负责军队自杀策略的制定、调整;美军自杀预防和危险减少委员会,则负责整合现有的军队自杀预防资源,包括退伍军人事务部、军队药物滥用和精神健康服务管理局、疾病预防与控制中心的相关部门,服务对象是所有现役、后备、退伍军人以及家属。澳大利亚军队主管心理危机干预的机构是军队防卫心理学组织和心理健康专业委员会,自杀预防计划是其心理健康专业委员会的主要工作之一。加拿大国防部在2002年推出的《健康强军计划》中增加了一系列预防自杀的内容。英军在军人心理问题防治上主要依靠专业的医疗组织。俄军也认为,精神心理保障应在军队各级建制中建立相应的精神保障体系。各国军队通过研究探索,形成了各种自杀预防理论、策略,制定了不同的自杀防控计划和措施。虽然对心理疾病的诊断和治疗是必要的,但另一种方法是制定主动的培训和发展计划,为士兵提供所需的个人心理知识,增强其心理弹性以应对战斗应激的不良反应。

2008年,为了提高军事绩效和提升军人心理弹性,综合士兵强健计划为士兵、家庭和军队平民制定了全面的健康方案。这个计划是独一无二的,因为它借鉴了积极心理学的原理,不仅涉及士兵,还包括在军事机构中工作的家庭和平民。它的重点是利用士兵的特征优势使军人心理强健和军事组织受益。综合士兵强健计划是心理学在军事史上的最大应用。与此同时,现如今对创伤后应激障碍的认识可以解释所有与战争相关的精神障碍。这些临床症状的存在代表着战争对其参与者的影响。当代军事情境中,在实战之前或之后预估士兵的感知变化将有助于优化其备战状态,并促使他们与环境更健康地重新融合。显然,作战应激管理在以往和当下的冲突中都十分重要,当然它在将来也是必不可少。

重要的是,这一阶段对军人家庭和部署后健康问题的关注也增加了。为了通过强化士兵支持系统提高士兵绩效,家庭幸福、心理准备和生活质量成为了研究的核心领域。许多关于军人家庭成员的研究强调了军人家庭幸福的重要性。奥尔西洛(Orsillo)等人发现与家庭分离的压力源可预测精神疾病。

在此期间,与技术发展同步的心理强健训练获得了研究人员的高度关注。这方面的一个重要趋势是"严肃游戏"的进一步发展,即把本属娱乐的视频游戏技术应用于军人心理健康训练。有些游戏已被开发用于训练急救医疗程序和战斗伤亡护理、后勤、护航作业、小部队战术和许多其他主题技术。辛格等人认为通过互联网玩这样的游戏,开启了让身处冲突地区的部队进行训练的可能,或者是可以让目前身处多地但最终会部署到一地的部队进行训练。

而印度国防心理研究院在揭示生物节律等心理生理相关性、管理部署期间和部署后的战斗应激行为等方面,也做了大量工作,编写了《战斗应激管理自助指南》。同时在预防和干预部队内部的蓄意伤害和自杀,处理长期部署在低强度冲突地区的不良后果和研究印度军队的自杀和杀害战友等现象有进一步研究。

来自军队医学院校、印度理工学院、国家精神卫生研究所、美国工业设计师协会等其他机构,也在从事包括准军事人员的精神卫生保健,印度军队的应激,压力性生活事件,低强度冲突对士兵的影响,战士的创伤后应激障碍,部队中战斗疲劳症的社会生态学,士兵的生活事件与其孩子的精神异常之间的联系等大量的军人心理健康研究工作。

由此我们可以看出,军人心理健康领域是非常广阔而有意义的。不论是和平时期的日常管理,还是面对非战争军事行动的压力,甚至是战争直接带来的创伤与应激,军人心理健康促进都必不可少,世界各国也一直在为提高军人心理健康水平和军事作业绩效不断努力。

24.1.4 中国军人心理健康观发展的三个阶段

中国军人心理健康观同样经历了三个阶段的发展。第一阶段是"心理适应观",冯正直等人认为,军人心理健康是在军事环境中,军人对军事环境及相互关系积极、高效和快乐的适应状态,具体表现为良好的认知、积极稳定的情绪、高尚的情感、坚强的意志、良好的性格以及和谐的人际关系。该观点强调军人个体与军事环境在相互作用的动态过程中一种良好的适应状态,体现军人心理健康的功能价值。第二阶段是"心理品质观",乔红霞等认为,军人心理健康是"军人个体不断调整身心,维持与环境的良好关系,同时追求成熟、丰富、健全的心理品质和生活的稳定心理状态",还依据此定义编制出了包括适应性和发展性心理品质量表的军人心理健康量表。第三阶段则是以适应、平衡、发展为核心的"过程观",冯正直、苗丹民、严进等在"中国军人心理健康标准指标研讨会"上,进行了专家论证、讨论,认为军人心理健康是军事作业情境中"人—机—环境"关系的和谐和军事效能最大化,是不断适应、平衡和发展的心理状态、心理能力和心理素质的整合和优化。这个概念体现了军人心理健康核心是军事效能最大化,即战斗力的提升;其内容是心理状态、心理能力和心理素质,构建了军人心理健康"三维三阶"模型。

在此基础上,冯正直等人又进一步完善了"军人心理健康状态、心理健康能力和心理健康素质"的概念。军人心理健康状态是:军人在军事作业环境中应对各项挑战、执行各种任务时的心理变化过程。该过程是相对稳定的,通过军人的外在表现直

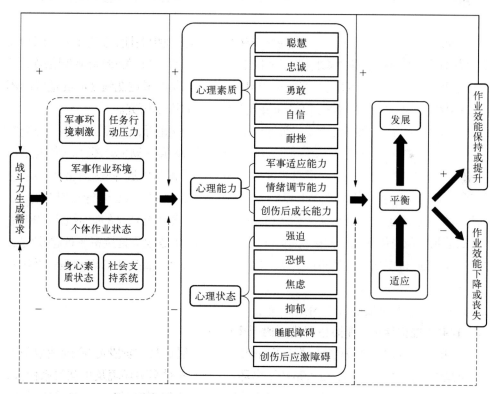

图 24.1 军人心理健康"三维三阶模型"

接影响军事作业绩效。状态评估的主要对象是未出现明显社会功能损害、但存在心理冲突和阴性症状的军人,主要作用为量化危险程度,达到警示预警的目的;军人心理健康能力是军人在军事作业环境下顺利应对生活事件并保持良好心理健康状态所必备的心理特征;军人心理健康素质则是以生理素质为基础,通过个体与军事社会环境相互作用而形成的相对稳定的、基础的、衍生的、综合的能够维持健康的心理状态和心理能力的品质。

表 24.1 军人"三维"心理健康指标体系

军人心理健康状态	军人心理健康能力	军人心理健康素质
精神病性	应变能力	聪 慧
抑郁状态	抗压能力	忠 诚
自杀倾向	镇定能力	勇 敢
创伤应激状态	适应能力	自 信
睡眠问题	身体能力	耐 挫
社交恐惧	合作能力	
反社会倾向		

24.2 综合士兵强健计划

综合士兵强健计划是旨在提高美国陆军士兵及其家庭和其他军队成员的心理弹性增强计划。综合士兵强健计划的主要理论基础是积极心理学。它包括评估和识别士兵不同类型的心理弹性,如从创伤后应激障碍的病理学角度出发,到个人成长,全方位地探索战斗反应并提供各种方式以提高士兵心理弹性。美国陆军参谋长乔治·凯西(George Casey)在与心理学和健康专家协商后,牵头制定了一种双重战略以应对战争的精神伤害。综合士兵强健计划即代表了这种双重战略:一是加强诊断和治疗;二是制定积极主动的干预措施和培训计划,从而防止战斗相关的应激障碍的发生或降低严重心理疾病产生的可能。

24.2.1 综合士兵强健计划的组成元素
定义心理弹性

在前美国心理学协会主席马丁·塞利格曼(Martin EP Seligman)的领导下,来自美国各地的心理学家小组,在宾夕法尼亚大学召开了为期两天的会议。经大量讨论后,该团队指定了他们认为对士兵心理弹性非常重要的五个领域,分别是身体、情感、社会、家庭和精神。陆军已具有良好的监测身体健康的方式,所以他们的讨论集中在其他领域。

情绪弹性是士兵在面对个人挑战和处于逆境时适应环境所需的认知、情感技能和策略。而社会弹性则聚焦在士兵的社交网络上,尤其是在军事环境中士兵与战友间的关系,同时社会弹性也关注士兵是否知道如何依靠这些社交网络来帮助他们面对的困难和挑战。家庭弹性与士兵的家庭状况有关。对于年轻的未婚士兵,家庭弹性可能是来自父母和兄弟姐妹。对于已婚士兵,这将扩大到配偶和子女。在某些情况下,其他的家庭成员,包括祖父母、阿姨、叔叔和其他人也属于这一类。精神弹性被认为与士兵相关,因为他们必须应对他们自己死亡或夺走他人生命的可能性。重要的是,精神是一个广泛的概念,它可能包括宗教性,被认为是生命的"意义和目的"。最后,提高技能的目的在于改善和提高士兵在训练、战斗和生活中需要的积极的心理和控制情绪的技巧。比如自信心、目标设定、能量维持和心理想象技能。

制定量表

该小组列举并讨论了大量现有的心理弹性的各个领域的测试。心理测量的可用性、长度和可读性都考虑到了。该项目整理了一些专门用来测量的工具,即整体评估工具。情绪适应能力包括:简要强度测试24个条目的缩短版,灾难化10个条目,良好与不良应对8个条目,乐观4个条目,抑郁10个条目,正负性影响21个条目。社会心理弹性包括:友谊3个条目,参与4个条目,组织信任5个条目,友谊的附加7个条目,家庭适应能力5个条目,精神适应能力5个条目。目前总条目达106个。条目和量表可以根据他们预测重要结果的标准进行修改。因此,整体评估工具代表了一种动态的测试,并且仍然处于开发过程中。

24.2.2　综合士兵强健计划的干预措施

采用心理弹性培训、发展和干预措施的综合士兵强健计划是遵循双重战略的。计划包括各种个体化训练和集体训练。其中一些会在陆军训练中被制度化,目的是为了让所有士兵都能够接受关于心理弹性和适应方面的"学校"教育。个体化训练和干预可以按整体评估工具的个人反馈建议进行。其他训练和干预可根据个体水平的反馈进行。具体来说,综合士兵强健计划的培训、发展和干预措施涉及三个层次的训练策略。

普通适应训练

第一级训练从士兵入伍开始,包括:心理弹性是什么,对个体及单位的重要性,以及士兵可以用来改善和维持心理弹性的具体技能,教授领导者和培训者用于培训和维持心理弹性的具体策略和工具。心理弹性训练是持续性和渐进性的,将在各级军事专业中实行。例如,军官将在他们的岗前培训和所有后续的军官发展计划中接受心理弹性教学,从军官基本课程开始,通过陆军战争学院完成。

个体化训练

第二级训练。遵循"一种方法不能解决所有问题",个体化训练随着参与整体评估工具的士兵需求而发生变化。它可能包括自我发展、基于网络的互动弹性模块或其他项目,为的是帮助每名军人建构面对逆境时的心理弹性所需的个人和社会工具。《美国心理学家》的一份特刊中描述了个体化训练的概念和初步方法。这些方法有严格的证据基础,但也会随着时间的推移而变化。总体而言,这些领域的培训通过综合性心理弹性模块提供给士兵。目前有 32 个综合性心理弹性模块旨在帮助士兵建立和保持强大的个人关系,学习如何使用性格的力量在应激和挑战下有效地做出反应,建立心理弹性并培养情绪健康。

高级心理弹性训练

综合士兵强健计划中培训心理弹性的第三种方法是高级心理弹性训练。高级心理弹性训练也正在发展中。目前军方与宾夕法尼亚大学积极心理学中心联合开展的培训计划是通过 10 天时间为军士提供培训,以便进行高级心理弹性训练。该计划的基础是佩恩心理弹性项目,最初旨在为学生灌输可行的心理弹性技能,包括乐观、问题解决、自我效能、自我调节、情绪意识、灵活性、同情和强大的社会关系。高级心理弹性训练课程包含了佩恩心理弹性项目的主要元素和策略,并增加了积极心理学中的方法,例如,识别和使用特征优势。这些策略分为四个模块:弹性、建立心理弹性、确定性格优势和加强关系。为了增强训练的有效性,课程命名和课程内容已被"优化",使士兵更加熟悉和更贴近他们的经历。在完成课程后,军士将被授予一个正式的技能标识符,证明他们是高级心理弹性训练师。然后他们会被分配回作战单位,借助训练材料和协议,帮助教育和训练战士们的心理弹性。因此,心理弹性的知识可以按"自下而上"而不是"自上而下"的方式教授。

24.3 中国军人心理健康

军人心理健康研究在我国的文献记载最早是 20 世纪 60 年代,主要集中于参战军人精神疾病的治疗和预防上。20 世纪 80 年代后,研究者开始对军人心理障碍和心理健康问题的发生原因、诱发因素和预防方法进行研究。20 世纪 90 年代中期以来,在军人心理素质的教育训练方面进行了相对集中的研究。时至今日,中国军人心理健康已经发展出由军人心理健康状态、军人心理健康能力和军人心理健康素质组成的"三维三阶模型"。

24.3.1 中国军人的心理健康特征

作者分别用军人、心理健康、心理卫生等作为关键词,在中国期刊网镜像检索,1994 年—2014 年共有相关文献 168 篇。文献主要采用的研究工具有症状自评量表(SCL-90)、艾森克个性成人问卷(EPQ)、焦虑自评量表(SAS)、抑郁自评量表(SDS)等。集中在对应激状态的军人、特殊条件军人、空军飞行员、武警、女军人、新兵、军官、军校学员及科研人员心理状况的研究。王焕林等于 1999 年通过对 19 662 名陆、海、空军人进行测查,建立了我国症状自评量表的军人常模。

中国军人总体的心理健康特点

中国军人总体心理健康水平低于国内常模,心理问题检出率也远远高于普通人群;心理问题具有多样性,主要分布在人际关系敏感、强迫、躯体化、焦虑、抑郁等方面;心理问题具有层次性,有军种、兵种、性别、文化程度、军龄、职别等差异,陆军的心理健康水平整体上低于海军和空军,军官的心理健康状况高于军人常模,士官其次,士兵最低,女军人普遍比男军人的心理健康水平高,低文化程度兵、新兵的心理健康水平较低;处于军事应激条件下和特殊环境条件下的军人的心理健康水平较平时的环境条件下的军人低。

不同军种和兵种军人的心理健康特点

陆军 SCL-90 总分和因子分均高于海军、空军和学员,其中,高原边防等特殊条件下军人心理健康水平最低;而海军,主要集中在舰艇、潜艇等特殊作业条件的军人,全封闭舰艇及潜艇海员的心理健康状况明显低于军人及国内常模;分析空军发现,飞行员的心理健康高于军人常模和国内常模,地勤人员的心理健康低于飞行员,优于其他军人;武警方面,蔡丽萍于 2000 年建立了武警军人的常模,武警军人心理健康状况整体较好,优于军人常模、新兵。新兵的心理健康低于军人常模;女军人的心理健康高于军人常模;韩向前等于 2002 年建立了军校学员的常模,军校学员的心理健康状况普遍低于国内常模、国内大学生常模和国内青年常模;科技人员是一个特殊的群体,军医大科技人员的心理健康状况显著高于军人常模和国内常模。

特殊环境条件下军人的心理健康特点

从文献来看,我国军人所处的特殊环境条件可分为特殊自然环境条件和特殊作业环境条件。特殊自然环境条件下军人的心理健康:特殊自然环境多指气候环境恶劣,生活条件艰苦,交通及通信不便等地区,主要有高海拔、寒冷、炎热、偏僻等特点,尤其是对于高海拔的研究较多。特殊自然环境造成军人人际交往局限、性别单一,机体长期处于生理和心理上的应激状态,躯体化、强迫、抑郁等心理症状较突出。特殊作业环境条件下军人的心理健康:特殊作业环境主要是指从业环境相对密闭狭小,存在噪声、高温高湿、空气污染、睡眠饮食无规律等环境,如潜艇、舰艇、装甲车等,

SCL-90总分及各因子分均显著高于地方常模和军人常模,主要有强迫、躯体化、人际关系、敌对、偏执等心理症状。

研究发现城镇驻军的心理健康水平较高,其次是高原驻军,边防驻军最低,与相关研究一致;西部、西北、西南、海岛驻军的心理健康水平较低,而南部、东部驻军较高。原因可能是边防、高原地区的地理条件比较艰苦,气候条件、生活条件不如城镇驻军,西部、西北又以高原地形居多,海岛的地理条件更是恶劣,因此当地驻军的心理健康水平较低,而东、南的地理条件、气候条件均较好,生活环境较舒适,因而军人的心理健康水平较高。

高原军人心理健康特点:常驻高海拔地区军人心理健康状态虽有所波动但整体水平呈逐步提升趋势;常驻高海拔地区军人心理健康状态的提升经历了上升期、波动期和平稳期,临界年代分别是1997年和2000年。高原军人当年SCL-90因子得分极低或极高,第二年必然回弹或回落,说明高原军人群体发展和维持心理健康有一定的范围标准,其心理弹性也有调控训练的空间。常驻高海拔地区军人强迫、躯体化、抑郁症状突出,其中强迫症状随年代变化幅度最大、抑郁次之。当年的军费占GDP比重同当年高原军人心理健康水平有关,主要影响人际敏感、抑郁、焦虑三个维度;中国居民消费水平指数对常驻高海拔地区军人心理健康有着全维度、全时空的作用。离婚率与高原军人心理健康有一定的关系。

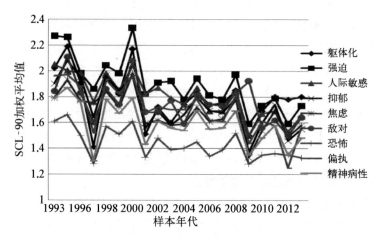

图24.2 军人心理健康发展趋势

研究者建立了2017版常驻青藏高原陆军军人症状自评量表的总体、性别、家庭结构、职别、工作类型和海拔高度等常模。海拔高度依然是影响常驻青藏高原陆军军人心理健康水平的特殊的军事环境因素。个体内在因素,比如性别、独生子女、家庭结构和文化程度等,可能对常驻青藏高原陆军军人心理健康造成影响。在性别差异的研究中,女性军人焦虑得分高,男性军人敌对得分高。军事职业因素中,职级和分工的差异有可能影响常驻青藏高原陆军军人心理健康。职级差异研究发现,士官的躯体化、强迫、人际敏感、敌对和恐怖维度得分均高于军官,士官的问题较为突出,而青藏陆军士兵的心理健康水平较好。在海拔差异上,除恐怖和精神病性因子,士官与军官在其余因子得分均存在显著差异。

常驻高原军人最感兴趣的教育训练内容多是自我心理问题的调适和心理素质的培养,如不合理认知与教育、情绪与压力管理、意志品质与培养,以及对环境、人际关系和军事任务的适应训练;军官对情绪与压力管理、人际关系问题、婚恋心理、复员转业心理调适、训练焦虑调控等方面的需求高于士兵和士官;男军人对意志品质的培养、婚恋心理、复员转业心理调适、心理危机干预等方面的需求高于女军人;高原军人比较容易接受的训练时间、辅导人员、训练方式是:每周一次、每次60分钟,由心理学专业人员开展的心理健康知识教育讲座;其中,男军人对训练时间、特殊心理问题辅导的需求都显著高于女军人。

军事应激条件下军人的心理健康特点

军事应激是军人在特殊的军事活动环境中产生的一种特殊的情绪状态,是军人通过对军事活动环境和军事活动形式刺激进行认知评价而产生的生理及心理的反应。和平环境的军事应激主要包括军事演习、特殊条件外训和急难危重任务。军事应激中军人SCL-90总分和各因子分均非常显著地高于全国常模和军人常模。海训后官兵的心理健康水平明显低于海训前,说明应激条件下军人的心理卫生状况比一般人群和平时军人差。军事应激中军人主要心理症状为:强迫、躯体化、人际关系敏感、抑郁、焦虑。

军事应激条件下军人的心理健康水平并不如想象中那么差,军事应激条件下军人的心理健康水平大致是应激中<应激后<应激前,与相关研究一致,高应激<中应激<低应激。可能的原因是在军事应激前,对于低、中度的军事应激条件,军人可能并没有在心理上加以重视,因而心理健康水平较好;在军事应激中,对于中、高度的军事应激条件军人可能由于心理准备不足而出现心理健康水平下降;在军事应激后,对于中度应激条件,军人的心理恢复得比较快,而对于高应激条件,由于应激事件的强度较大,军人则需要较长时间恢复,甚至会发生创伤后应激障碍。

常驻高海拔地区军人创伤后应激障碍阳性检出率7.8%,女性军人《创伤后应激障碍自评量表》总分和再体验因子分显著高于男性,不同级别间量表总分和各因子分均差异显著,军官最高、士兵最低,量表总分和各因子分存在显著的年龄特征,25岁可能是分水岭,量表总分和各因子分存在显著军龄差异,">8年"组除总分和各因子分显著高于其他较短军龄组外,不同文化程度的军人得分也有显著性差异,高文化程度军人得分高,尤其在回避/麻木因子上,单亲家庭军人得分显著低于非单亲家庭军人得分,独生子女军人显著高于非独生子女军人得分,线性回归分析结果显示年龄、军龄、级别、性别、是否单亲家庭进入回归方程。常驻高海拔地区军人创伤后应激障碍发生率相对较低,性别、级别、年龄、军龄、是否单亲家庭、文化程度以及是否独生子女是创伤后应激障碍发生的影响因素。

24.3.2 中国军人心理健康的心理机制

现有文献主要是从军人的应对方式、个性、生活事件和社会支持4个方面对军人心理健康的心理机制进行了相关研究。

应对方式对中国军人心理健康的影响

应对方式分为积极应对和消极应对两种。积极应对方式有益于心理健康,消极应对方式不利于心理健康。高症状组的消极应对方式因子分明显高于低症状组,提示常使用消极应对方式的军人存在较多心理问题。也有研究表明,消极应对有时也能有效缓解打击和挫折。因此,应对方式类型的运用与军人的心理健康密切关系,常使用积极应对方式有益于军人的心理健康,消极应对方式有时虽然能有效对付某些应激反应,但长期使用是不利于军人心理健康的。

个性对中国军人心理健康的影响

个性与应激反应的形成和程度显著相关。个性可以影响人们对生活事件的感知,甚至可以决定事件的形成。特定的个性会导致特定的负性情绪反应,进而与精神症状和躯体症状发生联系。用 SCL-90 和 EPQ 对心理健康状况和个性关系进行研究,发现 SCL-90 因子分与 EPQ 的 N 分和 P 分正相关,与 E 分和 L 分成负相关。说明情绪不稳定和性格内向等个性特征的军人容易产生心理问题。

生活事件对中国军人心理健康的影响

消极的生活事件明显影响心理健康。军人消极生活事件主要体现为军事训练、人际关系、荣誉待遇、家庭矛盾和个人问题5项。对飞行员实施的测评显示,SCL-90各因子与《紧张性生活事件量表》的婚姻恋爱、健康、家庭、工作、经济、人际关系、环境等显著相关,可以看出军事作业和日常生活中的负性事件是影响军人心理健康水平的重要因素。

社会支持对中国军人心理健康的影响

个体在社会中被尊重、支持、理解的情感体验和满意程度,以及社会支持的利用度会直接影响个体的心理健康水平。研究证实,主观支持和支持利用度与官兵的心理健康有高的正相关,与心身症状呈负相关。社会支持与飞行员心理健康显著相关。

疾病组飞行员获得客观支持高于健康组,但对支持利用度明显较低。因此,获得好的社会支持和有较高的社会支持利用度十分有利于军人的心理健康。

综上所述,统计发现非军事应激条件下地域和人员类别对军人的 SCL-90 得分有显著影响。其中地域的影响更大,与 SCL-90 的得分呈显著正相关,进一步分析发现 SCL-90 的得分大致是边海防＞高原＞城镇,说明边海防军人的心理健康水平较低,与相关研究一致;人员类别与得分正相关,提示 SCL-90 的得分大致是军官＞科技人员＞学员＞战士,说明战士的心理健康水平较好,与相关研究一致;年代与得分之间的相关性较小,说明军人的心理健康水平并没有随年代而大幅波动,与相关研究不一致,这可能是由于 10 多年来国内一直处于和平年代,因而军人心理健康状态比较稳定。另外,统计还发现,在军事应激条件下应激水平与 SCL-90 得分呈显著正相关,即应激水平越高,SCL-90 得分越高,心理健康水平越低,这与应激理论是符合的。

军人心理健康的心理机制很复杂,应对方式、个性、生活事件和社会支持都是影响军人心理健康的重要因素。积极的应对方式、稳定和外倾的个性特征、正性生活事件和高的社会支持及利用度都十分有利于军人的心理健康。反之,常采用消极的应对方式、个性内向和不稳定、负性生活事件以及低的社会支持和利用度则易对军人的心理健康造成损害,使军人产生较突出的心理问题。

24.3.3 中国军人心理健康研究的不足及展望
中国军人心理健康研究的不足

使用量表单一。我国军人的心理健康状况在 20 世纪 80 年代初受到关注,80 年代后期得到了较为系统的研究,得出的结论较多是"军人的心理健康水平较差,低于常模或对照组,心理问题较多;军事应激条件下的心理健康水平低于平时"等。在这些调查中应用较多的是 SCL-90。这些研究为军人心理健康教育提供了宝贵的数据,但研究结论值得商榷,原因有三:一是这些调查所选用的比较标准不统一,统计发现这些调查所用的标准达 16 种之多;二是这些结论自相矛盾,有的调查结果高于常模或对照组,有的调查则低于常模或对照组;三是这些调查多是有偏样本,地域差异、军种等特征很可能影响调查结果,因此有必要对这些结果进行 meta 分析。

研究样本较小。研究结果有一定的片面性,不足以代表全军官兵的实际心理健康水平;研究量表较单调、多量表的多元统计分析少。已有研究所采用的测量工具多为 SCL-90 和从国外引进的测查普通人的心理量表,不能充分体现我国军人的心理特点。军人心理健康的路径模型、元分析、协方差模型等也鲜见研究,研究工作不够深入;横向研究多、纵向研究较少。多数是横断面的调查,对于相同被试在不同时期的心理健康水平及其相关因素少有追踪;调查研究多、实验研究少。多为一般性的心理问题测查,很少见到相关的生理和心理实验研究;理论探讨多、机制研究少。对军人心理健康的深层次原因和影响因素缺少系统深入的研究,心理机制不明晰。

中国军人心理健康研究的展望

研制中国军人心理健康水平量表迫在眉睫,只有符合我国军人心理特点的量表制定和常模研究,才具有代表性,才能有效测评出我国军人的整体心理健康状况;研究多维度、多量表心理健康评定,针对各军、兵种所特有的心理特点制定出相应的、多元化的心理健康测评量表,才能真实反映我军各类人员的心理健康特点;纵向研究设计有利于揭示发生原因,以探讨影响军人心理健康水平的深层机制;神经心理、免疫机制结合心理机制的探讨将成为新的方向,对揭示军人心理健康状况及其机制将有极其重要的意义;心理素质训练将成为热点心理素质训练是预防和治疗军人心理障碍、培养军人健全人格、提高军人的心理素质和增强部队战斗力的重要途径,但有关军人心理素质的理论基础研究目前还相当薄弱,训练还缺乏理论指导,训练模式还很不系统和完善,这些都将促使国内心理工作者加快研究步伐,尽快构建起我国军人心理素质训练的完善的理论体系和系统的训练模式,以提高我军官兵的心理素质和心理健康水平。

(冯正直　赵梦雪)

参考文献

白彦峰.(2009).部队军事训练伤的原因分析及预防对策.人民军医(1),14-14.
蔡云,匡雨琴,李惠勇,黄伟容,徐寿元,左昕.(2014).二炮某部新兵人格特征与心理健康水平相关性研究.人民军医(5),467-468.
冯正直,戴琴.(2008).中国军人心理健康状况的元分析.心理学报,40(3),358-367.
冯正直,汪凤.(2010).中国军人心理素质量表常模建立与应用.第三军医大学学报,32(13).
冯正直,宋新涛,王智,余红艳.(2011).我国军人心理素质研究进展与展望.心理科学(5),1274-1279.
冯正直,汪涛,杨国愉等.(2006).心理素质训练对军人应对方式的影响.医学争鸣,27(4),301-304.
冯正直,夏本立,李国良,钟铁军,汪凤,杨国愉等.(2008).心理素质训练对野战部队军人自我和谐的影响.中国心理卫生杂志,22(3).
冯正直,杨国愉,刘衍玲,(2003).军人心理素质训练(上、下册).重庆:重庆出版社.
冯正直,张大均,杨国愉.(2003).部队心理素质教育体系构建.军事心理学研究.西安:第四军医大学出版社.
高存友,甘景梨,毋江,史建军,张东卫,段惠峰.(2008).立体定向手术对精神分裂症患者事件相关电位的影响.临床精神医学杂志,18(3),162-164.
郭颖,冯正直,杨国愉等.心理素质训练对高原军人孤独的影响.解放军预防医学杂志,2012,30(1).
姜文,肖长海,李俊强,熊俊,胡绪.(2012).某军校学员军事训练伤发生情况调查与分析.人民军医(7),598-600.
康琳,王永彬,刘献朝,唐蕊.(2015).驻疆某部新兵人格特征与心理健康水平相关性研究.人民军医(3),249-250.
廖雅琴.(2006).军人心理素质结构及其特点的研究.博士学位论文,重庆:第三军医大学.
刘娟,宋华淼,任满均,李宝君,张宜爽,杨柳等.(2015).军用漂浮放松反馈训练太空舱的研制.医疗卫生装备,36(1),15-18.
刘可愚,宋新涛,李红政,蒋尚,涂静,佗婷婷等.(2012).不同心理素质水平军人对恐惧情绪的原因调节和反应调节特点.第三军医大学学报,34(3),244-249.
刘晓鹏,邢军,杨宇彤.(2012).2 301名军队飞行人员心理健康状况分析.解放军预防医学杂志,30(3),208-209.
毛忠强,李清亚,王晓慧.(2008).士兵心理因素与军事训练伤关系研究进展.人民军医,51(10),632-633.
彭李,李敏,姜晓梅,左昕,缪毅,于永菊.(2014).心理弹性训练对不同心理弹性水平军校医学生的正负性情绪及情绪调节方式的影响.第三军医大学学报,36(5),470-472.

乔红霞,俞国良.(2014).军人心理健康量表的编制.心理与行为研究,12(2),255-259.
孙欣羊,徐亚金,张理义等.(2013).军人心理健康研究专题(1)军人社会支持、自我效能感及自尊与职业倦怠关系研究.人民军医.
唐海波,赵龙,罗黄金.(2014).社会支持、应对方式对军人适应不良和应激反应的影响.中国健康心理学杂志,22(3).
王芙蓉,陈林.(2014).美国陆军心理韧性培育——军人综合健康计划研究综述.中国临床心理学杂志,22(3).
杨国愉,王江澜,冯正直,王平,罗旭东,刘云波等.(2005).心理素质训练对军人心理健康和个性的影响.中国行为医学科学,14(10),929-931.
杨国愉,易红,冯正直,王立菲,杜征,佗婷婷等.(2011).野战部队官兵心理健康服务的需求.解放军预防医学杂志,29(5),340-343.
杨宏建,李英,王勇.(2011).心理训练对军人心理健康因素的影响.中国健康心理学杂志,19(6),766-768.
杨雪岭,赵静波,刘柳.(2011).创伤后应激障碍的性别差异研究及其影响因素.中华行为医学与脑科学杂志,20(3),286-288.
曾伟杰,席玉胜,吴新文.(2010).舰员心理应激状态与个性特征的相关研究.华南国防医学杂志,24(5),389-391.
张大均,王鑫强.(2012).心理健康与心理素质的关系:内涵结构分析.西南大学学报(社会科学版),38(3),69-74.
张理义,梅贵森,任忠文等.(2012).不同区域军人心身健康水平及其影响因素调查与分析.人民军医(11),1036-1037.
张理义,梅贵森,任忠文等.(2012).城市和农村籍军人心身健康水平及其影响因素调查与分析.人民军医(11),1029-1030.
张俐,张霞,冯正直,王晓霞,刘云波.(2013).军人心理素质训练纳入军事训练的探讨.第三军医大学学报,35(24),2680-2680.
张宇,许鹏,卢山,徐珺洋,黄志平.(2015).中国军人群体社会支持mata分析.中国健康心理学杂志(1),42-45.
赵梦雪,冯正直,王毅超,赖薇,胡丰,刘可愚等.(2017).1993~2013年常驻高海拔地区军人心理健康状态的横断历史研究.心理学报,5(49),653-662.
朱毅,王邈.(2008).军人心理健康研究概述.西安政治学院学报,21(2),47-48.
左昕,彭李,汪金生,李敏,钟敏琴,杨安强等.(2013).心理弹性训练对水面舰艇军人自我意识和应对方式的影响.第三军医大学学报,35(15),1616-1619.
Algoe, S. B., & Fredrickson, B. L.. (2011). Emotional fitness and the movement of affective science from lab to field. *AMERICAN PSYCHOLOGIST*, 66(1), 35-42.
Bruner, V. E., & Woll, P. (2011). The battle within: understanding the physiology of war-zone stress exposure. *Social Work in Health Care*, 50(1), 19-33.
Cacioppo, J. T., Reis, H. T., & Zautra, A. J. (2011). Social resilience: the value of social fitness with an application to the military. *American Psychologist*, 66(1), 43-51.
Cornum, R., Matthews, M. D., & Seligman, M. E. (2011). Comprehensive soldier fitness: building resilience in a challenging institutional context. *Am Psychol*, 66(1), 4-9.
Darr, W. (2011). Military personality research: a meta-analysis of the self description inventory. *Military Psychology*, 23(3), 272-296.
Fiske, D. W., Hanfmann, E., MacKinnon, D. W., Miller, J. G., & Murray, H. A. (1997). *Selection of personnel for clandestinr operations: Assessment of me*. CA: Aegean Park Press; Laguna Hills.
Girodo, M. (1997). Undercover agent assessment centers: Crafting vice and virtue for importers. *Journal of Social Behavior and Personality*, 5(11), 237-260
Gottman, J. M., Gottman, J. S., & Atkins, C. L.. (2011). The comprehensive soldier fitness program: family skills component. American Psychologist, 66(1), 52-57.
Hartmann, E., & Grønnerød, C. (2009). Rorschach variables and big five scales as predictors of military training completion: a replication study of the selection of candidates to the naval special forces in norway. *Journal of Personality Assessment*, 91(3), 254-264.
Jr, C. G. (2011). Comprehensive soldier fitness: a vision for psychological resilience in the u.s. army. *American Psychologist*, 66(1), 1.
Kelly, D. R. and M. D. Matthews. (2011). A measure of comprehensive soldier fitness and early attrition at West Point. *in the annual meeting of the Association for Psychological Science*. Washington, DC.
Lester, P. B., Mcbride, S., Bliese, P. D., & Adler, A. B. (2011). Bringing science to bear: an empirical assessment of the comprehensive soldier fitness program. *Am Psychol*, 66(1), 77-81.
Peterson, C., Park, N., & Castro, C. A. (2011). Assessment for the u.s. army comprehensive soldier fitness program: the global assessment tool. *American Psychologist*, 66(1), 10.
Seligman, M. E. P., & Fowler, R. D.. (2011). Comprehensive soldier fitness and the future of psychology. *American Psychologist*, 66(1), 82-86.
Seligman, M. E. P., & M. D. Matthews. (2011). Comprehensive soldier fitness. Special Issue. *American Psychologist*, 66, 1-87.

第25章 军队心理卫生工作

25.1 军队心理卫生概述／523
　　25.1.1 军队心理卫生工作需求／523
　　25.1.2 官兵面临的心理问题／525
25.2 我军心理卫生工作／527
　　25.2.1 我军心理卫生工作的主要内容／527
　　25.2.2 我军心理卫生工作的主要成绩／528
　　25.2.3 我军心理卫生工作面临的主要矛盾与问题／530
　　25.2.4 我军心理卫生工作发展要点／531
25.3 外军心理卫生工作／533
　　25.3.1 美国军队心理卫生工作简介／533
　　　　平时心理卫生保障／533
　　　　组织体系／533
　　　　TRICARE心理卫生保障内容与制度／534
　　　　国防部心理卫生工作／535
　　　　战时心理卫生勤务／538
　　　　组织体系／539
　　　　美军心理卫生工作的主要特点／542
　　25.3.2 英国军队心理卫生工作简介／543
　　　　非正式心理健康支持系统／544
　　　　正式心理健康服务系统／544
　　　　英军军人心理卫生服务的特点／546
　　25.3.3 俄罗斯军队心理卫生工作简介／546
　　　　明确定位军人心理工作在俄军建设中的地位作用与任务／546
　　　　重点依托军事院校培养心理工作专业军官／547
　　　　充分发挥心理工作军官在军队建设中的作用／548
　　25.3.4 德国军队心理卫生工作简介／549
　　　　德国联邦国防军心理卫勤体制和培训／550

広泛应用CHARLY系统／550
德军及德国心理治疗师资格与培训／550
25.3.5 澳大利亚军队心理卫生工作简介／551
《心理健康战略》的宗旨／551
《心理健康战略》计划／551
《心理健康战略》的运行机制／552
《心理健康战略》实施的法规保障／553

参考文献／553

军人心理活动与行为是一切军事活动的基础，军人的心理素质是战斗力中最活跃、最敏感的人因，更是影响战争走向的重要影响因素。从军事心理学诞生的第一天起，无论战争样式如何变化，各国军队都始终把军队心理卫生工作放在十分重要的位置。尽管我军心理卫生工作起步较晚，但已经基本建成科学有效的组织体系，心理卫生工作的主要内容和特点一直向"能打仗、打胜仗"聚焦，在军队新的编制体制调整期间更是紧贴实战化战训要求，取得了长足进步。

25.1 军队心理卫生概述

心理卫生（psychological hygiene）是指运用心理学的理论和原则保持与促进人们的心理健康，即通过讲究心理卫生，培养人们的健康心理，从而达到预防各种身心疾病的目的。军队心理卫生工作的目标就是保持和不断提高广大官兵的心理健康水平，使其更好地适应未来高技术军事斗争要求。

25.1.1 军队心理卫生工作需求

"冷战"以后，各国军队面临的世界军事格局都在进行转型与改革，尤其是新的作战样式、新的军备竞赛背景下的加速发展以及使命任务和健康需求，对军队心理卫生工作提出了新的更高要求，加强与加快心理卫生工作及转型的必要性和紧迫性进一步凸显。如美军2008年提出的"全维健康观"就是典型的代表。在以往关注心理健康和躯体健康的基础上，美军在"全维健康观"中又增加了家庭、环境与组织管理三个要素，更加全方位地理解及促进军人的健康。同时，美军还在回顾数十年不同战争对战斗应激调控重心的影响，将心理卫生工作任务，尤其是与作战密切相关的战斗应激调控对策的重点由治疗经预防向心理应战能力转移（见图25.1）。

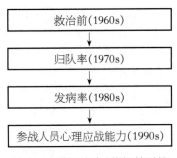

图 25.1　美军战斗应激调控对策重点转移的回顾

一是信息化战争战斗应激反应发生率明显提高,对心理卫生工作提出了新的挑战。未来战争突发性、复杂性、破坏性、残酷性大大增强,指战员面临全方位、全天候、高强度的心理考验。据报道,参加阿富汗和伊拉克战争美军士兵中急性应激障碍发生率约为15%—20%,归国士兵中,PTSD和抑郁症患病率分别为37%和27%,20%受到头痛、失眠、烦躁等症状困扰,自杀比例较高。70%以上严重军事飞行事故由飞行员生理心理因素造成,海军潜艇70%以上的官兵报告持续长航60天左右身心处于最差状态,86%以上官兵感到不同程度的压力,心理认知及运动功能、注意力警觉反应、情绪情感控制、睡眠等方面受到一定损害。新的作战样式,要求参战人员具备更高的心理承受能力、对抗能力和调控能力,需要通过各种智能保护与心理干预措施,使指战员保持稳定的心理状态和持续、均衡的智能水平,满足紧张、激烈、对抗的战场环境需求。

二是军队现代化建设和维护部队稳定对官兵心理素质及智能水平要求更高,赋予了心理卫生工作新的任务。随着军队现代化建设步伐加快,各类先进武器装备大量装配部队,操作使用越来越复杂,对官兵作业能力和智能水平提出了更高要求。同时,部队遂行急难险重任务及长时间野外驻训,加之艰苦紧张和相对封闭的军营生活,官兵心理压力明显增大,容易产生各种心理问题,影响正常生活、训练和部队安全稳定,甚至导致事故案件发生。据统计,2007年我军精神障碍发生率达4%—5%;参加军事演习时有89.6%的军人出现紧张、恐惧的情绪,85.3%出现睡眠问题;抗震救灾军人焦虑发生率为17.5%,抑郁率为51.5%,应激反应检出率为16.5%;抗洪官兵约54.6%有心理不健康方面的表现;水面舰艇官兵约2.5%有明显心理应激反应。要求进一步加强平时心理卫生服务内容针对性和手段多样性,通过调整作业与生活方式及药物手段,保持指战员旺盛精力、机敏认知和成熟心理,满足特殊军事作业环境需求。

三是官兵健康需求日益增长,社会和环境适应能力要求不断提高,对心理卫生工作提出了新的期望。我军调研显示,"80后""90后"已成为部队主体,"独生""单亲"比例增高。据估计,我军部队独生子女率已不低于70%。许多青年官兵适应能力差、抗挫折能力弱,观念和行为模式与军营管理冲突凸显。我军2003—2006年住院精神疾病患者平均年龄为27.1岁,并具有年轻化的趋势。2011—2013年,我军对381万名应征青年进行心理检测,淘汰明显心理障碍人员11.1万名,占2.9%。心理和精神障碍的发生不仅给家庭造成痛苦和负担,而且耗费单位大量精力,影响部队全面建设。因此,需要及时跟踪监测环境、生理和心理等各类心理应激源,实时掌握官兵心理健康状况,随时为官兵提供必要的心理咨询和心理干预,帮助其进行自我调整,同时开展必要的心理承受能力和耐挫力训练,增强心理稳定性,提高官兵心理素质。

25.1.2 官兵面临的心理问题

部队是处于高危险、高独处、高集中、高效率和高纯洁环境下执行特殊任务的武装集团。平时军人工作与生活具有紧张、单调、严管、封闭、缺乏私密空间等特点,在这样的环境下,有心理问题其实是正常的,达到心理健康理想状态的人并不多。除患精神疾病和障碍的官兵外,平时部队心理工作对象是占人群95%以上的"有心理问题的正常人"。而战时军人时刻都面临生与死的考验与情境,心理问题的严重程度会骤然加剧,战时部队心理工作重点除了因战斗应激而引发的各种战时精神障碍导致的减员外,还包括所有参战人员的心理健康的维护与促进。总体来讲,平战时军队心理卫生工作对象的主要心理问题来源于以下几个方面。

一是部队住训环境导致适应不良。由于部队要求严格,部分官兵训练成绩跟不上、日常生活不适应,导致心情急躁、情绪压抑,出现焦虑、抑郁等症状;有的官兵对部队有排斥心理;有些因能力差,无法胜任上级赋予的任务,心理压力大;战友间的人际环境处理不得体,也是其彼此间生活方式和行为不适应的原因。

二是部队管理模式导致心理冲突。管理问题导致官兵人际心理冲突占到被关注问题的第二位,常常是不满意、不服气、消极对抗产生的重要原因。80后、90后是我军目前官兵的主体。这些青年人大多喜欢接触新鲜事物、追求刺激快感、思维活跃奔放,具有积极向上但讨厌说教,喜欢制订计划却不去执行,对新生事物充满好奇,向往大成就但不愿付出等特点。社会上将他们称为"草莓"一代,很鲜艳、很新鲜,但不能碰、不能压、不能放,意味着他们很新潮、很前位、很可爱、思想多元化,但自我意识强、性格脆弱孤僻、亲情观念淡漠、功利逆反心强等。在新的军事斗争准备条件下,如何调整部队管理模式以调动他们的积极性成为部队管理学的难点。

三是个人前景不明导致心理困惑。部分官兵入伍前没有做好充分心理准备,常感觉部队与自己的想象无法对接,对自己在部队的发展缺乏信心;抱着上学、提干、转套士官等希望来到部队,但对是否能够实现心里没底;随着在部队服役时间的延长,感觉在思维方式和价值理念方面与地方差距越来越大;面临复员的老兵对前途比较迷惘,不知道复员后可以做些什么。80后的官兵也都对个人成长进步有所打算,立功受奖、考学入党、提拔使用,但由于缺乏抵御挫折的能力,当个人愿望未能实现时,会产生各种各样的心理冲突,对个人发展前景感到困惑。

四是成长环境逆境导致行为异常。家庭是人生成长教育的第一环节,其影响最直接、最深刻、最持久,不良家庭教养方式导致性格缺陷也是心理问题产生的重要因素。美国斯坦福大学社会学习理论创始人班杜拉认为,人的行为主要来自于后天观察学习和模仿,通过奖惩的强化作用,最终形成习惯化的行为反应模式。研究表明,人的异常心理和行为,往往可以从家庭教养方式或成长环境中找到原因,有时甚至是家庭问题的直接表现和延续。生活在关系紧张、相互猜忌、矛盾突出的家庭,个体容易形成疑心较重、脾气暴躁、富有攻击性、社交能力差、人际关系紧张、偏执怪异等性格缺陷;而生活在娇生惯养、过分溺爱家庭的儿童,缺乏接受复杂、艰苦社会生活的心理准备,容易形成意志薄弱、自我中心、情绪不稳定等缺陷,表现为适应力差、吃苦能力弱、受不起委屈、经不起挫折等。

五是突发事件导致情绪紊乱。天灾人祸、亲人突然亡故或家庭婚姻变故等重大事件,给官兵带来的心理压力也是巨大的。心理学家认为,青年处于高级神经发育成熟之前,由于缺乏社会经验,内心容易产生波动,情绪紧张度高,常常因一些小的刺激引发强烈的情绪反应。他们一会儿因失败悲痛欲绝,一会儿又因小小的胜利昂首挺胸;一会儿沉迷失意捶胸顿足,一会儿又因小小得意情绪高昂。情绪不稳定是青年期心理的一个特征。因此,无论突发生活事件是正性的还是负性的,都会引发青年官兵强烈的情绪反应。

六是认知偏差导致心态变化。人类思维有一个"自动导航系统",容易将自己的注意力集中于事物的负性方向,想象悲剧可能被逆转,称为"反事实推理"。结果想象悲剧可能被逆转的次数越多,忧郁、焦虑等负性心态就越严重,每一次想象又构成新的心理创伤。诺贝尔奖获得者卡尼曼曾进行了一项研究,发表在国际著名杂志《科学》上。他对60位年薪增长12—60万美元的美国经济学界高管进行了调查,"如果你能更富有,你会不会更幸福",结果是否定的。依据"伊斯特林幸福悖论",当获取在成倍增加时,心理感受增量却变得越来越小;但随着损失量的增加,损失感受却会明显变化。由此推理,人们更容易记住别人的坏处而不是好处。

七是作战任务导致心理异常。心理健康问题在高技术战争中表现得更为突出。现代战争集高技术武器于一体,战争爆发的突然性、杀伤武器的毁灭性、战争空间的立体性都空前扩大,"海、陆、空、天、电"五位一体的战争形态对作战人员的心理是一个强烈的刺激,战斗应激反应和战场神经症、精神病的发生率明显增加。第二次世界大战时精神疾病的发病率为7.0%;朝鲜战争时发病率为32.0%;中东战争时以色列士兵的精神异常者占伤员总数的30%;越南战争中,美军390万男性军人和8 000女性军人中有20%患有不同程度的创伤后应激障碍;在1991年的海湾战争中,多国部队的高技术武器虽然占有明显优势,但发生战争性心理障碍的官兵依然较多。根据美军调查,战斗应激反应在投入战斗前发生率为39%,战斗中为25%,战斗后为

19%,战争中美军阵亡389人,受伤467人,而患战斗精神病的竟达541人,并且战争结束后,多国部队参战人员中又有大量海湾战争神经症者出现。

25.2 我军心理卫生工作

1998年,江泽民主席提出"重视青年官兵的心理特点和心理引导"。之后,胡锦涛主席反复强调,"要深入研究社会、家庭环境对官兵思想、心理和行为方式带来的影响","要注重人文关怀和心理疏导"。2009年8月底,全军心理服务工作座谈会在北京京西宾馆召开,同年10月20日全军心理卫生工作座谈会在重庆召开。2013年,习近平主席明确提出了军队"能打仗、打胜仗"的建设目标,并于2017年批示"要注重部队心理工作,从基层建设抓起,提高科学的管理水平"。以上历任国家和军委主席的重要指示和我军军事心理学工作的重要事件均表明了军队心理卫生工作的重要性,同时也指明了军队心理卫生工作,尤其是在全面建设现代后勤中的重要作用。因此,如何保障官兵心理健康,维护和生成部队战斗力对心理卫生工作提出了明确的目标和要求。

25.2.1 我军心理卫生工作的主要内容

平时心理防护和训练。从提高兵员质量入手,组织调研、研发、试点、推广、制订军人心理选拔、军事岗位分类和心理复检鉴定等工作的系统及标准,把好军人入口关,从源头促进战斗力的生成。牵头完成基层部队心理防护能力训练,重在突出提升战场心理防护能力、适应能力和调控能力,组织建立认知行为训练(Cognitive & Behavior Training)、应激应对训练(Copying Stress Training)、战场心理损伤救治训练(Combat Rescue Training)和团队心理训练(Company Training)的C^4T心理训练体系,协调将"战时心理防护能力训练"正式列入部队训练大纲和教材。制订部队精神障碍患者集中收治康复相关政策,协调配合军地有关部门,建立部队精神障碍患者向地方移交机制,打通平战时医疗后送的途径。

心理卫生力量建设。包括心理卫生勤务保障规范化建设和心理卫生专业机构职能建设。结合我军新编制调整改革,完善了我军心理卫生组织体系各级各部门的心理卫生专业人员编制。围绕提升战场心理卫生救援水平,负责建设并规范全军心理卫生救援队,制订实战化训练演练计划以及实施考评检验。全面定位、制订实施全军心理卫生专业技术中心的科研、指导和服务的功能以及医疗机构心理科(室)建设,组织实施并监管心理科(室)非重性精神障碍收治、心理医生临床技能培训和部队巡诊等功能。规范特勤疗养和特殊岗位人员疗养期间的心理预防、治疗、康复与心理专业化训练的有机结合。

心理卫生科学研究。针对战场需求和部队现代化建设需要，组织论证军队后勤科研条件建设，加强国家和军队重点实验室的审批、立项、建设、验收、考核等环节。同时，在国家和军队"五年"计划中加大了心理卫生科研项目资助力度。负责每年制订军队医学科技重大和重点专项建议案，组织专家论证、审核、检查、验收军事前沿科技、军事环境与精神心理卫生后勤科研计划、军事创新工程等领域的项目申报、中期检测与结题验收等工作。对成效突出、部队实用、贴近战场应用的项目，加大经费支持，促进以军人选拔、心理训练、战斗应激调控等方面包括装备研发、标准制订等代表性研究成果的转化。组织建立全员心理健康数据库，对重要岗位、重大任务、重点人群建立包括家庭背景、学习任职、身心状况、事件经历、自我评价等内容的完整心理档案管理系统。组织制订军人通用健康标准、心理健康评价标准和专用心理健康测评工具，建立分层心理健康标准体系。

部队心理卫生服务工作指导。组织制订相应法律法规，如修订《基层部队医疗机构心理卫生工作规则》，针对2013年5月新出台的《中华人民共和国精神卫生法》，结合部队精神障碍防治实践中的特殊性，我军重新立法了《中国人民解放军实施〈中华人民共和国精神卫生法〉办法》，为部队精神障碍防治提供了法律依据。各级各部门充分利用平面媒介、多媒体、网络等现代传媒形式，使心理宣教成为常态化的心理卫生工作。针对平战时和特殊军兵种的特点，组织编写编制的《兵之初》心理示教片、《心理卫生工作手册》和《军人心理自我调适》等规范化教材已经得已普及应用。下一步将推进规范化心理卫生服务示范基地建设，围绕增强部队自身心理卫生服务保障能力，探索完善基层部队心理卫生相关制度、标准，规范部队心理卫生保障工作。

25.2.2 我军心理卫生工作的主要成绩

服务架构基本形成。全军成立了18个心理卫生专业技术中心(6个研究中心、6个指导中心、3个服务中心、3个防治中心)，医院、疗养院调整设立心理科室或心理门诊，每个建制团以上部队均开设了心理咨询站(室)，全军62%的医疗卫生机构建有心理诊室，以技术中心为龙头、以心理科室为骨干、以咨询站室为基础的全员覆盖、全程跟进、全方位保障服务体系初步建成。

专业队伍初具规模。我军早在1963年就开设了临床医学专业本科生心理学课程，1993年开始招收心理学硕士研究生，1999年开始培养基层部队心理医生，2002年开始招收心理学博士研究生，2012年心理学博士后正式进站工作，2013年在三所军医大学开始招收医学心理学专业本科生。已经建立了较为完善的科研院所研究型人才(博、硕、本)、部队全能型人才(心理医生)、全军专项型人才(心理测评)的"三型"

人才培养体系,明确提出了我军心理人才培养目标,解决了人才培养的定位问题;同时,结合我军心理卫生工作的实际需要,建立了由"心理宣教"、"心理测评"、"疾病甄别"、"咨询治疗"、"训练指导"和"勤务保障"六个模块组成的心理卫生人才技能规范化、精准化培训内容和"全军心理卫生研究中心—省军区—人武部"、"全军心理卫生研究中心—省军区—军校招生站"、"全军心理卫生研究中心—大单位—全军师旅单位"、"全军心理卫生研究中心—军兵种—各军校"的4维3级心理专项技能培训体系。我军设有全军心理卫生咨询指导委员会,学术团体包括军队心理学专业委员会和依托中国心理学会与中国社会心理学会成立的军事心理学专业委员会,遴选全军专家组成了全军心理卫生专家库和全军心理战专家库。每年开办心理医生培训班,现有专职心理医生820名、兼职心理医生2 430名,基本形成了我军心理卫生专业队伍。

制度机制逐步完善。我军制定了军队心理卫生服务机构建设标准、工作标准、考评标准、选拔标准和应急预案等8项标准制度,建立了官兵心理健康档案管理、心理卫生骨干培训轮训和工作绩效考评等工作机制。各大单位结合实际,出台了30多项配套的心理卫生服务技术规范、心理咨询与干预方法指南等规定,实现了心理卫生制度机制建立从无到有、从无序到基本有序的转变。

学科科研势头良好。近年来,每年在全军层面设置2—4项军队心理卫生重大与重点专项,围绕新时期我军精神障碍疾病谱变化及应对策略,自杀高危人群的早期识别和干预,心理防护装备研制,心理应战能力评估与提升,心理障碍药物筛选和配置,心理创伤康复及非战争军事行动的心理保障等问题开展研究,取得了非常明显的军事效益。如2010年,由空军军医大学(原第四军医大学)苗丹民教授团队牵头建立了我军完整的军事人员心理选拔系统,同时颁布了7项国家和军队执行标准,在国际上首先实现了人格测验的计算机自适应化,获得了我国心理学领域唯一一项国家科技进步一等奖和2项军队科技进步一等奖。研究成果在全国所有人武部、军校体检站和招飞中心推广应用,实现了在我国要想成为一名军人,必要进行心理检测的目标。截止2019年,累计检测人数超过1 500万人,每100名中国人就有1人经过该系统的检测。心理卫生相关研究还获得军队和省部级科技进步二等奖49项、国家专利33项。仅18个心理卫生技术中心就发表SCI收录论文142篇,编译专著36部。研究成果得到国际认可,并得以广泛应用。

心理服务形成常态。全军心理卫生机构普遍开展巡回服务、挂牌服务、远程服务和应急服务。依托军网系统,建立了心理咨询和心理健康服务专业网站。2010年以来,全军多次组织心理卫生服务队深入基层部队开展心理咨询测评百万人次以上,实施心理治疗数万余人次;派出心理救援队执行抗震救灾、反恐维稳等重大任务心理卫生保障,为万余名官兵实施心理干预,为维护部队战斗力发挥了重要作用。2013年,习主席在芦山抗震救灾一线视察时,对我军心理卫生工作予以充分肯定。

25.2.3 我军心理卫生工作面临的主要矛盾与问题

我军心理卫生工作与发达国家军队相比虽然起步晚、基础弱,但近些年已经取得了长足进步。从我军2001年—2003年、2011年和2013年进行的3次心理卫生工作现状调查结果来看,各军兵种、各部队发展的不平衡,特别是心理卫生人才缺乏、行业标准不统一、基础设施建设落后的问题对我军心理卫生工作的科学发展带来了一定的影响。

人才队伍建设有待加强。主要表现在:一是人才分布不均。军队心理卫生专家和90%以上的专业人员,集中在军医大学、科研院所和医院疗养院。二是专业力量不足。部队心理医生专业岗位大部分为兼任,专业不专的问题比较明显。据统计,全军部队现有心理医生94.5%为兼职医生,"科班出身"专业心理医生数量极少,63.8%认为现有人才队伍数量不能满足工作开展的需求。三是执业能力不强。调查显示,部队心理卫生服务方法缺乏亲和力吸引力,官兵满意率仅69.0%,44.6%的官兵表示对兼职心理医生缺乏信任,84.2%认为现有人才队伍不太具备开展心理工作的专业素质。主要原因:一是成分多元。兼职心理医生平时把心理卫生工作作为"副业",在有任务时才履行心理医生职责;87.0%的人员从事医师职业,另外少数来自护理、药剂、检验等,护理占5.5%,药剂占1.7%,检验占5.0%。从地方招收的教育心理学、社会心理学等专业本科生对部队不甚了解且无医学背景;二是来源缺乏。军医大学医学心理学本科生招生数量少、培养规模小,难以在短时间内解决人才短缺问题。同时,培训不足。调查结果显示从未有过心理卫生工作经验的人占69.0%,约三分之二兼职心理医生只接受过1次短期培训,还有的从未经过任何培训,缺乏系统的理论与实践训练。此外,人员流动性大,兼职心理医生不能定位,多数调离转行的现象比较严重。

执业标准尚需统一规范。主要表现在:一是程序方法不统一。调查发现,当前部队使用的各类心理量表达上百种之多,73.3%的部队心理医生对选择心理量表类别、使用范围和对象随意性较大。二是设备良莠不齐。目前部队在用的心理专用设备有数十种,生产厂家近百个,品种繁杂、规格不一、质量难以保证,导致各单位设备配置不一、实用性达不到要求,难以开展工作。调查显示,心理卫生工作硬件设备不太齐全的单位占90.3%,设备的实用性和实际需求存在显著差距的单位占82.6%,心理卫生设备的使用率不高的单位占82.2%。三是结果评判不准。近年来部队把心理测评作为评价官兵心理健康的主要手段,但是测评主体目的、方法、工具、评估标准不同,信息可信度低。主要原因,一是缺乏权威依据。长期以来,心理卫生领域学派不一,观点不一,心理问题、心理障碍及心理疾病诊断与鉴别标准,既无"军标"也无"国标",国际上也没有公认的行业标准可供借鉴,建立科学系统的心理卫生标准体系面临很多理论难题。二是缺乏行业规范。部队怎样正确使用心理量表和设备,结果判定是否准确,尚缺乏统一的行业规范。心理卫生服务缺乏绩效与质量考核,心理卫生人员的技术操作、工作流程、结论评估是否规范准确也缺少监督评价。三是缺乏准入标准。由于心理卫生专业人员准入条件不明确,46.3%部队卫生机构的兼职心理医师未经过考核,19.6%兼职心理医师未经专业培训。缺乏明确职责。部队心理卫生工作归口管理部门多,51.2%的单位归卫生部门管,44.6%归政治部门管,还有4.2%归司令部门管,导致在组织管理、标准制度、工作要求等方面难统一、难规范。四是缺乏统一认识。许多管理人员不知道部队心理工作的主要任务是什么,专业人员不懂得工作的基本流程,在执行重大军事任务中成了花架子、跑龙套的摆设。有的专业人员紧紧盯着极少数"个别人",仅仅将心理工作定位于精神病学,忽视了部队心理工作在现实和在未来战争的重要地位。

基础设施相对简陋薄弱。调查显示,75.0%的单位已有了专用的咨询室,有的单位咨询室、测评室和治疗室三室俱全,但设备简陋。62.1%的单位仅有简单心理测评软件和训练器材,91%调查对象认为基础条件滞后是制约心理卫生发展的"短板"。主要原因还是领导对心理卫生工作的认识偏差。受传统思想观念的影响,部分单位仍将心理卫生工作视为解决心理问题,或治疗"精神病"的手段,很多官兵渴望得到帮助但担心受到歧视;有的还认为,心理工作可有可无,只是为了摆样子,甚至影响到部队的正常工作;个别部队领导认为"心理服务用处不大",甚至觉得"影响部队正常工作",建设投入受主官认识水平影响,不能持之以恒,忽冷忽热。基础薄弱主要在于军事心理学科建立较晚,专项研究不多,特别是专用设备的研发。43.6%部队卫生机构专用心理设备"空白",军医大学心理系刚刚建立,80%医院疗养院心理科成立不到3年,设施设备"白手起家",与其他学科相比差距悬殊。同时,投入不足也是一个不容忽视的因素。全军仅有10.0%的单位有专项经费支持,部队心理服务费用列入政工费,"只管用不管建"的现象比较突出;总部每年安排的心理卫生工作经费有限,只能解决重点项目建设、资助应用课题和组织大项心理服务保障,难以覆盖部队心理卫生工作整体建设。

25.2.4 我军心理卫生工作发展要点

多年来,军事心理学工作者在借鉴外军心理工作基础上,不断探索和完善我军心理工作的模式,收获了丰富的经验,取得了一定的成绩。应该说,现有的工作模式基本符合我军心理工作实际要求,并在全军推广应用。进一步思考我军心理工作的任务,应该注重以下几个方面。

一是明确部队心理工作的任务。部队心理工作千丝万缕,涉及方方面面。多年来围绕部队中心工作,分解心理卫生工作任务为"宣、评、甄、咨、训、勤"六大职能,并在 32 期基层部队心理医师培训班上试点培训,较好地解决了专业培训与部队实际工作的对接问题。部队心理工作的六大职能指:宣传教育、测量评估、咨询治疗、甄别疾病、训练指导和勤务保障。在基层部队心理专业人员培训方面的做法是:通过基本知识学习、演讲训练、观摩部队心理服务示范,培养学员宣教技能;通过参加院校招收学员心理检测、全国征兵心理检测、新兵入营心理复检等实践活动,培养测量评估与咨询治疗技能;通过到部队精神病院实习,培养学员对各类精神疾病、心理障碍的甄别能力;通过咨询模拟练习和案例讨论分析掌握基础咨询理论和基本咨询技能;通过学习部队常用心理训练方法和团队心理训练技能,提高指导部队心理训练的能力;通过参与重大军事保障任务,使学员熟悉心理卫生勤务保障的工作流程和技能。

二是转变心理工作定位。军事心理学是一个涉及领域广泛的学科。国际著名军事心理学家盖尔和曼格尔斯多夫在《军事心理学手册》中认为,军事心理学"既不是建立在一套系统的理论之上,也不是一套常规性技术的总和,它起源于军事应用,也始终服务于它的应用领域—军事活动";军事心理学将研究焦点聚焦在军事应用上,可以看作是心理学原则、理论和方法在军事环境中的应用;它是心理学所有学科的缩影,几乎对所有军事环境中人的行为产生影响。从 2013 年最新出版的《牛津军事心理学》来看,与军事作战相关的内容占到很大篇幅,如作战心理学的基础与应用、自然情境下的指挥培养、士兵绩效的认知与非认知因素、军队中的团队、《土拨鼠日》厌战的象征、军人作战意识构建及特点、军事工程心理学、心理学在军事训练中的应用等等。因此,我军心理学工作也应该转变工作定位,从部队官兵心理健康维护的保姆转变为部队作战力提升的教官。合理调整我军心理学的科研、教学、培训、训练指导、应急分队建设的定位和方向,作军队现代化、信息化建设的主角。只有这样,军事心理学在军队建设中才会有地位、有作用。

三是改变人才培养思路。人才是事业发展的关键。我军目前已通过各种渠道培养专职心理医生近千名,3 000 余人获得国家三级以上心理咨询师资格证。但是,对全军团级单位心理卫生工作调查发现,多数兼职心理医生由于岗位不确定、任务不明确而离岗或转业。最近对在军医大学接受心理医生培训的人员进行统计,认定培训后会从事部队心理工作的人仅占少数。特别是,基层心理医生需要比普通军医更长的实践训练时间才可以胜任工作,开展工作很难,这就与人才短缺形成了鲜明的矛盾。因此,我军心理卫生工作人才下一步的培训工作应该做适当调整,重点放在专项心理技能培训上,如心理训练师、心理治疗师、心理测量师的培养,以及硕士以上心理医生的培养。军队心理专业技能和高层次人才培训应严格选拔制度,目标锁定在热爱部队心理工作、有较好心理学基础的人群。

四是完善心理救援组织指挥体系和工作机制。2008年抗震救灾部队心理救援工作问题之一是缺乏统一指挥,令出多门,影响了心理救援工作的顺利实施。因此,尽快建立一系列工作规范和标准就显得非常重要,如建立全军统一的组织指挥体系,统一抽组、统一派遣、统一配属救援分队,统一救援分队工作模式、技术装备、工作标准和工作流程;建立全军心理专家数据库和专业心理救援分队,制定心理专家和专业人员的准入标准、考评办法;规范心理救援实施方法,明确不同阶段心理救援工作的重点,拟制标准化训练大纲和训练教材,组织必要的演习训练;制定心理救援队装备标准,配备必要的药材和装备,预有准备,预置资源。

25.3 外军心理卫生工作

外军心理卫生工作开展较早,尤其是发达国家军队,并且经过了现代局部战争的检验,已经形成了相对完善的心理卫生工作体系,建立了诸多可以供我们借鉴的系统、规范、标准和做法。因篇幅有限,本章仅简要介绍一下美国、英国、俄罗斯、德国、澳大利亚五国军队的心理卫生工作情况,重点在于各国已经成型的心理卫生工作系统,而与其他章节重复的部分,如选拔、训练、心理战、战场防护、卫生勤务等内容不再赘述。

25.3.1 美国军队心理卫生工作简介

平时心理卫生保障

美军平时心理卫生保障以提供行为健康治疗的形式体现,军人及其家属通过军队卫生系统和美军卫生保健计划(TRICARE)获得全维心理卫生保障,获得治疗的方式包括紧急治疗和非紧急治疗两种。国防部心理健康与创伤性脑损伤中心(DCoE)重点开展平时心理卫生工作。

组织体系

负责卫生事务的助理国防部长负责协调并保障军队卫生系统保障对象心理卫生服务所需资源,提供必须的资金。部署前、部署中和部署后,军人及其家属通过军队卫生系统和TRICARE获得全维心理卫生保障。曾参与伊拉克战争或阿富汗战争的军人,在退伍后5年内还可以通过退伍军人事务部获得心理卫生服务。TRICARE通过管理式医疗合同商系统,建立了特定区域的地方医疗服务网络。TRICARE管理中心与美国本土3个保障区的地区合同商合作,协助 TRICARE 地区办公室和军队医疗机构,共同提供医疗保障服务。3个海外地区办公室联合军队医疗机构负责发展和执行海外地区的医疗保障服务。军人及家属的平时心理卫生保障依托于 TRICARE 的军队医疗机构和地方医疗服务网络。由于持续战争行动人员选拔任务和心理服务工作的增加,近年来,美军增加了文职心理卫生人员的雇佣数量,包括合同人员和政府文职。在紧急或者常规任务时,可以调派地方心理卫生医疗提供方满足保障需求。

为了改善心理卫生保障的便捷性,增加服务网络医疗提供方的利用率,招募和激励心理卫生医疗提供方。TRICARE 管理中心采取了以下举措:(1) 开发心理健康风险医务人员调整模型(Psychological Health Risk-Adjusted Model for Staffing, PHRAMS)工具,用于评估军人、退伍军人及家属心理卫生保障需求,确定个别社区和军队医疗机构中心理卫生人员数量需求,用于调整人员计划。(2) 制定了各种针对初级保健设施心理卫生人员的临床指南,增强心理卫生治疗能力。(3) 与国家远程医学和技术中心(T2)开展合作,促进远程心理卫生服务工作。(4) 协助国防部成立国家无畏卓越中心(NICoE),评估、诊断和治疗患有精神疾病和创伤性脑损伤的军人。

在美军平战时心理卫生工作中,作为管理、服务、保障和科研机构,DCoE 发挥着重要作用。该中心成立于 2007 年 11 月,隶属于国防部,是军队卫生系统重要组成部分,其核心任务是整合国防部各种知识资源,评估和发布基于实践的心理健康和创伤性脑损伤诊治标准,增强军人、退伍军人及家属的心理弹性,关注康复与重新安置军人的心理问题,治疗精神疾病和创伤性脑损伤患者。该中心还负责领导退伍军人事务部、地方机构、社区领导、宣传部门、临床专家和学术机构,增强心理健康和创伤性脑损伤相关的科学研究。

目前,DCoE 下设的3个中心直接参与军人的平时心理卫生工作。(1) 国防部和退伍军人脑损伤中心(DVBIC),通过开展临床治疗服务,进行创新性临床研究,开展培训项目,服务于患有创伤性脑损伤的现役军人和退伍军人。(2) 国家远程医学和技术中心,设计、构建、测试和评估现有和新兴的技术,辅助军人精神疾病和创伤性脑损伤康复。(3) 部署健康临床中心(DHCC),通过为军人及其家属提供帮助和医学支持,改善部署相关的健康问题。该中心负责评估军人部署后生理体征,开展创伤应激疾病治疗服务,实施部署健康服务项目。

TRICARE 心理卫生保障内容与制度

美军 TRICARE 心理卫生保障内容以提供行为健康治疗的形式体现。

一是行为健康治疗提供方。TRICARE 授权的行为健康治疗提供方包括:获得认证的精神病科护士、精神卫生咨询师、牧师、获得认证的婚姻和家庭咨询师、持证临床社会工作者、临床心理医师和精神科医师等。

二是行为健康治疗服务内容。根据 TRICARE 规定,以下行为健康治疗服务不在 TRICARE 覆盖范围之内:厌恶治疗、减肥行为健康治疗、身心疾病生物反馈治疗、医学问题以外的咨询服务(如教育咨询、职业咨询、社会经济咨询、应激管理、生活方式咨询)、培训、实验方法、耐力治疗、研究机构开展的心理测试、精神外科手术、性功能障碍治疗和学习障碍治疗等。美军行为健康治疗服务内容主要包括精神病和物质使用障碍的门诊、住院和非全天住院治疗。门诊患者行为健康治疗的形式包括心理治疗、心理分析、心理测试和药物治疗;住院患者行为健康治疗一般有3种形式,住院治疗、精神病急性发作患者住院治疗和精神病患者非全天住院治疗项目;物质使用障碍治疗内容包括戒毒、住院康复、非全天住院治疗项目和门诊治疗。

三是获得治疗的方式。包括紧急治疗和非紧急治疗两种:(1)紧急治疗。紧急情况下,拨打911或最近的急救室电话。急救不需要转诊和事先审批。现役军人需要在住院的24—72小时内,联系所在军队医疗机构的初级保健管理者、军队医疗保障办公室合同服务点或 TRICARE 相关机构,获得继续治疗审批。非现役军人需要在住院24—72小时内,联系其初级保健管理者、地区合同商或 TRICARE 海外项目地区电话中心。如果在海外旅行过程中紧急住院治疗,保障对象需要在离开急救机构前、24小时内或下一个工作日,联系其初级保健管理者或 TRICARE 海外项目地区电话中心。(2)非紧急治疗。对于非紧急治疗服务,初级保健管理者或初级保健提供者负责提供初步诊断、治疗建议,并转诊到适当的行为健康治疗提供方。现役军人应当首先选择在军队医疗机构进行非紧急行为健康治疗。在地方机构接受治疗之前,必须经过军队医疗机构初级保健管理者转诊。TRICARE 基本型保障对象应当从 TRICARE 网络内医疗提供方获得治疗服务。如果在没有初级保健管理者转诊的情况下,接受非网络医疗提供方的非紧急治疗,保障对象需要根据规定支付费用。

四是其他项目与资源。TRICARE 还制定了各种项目和政策,确保保障对象获得心理卫生服务。包括 TRICARE 行为健康信息热线、行为健康医疗提供方定位和预约安排辅助热线、在线行为健康资源、TRICARE 海外行为健康项目、TRICARE 助理项目、远程心理健康项目和战时领航和帮助项目。

国防部心理卫生工作

美国国防部委托 DCoE 开展平时心理卫生工作,评估、验证、监督和促进精神疾病创伤性脑损伤的预防、诊断、治疗工作,增强心理弹性,开展宣传教育,参与康复和重新安置项目,满足国家军队、战士和家庭的心理健康需求。

一是构建军人心理弹性。心理弹性是个体和群体应对挑战采取的一系列行动和态度。帮助军人及其家属构建心理弹性是 DCoE 的目标之一。该中心开设了为军人、退伍军人及其家属、医疗人员和其他人员服务的资源中心——国防部心理健康与创伤性脑损伤中心宣传教育中心(DCoE Outreach Center),成立于2009年1月,聘用了大量具有心理健康与创伤性脑损伤专业知识的健康顾问和护士,是一个集合了各种心理健康和创伤性脑损伤信息和资源的网站,但不具备治疗和咨询中心的功能。该网站由经过训练的、专业的、健康资源咨询专家提供24小时电话、在线聊天或E-mail免费服务。服务对象包括普通军人、家属、军队领导、临床医生、教育人员、退伍军人、保障人员、牧师、研究人员、部署当地平民等。服务内容包括:提供心理健康和创伤性脑损伤相关的可靠信息,回答特殊问题,满足特殊需求,负责为用户联系国防部、其他联邦机构、地方或社区组织等。除了开设DCoE宣传教育中心网站,DCoE还制作了名为《心理弹性连续剧》的宣传片,旨在帮助军队官兵获得军事战备与行动心理健康、心理弹性和能力哲学等知识。

二是精神疾病筛查。每年有95%的军人在军队卫生系统接受初级保健服务,获得抑郁和创伤后应激障碍等精神疾病的筛查机会。以此为基础,美军开展了军队初级保健治疗再工程系统项目(Re-engineering Systems of Primary Care Treatment in the Military, RESPECT-Mil)。该项目要求军队初级保健人员利用RESPECT-Mil系统筛选军人中的抑郁和创伤后应激障碍患者,并及时提供治疗,由部署健康临床中心管理实施。该项目在实施过程中,首先对RESPECT-Mil工作站的工作人员进行培训。培训对象包括初级保健人员(医生、医生助理或护士)和行为健康卫生员。培训内容包括:抑郁和创伤后应激障碍症状识别、患者教育、有效治疗措施应用、随访护理等。在初级保健诊所,初级保健人员为任一就诊军人,安排结构化的RESPECT-Mil筛选过程,并记录评估结果。评估内容包括自杀评估、是否有抑郁或创伤后应激障碍经历等。当初级保健人员诊断军人患有抑郁或创伤后应激障碍时,还负责提出治疗建议,如药物治疗、心理治疗等。2011年,共有604 280名军人经过RESPECT-Mil筛选,占全部就诊军人的88.4%,其中,76 928名患者筛选结果为阳性,37 465名被诊断为抑郁或创伤后应激障碍等精神疾病。未来,美军将进一步完善RESPECT-Mil电子病历管理跟踪系统,应用最新的筛选方法,改善结果上报系统。与此同时,美军还将开展健康保健再工程综合项目(Re-Engineering Healthcare Integration Programs, REHIP),在海陆空三军初级保健工作中推广RESPECT-Mil行为健康筛查工作。

三是促进军人精神疾病的治疗与康复。针对军人精神疾病的治疗与康复,美军开展的心理卫生服务项目主要有:(1)制定和更新临床实践指南。DCoE负责联合其他机构制定和更新精神疾病和创伤性脑损伤的临床实践指南,提高临床决策质量,改善治疗效果,促进军人隐性战伤康复。医务人员可通过国防部心理健康与创伤性脑损伤中心网站，免费下载创伤性脑损伤、抑郁和创伤后应激障碍等精神疾病的临床实践指南；(2) 过渡期心理卫生教育与保障项目。2010 年 2 月，国防部启动了转型期心理卫生教育与保障项目，旨在帮助转移至新地点或离开部队的军人获得连续的心理治疗。持证的行为健康临床医生经过训练后可以成为"过渡保障辅导员"。该项目为每个处于过渡期的军人指定过渡保障辅导员。过渡保障辅导员负责为军人提供各种心理健康治疗交接工作所需的信息，协助其处理过渡过程中各种问题，帮助其掌握各种工具的使用方法，确保军人由军队系统过渡到退伍军人卫生保健系统心理治疗的连续性。

四是辅助军人重新安置工作。 针对部署后军人重新安置工作，美军开展的心理卫生服务项目主要有：(1) 真正勇士行动。真正勇士运动(Real Warriors Campaign) 由 DCoE 于 2009 年发起，鼓励军人、退伍军人及其家属寻求心理帮助，消除耻辱感，应对"隐性战伤"的宣传教育行动。该行动为了扩大宣传力度，汇集了各种媒体支持，包括印刷材料、媒体宣传教育、交互性网站、手机网站和社会媒体；(2) 部署后网站建设。2008 年 8 月，TRICARE 联合国家远程健康与技术中心联合创建部署后网站，旨在为军人、退伍军人和军人家庭提供各种免费资源。网站内容涉及部署后身心健康相关问题的解决策略与培训材料，例如战斗应激控制，工作中的冲突处置，与家人和朋友取得联系，抑郁、愤怒和睡眠问题，物质滥用，应激管理，儿童与部署，精神指导，带伤生存等。

五是开展自杀预防。 为了降低军人自杀率和企图自杀率，美国国防部制定并发行了一系列自杀预防的导则、指令、规程和小册子。美军还通过成立自杀预防和风险降低委员会(Suicide Prevention and Risk Reduction Committee)、召开年度自杀预防会议、建立国防部自杀事件报告系统(Department of Defense Suicide Event Report, DoDSER)、实施国家自杀预防行动(National Suicide Prevention Campaign)等措施开展行动，在军队中开设自杀预防咨询热线，开展自杀预防培训，鼓励军人寻求帮助，尽可能减少军人自杀行为，加强自杀预防相关科研工作。

六是开发各种实用工具。 为了提高心理卫生服务效率，美军开发了各种计算机和手机应用程序，包括(1) 疾病处置工具包。疾病处置工具包，为初级保健人员提供各种战士精神疾病诊断和治疗的资源，涵盖了轻度创伤性脑损伤、创伤后应激障碍、抑郁、物质滥用等疾病的临床实践指南；(2) 轻度创伤性脑损伤便携指南手机版。该手机应用软件可以帮助医务人员即时获得轻度创伤性脑损伤治疗的参考指南；(3) 脑震荡野战治疗手册更新版和军队急性脑震荡评估工具修订版。由国防部心理健康与创伤性脑损伤中心联合国防部和退伍军人事务部脑损伤中心、国家无畏卓越中心、退伍军人事务部共同完成。这两项工具的使用，有助于战地卫生员尽早诊断和治疗轻度创伤性脑损伤相关的症状;(4)药物滥用障碍工具包更新版和创伤后应激障碍工具包更新版。工具包整合了物质使用障碍和创伤后应激障碍诊断、评估和治疗的最新研究成果;(5)T2创伤后应激障碍虚拟现实治疗软件。由国家远程医疗和技术中心开发,是一种在线沉浸式交互工具,能够帮助患者认识创伤后应激障碍产生因素和症状,并且根据个人情况获得各种资源的帮助。

战时心理卫生勤务

美军在《2020联合构想》中提出了全维防护概念,明确指出心理危机与控制是全维防护的重要内容之一。半个世纪以来,美军已建立了一套完整的战时心理卫生工作体系,全面保护部队官兵的心理健康。美军心理卫生工作具有以下特点:

一是建立健全组织体制。美军心理防护工作始于第一次世界大战,当时陆军卫生部成立了心理学部,专门研究战争中的心理问题并提出相关的措施和方法。二战中美军心理防护工作得到加强和完善,建立了系统的心理防护机制。半个世纪以来,美军已建立了一套完整的心理卫生工作体系。美国国防部指示《军事行动中的心理健康维护》(DODI 6490.5)规定了美军防治战斗应激反应的指导思想和策略方针,并规定了负责卫生事务的助理国防部长、各军种部部长、联合作战司令部司令在战斗应激控制中担负的责任。根据陆军野战手册《战伤与作业应激控制》(FM4-02.51),陆军心理卫生保障分为三个级别:每个军或战场配备一个战斗应激控制卫生连;作战地带配备战斗应激控制医疗分队;师配备师精神卫生组,后者是军人心理卫生工作的骨干力量。海军和海军陆战队设立精神病快速干预小队负责战斗应激控制工作,空军设立创伤应激反应队负责战斗应激控制工作。此外,针对战场的需求,美军还临时组建了国防部精神卫生特遣队、创伤性脑损伤特遣队和自杀预防特遣队等开展心理卫生工作。

二是重视心理干预力量部署。为了保证战时心理卫生工作的顺利展开,美军在战区部署了大量心理干预工作者,从而实现了及时发现官兵中的心理问题和精神疾病,并采取有效措施的目标。美军心理卫生保障队伍人员由精神病医师、临床心理学家、社会工作军官、精神卫生技师、精神卫生护士、随军牧师组成。据美军精神卫生咨询报告显示,截至2009年,伊拉克战场上行为健康保健人员与战场部署人员的比例为1:627,其中精神病专家(精神病医生、心理专家和精神病护士)与战场部署人员的比例为1:1 424;阿富汗战场上行为健康保健人员与战场部署人员的比例为1:1 123,其中精神病专家与战场部署人员的比例为1:2 194。

三是实现保障全程化。美军在心理卫生工作中,十分重视心理卫生保障的全程化。所谓全程化不仅仅体现在军人服役期,重视征兵心理测试、平时心理疾病防治和退伍军人精神心理疾病防治等,最重要的是体现在部署期全过程中分阶段采取心理卫生保障措施,即在部署前、部署中和部署后及时、全面地开展各项心理卫生工作。工作重点是定期在部队进行自杀预防、应激控制、战斗意志和消除战斗疲劳等方面的培训,指导官兵应对自杀、战斗应激反应、战斗疲劳和心理失控的处理方法,增强战斗意志。

四是运用现代化手段。随着现代科学技术的发展,美军在开展心理卫生工作过程中,除了采用先进的心理疾病诊治理念和精神疾病治疗措施,还不断引入各种现代化手段,辅助战区心理干预工作。例如,2011年,美陆军医学物资局为阿富汗驻军配备了新型多模块神经损伤诊疗设备,评估诊断早期神经损伤,提高了轻度和中度创伤性脑损伤的诊断率。近年来,美军先后开发出了集成创伤后应激障碍辅导和创伤性脑损伤手册的手机应用程序,并在医务人员和官兵中推广。这些手机应用程序不仅能够辅助前线医务人员进行心理疾病诊治,而且可以帮助官兵在战场上随时获得心理辅导,某种程度上改善了官兵因耻辱感羞于寻求心理帮助的现状,从而提高了战区心理卫生工作的有效性。

五是注重社会支持。美军认为,前线官兵的应激行为反应,既与自身素质有关,又与社会心理氛围有关。美军在心理卫生工作中注重塑造良好的社会心理氛围,从而形成强有力的社会支持力量。美军在这方面进行了积极探索。(1)加大物质鼓励投入。为了激励士气,美国政府大幅提高了前线军人的工资待遇,提高了危险地区服役津贴,同时还给每位军人购买了生命和医疗保险。(2)利用社会舆论造势。美国政府利用各种机会宣扬军队的功绩,宣传战斗英雄的事迹,表彰优秀官兵,创造了浓厚的社会支持氛围。(3)是实行家庭帮助计划。美军认为,家庭是前线士兵心理防护强有力的支柱。在前线战场上,美军利用先进电信和网络等通信设备,加强军人与家属之间的联系,该措施有助于舒缓官兵的各种应激情绪。此外,美国颁布了《家庭支援、儿童保护及父子关系》和《建立家庭支援队指南》等法律制度,形成了较为完善的军人家庭援助计划。社会积极关心军人家属,帮助官兵解决家庭生活困难的做法,一定程度上解决了官兵的后顾之忧,激发了前线官兵的斗志。

组织体系

从美国独立战争开始,美军对战争精神疾病的认识不断深入,心理卫生保障体制不断发展,并经历时间和数次战争考验,逐步形成了一套完整、成熟的战时心理卫生保障组织体系。

一是国防部。目前,美军指导处理战斗应激反应的政策和原则主要依据国防部2011年11月修订的第6490.5号国防部指示《军事行动中的心理健康维护》。作为美军战时心理卫生保障的纲领性文件,该指示明确规定了战时心理卫生负责岗位的主要职责。(1)负责卫生事务的助理国防部长。在负责人员与战备的国防部副部长领导下,负责卫生事务的助理国防部长职责包括:确保国防部履行该指示;监督各军种每年战斗与作业应激控制计划实施情况;督促战斗与作业应激控制具体行动,提高各军种战备能力,增强官兵心理弹性,减少官兵寻求心理帮助的耻辱感;确保战斗与作业应激控制数据采集的标准化;确保心理健康顾问满足各军种监督实施战斗与作业应激控制计划的需求。(2)负责预备役事务的助理国防部长。在负责人员与战备的国防部副部长领导下,确保预备役(包括国民警卫队)相关政策和联合战斗与作业应激控制计划与现役部队保持一致。(3)各军种部部长。职责包括:确保各军种高级指挥官遵守该指示;根据各军种特别行动特点,制定相应的战斗与作业应激控制综合政策和计划,做到部署前开展预防工作,执行任务期间应用各种心理问题处置原则增强官兵心理健康,部署后进行重点干预;与参谋长联席会议主席、其他军种部部长、负责卫生事务的助理国防部长和负责预备役事务的助理国防部长协调战斗与作业应激控制政策和计划;作战行动期间,与参谋长联席会议主席联合监督作战司令部和各军种战斗与作业应激控制计划的实施;根据需求,派遣心理卫生专家担任作战司令部顾问;指派经过培训的人员参与战斗与作业应激控制工作;监督和评审每年的战斗与作业应激控制政策和培训课程,向负责卫生事务的助理国防部长提出改善相关政策和计划的建议。(4)参谋长联席会议主席。作战期间,参谋长联席会议主席负责监督该指示的执行情况。(5)各作战司令部司令。主要负责:确保所有行动期间该指示的执行;派遣经过培训的且熟悉战斗与作业应激控制原则的心理卫生专家,担任各自作战司令部卫生总监和总司令的顾问;向联合参谋部卫生总监报告可利用的战斗与作业应激控制资源。

二是陆军。陆军中参加心理工作的人员主要有精神病医生、临床心理学家、行为科学专业军士和随军牧师等。陆军野战手册《战斗与作业应激控制》指出了战斗与作业应激控制在卫勤保障中的重要作用,明确了心理卫生工作人员的具体职责。

军级或战场级:战斗应激控制卫生连由陆军卫生部指定,负责战争期间军或军以上单位战斗与作业应激干预和治疗工作。每个军或战场配备一个战斗应激控制卫生连。根据需要,战斗应激控制卫生连可直接保障战斗旅;还可在维稳重建、人道主义救援、灾难救援和和平支援行动中为当地居民提供战斗与作业应激控制或行为健康服务。主要职责包括:为指挥官提供战斗与作业应激控制的建议与计划;参与师级部队重建工作;预防排为营级部队提供咨询、治疗和重建保障;每个排承担50名士兵的康复任务;为前方紧急行动提供战斗与作业应激控制服务。战斗应激控制卫生连由连部和若干个预防排组成。

作战地带级:战斗应激控制卫生分队负责作战地带内部队战斗与作业应激控制干预和应激预防活动。战斗应激控制医疗分队分配给卫生旅或其他医疗指挥控制单位,其工作小队也可能参与战斗应激控制连、卫生营、旅卫生连、战斗支援医院工作。编制43人,分为队部、预防组和健康促进组。(1)队部。编制7人,负责战斗与作业应激控制计划制定、协调与后勤保障。(2)预防组。编制12人,其中,社会工作军官、临床心理学家、精神卫生军士和精神卫生技师各4名,分为4个战斗应激控制预防小队。通常情况下,3个战斗应激控制预防小队设置在3支后勤机动旅中,第4战斗应激控制预防小组直接保障"斯特瑞克"装甲旅、航空旅或其他旅级单位。预防组主要职责包括:部队评估、咨询与培训、创伤事件处置、战斗与作业应激伤员分类、稳定士兵情绪、行为健康治疗;监督为期1—3天的战斗与作业应激控制士兵康复计划的实施。(3)健康促进组。编制20人,其中,精神科医师、职业治疗师、精神科护士各2名,职业治疗军士和精神卫生军士各4名,精神卫生技师6名,分为2个战斗应激适应小队。通常情况下,1个战斗应激适应小队设置在师级支援卫生连,在师级保障区域内开展机动性战斗与作业应激控制工作;1个战斗应激适应小队保障师级作战地带内部队和前方作战部队。健康促进组主要职责包括:部队评估、咨询与培训、创伤事件处置、战斗与作业应激伤员分类、稳定士兵情绪、行为健康治疗;实施士兵康复计划;根据需要,开设精神病病房。

师旅级:师旅精神卫生组是支援卫生连的组成部分。在装甲骑兵团和独立旅中,师精神卫生组分配给卫生营或卫生部队的卫生连;在军及军以上单位,师精神卫生组设置在总部或总部分队、作战地带卫生营和卫生连里。编制为8人,其中精神科医生、社会工作军官、临床心理学家和精神卫生专业军士各1名,精神卫生技师4名,他们是军人心理卫生工作的骨干力量。主要职责包括:首要任务是协助指挥官通过实施旅战斗精神适应计划进行战斗与作业应激控制;向指挥部门提供预防与干预军人及其家属心理问题的专业咨询;协助旅卫生部门制定预防、诊断、治疗和管理与应激相关损伤的政策与指导方针,使部队保持良好的精神健康状态。

三是海军和海军陆战队。海军和海军陆战队战斗应激控制工作的保障体系包括如下机构:(1)精神病快速干预小队。重大事故或战事后,抽调海军医院人员成立精神病快速干预小队负责心理救护。精神病快速干预小队编制9人,其中精神科医师2名,临床心理学家1名,牧师1名,精神科护士1名,精神科技师4名。(2)舰队医院。每个舰队医院都设精神卫生小队。250张床位的舰队医院精神卫生小队编制4人,其中精神科医师1名,精神科技师3名。500张床位的舰队医院精神卫生小队编制9人,其中精神科医师2名,精神科技师6名,临床心理专家1名。(3)医院船。1000张床位的医院船设神经精神病科。编制6人以上,其中精神科医师1名,临床心理学家1名,精神科护士2名以上,社会工作军官1名,精神科技师1名。(4)海军陆战队。海军陆战队卫生营由4个卫生连组成,每个卫生连设一个战斗应激排,编制

6人,其中精神科医师1名,心理专家2名,精神科技师3名。

四是空军。空军卫生部发布的空军条例《创伤应激反应》(AFI44-153)指出空军通过设立创伤应激反应队开展心理卫生工作。同时,由空运后送医院、战斗支援医院和战区医院进行对接。(1)创伤应激反应队。每个空军基地的医疗机构必须建立一支以上创伤应激反应队,由联队高级指挥官或基地指挥官领导。创伤应激反应队中,精神科医师、心理专家、社会工作军官、精神卫生护士或7级精神卫生技师若干名,负责创伤应激反应控制;牧师和牧师助理各1名,负责精神支持;社区战备顾问1名,负责家庭成员咨询。创伤应激反应队主要职责包括:为空军各级领导提供创伤应激反应控制的咨询意见,作战前动员,塑造士兵应对可能的创伤应激的心理弹性,战斗应激控制,开展培训、筛查、心理急救等工作。(2)空运后送医院。50张床位的空运后送医院设一个战斗应激单元,编制4人,其中精神科医师1名,临床心理专家或社会工作军官1名,精神卫生技师2名。(3)战斗支援医院。250张床位的战斗支援,设一个神经精神病科,16张床位的神经精神病病房,精神科医师、临床心理专家、社会工作军官和注册医师若干名。(4)战区医院。战区医院有4所,其中1所医院设精神病住院部,其他3所医院开展咨询与伤员分类工作。

此外美军战时心理勤务组织体系中还包括随军牧师,详见第23章"外军随军牧师的心理工作"。同时,有关心理勤务实施和自杀防控详见第10章"军人自杀与自杀预防"和第18章"外军战场心理防护与勤务保障"。

美军心理卫生工作的主要特点

美军心理卫生工作起步比较早,在长期工作实践中积累了丰富经验,形成了比较完整的心理卫生工作体系。"9·11"事件以来,美国发动了伊拉克战争和阿富汗战争,战场官兵以及退役士兵存在大量的心理问题;美军为适应战争需要,适时更新服务理念、延伸服务领域、拓展服务途径和创新服务方式,取得了一定成效。

服务形式的多样性。美军心理服务工作形式多样,既包括针对出现的重大心理问题提供专项心理服务,也包括针对日常容易出现的心理问题提供经常性心理服务,还包括针对来自军人家庭的亲人问题诱发的心理问题提供针对性心理服务。专项心理服务主要是针对军人中出现的重大心理问题,如创伤后应激障碍、自杀率居高不下、造成重大人员伤亡的军人凶杀个案等。为了预防抑郁、创伤后应激障碍、自杀倾向等心理疾病,美国陆军正着手让士兵接受抗压力强化训练,通过每周90分钟的课程,试图消除导致愤怒和沮丧的思维定势及错误观念。经常性心理服务主要是通过随军牧师以"上帝"的名义对军人进行引导。随军牧师以神职人员的身份出现在官兵之中,并有主动询问士兵个人情况的义务,"像父母对待孩子一样关心每一个教徒",并保证不向他人泄露士兵"忏悔"的谈话内容。因此,美军中许多士兵有想不通的事首先会找牧师谈,征求牧师的意见。在针对性心理服务中,主要是通过军地协同,维护和实现官兵的自身利益,解决士兵家属的现实困难,解除军人的后顾之忧。

服务工作的规范性。为了改善退伍军人的心理健康检查和治疗服务,2007年美国通过的《乔舒亚·奥姆威格预防自杀法案》规定,退伍军人事务部工作人员要接受心理健康方面的培训,在每个退伍军人事务部下属的医疗机构安排一名预防自杀顾问,负责向退伍军人及其家人讲授预防自杀方面的知识以及展开预防自杀的研究等。美军还专门设置了一个庞大的心理训练及作战机构,在陆军司令部设有特种方法作战部,由特种作战处和心理作战处组成,在各战区司令部下设特种作战处、无线电宣传营和传单印刷营,在各集团军司令部设有特种作战科、广播连和传单印刷连,海空军也设有特种作战处和相应机构。这些机构在战时负责领导和组织心理战,平时则主要承担军人心理咨询和疏导工作。美军针对官兵的现实心理问题提出了"靠前""及时"和"期望"的"救治三原则",并制定了《军事临床心理学技术手册》(TM8-842),以进一步规范和指导心理卫生工作。

服务领域的全面性。美军在不同阶段,分别开展了征兵中心的军人心理测试;平时军人心理疾病和心理失控的防治、战场军人心理失控及战后军人精神病和退伍军人精神疾病综合征的治疗等工作,把心理服务贯穿于服役期的全过程。美军重视研究"精神不健康"的发病前表现、精神障碍初期症状、适应期的精神反应以及如何提高军人精神治疗后的稳定性等问题。《美军自杀防控手册》要求单位和师属牧师,"从精神和伦理层面就可能导致自杀风险增加的因素,向本单位或单位指挥官提出建议""提供有关自杀防范普及知识,随军牧师应致力于提供并协助本单位开展的自杀防范训练""建议并协助区域内其他参谋人员和小组进行防自杀识别训练"。《手册》还要求师属外科医生"在进行精神压力舒缓训练、制止自杀训练、家庭援助训练时,负责协调要使用的医疗器械";师属精神病科医生"负责进行压力舒缓训练、制止自杀训练、家庭援助训练"。《美陆军军官考评条例》把随军牧师提供的心理服务工作情况作为其考评的重要内容,主要包括"负责登记、培训和保证人们参加礼拜仪式、教区活动以及接受宗教教育""促进在公众活动、工作团队、家庭生活和社区活动中建立健康的人际关系""采用开创性的方法促进人们在个人意识和宗教信仰方面的成长""向战士和其家庭成员提供指导,帮助他们解决人际关系处理、酗酒和吸毒、两地分居以及压力调节等方面的问题"等。

25.3.2 英国军队心理卫生工作简介

英军很早就认识到了军事冲突给军人带来的心理后果。早在1914年,英国的神经病学家和精神病学家就被部署到了作战部队中。进入21世纪,英军日益重视军人的心理卫生保健。当前,英军的心理保健主要从非正式心理健康支持系统和正式心理健康服务系统两方面着手。

非正式心理健康支持系统

大多数心理健康干预是非正式的。有很多非正式的支持系统可以通过非医学组织识别和处理精神健康问题。在非部署单位,非正式支持系统包括福利管理官、家庭管理官、随军牧师和创伤危机管理(trauma risk management,TRiM)专业人员。TRiM专业人员是在编人员,通常是未正式任命的军官(NCOs),他们有丰富的实践经验并接受过如何识别压力以及何时该向正式的心理健康服务机构送诊等方面的专门训练。TRiM最初应用在皇家海军陆战队,现在已推广应用于三军。TRiM用来帮助单位在潜在创伤事件发生后识别出那些将会从领导和同事的支持中受益的军人。同时,对全体人员时刻保持警惕以鼓励那些需要的人通过国防部医疗和心理健康服务机构寻求专业的帮助。

部署人员在心理健康教育方面已经取得了很大的进步。他们开展了行动前、行动中和行动后的心理健康状况调查。在部署期间,各单位仍然保留着许多非正式组织,特别是那些TRiM专业人员。此外,由社区精神卫生护理人员和出诊精神科医生组成的战场心理卫生小组(FMHTs)还建立了另外的非正式联系。FMHTs的任务是识别哪些人有望恢复,哪些人需留院观察,哪些人需要适时撤离以便给予进一步诊治。

军事行动结束后,参与人员被送到指定地点进行减压,旨在帮助他们将身心状态更好更快地调整恢复到部署前的状态。在这一阶段,社区精神卫生护理部门将分发心理健康方面的教育材料,并处理所有心理健康问题。来自随军牧师的非正式支持仍然存在。此外,由于行动结束后返回人员的道路交通事故发生率普遍很高,为此还专门会向他们播放一段特别的录像以强调道路安全问题。

正式心理健康服务系统

2005年,英国国防部开展了一项广泛的调查研究,并据此建议构建以社区服务为中心的综合性心理健康服务系统,这是将民用资源应用于军事的最好实践。正式心理健康服务系统的运作由四种工作平台构成:第一种也是最普遍的情况,就是对正规军中非部署人员的心理服务;第二种是对参与部署任务和军事行动军人的心理服务;第三种是对部署任务结束后回归平民生活的预备役军人的心理服务;第四种是对退伍军人的心理服务。

社区精神卫生部门。社区精神卫生部门是当地精神卫生服务资源的整合,由精神病学咨询专家、社区精神卫生服务人员、心理健康社会工作者与临床心理学家组成。在英国有15个社区精神卫生部门,还有5个以上设在海外永久基地。这些部门的任务是为特定服役环境中的人员提供心理健康服务保障。社区精神卫生部门基于英国国民医疗服务制度,接受英国国家卫生与临床评价机构的指导。2008年,社区精神卫生部门的网络中记录的就诊人员有4 454人,占英军总人数的2.26%;其中3 181人(占1.60%)接受了诊治。其他的求助人员并未发现有心理健康紊乱症状,不过这也反映出越来越多的英国军人已经意识到心理健康问题的重要性。同时,社区精神卫生部门也参与国防医疗和外科机构中的心理健康服务工作,包括国防医疗康复中心和皇家国防医学中心。此外,社区精神卫生部门还承担该地区所驻军队的心理健康宣传教育工作。心理健康社会工作者为退役军人患者提供支持和援助,以保证可以与公民健康服务系统相衔接,满足患者持续的护理需求。

住院患者服务。自2003年开始,由一个独立的服务提供商按照合同为住院患者提供心理疾病诊治服务,服务商的选择是通过公开投标竞得的。从2009年2月开始,合同签署方为南斯塔福德国民健康保险心理健康信托基金会(South Staffordshire NHS Foundation Mental Health Trust)。这项合同保证现役军人可以在4小时内被转诊到遍及英国各地的专门精神病服务机构,并确保有专用床位。患者入院遵循就近原则,即选择离部队驻地尽可能近的就医点。住院的目的是充分稳定患者,并尽快将其护理工作转到社区精神卫生部门。社区精神卫生服务联络官(SLO)应该在患者入院48小时之内前去探望患者,并要保证在整个住院期间至少每周探望1次。2008年,独立服务提供商(ISP)为213名入院患者提供了心理疾病诊治服务。

预备役军人心理卫生服务。英国预备役部队无论在参与军事行动方面,还是在承担部署任务方面,其角色和任务都在不断扩展,因此军方对他们的心理健康问题也十分关注。被动员的预备役军人也得到了与正规军军人一样的心理保健服务,但已经退役的预备役军人是无权自动获得国防部心理健康服务的。不过,2003年之后,英军开始实施预备役军人心理健康计划(Reserves Mental Health Program, RMHP),对此后参与部署任务的预备役人员来说,预备役军人训练和动员中心可以为他们提供评估服务,那些因为参与军事任务而产生了相关心理健康问题需要进一步处理的人员接受由社区精神卫生部门提供的门诊诊治服务。

退伍军人心理卫生服务。英国退伍军人的医疗保健从1948年开始被纳入国民健康保险制度(NHS)。自1919年以来,民间的一些精神健康慈善团体就开始关注退伍军人,如一个叫"战斗应激"的慈善机构很早就开始为退伍军人提供有针对性的专家服务。2005年,健康和社会保健咨询机构(the Health and Social Care Advisory Service, HASCAS)建议通过国民健康保险制度和"战斗应激"慈善机构共同加强退伍军人的心理保健服务。他们在建议中提出建立社区退伍军人心理健康服务中心的试点计划。这些中心旨在配合当地社区开展退伍军人心理保健。退伍军人可以自己来求助,也可以由他们的全科医生转介过来。在整体运作上,各试点中心彼此之间略有不同,但他们的目标都是为退伍军人提供心理服务,有的是自己提供治疗服务,更为普遍的情况是确保退伍军人能获取 NHS 的服务资源。各个中心的管理和运作由一名社区退伍军人心理健康治疗师负责。社区退伍军人心理健康治疗师的工作目标不仅仅是为退伍军人进行心理调节和保健,他们还帮助退伍军人融入当地团体(如英国皇家军团)。这一方案正由谢菲尔德大学(University of Sheffield)监督执行。先期的运行情况表明退伍军人很愿意接受这种服务。

英军军人心理卫生服务的特点

以上是英军围绕军人的心理健康,已经开展的一些实质性的创新举措。从中可以看出英军军人心理卫生服务的一些特点。第一是依托民间资源,不论是在部队驻地,还是军营中、战场上,英军的心理保健服务队伍中都可看到地方专业人员的身影,英军的军人心理卫生服务体系以社区服务为中心;第二是贯穿军事行动全过程,不论在行动前、行动中和任务结束后都开展心理健康调查,并有相应的心理服务机构和人员;第三是涵盖各类群体,不论是现役军人,还是预备役军人、退伍军人,其心理保健都有专门的体系和机构负责。可以说,英军已初步构建起以社区心理服务为中心的贯穿军人军事职业生涯全过程的心理卫生服务体系。

25.3.3 俄罗斯军队心理卫生工作简介

为适应新时期军队改革与建设的要求,保持部队内部稳定,提高精神心理保障水平和战斗力,俄军重视充分发挥心理工作在部队建设中的积极作用,正在不断加强心理工作军官的培养和使用。

明确定位军人心理工作在俄军建设中的地位作用与任务

1995 年,俄军颁布实施的《俄联邦武装力量教育工作机关条例》和《关于完善俄联邦武装力量教育工作体制的条令》中规定:心理工作是俄军教育工作机关的主要工作之一,"主要致力于研究军人和军人集体的心理特点,创造健康的精神心理环境,抵制消极现象对官兵行为的影响,消除心理负荷"。规定明确要求组织开展对新兵的心理适应和军人职业心理进行选拔的工作。同时,要求在工作中应采取综合方法,吸收指挥员、医生、法律工作者和其他专家参加心理工作,保持部队官兵良好的精神心理状态,加强部队纪律和秩序建设,减轻军人集体社会紧张情绪感,以有利于俄罗斯武装力量的长期建设和发展。俄国防部长谢尔盖·伊万诺夫在 2003 年度教育工作会议上强调指出:"不能低估相关政治力量对军队威信的破坏性,影响社会及部队对国防和国家安全领域领导政策的信任。目前国家议会选举对部队施加影响的斗争将变得更加激烈。这样的事实,使我更加坚信,必须采取最有实效的措施加强部队精神心理保障工作,强化部队纪律和秩序,减轻军人集体紧张的社会气氛。"

俄军心理工作的内容是多方面的,主要包括情况宣传工作、社会法制文化工作、开展精神心理对抗和承担社会心理保障等任务。

情况宣传工作主要是平时进行内外形势、国家安全政策、爱国主义、军队传统和军人荣誉感的教育,培养军人的自豪感、集体荣誉感和军人精神以及无条件服从命令的军人职业道德。教育军人尊重法律、法令,遵守纪律,勤勉服役,培养坚强的意志和忍耐力。进行宗教民族政策教育,研究分析军人的民族心理特点等。在战争情况下,心理工作面临着更加复杂的社会环境,不仅要宣传军政形势、战争发生的原因、战争性质,还要根据战时军队的任务塑造军人形象。

社会法制文化工作的主要任务是与政权机关、司法机关协作,解决现役军人、退役军人及其家庭的社会法律问题,为军人提供法律心理支持。此项心理工作负责向军人宣传法律知识和提供法律咨询,培养军人执行法律法规的责任意识,加强组织纪律性。组织对军人及其家属进行法制教育和文化教育,培养军人参与各项社会活动的能力。培养军人举止文明,遵守社会公德和人际交往准则,保持军人健康的社会心理与社会适应性。

开展精神心理对抗主要包括分析国内外社会心理和种族心理形势,搜集、分析对俄罗斯存在潜在战争危险的国家实施精神心理影响的资料;预测敌方精神心理战的特点及后果,破坏和削弱敌方在战略范围内实施精神心理影响的效果,抵制敌方对俄方军民实施经常性意识形态影响,消除敌方对俄军人的意识和精神心理影响的消极后果;为实现心理对抗做好人力、物力、财力的准备;对敌开展精神心理战,涣散敌人的士气;研究实施新的精神心理对抗方式和开展精神心理对抗的基础理论与方法,为国家机关、军事指挥机关战略心理战决策提供依据。

承担社会心理保障的内容包括研究军人和军人集体的社会心理特点,预测军人集体的社会心理状况和军人行为;研究制定控制军人社会心理过程的措施,加强军队组织纪律性,维护正常军队工作秩序,保持部队战斗力和战备水平;对军纪情况进行社会分析,弄清事故和军人犯罪的心理因素,制定心理性预防措施;掌握军人心理活动和心理变化过程的规律,制定合理的社会心理保障措施以及分析心理教育过程和完善心理教育措施。

重点依托军事院校培养心理工作专业军官

为加强心理工作,俄军成立初期,在国防部军人工作总局(后改称教育工作总局)设立了社会心理工作处,负责全军的心理工作。1993年俄国防部颁布的教育工作条例规定,俄军在各军种、军区、舰队的教育工作局设社会心理工作处,集团军、师一级单位设专职心理工作机构,团设心理工作军官。1994年,俄军成立了军队社会心理研究中心。1995年，俄军制定了分两阶段完善心理工作机构的方案。根据该计划，俄军于1996年在教育工作总局社会心理工作处设心理工作室和心理帮助与康复室；1997年俄国防部将军事大学定为全军研制战役战术心理保障工作的教学中心。1998年，在团设指挥员心理工作助理，营一级分队设心理工作军官。1998年3月，俄军将国防部教育工作总局社会心理工作处提升为心理工作局，并要求把心理帮助与康复中心推广到连级分队。

1997年以前，俄军的心理工作军官大多从地方院校特招。吸收地方高校的毕业生担任社会人文和心理工作专业军官，是新形势下俄军教育制度改革的一项重要举措，也是当前俄军补充军官的重要渠道之一。特别是苏联解体后，部队存在大量的精神心理问题，俄军急需大批心理学专业的军官，而俄军相关专业培训能力有限或专业设置不全，从地方高校征召心理学专业军官有效地弥补了这一缺口。实践也证明了地方院校的生源广泛，培养费用低，心理工作者思维灵活，社会适应性强。但是地方院校特招的心理学工作者缺点也很突出，普遍缺乏部队生活基础，军事素养不高，综合素质不能完全适应部队的要求。因此，俄罗斯武装力量开始转变培养方式，逐渐减少地方培养的心理学专业军官，改为部队院校直接培养。俄国防部决定从2002年秋季新学年起，在陆军新西伯利亚军事学院、空军沃罗涅日军事航空工程学院等12所军事院校开设"心理教育学"专业课程，扩大招收和培养心理学专业人才。军事院校正在成为俄军心理工作军官培养的主渠道。

除院校教育外，俄军也注意在部队生活实践中培养心理工作干部。俄军认为，加深对部队生活的了解，切合实际地做好官兵心理工作是心理工作军官能力提升的重要途径之一。因此，心理工作军官通常要深入到军事训练、教育管理、家庭生活、干部任命、新兵分配、作战值班、战时保障等各项工作任务中，与指挥员一道对官兵进行心理训练，提高官兵的心理稳定性，使之能迅速由平时状态调整到战时状态。同时，配合教育工作者对军人进行法纪法制心理教育。据统计，部队生长的心理工作军官每年可为3.5万名军人进行心理调节，诊治心理疾病。

根据俄军建设的实际需要，1997年前，俄军规定：在75人以上的团级机关增设专职心理工作人员。从1998年起，俄军不仅为团级指挥员增配了心理工作助理，而且在25人以上的连级分队也增设了心理工作军官。统计表明，从1997年底到1999年。俄军在编的心理工作军官从1 500人增至2 300人左右。加上编外从事军队心理工作的人员，俄军目前已有心理工作者3 000—3 500人。车臣战争中，俄军曾超配编外心理学专家小组奔赴作战前线。

充分发挥心理工作军官在军队建设中的作用

在武装力量的总体建设中，无论平时还是战时，在工作准备上、在编制体制上和开展工作方式方法上,都应注意紧密结合部队建设的实际,充分发挥心理工作军官的作用。

首先,俄军强调心理工作先行。在部队执行任务期间,心理工作军官通常要做好先期准备工作。一是学习运用精神心理保障配合作战和训练的方法;二是详细分析官兵和其家庭成员的精神状况,以及暴露出来的一些社会问题,并拟订解决这些问题的相关措施;三是通过个别谈心了解官兵个人的具体情况,得出带普遍性的心理调查结果;四是对新兵进行心理测试,分析其履历材料;五是严格按照"自愿"原则挑选士兵,要求每名士兵写相关的保证书、决心书。通过以上工作为官兵建立心理档案,增强精神心理保障工作的针对性和有效性。

其次,分层次合理配置心理工作军官。心理工作是俄军政治性工作中的基础工作。认真使用好心理工作军官,对从机制上保证其作用的发挥十分重要。一是由在编心理学专家负责全部心理保障工作,重点集中在班排、战斗分队和机组;二是建立编外心理咨询所、康复所,由经验丰富的军官总结经验,帮助官兵掌握自我心理调解和相互间的心理疏导;三是组成编外机动小组,由心理学专家、精神科医生、神经科专家构成,对所有官兵进行心理诊治,提供心理恢复方面的专业咨询。最后。心理工作军官为每个被编入强化心理教育跟踪和动态观察小组的成员制订心理矫正和恢复计划,并布置专门的作业和训练。

最后,随机提供心理支持。俄军心理工作强调,在理论上,要增强有关战争形势对军人意识、心理和行为的影响及特点研究。在实际工作中,强化艰苦环境下的战斗训练或完成作战任务的心理训练,实施以提高军人精神心理稳定性、降低战斗中的心理误操作、保护军人战斗积极性的预防性措施;对战斗中受到心理创伤的军人随机进行心理诊断和心理矫正,给予有效的心理帮助,使其心理尽快恢复常态,重返战斗行列;采取措施,创造条件,克服战争后遗症对全体军人心理造成的消极影响,帮助军人做好随时准备打仗的心理准备;从心理上保障军人在掌握武器、军事技术,面对民族分裂势力时应该与谁打仗、对谁开枪以及其他各项职责中具备俄军所需要的心理素质。

25.3.4 德国军队心理卫生工作简介

德国是世界上最早开展心理治疗的国家之一,其服务及管理已有100年的历史。德国联邦政府以明确的法律法规的形式,确立了各类心理卫生工作人员的执业范围和执业资格,并建立了相应管理制度,健全了相应健康保险付费机制。德国联邦国防军作为该国的特殊群体,其心理卫勤工作承继着严谨的德国风格,忠实而严格地执行国家相应法律法规,同时又不乏独特之处。

德军十分重视军事作业及作业人员的心理因素,强调军事作业人员心理功能的培训和塑造,注重(至少等同于)军事技能、专业技能。德军提出军事相关心理问题和疾病以预防为主,要从人员选拔源头着手,目前已形成较先进、完整的军事心理选拔系统,配备成套的心理测评电子平台,能准确排除不适合军事作业人员。

德国联邦国防军心理卫勤体制和培训

德军共有 5 所联邦国防军医院,其中 4 所医院设有心身医学专科,专门治疗各种心身疾病。战时会抽组心理服务卫勤分队深入一线作战分队,其成员主要由精神科医师、心身医学科医师、心理治疗师、心理咨询师、牧师和医护兵组成。平时德军作战部队常规配备心理咨询师、牧师、医护兵和经过培训的心理骨干。德军心理卫勤人力资源也并不丰富,并非所有基层部队都能配备。德军重视心理卫勤人员的培训,其计划科学严谨、培训层级清晰、所属人员类别明确、教学时数固定、培训形式多样,培训目标灵活,以军事作业任务为训练导向的特点尤其突出。

广泛应用 CHARLY 系统

CHARLY 系统是德军最新最重要的心理卫勤研究成果,已在军事人员和军事作业中获得广泛应用,并在战前心理储备、战中心理干预、战后心理调适等不同阶段起到了积极的作用,部队反馈良好。该系统以心理学原理为核心,以高科技手段为支持,以军事作业需求为导向,根据不同军兵种、不同任务、不同应用阶段,设置不同内容,利用软件技术、动画概念,集合各种资源(包括各种图片、视频、放松技术、生物反馈、心理学知识等)编制成不同的心理健康或心理训练游戏软件。该系统针对军事作业中的特殊时刻军人可能出现的惊恐、焦虑、抑郁等应激心理状态,运用高科技模拟实战环境,进行科学的军事训练,包括聘请电影工作者营造和模拟作战环境,较大地提高了士兵的心理应激能力和作战水平;采取团队形式集体应用 CHARLY 系统进行心理调适,可以借用团队力量,实现相互学习、支持、竞争取得了较好效果。

德军及德国心理治疗师资格与培训

德军心理治疗师的从业规范须严格依据德国国家标准。在德国,心理咨询与心理治疗的范围有着明确的区分,心理咨询服务对象为正常人群,心理治疗服务对象是有明确诊断的患者。心理咨询师在人员培训、从业机构、经费来源等方面与心理治疗师有很大区别,其管理也没有心理治疗师规范和严格。截至 2007 年,德国共有 19 917 名心理治疗师,其中医学背景心理治疗师 4 484 人,约为所有心理治疗师的 25%;心理学背景心理治疗师共 15 433 人(成年人群心理治疗师 12 728 人,儿童青少年治疗师 2 705 人)。

在德国,不同类别的心理治疗师培训途径不同,不同教育背景的人员须在接受相应规定的培训课程后,通过国家统一考试方可获得心理治疗师资质。目前,德国共有

173家获得政府发放许可的提供心理治疗培训的机构。申请者需要经过严格考核和筛选，例如申请参加精神分析培训者需要经过3次访谈评估，通过者方可参加培训；行为治疗的培训也需要经过2天的考核筛选。治疗师学员完成精神分析培训平均需要5—8年，完成认知行为治疗培训平均需要5年时间。近似严苛的行业准入制度或许就是德军心理卫勤人力资源并不丰富的重要原因之一。

25.3.5 澳大利亚军队心理卫生工作简介

长期以来，心理健康问题对澳军军队建设构成了严重威胁。澳大利亚国防部为适应21世纪军事战略大环境，于2000年首先在全军范围内开展了《澳大利亚军队健康现状报告》的评估研究。研究结果显示，心理障碍是造成军人因失去服役能力而退役的主要原因，军人酗酒、药物滥用和自杀问题严重影响了军队质量建设和战略部署。澳大利亚国防部从2001年开始下拨启动经费，由国防部健康服务部、国防部心理卫生组织、国防社区组织、军队牧师机构、退伍军人事务部、澳大利亚创伤后心理健康中心等多家单位的专家组成项目组，着手起草设计军队心理健康战略计划，并于2002年成立心理健康理事会，负责经费统筹和管理。同年5月。澳大利亚国防部通过了《心理健康战略2002—2004》计划，并责成国防部联合卫生司令部负责该战略计划。2004年后，澳大利亚国防部不断推出新计划，在全军范围内完善和实施军队《心理健康战略》。

《心理健康战略》的宗旨

该战略宗旨是：工作好、生活好、心理好(Work Well, Live Well, Be Well)。通过实施系列心理健康计划，帮助现役军人获得最需要的服务；增强军人及家属的心理健康，鼓励积极的工作和生活方式，预防心理疾病发生，降低服务成本，避免资源浪费；最大程度提高生命质量。《心理健康战略》的具体措施是依靠有效的政策，推动实施早期诊断和早期干预，遵循统一的原则和标准，实行集中监督，严守隐私和保密要求；通过各种计划实施人员培训，建立疾病信息反馈互动机制，开展及时准确的心理健康统计数据研究，调整计划措施和建议，实现指挥官与专家的高效协作等，为部队提供便捷的心理健康专家服务，实现对部队的质量管理。

《心理健康战略》计划

澳大利亚国防部已出台《心理健康战略2002—2004》计划，该计划是国防部最早的实施项目之一。计划包括《心理健康服务整合与加强计划》《心理健康研究与监督计划》《疗养与健康推进计划》《自杀预防计划》《酒精、烟草与其他药物使用服务计划》《心理健康专业人员继续教育计划》《心理健康培训框架》《海外执勤后心理调整计划》《酒精饮用控制计划》《疲劳控制手册》《执勤期间疲劳控制：指挥官使用指南》《军队文职人员执勤援助计划》。2004年6月,澳大利亚国防部与退伍军人事务部签署了《关于将越战退伍军人咨询服务向其他澳大利亚军人及其家庭普及的战略性协作协议》实施计划。2005年8月开始实施《军队门诊酒精依赖治疗计划》。2008年初,澳大利亚国防部依据国家2007年版《澳大利亚饮酒指南》出台了《酒精、烟草与其他药物使用服务计划》。2008年底,澳大利亚国防部与退伍军人事务部联合实施《现役军人与退役军人心理健康服务重审计划》,与澳大利亚创伤后心理健康中心通过签约协作,制定了《重大事故心理健康支援计划》等。

《心理健康战略》的运行机制

一是战略层面的顶层设计、制定政策与指导。该战略计划是由澳大利亚国防部联合卫生司令部在国防部部长领导下负责全军心理健康工作的组织与实施,下属的心理健康理事会设在首都堪培拉,是一个多学科联合卫生指挥机构,由军队和地方的医学、精神病学、心理学、护理学、牧师、社会工作者以及行政管理人员共同组成。主要根据军队的各种需要,制定相关的政策,提供健康促进、健康教育、疾病预防、早期诊断、治疗与康复等综合性的心理健康服务计划与研究项目,向国防部联合卫生司令部提供心理健康支援,指导其下辖的境内和国外执勤任务区域的心理健康事务组工作。

二是战役层面的区域心理健康政策落实与监督。区域心理健康事务组由澳大利亚军队心理健康服务相关领域的专业人员组成,包括战区指挥官、牧师、军医官和心理病医师、社会工作者和心理学家等。主要负责本地区的心理健康政策的实施与计划的落实;为指挥官提出区域性心理健康建议;协助开展区域性心理健康业务培训及相关产品的推广,为海外执勤人员提供远程医疗服务,推动军队心理健康事业的发展。

三是战术层面的全天候热线、网络咨询与服务。澳大利亚国防部通过不断更新的方式,借助军地电视、热线电话、专题网站、报纸、书刊、展览等各种途径开展宣传教育和培训课程,提供相关的新闻、通告、书刊、影像资料的浏览和下载服务。专业服务热线有:(1)面向澳大利亚军队的参战人员、维和人员及国内驻军退役人员中存在心理健康问题者的"知心服务热线(At-Ease)"。(2)军队成员可以拨打号码为000的紧急求援电话。(3)设在国家福利协作中心的由现役军人为接线员的军人家庭支持网。(4)在澳大利亚全境内免费为军队成员及其家庭开设的24小时保密电话热线服务。(5)向军队提供包括公共节假日在内的24小时服务的国防社区组织支援热线。(6)面向所有退伍军人及其家庭24小时开通的退伍军人与退伍军人家庭咨询服务热线。(7)在全境200多个站点面向文职人员提供保密的咨询服务网。专业服务网站有澳大利亚军队心理卫生网、国防部在线图书馆网、澳大利亚退伍军人事务部—健康与酒精网、澳大利亚创伤后心理健康中心网、越战退伍军人咨询服务网、国防社区组织网。澳大利亚国防部网站常年开设的内容有军人在海外执勤期间与家人联系时应注意的问题；控制创伤应激措施；配偶、家人及亲属护理指南；儿童应激创伤指南；父母及护理者护理儿童指南；在外执勤人员应对儿童心理应激创伤的技巧；家庭暴力的预防与控制；应对悲伤的十个行动；学会放松的小窍门；睡眠障碍问题的常见原因、体征和症状、一般疗法；学习方法的小窍门；告别焦虑的小窍门；与家庭成员分离前、分离期间、团聚时的注意事项。除上述专业服务网站外，还有卫生与老年人服务部网、澳大利亚酒精与其他药物管理委员会网、澳大利亚心理健康网、澳大利亚药物基金会网、澳大利亚国家药物与酒精研究中心网、澳大利亚烟草控制运动网等。

《心理健康战略》实施的法规保障

澳大利亚对于军人滥用类固醇实行"零容忍"政策，根据《军队人事管理条例》规定，滥用者将被解除职务或是除名。如果被发现拥有或向他人提供合成代谢类固醇，依据《毒物与治疗药剂管理法案》，将被军事法庭起诉。一旦罪名成立，将被判处罚金和（或）监禁。即使是因治疗而使用合成代谢类固醇，如果未得到医学专家认可，也会被解除职务，甚至会被勒令退出现役。

（刘旭峰　杨　征）

参考文献

冯杰,李晨,刘柳,郭树森,张建杰.(2011).德国联邦国防军心理卫勤工作.解放军医院管理杂志,18(12).
华建玲.(2010).美军心理服务工作现状述评.政工学刊(7),74-75.
苗丹民,刘旭峰.(2015).部队军医实用技术丛书—心理卫生工作手册.西安：第四军医大学出版社.
王立菲,杨国愉,冯正直.(2013).军队心理卫生工作现状调查与分析.解放军预防医学杂志,31(6).
武军仓.(2004).俄罗斯军队心理工作军官培养使用状况.政工学刊(11),58-59.
严进,李宝军.(2009).外军心理卫生工作现状及发展趋势.全军医学心理学专业委员会学术交流会.
于双平,李培进,李书明.(2009).澳大利亚军队的《心理健康战略》.解放军健康(6),39-39.
张音,王敏.(2015).美军心理健康问题研究进展.人民军医(2),145-146.
朱霞,苗丹民,王京生,罗正学,王生成.(2004).部队开展心理卫生工作状况的调查与分析.中国心理卫生杂志,18(11),769-769.
(2009). The work of psychological intervention in the us army and it's enlightenment. *National Defense Science & Technology*.
(2011). Corporation R. Promoting Psychological Resilience in the U.S. Military. *Rand Health Quarterly*, 1(2), 2.
Bao-Lai, Z., & Department, P. W.. (2013). Analysis of the quality of professionals engaged in military psychological service. *Journal of Naval University of Engineering*.
Bestermandahan, K., Gibbons, S. W., Barnett, S. D., & Hickling, E. J.. (2012). The role of military chaplains in mental health care of the deployed service member. *Libros De La Corte Es*, 177(9), 1028-1033(6).
Cesur, R., Sabia, J. J., & Tekin, E.. (2013). The psychological costs of war: military combat and mental health. *Journal of Health Economics*, 32(1), 51-65.
Jones, E., & Milroy, H.. (2016). Stolen trauma: why some veterans elaborate their psychological experience of military service. *Defense & Security Analysis*, 1-13.
Kennedy, C. H., & Zillmer, E. A.. (2012). Military psychology, second edition: clinical and operational applications.
Maguen, S., Luxton, D. D., Skopp, N. A., Gahm, G. A., Reger, M. A., & Metzler, T. J., et al. (2011). Killing in combat, mental health symptoms, and suicidal ideation in iraq war veterans. *Journal of Anxiety Disorders*, 25(4), 0-567.
Nieuwsma, J. A., Rhodes, J. E., Jackson, G. L., Cantrell, W. C., Lane, M. E., & Bates, M. J., et al. (2013). Chaplaincy and mental health in the department of veterans affairs and department of defense. *Journal of Health Care*

Chaplaincy, 19(1), 3-21.

Ramchand, R., Rudavsky, R., Grant, S., Tanielian, T., & Jaycox, L.. (2015). Prevalence of, risk factors for, and consequences of posttraumatic stress disorder and other mental health problems in military populations deployed to iraq and afghanistan. *Current Psychiatry Reports*, 17(5), 37.

Shira, M., Luxton, D. D., Skopp, N. A., & Erin, M.. (2010). Gender differences in traumatic experiences and mental health in active duty soldiers redeployed from iraq and afghanistan. *Journal of Psychiatric Research*, 44(14), 311-316.

Soir E D. (2017). Psychological Adjustment After Military Operations: The Utility of Postdeployment Decompression for Supporting Health Readjustment. *Handbook of Military Psychology*.

Wermser, F., Täuber, S, Essens, P., & Molleman, H.. (2016). Psychological safety during military integrations. *Netherlands Annual Review of Military Studies*.

第 26 章 军事认知神经科学研究

26.1 概述 / 555
26.2 军事认知效能测量与评价——监测脑 / 556
    26.2.1 神经内分泌标志物 / 556
    26.2.2 脑功能与脑网络指标 / 557
26.3 军事控脑靶点与效应——调控脑 / 559
    26.3.1 精神神经药物提高军事认知效能 / 559
    26.3.2 神经调控技术提高军事认知效能 / 560
26.4 军事认知神经训练——促进脑 / 563
    26.4.1 清醒与睡眠状态下的认知训练 / 563
    26.4.2 基于脑机接口的神经反馈训练 / 564
26.5 "新皮层战争"体系——损害脑 / 565
    26.5.1 精神神经药物造成精神和躯体失能 / 566
    26.5.2 控脑武器造成精神和躯体失能 / 566
参考文献 / 568

"在人类文明史中,从没有任何时候像今天这样,战争的胜负主要取决于人的大脑而不是肌肉;从来没有任何时候像今天这样,适当地组织和运用脑力资源对于战争的胜利如此重要。"——美国心理协会主席、"美国军事心理学之父"罗伯特·雅基斯(Robert M Yerkes)。

26.1 概述

自认知神经科学在 20 世纪 80 年代后期出现以来,世界经济强国纷纷投巨资开展相关研究,2013 年美国正式宣布开展人脑研究计划,同年欧盟启动了为期 10 年的"欧洲人类大脑研究计划",希望能模拟一个完整大脑的功能。2016 年,多个国家的 60 余名神经科学家齐聚美国,讨论开展脑科学的全球合作,力图推动"国际大脑空间站"的建设。2017 年,具有中国特色的中国脑计划"脑科学与类脑科学研究"正式启动,由政府长期资助,资助时间达 15 年之久(2016 年—2030 年),主要包含两大研究方向：以探索大脑秘密、攻克大脑疾病为导向的脑科学研究;以建立和发展人工智能技术为导向的类脑研究。

各国脑计划的实施,脑科学技术转化体系的建立,与纳米、生物、信息等前沿科技领域的融合,形成了军事认知神经科学(military cognitive neuroscience)这样一门交叉学科。与此同时,未来的战争形态和样式正在发生深刻变革,制脑权(contention for brain supremacy)将成为未来军事较量的新高地。首先,各种非侵入神经成像和调控技术的发展,使得监测脑、调控脑成为可能,通过神经生物标记(neurophysiological biomarker)筛查、诊断和预测精神疾病,监测军事认知效能(cognitive performance),通过对特定神经环路、脑区或递质系统进行精准干预,可以调控军事认知过程。其次,基于精神药理学和神经调控技术,可以改善和提高军事认知效能,从而提升军事脑力作业绩效。再次,通过脑机接口技术可以实现神经系统与武器装备的对接,或者多人神经系统之间的直接沟通,从而大幅度提高极端环境下以及大规模协同情况下的作战能力。最后,以精神神经药物和控脑武器为主体的控脑技术的发展,也将使脑成为新概念武器"攻""防"的主要靶点,使战争空间拓展到人类的意识空间。未来研究将继续围绕新型脑控武器和智能化装备,提高作战人员军事认知与作业能力,优化军事训练与决策,改善军人神经与精神损伤的救治,推动心理战的升级等开展。

本章将对军事认知神经科学在监测脑、调控脑、促进脑、损害脑等四个方面的研究进行综述,分析认知神经科学发展带来的军事和战争机遇,以及可能存在的伦理问题。

26.2 军事认知效能测量与评价——监测脑

随着信息化战争竞争的加剧,面对日益复杂的信息环境,未来对于作战人员的认知效能特别是信息处理能力将提出更高要求。作战人员的军事认知效能将成为制约军事作业能力的关键瓶颈。随着认知神经科学的发展,通过神经内分泌、脑功能和脑网络等认知神经标志物,可以了解真实作战任务和复杂动态环境下的脑力作业机制,如：(1) 作战人员注意力的分配、转移和持续时间；(2) 认知负荷、疲劳、应激等生理状态对脑力作业效能的影响；(3) 作战人员对信息输入重要性的评价；(4) 作战人员行为的动机和意图等,从而提高作战效能。

26.2.1 神经内分泌标志物

任何军事作业都伴随着认知过程和神经内分泌系统的参与和介导,特殊军事作业环境和军事应激也可能造成神经内分泌系统的改变,因此研究者围绕神经内分泌系统作为军事认知负荷和应激反应标记物的作用开展了大量研究。一方面,已有研究提示作战经历、睡眠剥夺等军事应激源对神经内分泌的短期和长期影响。例如美军派阿富汗执行作战任务的士兵,执行任务前的糖皮质激素(glucocorticoid)粒细胞的敏感性以及糖皮质激素受体外显子 1f 区域(GR-1F)功能甲基化水平,可以很好地预测执行任务后士兵疲劳、创伤后应激或抑郁症状的发生。美国陆军士兵对于挫折(frustration)的睾酮(testosterone)分泌水平升高,而且皮质醇(cortisol)和睾酮之间的分泌水平呈负相关,而海军和海军陆战队员的睾酮水平较低,且皮质醇和睾酮之间呈正相关,并且在有过更多危险作战经历的士兵当中,皮质醇和睾酮的分泌水平正相关更强。在经历过海湾战争并伴有创伤后应激障碍的士兵当中,交感神经系统对促肾上腺皮质激素释放因子(corticotrophin-releasing factor, CRF)的敏感性增强。此外血清肾素(serum rennin)、血管紧张素(angiotensin Ⅱ)和皮质醇分泌水平在睡眠剥夺个体当中升高。另一方面,健康和心理弹性较强的个体在面对应激时表现出适应性的神经内分泌模式,且去甲肾上腺素(norepinephrine)和神经肽 Y(neuropeptide-Y, NPY)能够较快恢复到之前的水平。上述研究提示了神经内分泌因素在评估个体的应激反应和适应性方面起到的重要作用,有望根据不同的岗位需求,建立不同的神经内分泌生物标志物的参考标准,作为军人选拔和岗位匹配的重要参照依据。

26.2.2 脑功能与脑网络指标

功能性核磁共振成像和生物工程等的进展,使研究者能够利用脑电描记法(electroencephalograph, EEG)、功能磁共振成像(functional magnetic resonance imaging, fMRI)、正电子发射断层扫描技术(positron emission computed tomography, PET)和功能近红外成像技术(functional near infrared spectroscopy, fNIRS)等神经影像学工具更好地评估认知神经状态,实现大脑过程的可视化,为确定心理选拔对象、确定训练最佳强度和最佳训练量、评价训练效果等提供客观依据。此外可以在精神疾病症状出现以前探测早期体征,筛查可能存在精神易感性的个体。目前 PET 和 fMRI 技术广泛应用于脑科学研究,但还不能实现便携或部分便携,而 EEG 和 fNIRS 则更加便携,可实时在体监测,能在动态运动条件下应用。特别是 fNIRS,其具有高空间分辨率耦合、高时间分辨率的优势,且设备成本更低,可作为 fMRI 的替代性技术,极具军事应用前景。

在特定认知领域,EEG、fNIRS 和眼动追踪(eye tracking)等指标与认知操作负荷有关,可作为真实军事作业情境下的认知操作评价指标。EEG 记录显示了专业狙击手联结区和运动区皮层之间的联系减少；言语、空间任务当中额叶、枕叶、颞叶等区域的EEG活动变化，说明专业狙击手更少依靠需要认知努力的执行功能，更少依靠言语分析思维，认知效率更高。飞行员高认知负荷操作如起飞和降落都与高频EEG的波幅升高有关，而低认知负荷操作如飞行联系又与高频EEG的波幅降低有关。通过将飞行员头盔和脑电图感应器相连，形成航空认知工具集成装置（cognitive avionics tool set, CATS），可以监测飞行员在高应激状态下任何负荷的变化。利用fNIRS可以量化前额叶的氧合血红蛋白（HBO）和脱氧血红蛋白浓度，结合眼动和行为指标，可以反映个体在噪音军事作业环境下的认知负荷，研究发现短促的间歇性噪音带来的认知负荷强于延长的间歇性噪音，提示可以将fNIRS作为探测认知负荷的指标，对其进行人类工效学分析。此外fNIRS在检测欺骗方面的应用，可能使其成为间接测谎的手段，发挥情报收集价值。此外fNIRS目前可以配备无线网络，整个系统已经可以缩小为数字芯片，并与无线传感器相连，且不受佩戴者运动的影响，目前参加虚拟现实作战人员军用背包内配置fNIRS设备的研究已得到开展。

在系统水平上，目前大量研究正在利用各种成像技术及电生理技术，在宏观（脑区）、介观（神经元群）及微观（神经元）尺度上建立人脑和动物脑的脑区、神经元群或神经元之间的连接图即脑网络（brain network），其中结构性脑网络（structural brain network）包括神经元的结构连接（包括轴突和树突之间的电和化学连接），而功能性脑网络（functional brain network）则是基于脑/神经功能信号（电信号、磁信号、血液动力学或代谢信号）构建而成的。然后在此基础上研究脑网络拓扑结构、动力学属性、正常和异常脑功能的脑网络表征、脑网络的遗传基础，并对脑网络进行建模和仿真，以及实现这些目标所要的超级计算平台，从而阐明脑的工作机理及脑疾病的发生和发展机制。例如精神分裂症患者静息态功能网络连接强度显著低于正常人，脑网络的聚类系数减小；抑郁症患者在睡眠状态下EEG的θ及δ频段脑网络路径长度显著下降，但聚类系数无显著变化；创伤性脑损伤和创伤后应激障碍的相关研究也发现了相应的脑网络神经生物标记。这些研究提示我们可以用结构性脑网络和功能性脑网络测量和预测军人在特定情境下的军事绩效。

为了精确测量与动态评价脑力作业效能，有必要开展如下研究：(1) 开发新的生态效度更高的认知实验范式，在更自然的环境中测量与评价脑力作业的效能；(2) 开发新型可穿戴传感器，全面监控现实环境中的大脑和身体动态变化；(3) 获取和处理高维数据集，用于描述身体行为、心理行为、生理行为和环境背景；(4) 从高维数据集和大样本中建立统计学模型，构建大脑功能、行为和环境等复杂作战任务中的动态关系，系统模拟个体的认知差异。

26.3 军事控脑靶点与效应——调控脑

脑科学的发展,使得人们不再局限于利用自然的方法循序渐进地提高自身的认知能力,而是可以采用药物、物理干预等手段,如机械外骨骼、脑机接口、视网膜植入、听觉增强装置,以及提高智力的神经药物等改善疲劳和压力状况,提高认知效能和体能。由于军事作业所必需的认知能力和大脑特定脑区的参与密切相关,对特定神经环路或递质系统或脑区施加药理学或者物理刺激,可通过帮助改善或增强脑功能,进一步影响军事认知和作业行为。调控脑的技术,不仅将提升士兵的军事作业效能,而且可能被应用于控脑武器的开发(即损害脑)。

26.3.1 精神神经药物提高军事认知效能

在神经精神药理学领域,药物不仅能够调节异常心理状态或精神疾病状态,而且能够保持和维持健康的或最佳的精神心理功能。目前研究的热点是提高记忆力等认知功能和改善睡眠的精神药物。认知增强药物(cognitive enhancing drugs)广义上指的是可以提高注意力、学习能力和记忆力等认知功能,并降低应激、睡眠剥夺、疲劳等易感性的药物或制剂。研究发现,海军狙击手在72小时睡眠剥夺后,摄入适量的咖啡因可以降低搜索视觉目标的搜索时间,提高警觉性。治疗注意力缺陷(伴多动)的药物利他灵(methylphenidate)和阿得拉(adderall),作用于人的儿茶酚胺系统,可以提高军人的执行功能、注意力、工作记忆的信息加工和灵活控制反应的能力。治疗嗜睡症和睡眠呼吸暂停的莫达非尼(modafinil),可以使睡眠剥夺状态下的军人保持警觉和清醒,提高军人的执行控制功能。很长时间以来,美军都在为驻扎在境内和海外的士兵提供诸如利他灵和莫达非尼等兴奋性药物提高其警觉性,而且它们现已被作为常规药物配备。甚至在美国校园中,很多学生也会使用莫达非尼提高自己的认知能力,追求更高的分数。

目前认知增强药物的作用机制及其副作用尚不明确。但是我们应当意识到药物诱导的某一方面的认知功能提高,是以降低其他方面的功能为代价的。例如一种在注意力高度集中情况下优化认知能力的药物可能对低注意力需求的认知能力没有效果,甚至可能会起到破坏作用。因此有必要识别参与认知过程的具体神经递质,并考察其作用的特异性而非广泛性,例如针对某一认知领域的如学习速度、记忆准确性、选择性记忆或选择性遗忘(如创伤记忆)、注意力、社会认知。从基础研究到临床研究再到认知增强药物之间的转化存在巨大差距,一个建议是提高动物模型的预测水平,以便基于大脑活动的分子、神经环路或系统水平理解人类的认知和行为功能。

应当注意的是，在新的药物环境下执行任务，一个潜在的威胁是，敌方可以训练士兵在化学战剂影响下开展军事行动，或者增强士兵对化学战剂的抵抗能力。另外一个威胁是，传统上认为血脑屏障作为解剖学上的防御武器，可以阻止外源性物质进入大脑，但是纳米技术的应用和对血脑屏障药理学的研究有可能突破这一屏障，将药物秘密运送到大脑，对血脑屏障实现化学破坏。此外，因为难以大规模部署和达到有效剂量等技术原因，药物武器目前还不能成为大规模杀伤性武器，然而未来20年内投送和释放药物技术的发展有可能使药物集束炸弹或地雷成为现实，导致军队失去战斗力或作业能力下降。

26.3.2 神经调控技术提高军事认知效能

以往用于治疗精神病和神经病的脑/神经刺激（brain/neuro-stimulation）技术，现在被用于提高人的注意、记忆、学习、控制和运动能力。美军用这种方法开启了"认知能力提升"计划，并提出了"超能士兵"概念。经颅磁刺激（transcranial magnetic stimulation, TMS）是一种非侵入式的脑刺激技术，通过精心放置在头皮上的磁铁诱导产生弱电场，电磁场刺激附近大脑皮层的神经元，从而达到提高或降低神经元活性的目的。研究显示，TMS能让测试者在接受刺激后至少24小时内记忆得到增强。研究者通过MRI技术确定了一个距离颅骨表面仅1厘米且与海马体紧密相连的浅脑区，通过直接刺激该区域间接刺激海马区域，研究者发现海马体与其他脑区的功能连接增强，参与者的记忆测试成绩提高了。此外对初级运动皮层和辅助运动区的TMS可以提高人的心理旋转准确性和能力，可望用于各类飞行员的训练中。针对前额叶的TMS可以降低应激所致的负性情绪，提高认知抗干扰能力，改善冲动行为和提高决策能力，可望用于特殊作业环境及执行重要作战任务的军人（包括军官）选拔。对于背外侧前额叶的刺激促进参与者在驾驶模拟实验中表现出更为谨慎的驾驶风格，可望用于驾驶员的选拔。对额颞区的抑制性TMS可以使个体在绘画、数学、校对等方面展现出专家般的能力，可用于军事谍报人员的培训中。

经颅直流电刺激（transcranial direct current stimulation, tDCS）是使用不同的极性电流（阳极或阴极）达到提高或降低神经元活性的目的，虽然不能使处于休眠状态的神经元放电，但是可以改变已经处于活动状态的神经元敏感性。tDCS的刺激方式包括3种，即阳极刺激、阴极刺激及伪刺激。一般而言，阳极刺激能增强刺激部位神经元的兴奋性，阴极刺激则会降低刺激部位神经元的兴奋性，伪刺激是一种对照刺激。目前研究发现通过tDCS刺激前额叶可改善老年人的记忆功能、改善抑郁症患者的症状。

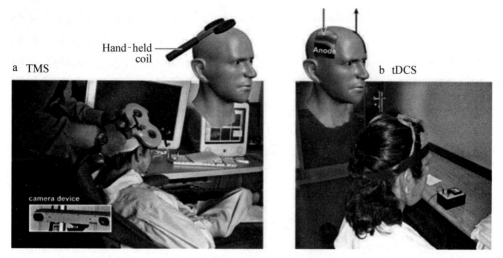

图 26.1　TMS 和 tDCS 装置

注：(a) TMS 技术通过磁诱导在脑部产生聚焦的电流，进而导致神经元去极化，并重复施加电流调控皮层激活（增强或者减弱），从而产生持续的调节效应；(b) tDCS 通过头皮上的低强度直流电刺激穿透颅骨到达脑部，调节神经元跨膜电流，从而影响神经元激活水平，调控其对于外部输入的放电频率，同样产生持续的调节效应。

TMS 和 tDCS 的空间分辨率较低，处于厘米水平；同时刺激深度较浅，一般在 1 cm 左右，仅可以刺激到皮层，但是深度 TMS（deep TMS）最深可以达到 6 cm，因此可以刺激到脑深部核团。在试验对照方面，TMS 一直未能找到较好的伪刺激模式以区别真实的刺激反应，因而难以排除安慰剂效应。2005 年，德西罗斯（Deisseroth）等人建立了光基因（optogenetics）技术，该技术通过特定波长的光照操控（兴奋或抑制）

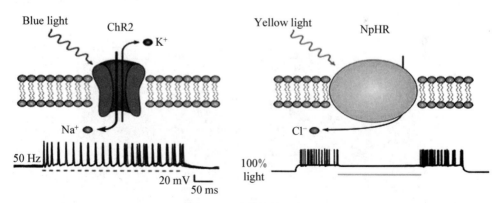

图 26.2　光基因技术实验

注：在感兴趣的能调控电信号的靶细胞上表达来自视蛋白的光学门控通道（light-gated ion channels），比如视紫红质通道蛋白 2（channel rhodopsin-2，ChR2）或嗜盐菌紫质（halorhodopsin）等视蛋白，再分别利用蓝光或黄光来兴奋（去极化）或抑制（超级化）经过遗传改造的神经元细胞。

被转染了光敏蛋白的神经元的活动,能实现对单个神经元的控制,作为一项革命性的技术,极大推动了神经科学的研究。目前在动物模型上已发现光基因技术可以通过调控神经环路改善抑郁症状。在光敏蛋白之外,研究者进一步发现了声敏蛋白、磁敏蛋白,这两项技术将把神经调控技术推到新的高度。

然而光基因技术具有有创性(要插光纤到目标区域),磁基因技术在空间分辨率方面低于光基因技术(磁场难以聚焦),且施加磁场会干扰神经电信号的记录,将限制其在某些研究上的应用。声基因技术和磁基因技术一样无侵入,但声场可以聚焦,且声属于机械波,不和电场磁场相干扰;综合来说,声基因技术在非侵入的条件下或能获得与光基因技术相近的空间精细调控能力,且能与多种模态的神经影像技术兼容,有望获得更多的应用。然而光基因技术、磁基因技术和声基因技术都需要对应转录光敏、磁敏或声敏蛋白到神经元,这一过程可能带来生理毒性等问题。基于上述原因,研究者开发了经颅超声脉冲(transcranial pulsed ultrasound, TPU)技术,利用低频超声波(频率一般小于 1 MHz)的高穿透性,在大脑特定区域刺激或者抑制神经活动。这种刺激作用应具有可恢复性,并且不会对脑组织造成损伤,并可以达到 5 倍于 TMS 的空间分辨率(刺激半径 2 mm 甚至更小),有效刺激皮层下较深部位脑区(>2 cm)。此外 TUS 使用超声波作为能量来源,因此与 fMRI 具有较好的兼容性,为 TUS 的精确定位和神经生理研究提供了良好的条件。临床研究发现 TPU 刺激额叶后部和额颞皮质可分别显著改善患者的情绪状态和脑卒中带来的认知损害。军事方面,泰勒(Tyler)等提出并设计了可实施 TPU 的头盔的构想和设计原型,用于非侵入式调控士兵的认知效能。在安全性方面,由于超声波在一定条件下可对组织造成高温破坏或者诱发脑内出血,因此未来仍需要深入开展 TUS 的安全性研究,通过对组织安全性的综合评价,找出超声刺激的安全参数和阈值(图 26.3)。

图 26.3 采用 TPU 技术的头盔设计原型

由于个体对此类神经调控技术的反应性不尽相同,需要按照个别需要调整剂量和刺激位置等,因此结合神经影像技术(如 MRI、fMRI 和 fNIRS)可以提供精确的定位。随着各种神经调控技术的进一步成熟,未来必可被广泛应用于军事训练和军事作业中,特别是能在特殊的作战环境、执行特殊任务时激发相关认知功能的巨大潜力,提高官兵的作战能力。

26.4 军事认知神经训练——促进脑

传统的军事训练方式作用于认知和行为过程,随着认知神经科学的发展,对军事训练的神经基础认识日渐深入,有望在神经环路、认知和行为三个水平建立联系,采用军事认知神经训练方法,以军事认知或行为相关的神经回路为靶点,综合运用认知训练、行为训练和神经调控等技术,促进特定军事行为的神经回路形成,提高脑可塑性,进一步强化军事行为和提升认知。近十年来基于计算机化的认知训练(computerized cognitive training program,CCTP)作为新兴的认知增强技术,在精神疾病的干预中逐渐发挥出重要作用,市场增长迅速,已有的认知训练主要包括注意、记忆、知觉、情绪调节、认知控制能力等。以抑郁症的计算机化干预为例,目前国内外已有基于互联网和移动网络,以计算机和智能手机为载体的干预软件,我军基于认知神经训练的抑郁计算机化干预程序相关研究也正在开展中。

26.4.1 清醒与睡眠状态下的认知训练

清醒状态下的认知训练主要有两个目的,一是改善精神心理疾病伴随的认知功能损害,降低易感个体的情绪和精神症状;二是增强健康个体在清醒状态下的注意、记忆、思维、决策等认知功能。前者又包括两种模式:(1)恢复型又称康复型,借助于一些计算机认知训练软件实行,并且在训练过程中逐渐增加训练难度以增强或者恢复受损的功能,最终通过内隐学习提高认知能力;(2)补偿型,主要通过一些策略式的学习,最终绕过障碍区补偿受损的认知,例如通过认知训练显著提升认知衰退老年人的注意、记忆和问题解决能力等。

睡眠状态下的记忆训练有助于空间记忆、程序性记忆、情绪记忆的再激活、巩固和消退等。目标记忆再激活(targeted memory reactivation,TMR)是通过呈现与之前学习内容相关的线索达到学习内容的再激活。例如Rudoy让被试进行物体—位置配对学习,每一个物体与其相关的声音同时呈现(如狗和狗叫声同时呈现)。学习完毕后,在被试睡眠状态下向他们低音呈现刚才学习过程中出现的声音(如狗叫声)。醒来后,被试对睡眠时呈现过声音线索的物体所配对位置的记忆更为准确。TMR还可以促进技能学习。研究者让被试在清醒时学习用四个键弹奏两段不同的乐曲。学习完之后,一段曲子会在被试的慢波睡眠状态时小声地播放。被试睡醒之后,弹奏睡眠状态时播放的乐曲比弹奏未播放的乐曲明显更为准确。此外睡眠期间释放恐惧记忆形成时的气味,可以促进个体恐惧记忆的消退,这对于创伤后应激障碍士兵的心理康复具有重要意义。随着对睡眠研究的进一步深入,特别是睡眠状态下 TMR 技术规律的进一步把握,利用这项技术,可以有效地、循序渐进地加强特殊岗位和技术官兵的军事训练,比如可以促进军事理论知识的记忆、促进各种武器操作的技能训练、促进谍报人员对译码的记忆等。

26.4.2 基于脑机接口的神经反馈训练

认知科学、计算机科学和神经科学的发展与结合衍生出一项新的技术:脑一机接口(brain-computer interface, BCI),其主要内容包括:(1)面向运动功能的脑机接口,发展算法,重建运动皮层神经元对运动的控制。例如控制初级运动皮层中单个神经元的放电频率,或利用神经集群记录技术实时捕捉运动皮层中的复杂神经信号,控制肢体运动的方向从而进一步控制外部设备。(2)面向感觉功能的脑机接口,修复受损的感觉功能包括听觉、视觉和前庭感觉等。在临床上,可以利用这种技术改善运动和感觉损伤患者的生活质量,在军事领域,则可以在复杂自然环境和战场环境下突破人的生理极限,拓展士兵的作战能力。

在面向感觉功能的脑机接口方面,目前基于 EEG、MEG 以及 fMRI 技术的非侵入式脑机接口得到了深入研究,其中 EEG 具有良好的时间分辨率、易用性、便携性和相对低廉的价格,应用前景更广。而 fMRI 和 MEG 则具有良好的空间分辨率,也已成功实现非侵入式脑机接口。美国国防高级研究计划局(Defense Advanced Research Projects Agency, DARPA)的认知增强计划,一直致力于基于 BCI 的脑电图和 fNIRS 研究,依靠人类视觉系统作为电脑系统的输入信号来源,增加视觉搜索的数据处理速度,通过将人眼搜索的高效和复杂性与计算机视觉处理速度和存储能力相结合,在毫秒单位内获得大量存储数据,提高用户的长期记忆,可以使军队在到达新的地区时轻松获取可视地图和情报。与此相关的是,有研究者将不同啮齿类动物的大脑连接起来,组成脑一脑接口(brain-to-brain interface, BTBI),从而使不同的大脑协同工作以解决复杂问题。在研究中,研究者让一组老鼠学习关于运动以及触摸的问题,然后记录这组老鼠的脑电波信号,并转换为电刺激输入第二组老鼠的大脑中,这可以帮助第二组老鼠更加迅速地解决关于运动和触摸的问题。这项技术的潜在应用是帮助瘫痪患者联系志愿者帮助他们重新行走,或者帮助他们学会如何控制机器人的四肢和外骨骼。

在面向运动功能的脑机接口方面,利用神经反馈技术可以使大脑能够不依赖外周神经和肌肉通道而与外部环境进行互动,控制乒乓球运动、控制机械臂等。2004

年,DARPA 投入 2 400 万美元资助杜克大学神经工程中心等 6 个实验室进行"思维控制机器人"研究工程,最终目标是打造出"机械战士",让士兵用意念远程操纵武器系统在战场上作战。2016 年,DARPA 进一步提出利用下一代非手术神经技术(next-generation nonsurgical neurotechnology, N^3)构建新的脑机交互系统,使计算机和脑内数百万个神经元相连,将脑内的电化学信号转化为计算机可以识别的二进制数字信号,提高信息传输速度和控制,减少信息干扰,提高感知觉和决策能力,最终实现直接用意念操纵武器装备。在过去的半个世纪,脑机接口技术的发展,经历了从控制肢体运动的神经机制研究,到神经微电极的发展,再到猴子的脑机接口,最后进入人类脑机接口技术的巨大飞跃(图 26.4)。

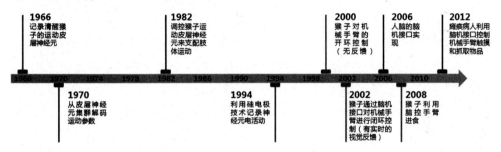

图 26.4　脑机接口技术的发展路线图

随着人工智能技术的发展,人工智能技术及无人自主作战平台可能成为新型颠覆性作战样式,实现有人与无人作战力量的协同模式,智能武器系统将作为"战场先锋"实施侦察监视、障碍排除、火力摧毁等作战任务。例如英国空军的雷神智能无人飞行器可通过无人机载计算机识别危险目标,结合地面人员控制模式,发起攻击要求时由地面人员授予武器开火权。此外还可进一步实现有人与无人作战力量的混合编组、协同行动,人机协作和机机协作共享"心理模型",实现相互之间的可预测性、自适应协调和隐蔽通信,以少量人力指挥大量智能武器系统,或将深刻改写未来战争的作战样式。例如美国的"忠诚僚机"有人/无人机编组演示实验,实现了无人僚机自主与长机编队飞行并开展对地打击。

26.5　"新皮层战争"体系——损害脑

军事认知神经科学的发展,可能给作战理念、作战方式带来一系列根本性的改变,触发军事领域的深刻变革。2012 年英国皇家学会发布的《神经科学:冲突与安全》报告认为,认知神经科学(含脑科学)具有应用于武器开发的潜力,研制出直接作用于神经系统(主要是大脑)的新型武器。美国国防部《2013年—2017年国防科技发展计划》则提出,认知神经科学(含脑科学)的颠覆性应用前景是实施意识干扰与控制的神经生物战,由此可能催生新的战争样式,即以损害脑为目的的新皮层战争。因此我们有必要确立意识干扰与控脑的神经生物学靶点及效应客观评价体系,形成有效精确影响神经生物学效应、认知和行为效应的集成武器。

26.5.1 精神神经药物造成精神和躯体失能

失能剂是一类使军人暂时丧失战斗能力的化学物质,中毒后主要引起精神活动异常和躯体功能障碍。按其毒理效应不同,可分为精神性失能剂(nervous incapacitating agent)和躯体性失能剂(body incapacitating agent)。精神性失能剂主要引起精神活动障碍,如知觉、情感、思维活动的异常和紊乱,因作用特点不同,分为中枢抑制剂和中枢兴奋剂。前者能降低或阻断中枢神经系统活动,干扰突触信息传递,主要代表有替代羟乙酸酯类和四氢大麻醇类化合物;后者使神经冲动传递加强,进入中枢的信号过多,引起过度的神经活动,其代表有麦角酰二乙胺、蟾蜍色胺、西洛赛宾、麦司卡林等。躯体性失能剂主要引起机体运动失调、瘫痪以及呕吐、失明、致聋、体温失调、低血压等,这类化合物有苯咪胺、箭毒、震颤素等。

早在20世纪60年代,美军就开始用失能性毒剂装备部队。而在2002年10月,俄罗斯特种部队就使用了芬太尼(fentanyl)攻击劫持人质的车臣恐怖分子,同时用逆转药物和预防药物保护士兵。美军认为俄罗斯已经装备了美国尚未掌握的失能剂技术,对美军造成巨大威胁。目前,一些国家对双效作用(精神失能和躯体失能)的失能剂颇有兴趣,投入了大量的人力和物力研发,未来战争中新型军用失能剂将会走出实验室,在战场上大展威风。但是,目前对于各种失能剂的研究还未完全成熟,对其作用机制的研究还未完全透彻,对失能剂的反应还存在个体差异,投送的剂量难以控制,例如上文提到的俄军在利用失能剂对恐怖分子进行攻击的过程也造成了部分人质的死亡。因此,未来还需进一步加强研究。

26.5.2 控脑武器造成精神和躯体失能

2006年,美军《联合信息作战》将认知空间、物理空间、信息空间并列为信息作战的三重空间。其中信息空间需要通过认知空间发挥作用,而利用脑科学可以将认知空间纳入战争设计,真正实现"不战而屈人之兵"。通过信息战导致敌军认知能力退化的军事应用可能是潜在的研究方向,例如传播虚假情报(disinformation)和错误信息(misinformation),以造成敌方无法接收信息,或接收到的信息中断和歪曲。如运用全息投影技术从空间站向云端或战场上的特定空间投射有关的影像、标语、口号,从心理上骚扰、恫吓和瓦解敌军,使之恐惧厌战,继而放弃武器逃离战场。据报道,美国在索马里就曾使用过这种幻觉武器进行了一次投影效应实验,把受难耶稣的巨幅头像投射到风沙迷漫的空中,使敌人纷纷下跪投降。

此外在武器装备方面,与冷战时期多追求武器的致命性不同,新皮层战争形态下的控脑武器(mind control weapon)建立在对脑内信息获取、解读、传播和控制基础上,控制几乎囊括了神经系统活动的方方面面:除了感官幻觉,还可能造成欣快感、爱慕感、神秘感、心灵感应、梦境、情绪波动、恐惧、焦虑、决策,以及疼痛等心理生理反应。例如洗脑(brain washing)是采用无线内部声音传输方式,使用超声波作为载体阻断意识流,达到远程控制敌军士兵思想、改变其脑电波的技术,既可以用于攻击也可用于防御。此外定向能武器(directed energy weapon)以微波和激光等电磁波作为载体,能够精确定位和远距离传输到特定个体,产生的效应可能包括疲倦、头晕、恶心、呕吐、腹痛、惊厥、癫痫发作和暂时性瘫痪,此外还包括内脏器官振动及灼伤、白内障、体温过高或发热、头痛以及短期记忆或认知过程丧失等。在伊拉克战争中,反美武装人员在战斗中曾突然在脑中"听到"先知的声音,立即下跪祈祷、丢弃武器投降。

神经科学的迅速发展不仅推动了军事认知神经科学的发展,也引发了人们对神经伦理学的广泛关注,目前集中讨论的议题包括:涉及个人身份、尊严和对于各种新型外科手段及药理干预的自主性,精神和身体的关系,神经成像对个人隐私的影响,神经遗传学和行为控制的关系等。由于很多神经科学实验既可用于增进人类健康和作业效能,又可能损伤个体健康和作业效能,服务于军事、情报和政治目的,因此对于军队或非军队人员参与此类研究的伦理审查程序和知情同意制度应当受到足够重视。

美国科学院《神经科学未来军事应用机遇》报告提出,未来20年内美军高优先度发展的军事认知神经科学重点技术包括:(1)虚拟现实的触觉反馈;(2)增强现实;(3)头盔式EEG设备,用于认知状态监测和威胁评估;(4)脑力作业负荷管理;(5)锁时性的、磁共振兼容的虚拟现实及其监测设备;(6)沉浸式、磁共振兼容的虚拟现实设备;(7)EEG生理技术;(8)用于注意增强的经颅磁刺激;(9)车载经颅磁设备;(10)心跳变异性;(11)皮肤电反应;(12)战场可用的神经状态生物标志物;(13)头盔式脑机接口EEG设备;(14)信息处理和多模态数据融合,包括成像模态如MRI、fMRI、DTI、PET、MEG等,以及生理指标如心跳、心搏间期、皮电、眼动、瞳孔直径等;(15)睡眠的士兵模型和生物标志物;(16)疲劳预警模型;(17)疲劳的行为指标;(18)士兵对极端环境(如低氧、高温)应激反应的预测性生物标志物;(19)威胁评估放大技术;(20)军事应用的fMRI实验范式;(21)近红外成像(near-infrared spectroscopy, NIRS)与弥散光学成像(diffuse optical tomography, DOT)。这些方面也同样值得我们关注。总之,我们要认识到军事认知神经科学的巨大前景和深刻意义,同时也要清醒地认识到我们在理论和应用研究等方面才刚起步,应当抓住发展机遇,在关键技术领域尽早突破,从而在未来战场占据主动。

(冯正直　王晓霞)

参考文献

冯正直,张睿.(2013).军事认知神经科学研究进展.第三军医大学学报,35(20),2129-2133.

刘明矾,黄任之,徐西良,刘桥生.(2015).抑郁缓解者正性注意偏向的实验操纵:来自眼动的证据.中国临床心理学杂志, 23(1),48-51.

任志洪,李献云,赵陵波,余香莲,李政汉,赖丽足等.(2016).抑郁症网络化自助干预的效果及作用机制——以汉化moodgym为例.心理学报,48(7),818-832.

Adelaide, A., Jiga-Boy, G. M., Sara, R., Newstead, S. A., Sian, R., & Davis, N. J., et al. (2016). Prefrontal electrical stimulation in non-depressed reduces levels of reported negative affects from daily stressors. *Frontiers in Psychology*, 7.

Berkman, E. T., Kahn, L. E., & Merchant, J. S.. (2014). Training-induced changes in inhibitory control network activity. *Journal of Neuroscience*, 34(1), 149-157.

Bobadilla, L., Asberg, K., Johnson, M., & Shirtcliff, E. A.. (2015). Experiences in the military may impact dual-axis neuroendocrine processes in veterans. *Developmental Psychobiology*, 57(6), 719-730.

Chapman, S. B., Sina, A., Spence, J. S., Keebler, M. W., Defina, L. F., & Nyaz, D., et al. (2016). Distinct brain and behavioral benefits from cognitive vs. physical training: a randomized trial in aging adults. *Frontiers in Human Neuroscience*, 10, 338.

Cona, G., Marino, G., & Semenza, C. (2017). Tms of supplementary motor area (sma) facilitates mental rotation performance: evidence for sequence processing in sma. *Neuroimage*, 146, 770-777.

Cooper, J., Gorlick, M., Denny, T., Worthy, D., Beevers, C., & Maddox, W.. (2014). Training attention improves decision making in individuals with elevated self-reported depressive symptoms. *Cognitive Affective & Behavioral Neuroscience*, 14(2), 729-741.

Delphine, O., Antony, J. W., & Paller, K. A.. (2014). Fear not: manipulating sleep might help you forget. *Trends in Cognitive Sciences*, 18(1), 3-4.

Di Stasi, L. L., Diaz-Piedra, C., Suárez, Juan, Mccamy, M. B., Martinez-Conde, S., & Roca-Dorda, Joaquín, et al. (2015). Task complexity modulates pilot electroencephalographic activity during real flights. *Psychophysiology*, 52(7), 951-956.

Ferenczi, E. A., Zalocusky, K. A., Liston, C., Grosenick, L., Warden, M. R., & Amatya, D., et al. (2016). [research article] prefrontal cortical regulation of brainwide circuit dynamics and reward-related behavior. *Science*, 351(6268), aac9698.

Gabbard, R., Fendley, M., Dar, I. A., Warren, R., & Kashou, N. H.. (2017). Utilizing functional near-infrared spectroscopy for prediction of cognitive workload in noisy work environments. *Neurophotonics*, 4(4), 041406.

Guo, T., Li, H., Lv, Y., Lu, H., Niu, J., & Sun, J., et al. (2015). Pulsed transcranial ultrasound stimulation immediately after the ischemic brain injury is neuroprotective. *IEEE Trans Biomed Eng*, 62(10), 2352-2357.

Long X, Ye J, Zhao D, et al. (2015). Magnetogenetics: remote non-invasive magnetic activation of neuronal activity with a magnetoreceptor. *Science Bulletin*, 60(24), 2107-2119.

Matthews, G., Reinerman-Jones, L. E., Barber, D. J., & Abich, J.. (2014). The psychometrics of mental workload: multiple measures are sensitive but divergent. *Human Factors The Journal of the Human Factors and Ergonomics Society*, 57(1), 125-143.

Motes, M. A., Gamino, J. F., Chapman, S. B., Rao, N. K., Maguire, M. J., & Brier, M. R., et al. (2014). Inhibitory control gains from higher-order cognitive strategy training. *Brain and Cognition*, 84(1), 44-62.

Newsome, M. R., Mayer, A. R., Lin, X., Troyanskaya, M., Jackson, G. R., & Scheibel, R. S., et al. (2016). Chronic effects of blast-related tbi on subcortical functional connectivity in veterans. *Journal of the International Neuropsychological Society*, 22(06), 631-642.

Remmelt Schür, Boks, M., Rutten, B., Daskalakis, N., Nijs, L. D., & Marian Joëls, et al. (2017). Longitudinal changes in glucocorticoid receptor 1f methylation and psychopathology after military deployment. *Translational Psychiatry*, 7(7), e1181.

Schlaepfer T E, Bewernick B H, Kayser S, et al. (2014). Deep Brain Stimulation of the Human Reward System for Major Depression-Rationale, Outcomes and Outlook. *Neuropsychopharmacology*, 39(6), 1303-1314.

Schnell, T., Melzer, J. E., & Robbins, S. J.. (2009). The Cognitive Pilot Helmet: enabling pilot-aware smart avionics. *Spie Defense, Security, & Sensing. International Society for Optics and Photonics*.

Sun, X., Dai, X., Yang, T., Song, H., Yang, J., & Bai, J., et al. (2014). Effects of mental resilience on neuroendocrine hormones level changes induced by sleep deprivation in servicemen. *Endocrine*, 47(3), 884–888.

Szivak T K, Lee E C, Saenz C, et al. (2018). Adrenal Stress and Physical Performance During Military Survival Training. *Aerosp Med Hum Perform*, 89(2): 99–107.

Wang, J. X., Rogers, L. M., Gross, E. Z., Ryals, A. J., Dokucu, M. E., & Brandstatt, K. L., et al. (2014). Targeted enhancement of cortical-hippocampal brain networks and associative memory. *Science*, 345(6200), 1054–1057.

White, S. F., Costanzo, M. E., Blair, J. R., & Roy, M. J.. (2015). Ptsd symptom severity is associated with increased recruitment of top-down attentional control in a trauma-exposed sample. *NeuroImage: Clinical*, 7, 19–27.

Woods, A. J., Cohen, R., Marsiske, M., Alexander, G. E., Czaja, S. J., & Wu, S.. (2018). Augmenting cognitive training in older adults (the act study): design and methods of a phase iii tdcs and cognitive training trial. *Contemporary Clinical Trials*, 65, 19–32.

Yang, W., Ding, Z., Dai, T., Peng, F., & Zhang, J. X.. (2015). Attention bias modification training in individuals with depressive symptoms: a randomized controlled trial. *Journal of Behavior Therapy and Experimental Psychiatry*, 49, 101–111.

Zack, M., Cho, S. S., Parlee, J., Jacobs, M., Li, C., & Boileau, I., et al. (2016). Effects of high frequency repeated transcranial magnetic stimulation and continuous theta burst stimulation on gambling reinforcement, delay discounting, and stroop interference in men with pathological gambling. *Brain Stimulation*, 9(6), 867–875.

索 引

A

AOAP 421
AVP 188
安全需要 495

B

BAI 124
BDI 124
半结构式访谈 31
保密性 24
暴露疗法 204,205
暴露治疗 205
标准化范式 253
表象训练 97
不公平感 237
部队心理工作 532

C

C4ISR 404
CAPS 193,195
CRF 188
CSQ 124
舱室环境 142
操纵能力 70
操纵器模拟设备 365
操作性条件反射 190
测量 442
常模 41

《成人决策能力测验》 262
持续暴露 205
持续承诺 433
创伤管理疗法 204
创伤后应激障碍 173,179
创伤后应激障碍症状自评量表 180
创伤危机管理 544
促肾上腺皮质激素释放因子 188
错觉 319

D

DIS‐PTSD 185
DTI 189
大数据 335
代偿反应 133
单项系统训练器 364
道德判断 164
调控 394
调控能力 527
顶端事件 380
动机 29
洞穴训练 106

E

EDA 75
EEG 75
EMDR 126
EPQ 124

ERP 75

F

反恐 242
防御 292
仿真技术 368
仿真模拟训练 14
放松训练 97
飞航训练器 354
飞行错觉 62
飞行模拟机 354
飞行模拟器 352
飞行训练器 352
飞行员 30,71
飞行员自动选拔系统 67
非快速眼动睡眠 157
分离性障碍 111
分散环境 406
分析性决策 256
风险评估 163
夫妻治疗 207
负担感 220,221
负性认知 192
复杂型创伤后应激障碍 192

I

ICT 208
IDAC 144

G

高性能战斗机飞行员 82
高原缺氧 132
高原习服 137
隔离室训练 101
个体变量 446
个体化训练 513,514
工作负荷 383

工作绩效 21
工作满意度 422
固定基模拟器 364
故障树分析 380,381
归因 219
归属感挫伤 220
归属需要 238
规范承诺 433
规范忠诚 446
过程模型 238

H

海军 541
海军陆战队 541
海军作业 143
海上作业环境下 145
海湾战争 180
航空航天工效学 352
航空模拟器 352
航天活动 87
航天员 87
合理情绪疗法 126
核环境 149
核作业环境 149
核作业人员 151
后勤保障 394
环境适应能力 390
唤醒水平 134
灰色系统理论评价方法 376
会谈法 68
会谈评估 91
火箭兵 151

J

基本事件 381
基于信息系统体系作战 284

激进化　240
急性高原缺氧　134
急性应激反应　11
疾病筛查　536
集体训练　513
计算机自适应测验　22
记忆力　29
继续忠诚　446
家庭治疗　207
家属　427
甲种测验　507
价值观　53
价值评估　264
驾驶疲劳　167
驾驶员　30,357
坚韧性　394
检查表法　375
减员　423
健康型组织　453
舰船人员　138
舰载战斗机飞行员　71
交感肾上腺髓质系统　188
焦虑障碍　111
焦虑症　29
结构式心理评估　27
紧张　151
经颅直流电刺激　560
惊恐障碍　173
精氨酸加压素　188
精神　559
精神病性障碍　111
精神运动警觉性　160
警觉　161
酒精滥用　181

决策　12,249
决策风格　13,266
决策能力　163,262
决策偏差　263
决策心理偏差　257
决策心理学　249
军队发展测验　420
军队征募配额系统　420
军队职业分析项目　421
军人心理适应性量表　83
军事环境　131
军事绩效　174
军事人因工效　350
军事心理学　3
军事心理训练　14
军事信息支援作战　315
军事应激　117
军事应激性睡眠障碍　167
军事指挥决策　246
军事作业环境　12
军种管建　316

K

可视化　408
空间定向动态测试　82
空间定向能力　21,81
空间定向障碍　62
空间能力测验　21
空间视觉化动态测试　82
空军　542
恐怖主义　235
控制理论　357
快速眼动睡眠　157
框架效应　263

L

连队效能 461

连队支持 461

连续作业 158

联系链法 376

领导感 94

领导能力 29

领导行为 11,461

楼梯模型 238

陆军 540

罗夏墨迹测验 90

M

MWM 133

满意度 53

美国军人 427

美国陆军行为和社会科学研究所 402

美军 426

描述性范式 254

敏感性训练 104

命令氛围 461

模仿能力 70

模拟器 356

模拟座舱 353

莫瑞斯(Morris)水迷宫 133

目标搜查任务 164

牧师 473

N

NCRR 120

NHLBI 120

NIAAA 120

NICHD 120

NIDA 120

NIH 120

NIMH 120

NREM 157

耐挫能力 390

内感暴露 205

内感暴露治疗 206

内驱力 77

能力的元认知 265

能力倾向测验 27

能力域 51

逆行性遗忘 133

凝聚力 11,397,461

女军人 490

O

OSA 168

P

PCL 180,194

PC-PTSD 193

PSET 124

PSQI 141

PTDS 194

PTSD-SS 193

批判性思维 280

匹配 35

匹兹堡睡眠质量指数 141

评估 506

评价性准备模型 344

Q

气质 42

前额叶 189

前景理论 256

潜能 49

强迫症 29

侵入性症状 191

亲密爱人暴力 495

勤务保障 529

情感承诺　433
情感性障碍　111
情感因素模型　344
情感忠诚　446
情境变量　446
情境意识　73
情绪弹性　513
情绪负荷　88
情绪加工理论　190
情绪紊乱　526
情绪稳定性　161
情绪状态　134
躯体形式障碍　111
去甲肾上腺素　189
全机身训练器　365

R

REM　157
人格　29
人格类型　43
人格问卷　19
人格障碍　29
人工环境　131
人机系统　360,371
人际关系　11,461,495
人际关系理论　220
人际心理治疗　204,207
人力资源　44
人人系统　383
人因工效　350
人职匹配　42
认同感　237
认知负荷　63
认知和心理运动能力测验　21
认知加工　160

认知加工负荷　88
认知加工疗法　204
认知疗法　204
认知能力　94
认知偏差　526
认知神经科学　555
认知行为疗法　126
认知行为训练　527
认知训练　563
认知域　298

S

SRAS-MD　195,196
SAS　124,188
SCID　194
SCL-90　124
SRIP　170
SSD　169
STAI　124
筛查　22
社会神经科学　424
社会心理环境　131
社会支持　106,138,389
神经　559
神经调控技术　560
神经科学　567
生理指标　75
生平资料　27
胜任力　44
胜任力特征　77
失眠　171
失重飞机　366
识别　228
士兵问题　417
士气　11,461

视觉空间能力　81
视觉搜索任务　159
适应不良　525
适应能力　527
适应性模型　344
适应性思维　278
适应障碍　181
书写暴露　205
数字化　406
数字化标准操作程序　414
双表征理论　191
双金字塔模型　240
双相障碍　181
双因素理论　190
睡眠　141
睡眠剥夺　158
睡眠困扰　168
睡眠问卷评估　169
说服　320
随军牧师　473

T

TSQ　193
T 组训练　104
逃兵　423
特殊环境　132
特殊军事作业环境　153
特许飞行　200
特战管联　316
体系作战　295
条件反射　190
投射测验　90
图式　190
团队定向　94
团队心理训练　527

退役　391

V

VRE　208
VRET　127
VSSD　169

W

WAMs　170
外显行为　45
腕带式活动记录仪　170
网络　313
网络心理战　327
网络舆情　335
网络战　326
微睡眠　159
维度　21,29
卫生勤务　533
文化工效学　5
文职人员　30
无领导小组　29
无意识目标　338
无意识目标启动　340
物理域　298

X

西点军校　78
习服　137
系统训练器　354
现场暴露　205
心理测量　5,513
心理冲突　525
心理弹性　512,513
心理调适能力　100
心理防护　388,527
心理访谈　71
心理氛围　456

索　引　575

心理活动　523
心理监测　111
心理健康促进　506
心理健康水平　515
心理救援　9
心理恐惧　150
心理困惑　525
心理模拟　270
心理模型　14
心理疲劳　151
心理韧性　390
心理素质　511
心理卫生　523,527
心理卫生工作　543
心理选拔　17
心理选拔测评系统　70
心理训练　14,404
心理异常　526
心理运动能力　94,136
心理战　8
新兵定额分配系统(REQUEST)　46
信念评估　264
信任　440
信息损伤　306
信息域　298
信息战　10,306
行动方案　272
行为观察　71
行为矫正疗法　126
行为异常　525
杏仁核　189
性别歧视　496
性格　378
虚拟情境　408

虚拟现实　149
虚拟现实暴露疗法　127
虚拟现实暴露治疗　208
虚拟现实技术　408
叙事暴露　205
训练　506

Y

压力接种训练　204
压力源　510
眼动脱敏与再加工　126
眼动脱敏再处理　204
眼动追踪　557
药物滥用　213
依赖　181
乙种测验　507
抑郁　536
易感因素　188
意识丧失　61
意象预演疗法　206
意象治疗　204,206
意象重构　206
意志　517
应对方式　84
应激　11
应激应对训练　527
应激源　117
应激知觉　83
《应激知觉量表》　84
应征人员分配系统　35
应征者　47
幽默　162
预防　506
元分析　53
云计算　335

运动基模拟器 365

Z

再认／元认知决策模型 270
再认计划模型指挥决策 254
再认启动决策理论 254
再认启动决策模型 268
战场心理防护能力 527
战场心理损伤救治训练 527
战斗暴露 172
战斗部署 172
战斗力 506
战斗心理准备 461
战斗应激行为 510
战区管战 316
战争 387,506
诊断 506
征兵 36
整合能力 264
直觉决策 256
职业分类 29
职业管理域 49
职业适应性 495
纸笔测试 68
指挥官思维训练 15
治疗 506
致伤性信息 306,317
智力 29
中毒性精神障碍 110
中间事件 380
中性浮力水槽 365
忠诚 445
忠诚度 445
主观幸福感 422
注意力 394

注意资源 161
状态意识 385
着陆训练飞机 366
咨询 506
自卑 491
自陈量表 90
自评 28
自然环境 131
自然决策 268
自然决策理论 268
自杀 211
自杀能力 223
自杀逃避理论 218
自杀未遂 173,214
自杀已遂 214
自杀意念 214
自生性放松训练 97
自生性训练 106
自我差异 218
自我概念 77
自我接纳 467
自我意识 218
自信心 394
宗教 477
综合任务模拟器 364
综合士兵强健计划 512
组织承诺 431
组织氛围理论 456
组织健康 453
组织健康理论 454
组织效能 11
组织心理健康 11
组织支持 11
作业环境 131

主编简介

苗丹民 空军军医大学军事医学心理学系教授,博士生导师,中国心理学家,中国心理学会会士。全国征兵心理检测技术中心主任、全军心理卫生研究中心主任,全军医学心理学重点实验室主任;全军心理学专业委员会主任委员、中国心理学会军事心理学专业委员会名誉主任委员。主要从事军人心理学选拔、军人信息损伤与防护、作战心理等领域的研究。主编主译专著16部,代表作有《军事心理学手册(译)》《军事心理学研究》《军人心理选拔》《部队军医实用技术丛书——心理卫生工作手册》《航空航天心理学》《临床心理学》《医学心理学》《军事心理学手册》(*Handbook of Military Psychology*)中"中国军事心理学发展"(Development of Military Psychology in China)一章等。

严　进 海军军医大学心理系教授,博士生导师,中国心理学家,获美国密西根大学博士后、访问教授。全军心理卫生研究中心主任,中国心理学会军事心理学专业委员会主任委员、生理心理学专业委员会副主任委员,美国心理学会(American Psychology Association, APA)国际会员,科技部国际合作项目评审专家,国家自然科学基金委员会评审专家,军队科技进步奖评审专家,海军政治工作部招飞办心理专家组副组长。主要从事军事应激的机理与应用和军队心理卫生勤务学等领域的研究。主持国际、国家和军队科研课题20余项,主编《现代应激理论概述》等8部专著,副主编8部。

冯正直 陆军军医大学医学心理系主任、教授,博士生导师,心理学博士、博士后。中国社会心理学学会常务理事,教育部心理学教学指导委员会委员,中国心理学会军事心理学专业委员会主任委员,中国社会心理学会军事心理学专业委员会主任委员,全军心理学专业委员会副主任委员,重庆市社会心理学会候任理事长,重庆心理学会、心理卫生协会副理事长。主要从事抑郁症认知神经机制和军事心理训练研究。主持国家、军队科研课题30余项。主编国家、军队规划教材和专著12部,副主编18部。

刘旭峰　空军军医大学军事医学心理学系主任、教授,航空航天医学博士,博士生导师,中国科学院心理研究所和英国牛津大学生理系访问学者。空军招收飞行学员心理选拔技术中心主任,全军爱国卫生工作专家,中国心理学会军事心理学专业委员会主任委员,全军心理学专业委员会秘书长,陕西省心理学会常务理事。主要从事军人心理选拔与岗位分类、作战心理与信息损伤、特殊军事环境军人心理健康维护与心理卫生勤务等领域的研究。主持国家和军队科研课题30余项,参与制订6项国家军队执行标准。主编专著7部,副主编2部。

编者简介
（按在书中出现的先后顺序排序）

武圣君　空军军医大学军事医学心理学系副主任,副教授,博士,硕士生导师。中国心理学会军事心理学专业委员会秘书,中国社会心理学会军事心理学专业委员会委员。主要从事军人心理选拔研究。主持国家和军队科研课题10项。主编专著1部,副主编2部。

张家喜　火箭军工程大学政治系政治工作教研室讲师,博士。主要从事军人心理测评与选拔研究。主持参与国家和军队科研课题4项。参编专著3部。

方　鹏　空军军医大学军事医学心理学系教学实验中心副主任,讲师,博士,博士后。主要从事军人心理选拔、人工智能与心理训练等领域的研究。主持承担国家和军队科研课题5项。

宋华淼　空军军医大学空军特色医学中心航空心理中心主任,主任医师,博士生导师。军委科技委国防科技专家组成员,全军高层次科技创新人才工程特聘专家,中国心理卫生协会理事,中国心理学会军事心理学专业委员会副主任委员,全军心理学专业委员会副主任委员,空军航空心理专业委员会主任委员。主要从事军人心理评估和心理危机干预等领域的研究。主编专著5部,主译1部。

刘　娟　空军军医大学空军特色医学中心飞行员心理危机干预专业组组长,工程师,博士。空军招飞局心理选拔专家,中国心理卫生协会职业心理健康促进专业委员会委员。主要从事空军飞行员的睡眠、应激、决策以及飞行员心理选拔、心理训练和事故后心理危机干预等领域的研究。

刘　芳　中国航天员科研训练中心研究员,硕士。航天员心理保健专家。主要从事航天员心理选拔与心理支持、心理训练技术等领域的研究。

唐云翔　海军军医大学心理系医学心理学教研室主任,教授,博士。中国心理学会军事心理学专业委员会委员,全军心理学专业委员会委员。主要从事心理障碍的发病机制和防治研究等领域的研究。主持国家和军队科研课题6项。

杨国愉　陆军军医大学医学心理系副主任,教授,博士,博士生导师。中国康复医学会康复心理学专业委员会副主任委员,中国社会心理学会军事心理学专业委员会副主任委员,中国心理学会军事心理学专业委员会常务委员。主要从事特殊环境军人心理健康与强健、军人心理训练等领域的研究。主持承担国家和军队科研课题10余项。主编教材和专著12部。

陈国民　原海军潜艇学院副教授,博士。曾任中国心理学会军事心理学专业委员会委员。主要从事心理测量与选拔、压力管理、心理训练等领域的研究。编写教材5部。

赵　仑　聊城大学特聘教授,以色列希伯来大学博士。中国认知神经语言学会副会长,中国语言教育学会常务理事,中国神经管理与神经工业工程研究会常务理事,北京蕙然阳光科技有限公司创始人。主要从事认知神经科学、神经语言学、神经心理学和人工智能等领域的研究。主编专著2部。

史　杰　火箭军特色医学中心心理科主任,主任医师,硕士生导师。全军心理卫生指导中心主任,中国心理学会军事心理学专业委员会主任委员,中国心理卫生协会心理咨询师专业委员会副主任委员,全军心理学专业委员会副主任委员。主要从事军人心理健康、临床心理咨询与心理治疗等领域的研究。主编参编专著30余部。

张亚娟　空军军医大学军事医学心理学系航空航天心理学教研室助教,硕士。主要从事心理测量等领域的研究。参与国家和军队科研课题3项。

邵永聪　北京体育大学心理学院研究员,博士。主要从事认知心理学等领域的研究。主持承担国家和军队科研课题10余项。

潘　霄　海军军医大学第二附属医院副教授,博士。主要从事军事应激等领域的研究。承担参与国家和军队科研课题6项。主编专著3部。

齐建林　空军军医大学特色医学中心全军心理卫生指导中心主任,副主任医师,硕士生导师,空军高层次科技人才。全军精神病学专业委员会常务委员,中国康复医学会康复心理学专业委员会及中国心理学会军事心理学专业委员会委员。主要从事航空临床心理学、航空应用心理学等领域的研究。主持承担国家和军队科研课题8项。主编专著1部,参编8部。

赵　蕾　原第四军医大学医学心理系客座教授,主任医师,硕士,个人执业心理咨询师。中国心理学会临床心理咨询与治疗专业委员会注册督导师,注册心理师。主要从事心理咨询与治疗工作。主编《心理咨询与治疗》,参编《军人心理选拔》等专著3部。

李红政　联勤保障部队第923医院心理卫生科主任,主任医师,博士,博士后,硕士生导师。中国心理学会军事心理学专业委员会副主任委员,全军心理学专业委员会副主任委员。主要从事心理选拔、精神障碍筛查与风险评估等领域的研究。主持承担国家和军队科研课题 11 项。主编、副主编专著 5 部。

杨　征　原军事医学科学院基础医学研究所研究员,军事认知心理学教研室主任,教授/主任医师,博士,博士生导师。主要从事军事认知、毒品成瘾脑机制与戒毒药物等领域的研究。主持承担国家和军队科研课题 20 余项。主编、参编专著 7 部。

唐军华　武警警官学院政治工作系心理学实验室主任,讲师,博士。主要从事心理测量与评估、内隐自杀意念等领域的研究。

买跃霞　武警工程大学乌鲁木齐校区军事心理学教研室副主任,讲师,博士。主要从事反恐心理等领域的研究。参编《反恐怖作战心理服务工作》《反恐怖行动中心理危机的预防与干预》专著 2 部、《反恐作战中应激心理管理》《反恐作战中应激心理行为训练》教材 2 部。

肖　玮　空军军医大学军事医学心理学系航空航天心理学教研室主任,教授,博士,硕士生导师。瑞典隆德大学和以色列国防军卫勤基地访问学者。中国科协心理学首席科学传播专家,全国征兵心理检测技术中心副主任,空军招收飞行学员心理选拔技术中心副主任,中国心理学会标准与服务研究委员会副主任,空军西安飞行学院客座教授等。主要从事军事心理学和决策心理学等领域的研究。主持国家和军队科研课题 20 余项。主编专著 3 部。

孙云峰　国防大学军事管理学院军队政治工作教研室副主任,副教授,博士。主要从事军事心理学、决策心理学等领域研究。主持国家和军队科研课题 16 项。主编专著《指挥决策"心"视角》,参编专著 10 部。

孙慧明　国防大学政治学院心理学讲师,博士。主要从事军事心理学、决策心理学、心理咨询等领域的研究。

彭嘉熙　成都大学应用心理系副研究员,博士。主要从事行为决策与积极心理学等领域的研究。主持国家和省部级科研课题 5 项。

蒋　杰　国防大学政治学院教授,博士,博士后,博士生导师。主要从事心理战等领域的研究。主持参与国家和军队科研课题多项。主编参编教材专著 10 余部。

唐国东　国防大学政治学院副教授,博士。主要从事军事心理学领域的研究。主编参编《作战指挥心理研究》《军人犯罪心理研究》等教材专著 13 部。

张艺军　联勤保障部队大连康复疗养中心心理科主任,主任医师,硕士。中国康复医学会康复心理学专业委员会副主任委员,中国心理学会军事心理学专业委员会委员。主要从事临床心理学、疗养和康复心理学、军事心理学及应用心理学等领域的研究。主编参编专著 5 部。

朱　霞　空军军医大学军事医学心理学系军事心理学教研室主任,教授,博士,博士生导师。中国心理学会军事心理学专业委员会副主任委员。主要从事心理选拔、信息损伤及心理效能提升等领域的研究。主持国家和军队科研课题 20 余项。主编专著 4 部。

黄　鹏　空军军医大学军事医学心理学系军事心理学教研室副主任,讲师,美国俄亥俄州立大学联合培养博士,博士后。中国康复医学会康复心理学专委会秘书。主要从事心理选拔与认知能力训练等领域的研究。参与国家和军队科研课题 4 项。参编专著 2 部。

杨志兵　陆军装甲兵学院蚌埠校区军政训练系政治工作教研室讲师,博士。主要从事临床心理和心理测量等领域的研究。参与国家和军队科研课题 2 项。参编专著 2 部。

曹　菲　江南大学法学院社会学系讲师,博士。中国康复医学会康复心理学专业委员会委员。主要从事社会认知与态度等领域的研究。参与国家和军队科研课题 2 项。参编《康复心理学手册(第二版)》《部队心理工作手册》专著 2 部。

廖东升　国防科技大学教授,博士,硕士生导师。主要从事心理战等领域的研究。主编专著 4 部,主译 1 部。

杨　芳　中国科学院大学生命科学学院生物物理学博士。主要从事心理战、军事心理学及应用心理学等领域研究。参与国家和省部级科研课题多项。参编专著 2 部。

张晶轩　陆军军医大学医学心理系军人发展心理学教研室助教,博士。主要从事军人心理健康、军事心理训练、军事决策等相关领域的研究。主持参与国家和军队科研课题 6 项。参编专著 2 部。

马　进　空军军医大学航空航天医学系航空航天医学装备教研室主任,副研究员,博士。主要从事疲劳快速检测及动态监控等领域的研究。主持承担国家和军队科研课题 10 余项。参编教材 2 部。

秦海波　中国航天员科研训练中心航天员选拔与训练研究室心理选训组组长,助理研究员,博士。航天员在轨心理评估与支持子系统主管设计师。主要从事航天员心理选拔训练技术、在轨心理监测评估与支持等领域的研究。参与国家和军队科研课题多项。

胡文东　空军军医大学航空航天医学系航空航天医学装备教研室研究员,博士生导师。中国心理学会军事心理学专业委员会委员。主要从事飞行员生理心理训练及空中失能预警与干预等领域的研究。主持承担国家和军队科研课题30余项。主编专著2部。

陈国良　海军军医大学海军卫勤训练基地教授,博士生导师。全军卫勤学术委员会顾问。主要从事卫生勤务学等领域的研究。主持国家和军队科研课题20余项。主编参编专著教材20余部。

祁志强　国防大学政治学院心理攻防作战与训练教研室讲师,博士。主要从事军人心理选拔、心理教育与疏导等领域的研究。主持参与国家和军队科研课题5项。主编参编著专著2部,译著1部,参编教材6部。

辛　伟　解放军总医院第六医学中心医学心理科助理研究员,英国牛津大学联合培养博士。主要从事军人心理测评与选拔、自我认知神经基础等领域的研究。主持参与国家和军队科研课题3项。

黄　荷　空军军医大学军事医学心理学系航空航天心理学教研室助教,硕士。主要从事社会心理学、决策心理学等领域的研究。参与国家和军队科研课题2项。

王芙蓉　国防科技大学文理学院教授,博士。中国心理学会军事心理学专业委员会委员。主要从事军人心理健康、军人心理评估等领域的研究。主持参与国家和军队科研课题20余项。主编参编专著5部、教材4部。

王永昌　国防科技大学文理学院军队政治工作系副主任,副教授,博士。《基层政治工作研究》副主编。主要从事中国共产党政治建军的思想、制度与伦理等领域的研究。主持参与国家和军队科研课题5项。

曹　爽　空军军医大学军事医学心理学系硕士。主要从事军人心理评估与选拔、意识认知多质融合技术等领域的研究。

徐振东　北部战区疾病预防控制中心心理治疗主管技师,硕士。主要从事心理资本与组织心理学等领域的研究。参编《军队疾病预防控制》等专著3部,《战伤自救互救训练教材》等教材2部。

吴　迪　空军军医大学军事医学心理学系航空航天心理学教研室讲师,美国俄亥俄州立大学联合培养博士。空军飞行员心理选拔专家。主要从事飞行员和青少年航校学生的心理选拔和训练等领域的研究。参与国家和军队科研课题5项。

关慕桢　西安医学院公共卫生系精神卫生学教研室副教授,博士。主要从事暴力攻击行为的危险性评估、反社会人格障碍高危人群认知功能等领域的研究。参与国家和军队科研课题9项。

杨　群　空军军医大学军事医学心理学系临床心理学教研室主任,教授,博士,硕士生导师,美国加州大学访问学者。中华预防医学会精神卫生分会常委。中国心理学会注册心理师、沙盘游戏治疗师。主要从事临床心理学和特殊环境心理学等领域的研究。主持国家和军队科研课题10余项。主编参编专著和教材12部。

王炳昭　空军军医大学军事医学心理学系硕士。主要从事临床心理学和军事心理学等领域的研究。参编《心理咨询与治疗》等专著3部。

赵梦雪　陆军军医大学医学心理系博士。陆军自杀问题应急处置工作组成员。主要从事军人心理健康促进等领域的研究。主持参与国家和军队科研课题10余项。主编专著1部,主译1部,副主编和参编13部。

王晓霞　陆军军医大学医学心理系讲师,博士。全军心理健康教育骨干。主要从事抑郁症的认知神经机制和训练等领域的研究。主持军队和省部级科研课题4项。主译《抑郁症的行为激活疗法》,副主编和参编《军事心理学》《医学心理学》和《抑郁症——认知和神经生物学机制》(*Major Depressive Disorder — Cognitive and Neurobiological Mechanisms*)等专著。

中国心理学会　组织编写
"十三五"国家重点出版规划　国家出版基金项目

当代中国心理科学文库

总主编：杨玉芳

1. 郭永玉：人格研究(第二版)
2. 傅小兰：情绪心理学
3. 乐国安、李安、杨群：法律心理学
4. 王瑞明、杨静、李利：第二语言学习
5. 李纾：决策心理：齐当别之道
6. 王晓田、陆静怡：进化的智慧与决策的理性
7. 蒋存梅：音乐心理学
8. 葛列众：工程心理学

9. 白学军：阅读心理学
10. 周宗奎：网络心理学
11. 吴庆麟：教育心理学
12. 苏彦捷：生物心理学
13. 张积家：民族心理学
14. 张清芳：语言产生：心理语言学的视角
15. 张力为：运动与锻炼心理学研究手册
16. 苗丹民：军事心理学
17. 董奇、陶沙：发展认知神经科学
18. 左西年：人脑功能连接组学与心脑关联
19. 张亚林、赵旭东：心理治疗
20. 许燕：中国社会心理问题的研究
21. 余嘉元：心理软计算
22. 樊富珉：咨询心理学：理论基础与实践
23. 郭本禹：理论心理学
24. 罗非：心理学与健康
25. 韩布新：老年心理学：毕生发展视角
26. 施建农：创造力心理学
27. 王重鸣：管理心理学
28. 吴国宏：智力心理学
29. 张文新：应用发展科学
30. 罗跃嘉：社会认知的脑机制研究进展